WITHDRAWN

Diccionario
de símbolos

Series de la NCL

Azul   : Filosofía
Celeste   : Ciencias literarias
Naranja   : Ciencias
Oliva   : Biografía
Roja   : Geografía e Historia
Siena   : Arte
Verde   : Sociología y Economía

Editorial Labor S.A.

Juan-Eduardo Cirlot

Diccionario
de símbolos

Nueva Colección Labor

6.ª edición: 1985

© EDITORIAL LABOR, S. A.
    Calabria, 235-239 - 08029 Barcelona (1985)
I.S.B.N. 84-335-7016-1
Depósito Legal: B-39168 - 1984
Printed in Spain - Impreso en España
Impreso en: GERSA, Industria Gráfica
Tambor del Bruc, 6
Sant Joan Despí (Barcelona)

Al doctor Marius Schneider,
en testimonio de amistad y admiración

Prólogo a la segunda edición

El mundo es un objeto simbólico.
SALUSTIO

El deber más importante de mi vida es,
para mí, el de simbolizar mi interioridad.
HEBBEL

Este libro, sin duda al que hemos dedicado más desvelos entre los que hemos publicado, no ha dejado de causarnos hondas inquietudes. En primer lugar, no es posible destruir el escepticismo, o la indiferencia, de quienes, en países sin tradición de estudios simbólicos, siempre dudarán de la veracidad, casi diría de la licitud, de la simbología. En segundo lugar, el criterio — que aún hoy ratificamos — que nos hizo preferir un sistema «comparado», mediante la investigación, compilación y crítica de las más distintas fuentes: antropología, mitología, historia de las religiones, esoterismo, emblemática, psicoanálisis, si bien se revela eficaz por cuanto, en una mayoría de casos, se comprueban las coincidencias de los significados, no deja de ofrecer peligros. Es más fácil enjuiciar todo el material simbólico desde una plataforma única determinada, sea la psicoanalista, sea la espiritualista esotérica, pues, de este modo, las significaciones son situadas en un mismo nivel de sentido, y aun diría de práctica. Pero la fascinación del símbolo actúa, se halle la imagen donde se halle. Creemos con René Guénon (Symboles fondamentaux de la Science sacrée) que «el simbolismo es una ciencia exacta y no una libre ensoñación en la que las fantasías individuales puedan tener libre curso». Por esto nos hemos enfrentado con un universo plural; por esto también hemos especificado tanto las fuentes de nuestros estudios: por el valor de exactitud y por el valor de autoridad y de tradición.

Esta edición se ha ampliado algo con respecto a la anterior y las láminas y figuras se han incrementado para enriquecer el expresivismo visual de los símbolos, no para «ilustrarlos». Asimismo, se han hecho ligeras correcciones y supresiones (reiterativas) de detalle. En conjunto, hemos de admitir que las ampliaciones se han realizado en dirección hacia la ciencia tradicional mejor que hacia la interpretación psicoanalítica, pues, para nosotros, lo esencial es la captación, la identificación cultural del símbolo, su intelección en sí mismo, no su «interpretación» a la luz de una situación dada. Es importante advertir el alcance de este distingo, similar al existente entre un objeto y la situación o posición en que aparezca: una lanza es siempre una lanza, esté guardada en una vitrina, enterrada, clavada en el cuerpo de un hombre o en el de una fiera, aunque su significación emocional cambiará de acuerdo con tales situaciones. Así, el disco es, en sí, un símbolo dado, que podrá admitir significaciones secundarias, o «concomitantes», según corresponda a un rosetón de catedral gótica, a un clípeo antiguo, a un centro de mandala o a la planta de un edificio. El dominio de la interpretación, más que propiamente simbológico, es psicológico, y obvio es decir que puede inducir a psicologismo, a cierta reducción que las doctrinas espiritualistas niegan y, con ellas, los psicoanalistas que han hecho profesión de fe humanista, superando las limitaciones — necesarias, de otro lado — de su profesión.

También hemos incluido en este libro, ahora, voces como alegoría, atributo, emblema, ideograma, signo convencional, *etc., que, aun no siendo propiamente símbolos, o siéndolo sólo secundaria o eventualmente, no dejan de mantener una viva relación iconográfica y de sentido con el mundo de la simbología tradicional. Incluso era conveniente estudiarlos así para poder delimitar con claridad los campos diferentes, las afinidades y diferencias.*

El autor se complace en agradecer aquí a Editorial Labor, S. A., su interés por publicar esta nueva edición de su libro preferido.

JUAN-EDUARDO CIRLOT

Prólogo a la primera edición

Nuestro interés por los símbolos tiene un múltiple origen; en primer lugar, el enfrentamiento con la imagen poética, la intuición de que, detrás de la metáfora, hay algo más que una sustitución ornamental de la realidad; después, nuestro contacto con el arte del presente, tan fecundo creador de imágenes visuales en las que el misterio es un componente casi continuo; por último, nuestros trabajos de historia general del arte, en particular en lo que se refiere al simbolismo románico y oriental.

Pero no era posible seguir cultivando la imagen per se, que se traduce en orgía de los sentimientos espirituales, si vale la expresión. Y como la atracción del mundo simbólico —reino intermedio entre el de los conceptos y el de los cuerpos físicos— seguía frente a nosotros, decidimos abordar una sistemática exploración de la materia simbólica, hasta que ésta, rendida en lo factible, nos entregara algún oro de su caverna, a riesgo de percibir en ocasiones lo mítico de la empresa. De este modo nos pusimos al trabajo, consultando libros y libros, obras al parecer tan alejadas entre sí como el Mundus Symbolicus in emblematum... cuam profanis Eruditionibus ac Sententiis illustratus... del reverendísimo Domino Philippo Picinello; y los más recientes tratados de antropología y psicología profunda, sin descuidar —hypocrite lecteur, mon semblable, mon frère— obras ocultistas como las de Piobb y Shoral, guiados en esto por la esclarecedora actitud de Carl Gustav Jung, en sus análisis sobre alquimia, que atestiguan hasta la saciedad su espíritu de humanista tan preclaro y abierto como riguroso es su sentido científico; avanzamos hacia el laberinto luminoso de los símbolos, buscando en ellos menos su interpretación que su comprensión; menos su comprensión —casi— que su contemplación, su vida a través de tiempos distintos y de enfoques culturales diversos, que ejemplarizan aproximadamente los nombres de Marius Schneider, René Guénon y Mircea Eliade, entre otros.

*No ignorábamos el carácter de síntesis en que forzosamente tendría que
parar nuestro estudio, dada la amplitud inimaginable del, mejor que tema, vas-
tísimo grupo de temas. Sólo en una cultura y en una época — en el románico —
Davy señala que la diversidad de fuentes ya excede las posibilidades humanas
de investigación, que habrían de abarcar: teología, filosofía, mística, liturgia,
hagiografía, sermones, música, números, poesía, bestiarios, lapidarios, alquimia, magia, astrología, ciencia de los sueños, de los colores, drama litúrgico,
literatura profana, folklore, tradiciones e influjos diversos, supersticiones, pintura, escultura, ornamentación y arquitectura. Pero tampoco queríamos ceñirnos
a una fórmula monográfica, sino abarcar el mayor número posible de materias
y de círculos culturales, comparando así los símbolos de la India, Extremo Oriente,
Caldea, Egipto, Israel y Grecia con los del Occidente ulterior a Roma. Imágenes,
mitos esenciales, alegorías y personificaciones, emblemas, grabados, habían de
ser consultados para lograr nuestra finalidad, que no consistía, obvio es decirlo,
en agotar ni relativamente ninguno de estos dominios, sino en buscar si su orden
de significaciones era el mismo, en lo fundamental, que el de los campos próximos o lejanos. Nos bastaba, por ejemplo, que en una condecoración inglesa el
lazo o anudamiento significara lo mismo que en el jeroglífico egipcio, o que la
mano del amuleto marroquí coincidiera con la del talismán siberiano, o la del
signum legionario de Roma. Si esto se producía en la mayor parte de casos
consultados, había una «verdad objetiva y universal simbólica», un substrato
firme en el cual apoyarse; y el método comparado aparecía como el idóneo por
excelencia.*

*La consecuencia inmediata de esta universalidad, de esta constancia pro-
funda sería que la determinación más amplia y general de significaciones resultaría valedera en cualquier dominio de la vida del espíritu. Se podrían «entender»
las imágenes de la poesía hermética con los mismos principios y elementos útiles
para los sueños, acontecimientos, paisajes u obras de arte. Encontramos en
algunos autores la ratificación de ese valor esencial y continuo. Erich Fromm
indica que, a pesar de las diferencias existentes, los mitos babilónicos, hindúes,
egipcios, hebreos, turcos, griegos o ashantis están «escritos» en una misma lengua:
la lengua simbólica. Esta obedece a categorías que no son el espacio y el tiempo,
sino la intensidad y la asociación. De otro lado, contra los que suponen que sólo
lo utilitario vale, y que es utilitario lo técnico material, Gaston Bachelard afirma:
«Ninguna utilidad puede legitimar el riesgo inmenso de partir sobre las ondas.
Para afrontar la navegación son precisos intereses poderosos. Pero los verdaderos intereses poderosos son los intereses quiméricos». Nosotros hemos obedecido
la orden de la quimera, si ella es la hablante; y lo hemos hecho no sólo por un
deseo abstracto de conocimiento, como se sobrentiende. Indiferentes a la erudición por ella misma, sentimos con Goethe animadversión hacia todo aquello que
sólo proporciona un saber, sin influir inmediatamente en la vida. Esa influencia se traduce en modificación y rememoración de lo trascendente. Desde un
ángulo impersonal, la presente obra es una compilación comparada de temas
simbólicos, apta para ser utilizada en la intelección de sueños, poemas, obras
de arte, etc., donde exista material procedente de mitos, símbolos, leyendas, para
mostrar de este modo todos los matices del motivo, por enriquecimiento de éste
y universalización. Es evidente que el simbolismo, aun ofreciendo significaciones obtenidas — en su coherencia y virtualidad — de tan diversas y autén-
ticas fuentes, no podrá pasar los torreados umbrales del escepticismo. Existen
espíritus acristalados contra todo lo fluido, dinámico, rico en las presentes palabras preliminares de este pasaje del* Tao-te-king, *de Lao-tse :*

Cuando un sabio de clase suprema oye hablar del Sentido,
entonces se muestra celoso y obra en consecuencia.
Cuando un sabio de clase intermedia oye hablar del sentido,
entonces cree y en parte duda.
Cuando un sabio de clase inferior oye hablar del Sentido,
se ríe de él a carcajadas.
Y si no se ríe a carcajadas
es que todavía no era el verdadero Sentido.

Por igual razón transcribiremos las palabras de Walter Andrae, en Die
ionische Säule, Bauform oder Symbol?: *«El que se asombre de que un símbolo
formal pueda no sólo permanecer vivo durante milenios, sino también retornar
a la vida después de una interrupción de miles de años, debería recordar que
el poder del mundo espiritual, del que forma parte el símbolo, es eterno».*

*Buscando el sentido auténtico de los símbolos, como decimos, más en su
comprensión que en su interpretación, hemos sacrificado posibilidades de elaboración personal a la autoridad de las obras consultadas, las que se citan en
el lugar correspondiente con cifras entre paréntesis. La elección de dichas obras
ha sido realizada después de muchas lecturas y comprobaciones. Más que recti-
ficar juicios de los autores, hemos omitido a veces lo que nos parecía arriesgado
o especializado en demasía, pues, en simbolismo, especialización extrema suele
acarrear degradación del significado a nimiedad alegórica o atributiva. Más
que de citas de tales obras, se trata de alusiones a sus ideas, en coincidencia
con nuestra opinión. No hemos querido llevar a su precisión última algunos
aspectos de la doctrina simbólica, cual los relativos al espacio, a las formas y
a los esquemas gráficos, ni acogernos a los estudios formalistas y académicos
sobre el simbolismo. Deseamos que esta compilación posea la utilidad que ha
tenido para nosotros, al corroborar a su través la unidad de los símbolos que
aparecen en diversas manifestaciones de lo personal y colectivo, y al descifrar
con ella algunos pequeños o grandes misterios.*

JUAN-EDUARDO CIRLOT

Introducción

I Presencia del símbolo

Delimitación de lo simbólico

Al ahondar en los dominios del simbolismo, bien en su forma codificada gráfica o artística, o en su forma viviente y dinámica de los sueños o visiones, uno de nuestros esenciales intereses ha sido delimitar el campo de la acción simbólica, para no confundir fenómenos que pueden parecer iguales cuando sólo se asemejan o tienen relación exterior. La tendencia a hipostasiar el tema que se analiza es difícilmente evitable en el investigador. Forzoso es prevenirse contra el peligro, si bien una entrega total al espíritu crítico no es factible y creemos con Marius Schneider que no hay ideas o creencias, sino ideas y creencias, es decir, que en las primeras hay siempre algo o mucho de las segundas, ·aparte de que, en torno al simbolismo, cristalizan otros fenómenos espirituales.

Cuando un autor como Caro Baroja (10) se pronuncia contra la interpretación simbolista de los temas mitológicos debe tener sus razones para ello, aunque también es posible que exista una incompleta valoración de lo simbólico. Dice: «Cuando nos quieren convencer de que Marte es el símbolo de la guerra y Hércules el de la fuerza, lo podemos negar en redondo. Esto ha podido ser verdad para un retórico, para un filósofo idealista o para un grupo de *graeculi* más o menos pedantes. Pero para el que de verdad tenía fe en aquellas divinidades y héroes antiguos, Marte tenía una realidad objetiva, aunque aquella realidad fuera de otra índole que la que nosotros aspiramos a captar. El simbolismo aparece cuando las religiones de la naturaleza sufren un quebranto...». Precisamente, la mera asimilación de Marte a la guerra o de Hércules al trabajo nunca ha sido característica del espíritu simbólico, que huye de lo determinado y de toda reducción constrictiva. Esto es realizado por la alegoría, como derivación mecanizada y reductora del símbolo, pero éste es una realidad dinámica y un plurisigno, cargado de valores emocionales e ideales, esto es, de verdadera vida. Es decir, el valor simbólico fundamenta e intensifica lo religioso.

Sin embargo, la advertencia del autor arriba citado es sumamente útil para ceñir lo simbólico a su limitación. Si en todo hay o puede haber una función simbólica, una «tensión comunicante», esa posesión transitoria del ser o del objeto por lo simbólico no lo transforma totalmente en símbolo.

El error del artista y del literato simbolistas fue precisamente querer convertir toda la esfera de la realidad en avenida de impalpables correspondencias, en obsesionante conjunción de analogías, sin comprender que lo simbólico se contrapone a lo existencial; y que sus leyes sólo tienen validez en el ámbito peculiar que le concierne. Se trata de un distingo similar al que pudiéramos establecer a propósito de la tesis de Pitágoras de que «todo está arreglado según el número», o de la microbiología. Ni la sentencia del filósofo griego, ni el pulular viviente de lo que pertenece a una metrología invisible son falsos, pero toda la vida y toda la realidad no pueden reducirse a sus esferas por razón de su certidumbre, que sólo es tal en ellas. De igual modo, lo simbólico es verdadero y activo en un plano de lo real, pero resulta casi inconcebible aplicado por sistema y constantemente en el ámbito de la existencia. La repulsa contra ese nivel de la realidad, que es la magnética vida de los símbolos y sus conexiones, explica las negativas a admitir los valores simbólicos, pero esta represión generalizada carece de validez científica.

Carl Gustav Jung, a quien tanto debe la actual simbología psicoanalítica, señala en defensa de esta rama del pensamiento humano: «Para el intelecto moderno, cosas similares [a las más inesperadas significaciones de los símbolos] no son más que absurdos explícitos. Tales conexiones del pensamiento *existen* y han tenido asimismo un papel importante durante muchos siglos. La psicología tiene la obligación de comprender estos hechos...» (32). En otra obra, el mismo autor indica que toda la energía e interés que el hombre occidental invierte hoy en la ciencia y en la técnica, consagrábala el antiguo a su mitología (31). No sólo la energía y el interés, sino la capacidad especulativa y teórica; de ahí esos insondables monumentos de la filosofía hindú, del esoterismo chino o islámico, de la propia Cábala; la minuciosa prolijidad operativa de la alquimia y otras especulaciones similares. Que los primitivos y orientales poseían una técnica de pensamiento con garantías de acierto, es ratificado por un arqueólogo e historiador como Contenau, el cual afirma que nunca hubiesen podido sostenerse los colegios de adivinos y magos de Mesopotamia sin un porcentaje positivo de éxitos, y por Gaston Bachelard (1), quien pregunta: «¿Cómo podría mantenerse una leyenda y perpetuarse si cada generación no tuviera "razones íntimas" para creer?». La significación simbolista de un fenómeno tiende a facilitar la explicación de esas razones misteriosas, porque liga lo instrumental a lo espiritual, lo humano a lo cósmico, lo casual a lo causal, lo desordenado a lo ordenado; porque justifica un vocablo como *universo*, que sin esa integración superior carecería de sentido, desmembrado en pluralismo caótico, y porque recuerda en todo lo trascendente.

Volviendo al tema de la delimitación de lo simbólico, para precisar más la finalidad de esta obra, indicaremos con un ejemplo que en la fachada de un monasterio puede verse: *a)* la belleza del conjunto; *b)* la técnica constructiva de la realización; *c)* el estilo a que pertenece y sus implicaciones geográficas e históricas; *d)* los valores culturales y religiosos implícitos o explícitos, etc., pero también: *x)* el significado simbólico de las formas. En tal caso, la comprensión de lo que simboliza un arco ojival bajo un rosetón constituirá un saber rigurosamente *distinto* frente a los demás que hemos enumerado. Posibilitar análisis de este carácter es nuestro objeto fundamental, sin que, precisémoslo una vez más, confundamos el núcleo simbólico de un objeto, o la transitoria función simbólica que lo exalte en un momento dado, con la totalidad de este objeto como realidad en el mundo. El hecho de que el claustro románico coincida exactamente con el concepto de *temenos* (espacio sagrado) y con la imagen del alma, con la fuente y el surtidor central, como *sutratma* (hilo de plata) que liga por el centro el fenómeno a su origen, no invalida ni siquiera modifica la realidad arquitectónica y utilitaria de dicho claustro, pero enriquece su significado por esa identificación con una «forma interior», es decir, con un arquetipo espiritual.

Simbolismo e historicidad

Uno de los errores más lamentables, en relación con las interpretaciones, no sólo «espontáneas» sino ocultistas y aun dogmáticas de la teoría simbolista, consiste en contraponer lo simbólico a lo histórico. De la idea de que hay símbolos — y muchos, ciertamente — sustentados sólo en su estructura simbólica, se deduce, con equivocado criterio, que en todos o casi todos los hechos trascendentes que se presentan a la vez como históricos y simbólicos — es decir, significativos de una vez para siempre, en todo lugar — puede tratarse de una mera transformación de la materia simbólica en legendaria y de ahí en histórica.

Contra este error se levantan en la actualidad las voces más autorizadas de los historiadores de religiones, de lo orientalistas y aun de los formados en escuelas esotéricas. Mircea Eliade afirma que «las dos posiciones no son más que aparentemente inconciliables..., pues no debe creerse que la implicación simbólica anule el valor concreto y específico de un objeto u operación. El simbolismo *añade* un nuevo valor a un objeto o una acción, sin atentar por ello contra sus valores propios e inmediatos o "históricos". Al aplicarse a un objeto o acción los convierte en hechos "abiertos"». Y agrega: «Queda por saber si esas "aberturas" son otros tantos medios de evasión o si, por el contrario, constituyen la única posibilidad para acceder a la verdadera realidad del mundo» (18). En la transcrita explicación vemos claramente establecida la distinción entre los histórico y lo simbólico, como también la posibilidad siempre existente de que un puente una ambas formas de realidad para dar para una síntesis cósmica. El escepticismo que apunta leve en el último párrafo del profesor rumano ha de deberse a su formación preferentemente científica, en una época en que la ciencia, especializada en lo analítico, logra admirables resultados en cada dominio de lo real, pero no puede abarcar la totalidad en un conjunto orgánico, es decir, como una «multiplicidad en la unidad», situación cuyo desamparo ha sido máximamente caracterizado por Martin Buber al decir: «Imago mundi nova, imago nulla». Es decir, el mundo actual carece de su propia imagen, porque ésta sólo se puede constituir mediante una síntesis universal de conocimientos, síntesis cada día más difícil desde el Renacimiento y el *de omni re scibili* de Pico della Mirandola. René Guénon aborda el mismo problema de las relaciones entre lo histórico y lo simbólico y a su respecto dice: «Efectivamente, se tiene con demasiada frecuencia la tendencia a pensar que la admisión de un sentido simbólico debe implicar el rechazo del sentido literal o histórico; tal opinión resulta de la ignorancia de la ley de correspondencia, que es el fundamento de todo simbolismo y en virtud de la cual cada cosa, procediendo esencialmente de un principio metafísico del que deriva toda su realidad, traduce y expresa ese principio a su manera y según su orden de existencia, de tal modo que, de un orden a otro, todas las cosas se encadenan y corresponden para concurrir a la armonía total y universal» (25).

En todo lo expuesto se perfila ya la consideración de que lo simbólico no es en absoluto excluyente de los histórico, pudiendo ambas formas considerarse —según el punto de vista ideológico del que se parte— como funciones de una tercera: el principio metafísico, la «idea» platónica, o bien como mutuas expresiones en un diverso plano de la significación. Dentro del núcleo de la cuestión, en lo religioso, que preocupa con razón con la intensidad máxima, Jung coincide con Eliade y Guénon al afirmar que «el hecho psíquico "Dios" es un arquetipo colectivo, una existencia anímica que, como tal, no debe confundirse con el concepto del Dios metafísico». La existencia del arquetipo (es decir, del símbolo) «no afirma un dios ni lo niega» (31), lo cual, en rigor, es cierto, aunque hemos de convenir —aun a título de hipótesis— que más bien la universalidad de un arquetipo delata o expresa la existencia real del principio en cuestión que la niega. En consecuencia, lo simbólico, siendo independiente de lo histórico, *no solamente no lo sustituye, sino que tiende a arraigarlo en lo real,* por la analogía y paralelismo entre la esfera psíquica colectiva o individual y la cósmica. Avancemos ahora algo sobre el importante término de *analogía.* Por definición filosófica, analogía es una «relación de dos hechos o proposiciones entre los que hay similitud y, por lo menos, un elemento *igual*»; así, por ejemplo, hay analogía entre desenterrar algo y desenvainar una espada, entre la elevación de un pensamiento y la altura de una torre, etc. Lo igual, en el primer ejemplo, es el sacar a la luz; en el segundo, la idea de altura (=elevación). Pero René Guénon, con más exigencia, en *Symboles fondamentaux de la Science sacrée,* dice que la analogía simbólica verdadera es la que tiene lugar, según la norma antes expuesta, pero entre el nivel de la realidad fenaménica y el nivel del espíritu, equiparable —si se quiere— al mundo platónico de las Ideas.

En consecuencia, por la profundidad de esa raíz secreta de todos los sistemas de significaciones (se base en el origen espiritual o en el inconsciente colectivo y desde el supuesto de que deban distinguirse), nos inclinamos hacia la admisión de la hipótesis del fondo general y del origen único de todas las tradiciones simbolistas, sean occidentales u orientales. Si esta unidad se manifestó en el espacio y el tiempo como foco primigenio, o proviene de brotes simultáneos es cuestión aparte. Pero deseamos hacer constar que cuando en los diversos textos transcritos o redactados aludimos a la «tradición» o a la «doctrina tradicional» no nos referimos con ello sino a la continuidad, consciente o inconsciente, y a la coherencia del sistema, tanto en la extensión espacial como en el transcurso temporal. Algunos autores propenden a la tesis del surgimiento espontáneo de las ideas en zonas sin relación histórica entre sí, mientras otros creen sólo en la transmisión cultural. Loeffler dice, por ejemplo, que es importante comprobar que la invención del mito de la tempestad no pertenece ni a una raza ni a una tribu, pues aconteció simultáneamente en Asia, Europa, Oceanía y América (38), idea que responde a la tesis de Rank: «El mito es el sueño colectivo del pueblo», en la que coincidía plenamente Rudolf Steiner. Bailey, fundándose en Max Müller, cree en la unidad original de la especie humana, lo cual considera probado por la universal similitud de costumbres del folklore, leyendas y supersticiones, pero especialmente por el lenguaje (4). El orientalismo, la historia de las religiones, la mitología, la antropología, la historia de la civilización, el arte, el esoterismo, el psicoanálisis, las investigaciones simbológicas nos han facilitado un cuantioso material para la corroboración de lo «psicológicamente verdadero» y la unidad esencial mencionada, que se han explicado también, no sólo por el fondo común de lo psíquico, sino por el de lo fisiológico, dada la importancia del cuerpo humano, de su forma y actitud, de las posiciones factibles de sus miembros, con los elementos más simples de la dialéctica simbolista.

II Origen y continuidad del símbolo

El desenvolvimiento del simbolismo

Con acierto afirma Diel que el símbolo es a la vez un vehículo universal y particular. Universal, pues trasciende la historia; particular, por corresponder a una época precisa. Sin pretender analizar cuestiones de «origen», consignaremos que la mayoría de autores están conformes en situar el principio del pensar simbolista en una época anterior a la historia, a fines del paleolítico, si bien hay indicios primarios (espolvorear con ocre rojo los cadáveres) muy anteriores. El conocimiento actual sobre el pensamiento primitivo y las deducciones que pueden establecerse válidamente sobre el arte y ajuar del hombre de aquel tiempo justifican la hipótesis, pero especialmente los diversos estudios realizados sobre grabados epigráficos. Las constelaciones, los animales y las plantas, las piedras y los elementos del paisaje fueron los maestros de la humanidad primitiva. Fue san Pablo quien formuló la noción esencial sobre la consecuencia inmediata de ese contacto con lo visible, al decir: «Per visibilia ad invisibilia» (Rom, 1, 20). Ese proceso de ordenar los seres del mundo natural según sus cualidades y penetrar por analogía en el mundo de las acciones y de los hechos espirituales y morales es el mismo que luego se observará, en los albores de la historia, en la transición del pictograma al ideograma, y en los orígenes del arte.

Pudiéramos aducir una inmensa cantidad de testimonios relativos a la fe y al saber humanos de que el orden invisible o espiritual es análogo al orden material. Recordemos el concepto de «analogía» y también la sentencia de Platón, repetida por el seudo Dionisio Areopagita: «Lo sensible es el reflejo de lo inteligible», que resuena en la *Tabula smaragdina*: «Lo que está abajo es como lo que está arriba; lo que está arriba es como lo que está abajo»; y en la frase de Goethe: «Lo que está dentro está también fuera». Sea como fuere, el simbolismo se organiza en su vasta función explicativa y creadora como un sistema de relaciones muy complejas, pero en las cuales el factor dominante es siempre de carácter polar, ligando los mundos físico y metafísico. Nuestro conocimiento del simbolismo comienza a ser importante en lo que concierne al período neolítico. Schneider y Berthelot coinciden en situar en esa etapa, que corresponde al cuarto milenio antes de nuestra era, la gran mutación que llevó al hombre a las posibilidades de creación y organización que lo distinguen frente al mundo de lo sólo natural. Berthelot estudia el proceso en el Próximo Oriente y da a la cultura religiosa e intelectual de aquel tiempo el nombre de «astrobiología». La evolución de la humanidad hasta ese momento hubiera comportado las etapas siguientes: animismo, totemismo, cultura megalítica lunar y solar. A partir de él: ritual cósmico, politeísmo, monoteísmo, filosofía moral. Berthelot considera que la astrología, la astronomía, la aritmética y la alquimia son de origen caldeo, lo cual es señalar como decisivo un punto focal en el tiempo y en el espacio.

Define el valor y significado de la astrobiología en los siguientes términos: «Entre la representación del mundo, por otro lado variable y compleja, de los pueblos salvajes, y la de la conciencia moderna y el occidente europeo, una concepción intermedia ha dominado, en efecto, durante largo tiempo en Asia y el Mediterráneo oriental. Es lo que puede llamarse "astrobiología", penetración recíproca de la ley astronómica (orden matemático) y de la vida vegetal y animal (orden biológico). Todo es, a la vez, organismo y orden exacto. La domesticación de animales y el cuidado de plantas (agricultura) habíanse ya realizado antes del comienzo de la época histórica, tanto en

Caldea como en Egipto, con anterioridad al 3000 antes de Jesucristo. La agricultura obliga a la reproducción regular de especies vegetales netamente determinadas, y al conocimiento de su ritmo anual de crecimiento, floración, fructificación, siembra y cosecha, ritmo que está en relación directa y constante con el calendario, es decir, con la posición de los astros. El tiempo y los fenómenos naturales fueron medidos por la luna antes de serlo por el sol... La astrobiología oscila así entre una biología de los astros y una astronomía de los seres vivos; parte de la primera y tiende hacia la segunda» (7).

En ese período se establece la idea geométrica del espacio, el valor del número siete — derivado de ella —, la relación entre el cielo y la tierra, los puntos cardinales, las correspondencias de los diversos elementos del septenario (dioses planetarios, días de la semana) y del cuaternario (estaciones, colores, puntos cardinales, elementos). Berthelot cree en la difusión de estos conceptos, más que en su surgimiento espontáneo e independiente. Señala su probable transmisión por el norte del Pacífico o por el sur de este océano, indicando la posibilidad de que antes de ser colonia espiritual de Europa, América lo fuera de Asia (7); otra corriente hubiese actuado en dirección contraria, desde el Próximo Oriente hacia el interior de Europa.

La discusión acerca de la prioridad o secundaridad de la cultura megalítica europea respecto a las grandes civilizaciones orientales dista de hallarse resuelta. En ella se implican cuestiones relativas al simbolismo. Sabida es la importancia de la zona francocantábrica en el paleolítico y cómo el arte de esas comarcas irradió hacia Siberia a través de Europa y hacia el sur de Africa a través del norte de este continente. Cabría una continuidad entre ese período de florecimiento inaugural y los grandes monumentos megalíticos. Sea como fuere, Schneider, al referirse a las formas del simbolismo que él estudia (50), dice concretamente: «Intentaré en el sexto capítulo ofrecer una síntesis de esta doctrina esotérica cuya primera sistematización parece haber sido obra de las culturas megalíticas». Y su posición respecto a la zona de origen no deja lugar a dudas, pues afirma que «el megalitismo pudo propagarse desde Europa hacia la India por medio de la cultura danubiana, comenzando un desarrollo diferente a partir de la época de los metales». Señala el íntimo parentesco de ideas entre regiones tan distantes como América, Nueva Guinea, Indonesia, Europa occidental, Asia anterior y Extremo Oriente, esto es, entre comarcas situadas en todas las partes del mundo.

Veremos la similitud entre los descubrimientos que Schneider atribuye a la cultura megalítica europea y los que Berthelot adscribe al Próximo Oriente. Según Schneider, la etapa final del neolítico se distingue de la anterior por «la predilección que otorga a las formas estáticas y geométricas, por su espíritu sistematizador y creador (animales fabulosos, instrumentos musicales, proporciones matemáticas, números-ideas, astronomía y un sistema tonal con sonidos propiamente musicales). La transposición de los elementos místicos totemísticos a una alta civilización de pastores explica algunos de los rasgos fundamentales de la mística nueva... Todo el cosmos se concibe a base del patrón humano. Como la esencia de todos los fenómenos es, en último término, rítmica vibratoria, la naturaleza íntima de los fenómenos, es directamente perceptible en la polirrítmica conciencia humana. Por eso, imitar es conocer. El eco constituye la forma de imitación paradigmática. El lenguaje, los símbolos geométricos y los números-ideas son una forma de imitación más tosca». Indica el autor mencionado que, según Speiser y Heine-Geldern, «los elementos culturales sobresalientes de la cultura megalítica son: las construcciones ciclópeas, las piedras conmemorativas, las piedras como residencia de las almas, los círculos cultuales de piedras, los pala-

fitos, la caza de cabezas, los sacrificios de bueyes, los ornamentos en forma
de ojos, los barcos funerarios, las escaleras de los antepasados, los tambores
de señales, la estaca del sacrificio y los laberintos» (50).
Estos elementos son, precisamente, de los que se mantienen en forma
de símbolos con mayor constancia a través del tiempo. Tales creaciones
culturales, ¿expresaban ya en la época megalítica lo esencial de lo humano,
brotando del inconsciente en forma de anhelo constructor y configurador?
O, por el contrario, ¿es la persistencia de esas formas primarias de vida,
sacrificio e intelección del mundo que presuponen, lo que imprimió huellas
indelebles en el alma del hombre? Con seguridad, la respuesta es doblemente
afirmativa y se trata de fenómenos paralelos, análogos, de lo cultural y lo
psicológico.

El simbolismo occidental

Egipto sistematizó en su religión y sus jeroglíficos el conocimiento de la
doble estructura material y espiritual, natural y cultural del mundo. Con
independencia o con relación, las civilizaciones mesopotámicas desenvolvie-
ron sus sistemas, variaciones externas del único patrón interno universal.
Respecto a la época en que algunos de los símbolos más importantes y complejos fueron creados, o al menos definitivamente organizados, hay discre-
pancias. Existen autores que proponen siempre las cronologías más largas.
Por el contrario, Krappe (35) opina que sólo a partir del siglo VII antes de
Jesucristo comenzó en Babilonia el estudio científico de los planetas y su
identificación con los dioses del panteón babilónico, aunque existen quienes
llevan dichos principios a la época de Hammurabi (2000 antes de Jesucristo)
o antes. Así, el padre Heras, quien dice: «Los protoindios, como han revelado
las inscripciones, fueron los descubridores de los movimientos del Sol a través
del cielo, lo cual fue el fundamento del sistema zodiacal. Su zodíaco tenía
solamente ocho constelaciones y cada constelación se suponía que era una
"forma de Dios". Todas esas formas de Dios finalmente vinieron a ser deidades que presidían cada constelación; así sucedió en Roma, por ejemplo. Las
ocho indias son: Edu (carnero), Yal (arpa), Nand (cangrejo), Amma (madre),
Tuk (balanza), Kani (saeta), Kuda (jarro), Min (pez)». El sistema deca-
nario del zodíaco sólo aparece en la forma en que actualmente lo conocemos
a partir del siglo VI antes de Jesucristo. La ciencia caldea y egipcia fue parcialmente asimilada por los sirios, fenicios y griegos. Estos últimos, en especial a través de sus sociedades de misterios. Herodoto señala, a propósito
de los pitagóricos, la obligación que tenían de vestirse de lino «conforme
a las ceremonias órficas que son las mismas que las egipcias...».
Las mitologías de los pueblos mediterráneos alcanzaron un dramatismo,
una plasticidad y un vigor que se expresaron en el arte tanto como en los
mitos, leyendas y poesía dramática. Bajo éstos se escondían los principios
morales, las leyes naturales, los grandes contrastes y transformaciones que
rigen el transcurso de la vida cósmica y humana. Frazer señala que «bajo
los nombres de Osiris, Tammuz, Adonis y Atis, los pueblos de Egipto y del
Asia Menor representaron la decadencia y el despertar anual de la vida, y
en particular de la vegetal» (21). Los trabajos de Hércules, la leyenda de
Jasón, las «historias» de la edad heroica helénica que inspiraron a los trágicos,
tienen tal poder arquetipal que constituyen eternas lecciones para la humanidad. Pero junto al simbolismo y alegorismo mitológico y literario, una
corriente subterránea avanzaba, como resultado del influjo oriental. Prin-

cipalmente en el Bajo Imperio romano, cuando las fuerzas cohesivas del mundo clásico comienzan a disolverse, los fermentos hebraicos, caldeos, egipcios e indios se reactivan. El maniqueísmo dualista y antes ya el gnosticismo alcanzan una importancia amenazadora para el naciente cristianismo. Entre los gnósticos se utiliza el emblema y el símbolo gráfico para la transmisión de verdades iniciáticas. No eran creación suya muchas de las innumerables imágenes, sino recogidas con espíritu sincretista de diversos orígenes, especialmente semitas. El simbolismo se escinde hasta cierto punto de la doctrina unitaria de la realidad y aparece como una especulación espacial. Diodoro Sículo, Plinio, Tácito, Plutarco, Apuleyo revelan conocimientos simbolistas de filiación oriental. De otro lado, la ciencia aristotélica contenía también un intenso componente simbolista. La cristiandad oriental había recibido una vasta herencia simbológica, en Siria, Mesopotamia, Transcaucasia y Egipto. Asimismo, las colonias romanas que sobrevivieron a las invasiones nórdicas, en Occidente, conservaron muchos elementos de la Edad Antigua, entre ellos los símbolos tradicionales.

Pero el origen conocido, en la Antigüedad grecorromana, del amplio y complejo movimiento intelectual que da origen a los estudios sobre correspondencias entre los diversos planos de la realidad, y que a la vez se halla en los orígenes de la alquimia, tiene antecedentes más remotos. P. Festugière, en *La Révélation d'Hermès Trismégiste*, señala como primer hito — de nombre sabido — a Bolo el democriteano, autor del siglo III-II antes de Jesucristo, en cuya línea sitúa a diversos autores, helenísticos y romanos, entre ellos a Nigidio Fígulo (siglo I después de Jesucristo). Hay cierta conexión entre el hermetismo y el neopitagorismo, de un lado, y entre el hermetismo y el gnosticismo de otro. Estas tendencias culminan en el siglo VII, en la obra siria titulada *Libro de las cosas de la naturaleza*, y continúan, por una parte, en Bizancio, y por otra, en el islam. Respecto al simbolismo bizantino hemos de citar una obra anónima, que se cree del siglo XI, *El jardín simbólico*, publicada por Margaret H. Thomson, que señala las analogías y parentesco entre esta obra y la abundancia de alegorías y símbolos de los preámbulos de las *Actas imperiales* bizantinas. En lo que concierne al islam, hemos de citar, aparte del gran movimiento alquimista árabe, las obras del médico Rhazi († 923) y las de Ibn Zohr, de Sevilla (1131), autor del *Libro de las maravillas*. No puede dejar de aludirse al movimiento cabalístico, que surgió en los centros hebreos de Provenza (*Bahir*) y en Gerona, culminando en el *Zohar* de Moisés de León († 1305), y cuyos textos, verdadera gnosis hebrea, abundan en simbolismo.

La concepción de la analogía entre el mundo visible y el invisible también es patrimonio común a las religiones paganas del Bajo Imperio, la doctrina neoplatónica y el cristianismo, sólo que cada uno de estos grupos utiliza esos conocimientos para su finalidad. Según Eliade, a los que negaban la resurrección de los muertos, Teófilo de Antioquía indica las señales que Dios pone al alcance de los hombres por medio de los fenómenos naturales, comienzo y fin de las estaciones, de los días y de las noches, llegando incluso a decir: «¿No hay acaso una resurrección para las semillas y los frutos?» (18). En su *Carta LV*, san Agustín señala que la enseñanza facilitada por medio de los símbolos despierta y alimenta el fuego del amor para que el hombre pueda superarse a sí mismo, y alude al valor de todas las realidades de la naturaleza, orgánica e inorgánica, como portadoras de mensajes espirituales por su figura y sus cualidades. De ahí se deduce la valoración que tuvieron todos los lapidarios, herbarios y bestiarios medievales. La mayoría de Padres latinos tratan de simbolismo, y como el prestigio de estos maestros de la

Iglesia es extraordinario durante el período románico, se comprende que ésta sea una de las épocas en que el símbolo fue más vivido, amado y comprendido, cual subraya Davy (14). Pinedo alude al inmenso valor cultural, en toda la Edad Media particularmente, de la *Clavis Melitoniae* — versión ortodoxa del antiguo simbolismo —. Según el cardenal Pitra, transcrito por el autor mencionado, los conocimientos de esa clave se hallan en la mayoría de autores medievales. No nos es posible dar aquí un resumen de sus ideas, ni siquiera un estudio sintético de sus obras, pero deseamos citar — como libros esenciales del simbolismo medieval — las grandes creaciones de Alain de Lille, *De Plancto Naturae;* Herrade de Landsberg, *Hortus Deliciarum;* Hildegarde de Bingen, *Sci Vias Domini, Liber Divinorum Operum Simplicis Hominis;* Bernard Silvestre, *De Re Mundi Universitate;* Hugues de St. Victor, *Didascalion, Commentarium in Hierarchiam Caelestem,* etc. La *Clave* de san Melitón, obispo de Sardes, databa del siglo II después de Jesucristo. Otras fuentes del simbolismo cristiano son: Rabano Mauro, *Allegoriae in Sacram Scripturae;* Odón, obispo de Tusculum; Isidoro de Sevilla, *Etymologiarum;* Juan Escoto Erigena, John de Salisbury, Guillaume de St. Thierry, etc. El mismo santo Tomás de Aquino habla de los filósofos paganos como proveedores de pruebas exteriores y probables a las verdades del cristianismo. Con respecto a la naturaleza íntima del simbolismo medieval, Jung señala que, para el hombre de ese tiempo, «la analogía no es tanto una figura lógica cuanto una identidad oculta», es decir, una persistencia del pensamiento animista y primitivo (32). Citemos como ejemplo curioso del simbolismo bizantino *El jardín simbólico,* de los siglos IX o X, editado por M. Thomson.

El Renacimiento se interesa también por el simbolismo, aunque de modo más individualista y culterano, más profano, literario y estético. Ya Dante había organizado su *Commedia* sobre fundamentos simbólicos orientales. En el siglo XV se hace uso especial de dos autores griegos de los siglos II o III después de Jesucristo. Son éstos Horapolo Niliaco, autor de *Hieroglyphica,* y el compilador del *Phisiologus.* Horapolo, sugestionado por el sistema jeroglífico egipcio, del que en su tiempo habíase perdido la clave, intentó una reconstrucción de su sentido, fundándose en la figura y el simbolismo elemental de la misma. Un autor italiano, Francesco Colonna, escribe en 1467 una obra (publicada en Venecia en 1499) que alcanza éxito universal, la *Hypnerotomachia Polyphili,* en la cual el símbolo adquiere ya el sentido de movilidad y particularidad que lo distinguen en la Edad Moderna. En 1505 el editor de Colonna publica el Horapolo, que influye paralelamente en dos autores importantes, Andrea Alciato, autor de los *Emblemata* (1531), que despertaron en toda Europa una afición desmedida al simbolismo profanizado (Henry Green señala en su obra *Andrea Alciato and his Books of Emblems,* Londres, 1872, más de tres mil títulos de emblemática); y Ioan Pierio Valeriano, autor de la vasta compilación *Hieroglyphica* (1556). Todo el *Quattrocento* italiano atestigua en la pintura el interés por lo simbólico: Botticelli, Mantegna, Pinturricchio, Giovanni Bellini, Leonardo, etc., que derivará, en los siglos XVI a XVIII, hacia lo alegórico. Puede decirse que, desde ese período final de la Edad Media, Occidente pierde el sentido unitario del símbolo y de la tradición simbolista. Aspectos muy diversos, síntomas de su existencia, son delatados esporádicamente por la obra de poetas, artistas y literatos, desde Juan de Udine a Antonio Gaudí, desde el Bosco a Max Ernst, pasando por William Blake. En el romanticismo alemán, el interés por la vida profunda, por los sueños y su significado, por el inconsciente, anima la veta de la que surgirá el interés actual por la simbología, que, parcialmente reprimida, se aloja de nuevo en los hondos pozos del espíritu, como antes de que fuera convertida en sistema y en orden cósmico. Así, Schubert, en su *Symbolik des Traumes* (1837), dice: «Los originales de las imágenes y de las formas de que se sirve la lengua onírica, poética y profética, se encuentran en la naturaleza que nos rodea y que se nos presenta como un mundo del *sueño materializado*, como una lengua profética cuyos jeroglíficos fueran seres y formas». Toda la obra de los autores de la primera mitad del siglo XIX, especialmente los nórdicos, presupone un presentimiento de lo simbólico, de lo significativo. Así, Ludwig Tieck, en *Runenberg*, dice de su protagonista: «Insensible desde entonces al encanto de las flores, en las cuales cree ver palpitar "la gran llaga de la naturaleza" [tema del Filoctetes, del Amfortas del *Parsifal*], se siente atraído por el mundo mineral».

Géneros innúmeros especializados conservan símbolos en forma traducida a lo semiótico, petrificada, degradada a veces de lo universal a lo particular. Ya hemos hablado de los emblemas literarios. Otro género similar es el de las marcas de los fabricantes de papel medievales y del Renacimiento. A su propósito, dice Bailey que, desde su aparición en 1282 hasta la segunda mitad del XVIII, poseen un significado esotérico. Y que en ellas, como en fósiles, podemos ver la cristalización de los ideales de numerosas sectas místicas de la Europa medieval (4). El arte popular de todos los pueblos europeos es otra cantera inagotable de símbolos. Basta hojear una obra como la de Helmuth Th. Bossert para ver entre las imágenes los conocidos temas del árbol cósmico, la serpiente, el fénix, el barco funerario, el pájaro sobre la casa, el águila bicéfala, la división planetaria en dos grupos (tres y cuatro), los grutestos, rombos, rayos, zigzagues, etc. De otro lado, las leyendas y cuentos folklóricos han conservado la estructura mítica y arquetipal, cuando sus transcripciones han sido fieles, como en el caso de Perrault y de los hermanos Grimm (38). Asimismo, en la poesía lírica, al margen de las obras creadas dentro de los cánones de un simbolismo explícito, hay frecuentísimas afloraciones de motivos simbólicos que surgen espontáneos del espíritu creador. Tal vez el más emocionante ejemplo de obra literaria en que lo real, lo imaginario, el ensueño y la locura incluso se funden sea la *Aurelia* de Gérard de Nerval (1854).

El simbolismo de los sueños

Lo que el mito representa para un pueblo, para una cultura o un momento histórico, la imagen simbólica del sueño, la visión, la fantasía o la expresión lírica, lo representan para una vida individual. Este distingo no establece escisión; muchos sueños han tenido valor premonitorio general. Pero cuando el símbolo — o la advertencia concreta — concierne a una esfera más amplia que lo particular y subjetivo, nos hallamos ya en los dominios del augurio o de la profecía; leyes simbólicas pueden explicarlos, pero en el segundo puede manifestarse la revelación sobrenatural.

Admitiendo, como un supuesto de nuestro tiempo, el concepto psicoanalítico del «inconsciente», aceptamos la ubicación en él de todas las formas dinámicas que dan origen a los símbolos, según la consideración de Jung, para quien el inconsciente es «la matriz del espíritu humano y de sus invenciones» (33). El inconsciente fue «descubierto» en teoría por Carus, Schopenhauer y Hartmann y experimentalmente por Charcot, Bernheim, Janet, Freud y otros psicólogos. Este conocimiento no hizo sino internalizar un dominio que antes se suponía exterior al hombre. Por ejemplo, los adivinos griegos creían que los sueños venían de «afuera», es decir, del mundo de los dioses. Ahora bien, la tradición esotérica, en correspondencia con la doctrina hindú de los tres niveles, conocía la división vertical del pensamiento en otros tantos: subconciencia (pensamiento de los instintos y de los sentimientos); conciencia (pensamiento de las ideas y de lo reflexivo); sobreconciencia (pensamiento intuitivo y de las verdades superiores).

El interés hacia los sueños y su contenido simbólico viene de la Antigüedad, donde, sin que se formule teóricamente, se implica que se considera ese fenómeno como una suerte de mitología personal, aun cuando el idioma que utilice en su manifestación sea tan objetivo como el de los mitos colectivos. Los famosos sueños de la Biblia; el libro de Artemidoro de Daldia; los diccionarios interpretativos de origen caldeo, egipcio y árabe, son testimonios de la atención hacia los sueños como portadores de verdades ocultas concernientes a la vida profunda de la psique y, más raramente, a hechos exteriores y objetivos. El mecanismo de la oniromancia, como el de otras técnicas adivinatorias, basadas en la actividad superior del inconsciente ante ciertos estímulos y en la plasmación automática de su conocimiento no percibido en procesos formales que luego se «leían» según principios del simbolismo del número de orientación, de la forma y del espacio, son fenómenos universales. Ante ellos hemos de volver a destacar el modo como Jung los enfrenta. Dice que una «opinión tan antigua y general demuestra necesariamente que de algún modo tiene que ser verdadera, esto es, *psicológicamente verdadera*». Explica la verdad psicológica como un hecho, no un juicio, por lo cual le basta la mostración y la corroboración sin que sea precisa la demostración (31).

Existiendo una vasta bibliografía sobre los sueños, no nos hemos propuesto aquí sino recordar que constituyen otro de los ámbitos por los cuales se pone el ser humano en contacto con sus aspiraciones profundas, con las leyes del orden geométrico o moral del universo, y también con la sorda agitación de lo inferior. Teillard señala que en los sueños se revelan todos los estratos de la psique, incluso los más hondos. Y de igual modo que el embrión pasa por los estadios evolutivos de los animales, así llevamos en nuestro interior rastros arcaicos que pueden ser desvelados (56). Carus creía más bien en una asunción de lo cósmico por el alma, abierta en lo onírico a verdades distintas de las que rigen la existencia en la vigilia, asimilando así los sueños a los rituales mediante los cuales el hombre entraba en los grandes arcanos de la naturaleza. Respecto a la relación del pensamiento del hombre actual con el primitivo, es hipótesis dominante que las diferencias afectan sólo a la conciencia, pero que el inconsciente apenas ha sido transformado desde los últimos tiempos paleolíticos.

Los símbolos oníricos no son, pues, en rigor, distintos de los míticos, religiosos, líricos o primitivos. Sólo que, entre los grandes arquetipos, se mezclan como submundo los residuos de imágenes de carácter existencial, que pueden carecer de significado simbólico, ser expresiones de lo fisiológico, simples recuerdos, o poseer también simbolismo relacionado con el de las formas matrices y primarias de que proceden. Como en nuestra compilación nos hemos atenido sólo a los símbolos tradicionales, es evidente que estos otros símbolos «recientes» se han de derivar de los anteriores — como el automóvil del carro — o bien relacionarse por medio del simbolismo de la forma, aunque se tratará siempre de símbolos semejantes, pero no del mismo símbolo ni en consecuencia de un mismo orden de significados.

Otro problema que no podemos silenciar es el siguiente: no todos los seres humanos se hallan al mismo nivel. Aun no aceptando la idea de diferencias radicales, ni el concepto de evolución espiritual, que siempre aparece con un matiz orientalista y esotérico, es innegable que las diferencias de intensidad (pasión, vida interior, generosidad, riqueza de sentimientos y de ideas) y de cualidad (formación intelectual y moral auténtica) determinan unos niveles de pensamiento esencialmente distintos, se trate de pensamiento lógico o mágico, de especulación racional o de elaboración onírica. Ya Havelock Ellis indicó que los sueños extraordinarios corresponden sólo a las personalidades geniales y, según Jung, los propios primitivos hacen el distingo, pues en la tribu de elgony, en las selvas del Elgón, le explicaron que conocían dos clases de sueños: el sueño ordinario, del hombre sin importancia, y la «gran visión», por lo general exclusivo privilegio de los hombres relevantes (34). De ahí que teorías interpretativas de la materia simbólica hayan de resultar por entero distintas si se forjan: de la consulta de sueños de seres más o menos patológicos; de la relativa a personas normales; de la concerniente a personas extraordinarias, o a mitos colectivos. El tono de materialismo que presentan las discriminaciones simbólicas de muchos psicoanalistas procede de las fuentes de su información. Por el contrario, la simbología que proviene de filósofos, creadores de religiones y poetas muestra una orientación absolutamente idealista, una tendencia cósmica, con hipóstasis de todo objeto, con tensión hacia lo infinito y alusión hacia los misterios del «centro» místico. Esto es ratificado por Jung, quien indica que el relato de fantasías o sueños contiene siempre, no sólo lo más perentorio del narrador, sino lo que en el momento es más doloroso (más importante) para él (31). Esa importancia es justamente la que origina el nivel al que el sistema interpretativo queda enclavado. La definición de Freud: «Todo sueño es un deseo reprimido», no deja de apuntar a lo mismo, pues nuestros anhelos son el índice de nuestras aspiraciones y posibilidades. De otro lado, como es sabido, Sigmund Freud no limitó el estudio de los símbolos a los sueños, pues los buscó en los «actos fallidos» y en la literatura entre otras fuentes, indicando y valorando positivamente las «supersticiones» de la Antigüedad como posibles síntomas (cita el ejemplo del romano que salía con el pie izquierdo de casa, se daba cuenta de ello y esto le asustaba: síntoma de inseguridad proyectada a un hecho). Es, entre lo freudiano dedicado a la simbología, esencial su análisis de la *Gradiva* de Jensen, pues allí expone cómo puede una historia latente deducirse de un «contenido manifiesto» en apariencia bastante diverso. Mezcla de ensueño diurno, sueños y realidad objetiva se producen de modo algo semejante — aunque sin su dramatismo y trascendencia — a lo que sucede en la *Aurelia* de Gérard de Nerval.

El simbolismo alquímico

En su obra *Energetik der Seele*, Jung estableció: «Lo espiritual aparece en la psique como un instinto, incluso como verdadera pasión. No es un derivado de otro instinto, sino un principio *sui géneris*». Aparte de que esta declaración ponía fin a la identificación de ciencia con materialismo, su importancia radica en que recoge la más pura esencia de la doctrina platónica sobre el alma, que identificamos aquí con ese principio espiritual — aun cuando en algunas especulaciones se trate de cosas distintas —. En el *Timeo* de Platón, en las *Enéadas* de Plotino se especifica la idea de que el alma es extranjera a la tierra, desciende del universo inespacial e intemporal, o «cae» por la culpa en la materia, se desarrolla y comienza un proceso de crecimiento y vitalización que corresponde al período de la involución a la «salvación».

En un momento dado se produce la inversión de ese movimiento descendente y penetrante; el alma recuerda que su origen está fuera del espacio y del tiempo, fuera de las criaturas y del mundo del objeto, incluso más allá de las imágenes; entonces tiende a la destrucción de lo corporal y a la ascensión en retorno. Esto lo expresa Jámblico diciendo: «Hay un principio del alma, superior a toda la naturaleza, y por el cual podemos elevarnos por encima del orden y de los sistemas del mundo. Cuando el alma se separa, entonces, de todas las naturalezas subordinadas, cambia esta vida por otra, y abandona el orden de las cosas para ligarse y mezclarse a otro». Esta idea de rotación es la clave y meta de la mayor parte de símbolos trascendentes: de la *Rota* medieval, de la Rueda de las transflmaciones budistas, del ciclo zodiacal, del mito de Géminis y del *Opus* de los alquimistas. La idea del mundo como laberinto, de la vida como peregrinación, conducen a la idea del «centro» como símbolo de la finalidad absoluta del hombre, «medio invariable», «motor inmóvil», paraíso recobrado o Jerusalén celeste. A veces, en las representaciones gráficas, ese punto se identifica con el centro geométrico del círculo simbólico; otras veces se sitúa encima de él; otras, como en el *Shri Yantra* oriental, no se refleja, para que el contemplador lo imagine.

Pero siempre se trata de un tema que aparece en ocasiones enmascarado bajo otro símbolo: el tesoro escondido, el objeto perdido, la empresa imposible o muy difícil; o relacionado con diversos valores: el conocimiento, el amor, la obtención de un objeto, etc. La alquimia, desarrollada en dos etapas bastante caracterizadas, la medieval y la renacentista, acabando ésta entre el XVII y el XVIII por la escisión de los dos componentes que la originaron, en mística y química, es una técnica simbólica que, junto al anhelo de positivos descubrimientos de ciencias naturales, buscaba la «realización» de verdades espirituales. En vez de buscar el «tesoro» enfrentándose con el mítico dragón, como Cadmo, Jasón, Sigfrido, los alquimistas querían *producirlo mediante* el trabajo y la virtud. Ni su obra era un simple encubrimiento de verdades esotéricas, ni la finalidad perseguida era material; ambas se compenetraban y la realización adquiría para ellos la significación de lo absoluto. Cada operación, cada pormenor, cada materia o útil empleado eran fuente de vivencias intelectuales y espirituales, símbolos vividos. Tras una etapa de olvido, la alquimia fue revalorada como «origen de la química actual», pero Bachelard, Silberer, Jung y otros autores han acabado por ver en ella la totalidad de su sentido, a un tiempo poético, religioso y científico, aparte de que, en las obras de Fulcanelli, Canseliet, Alleau ya se advierte este significado.

Bachelard señala que la alquimia «posee un carácter psicológicamente concreto» (33) y que, lejos de ser una descripción de fenómenos objetivos, es una tentativa de inscripción del amor humano en el corazón de las cosas (1). Jung insiste en que las operaciones alquímicas sólo tenían por función — como las de las antiguas técnicas adivinatorias, si bien con más trascendencia y continuidad — *animar la vida profunda de la psique* y facilitar proyecciones anímicas en los aspectos materiales, es decir, vivir éstos como simbólicos y construir con ellos toda una teoría del universo y del destino del alma. Por eso dice que «el laborante vivía ciertas experiencias psíquicas, que se le aparecían como un comportamiento particular del proceso químico». En otro momento, define esa actividad como «indagación química en la cual, por vía de proyección, se mezclaba material psíquico inconsciente», lo cual completa al afirmar que, «al alquimista, la verdadera naturaleza de la materia le era ignorada. La conocía sólo por alusiones. Tratando de indagarla, proyectaba el inconsciente sobre la oscuridad de la materia para iluminarla. Para explicar el misterio de la materia, proyectaba otro misterio» (32). La *summa* de este misterio, la aspiración secreta más profunda, es la *coincidencia oppositorum*, «de la cual resultaron los alquimistas, los experimentadores, mientras Nicolás de Cusa es su filósofo» (33). Pero el alquimista no pretendía simular las operaciones que ejecutaba, sino que se interesaba profunda y patéticamente en la busca del oro, siendo ese interés y la dedicación de su vida lo que — como en la búsqueda del santo Graal — garantizaba (por el ejercicio de virtudes que esa actividad constante desarrollaba, creaba o presuponía) el éxito final. Lograr el oro (pero el «aurum philosophorum») constituía el signo de la predilección divina. Jung interpreta psicológicamente el proceso como una progresiva eliminación de los factores impuros del espíritu y un acercamiento a los inmutables valores eternos. Pero esta visión de su obra ya era clara en los alquimistas; Michael Majer, en *Symbola Aur. Mens.* (1617), dice que «la química incita al artífice a la meditación de los bienes celestes». Dorneus, en *Physica* (1661), alude a la relación que debe existir entre el operante y lo operado al sentenciar: «De lo otro no harás nunca Uno, si antes no has devenido Uno tú mismo». La unificación se lograba por la extirpación del anhelo de lo diferente y lo transitorio, por la fijación del pensamiento en lo superior y eterno. Famosa es la máxima de los alquimistas: *Aurum nostrum non est aurum vulgui*. Esta afirmación de que su oro no era el oro vulgar parece indicar que el simbolismo excluía la realidad concreta y material del símbolo, en virtud de la potencia espiritual de lo simbolizado. Pero en todo caso resulta arriesgado reducir a una actitud la labor de muchísimos autores de formaciones distintas. La exigencia de la presencia física del oro pudiera ser interpretada aquí como el deseo del incrédulo santo Tomás. A los verdaderos privilegiados pudo bastarles el sueño del «Sol subterráneo» apareciendo en la profundidad del atanor, como la luz de salvación en el fondo del alma, sea esta salvación producto de una fe religiosa o del hipotético o real «proceso de individualización» en el que Jung parece haber concentrado su mejor saber y sentir sobre el hombre. Desde luego, bajo ese concepto se esconden nada menos que los tres anhelos supremos que parecen conducir a la felicidad: el Rebis alquímico, o ser andrógino que implica la conjunción de los opuestos y el cese del tormento de la separación de los sexos, desde que el hombre esférico de Platón fue escindido en dos; la fijación del principio «volátil», esto es, la aniquilación de todo cambio o transición, una vez lograda la posesión de lo esencial; finalmente, la asunción en un punto central, que simboliza el centro místico del universo, el origen irradiante (32) y la inmortalidad, unida a la juventud eterna. Es fácil de comprender, a la vista de estos «objetivos», que tanto algunos científicos que se esfuerzan por «traducir» a su mundo el alquímico, como los prosecutores de la alquimia ortodoxa no cesen en sus propósitos. También se comprende que la alquimia haya servido de modelo, de «paradigma» a toda actividad basada en el experimento, la actividad mental proyectada y la constancia, como sucede con ciertos casos de arte o de poesía.

III Nociones sobre el símbolo

Consideraciones sobre el tema

Las definiciones y análisis sobre la naturaleza del símbolo y del simbolismo abundan hasta lo excesivo. Pero deseamos estudiar algunas notas sugerentes, moviéndonos siempre en el ámbito comparativo que define el carácter de esta obra. Para el filósofo hindú Ananda K. Coomaraswamy, el simbolismo es «el arte de pensar en imágenes», perdido por el hombre civilizado (especialmente en los últimos trescientos años, tal vez a consecuencia, según frase de Schneider, de las «catastróficas teorías de Descartes»). Coincide, pues, Coomaraswamy con la idea de Fromm y la de Bailey, explícitas en los títulos de sus obras respectivas: *Le Langage oublié* y *The Lost Language of Symbolism*. Sin embargo, este olvido — como atestiguan la antropología y el psicoanálisis — sólo concierne a la conciencia, no al inconsciente, que, por compensación, se encuentra sobrecargado de materia simbólica, acaso. Desde el ángulo de un Guénon, naturalmente, la afloración del material simbólico se debe a la «supraconciencia» en contacto con la esfera del espíritu.

Diel, al considerar el símbolo como «una condensación expresiva y precisa», que corresponde por su esencia al mundo interior (intensivo y cualitativo) por contraposición al exterior (extensivo y cuantitativo) (15), coincide con Goethe, quien afirmó: «En el símbolo, lo particular representa lo general, no como un sueño ni como una sombra, sino como viva y momentánea revelación de lo inescrutable». Comentando a Diel, indicaremos que el distingo que establece entre los mundos interior y exterior marca condiciones dominantes, no exclusivas al modo cartesiano; el mundo de la *res cogitans* conoce la extensión y ¿cómo no va a conocer lo cuantitativo, si los «grupos» de cantidades son lo que origina lo cualitativo?

Marc Saunier, en su estilo literario y de un seudomisticismo, no deja de señalar una condición importante de los símbolos al decir que son la «expresión sintética de una ciencia maravillosa, de la cual los hombres han perdido el recuerdo [pero que] enseñan todo lo que ha sido y será, bajo una forma inmutable» (49). Se asigna aquí a los símbolos, o mejor, se les reconoce su función didáctica, su carácter de objetos intemporales *per se*, cuando menos en su más íntima estructura, pues las sobredeterminaciones son variantes culturales o personales.

La conexión entre la cosa creada y el Creador también se advierte en el símbolo. Jules Le Bêle recuerda que «cada objeto creado es como el reflejo de las perfecciones divinas, como un *signo natural y sensible* de una verdad sobrenatural», repitiendo así la proposición paulina. *Per visibilia ad invisibilia*, en coincidencia con la aseveración de Salustio: «El mundo es un objeto simbólico». Landrit insiste en que «el simbolismo es la ciencia de las relaciones que unen a Dios la creación, el mundo material y el mundo sobrenatural; la ciencia de las armonías que existen entre las distintas partes del universo (correspondencias y analogías)», dentro del proceso de la involución, es decir, de la materialidad de todo.

Hemos de intercalar aquí una distinción y una aclaración. Erich Fromm (23), siguiendo las vías del conocimiento normativo de la materia simbólica, establece diferencias graduales entre tres especies de símbolos: *a*) el *convencional*; *b*) el *accidental*; *c*) el *universal*. El primer género se constituye por la simple aceptación de una conexión constante, desprovista de fundamento óptico o natural; por ejemplo, muchos signos usados en la industria, en las matemáticas, o en otros dominios. (En la actualidad, hay también un notable interés por esta clase de signos.) El segundo tipo proviene de condiciones estrictamente transitorias, se debe a asociaciones por contacto casual. El tercer género es el que nosotros investigamos y se define, según el autor citado, por la existencia de la *relación intrínseca entre el símbolo y lo que representa*. Obvio es decir que esta relación no siempre posee la misma intensidad, ni la misma vida; por ello es difícil clasificar los símbolos con exactitud, como ya advertimos.

Este lenguaje de imágenes y de emociones, basado en una condensación expresiva y precisa, que habla de las verdades trascendentes exteriores al hombre (orden cósmico) e interiores (pensamiento, orden moral, evolución anímica, destino del alma), presenta una condición, según Schneider, que extrema su dinamismo y le confiere indudable carácter dramático. Efectivamente, la esencia del símbolo consiste en poder exponer simultáneamente los varios aspectos (tesis y antítesis) de la idea que expresa (51). Daremos de ello una explicación provisional; que el inconsciente, o «lugar» donde viven los símbolos, ignora los distingos de contraposición. O también, que la «función simbólica» hace su aparición justamente cuando hay una tensión de contrarios que la conciencia no puede resolver con sus solos medios.

Si para los psicólogos, el símbolo es una realidad casi exclusivamente anímica, que se proyecta luego sobre la naturaleza, bien tomando sus seres y formas como elementos idiomáticos, bien convirtiéndolos en personajes del drama, no es así para los orientalistas o para los esotéricos, quienes fundamentan el simbolismo en la ecuación inquebrantable: macrocosmo = microcosmo. Por ello señala René Guénon: «El verdadero fundamento del simbolismo es, como ya hemos dicho, la correspondencia que liga entre sí todos los órdenes de la realidad, ligándolos unos a otros y que se extiende, por consiguiente, desde el orden natural tomado en su conjunto, al orden sobrenatural. En virtud de esta correspondencia, la naturaleza entera no es más que un símbolo, es decir, que no recibe su verdadera significación más que cuando se la mira como soporte para elevarnos al conocimiento de verdades sobrenaturales o "metafísicas", en el propio y verdadero sentido de esta palabra, lo cual es precisamente la *función esencial del simbolismo...* El símbolo debe ser inferior siempre a la cosa simbolizada, lo cual destruye todos los conceptos naturalistas sobre el simbolismo» (29). Esta última idea la ratifica Guénon en muchas de sus obras, repitiendo que «lo superior no puede nunca simbolizar lo inferior, sino inversamente» (25) (a menos, agregamos, que se trate de un símbolo específico de inversión). De otro lado, lo superior puede «recordar» lo inferior.

Tienen mucho interés las consideraciones de Mircea Eliade sobre la cuestión, atribuyendo al símbolo la misión de abolir los límites de ese «fragmento» que es el hombre (o uno cualquiera de sus motivos o cuidados), para integrarlo en unidades más amplias: sociedad, cultura, universo. Si bien, en el límite, «un objeto convertido en símbolo — por obra de su posesión por la función simbólica — tiende a coincidir con el Todo... esta "unificación" no equivale a una confusión, pues el simbolismo permite el paso, la circulación de un nivel a otro, integrando todos esos niveles y planos (de la realidad), pero sin fusionarlos, es decir, sin destruirlos», antes ordenándolos en un sistema. De otro lado, Eliade cree que si el Todo puede aparecer contenido en un fragmento significativo, es porque cada fragmento repite el Todo. «Un árbol se convierte en sagrado, sin dejar de ser árbol, en virtud del poder que manifiesta; y si se convierte en árbol cósmico es porque *lo que manifiesta* repite punto por punto lo que manifiesta el orden total.» (17). Tenemos aquí explicada la «relación intrínseca» mencionada por Erich Fromm. Consiste en el parentesco esencial, aunque traducido a otro plano de la realidad, entre uno y otro proceso, entre uno y otro objeto, conexión que internamente ha sido definida como ritmo analógico.

El «ritmo común» de Schneider

La analogía entre dos planos de la realidad se fundamenta en la existencia, en ambos, de un «ritmo común». Ritmo denominamos aquí no al «orden
sensible en el tiempo», sino al factor coherente, determinado y dinámico, que
posee un carácter y lo transmite al objeto sobre el cual se implanta o del
que surge como emanación. Ese ritmo, originariamente, es un movimiento,
el resultado de una tensión vital, de un número dado. Aparece como gesto
o petrificado en una forma. Así, entre la serpiente viva que se mueve ondulante y la serpiente de un relieve pétreo puede existir una analogía no sólo
formal (de diseño, disposición, forma concreta del animal) sino de ritmo,
es decir, de tono, de modalidad, de acento y de expresión.

Martin Buber advierte que el hombre, en su estudio de la poesía natural
y primera — sea el hombre de la cultura megalítica, el primitivo coetáneo
o el hombre «romántico» que busca una espontaneidad natural en su enfrentamiento con el cosmos —, no piensa en la luna que ve todas las noches,
pues lo que retiene no es la imagen de un disco luminoso ambulante, ni la
de un ser demoníaco asociado a él, sino de inmediato la imagen emotiva,
el fluido lunar que atraviesa los cuerpos (Gaston Bachelard, 2). Esto es exactamente ratificado por Schneider, quien señala la disposición del primitivo
para el pensar simbólico y rítmico, pues identifica el movimiento de una
ola con el de los dorsos de un rebaño en marcha (51), como podría identificar el gráfico de un estado febril y el contorno de la zona superior de una
cordillera. Davy recuerda que ya Boecio había hablado del «ritmo común»
al decir que solamente aquellas cosas que tienen por objeto una misma materia — término que significa aquí «aspecto vital» — pueden cambiarse y
transformarse mutuamente entre sí (14). El ritmo puede entenderse como
grupo de distancias, como agrupación de valores cuantitativos, pero también
como diagrama formal determinado por esos números, es decir, como similitud espacial, formal y situacional.

Pero hay un sentido más hondo, si no más amplio, del concepto de ritmo,
que es justamente el que desarrolla Schneider partiendo de conceptos primitivos que fundan la identificación en la existencia de esa suerte de «célula
viviente y dinámica» en dos o más aspectos de la realidad. Por ello, indica
el autor citado: «La determinación del ritmo común varía mucho según las
culturas. Los seres primitivos consideran como un ritmo de parentesco, ante
todo, el timbre de la voz, el ritmo ambulatorio, la forma del movimiento,
el color y el material. Las altas culturas mantienen estos criterios, pero dan
más importancia a la forma y el material (lo visual) que a los criterios de voz
y del ritmo ambulatorio. En vez de concebir estos ritmos de parentesco dinámica y artísticamente como lo hacen los pueblos primitivos, las altas culturas
los consideran como valores abstractos y los ordenan siguiendo una clasificación razonada de carácter estático y geométrico. Mientras el primitivo
percibe como esencial el movimiento en las formas y el carácter fluctuante
de los fenómenos, las altas civilizaciones ponen en el primer plano el aspecto
estático de las formas y el perfil puro y estrictamente geométrico de la
forma» (50).

Los ritmos o modos permiten, pues, establecer conexiones entre los
planos diversos de la realidad. Mientras la ciencia natural establece sólo
relaciones entre grupos «horizontales» de seres, siguiendo el sistema clasifi-
cador de Linneo, la ciencia mística o simbólica lanza puentes «verticales»
entre aquellos objetos que se hallan en un mismo ritmo cósmico, es decir,
cuya situación está en «correspondencia» con la ocupada por otro objeto

«análogo», pero perteneciente a un plano diferente de la realidad; por ejemplo, un animal, una planta, un color. Según Schneider la noción de estas correspondencias proviene de la creencia en la indisoluble unidad del universo. Por ello, en las culturas megalíticas y astrobiológicas, se ligan entre sí los fenómenos más diferentes, en virtud de que poseen un «ritmo común»; y así se correlacionan elementos como: «instrumentos de música, de culto o de trabajo; los animales, dioses y astros; estaciones, puntos cardinales y símbolos materiales; ritos, colores y oficios; partes del cuerpo humano o períodos de la vida humana» (51). El simbolismo es la fuerza que pudiéramos llamar magnética, y liga entre sí los fenómenos correspondientes al mismo ritmo, permitiendo incluso su sustitución mutua. De estos principios, Schneider deriva consecuencias importantes de tipo ontológico: «La multiplicidad de las formas exteriores repartidas en los planos concéntricos sólo es una engañadora apariencia, pues, en último lugar, todos los fenómenlo del universo se reducen a unas pocas formas rítmicas fundamentales, agrupadas y ordenadas por la evolución del tiempo» (51); y gnoseológico: «El símbolo es la manifestación ideológica del ritmo místico de la creación, y el grado de veracidad atribuido al símbolo es una expresión del respeto que el hombre es capaz de conceder a ese ritmo místico» (50). La conexión rítmica entre los seres del mundo exterior a lo humano y la fisiología del hombre es mostrada por el autor al afirmar que el hombre primitivo y su animal-tótem — siendo seres diferentes — están ligados por un ritmo común, cuyo elemento esencial es el *grito-símbolo* (51). Jung amplía a lo psicológico la noción al establecer la profunda y constante relación que existe entre ritmo y emoción (31).

Deseamos comentar una de las aseveraciones implicadas en la tesis de Schneider, la que se refiere a la escasez de formas realmente distintas en el universo, a pesar del aspecto aparentemente caótico y pluriversal de las apariciones fenoménicas. En efecto, la morfología, al analizar sistemáticamente las formas, descubre que sólo unas cuantas son fundamentales; en lo biológico, particularmente el ovoide, del que derivan la esfera y el huso con las infinitas formas intermedias. Además, precisamente los análisis simbológicos dan con frecuencia una sensación de enriquecimiento en profundidad, pero de empobrecimiento en extensión, pues las escasas situaciones se enmascaran bajo aspectos cambiantes pero secundarios. De igual modo, en la serie numérica, sólo son «originales» las cifras de la primera década en la tradición griega, o hasta el doce en la oriental. Las demás pertenecen al dominio de la «multiplicidad», que sólo es reordenación de lo esencial, de la serie básica. Además, el simbolismo se sitúa en lo arquetípico de cada ser, de cada forma, de cada ritmo. En su dominio, merced al principio de concentración, todos los seres de una misma especie se reducen al singular. E incluso el ritmo dominante transforma en beneficio de esa unificación lo que pudiera aparecer distinto. De modo que, haciendo uso de un ejemplo, no sólo todos los dragones son el dragón, sino que la mancha que parece un dragón es un dragón. Y lo es, como veremos, por obra del principio de «identificación suficiente».

El arquetipo de Jung

En la ecuación macrocosmo — microcosmo se implica la posibilidad de explicar el primero por el segundo, o inversamente. El «ritmo común» de Schneider pertenece más bien, acaso, a la tendencia de explicar el hombre por el mundo; el «arquetipo» de Jung propende a explicar el mundo por el hombre. Lógico es que acontezca así, cuando no parte de formas, ni de figuras o seres objetivos, sino de imágenes contenidas en el alma humana, en las honduras hirvientes del inconsciente. El arquetipo es, en primer lugar, una epifanía, es decir, la aparición de lo latente a través del arcano: visión, sueño, fantasía, mito. Todas estas emanaciones del espíritu no son, para Jung, sustitutivos de cosas vivas, modelos petrificados, sino frutos de la vida interior en perpetuo fluir desde las profundidades, en un proceso análogo al de la creación en su gradual desenvolvimiento. Si la creación determina el surgimiento de seres y de objetos, la energía de la psique se manifiesta por medio de la imagen, entidad limítrofe entre lo informal y lo conceptual, entre lo tenebroso y lo luminoso.

Jung utiliza la palabra *arquetipo* para referirse a aquellos símbolos universales que revelan la máxima constancia y eficacia, la mayor virtualidad respecto a la evolución anímica, que conduce de lo inferior a lo superior. Así lo concreta en *Energetik der Seele*, al decir: «La máquina psicológica, que transforma la energía, es el símbolo». Pero también parece determinar en otro sentido el término de arquetipo escindiéndolo del símbolo en cuanto conexión óntica, y refiriéndolo estrictamente a la estructura de la psique. Para aclarar esto con los propios conceptos del autor, vamos a transcribir algunos párrafos de varias obras en las que alude a ello diciendo: «Los arquetipos son elementos estructurales numinosos de la psique y poseen cierta autonomía y energía específica, en virtud de la cual pueden atraerse los contenidos de la conciencia que les convengan». Luego añade: «No se trata de representaciones heredadas, sino de cierta predisposición innata a la formación de representaciones paralelas, que denominé "inconsciente colectivo". Llamé arquetipos a esas estructuras y corresponden al concepto biológico de "pautas de comportamiento"» (31). Los arquetipos «no representan algo externo, ajeno al alma —aunque, desde luego, sólo las formas del mundo circundante proporcionan las formas (figuras) en que se nos manifiestan —, sino que, independientemente de sus formas exteriores, trasuntan más bien la vida y la esencia de un alma no individual» (33). Es decir, hay un reino intermedio entre la unidad del alma individual y su soledad y la multiplicidad del universo; hay un reino intermedio entre la *res cogitans* y la *res extensa* de Descartes, y ese reino es la representación del mundo en el alma y del alma en el mundo, es decir, el «lugar» de lo simbólico, que «funciona» en las vía preparadas de los arquetipos, que «son presencias eternas, siendo el problema dilucidar si la conciencia las percibe o no» (32).

En su *Essai de psychologie analytique*, Jung vuelve a definir la esencia de los arquetipos diciendo que «son sistemas disponibles de imágenes y emociones a la vez (es decir, ritmos). Son heredados con la estructura cerebral, más aún, son de ella el aspecto psíquico. Constituyen, de una parte, el más poderoso prejuicio instintivo y, de otra parte, son los auxiliares más eficaces que pueda imaginarse de las adaptaciones instintivas». Señala Jung que la noción de tales «imágenes-guía» de origen ancestral aparece ya en Freud, quien las denominó «fantasías primitivas». Jolan Jacobi, en su obra sobre la psicología de Jung (30), dice que éste tomó la expresión de san Agustín, quien la usa en un sentido muy próximo a lo que Platón entendiera por «idea», es decir, realidad primordial de la que surgen, como ecos y desdoblamientos, las realidades existenciales. Proceden los arquetipos como parábolas sintéticas y su significado sólo es parcialmente accesible, permaneciendo secreta su identidad más profunda, porque, naturalmente, es anterior al mismo hombre y se proyecta más allá de él. Jolan Jacobi identifica prácticamente los símbolos con los arquetipos, aludiendo como pertenecientes al dominio de éstos el «viaje nocturno por el mar», la «ballena dragón», las figuras del príncipe, del niño, del mago o de la doncella desconocida. No nos es posible avanzar más en el análisis de las concepciones de Jung sin entrar en el dominio de su psicología y de su teoría antropológica, lo cual rebasa nuestra finalidad. De otro lado, quien desee hacerlo dispone actualmente de una obra de conjunto debida a Jung y sus principales discípulos, *El hombre y sus símbolos*, que se cita en la Bibliografía general.

Volviendo a la relación, que puede concebirse como identificación, entre símbolo y arquetipo pudiéramos decir que éste es el aspecto mítico y solamente humano de lo simbólico, mientras que el sistema escueto de los símbolos pudiera existir incluso sin la conciencia humana, pues se funda en el orden cósmico determinado por las conexiones verticales a que aludimos al comentar el «ritmo común» de Schneider, integración que traduce a un idioma espiritual sistemas de vibraciones reflejando un «modelo» fundamental y originario, simbolizado preferentemente en la serie numérica.

IV   La esencia del símbolo

Análisis del símbolo

Las ideas previas, los supuestos que permiten la concepción simbolista, el nacimiento y dinamismo del símbolo, son los siguientes: *a)* Nada es indiferente. Todo expresa algo y todo es significativo. *b)* Ninguna forma de realidad es independiente: todo se relaciona de algún modo. *c)* Lo cuantitativo se transforma en cualitativo en ciertos puntos esenciales que constituyen precisamente la significación de la cantidad. *d)* Todo es serial. *e)* Existen correlaciones de situación entre las diversas series, y de sentido entre dichas series y los elementos que integran. La serialidad, fenómeno fundamental, abarca lo mismo el mundo físico (gama de colores, de sonidos, de texturas, de formas, de paisajes, etc.) que el mundo espiritual (virtudes, vicios, estados de ánimo, sentimientos, etc.). Los hechos que dan lugar a la organización serial son: limitación, integración de lo discontinuo en la continuidad, ordenación, gradación sucesiva, numeración, dinamismo interno entre sus elementos, polaridad, equilibrio de tensión simétrico o asimétrico y noción de conjunto. Si tomamos un «símbolo» cualquiera, por ejemplo, la espada o el color rojo y analizamos sus estructuras, veremos que éstas se descomponen analíticamente, lo mismo en el origen que en la significación. Encontramos primeramente el objeto en sí, abstraído de toda relación; en segundo lugar el objeto ligado a su función utilitaria, a su realidad concreta en el mundo tridimensional (directamente: la espada); indirectamente (el color rojo, tiñendo por ejemplo un manto). En tercer lugar, encontramos lo que permite considerarlo como símbolo, estructura que hemos denominado «función simbólica» y que es la tendencia dinámica de la cualidad a relacionarse con las equivalentes situadas en los puntos correspondientes de todas las series análogas, pero tendiendo de modo principal a designar el sentido metafísico que concierne a ese aspecto modal de la manifestación. En esa función simbólica podemos aún distinguir entre lo ligado al símbolo y lo que corresponde a su significado general, muchas veces ambivalente y cargado de alusiones cuya multiplicidad nunca es caótica, porque se dispone a lo largo de una coordenada de «ritmo común».

Así la espada, el hierro, el fuego, el color rojo, el dios Marte, la montaña rocosa, se relacionan entre sí por encontrarse en una de esas «direcciones simbólicas» de igual sentido. Todos esos elementos aluden al anhelo de «decisión psíquica y exterminación física», que es el significado profundo de sus funciones simbólicas, y que puede enriquecerse con significados secundarios dimanados de la «situación» a nivel en que el símbolo aparezca. Pero además estos símbolos se unen entre sí — se llaman mutuamente, podríamos decir — por razón de la afinidad interna que liga todos estos fenómenos que son en realidad *concomitancias* de una modalidad cósmica esencial.

Por consiguiente, aparte de esta red de relaciones que liga todos los objetos (físicos, metafísicos, reales, ideales, e irreales en tanto que verdaderos psicológicos), el orden simbólico se establece por la correlación general de lo material y lo espiritual (visible e invisible) y por el despliegue de las significaciones. Estos componentes que dan lugar al «modo de ser» del objeto pueden ser sumativos o disidentes, siendo en el segundo caso cuando se produce la ambivalencia del símbolo. Schneider aduce el ejemplo de la flauta (50), que por su forma es fálica y masculina, mientras que por su sonido es femenina. Halla una curiosa correspondencia de doble inversión de este instrumento con el tambor, masculino por su voz grave y femenino por sus formas redondeadas. En la relación de significados de las formas abstractas (geométricas o biomórficas, ideales o artísticas) y los objetos, existe una mutua influencia que siempre se deberá tener en cuenta. Vamos a exponer otro ejemplo de análisis de sentido simbólico. El del agua. Sus cualidades dominantes son: fertiliza, purifica, disuelve. La íntima conexión de estas condiciones permite relacionarlas de diversos modos, en los que siempre resultará un hecho: que la disolución de las formas, la carencia de formas fijas (fluidez) va ligada a las funciones de fertilización o renovación del mundo vivo material, y de purificación o renovación del mundo espiritual. De esta trabazón se deduce todo el vasto simbolismo de las aguas, que aparecen como fuerza situada en medio de los estadios cósmicos solidificados para destruir lo corrompido, dar fin a un ciclo y posibilitar la vida nueva, significación ésta que se trasvasa a los signos zodiacales de Acuario y de Piscis, en corroboración de los versículos de los salmos: «Cual agua me disuelvo; se han descoyuntado todos mis huesos».

Las ideas fundamentales que autorizan y arraigan el orden simbólico, que antes mencionamos, las ordena de otro modo Jung por sus resultados dentro de un sistema de lógica simbólica. Y en relación con la libido o energía vital, dice que tenemos las siguientes posibilidades de simbolización: 1) *La comparación analógica* (es decir, entre dos objetos o fuerzas situados en una misma coordenada de «ritmo común»), como el fuego y el sol. 2) *La comparación causativa objetiva* (que alude un término de la comparación y sustituye ésta por la identificación); por ejemplo, el sol bienhechor. 3) *La comparación causativa subjetiva* (que procede como en el caso anterior e identifica de modo inmediato la fuerza con un símbolo u objeto en posesión de función simbólica apta para esa expresión); falo o serpiente. 4) *La comparación activa* (que se basa no ya en los objetos simbólicos, sino en su actividad, insertando dinamismo y dramatismo a la imagen); la libido fecunda como el toro, es peligrosa como el jabalí, etc. La conexión de esta última forma con el mito es evidente y no necesita comentarios (31).

La analogía simbólica

Según la *Tabula smaragdina*, el triple principio de la analogía entre el mundo exterior y el interior consiste en: la unidad de la fuente o del origen de ambos mundos; el influjo del mundo psíquico sobre el mundo físico; y el del mundo material sobre el espiritual. Pero la analogía no sólo consiste en esa relación entre lo interior y lo exterior, sino también entre los fenómenos diversos del mundo físico. La semejanza material, formal, es sólo uno de los casos de analogía. Esta puede existir también en lo que respecta a la acción, al proceso. A veces, la elección denota el fundamento analógico, del origen interno de que se parte o de la finalidad que se persigue. Vamos a citar algunos ejemplos de analogía, para aclarar la cuestión. En la literatura religiosa se lee que la Orden de san Bruno prefería para sus establecimientos los lugares abruptos y recónditos; la de san Benito, los montes elevados; la del Cister, los valles amenos; la de san Ignacio, las ciudades. Casi no es preciso añadir nada; quienes conozcan el carácter de estas fundaciones sabrán que su predilección establece un simbolismo del paisaje o que, inversamente, los lugares elegidos hablan elocuentemente del espíritu que animaba a cada una de esas comunidades.

Los pigmeos del Africa ecuatorial creen que Dios expresa por el arco iris su deseo de entrar en relación con ellos. Por esto, es cuanto aparece el arco iris, toman sus arcos y apuntan hacia él... (17). La incomparable belleza de esta imagen plástica nos dice lo que es la analogía mejor que cualquier análisis. Otros aspectos se dan en ciertas supersticiones, como la creencia de muchos pueblos de que, abriendo todos los cerrojos, cerraduras y pestillos de la casa mientras una criatura está naciendo se facilitará su venida al mundo (21). Otra analogía: el proceso de la creación, que las teogonías orientales expresan como una multiplicación progresiva que es, en realidad, una división, pues todo proviene de lo uno, tiene su manifestación analógica en el mito del descuartizamiento de Osiris en Egipto, de Prajapati en la India, de Dioniso en Grecia (40). Como ejemplo de analogía formal o semejanza citaremos cuatro símbolos del centro: la Rueda de las Transformaciones hindú, con un espacio central vacío o animado sólo con el símbolo o la imagen de la deidad; el disco de jade chino, *Pi*, con un agujero en el centro; la idea del cielo agujereado por la estrella Polar, como camino del mundo espaciotemporal al carente de esas constricciones. Finalmente, en Occidente, la Tabla Redonda con el santo Graal en medio. Vemos que en tan diferentes objetos se repite, obsesivamente diríamos, la imagen de una dualidad: centro contra entorno circundante como doble imagen del origen inefable y del universo de la manifestación. Pero hay una leyenda que nos expone las grandes posibilidades que tiene la analogía, e incluye analogía formal (semejanza) y procesal. Es el mito del cazador maldito, que deja la misa en el momento de alzarse la sagrada forma y huye tras la caza. Hay aquí diseñado un movimiento espiral que «repite» la creación del mundo físico. El alma abandona el centro (forma circular de la hostia) y sale hacia la zona exterior de la rueda, donde el movimiento es más veloz (simbolizado por su carrera sin fin tras la inconseguible caza).

La analogía como procedimiento de unificación y de ordenación aparece en el arte, en el mito, en la poesía continuamente. Su presencia delata siempre una fuerza mística en acción, la necesidad de reunir lo disperso. Vamos a citar dos casos, de crítica de arte uno, literario aunque incidente en lo mismo el otro, que no tienen otro fundamento que la analogía. Dice Cohn-Wiener: «Los relieves nos permiten apreciar que allí [Babilonia] el vestido no acentúa la forma del cuerpo, como en Egipto, sino que la encubre, como la decoración mural oculta los rasgos constructivos». Glosó Théophile Gautier la catedral de Burgos diciendo: «Gigantesca como una pirámide de piedra y delicada como un bucle de mujer», y Verlaine afirmó de la Edad Media (que había creado esa catedral): «Enorme y delicada».

Insistiremos todavía en el estudio de la analogía, que es tal vez la piedra angular de todo el edificio simbólico. Si establecemos dos acciones paralelas, como «El sol vence a las tinieblas», «El héroe mata al monstruo», hay una correspondencia entre las dos frases (y acciones). Hemos de concebir cada una como una serie de tres elementos: sujeto, verbo, predicado. Hay analogía de proceso; ambos sujetos, ambos verbos, ambos predicados se corresponden entre sí. Como, además, hemos elegido dos acciones de «ritmo común», se podrían sustituir libremente e intercambiar los elementos de las series sin que el sistema sufriera quebranto o confusión y decir: «El sol mata al monstruo» o «El héroe vence a las tinieblas». Otro caso; en las expresiones paralelas: «El sol brilla con fulgor dorado» y «El oro brilla con fulgor dorado», la igualdad de predicado autoriza no sólo el intercambio de los sujetos de la oración, sino su identificación. Tras la frase intermedia: «El sol brilla como el oro» o «El oro brilla como el sol», se presenta ya irrebatible: «El sol (en cuanto áureo brillo) es el oro». Esta asimilación relativa, no por su valor, sino por el sentido de su situación, ya que sólo concierne a la posición dinámica, es decir, simbólica de los objetos, la denominamos «principio de identificación suficiente» y la consideramos como el núcleo del fenómeno simbólico. Se comprende que sea «suficiente» esta identificación (es decir, suficiente para lo simbólico) desde el momento en que se produce justamente en el seno de la tensión energética simbólica. Al coincidir en sus funciones, que revelan pertenencias a una esencia, ambos objetos, que en lo existencial son diferentes, tórnanse uno en lo simbólico y son intercambiables, resultando — en lenguaje escolástico — la *coniunctio* (conjunción integradora) de lo que antes era *distinctio*. Por esta razón, la técnica simbólica consiste en sistematizar las identificaciones progresivas, dentro de los ritmos verdaderos y comunes. Y también por todas las causas aludidas, la imagen simbólica no es un «ejemplo» (relación externa y posible entre dos objetos o conexiones), sino una analogía interna (relación necesaria y constante).

Símbolo y alegoría. – Símbolo y expresión

Por lo general, los tratadistas establecen un distingo esencial entre símbolo y alegoría. Bachelard (3) define a ésta como «imagen inerte, concepto ya bien racionalizado». Para Jung (30), la alegoría es un símbolo reducido constreñido al papel de signo, a la designación de una sola de sus posibilidades seriales y dinámicas. De otro lado, la diferencia se comprende partiendo del supuesto de Wirth, para quien la función esencial de lo simbólico es penetrar en lo desconocido y establecer, paradójicamente, la comunicación con lo incomunicable. El descubrimiento parcial de esas verdades profundas se verifica por medio de los símbolos (59). Diel explica la diferencia entre alegoría y símbolo con un elocuente ejemplo: «Zeus lanza el rayo, lo cual, en el plano del sentido meteorológico, es una simple alegoría. Esta se transmuta en símbolo cuando la acción adquiere un sentido psicológico, Zeus deviene símbolo del espíritu y el rayo lanzado simboliza la súbita aparición del pensamiento iluminante (intuición) que se supone enviado por la deidad» (15). El signo es una expresión semiótica, una abreviatura convencional para una cosa conocida. Ciertas tribus primitivas, los mendigos, y las ciencias actuales (topografía, electricidad) usan verdaderos «lenguajes de signos», a veces muy convencionales. La alegoría resulta mecanización del símbolo, por lo cual su cualidad dominante se petrifica y la convierte en signo, aun aparentemente animado por el ropaje simbólico tradicional.

Las alegorías se han forjado muchas veces a plena conciencia para finalidades escenográficas o literarias. Grecia y Roma usaron y abusaron de ellas como se observa, simplemente, en la numismática. La literatura antigua y medieval usó también las alegorías. La *Iconología* de Cesare Ripa es una vastísima compilación de personificaciones y alegorías. Los diccionarios de mitología aportan numerosos ejemplos, cuyo carácter descriptivo los aparta de lo simbólico. Así, según Cochin, la Crueldad se representa por medio de una mujer de aspecto espantoso que ahoga a un niño en una cuna y que se ríe contemplando un incendio. El Crepúsculo vespertino, por la imagen de un doncel de negras alas que huye por debajo de un velo que alude a la noche. Sus atributos son una estrella sobre la frente y un murciélago. Más mecanizadas resultan aún las alegorías que representan ciencias, artes o industrias. La Cosmografía se suele representar con los rasgos de una mujer anciana. Lleva un manto azulado sembrado de estrellas y su traje es del color de la tierra. Con una mano sostiene un astrolabio y un compás con la otra. A sus pies están los globos celeste y terrestre. Estos ejemplos prueban que los elementos de la alegoría son simbólicos y en nada se distinguen de los verdaderos símbolos. Sólo su función está trastornada y modificada, pues, en vez de aludir a los principios metafísicos y espirituales, en vez de poseer una emoción, se han creado artificialmente para designar realidades concretas ciñéndose a este sentido único o muy dominante.

Pero los elementos de la alegoría pueden retornar a su estado simbólico en determinadas circunstancias, es decir, si son captados como tales por el inconsciente, con olvido de la finalidad semiótica y meramente representativa que poseen. Por ello, podemos hablar de un reino intermedio, de imágenes creadas conscientemente, aunque utilizando experiencias ancestrales que pueden deberse a sueños o visiones. Un ejemplo lo tenemos en las láminas del Tarot, cuyas composiciones parecen realizadas según un criterio similar al de muchas alegorías o figuras míticas. Sólo que su misteriosidad las torna impalpables a la razón y las posibilita para actuar como estímulos del inconsciente. Con el arte sucede frecuentemente lo mismo; los símbolos fueron ordenados en sistemas conscientes y tradicionales, canónicos, pero su vida interior sigue latiendo bajo esa ordenación racionalizada, pudiendo así aparecer en un momento. En la ornamentación actúa más el ritmo puro que el significado simbólico de éste. La fuerza endopática del ritmo se comunica al espectador y lo mueve según su carácter, siendo muy raro que aflore a la conciencia la sospecha de un significado psicológico o cósmico, aunque se percibe la esencia energética. Esto se percibe, sobre todo, en las «abstracciones» que van del neolítico al arte vikingo, irlandés o islámico.

Sucede lo mismo con el fenómeno de la expresión, que puede emparentarse con el de la simbolización, pero sin confundirse con él. La expresión es una *relación continua*, fluente, causal y directa entre el origen y la manifestación; termina en ésta, donde encuentra su cauce y a la vez su límite. La simbolización es discontinua, estática, indirecta, *trascendente* a la obra en que aparece plasmada. En música o en pintura, pudieran deslindarse perfectamente los factores de expresión y los de simbolización. Pero por no sernos posible profundizar en una cuestión tan particular, nos limitaremos a buscar su respectivo fondo en las tendencias estéticas a que ambos impulsos, hipostasiados, dan lugar. La fórmula del expresionismo, al enfrentarse con el mundo material, con los objetos, tiende a destruirlos y a sumirlos en una corriente caótica de carácter psíquico, que disuelve las figuras y las incorpora en estado de ritmos libres a su fuerza. El simbolismo aísla, por el contrario, cada forma y cada figura, pero liga entre sí por magnéticos puentes cuanto posee «ritmo común», es decir, concomitancia natural. Así hace transparentes las series de objetos simbólicos al significado profundo que motivó su aparición en lo fenoménico. En lo que concierne a la relación de la forma de arte con su autor, volvemos al concepto de endopatía, ya presentado por Dante, el cual dijo en su *Canzoniere:* «Quien ha de pintar una figura, si no puede convertirse en ella no puede dibujarla». Su afirmación vuelve a fundamentarse en el «ritmo común», como la más lejana de Plotino, al afirmar que el ojo no podría ver el sol si no fuera un sol en cierto modo (e inversamente). En la doctrina simbolista nunca hay mera relación de causa a efecto sino «mutua causalidad». En simbolismo todo posee significado, todo es manifiesta o secretamente intencional, todo deja una huella o «signatura» que puede ser objeto de comprensión e interpretación.

Comprensión e interpretación

El problema de la interpretación

Durante el siglo XIX, la mitología y el simbolismo eran dominios discutidos especialmente en lo relativo a su interpretación. Max Müller derivaba la mayor parte de mitos de los fenómenos solares, particularmente de la aurora como victoria sobre las tinieblas, mientras Schwartz y su escuela daban preferencia a la tempestad (35). Pronto se agregó otra modalidad interpretativa que consideraba como secundarias todas las proyecciones a lo celeste y meteorológico y como esencial la simbolización de lo psíquico y espiritual. Así Karl O. Müller, en *Kleine deutsche Schriften*, consideró que el mito de Orión no tenía en esencia nada de astral y sólo posteriormente fue identificado en el cielo. Este proceso de proyección a la esfera celeste, particularmente a la astral, se denomina catarismo. La aparición de la tesis psicologista no invalidó la de los partidarios del origen celeste, cual Dupuis en *L'Origine de tous les cultes*, lo que ratifica para el símbolo su tantas veces repetido carácter de plurisigno (término original de Philip Wheelwright). En el fondo, todos estos problemas de «origen» son muy secundarios. Desde el ángulo de la tradición simbolista no hay acaso prioridad sino simultaneidad: todos los fenómenos son paralelos y correspondientes. Las interpretaciones expresan el punto de partida del que las establece, más que la relación de causalidad ni de anterioridad en los hechos sistematizados.

Este carácter condicional de la interpretación es claramente subrayado por Gaston Bachelard en su prólogo a la obra de Diel (15), al decir, no sin ironía: «¿Es usted historiador racionalista? Encontrará en el mito el relato de las dinastías célebres. ¿Es usted lingüista? Las palabras lo dicen todo, las leyendas se forman en torno a una locución. Una palabra deformada, he ahí un dios más. El Olimpo es una gramática que regula las funciones de los dioses. ¿Es usted sociólogo? Enonces, en el mito aparece el medio social, medio primitivo en el que el jefe se transforma en dios. La posición interpretativa que parece más amplia y conforme con el sentido original de mitos y símbolos es la que remonta su significado a las fuentes metafísicas, a la dialéctica de la creación. Louis Renou alaba de Zimmer esa innata tendencia — fidelidad mejor al material consultado — al sentimiento metafísico del mito», en el que refunden lo filosófico y lo religioso (60). Pero las discusiones en torno a las posibilidades de interpretación no datan de nuestro tiempo, ni del que inmediatamente lo antecede, sino que provienen de la Antigüedad. Seznec recuerda que los antiguos ya elaboraron teorías sobre el origen de los dioses, basadas en tesis interpretativas que pueden sintetizarse en tres actitudes esenciales: *a*) Los mitos son narraciones más o menos alteradas de hechos históricos, de personajes elevados a la categoría de dioses, como aconteciera en período histórico con Alejandro el Grande. *b*) Los mitos expresan conflictos elementales que constituyen la naturaleza, por lo que los dioses son símbolos cósmicos. *c*) Son más bien expresión fabulada de ideas filosóficas o morales. Nosotros diríamos que los mitos y con ellos gran parte de los símbolos arquetípicos son las tres cosas a la vez. Mejor dicho, realidades históricas concretas; realidades cósmicas y naturales; realidades morales y psicológicas no son sino la reverberación en tres planos (historia, mundo físico, mundo psíquico) de las mismas ideas-fuerzas en acción. El evemerismo, que da la preferencia a la interpretación histórica, por otra parte no afecta en nada la naturaleza del símbolo o la del mito, pues, como dijimos anteriormente, la simultaneidad de lo paradigmático abstracto y general y de su concreción en un momento espaciotemporal no sólo no implica contradicción, sino que es una ratificación de la verdad en ambos planos.

En el mundo de los símbolos la interpretación totemística no hace sino establecer conexiones, sin dilucidar significados; establece líneas de relación entre seres dotados de «ritmo común», pero no alude al sentido de esos seres. Decir que Atenas era el búho nocturno; la Magna Mater una leona; Artemisa una osa, no agrega nada al significado de los dioses ni de sus animales símbolos. Es el análisis del sentido lo único que puede permitir reconstituir la estructura interna de cada símbolo. El realismo que ve en lo fabuloso una copia alterada o una confabulación de elementos diversos, tampoco hace sino suministrar una explicación secundaria sobre el problemático «origen», sin penetrar en la razón de ser del ente. Decir que la imagen del murciélago determinó la idea del hipogrifo, la quimera y el dragón, es dar un componente mínimo sobre el valor expresivo y simbólico de tales animales fabulosos, pero sólo el análisis de las condiciones en que aparecen, de su conducta y de su finalidad, nos sitúa frente al mito del símbolo y toda su capacidad de transfiguración energética. El realismo llega a Krappe, cuando dice que la asociación tan frecuente y conocida del árbol y la serpiente se debe «simplemente a la observación, fácil de hacer en todos los países en que hay serpientes, de que estos reptiles tienen por lo común sus antros al pie de los árboles» (35). Aunque este origen fuera cierto, ¿qué nos explicaría sobre la vida intensa y la capacidad mítica de este símbolo para expresar la tentación bíblica? Lo simbólico, evidentemente, es *otra cosa*. Es la imantación que lo real, sea simple (objeto) o complejo (conexión), toma en orden a una tensión espiritual y dentro de un sistema cósmico u obedeciendo a la «presión» espiritual. La serpiente y el árbol se relacionan analógicamente por su carácter lineal, por la semejanza del reptil con las raíces, por el parentesco de ambos seres erguidos con las columnas Jakin y Bohaz, imagen del sistema binario, de la contradicción esencial, del bien y del mal. Mientras el árbol eleva las ramas al sol, como en éxtasis de adoración, la serpiente espera poder clavar el aguijón. Esto es lo esencial del símbolo y no que las serpientes aniden junto a los árboles. Más aún, aplicando las leyes tradicionales, en las cuales los hechos nunca explican nada sino que son meras consecuencias de los principios, diríamos que si la serpiente anida junto a los árboles es porque hay la relación interna antes mencionada.

La interpretación psicológica

Dado que todo símbolo «resuena» en todos los planos de la realidad y que el ámbito espiritual de la persona es uno de los planos esenciales por la relación reconocida tradicionalmente entre macrocosmo y microcosmo, que la filosofía ratifica considerando al hombre como «mensajero del ser» (Heidegger), se deriva que todo símbolo puede ser interpretado psicológicamente. Así, por ejemplo, la habitación secreta de Barba Azul, donde no permite penetrar a su mujer, es su pensamiento. Las mujeres muertas que ella encuentra al incumplir la prohibición son las mujeres amadas en el pasado, es decir, muertas ya en el amor. Jung insiste en el doble valor de la interpretación psicológica, no sólo por los datos que facilita sobre el material nuevo y directo, de sueños, ensueños diurnos y fantasías, relatos, obras de arte o literatura, sino por la comprobación que éstos arrojan sobre los mitos y leyendas de carácter colectivo (31). Señala también que la interpretación de los productos del inconsciente tiene dos aspectos: lo que el símbolo representa en sí (interpretación objetiva) y lo que significa como proyección, como «caso» particularizado (interpretación subjetiva). Por nuestra parte, la interpretación objetiva es la que denominamos comprensión, simplemente. La subjetiva es la verdadera interpretación, que consiste en la traducción del sentido más general y profundo del símbolo a un momento concreto particular, a unos casos determinados.

La interpretación psicológica es el término medio entre la verdad objetiva del símbolo y la exigencia situacional de quien vive ese símbolo. También interviene en variable escala la tendencia del intérprete, a quien será ciertamente difícil sustraerse de su orientación peculiar. Es en este momento en el que los símbolos, aparte de su carácter universal, pasan a sobredeterminarse con sentidos secundarios, accidentales y transitorios, en dependencia con la «situación» en que aparezcan, cual ya se dijo. La espada, que tomábamos antes como ejemplo, sin dejar de poseer el sentido objetivo ya que consignamos, poseerá un significado secundario — que podrá, incluso, por su tensión, aparecer como principal en un instante dado — según que ese símbolo aparezca en el sistema mental de un militar, un sacerdote, un coleccionista, un poeta, y nos referimos sólo a este condicionamiento, tan indefinido o cuando menos muy amplio, interviniendo también la caracterología. El símbolo, así, asciende o desciende según el nivel al que es convocado. La dificultad de interpretación, en consecuencia, es enorme, mientras, por el contrario, la de comprensión del símbolo es casi elemental. Muchos de los escepticismos que surgen respecto al simbolismo — sobre todo en psicólogos— derivan de la confusión entre estos dos aspectos distintos de la función simbólica: manifestación del sentido del objeto simbólico, pero también manifestación de la deformación que una mente particular comunica a ese sentido de acuerdo con una situación externa determinada. La dificultad de la interpretación psicológica consiste no tanto en la polivalencia serial del símbolo (ritmo común), cuanto en la multiplicidad de cosmovisiones en que su explicación puede ser amparada, ya inconscientemente por quien se halla bajo su imperio, o conscientemente por la *Wellanschauung* del intérprete.

Un caso límite de predeterminación de significados por parte del que se enfrenta con el material simbólico lo tenemos en la escuela freudiana, que supuso desvelar la sexualidad universal de todos los objetos o formas por su factible integración en uno de los amplios grupos opuestos: masculino, femenino. Pero ya los chinos, con su símbolo *Yang-Yin*, los hindúes y los hebreos habían establecido la polaridad esencial del mundo de los fenómenos, según los principios que dan lugar a los géneros y dentro de ellos, a los sexos. Sólo que la filiación de un objeto en uno u otro grupo *no agota la posibilidad significante del objeto*, constituyendo una de sus expresiones simbólicas, y no desde luego la de mayor importancia. El Talmud había hecho también el interesante descubrimiento, citado por Fromm (23), por el que, en su sistema interpretativo, lo sexual no siempre aparece como significado, sino muy frecuentemente como significante. Soñar, por ejemplo, relaciones sexuales con la madre es alcanzar el más alto grado de sabiduría. Que los adivinos romanos tenían conocimientos de este carácter lo prueba la interpretación dada a un sueño similar de Julio César, a quien se le auguró la posesión de la tierra. Tampoco, por ello, se pueden negar las interpretaciones psicológicas que apuntan a una finalidad sexual. Cuando un hombre, según el Talmud, «riega un olivo con aceite de oliva» expone bajo el velo simbólico un anhelo incestuoso. La deformación de los símbolos, en este tipo de interpretación psicológica, cuando se someten a estados anormales derivados de la mente de quien los vive, se advierte en las correlaciones de sentido fijadas por Volmat, en *L'Art Psychopatologique*. Según este autor, el símbolo «cristaliza en torno a un sistema dinámico, una estructura en el tiempo y en las dimensiones de la personalidad». En estas deformaciones de la significación, ésta sufre una constricción a sus límites más exiguos, una frecuente identificación con el mecanismo espiritual que la integra y con el yo alterado, compensando con la intensidad esa reducción. Todo se subjetiviza al máximo: el árbol no es ya el árbol cósmico, sino una proyección de la persona; lo mismo acontece con la montaña. El agua y el fuego exponen sólo el aspecto negativo y destructor, no el positivo de purificación y renovación. Por las asociaciones, sólo se penetra asimismo en lo trágico y fúnebre; las flores y los animales se integran en tal sentido. De igual modo, esa significación revierte sobre el objeto y transforma en la medida necesaria para que sea especialmente apto al tipo paroxístico de simbolización. Las casas pierden puertas y ventanas (aberturas, salidas al exterior, posibilidades de salvación); los árboles pierden las hojas y nunca muestran frutos. Las catástrofes que en el simbolismo tradicional tienen el sentido ambivalente de destrucción, pero también de fecundación y renovación, aquí se circunscriben a lo negativo y desolador. Se comprende que una simbología fraguada desde interpretaciones tomadas a ese nivel no puede tener pretensiones de objetividad, no ya metafísica, sino psicológica.

De otro lado, ceñir la interpretación al análisis del sentido, a la enumeración de las cualidades de la cosa y su traducción a lo espiritual es insuficiente. No porque, intrínsecamente, el método resulte incapaz, sino porque, en la práctica, nadie ve clara y totalmente lo que es un objeto dado. Por ello es necesaria la confrontación con la tradición simbolista, la cual ha establecido seculares conexiones e interpretaciones de gran validez y universalidad; por ello es preciso aplicar el método comparativo con la máxima amplitud.

Los planos de la significación

A la multiplicidad de objetos simbólicos situados en la línea de un «ritmo común» corresponde la polivalencia del sentido, ordenando significados análogos, cada uno en un plano de la realidad. Esta virtud del símbolo, que no posee potestad significativa para un solo nivel sino que la tiene para todos los niveles, es atestiguada por todos los autores que tratan de simbología, sea la que fuere la disciplina científica de la que partan. Mircea Eliade insiste en esta condición esencial del símbolo y asevera que uno de sus rasgos característicos es la simultaneidad de los distintos sentidos que revela (17), si bien, más que de «diversos sentidos» se debe hablar de diversos valores y

aspectos concretos que toma el sentido en sí. Schneider da un ejemplo cla-
rísimo de esta ordenación progresiva del significado, configurándose en cada
plano de lo real. Si establecemos tres planos fundamentales: vida vegetal y
meteorológica; vida natural humana; evolución espiritual, tenemos que los
conceptos de muerte y vida nueva, que pueden estar simbolizados por la
luna, en sus fases oculta y creciente, significan, respecto a cada uno de los
niveles aludidos: sequedad y lluvia; enfermedad y curación; petrificación y
fluencia (51). Llega inclusive el autor citado a considerar al símbolo como
la conexión interna entre todo lo análogo y correspondiente, mejor que la
tensión dinámica de cada objeto. Dice así que «todo símbolo es un conjunto
rítmico que incluye los ritmos comunes y esenciales de una serie de fenómenos, los cuales quedan esparcidos en planos diferentes merced a sus ritmos
secundarios. Se propagan desde un centro espiritual y disminuye su claridad
e intensidad en la medida que se acercan a la periferia. La realidad del símbolo se basa en la idea de que la última realidad de un objeto reside en su
ritmo ideal — del que es encarnación — y no en su aspecto material (50)
o en su función instrumental. Diel participa de la misma concepción, que
aplica al mito y, en relación con el de Deméter y su hija Perséfone, fundamento del culto eleusino, señala que contiene tres sentidos: agrario, psicológico, metafísico, *siendo el misterio, precisamente, la integración de estos tres
niveles de la realidad*, que corresponden a otras tantas formas de la manifestación y del conocimiento. Por ello, la interpretación es la elección de un
nivel como dominante, aparte de los fenómenos de interacción, degradación
simbólica y constricción a un caso particular que pueda darse. Es válido
ver en Medusa la nube, en la espada de oro Crisaor el relámpago, y en el
galope de Pegaso la resonancia del trueno. Pero reducir la dinámica ascensional del símbolo a esta determinación meteorológica es limitar a lo alegórico
la indefinida potencia del símbolo.

A partir de la escuela freudiana, el nivel en que se detienen gran número
de interpretaciones es el de la vida sexual. El cisne, por ejemplo, significa
hermafroditismo en este plano de la realidad, pero en el plano místico alude
al dios andrógino de muchas religiones primitivas y astrobiológicas, al *rebis*
de los alquimistas y al hombre bisexuado de Platón. Esa constricción del
símbolo a lo alegórico, o a un nivel inferior en la ordenación universal se
conoce en simbología con la denominación de «degradación simbólica». No
sólo puede producirse ésta en la significación, sino que puede aparecer también
infundida en el mismo símbolo. A veces, la degradación se produce por la
trivialización del tema: de Mercurio y Perseo atravesando el espacio merced
a sus sandalias aladas, proceden los más modestos desplazamientos debidos
a las botas de siete leguas (38); del mito de las «Islas Bienaventuradas», relacionadas con el «centro» místico, deriva la tendencia a los «paraísos oceánicos»,
que aún Gauguin intentó convertir en realidad vital; de la mítica lucha de
Osiris y Seth, Ormuz y Arimán, derivan las luchas de los «buenos» y «malos»
de la literatura (17). Lévy Bruhl, en *L'Expérience mistique et les symboles
chez les primitifs*, aduce algunos ejemplos similares de infantilización de un
símbolo. Otras formas de degradación son: la interpretación demasiado especificada, que da lugar a las prolijas y arbitrarias descripciones de «el lenguaje
de las flores» y temas similares. Las interpretaciones alegóricas forzadas y
conceptuales son otro aspecto de lo mismo; por ejemplo, declarar que «la unión
de Leda y el cisne significa la pareja del Poder y la Injusticia»; y también
las «identificaciones» por supuesta analogía. Esta peligrosa tendencia es la
que determinó la decadencia del movimiento simbolista del Renacimiento,
ya iniciada en el período gótico con *Le Roman de la Rose*, aunque hay quien

ve en sus alegorías un trasfondo iniciático. En todas las formas degradadas que hemos citado se produce la misma tergiversación esencial; se constriñe la dinámica creadora del símbolo, su tendencia hacia el origen, y se le obliga a soportar rótulos demasiado concretos, materializados, inferiores. Se corta de raíz el impulso metafísico de la función simbólica y se toma un plano de la realidad como totalidad de la posible significación del símbolo. En cuanto se conoce un símbolo en un estado semejante, queda justificada la aversión a concebir valores simbólicos y a explicar por ellos lo mítico, cual señalamos antes a propósito de Caro Baroja. La circulación a través de todos los niveles de lo real ha de hallarse abierta a la fuerza del símbolo; sólo entonces aparece en toda su grandeza y fecundidad espiritual.

Simbolizante y simbolizado

Siguiendo la norma de fundar los resultados de esta obra más en la comparación que en la deducción, rehuyendo las sistematizaciones excesivas, no hemos establecido una rigurosa demarcación — al tratar de cada símbolo en particular — entre los significados que toma en los diversos niveles de lo real. No lo hemos hecho porque las procedencias de nuestros datos — muchos de ellos originariamente vividos o incluso presentidos — eran muy diversas y no queríamos intervenir profundamente en ellos, sino sólo reflejarlos con los comentarios mínimos. Otra de las razones que nos han impulsado a eludir esas determinaciones progresivas es que no nos resulta posible aceptar en todos los casos las tesis de algunos autores, estimables, sin embargo, en cuanto compiladores y aun intérpretes de símbolos. Por ejemplo, Loeffler dice que, en la mitologías orientales y nórdicas, se encuentran — para cada símbolo, mito o leyenda — «cuatro enseñanzas superpuestas: 1) Un mensaje de orden histórico, es decir, un relato de epopeya, concerniente a hechos y personajes reales, sirviendo así de "soporte material" para la enseñanza simbólica. 2) Una enseñanza psicológica, mostrando la lucha del espíritu y la materia al nivel humano. 3) Una enseñanza relativa a la vida de nuestro planeta. 4) Una enseñanza relacionada con la constitución de la materia y el orden cósmico» (38). Aun sin aceptar este modelo, la diversificación de los significados relativos a cada nivel hubiese sido obvia, pues, como ya dijimos, el sentido no cambia, sino sólo su adaptación al plano correspondiente. Por último, no hemos propendido a esa clasificación por cuanto en los símbolos, a pesar de su polivalencia serial, parece haber una tendencia ingénita a fijarse de modo preferente en un nivel determinado; cuando menos, tradicionalmente sucede así.

De este modo, hay símbolos que conciernen predominantemente a lo psicológico; otros a lo cosmológico y natural. También los hay, justo es decirlo, que fundan su razón de ser en la unificación que procuran a los niveles de la realidad, sobre todo al psíquico y al espacial... El mejor ejemplo lo tenemos en los mandalas y en todos los símbolos de conjunción o en los de relación de los tres mundos. Así, la escalera simboliza la conexión entre la conciencia y el inconsciente porque significa lo mismo en cuanto a los mundos superior, terreno e inferior, pero también simboliza — como todo lo axial — la unión de la tierra y el cielo. La idea de orden es una de las esenciales en simbolismo y se expresa por la organización del espacio, las formas geométricas, los números y la distribución de los seres simbólicos vivientes en los lugares establecidos por la ley de las correspondencias. Otra idea esencial en la doctrina simbolista es la de ciclo, bien como serie de posibilidades

— que se expresa muy particularmente por el septenario y todas las formas simbólicas asociadas o derivadas — o como proceso que cierra unas posibilidades una vez recorrido el transcurso. El simbolismo zodiacal es la manifestación perfecta de esta estructura cósmica. La relación del destino con el proceso mencionado es abordada por las figuras del legendario Tarot, del cual, si pueden discutirse sus aplicaciones, no cabe desdeñar la suma de conocimientos simbólicos que presidió el origen de todas y cada una de sus láminas, con imágenes que precisan los casos, estadios, peligros y aberturas al infinito que el hombre halla en su existencia.

Los grandes temas de la muerte y la resurrección, relacionados con la idea de ciclo, de involución (progresiva materialización) y evolución (espiritualización, retorno al origen), inspiraron mitos y símbolos. El esfuerzo por conquistar la verdad y el centro espiritual aparecen en forma de luchas y trabajos, mientras los monstruos simbolizan las potencias instintivas que encadenan al hombre y lo empujan hacia abajo. Según Diel, «los símbolos más típicos para el espíritu y la intuición son el sol y el cielo iluminado; para la imaginación y el aspecto inferior del inconsciente, la luna y la noche. Sin embargo, existe una «noche del alma», es decir, unas «tinieblas superiores». El mar simboliza la inmensidad misteriosa de la que todo surge y a la que todo torna» (15). Todos los objetos naturales y culturales pueden aparecer investidos de la función simbólica que exalta sus cualidades esenciales para que tiendan a traducirse a lo espiritual. Los astros, rocas, montañas y accidentes del paisaje, los árboles y vegetales, las flores y frutos, los animales, igual que las obras arquitectónicas o los útiles, los miembros del cuerpo humano, o los elementos abstractos. Pero, recordemos que esa multiplicidad se reduce considerablemente, frente a determinadas tensiones simbólicas, cuando se ensartan, por así decirlo, tales objetos en líneas de igual significación. Por ejemplo, en el simbolismo del nivel y de la relación de la tierra y el cielo, la montaña, el árbol, el templo, la escalera, pueden identificarse, por su carácter axial (eje del mundo). En ocasiones, estas conexiones de símbolos aparecen creadas o cuando menos señaladas por la impronta de un símbolo principal. Por ello, dice Mircea Eliade que «el haber intuido a la luna como algo que rige los ritmos y es fuente de energía, de vida y de regeneración (de lo material), ha tejido una verdadera red entre todos los planos cósmicos, creando simetrías, analogías y participaciones entre fenómenos de infinita variedad... Encontramos, por ejemplo, la serie: luna, lluvia, fertilidad, mujer, serpiente, muerte, regeneración periódica, pero a veces se presentan sólo conjuntos parciales: serpiente, mujer, fecundidad; serpiente, lluvia, fecundidad; mujer, serpiente, erotismo, etc. En torno a esos grupos parciales y secundarios se crea toda una mitología» (17) que tiende hacia el símbolo principal.

Lo simbolizado aparece como cualidad o forma superior, también ·como esencia que justifica la existencia de lo simbolizante y que la explica. Los análisis simbológicos más simples, que se basan en la simple enumeración del sentido cualitativo del objeto, en el estudio de su «modo de ser» encuentran a veces en la asociación una abertura súbita que ilumina el sentido. Esa asociación no puede entenderse nunca como mero llamamiento externo — producido en la mente de quien analiza —, sino que revela la conexión interna, el «ritmo común» de las dos realidades puestas en comunicación para que se beneficien ambas de sus cualidades interpenetradas. Por ello, cuando en el libro de Picinello se lee: «*Zafiro*. — Incita a la piedad. Es de color similar al del cielo. Comparte su color. Alegra el corazón. Símbolo del premio celeste. Contemplativo», se ha de convertir que, dentro de la limitación de su análisis implícito, el autor se mueve en la verdad, aunque las expresiones: anticipativa (incita a la piedad) y de consecuencia moral (alegra el corazón) no sean en rigor explicaciones del símbolo, sino de un efecto derivado de su contemplación.

Sintaxis simbólica

Los símbolos, en cualquiera de sus apariciones, no suelen presentarse aislados, sino que se unen entre sí dando lugar a composiciones simbólicas, bien desarrolladas en el tiempo (relatos), en el espacio (obras de arte, emblemas, símbolos gráficos) o en el espacio y el tiempo (sueños, formas dramáticas). Es preciso recordar que, en simbolismo, cada detalle tiene invariablemente algún significado (4) y que conviene estudiar la orientación del símbolo; por ejemplo, el fuego, orientado hacia abajo, representa la vida erótica; orientado hacia el cielo expresa la purificación. Schneider alude también a la colocación del objeto; una cesta es ya otra cosa colocada sobre la cabeza, pues «un objeto dado cambia de significación según el ritmo de finalidad que lo invade» (50). La asociación de elementos combina sus significados. Así. la serpiente coronada significa el coronamiento de las fuerzas instintivas o telúricas. Los emblemas, con gran frecuencia, se basan en la unión en un campo dado de varios símbolos simples. A veces se trata de símbolos sumativos, pero en otras ocasiones de símbolos disidentes. Un ejemplo del primer caso lo tenemos en el emblema frecuente en la Edad Media del corazón encerrado en un círculo rodeado de llamas irradiantes. La triplicidad de elementos alude a la Trinidad; el corazón, al amor y al centro místico; el círculo, a la eternidad; las llamas, a la irradiación y la purificación. En otras ocasiones el símbolo es figurativamente simple, pero su estructura integra doble o múltiple procedencia; así. está constituido el árbol en forma de cruz, o la cruz como árbol sin hojas, que también surge en la emblemática medieval. A este tipo confabulador pertenece un ejemplo aludido por Bachelard (2). Señala que, en un sueño de Jean-Paul, aparecen «cisnes blancos con las alas abiertas cual brazos». En las alegorías y atributos se da con la mayor frecuencia esa sintaxis simbólica. El globo, símbolo del mundo, expresa la consagración del poder si tiene un águila encima (8). La colocación de una cabeza de Medusa — con su carácter negativo y destructor — en el centro de un espacio simbólico, implica la noción de la destructividad de ese ámbito (15). Muy importante es la situación del símbolo, en cuanto al nivel vertical. La elevación a lo largo de un eje siempre indica superación — por analogía entre la «altura» física y metafísica —. Por ello, el *ureus* de los soberanos egipcios expresaba la espiritualización de la fuerza inferior (serpiente), por su colocación sobre la frente, en un punto cuya importancia conoce el yoga tántrico. La sintaxis simbólica puede proceder, en lo que respecta a la conexión de sus elementos individuales, de cuatro maneras diferentes: a) *modo sucesivo* (colocación de un símbolo al lado de otro; sus significados no se combinan, ni siquiera se relacionan entre sí); b) *modo progresivo* (los significados de los símbolos no se alteran mutuamente, pero representan las distintas etapas de un proceso); c) *modo compositivo* (los símbolos se modifican por su vecindad y dan lugar a significados complejos, es decir, se produce combinación y no mezcla de sus sentido); d) *modo dramático* (interacción de los grupos; se integran todas las posibilidades de los grupos anteriores). El sistema jeroglífico egipcio, del cual hemos tomado algunas significaciones siguiendo a Enel, que parece haber resuelto el problema que preocupara a Horapolo y a Athanasius Kircher, ejemplariza el último modo mencionado. Nociones complementarias sobre la «lectura» de símbolos complejos han de derivarse de cuanto indicamos en el lugar correspondiente sobre simbolismo espacial y gráfico. Hemos de añadir aún que el enriquecimiento del sentido de un símbolo dado puede provocarse por la aplicación de la ley de las correspondencias y sus implicaciones. Es decir, los objetos que poseen «ritmo común» se ceden cualidades mutuamente. Pero también hemos de recordar que la Escila y Caribdis del simbolismo son: la simplificación alegórica petrificante y la pérdida en la anbigüedad que resulta del crecimiento inmoderado del sentido o de su profundización absoluta, pues, al infinito, todas las diversidades confluyen en lo Uno.

Debe tenerse en cuenta también la posibilidad, en el simbolismo, de «introducir» o «extraer» el tiempo, según pueda resultar conveniente. Aludamos al respecto a lo que Antonio Romeo, en su introducción al Apocalipsis de una Biblia editada en fecha reciente, denomina «método recapitulativo». Lo define diciendo (tras aceptar que en el mencionado libro neotestamentario hay abundancia de símbolos y escenificaciones alegóricas) que el autor da, a veces, como sucesivos hechos simultáneos, y como narrativos aconteci-mientos esenciales, es decir, intemporales por su esencia (permanentes).

Respecto a las aplicaciones que puedan tener los procedimientos analí-ticos fundados en el simbolismo de las zonas del espacio, las direcciones linea-les, las formas determinadas o indeterminadas, regulares o irregulares, la gama de texturas y la de colores, fácil es advertir que son muchas ciertamente y una de ellas la comprensión de ciertas obras de arte que se basan en la pro-yección automática de fuerzas y expresiones, no ya en un mundo de figuras, sino en el de la sola materia. Puede objetarse que la pintura abstracta — geo-métrica, biomórfica o texturalista — o las visiones por confabulación del surrealismo no precisan discriminación, ya que la voluntad de sus creadores — como señalaba Ricardo Wagner respecto a su música — es la de dejar en la sombra ese mecanismo psicológico y actuar sólo de inconsciente a incons-ciente. Verdad es, como también es cierto que los resultados de la simbolo-gía resultan a veces perturbadores e incluso siniestros. Por ello, además de por otras razones a las que aludimos anteriormente, no hemos dado ejemplos descriptivos de obras de arte, sueños o textos literarios. Las cuestiones de aplicación sólo nos cumple aludirlas, dejando en libertad a quien se interese por estas místicas conexiones para que las utilice o no según su deseo. Que-remos agregar solamente que consideramos nuestra obra más como un libro de lectura que de consulta. Y que sólo observando la totalidad de los símbo-los compilados puede saberse algo sobre cualquiera de ellos, porque las sig-nificaciones simbólicas son con frecuencia inesperadas, como la indudable relación entre los gladiadores reciario y mirmidón y los signos zodiacales de Acuario (fuerzas acuáticas de disolución; atributos: red y tridente) y Cáncer (fuerza solar; fuego, caparazón del cangrejo, espada), que explica y justifica su lucha continuamente recomenzada en los anfiteatros dorados de Roma. Además, el dinamismo desempeña papel esencial. El sol, por ejemplo, puede estar dominado por la luna o regirla. En el primer caso, tendremos la ley del devenir; en el segundo, la del ser, cual justamente discrimina Evola. Una última observación: En ocasiones hemos añadido al sentido simbólico los significados alegóricos que nos han parecido de cierto interés.

A

Abandono

El simbolismo del abandono corresponde al mismo aspecto que el del «objeto perdido»; ambos son paralelos al de la muerte y la resurrección (31). Sentirse abandonado es, esencialmente, sentirse abandonado del «dios en nosotros», del componente eterno del espíritu, proyectándose en una situación existencial ese sentimiento de extravío, que también posee relación con el tema del laberinto.

Abanico

Su simbolismo depende de su forma y tamaño. El gran abanico flabeliforme se relaciona con el aire y con el viento, constituyendo el emblema del primero de los ocho inmortales chinos, Chung-li Chuan, de quien se dice lo usaba para avivar el espíritu de los muertos (5). Los abanicos de este tipo suelen tener perfil de corazón, a veces están adornados con plumas, que refuerzan su integración en el simbolismo general aéreo y celeste, y son atributos de rango en diversos pueblos de Asia y Africa. Todavía los usa con este sentido cósmico el romano pontífice (41). El abanico occidental, plegable, por este último carácter ha de asimilarse a las fases de la luna, respondiendo en consecuencia su simbolismo a las esferas de la imaginación, el cambio y lo femenino. La transmutación fenoménica, expresada por el ritmo lunar (no ser, aparecer, crecer, ser plenamente, disminuir), se traduce en el alegorismo erótico del abanico. También, el concepto heracliteano del «todo pasa»; con este sentido aparece el abanico en una figura fantasmagórica de un cuadro de Max Ernst.

Abeja

En el lenguaje jeroglífico egipcio, el signo de la abeja entraba como determinativo de los nombres reales, a causa de la analogía con la monarquía de estos insectos, pero especialmente por las ideas de laboriosidad, creación y riqueza que derivan de la producción de la miel (19). En la Biblia, (Jue 14, 12-18), aparece la abeja con igual sentido en la parábola que pone Sansón. En Grecia, constituyó el emblema del trabajo y de la obediencia. Una tradición délfica atribuía a las abejas la construcción del segundo templo erigido en el lugar. Según los órficos, las almas eran simbolizadas por las abejas, no sólo a causa de la miel, sino por su individuación producida al salir en forma de enjambre: igual salen las almas de la unidad divina, según dicha tradición (40). En el simbolismo cristiano, particularmente durante el período románico, simbolizaron la diligencia y la elocuencia (20). Con el sentido puramente espiritual que las hemos hallado entre los órficos se encuentran en la tradición indoaria y en la musulmana (50). También es símbolo de matriarcado.

Abismo

Toda forma abisal posee en sí misma una dualidad fascinadora de sentido. De un lado, es símbolo de la profundidad en general; de otro, de lo inferior. Precisamente, la atracción del abismo es el resultado de la confusión inextricable de esos dos poderes. Como abismo han entendido la mayoría de pueblos antiguos o primitivos diversas zonas de profundidad marina o terrestre. Entre los celtas y otros pueblos, el abismo se situaba en el interior de las montañas; en Irlanda, Japón, Oceanía, en el fondo del mar y de los lagos; entre los pueblos mediterráneos, en las lejanías situadas más allá del horizonte; para los australianos, la Vía Láctea es el abismo por excelencia. Las regiones abisales suelen identificarse con el «país de los muertos» y, por consiguiente, con los cultos de la Gran Madre y lo ctónico, aun cuando esta asimilación no puede generalizarse (35). La asimilación del país de los muertos y el fondo del mar o de los lagos explica muchos aspectos de las leyendas en las cuales surgen palacios o seres del abismo de las aguas. En la muerte del rey Arturo, cuando la espada del mítico monarca es arrojada al lago, siguiendo su mandato, surge un brazo que la coge al aire y la blande, antes de llevársela al fondo.

Abracadabra

Muchas frases y palabras de rituales, talismanes y pantáculos tienen sentido simbólico, bien por sus modalidades de empleo o en sí, por sentido fonético y, con mayor frecuencia, gráfico. Esta palabra fue muy utilizada durante la Edad Media con fines mágicos, y proviene de la frase hebrea *abreq ad hâbra*, que significa «envía tu rayo hasta la muerte». Solía escribirse dentro de un triángulo invertido, o constituyéndolo ella misma, a base de suprimir una letra cada vez: la primera de la línea superior, hasta terminar por la A (39). También se ha relacionado esta palabra mágica con el Abraxas de los gnósticos, en realidad uno de los nombres del dios solar Mitra (4).

Abraxas

Nombre que aparece con frecuencia en talismanes, por herencia gnóstica y mitraica. Según Leisegang, *La Gnose*, Abraxas se identifica con Mitra y por lo tanto es el mediador entre la humanidad y el dios único, el Sol invencible, que la Antigüedad tardía veneró cuando llegó a cierto monoteísmo, en los siglos III-IV. Abraxas-Mitra es, asimismo, en la concepción persa, el mediador entre Ahuramazda y Arimán, entre el Bien y el Mal.

Acacia

Este arbusto que da flores blancas o encarnadas, probablemente en parte a causa de esta dualidad y de la gran importancia mística del eje blanco-rojo, fue considerado por los egipcios como sagrado (8). En la doctrina hermética, simboliza el testamento de Hiram, que enseña que «hay que saber morir para revivir en la inmortalidad», según noticia de Gérard de Nerval en su *Voyage en Orient* (9). Con el significado concreto de esta simbolización, del alma y la inmortalidad, se encuentra en el arte cristiano, particularmente en el románico (20).

Acanto

La hoja de acanto, tema ornamental muy frecuente, fue investida durante la Edad Media de un preciso simbolismo derivado de sus dos condiciones esenciales: su desarrollo (crecimiento, vida) y sus espinas. Estas son símbolo de la solicitud por las cosas inferiores. Según Melitón de Sardes, significan la conciencia y el dolor del pecado. Podemos recordar que, según el *Diario íntimo* de Weininger, no hay diferencia entre culpa y castigo. Un simbolismo más generalizado, que concierne acaso a la vida natural en sí, con su tendencia a la regresión, o cuando menos, al estancamiento, es el que aparece en los Evangelios, en la parábola del sembrador (Lc 8,7), donde se dice que algunas semillas (de los principios espirituales y de salvación) cayeron entre las espinas siendo sofocadas por ellas. Ya en el Antiguo Testamento (Gén 3, 18), dice el Señor al hombre que la tierra sólo le daría espinas y zarzas (46).

Acción

En sentido místico, no hay más acción que la espiritual dirigida a la evolución y salvación, pues toda otra forma de dinamismo no es sino agitación y no acción verdadera. En este punto Occidente se halla en plena conformidad con Oriente, pues, según la doctrina yoga, el estado superior *(Sattva)*, caracterizado por la aparente calma, es el de mayor actividad (la dominación activa de las pulsiones inferiores y su transformación). Por esta causa, no debe extrañar que César Ripa, en su *Iconología*, representara a la «acción virtuosa» en una suerte de asimilación a las altas imágenes de san Miguel arcángel y san Jorge, como guerrero armado con coraza dorada, que sostiene en una mano un libro y en la otra una lanza, en ademán de clavarla en la cabeza de la enorme serpiente de la que acaba de triunfar. La cabeza del Vicio, que tiene bajo el pie izquierdo, completa la alegoría. En consecuencia, toda lucha o victoria en el plano material tiene su correspondencia en el dominio del espíritu, como, según la tradición islámica, la «guerra santa» (lucha contra los infieles con las armas en la mano) es mera imagen de la «gran guerra santa» (lucha que sostiene el fiel contra los poderes del mal) (8).

Acero

Dureza trascendente del principio espiritual dominador, según Evola, *La Tradizione Ermetica*.

Acróbata

Por sus piruetas y volatines, que con frecuencia consisten en invertir la posición normal del cuerpo humano, sosteniéndose con las manos y con los pies al aire, el acróbata es un símbolo viviente de la inversión, es decir, de aquella necesidad que se presenta en todas las crisis (personales, morales, colectivas, históricas), de trastornar el orden dado y volverlo al revés, haciendo materialista lo idealista, agresivo lo beato, trágico lo bonancible, desordenado lo ordenado o viceversa. Los acróbatas se relacionan con otros elementos circenses y especialmente con el arcano del Tarot del Ahorcado, que expone la misma significación.

Acuario

Undécimo arquetipo zodiacal. La representación alegórica lo muestra bajo la figura de un hombre que deja verterse el agua de una ánfora. En el zodíaco egipcio de Denderáh, el hombre del Acuario lleva dos ánforas, cambio que simplemente afecta al simbolismo numérico, pero que explica mejor la transmisión doble de las fuerzas, en sus aspectos activo y pasivo, evolutivo e involutivo, duplicidad que aparece sustantiva en el gran símbolo del Géminis. Todas las tradiciones orientales y occidentales relacionan este arquetipo con el diluvio simbólico que significa, no sólo la terminación de un universo formal, sino el acabamiento de cualquier ciclo, por destrucción de la fuerza de cohesión que mantenía ligados a sus componentes, con lo cual retornan al Akasha, disolvente universal, al que corresponde el signo de Piscis. En dos grados zodiacales se produce, pues, el *pralaya cósmico* o noche de Brahma, según la tradición hindú, que tiene por función verificar la resorción en la unidad de los factores antes individualizados y dotados de existencia escindida. Así, en cada final hay el germen de un nuevo principio (Ouroboros). Los egipcios identificaban, por razones de carácter peculiar, Acuario con su dios Hapi, personificación del río Nilo, a cuyas inundaciones debían el origen de su vida agrícola, económica y espiritual. Consecuentemente, Acuario simboliza el principio de la disolución y descomposición de unas formas dadas, en cualquier proceso, ciclo o período; la relajación de los vínculos; la proximidad inmediata de la liberación por la destrucción de lo meramente fenoménico (40, 52).

Adán

Hombre primordial. El nombre proviene del hebreo *adama* (=tierra). G. G. Sholem, en *La Kabbale et sa symbolique* (París, 1966) dice que Adán es concebido inicialmente como una «representación extensiva de la fuerza del universo» que en él halla su resumen. De ahí la ecuación macrocosmo-microcosmo. Eva aparece, tanto en la Biblia como en la doctrina platónica del andrógino, como una escisión del ser primero que integraba el dualismo sexual. ¿Arbol y serpiente reproducen, en otro plano simbólico, el mismo dualismo? ¿O expresan un dualismo diferente al que se enlaza el de la primera pareja humana, símbolo de la escisión interior y exterior del ser como existente? En Eva, como inductora, aparece un elemento mediador entre la serpiente (principio del mal, que William Blake asimilaba a la energía) y el hombre, que habría sido libre e indiferente, y que no hubiera cedido sin presión.

Aerolito

Símbolo de la vida espiritual descendida sobre la tierra. Símbolo de la revelación, del más allá accesible y del fuego del cielo, en su aspecto creador, como semilla. Las tradiciones dicen que, así como hay «aguas superiores», hay fuego superior. Las estrellas son su manifestación inalcanzable; los aerolitos y meteoritos, sus mensajeros, y por ello asimilados a veces con los ángeles y otras jerarquías celestes (37). No debe olvidarse que el primer hierro utilizado por los hombres fue el hierro meteórico, probable origen de la igualdad de raíz en sidéreo y siderurgia. La simbiosis de elementos entre lo celeste y lo terrestre constituyó el hecho esencial del «matrimonio cósmico» por el cual el pensamiento astrobiológico primitivo comprendió la gran analogía y comunicación, en lo marginal, de los mundos opuestos del cielo y la tierra.

Agricultor

Entre las profesiones elementales, la del agricultor reviste un especial significado, no solamente por verificarse su trabajo en las zonas sagradas de las semillas, los brotes, las flores y los frutos, sino por corresponder al orden cósmico manifestado en el calendario, en la continuación cíclica de acontecimientos terrestres que se ajustan a un movimiento celeste, correlación esencial en el pensamiento astrobiológico. El agricultor es, en consecuencia, el conservador de los ritos agrarios unidos a la expulsión del «año viejo» y a la llegada del «año nuevo». Trasponiendo esta figura al plano de la significación espiritual, aparece como activador de las fuerzas de regeneración y salvación, que ligan todo principio y todo fin, encadenan el tiempo, el sucederse de las estaciones y la resurrección de la vegetación. La agricultura fue esencial, no ya para el desenvolvimiento de la economía primitiva, sino para la formación del sentimiento cósmico en el hombre. Dice Mircea Eliade con palabras insuperables por su exactitud: «Lo que el hombre *vio* en los cereales, lo que *aprendió* en el trato con ellos, lo que le enseñó el ejemplo de las semillas que pierden su forma bajo tierra, ésa fue la gran lección decisiva... En la mística agraria prehistórica está anclada una de las raíces principales del optimismo soteriológico: que el muerto, igual que la semilla sepultada en la tierra, puede esperar la vuelta a la vida bajo una nueva forma» (17).

Agricultura

Como alegoría, se representa de igual manera que la diosa Ceres, con la que se puede identificar, con un arado y un arbusto que comienza a dar flores. Alguna vez, lleva un cuerno de la abundancia lleno de frutos y flores, o sus dos manos se apoyan sobre una pala o azada. Se incluye el zodíaco para significar la intervención del año, el transcurso de los trabajos y de las estaciones (8).

Agricultura. Alegoría.
Relieve gótico.

Aguardiente

El aguardiente y los demás licores alcohólicos son una *coincidentia oppositorum* (agua y fuego) y por ello están relacionados con lo numinoso y con el andrógino. El alcoholismo podría considerarse así como una tentativa de *coniunctio.*

Aguas

El signo de la superficie, en forma de línea ondulada de pequeñas crestas agudas, es en el lenguaje jeroglífico egipcio la representación de las aguas. La triplicación del signo simboliza las aguas en volumen, es decir, el océano primordial y la protomateria. Según la tradición hermética, el dios Nou fue la sustancia de la que surgieron todos los dioses de la primera enéada (19). Los chinos han hecho de las aguas la residencia específica del dragón, a causa de que todo lo viviente procede de las aguas (13). En los Vedas, las aguas reciben el apelativo de *mâtritamâh* (las más maternas), pues, al principio, todo era como un mar sin luz. En general, en la India se considera a este elemento como el mantenedor de la vida que circula a través de toda la naturaleza en forma de lluvia, savia, leche, sangre. Ilimitadas e inmortales, las aguas son el principio y fin de todas las cosas de la tierra (60). Dentro

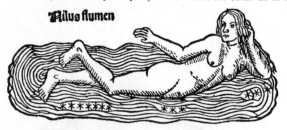

Aguas. Grabado del libro de Sideralis. Abysos (1511).

de su aparente carencia de forma, se distinguen, ya en las culturas antiguas, las «aguas superiores» de las «inferiores». Las primeras corresponden a las posibilidades aún virtuales de la creación, mientras las segundas conciernen a lo ya determinado (26). Naturalmente, en este aspecto generalizado, por aguas se entiende la totalidad de materias en estado líquido. Más aún, en las aguas primordiales, imagen de la protomateria, se hallaban también los cuerpos sólidos aún carentes de forma y rigidez. Por esta causa, los alquimistas denominaban «agua» al mercurio en el primer estadio de la transformación y, por analogía, al «cuerpo fluídico» del hombre (57), lo cual interpreta la psicología actual como símbolo del inconsciente, es decir, de la parte informal, dinámica, causante, femenina, del espíritu. De las aguas y del inconsciente universal surge todo lo viviente como de la madre. Una ampliación secundaria de este simbolismo se halla en la asimilación del agua y la sabiduría (intuitiva). En la cosmogonía de los pueblos mesopotámicos, el abismo de las aguas fue considerado como símbolo de la insondable sabiduría impersonal. Una antigua deidad irlandesa se llamó Domnu, que significa «profundidad marina». En los tiempos prehistóricos, la palabra *abismo* parece haber sido usada exclusivamente para denotar lo insondable y misterioso (4). En suma, las aguas simbolizan la unión universal de virtualidades, *fons et origo*, que se hallan en la precedencia de toda forma o creación. La inmersión en las aguas significa el retorno a lo preformal, con su doble sen-

tido de muerte y disolución, pero también de renacimiento y nueva circulación, pues la inmersión multiplica el potencial de la vida. El simbolismo del
bautismo, estrechamente relacionado con el de las aguas, fue expuesto por
san Juan Crisóstomo (*Homil. in Joh.*, XXV, 2): «Representa la muerte y la
sepultura, la vida y la resurrección... Cuando hundimos nuestra cabeza en
el agua, como en un sepulcro, el hombre viejo resulta inmerso y enterrado
enteramente. Cuando salimos del agua, el hombre nuevo aparece súbitamen-
te» (18). La ambivalencia de este texto es sólo aparente: la muerte afecta
sólo al hombre natural, mientras que el nuevo nacimiento es del hombre
espiritual, en esta particularización del simbolismo general de las aguas. En
el plano cósmico, a la inmersión corresponde el diluvio, la gran entrega de
las formas a la fluencia que las deshace para dejar en libertad los elementos con que producir nuevos estados cósmicos. La cualidad de transparencia
y profundidad, que tantas veces poseen las aguas, explica buena parte de la
veneración de los antiguos hacia este elemento femenino como la tierra.
Los babilonios la denominaron «casa de la sabiduría». Oannes, el personaje
mítico que revela a los humanos la cultura, es representado como mitad
hombre y mitad pez (17). Como otra consecuencia, el nacimiento se encuentra normalmente expresado en los sueños mediante la intervención de las
aguas (Freud, *Introduction à la psychanalyse*). La expresión mítica «surgido
de las ondas» o «salvado de las aguas» simboliza la fecundidad y es una
imagen metafórica del parto. Por otro lado, el agua es el elemento que
mejor aparece como transitorio, entre el fuego y el aire de un lado —eté-
reos— y la solidez de la tierra. Por analogía, mediador entre la vida y la
muerte, en la doble corriente positiva y negativa, de creación y destrucción.
Los mitos de Caronte y de Ofelia simbolizan el último viaje. ¿No fue la muerte
el primer navegante? La «profundidad transparente», al margen de otros
significados, tiene precisamente el de comunicación entre lo superficial y lo
abisal, por lo que puede decirse que el agua cruza las imágenes (2). Gaston
Bachelard distingue muy distintas calidades de aguas, derivando de éstas
simbolizaciones secundarias que enriquecen la esencial que llevamos expuesta, constituyendo más que simbolismo estricto, una suerte de idioma
expresivo utilizado por el elemento en los avatares de su fluir. Discierne
entre aguas claras, aguas primaverales, aguas corrientes, aguas estancadas,
aguas muertas, aguas dulces y saladas, aguas reflejantes, aguas de purificación, aguas profundas, aguas tempestuosas. Tanto si tomamos las aguas
como símbolo del inconsciente colectivo o personalizado, como si las vemos
en su función mediadora y disolvente, es evidente que su estado expresa el
grado de tensión, el carácter y aspecto con que la agonía acuática se reviste
para decir, con mayor claridad a la conciencia, lo exacto de su mensaje.
Por otro lado, simbolismos secundarios se deducen de los objetos asociados
a las aguas como continentes, cuando éstas se dan en singular —como
agua— y bajo la modalidad de abluciones, baño, agua bendita, etc. También,
el importantísimo simbolismo espacial se asocia con motivo del «nivel» de
las aguas, con la correspondencia entre altura material y moral absoluta. Por
esta causa, en su sermón de Assapuram, Buda pudo considerar el lago de la
montaña, cuyas aguas transparentes permiten observar la arena, las conchas, los caracoles y los peces, como la vereda que lleva a la redención. Es
evidente que este lago corresponde a las «aguas superiores», en uno de sus
aspectos esenciales, otro son las nubes. También en *Le Transformationi*, de
Ludovico Dolce, vemos un místico personaje inclinándose hacia el espejo
tranquilo de un estanque, como figura opuesta a la del cazador maldito,
siempre en busca de su presa (símbolos de la actividad contemplativa, estado

sattva del yoga; y la ciega actividad exteriorizada del estado *rajas*). Finalmente, las aguas superiores e inferiores se hallan en comunicación, mediante el proceso de la lluvia (involución) y de la evaporación (evolución). Interviene aquí el elemento fuego como modificador de las aguas y por esto el sol (espíritu) hace que el agua del mar se evapore (sublima la vida). El agua se condensa en nubes y retorna a la tierra en forma de lluvia fecundante, cuya doble virtud deriva de su carácter acuático y celeste (15). Lao-tse prestó gran atención a este fenómeno rotatorio de una meteorología a la vez física y espiritual y dijo: «El agua no se para ni de día ni de noche. Si circula por la altura, origina la lluvia y el rocío. Si circula por lo bajo, forma los torrentes y los ríos. El agua sobresale en hacer el bien. Si se le opone un dique, se detiene. Si se le abre camino, discurre por él. He aquí por qué se dice que no lucha. Y sin embargo, nada le iguala en romper lo fuerte y lo duro (13). En el aspecto destructor de los grandes cataclismos, no cambia el simbolismo de las aguas, sólo se subordina al simbolismo dominante de la tempestad. Igualmente sucede en el aspecto en que predomina el carácter transcurrente del agua, como en los pensamientos de Heráclito. No son las aguas del río en el cual «nadie puede bañarse dos veces» siendo el mismo, el verdadero símbolo, sino la idea de circulación, de cauce y de elemento en camino irreversible. Según Evola, en *La Tradizione Ermetica:* «Sin el agua divina nada existe, dijo Zósimo. De otra parte, entre los símbolos del principio femenino figuran los que aparecen como origen de las aguas (madre, vida), así: Tierra madre, Madre de las aguas, Piedra, Caverna, Casa de la Madre, Noche, Casa de la profundidad, Casa de la fuerza, Casa de la sabiduría, Selva, etc. La palabra *divina* no debe inducir a error. El agua simboliza la vida terrestre, la vida natural, nunca la vida metafísica».

Aguila

Símbolo de la altura, del espíritu identificado con el sol, y del principio espiritual. La letra A del sistema jeroglífico egipcio se representa por la figura del águila, significando el calor vital, el origen, el día. El águila es ave cuya vida transcurre a pleno sol, por lo que se considera como esencialmente luminosa y participa de los elementos aire y fuego. Su opuesto es la lechuza, ave de las tinieblas y de la muerte. Como se identifica con el sol y la idea de la actividad masculina, fecundante de la naturaleza materna, el águila simboliza también el padre (19). El águila se caracteriza además por su vuelo intrépido, su rapidez y familiaridad con el trueno y el fuego. Posee, pues, el ritmo de la nobleza heroica. Desde el Extremo Oriente hasta el norte de Europa, el águila es el animal asociado a los dioses del poder y de la guerra. En los aires es el equivalente del león en la tierra, por lo cual lleva a veces el águila la cabeza de ese mamífero (excavaciones de Telo). Según la tradición védica, tiene también un destacado papel como mensajero, siendo el ave que lleva el soma a Indra. Según el arte sármata, el águila es emblema del rayo y de la actividad guerrera. En todo el arte oriental, aparece con gran frecuencia luchando: es el pájaro Imdugud que liga las colas de los ciervos terrestre y celestial, o Garuda, que se precipita contra la serpiente. En la América precolombina surge el águila con el mismo sentido, de principio espiritual y celeste en lucha contra el mundo ctónico inferior. En el arte románico, el águila mantiene ese significado. En la Siria antigua, el águila con brazos humanos simbolizaba la adoración al sol, en el rito de identificación. También conducía las almas a la inmortalidad. En el cristianismo, ratifica también el águila su papel de mensajero celestial. Theodoreto la comparó al espíritu de profecía; en general se ha identificado también (pero, en realidad, más su vuelo —por la rapidez— que el ave en sí) al ascenso de las oraciones hacia el Señor y el descenso de la gracia sobre los mortales. Según san Jerónimo, el águila es emblema de la Ascensión y de la oración (50). Entre los griegos recibió un significado particular, más alegórico que propiamente simbólico, derivado del rapto de Ganimedes. Con mayor amplitud, se consideró como el ave que vuela más alto y, en consecuencia, la que mejor expresaba la idea de la majestad divina. La conexión del águila con el rayo, a la que ya nos hemos referido, se ratifica en las monedas macedónicas y en los *signum* romanos. El poder de volar y fulminar, de elevarse para dominar y destruir lo inferior es con seguridad la idea esencial de todo el simbolismo del águila, que, como ave de Júpiter, es la tempestad teriomórfica, el antiquísimo «pájaro de la tormenta», procedente de Mesopotamia a través del Asia Menor (35). En las monedas romanas aparece más bien como signo emblemático de las legiones y del poder del Imperio. En la alquimia no cambia el sentido esencial expuesto, sólo se reviste de los aspectos terminológicos de esa mística: es el símbolo de la volatilización. Un águila devorando a un león es el signo de la volatilización del fijo por el volátil (es decir, según las ecuaciones: alas, espíritu; vuelo, imaginación, victoria de la actividad de espiritualización y sublimación sobre las tendencias materializantes e involutivas. Como otros animales, en cuanto habita la región de Géminis, se duplica parcial o totalmente; surge entonces el águila bicéfala —que ha de relacionarse con el símbolo de Jano— y que suele aparecer representada en dos colores, rojo y blanco, de gran trascendencia simbólica. En muchos emblemas, símbolos y alegorías aparece el águila en vuelo llevando una víctima; siempre se alude a la situación de sacrificio, por parte de lo inferior (seres, fuerzas, instintos), y de la victoria por parte de lo superior (principio paternal, logos) (50). Dante se llega a referir al águila como pájaro de Dios (4). Jung abstrae el sentido polivalente de su simbolismo y lo define simplemente como «altura», con todas las consecuencias del significado de una situación espacial determinada. Por otro lado, la constelación del águila se halla situada encima del hombre con la vasija de Acuario y éste la sigue en su marcha de tal manera que parece ligado a ella. De esto se ha deducido una identificación de Acuario con Ganimedes y «con el hecho de que los mismos dioses necesiten el agua de las fuerzas uránicas de la vida» (40). El águila bicéfala, ántes aludida, simboliza como todos los elementos dobles (Jano, Géminis, hacha doble, Jakin y Bohaz, Cautes y Cautopates de la iconografía mitríaca) el dualismo de creación-destrucción, ascensión-descenso, irvolver, dar vida-matar.

Aguila y serpiente

El águila y la serpiente aparecen juntas en lucha casi siempre, en la iconografía universal, principalmente antigua y medieval. Volguine, en *Le Symbolisme de l'aigle,* atribuye esta unión frecuente a que son animales, mejor que opuestos, complementarios (principio celeste y principio ctónico), pero su enfrentamiento se produce más bajo el signo de la lucha que bajo el de la hierogamia, lo que podría contradecir esta tesis, matizada, no obstante, por su autor al agregar que la función del águila es «corregir» las fuerzas oscuras simbolizadas por la serpiente y comunicarles un impulso hacia la «realización superior». ¿Podría el simbolismo del nivel bastar para explicar esta ascensión de la serpiente? Entonces el *ureus* de los faraones egipcios (serpiente de su diadema), por su sola posición ya definiría el logro de su elevación. También pueden unirse águila y serpiente de otro modo, cual vemos en la mitología del antiguo México, con la serpiente con plumas, suerte de serpiente-ave que es un ofidio sublimado.

Agujero

Símbolo de gran importancia que concierne, esencialmente, a dos planos principales: en el de la vida biológica, tiene poder de fecundación y se relaciona con los ritos de fertilidad; en el de la vida espiritual o transmundana, expresa la «abertura» de este mundo con respecto a otro. Las «piedras horadadas» que reciben formas cultuales diversas son numerosísimas en todo el mundo. Eliade señala que, en el cantón de Amance, hay una de estas piedras ante la cual se arrodillan las mujeres para pedir la salud de sus hijos. Aun en la actualidad, las mujeres estériles de Pafos pasan a través del orificio de una piedra. Los pueblos primitivos de la India consideraron principalmente la primera forma de simbolismo a que nos referimos, identificando agujero con sexo femenino, pero también se intuyó que los orificios podían asimilarse a la «puerta del mundo», por la cual ha de pasar el alma para liberarse del ciclo cármico (17). En el *Brihadaranyaka Upanishad* se dice que «cuando un ser humano deja este mundo, se encamina hacia el aire, y el aire se le abre con la amplitud de la rueda de un carro» (50). Tenemos la materialización artística de este símbolo en el *Pi* de los chinos, o representación del cielo. Se trata de un disco de jade con un agujero central; sus dimensiones varían según los casos, pero, según el diccionario chino *Erh Ya,* existe una relación constante entre el anillo circular y el agujero central. Dicho agujero es la «puerta» de los hindúes: el «invariable medio» o «motor inmóvil» de Aristóteles. El *Pi* tiene lejanísimos orígenes; existen algunos cincelados y decorados (39). Como símbolo del cielo, el agujero significa tam-

bién concretamente el paso de la vida del espacio a la inespacial, de la vida
del tiempo a la intemporal, y corresponde al cenit (52). Algunos tratadistas
han interpretado como agujeros de dicha significación cultual las extrañas
aberturas que presentan algunas piedras de edificios neolíticos, puertas abiertas penosamente, y que se podían haber evitado con la sencilla y conocida
construcción de pilares y dintel. Un ejemplo sobresaliente de estas puertas
es la de Hagiar Kim (Malta). Es interesante mencionar el hecho de que, entre
los indios pomo del norte de California, los candidatos a la iniciación reciben
un zarpazo del oso *grizzly*, que les hace un agujero supuesto en la espalda,
del cual «mueren» para transir a la nueva etapa de su vida. Probablemente,
la visión de heridas, desde los tiempos más remotos, pudo contribuir a fortalecer la identificación de las ideas de agujeros y travesía entre los mundos
mundano y ultramundano. Indicaremos como corroboración de todo lo precedente que en muchas pinturas del simbolismo, concretamente en el *Orfeo*
de Gustave Moreau, aparecen en los paisajes de fondo rocas horadadas, con
evidente sentido trascendente. También aludiremos a la obsesión de Salvador
Dalí por la práctica de agujeros (regulares, en forma de ventanas) en algunas
espaldas de sus personajes.

Ahorcado, El

Profundo y complejo simbolismo tiene esta figura, que concretamente
corresponde al Tarot como arcano número 12. Pero el fundamento de su
sentido implica una generalización mayor. Dice Frazer que el hombre primitivo procura mantener la vida de sus divinidades conservándolas aisladas
entre el cielo y la tierra, como lugar que no puede ser afectado por las influencias ordinarias (21), en especial por las terrestres. Toda suspensión en el espacio participa, pues, de este aislamiento místico, sin duda relacionado con
la idea de levitación y la de vuelo onírico. Por otra parte, la posición invertida simboliza de por sí la purificación (por subvertir analógicamente el orden terreno o natural) (50). Dentro de este sistema simbólico encontramos la
leyenda del ahorcado como posesor de poderes mágicos y también el mito
de Odín. Se decía que éste se había sacrificado a sí mismo por colgamiento.
En los versos del *Havamal* puede leerse: «Sé que he estado colgado en el
borrascoso árbol durante nueve noches seguidas, herido por la lanza, dedicado
a Odín: yo mismo a mí mismo». Sacrificios similares entran en las prácticas
cultuales de muchos pueblos de la tierra (21). La imagen antes aludida del
Tarot representa un personaje parecido al Juglar, pero suspendido por un
pie de una cuerda, anudada a un travesaño entre dos árboles deshojados.
Se interpreta la situación del ahorcado diciendo que no vive la vida de esta
tierra, pero vive en un sueño de idealismo místico, sostenido por una extraña
horca que se representa de color amarillo para indicar que su materia es de
luz condensada, es decir, el pensamiento fijado. Con esta expresión se dice
que el ahorcado pende de su propia doctrina a la que se liga al extremo de
colgar de ella toda su persona. Los dos árboles entre los cuales se balancea
su cuerpo, como todo lo que corresponde, diferenciado, al simbolismo numérico del 2, conciernen a las columnas Jakin y Bohaz de la Cábala. Se representan de tonalidad verde modificada hacia el azul (naturaleza terrestre o
natural que tiende hacia el cielo). El rojo y el blanco componen, como en el
águila bicéfala de los alquimistas, el dualismo cromático del traje del ahorcado. Los brazos atados de éste sostienen sacos entreabiertos de los que se
derraman monedas de oro, alegoría de los tesoros espirituales reunidos en el
ser que de este modo se sacrifica. Según Wirth, el héroe mitológico más cer-

cano a este personaje simbólico es Perseo, personificación del pensamiento en acción, que vuela, vence a las fuerzas del mal para liberar a Andrómeda, el alma encadenada, aprisionada en la roca sorda de la materia, que surge entre las olas del océano primordial. En sentido afirmativo, el arcano 12 del Tarot expresa misticismo, sacrificio, abnegación, continencia. En sentido negativo, ensoñatividad utópica (59).

Aire

De los cuatro elementos, el aire y el fuego se consideran activos y masculinos; el agua y la tierra, pasivos y femeninos. En las cosmogonías elementales, se da a veces la prioridad al fuego, como origen de todas las cosas, pero está más generalizada la creencia en el aire como fundamento. La concentración de éste produce la ignición, de la que derivan todas las formas de la vida. El aire se asocia esencialmente con tres factores: el hálito vital, creador y, en consecuencia, la palabra; el viento de la tempestad, ligado en muchas mitologías a la idea de creación; finalmente, al espacio como ámbito de movimiento y de producción de procesos vitales. La luz, el vuelo, la ligereza, así como también el perfume y el olor, son elementos en conexión con el simbolismo general del aire (3). Dice Gaston Bachelard que, para uno de sus más preclaros adoradores, Nietzsche, el aire es una especie de materia superada, adelgazada, como la materia misma de nuestra libertad.

Alas. Fondo de copa griega.

Alamo

Aparte del simbolismo general del árbol, de la madera y de la vida vegetal, el álamo posee una significación alegórica determinada por la dual tonalidad de sus hojas. Es así el árbol de la vida, verde del lado del agua (luna) y ennegrecido del lado del fuego (sol) (50) (positivo-negativo).

Alas

En cuanto al simbolismo más generalizado, las alas son espiritualidad, imaginación, pensamiento. Los griegos representaban con alas al amor, a la victoria e incluso a divinidades que más tarde se figuraron sin ellas, como Minerva, Diana y Venus. Según Platón, las alas son símbolo de la inteligencia. Por esa causa, aparecen en algunos animales fabulosos, expresando entonces la sublimación del simbolismo específico del animal. Los caballos de Pélope, Pegaso, las serpientes de Ceres, poseen ese atributo, que también se encuentra en objetos, como ciertos cascos de héroes, el caduceo, el rayo en representaciones asociadas al culto de Júpiter (8). La forma y condición de las alas expone, consecuentemente, la calidad de las fuerzas espirituales simbolizadas. De este modo las alas de los animales nocturnos corresponden a la imaginación perversa, las alas de cera de Icaro equivalen a la radical insuficiencia de una función (15). En el simbolismo cristiano, dícese que las alas no son sino la luz del sol de justicia, que ilumina siempre las inteligencias de los justos. Dada la interpretación de las alas en sentido de potestad de movimiento, de la unión de este sentido con el anterior se deduce que estos atributos corresponden sintéticamente a la posibilidad de «avance en la luz» o evolución espiritual (46). En alquimia, las alas corresponden siempre al elemento superior, activo y masculino; los animales no alados conciernen al principio pasivo y femenino. Agregaremos aún que, habiéndose conceptuado el pie como símbolo del alma (15), las alas que aparecen en el talón de algunas deidades pero particularmente de Mercurio, corresponden precisamente al poder de elevación consustancial a la evolución cósmica. Jules Duhem, en su tesis sobre la historia del vuelo, señala que en el Tíbet «los santos budistas viajan por los aires con ciertos calzados llamados pies ligeros» (3).

Alcohol

El alcohol o agua de vida es agua de fuego, símbolo en consecuencia de la *coincidentia oppositorum* o conjunción de los contrarios, de la suma de dos elementos, activo uno y pasivo otro, fluidos y cambiantes, creadores y destructores. En especial cuando está encendido, el alcohol simboliza uno de los grandes arcanos de la naturaleza; por eso ha podido decir justamente Bachelard que en su ignición «parece que el agua femenina haya perdido todo pudor, entregándose delirante a su dueño el fuego» (1, 2).

Alegorías

Representaciones gráficas o artísticas, imágenes poéticas y literarias, simbolización generalmente consciente de ideas hechas, basada en la personificación. Se comprende, pues, dado el intenso antropomorfismo de la civilización griega, que en ella tuvieran las alegorías una amplia función, que luego pasó a Roma y, por los poetas latinocristianos y los bizantinos, a la Edad Media. Las alegorías fueron muy usadas durante todos esos tiempos y también, o más aún, en el Renacimiento y el barroco, llegando, puede decirse, a nuestros tiempos. Aunque no son símbolos, se basan en cierto material simbólico, o lo incluyen, y pueden tener repentinas «resurrecciones» desde su pétrea situación de semiverdades. Se ha dicho que el símbolo da la imagen (y la emoción) de una forma superior de realidad, mientras la alegoría, por el contrario, materializa — aunque sea estéticamente — ideas abstractas, virtudes, etc., de modo más bien convencional. La alegoría se hallaría, en el extremo opuesto, en situación parecida a la del signo convencional, con respecto al símbolo. Desde el lado histórico y humanista, con todo, posee un valor mucho más considerable. Siendo las figuras humanas impotentes para representar tantas abstracciones como se deseara alegorizar, hubo que recurrir al *atributo* (objeto característico, ser, incluso ambiente, que se asocia a la personificación de modo constante). No podemos hacer aquí una historia de la alegoría, sólo citaremos que, entre los griegos, la mitología cita como «divinidades alegóricas» a la Fortuna, la Venganza, la Libertad, la Ocasión, la Fama, la Paz, el Trabajo, la Noche, la Muerte. Con frecuencia aparecen alegorías en las monedas griegas, pero de modo más sistemático, alternando

Alegorías. Mesa
de los pecados
mortales del Bosco.
Detalle. Prado.
Madrid.

con divinidades o con efigies del emperador, en los reversos de las monedas
imperiales romanas. Las alegorías más frecuentes son: la Abundancia, la
Equidad, la Eternidad, la Riqueza, la Buena Suerte, la Clemencia, la Concordia, la Felicidad, la Fe, la Fortuna, la Alegría, el Honor, la Indulgencia, la
Justicia, la Liberalidad, la Libertad, la Paciencia, la Paz, el Pudor, la Salud,
la Seguridad, la Esperanza, la Fecundidad, la Victoria, la Virtud. Cuernos
de la abundancia, alas, armas, palmas, la balanza, etc., seguramente no bastarían para que las alegorías así tratadas fueran identificables, pero el epígrafe
las explica. En la Edad Media podemos hallarlas en la decoración escultórica
de iglesias; en la catedral de Amiens aparecen: la Caridad, la Esperanza, la
Desesperación, etc. (vicios y virtudes), expresados más por acciones que por
atributos. En literatura las hallaríamos desde las mismas épocas y aun antes.
La Rosa alegoriza el amor. En el ocaso de la Edad Media y hasta el romanticismo, las alegorías, con los emblemas, formaron parte de la decoración
pictórica y también de la ornamentación ocasional con objeto de «entradas»
de príncipes en ciudades u otros hechos solemnes. Cuando Alfonso V el
Magnánimo entró en Nápoles, figuraron en su cortejo carrozas alegóricas.
Techos del siglo XVIII se hallan saturados de mitología y de alegorías. En
el siglo XIX, las personificaciones de la Industria (con su rueda dentada) y
del Comercio (con un caduceo arrancado a su función simbólica) fueron usuales. Mucho de todo esto carece de valor simbólico porque fue creado sin
sentimiento o con sentimiento sólo estético. Pero hay alegorías famosas

en la historia del arte que tienen trasfondo simbólico evidente; así la *Venus dominadora del mundo*, de G. Bellini; *El Caballero, la Muerte y el Diablo*, de Durero; *La Melancolía*, del mismo pintor; *Los Jeroglíficos de las Postrimerías*, de Valdés Leal; *El Coloso*, de Goya, etc. Pero el símbolo está en la vida que puede ponerse en movimiento por el contacto del espíritu con esas obras, mejor que en ellas mismas, pues son iconografía, en realidad.

Alfa y omega

Estas dos letras griegas, inicial y terminal del alfabeto, significan por ello el principio y fin de todas las cosas, sentido con·el que aparecen con gran frecuencia en el arte románico. Por su forma, la letra alfa se relaciona con el compás, atributo del dios creador; mientras la omega se asemeja a la lámpara, al fuego de la destrucción apocalíptica. Por otro lado, se han asociado animales a su simbolismo. En la portada de un manuscrito de Pablo Orosio (Bibl. Laon, 137), del siglo XII, aparecen, respectivamente, como pájaro y pez, es decir, como abismo superior e inferior.

Alfa y Omega.
Miniatura de códice
mozárabe. Año 945.
Bib. Nac. Madrid.

Alma del mundo

Esta idea, relacionada con la *Magna Mater*, de la que es una expresión ideal, y con la esfera de la luna, como fuente de los cambios y de las transformaciones, tiene ciertas características negativas; por ejemplo, tendencia a la divisibilidad y multiplicidad, condición imprescindible de toda materialización, creación y reproducción (31). El «alma del mundo» sólo literalmente es un todo, confundiéndose con «la nada mística» de los hindúes y hebreos.

Almendro

Este árbol simboliza tradicionalmente la dulzura y la ligereza; es de los primeros árboles en florecer y por esta causa los fríos tardíos ocasionan a veces la muerte de sus flores. La observación minuciosa de la naturaleza, constante del hombre primitivo, es la base de esta analogía simbólica, como de tantas otras que parecen meras alegorías artificiales (8).

Alquimia

La alquimia tuvo sus verdaderos comienzos en los siglos III y IV después de Jesucristo, con obras como la *Chryso poeia*, o «Libro de Cleopatra», siendo cultivada por griegos alejandrinos y luego por los árabes. Más tarde se incluyeron elementos de diversas tradiciones, entre ellas de la mística cristiana. Sustancialmente, era un proceso simbólico, en el que se buscaba la producción de oro, como símbolo de la iluminación y de la salvación. Las fases esenciales se señalaban por cuatro colores, tomados por la «materia prima» (símbolo del alma en su estado original): negro (culpa, origen, fuerzas latentes); blanco (magisterio menor, primera transformación, mercurio); rojo (azufre, pasión); a las que sucedía la aparición del oro. Piobb analiza el sentido simbólico de las diferentes operaciones. La primera o *calcinación* era equivalente a la «muerte del profano», es decir, de interés por la manifestación y por la vida; la segunda, *putrefacción*, consecuencia del anterior, es la separación de los restos destruidos; la *solución* expresaba la purificación de la materia; la *destilación*, la lluvia de la materia purificada, es decir,

Alquimia. Atanor, horno de los alquimistas, según grabado antiguo.

de los factores de salvación separados por las operaciones anteriores; la *conjunción* simboliza la *coincidentia oppositorum* (identificada por Jung con la íntima unión interna, en el hombre, del principio masculino de la conciencia y del femenino del inconsciente); la *sublimación* simboliza el sufrimiento derivado de la escisión mística del mundo y por la entrega a la empresa. En los emblemas gráficos este estado se simboliza por el rapto de un ser sin alas por otro alado, o por el mito de Prometeo. Finalmente se opera la *coagulación filosófica*, o reunión inseparable del principio fijo y del volátil (masculino, femenino, invariante y variante «salvado»). La evolución alquímica se resume, pues, en la fórmula *Solve et Coagula* (analiza todo lo que eres, disuelve todo lo inferior que hay en ti, aunque te rompas al hacerlo; coagúlate luego con la fuerza adquirida en la operación anterior) (48). Aparte de su simbolismo específico, la alquimia se nos aparece como paradigma de todo trabajo. Muestra que en toda labor, aun en la más humilde, las virtudes se ejercitan, el ánimo se templa, el ser evoluciona. Evola, en *La Tradizione Ermetica*, transcribe: «Nuestra Obra es la conversión y el cambio de un ser en otro ser, de una cosa en otra cosa, de la debilidad en fuerza, de la corporeidad en espiritualidad». En relación con el motivo del andrógino, en su *Introducción a la vida angélica*, D'Ors dice: «Lo que no logró el "ser dos en una sola carne" (amor), lo alcanzará el "ser dos en un solo espíritu" (individuación)». No podemos dar aquí una historia, ni esquemática, de la alquimia. Baste citar los nombres de Ramon Llull (1235-1315), a quien se atribuyen, discutidamente, obras alquímicas; las realizaciones de Nicolás Flamel (siglo xiv), Basilio Valentino (siglo xv), Johan Rudolf Glauber (siglo xvii), y, en lo reciente, los libros de Fulcanelli, de análisis de la simbólica alquímica.

Amada

La mujer amada, en relación con la idea gnóstica de una mediadora personificada en Sofía (*véase*) y en la valoración cátara del amor humano como forma de misticismo, deja de ser el vaso elegido para la perpetuación de la especie para convertirse en un ente profundamente espiritual y espiritualizador, cual aparece en Dante, en la pintura del prerrafaelista Rossetti, en los más altos románticos (Novalis, Hoelderlin, Wagner) y en el André Breton de *L'Amour fou*. Parece ser que esta concepción de la amada tuvo en Persia su primera y más pura expresión. Denis de Rougemont, en su artículo "La persona, el ángel y el absoluto" (*Eco*, IV-i, 1960), con referencia a esa mística, dice: «En el amanecer del tercer día que sigue a la muerte terrestre, se produce el encuentro del alma (del hombre) con su yo celeste a la entrada del puente Chinvat... en un decorado de montañas llameantes en la aurora y de aguas celestiales. En la entrada se yergue su *Daena*, su yo celeste, mujer joven de refulgente belleza que le dice: "Yo soy tú mismo"».

Amor

Los símbolos tradicionales del amor son siempre símbolos de un estado todavía escindido, pero en mutua compenetración de sus dos elementos antagonistas, cual el *lingam* de la India, el símbolo *Yang-Yin* de China, la misma cruz formada por el poste vertical del eje del mundo y el travesaño horizontal de la manifestación, es decir, símbolos de conjunción, o bien expresan la meta final del amor verdadero: la destrucción del dualismo, de la separación, la convergencia en una combinación que, *per se*, origina el «centro» místico, el «medio invariable» de los filósofos del Extremo Oriente. La rosa, la flor de loto, el corazón, el punto irradiante son los símbolos más universales de ese centro escondido, que no es un lugar, aunque se imagine como tal, sino un estado, precisamente producido, como decíamos, por la aniquilación de la separación. El mismo acto de amor, en lo biológico, expresa ese anhelo de morir en lo anhelado, de disolverse en lo disuelto. Según el *Libro de Baruk*, «El deseo amoroso y su satisfacción, tal es la clave del origen del mundo. Las desilusiones del amor y la venganza que las sigue, tal es el secreto de todo mal y del egoísmo que existe en la tierra.

Anciano

En la cábala, símbolo del principio oculto, como también el palacio sagrado o de plata. En la actual simbología se considera al anciano como personificación del saber ancestral de la humanidad o inconsciente colectivo. Los ancianos del Apocalipsis son los doce profetas y los doce apóstoles. El «anciano de los días» es un símbolo similar, a veces identificado con el principio creador, el Ain-Soph cabalista y el Atoum de la religión egipcia (19). Según Jung, el anciano, especialmente cuando surge revestido de poderes especiales, resplandor o prestigio, es el símbolo de la personalidad mana, o componente espiritual que tiene lugar cuando la conciencia experimenta una carga excesiva de contenidos del inconsciente, aclarados, comprendidos y asimilados (30).

Andrógino o Rebis.
Grabado de libro alquímico.

Ancora

En los emblemas, signos y grafismos del primitivo cristianismo, el áncora aparece siempre como símbolo de salvación y de esperanza. Con gran frecuencia aparece en posición invertida, con una estrella, cruz o creciente lunar alusivos a su condición mística. Dijo san Pablo: «En la esperanza tenemos como un áncora del alma» (4).

Andrógino

En muchos monumentos egipcios, como en el pedestal de uno de los colosos de Memnón, aparecen divinidades hermafroditas relacionadas con el mito del nacimiento (19). El andrógino es así el resultado de aplicar al ser humano el simbolismo del número 2, con lo que se produce una dualización integrada. En la India, este ser doble — ya escindido en sexos, pero aún ligados en una sola personalidad — era la fuerza, la luz de la que emana la vida (49), es decir, el Lingam (60). Los antiguos mexicanos conocieron también el mito del andrógino. Quetzalcóatl es dicha concepción que reúne en sí los valores separados de los principios y de los sexos que existencialmente se contraponen. Se trata de una deidad ante todo generadora (41), íntimamente ligada (e identificada, en el fondo) con el arquetipo de Géminis. Platón, en su *Banquete*, dice que los dioses formaron primeramente al hombre en figura esférica, integrando los dos cuerpos y los dos sexos. Esta declaración nos prueba hasta qué punto el autor de los *Diálogos* sometía los aspectos reales a los simbólicos e ideativos y cómo — en concepto muy helénico — permitía que los mortales participaran de cualidades, como la androginia, reservadas a los dioses más primitivos (8). Psicológicamente, no se debe descuidar que la idea de androginia representa una fórmula (por aproximación, como casi todas las fórmulas míticas) de la «totalidad», de la «integración de los contrarios» (17). Es decir, traduce a términos sexuales y por tanto muy evidentes la idea esencial de integración de todos los pares de opuestos en la unidad. En consecuencia, según Eliade, la androginia es sólo una forma arcaica de biunidad divina; el pensamiento magicorreligioso, antes de expresar el concepto en términos metafísicos *(esse non esse)* o teológicos (manifestado, no manifestado), lo expresó en términos biológicos. Los chinos también conocieron la deidad andrógina y asimismo otros muchos pueblos, como Irán, Israel, Australia, etc. (17). Ahora bien, en el mito del andrógino no debe verse solamente lo causal, sino también la tensión energética espiritual determinante. Ello queda muy bien explicado por Ely Star, cuando dice que ninguna felicidad puede satisfacer mientras no se halla completada por el matrimonio (imagen imperfecta de la androginia), a menos que se trate de una excepción de las aludidas por san Pablo, puesto que el espíritu se manifiesta existencialmente en forma escindida, origen de sufrimiento e inquietud (54). De este modo, el andrógino queda proyectado en el futuro tanto como anclado en el remoto pasado platónico. Sin embargo, se trata también de un símbolo muy claro del pensamiento, en sí ajeno al problema de los sexos. Blavatsky dice que todas las naciones consideraban a su primer dios como andrógino a causa de que la humanidad primitiva se sabía nacida de «lo mental» (Minerva surgiendo de la cabeza de Júpiter), como lo prueban los símbolos y tradiciones (9). En la alquimia, el andrógino desempeña un importante papel, como Mercurio; se representa como personaje con dos cabezas y lleva con frecuencia la palabra *Rebis* (cosa doble).

Anfisbena

Animal fabuloso, guardián del «gran arcano», según manuscrito italiano del siglo XVI que pertenecía al conde Pierre V. Piobb, es un símbolo que aparece con alguna frecuencia en marcas, signos y representaciones heráldicas. Era conocido por los griegos y su nombre procede de la creencia de que se trataba de una serpiente dotada del poder de andar hacia adelante y hacia atrás. A veces se ha figurado con garras de pájaro y alas puntiagudas de murciélago (48). Probable expresión de la ambivalencia en su aspecto angustioso y terrorífico, siguiendo la interpretación de Diel (15). Como todos los animales fabulosos, es una expresión de la facultad universal humana de recomponer y yuxtaponer, según leyes supralógicas, en beneficio exclusivo de contenidos psíquicos determinantes.

Angel, por Guillermo Sagrera (siglo XV). Palacio de la Lonja. Mallorca.

Angel

Símbolo de lo invisible, de las fuerzas que ascienden y descienden entre el origen y la manifestación (50). En este caso, como en otros cual el de la cruz, el hecho simbólico no modifica el hecho real. En alquimia, el ángel simboliza la sublimación, ascensión de un principio volátil (espiritual), como en las figuras del *Viatorium spagyricum*. El paralelismo entre los órdenes angélicos y los mundos astrales ha sido expuesto por Rudolf Steiner con precisión inaudita en *Les Hiérarchies spirituelles,* siguiendo al seudo Dionisio Areopagita en su *Tratado de las jerarquías celestes.* Los ángeles aparecen en la iconografía artística desde el origen de la cultura, en el cuarto milenio antes de Jesucristo, confundiéndose con las deidades aladas. El arte gótico ha expresado en numerosísimas imágenes prodigiosas el aspecto protector y sublime del ángel, mientras el románico acentuaba mejor el carácter supraterrenal.

Anillo

Como todas las figuras redondas y cerradas, es un símbolo de la continuidad y de la totalidad, por lo cual ha servido lo mismo como emblema del matrimonio (como la pulsera y por igual razón) o del tiempo en eterno retorno. A veces, el anillo se presenta teriomórfico, como serpiente o anguila que se muerde la cola (Ouroboros); otras en forma lisamente geométrica (8). Es interesante reseñar que el anillo, en diversas leyendas, constituye un residuo de cadena. Por ello se supone que cuando Júpiter permitió que Hércules liberase a Prometeo fue con la condición de que éste llevara una sortija de hierro donde se engastara un fragmento de roca del Cáucaso, a fin de que se cumplimentara en cierta manera el castigo impuesto (símbolo de reducción) (8). Otra modalidad de anillo es el círculo de llamas que rodea a Shiva como danzarín cósmico, que puede asimilarse a la rueda del zodíaco; como ésta y el Ouroboros de los gnósticos, tiene una mitad activa y otra pasiva (evolución, involución); indica el proceso vital del universo y de cada una de sus criaturas, la danza y rueda de la naturaleza que se crea y destruye de continuo. Al tiempo, la luz que irradia el anillo de llamas simboliza la energía de la eterna sabiduría y la iluminación trascendental (60).

Animales

Desempeñan un papel de suma importancia en el simbolismo, tanto por sus cualidades, actividad, forma y color, como por su relación con el hombre. Los orígenes del simbolismo animalístico se relacionan estrechamente con el totemismo y con la zoolatría. La posición del animal en el espacio, o en el campo simbólico, la situación y actitud en que aparece son esenciales para la discriminación de los matices simbólicos. Así, por ejemplo, el «animal domado» es muy característico y su significación puede corresponder a la inversión de la que tendría apareciendo en estado salvaje. En la lucha,

Animales. Arte popular catalán.

tema frecuentísimo del simbolismo universal, entre caballero y animal salvaje o fabuloso, la victoria del primero puede terminar con la muerte o la domesticación y sumisión del animal. En la novela *El caballero del león*, del autor medieval Chrétien de Troyes, el protagonista es ayudado por un león. En la leyenda de san Jorge, el dragón vencido sirve a su dominador. En Occidente, el simbolismo animalístico arranca de Aristóteles y de Plinio, pero más concretamente del libro *Physiologus*, compuesto en Alejandría en el siglo II después de Jesucristo. Otra aportación importante fue la de Horus Apollo, una o dos centurias más tarde con sus dos libros de *Hyerogliphica*, aplicación del simbolismo egipcio. De todo ello nace la corriente medieval que florece en los *Bestiarios* de Filipo de Thaun (1121), Pedro de Picardía, Guillermo de Normandía (siglo XIII); en *De animalibus*, atribuido a Alberto Magno; el *Llibre de les Bèsties*, de Ramon Llull; y el *Bestiaire d'Amour*, de Fournival (siglo XIV). Todas estas obras coinciden con el punto de vista de los primitivos sobre los animales, expuesto por Schneider (50); mientras el hombre es un ser equívoco (enmascarado), el animal es unívoco, posee cualidades positivas o negativas constantes, que permiten adjudicarlo a un *modo* esencial de manifestación cósmica. Como determinación más generalizada, los animales, en su grado de complejidad y evolución biológica, desde el insecto y el reptil al mamífero, expresan la jerarquía de los instintos. En relieves asirios o persas, la victoria de un animal superior sobre otro inferior corresponde siempre a un simbolismo análogo. Igualmente, en la América precolombina, la lucha del águila contra la serpiente. La victoria del león sobre el toro suele significar la del día sobre la noche y, por analogía, la de la luz sobre las tinieblas y la del bien sobre el mal. La clasificación simbólica de los animales corresponde con frecuencia a la de los cuatro elementos; seres como el pato, la rana, el pez, a pesar de su diferencia, se hallan en relación con las «aguas primordiales» y pueden ser, por lo tanto, símbolos del origen y de las fuerzas de resurrección (37, 9). Algunos animales, como los dragones y las serpientes, tan pronto se adscriben al agua como a la tierra

Animales. Arte popular catalán.

o incluso al fuego (17), pero la atribución más general y correcta establece que los seres acuáticos y anfibios corresponden al agua; los reptiles, a la tierra; las aves, al aire, y los mamíferos, por su sangre caliente, al fuego. Desde un punto de vista del arte simbólico, los animales se dividen en *naturales* (con frecuencia diferenciados en pares de contrarios: el sapo es la antítesis de la rana; la lechuza, del águila) y *fabulosos;* éstos ocupan en el cosmos un orden intermedio entre los seres definidos y el mundo de lo informe (50). Probablemente pudieron ser sugeridos por hallazgos de esqueletos de animales antediluvianos; por el aspecto de seres equívocos, aun siendo naturales (plantas carnívoras, erizos de mar, pez volador, murciélago), los cuales son símbolos de perduración caótica, de transformismo, pero también de voluntad de superación de formas dadas; y constituir a la vez poderosos sistemas de proyección psíquica. Los más importantes de los animales fabulosos son los que siguen: quimera, esfinge, lamia, minotauro, sirena, tritón, hidra, unicornio, grifo, harpía, pegaso, hipogrifo, dragón, etc. En algunos de estos seres la transformación es simple y posee carácter claramente afirmativo, como las alas de Pegaso (espiritualización de una fuerza inferior), pero las más de las veces el símbolo expone una perversión imaginativa configurada. Sin embargo, una arraigada creencia humana en los altos poderes de estos seres, como también en todo lo anormal y deforme, les confiere una extremada ambivalencia. Hay animales, también, cuyo aspecto poco o nada tiene de ideal, pero a los que se atribuyen cualidades no existentes, por proyección simbólica, o sobrenaturales (pelícano, fénix, salamandra). Calímaco nos ha legado un fragmento alusivo a la edad de Saturno, cuando los animales hablaban (símbolo de la edad de oro, anterior al intelecto — hombre — en que las fuerzas ciegas de la naturaleza, sin estar sometidas al logos, poseían condiciones extraordinarias y sublimes). Las tradiciones hebrea e islámica también se refieren a estos «animales parlantes» (35). Existen otras clasificaciones interesantes, como la de «animales lunares», dada a los que muestran cierta alternancia en su vida, con apariciones y desapariciones periódicas (18),

Animales. Arte popular catalán.

en cuyo caso el animal, aparte de su simbolismo específico, integra el de la esfera lunar. Schneider cita asimismo una curiosísima atribución primitiva, por la cual los animales que pueden simbolizar el cielo tienen la voz aguda si son de gran tamaño (elefantes) y grave si son pequeños (abeja). Los terrestres se comportan de manera inversa. Algunos animales, por sus cualidades sobresalientes, en especial por su neta agresividad y su belleza, como el águila y el león, han desempeñado una función preponderante en el alegorismo mundial. Los animales emblemáticos de los *signum* romanos eran: águila, lobo, toro, caballo y jabalí. En simbolismo, cuando los animales (u otros cualesquiera elementos) se relacionan, el orden siempre tiene importancia e implica, o una gradación jerárquica, o una distribución espacial. Así, en alquimia, la jerarquía se establece de arriba abajo por medio de los animales: fénix (culminación del *opus*), unicornio, león (cualidades necesarias) y dragón (materia prima) (32). Las agrupaciones de animales suelen basarse en sistemas de correspondencias y ordenación numérica: un caso central es el del famoso tetramorfos bíblico y occidental; otro, el de los cuatro animales benévolos chinos: unicornio, fénix, tortuga, dragón. En el arte románico aparecen con particular frecuencia: pavo real, buey, águila, liebre, león, gallo, grulla, langosta, perdiz (50). Su sentido simbólico suele derivar de las Sagradas Escrituras o de los escritos patrísticos, pero a veces se dan simbolizaciones obvias como la relación entre el leopardo y la crueldad (20). Conocido es el simbolismo mayor del palomo, el cordero y el pez, en el cristianismo. La actitud de los animales simbólicos plasmados en una representación puede explicarse casi literalmente: la contraposición de dos iguales o diferentes, tan común en heráldica, corresponde al símbolo del equilibrio (justicia, orden, tal como lo simbolizan las dos serpientes del caduceo). En alquimia, la contraposición de dos animales de la misma especie, pero de distinto sexo, como león y leona, perro y perra, significa la contraposición esencial de azufre y mercurio, de fijo y volátil. Un animal alado y otro sin alas exponen idéntica situación. Este antiquísimo interés por el animal, como portador de expre-

Animales. Arte popular catalán.

siones cósmicas, como modalidad natural de la creación investida de un sentido significante (al margen de la mera existencia dada) pasa desde la aurora neolítica hasta obras como *Jubile van den Heyligen Macarius* (1767), donde se describen procesiones en las que cada carroza simbólica lleva un animal (pavo, fénix, pelícano, unicornio, león, águila, ciervo, avestruz, dragón, cocodrilo, jabalí, cabra, cisne, pegaso, rinoceronte, tigre, elefante). Los mismos y otros muchos (ánade, asno, buey, búho, caballo, camello, carnero, cerdo, ciervo, cigüeña, gato, grifo, ibis, leopardo, lobo, mosca, oso, pájaro, paloma, pantera, pez, serpiente y zorra), constituyen el núcleo principal de las marcas de papel, cuyo origen místico y simbólico está fuera de duda, y que se expanden en Occidente desde fines del siglo XIII. Ahora bien, buscando sentidos generales a cuanto llevamos expuesto, los animales se relacionan con las ideas de montura (vehículo, medio), sacrificio y vida inferior (4). Su aparición en sueños o visiones, como el célebre cuadro de Füsli, expresa una energía indiferenciada, aún no racionalizada ni sometida al imperio de la voluntad, entendiendo ésta como dirigida contra los instintos (31). Según Jung, «el animal representa la psique no humana, lo infrahumano instintivo, así como el lado psíquico inconsciente». La primitividad del animal indica la profundidad del estrato. La multiplicidad, como en todos los casos, empeora y primitiviza aún más el símbolo (56). La identificación con animales significa una integración del inconsciente y, a veces, como la inmersión en las aguas primordiales, un baño de renovación en las fuentes de la vida (32). Es evidente que, para el hombre anterior al cristianismo y las religiones no morales, el animal representa más bien una magnificación que una oposición. Este es el sentido de los *signum* romanos, de las águilas y lobos triunfantes, colocados simbólicamente sobre los cubos (tierra) y esferas (cielo, totalidad), para expresar la idea de un instinto-fuerza dominante y triunfante. Una ampliación de la fauna fabulosa universal la encontrará el que se interese por ello en la obra de Jorge Luis Borges y Margarita Guerrero, *Manual de zoología fantástica*. Asimismo, en el valioso artículo de Vicente Risco, "Fieras de romance" (*Revista de Dialectología y Tradiciones Populares*, tomo XIV, 1958, cuadernos 1.º y 2.º), editada en Madrid.

Animales. Arte popular catalán.

Anjana

Hechicera del folklore hispánico, cuyo nombre deriva acaso de Jana o Diana. Se aparecen en forma de vieja para probar la caridad de las personas. En su aspecto verdadero son bellas jóvenes rubias de ojos azules, visten túnicas de flores y estrellas de plata. Llevan báculo dorado y medias verdes. Protegen a los animales y poseen palacios subterráneos llenos de tesoros y joyas. Con su báculo pueden transformar en tesoros todo lo que tocan (10). Bajo estos rasgos simbólicos se ocultan, en un estrato, reminiscencias de las antiguas druidesas; y en un plano más profundo, figuraciones del ánima refundida con la personalidad mana. Como símbolo sigmoideo, el báculo es emblema de la ligazón y comunicación entre lo aparentemente disperso. Las medias verdes aluden a las fuerzas primigenias de la naturaleza virgen. Los tesoros y riquezas son los poderes espirituales que yacen en el inconsciente.

Anormales

Los seres anormales y mutilados, como también los dementes, eran considerados en las culturas antiguas como dotados de poderes extraordinarios, tal como los chamanes de los pueblos primitivos. Toda mutilación se juzga resultado de una compensación y no inversamente. Es decir, para el criterio psicológico, la cualidad excedente sería una sublimación de una deficiencia original; para el pensamiento magicorreligioso sucede al revés: la mutilación, la anormalidad, el destino trágico, constituyen el pago — y el signo — de la excelencia en ciertas dotes, especialmente de la facultad profética. Esta creencia tiene carácter universal (9). En algunas mitologías, los seres mutilados se relacionan con la luna (fases, rupturas) y se cree en seres míticos lunares con una sola mano o pie, por cuya magia se puede hacer llover, curar enfermedades, etc. (17). Esta consideración de la anormalidad dista de constreñirse a los seres animados y afecta también a los objetos. Según Cola Alberich, los objetos anormales han sido conceptuados por todos

Anormales. Grabado. «Maravillas del mundo» Juan de Mandavila. Valencia, 1524.

los pueblos como particularmente aptos para desviar las influencias malignas. Entre tales objetos se citan: piedras con fósiles, amuletos en forma de mano de seis dedos o con cuatro; almendras dobles; granos de cereales de aspecto extraño, etc. (12). Es interesante anotar la coincidencia del interés hacia los objetos extraños, anómalos, producto del encuentro *(ready made)*, o de la fabricación (poema-objeto), objeto de funcionamiento simbólico de los surrealistas. Como decimos, esta creencia se relaciona con el simbolismo del bufón (rey invertido, víctima sacrificial) y con el de la luna.

Antiguo

Todo lo antiguo adquiere un significado suplementario al objeto, que acaba por imponérsele como superior a él, sentido que refunde estos componentes: 1) Lo antiguo es lo auténtico, lo no falsificado, lo verdadero, lo ligado al mundo del que parece brotar; lo antiguo es lo que no miente, luego es la misma verdad. 2) Lo antiguo es lo primitivo, lo originario, lo próximo al «tiempo primigenio» en que se sitúa la «edad de oro», en la vida de la humanidad. 3) Por analogía, lo antiguo es lo primitivo en la existencia del hombre, es decir, lo que se relaciona con su infancia y con la época libre de cuidados, perdida en el ensueño paradisíaco.

Antorcha

Se identifica con el sol (14) y constituye el símbolo de la purificación por la iluminación. Es el arma de Hércules en su combate con la hidra de Lerna; su fuego cauteriza las heridas. Es emblema de la verdad y figura con tal sentido en múltiples alegorías (15).

Año

El año más que símbolo es prototipo de proceso cíclico, en relación analógica con otros procesos: día, vida humana, vida de una cultura, período de la existencia cósmica, etc. Todos estos procesos se distinguen por tener una fase ascendente y otra descendente, involutiva y evolutiva; tal dualismo a veces cede el lugar a una división tri o tetrapartita, siendo ésta la más frecuente (estaciones, edades). La división general, con todo, puede ser simétrica o asimétrica. Así, en un período dividido en 12 elementos, como el año (y la rueda del zodíaco), las fases ascendente y descendente pueden tomarse como 6 y 6 (división simétrica) o como 8 y 4 (división asimétrica). La primera tiene un carácter más geométrico, y biomórfico la segunda. En las representaciones gráficas del año, éste suele tomar la figura de un anciano y se sitúa en el centro de un círculo, cuyo anillo exterior está ocupado en dos o tres zonas por: denominaciones de los meses, trabajos típicos de cada uno de ellos, signos del zodíaco. Las personificaciones de las estaciones, situadas a modo de tetramorfos en los ángulos de un cuadrado donde se inscribe el círculo, completan la representación del género. Una famosa es la del tapiz de la Creación, de la catedral de Gerona. Es interesante anotar dos hechos, en relación con el proceso anual: la división china del período en dos partes iguales, en las que predominan oscuridad y muerte, o vida y luz; y la idea primitiva de que el hombre pasa en cada año de su vida un proceso de regeneración que tiene lugar entre diciembre y junio, temporada que simboliza una muerte y una resurrección (51).

Apocalipsis

Los exegetas bíblicos admiten que el Apocalipsis relata en estilo simbólico acontecimientos que señalan el fin de este mundo y el advenimiento del otro (Jerusalén celeste). El cordero simboliza a Jesús, como víctima del sacrificio; el libro simboliza la ley; la espada, la fuerza de la palabra divina y del espíritu; los «animales», las cuatro formas del Tetramorfos que rodean al Pantocrátor en las representaciones habituales de la iconografía. Las cifras citadas suelen tener carácter arquetípico.

Respecto a la «Bestia», se han insinuado varias interpretaciones (el mal, Roma, la tierra dominada por las potencias demoníacas, etc.). Obvio es agregar que diversos sectores del esoterismo han propuesto peculiares interpretaciones heterodoxas.

Apolo

En mitología y alquimia, la misma significación que el sol, desde el punto de vista espiritual y simbólico (15). Cabellos dorados esparcidos en torno a la cabeza tienen igual significado que arco y flecha (rayo solar) (8). El nombre griego de Apolo es sin duda alguna Apolion, que significa «del fondo del león», y expresa la profunda relación del sol con el signo zodiacal de Leo (48).

Arabesco

Tipo de ornamentación que parece implicar, al margen del contexto cultural de su propio nombre (Arabia, arte islámico), la noción de repetición, de retorno sobre sí mismo, de entrelazamiento, que en parte lo emparenta con el ornamentalismo celticogermánico, el arte irlandés y el vikingo, pero hay

Apocalipsis.
Miniatura del
Beato de Liébana
(siglo XI).

diferencias profundas. El arabesco, de otro lado, ha sido asociado por literatos al grutesco, por su manera laberíntica, sinuosa de «proceder». En la
lacería nórdica hay más libertad que en el arabesco oriental, que a veces
afecta forma circular constituyendo una suerte de mandala. De otro lado el
arabesco, como la lacería y ciertos ideogramas, son precedentes de la abstracción simbólica. Novalis dijo: «Los arabescos, los ornamentos, he ahí la
música realmente visible».

Arado

Símbolo de fecundación. En la leyenda aria de Rama, este héroe con-
trae matrimonio con Sita (el surco del campo). Siendo la tierra un elemento
femenino, su labor simboliza la unión mencionada. A este sentido simbólico
corresponde también la costumbre china de que el emperador are al dar inicio a su reinado (33).

Araña

En la araña coinciden tres sentidos simbólicos distintos, que se superponen, confunden o disciernen según los casos, dominando uno de ellos. Son
el de la capacidad creadora de la araña, al tejer su tela; el de su agresividad;
y el de la propia tela, como red espiral dotada de un centro. La araña en su
tela es un símbolo del centro del mundo y en ese sentido es considerada en
la India como Maya, la eterna tejedora del velo de las ilusiones (32); la destructividad del insecto no hace sino ratificar ese simbolismo de lo fenoménico. Por esta causa puede decir Schneider que las arañas, destruyendo y
construyendo sin cesar, simbolizan la inversión continua a través de la que se
mantiene en equilibrio la vida del cosmos; así, pues, el simbolismo de la
araña penetra profundamente en la vida humana para significar aquel «sacrificio continuo», mediante el cual el hombre se transforma sin cesar durante su existencia; e incluso la misma muerte se limita a devanar una
vida antigua para hilar otra nueva (51). Se considera la araña como animal
lunar, a causa de que la luna (por su carácter pasivo, de luz reflejada; y
por sus fases, afirmativa y negativa, creciente y decreciente) corresponde a
la esfera de la manifestación fenoménica (y en lo psíquico a la imaginación).
Así, la luna, por el hecho de regir todas las formas (en cuanto apariciones y
desapariciones), teje todos los destinos, por lo cual aparece en muchos mitos
como una inmensa araña (17).

Arbol

Es uno de los símbolos esenciales de la tradición. Con frecuencia no se
precisa, pero algunos pueblos eligen un árbol determinado como si concen-
trase las cualidades genéricas de modo insuperable. Entre los celtas, la encina era el árbol sagrado; el fresno, para los escandinavos; el tilo, en Germania; la higuera en la India. Asociaciones entre árboles y dioses son muy
frecuentes en las mitologías; Atis y el abeto; Osiris y el cedro; Júpiter y
la encina; Apolo y el laurel, significando una suerte de «correspondencias
electivas» (26, 17). El árbol representa, en el sentido más amplio, la vida del
cosmos, su densidad, crecimiento, proliferación, generación y regeneración.
Como vida inagotable equivale a inmortalidad. Según Eliade, como ese concepto de «vida sin muerte» se traduce ontológicamente por «realidad absoluta», el árbol deviene dicha realidad (centro del mundo). El simbolismo
derivado de su forma vertical transforma acto seguido ese centro en eje (17).

Tratándose de una imagen verticalizante, pues el árbol recto conduce una vida subterránea hasta el cielo (3), se comprende su asimilación a la escalera o montaña, como símbolos de la relación más generalizada entre los «tres mundos» (inferior, ctónico o infernal; central, terrestre o de la manifestación; superior, celeste). El cristianismo y en particular el arte románico le reconocen esta significación esencial de eje entre los mundos (14), aunque, según Rabano Mauro, en *Allegoriae in Sacram Scripturam* (46), también simboliza la naturaleza humana (lo que, de otra parte, es obvio por la ecuación: macrocosmo-microcosmo). Coincide el árbol con la cruz de la Redención; y en la iconografía cristiana la cruz está representada muchas veces como árbol de la vida (17). La línea vertical de la cruz es la que se identifica con el árbol, ambos como «eje del mundo» (motivo conocido antes del período

Arbol. Miniatura del Códice Albeldense. El Escorial.

neolítico), lo cual implica, o presupone, otro agregado simbólico: el del lugar central. En efecto, para que el árbol o la cruz puedan realmente comunicar en espíritu los tres mundos se ha de cumplir la condición de que se hallen emplazados en un centro cósmico. Es interesante reconocer en la estructura del árbol la diferenciación morfológica correlativa a la triplicidad de niveles que su simbolismo expresa: raíces, tronco, copa. Ahora bien, las mitologías y folklores distinguen, dentro del significado general del árbol como eje del mundo y expresión de la vida inagotable en crecimiento y propagación, tres o cuatro matices; son éstos, a veces, reducibles a un común denominador, pero en alguna ocasión la denominación implica sutil diferenciación que redunda en enriquecimiento del símbolo. En el estrato más primitivo, más que un árbol cósmico y otro del conocimiento, o «del bien y del mal», hay un «árbol de vida» y otro «árbol de muerte» (35), los cuales no se especifican, siendo el segundo mera inversión del sentimiento del primero. El *arbor vitae* es un símbolo que surge con gran frecuencia y diversidad en el arte de los pueblos orientales. El motivo, en apariencia decorativo, del *hom*, o árbol central, colocado entre dos animales afrontados o dos seres fabulosos, es un tema mesopotámico que pasó hacia Extremo Oriente y a Occidente por medio de persas, árabes y bizantinos (6). En la ornamentación románica, el árbol de la vida aparece más bien como frondas, entrelazados y laberintos (dotados, sin embargo, de igual sentido simbólico, más el tema del envolvimiento) (46). En el concepto simbólico del «árbol cósmico» hay un componente de gran interés, y es que, con mucha frecuencia, la imagen del árbol se presenta invertida, es decir, con las raíces desarraigándose del cielo y la copa en la tierra. Aquí, el simbolismo natural de la analogía morfológica ha sido desterrado por un significado diferente que ha tomado prevalecimiento: la idea de la involución, ligada a la doctrina emanatista, y para lo cual todo crecimiento verificado en lo material es una *opus* inversa. Por ello dice Blavatsky: «En el principio, las raíces del árbol nacían en el cielo y emanaban de la raíz sin raíz del Ser integral. Su tronco creció y se desarrolló atravesando las capas del Pleroma, proyectó en todos sentidos sus ramas frondosas sobre el plano de la materia apenas diferenciada; y después, de arriba abajo para que tocaran el plano de la tierra. Por esto, el árbol de la vida y del ser es representado en esta forma» (9). Esta idea se encuentra ya en los Upanishads, donde se dice que las ramas del árbol son el éter, el aire, el fuego, el agua, la tierra. En el Zohar hebreo se lee también que «el árbol de la vida se extiende desde lo alto hacia abajo y el sol lo ilumina enteramente». El mismo Dante se representa el conjunto de las esferas celestes como la copa de un árbol cuyas raíces (origen) miran hacia arriba (urano). Sin embargo, en otras tradiciones no se produce esta inversión y se prefiere perder este sentido simbólico para conservar el inherente a la verticalidad. En la mitología nórdica, el árbol cósmico, llamado Yggdrasil, hunde sus raíces en el corazón de la tierra, donde se halla el infierno (Völuspâ, 19; Grimnismâl, 31) (17). Volvamos a considerar la duplicación del árbol, pero ahora según Gén 2, 9: en el paraíso había el árbol de la vida, y también el del bien y del mal, o del conocimiento, y ambos estaban en el centro del paraíso. Schneider dice al respecto (50): «¿Por qué no menciona Dios el árbol de la vida? ¿Porque era un doble árbol de la ciencia, o porque, como algunos han creído, estaba oculto y no podía ser identificado ni era por lo tanto accesible hasta el instante en que Adán se apropiara del conocimiento del bien y del mal, es decir, de la sabiduría? Nos inclinamos por esa hipótesis. El árbol de la vida puede conferir la inmortalidad, pero no es cosa fácil llegar hasta él. Está "oculto", como la hierba de inmortalidad que Gilgamés busca en el fondo del océano, por ejemplo, o custodiado por monstruos, como lo están las manzanas de oro del jardín de las Hespérides. La existencia de dos árboles no es tan rara como pudiera parecer. A la entrada este del cielo babilónico había dos árboles: el de la verdad y el de la vida». En este debate del árbol único o dual no se altera el simbolismo característico del árbol, sino que se agrega otro significado simbólico por la presencia del Géminis. Aquí, la transmutación del árbol, al ser afectado por el simbolismo del número 2, se refiere al paralelismo de ser y conocer (árbol de vida y árbol de ciencia). Ahora bien, del sentido general expuesto, se han deducido — como en muchísimos casos de otros símbolos — especializaciones diversas. Vamos a citar algunas. En primer lugar, la triplicación del árbol. Según Schneider, el árbol de la vida, cuya copa va solamente hasta la montaña de Marte (manifestación), está considerado como una cariátide del cielo. Consta de tres raíces y de tres troncos, es decir, de uno central, con dos gruesas ramas que corresponden a las dos cimas de la montaña de Marte (dos rostros de Jano). Aquí, el eje central expresa la síntesis unificante del dualismo crudamente expuesto por el árbol doble. El aspecto lunar del árbol de la vida ratifica a ésta como mundo fenoménico; el aspecto solar se refiere a la sabiduría y a la muerte (con frecuencia asociadas en distintos símbolos). En la iconografía, el árbol de vida (o el lado lunar del árbol doble o triple) se representa florido; el de muerte (o de la ciencia, o su aspecto), seco y con señales de fuego (50). La psicología ha reducido a expresión sexual este simbolismo de la dualidad. Jung afirma que el árbol posee cierto carácter bisexual simbólico, lo que se expresa en latín por el hecho de que los nombres de árbol sean de género femenino, aun con desinencia masculina (31). Esta *coniunctio* ratifica el valor totalizador del árbol cósmico. A éste se asocian muchas veces otros símbolos, bien por influjo de situaciones reales, bien por yuxtaposición de imágenes y de proyecciones psíquicas, para dar lugar así a símbolos más determinados, ricos o complejos, pero, por lo mismo, menos generales y espontáneos. El árbol suele relacionarse con la roca, con la montaña, sobre las que aparece. Por otro lado, cuando se vuelve a encontrar el árbol de la vida en la Jerusalén celeste, lleva doce frutos o formas solares (¿signos del zodíaco?). En muchas imágenes, el sol, la luna y las estrellas están asociados al árbol, para especificar su carácter cósmico y astral. En la India se halla el árbol triple con tres soles, imagen de la Trimurti; en China, el árbol con los doce soles zodiacales (25). En la alquimia, el árbol con lunas significa la *opus* lunar (pequeño magisterio) y con soles la *opus* solar (grande obra). Si tiene los signos de los siete planetas (o metales) representa la materia única (protohilé) de donde nacen todas las diferenciaciones. En alquimia, el árbol de la ciencia recibe el nombre de *arbor philosophica* (símbolo del proceso evolutivo, de todo crecimiento de una idea, vocación o fuerza). «Plantar el árbol de los filósofos» equivale a poner en marcha la imaginación creadora (32). Es asimismo interesante el símbolo del «árbol marino» o coral, relacionado con el personaje mítico del rey marino. Al árbol se asocia frecuentemente la fuente y también el dragón o la serpiente. El símbolo LVII de la *Ars Symbolica* del Boschius, muestra el dragón junto al árbol de las Hespérides. En lo que concierne al simbolismo del nivel, podemos establecer analogías en cuanto a la verticalidad. A las raíces del árbol corresponden los dragones y serpientes (fuerzas originarias, primordiales); al tronco, animales como el león, el unicornio y el ciervo, que expresan la idea de elevación, agresión y penetración. A la copa, aves y pájaros o cuerpos celestes. Las correspondencias de color son: raíces, negro; tronco, blanco; copa, rojo. La serpiente arrollada al árbol implica otro símbolo: el helicoidal o espiral. El árbol como eje del mundo es rodeado por el conjunto de ciclos de la manifestación universal. Este sentido puede atribuirse a la serpiente que aparece junto al árbol donde está suspendido el vellocino de oro, en la leyenda de Jasón (25). Podríamos citar indefinidamente ejemplos de estas asociaciones de símbolos, con sentido psicológico a resaltar. Otra sinestesia simbólica es la célebre del «árbol que canta», que aparece continuamente en cuentos folklóricos. En la *Passio S. Perpetuae XI* (Cambridge, 1891) se lee que san Saturio, el compañero de martirio de santa Perpetua, soñó, la víspera de su martirio, «que, despojado de su carne mortal, era transportado por cuatro ángeles a la región de Oriente. Siguiendo una dulce pendiente llegaron a un sitio admirablemente iluminado: era el paraíso que se hizo ante nosotros, añade, un espacio que era como un jardín, con árboles que tenían rosas y todo género de flores; su altura era como la de los cipreses y cantaban sin cesar» (46). La estaca de sacrificio, el arpalira, el barco funerario y el tambor son símbolos derivados del árbol, como camino del mundo ultraterrestre (50). Gershom G. Sholem, en *Les origines de la Kabbale* (París, 1966), habla del simbolismo del árbol en conexión con estructuras jerarquizadas verticales (como el mismo «árbol sefirótico» de la Cábala, tema que no podemos desarrollar aquí) y se pregunta si el «árbol de Porfirio», símbolo difundido en la Edad Media, era del mismo género. En todo caso, recuerda el *Arbor elementalis* de Ramon Llull (1295), cuyo tronco simboliza la *sustancia* primordial de la creación, o *hylé*, y cuyas ramas y hojas representan sus nueve *accidentes*. La cifra de diez es la misma que en el caso de los Sefirot, o «suma de todo lo real que puede determinarse por números».

Arboles y flores

En China simbolizan en común longevidad y fertilidad. Gozan de especial predicamento el bambú, el ciruelo y el pino, llamados «los tres amigos» porque se conservan verdes durante el invierno. Frecuentemente se les pinta juntos (2).

Arca

Simboliza, tanto en la naturaleza material como en la espiritual, ese poder que hace que nada se pierda y todo pueda renacer (40). En un sentido biológico puede considerarse como símbolo de la matriz (9) o del corazón (14), pues la relación entre ambos centros es obvia. Respecto al arca de Noé, su simbolismo fue insistentemente abordado desde san Ambrosio, *De Noe et arca*, por Hugues de Saint-Victor, en *De arca Noe morali* y *De arca mystica*. La idea sustancial de dicho significado simbólico consiste en creer que las esencias de la vida física y espiritual pueden retirarse a un germen mínimo y permanecer allí encerradas hasta que las condiciones de un nuevo nacimiento posibilitan la existencia exteriorizada (14). Guénon ha descubierto sutiles analogías de gran interés en el simbolismo del arca, al señalar la relación existente entre la misma y el arco iris. El arca, durante el *pralaya* cósmico, vacila sobre las aguas del océano inferior; el arco iris, en las «aguas superiores», es signo del restablecimiento del orden preservado abajo por el arca; ambas figuras son inversas y complementarias, juntas dan lugar a la forma circular de la totalidad. Sus dos mitades corresponden así al viejo símbolo del «huevo del mundo» (28). Desde el punto de vista de su simbolización del corazón (o del cerebro y el pensamiento), el arca es un tema análogo al del vaso, tan frecuente en la mística medieval.

Arco

El arco de Shiva es el vehículo de su energía, no menos que el *lingam* (60). Este simbolismo implica profundamente la idea de tensión, como lo vio claramente Heráclito, y concierne a la fuerza vital o espiritual. Benoist señala que, como atributo de Apolo, el arco y las flechas simbolizan la energía solar, sus rayos y su potencia fecundante y purificadora (6). Igual sentido tiene la ballesta, aún más completo por incluir, al margen de las flechas, la *coniunctio* del travesaño y el arco.

Aries

Símbolo del ardor creacional, del espíritu en su mismo principio (4). Es el arquetipo inicial de la rueda del zodíaco; en el simbolismo hindú representa Parabrahman, es decir, el todo no diferenciado. Por ser el zodíaco símbolo del ciclo de la manifestación, Aries significa el rayo o causa inicial, que surge del Akasha de Piscis o reino de las «aguas primordiales». Se relaciona también Aries (el carnero) con la aurora y la primavera, así como también con el comienzo de cualquier ciclo, proceso o creación, ya que corresponde al sentido de lanzamiento original por el que lo virtual se actualiza. En Egipto, el carnero era el símbolo de Amon Ra, que se representaba con los cuernos de dicho animal. En el cuerpo humano, Aries gobierna la cabeza y el cerebro, esto es, el centro de dirección de las energías físicas y espirituales, como Parabrahman es el centro de las energías cósmicas (40).

Ariete

Penetración y fuerza ambitendente (fecundidad y destrucción), según el padre Heras.

Armadura

Protección física del cuerpo, simboliza su defensa espiritual, como ya señala san Pablo. El caballero armado se «aísla» del mundo circundante y cada pieza de su arnés, según la parte del cuerpo que protege, recibe un simbolismo adicional dimanado del anatómico. La armadura, a la vez que una defensa, es una *transfiguración* del cuerpo, una «metalización» ligada al simbolismo de los metales (esplendor, duración, brillo, etc.).

Armas

En el complejo simbólico del héroe y de su lucha, las armas son en cierto modo el oponente a monstruos; la diversidad de unas corresponde a la diversidad de los otros. Por ello, el arma empleada en los combates míticos posee una significación profunda y determinada: caracteriza tanto al héroe que la utiliza como al enemigo que éste debe destruir. No siendo el enemigo — en interpretación psicológica del símbolo — sino el peligro interior del héroe, el arma se convierte en genuina representación del estado de conflicto (alas de Icaro, escudo de Perseo, maza de Hércules, bastón de Edipo, tridente de Neptuno, Hades y Satán) (15). En la epístola de san Pablo a los efesios (6, 10-17), cuando el Apóstol da consejos sobre el modo como el cristiano deberá enfrentarse con el adversario, dice: «Por lo demás, hermanos míos, confortaos en el Señor, y en su virtud todopoderosa. Revestíos de la armadura de Dios para poder contrarrestar las asechanzas del diablo, porque no es nuestra pelea solamente con hombres de carne y sangre, sino contra los príncipes y potestades, contra los adalides de estas tinieblas del mundo, contra los espíritus malignos esparcidos en el aire. Por lo tanto, tomad las armas todas de Dios, o a todo su arnés para poder resistir el día aciago, y sosteneos apercibidos en todo. Estad, pues, a pie firme, ceñidos vuestros lomos con el cíngulo de la verdad, y armados de la coraza de la justicia, y calzados los pies, prontos a seguir y predicar el Evangelio de la paz; embrazando en todos los encuentros el broquel de la fe, con que podáis apagar todos los dardos ardientes del enemigo; tomad también el yelmo de la salud y empuñad la espada del espíritu (que es la palabra de Dios)» (46). Según san Efrén, el simbolismo implícito en el párrafo anterior se precisa alegóricamente del siguiente modo: yelmo, esperanza; cíngulo, caridad; calzado, humildad; escudo, cruz; arco, oración; espada, palabra de Dios (46). El mismo sentido moral aparece en la interpretación simbólica de Diel, al señalar que, con las «armas prestadas por la divinidad» (en efecto, en mitos, leyendas medievales y cuentos folklóricos, las armas suelen aparecer en circunstancias milagrosas), el hombre debe combatir la exaltación de sus deseos irracionales, el monstruo seductor, sirviendo así las finalidades superiores de la especie y del espíritu. Las armas simbolizan, pues, las funciones y fuerzas de espiritualización y sublimación, al modo como los monstruos representan la exaltación de lo inferior (15). Como decimos, en mitos y leyendas se exalta el poder, para así decirlo autónomo, de las armas, objetos y atributos de los grandes héroes, santos o semidioses, como el olifante de Rolando, el martillo de Thor, la vara de Moisés (4). Aparte de la determinación del sentido generalizado de las armas, volviendo a su clasificación particularizada, diremos que el simbolismo de algunas se enriquece por el elemento del que dependen: la boleadora y la honda están asociadas con el aire; la lanza, con la tierra; la espada, con el fuego; el tridente, con las profundidades (41). Otra connotación proviene de la pertenencia común de las armas; el cetro, la maza, el bastón y el látigo, son atributos reales; la lanza, la daga y la espada pertenecen al caballero; el cuchillo y el puñal son armas ocultas, innobles hasta cierto punto; el rayo, la red son armas de los dioses uránicos, etc. Estableciendo un paralelismo entre la jerarquía de las armas y los arquetipos junguianos, componentes de la vida anímica personal, podríamos establecer las asimilaciones siguientes: Sombra (cuchillo, puñal), Anima (lanza), Mana (maza, red, látigo), Sí mismo (espada). Por estas identificaciones puede Schneider afirmar (50) que la lucha de la lanza contra la espada es la de la tierra contra el cielo. Por otro lado, hay una determinación específica de la espada como «arma de salvación» asociada a los ritos medicinales (51) y a las ceremonias de más alta trascendencia. Las armas de aplastamiento, como la maza, implican la idea de destrucción mejor que la de victoria (15). Símbolos de poder desde la prehistoria, continúan siendo en los tiempos cristianos sagradas y se cuelgan de la puerta o se colocan en el dintel para alejar el peligro, tanto de los hombres como de los animales. (Kühn, *El arte rupestre en Europa.*)

Arpa

Se identifica con el caballo blanco (4) y con la escalera mística. Es un instrumento que tiende un puente entre el mundo terrestre y el celestial, por lo cual los héroes del Edda querían que se depositara un arpa en su tumba (para facilitar su acceso al otro mundo). Hay también una estrecha relación entre el arpa y el cisne (50). Pudiera ser asimismo el arpa un símbolo de la tensión de sobrenaturalidad y de amor que crucifica al hombre dolorosamente en espera durante todos los instantes de su existencia terrena. Con este sentido se explicaría la imagen del Bosco, en la que una figura humana aparece supliciada entre las cuerdas de un arpa. Siendo la música un símbolo o manifestación pura de la Voluntad (Schopenhauer), el arpa no haría sino determinar más intensa y característicamente este sentido general del sonido, como portador de tensión y sufrimiento, de formas y de fuerzas.

Arpías

Seres fabulosos, hijas de Neptuno y el mar, que se han considerado comúnmente como alegorías o personificaciones de los vicios en su doble tensión (culpa y castigo) (8). Se han definido más profundamente como representación de las «armonías maléficas de las energías cósmicas» (48). Sin embargo, a veces su acento se carga exclusivamente en el aspecto energético de tales fuerzas en acción; entonces aparecen en la conocida actitud de «movimiento veloz», similar a la esvástica, y lo mismo sucede con erinias y gorgonas (41). En la Edad Media, aparecen a veces en el arte decorativo como simples emblemas del signo de Virgo, musicalmente comprendido. La arpía heráldica no incluye ideas siniestras (48).

Arpista

Dado el simbolismo del arpa, se deduce el del arpista, con muchos y notables ejemplos literarios, entre ellos en el *Wilhelm Meister* de Goethe. En un poema alemán —*Die Crône*— Ginebra excita los celos de su esposo, al hablarle de un caballero que cabalga todas las noches cantando. Los relatos célticos hablan del rapto de Iseo por un arpista. El cuento *El flautista de Hamelín* explica cómo éste se lleva a los niños tras de su melodía. Todas estas figuras son personificaciones de la muerte en su aspecto seductor, es decir, del instinto tanático aludido por Freud. También en Grecia, el dios psicopompo Mercurio, es el inventor de la lira y de la flauta (35).

Arquitectura

El simbolismo arquitectónico es, naturalmente, muy amplio y complejo. Se fundamenta, en principio, en la correspondencia de sistemas de ordenación, resultado de llevar a la abstracción y coincidencia fenómenos diversos en conexión con las formas que puede tomar la construcción arquitectónica y la organización de los espacios. Simbolismos secundarios al aludido del «orden», derivan de la forma, de las estructuras, color, material, función, distribución en altura, jerarquización de elementos, etc. El simbolismo más amplio, profundo y esencial es el de los «templos montaña» (zigurat babilónico, pirámide egipcia, pirámide escalonada americana o teocalli, stupa hindú). Trátase entonces de un simbolismo geométrico complejo, que engloba la pirámide y la escalera (gradación), como también el elemento paisajístico montaña. Parte de este sentido pasa al templo occidental, particularmente a la catedral gótica. También en estos templos aparece a veces la esencia del simbolismo mandálico (cuadratura del círculo, es decir, contraposición del cuadrado y el círculo, por lo general unidos por su intermediario el octógono) y del simbolismo numérico (cifra del conjunto de factores esenciales: el 7 en las pirámides escalonadas es muy frecuente; el 3 en los pisos del templo del Cielo en Pekín, multiplicado por sí mismo a causa de las 3 plataformas y los 3 techos) (6). El número 8, como hemos visto, tiene gran importancia por ser el que sirve de enlace entre el 4 o cuadrado y el círculo. La torre de los vientos en Atenas era de planta octogonal. El mencionado templo del Cielo chino también presenta el esquema octogonal en el número de sus columnas (6). Ahora bien, ahondando en el sentido de la asimilación templo y montaña, hemos de completar la ecuación por la inclusión de la caverna en el interior del monte. Los templos de la India excavados en las rocas no son sino la ejecución literal de esa equivalencia simbólica. A la caverna corresponde el significado de centro espiritual, corazón o fragua, tal como la gruta de Itaca o el antro de las ninfas de Porfirio. Esta idea corresponde a un desplazamiento del centro, como cúspide de la montaña del mundo al interior (del monte, del mundo y del hombre). A la noción primaria del valor de la forma puramente exterior (menhir, onfalo, pilar, betilo) sucede el interés por el espacio central, que se identifica con el antiquísimo símbolo del «huevo del mundo». Una forma que simboliza más concretamente tal idea es la de la cúpula, imagen asimismo de la bóveda celeste, por lo cual las primitivas cúpulas del Irán estaban siempre pintadas de azul o de negro. Con esto entramos en un sentido que conviene aclarar. En el simbolismo geométrico, con relación al plano cósmico, todo lo circular concierne al cielo, lo cuadrado a la tierra, lo triangular (con el vértice arriba) al fuego y al impulso de ascensión inherente a la naturaleza humana y, en consecuencia, a la función de comunicación entre la tierra (mundo material) y el cielo (mundo espiritual). El cuadrado corresponde a la cruz de los puntos cardinales (6). Al significado esencial especificado, se agregan sentidos secundarios o identificaciones que pueden llegar a dominar en el conjunto ideológico del símbolo. Por esto, cuando el cristianismo da prioridad a la idea del hombre sobre la del cosmos, el templo se dirige mejor a la expresión de la

Arquitectura. Fachada de la catedral de Tarragona. Detalle.

trascendencia simbolicoformal humana que a la mera contraposición de dos
principios como el terrestre y el celeste, aunque éstos no se descarten. Ya
los griegos, etruscos y romanos, dan más interés que a esa contraposición, o
que al simbolismo de la elevación gradual (simbolizada por los zigurats), a
la división del cielo en partes y a la construcción de un modelo de esa partición en la tierra, sostenida sobre soportes (pilares, columnas) que asimilan,
por su procedencia del palafito, la superficie terrestre al océano de las «aguas
primordiales». La iglesia románica integra el simbolismo de la cúpula, el de
la contraposición de lo cuadrado y redondo, pero añade la importantísima
tripartición de naves (triunidad simbólica de la Trinidad) y la ordenación en
cruz, según el esquema corporal del hombre echado con los brazos en cruz,
considerando como su centro no el ombligo (partición simétrica), sino el
corazón (intersección del crucero), y correspondiendo el ábside principal a
la cabeza. Todos los elementos y estructuras, como decíamos, colaboran al
significado simbólico general con la aportación de sus significaciones peculiares; en la arquitectura gótica el símbolo de la Trinidad se repite hasta
la obsesión en forma de triplicación de portales, arcos trilobados, festonea-
dos y apuntados. La misma ojiva es un triángulo curvo, con el sentido preciso que dimos a esa forma geométrica (14, 46). El arco flamígero, como su
nombre indica, es un símbolo del fuego y sería dable ver en la evolución
formal del gótico cuatrocentista un retroceso no temático hacia el sentido
apocalíptico que el románico venera iconográficamente al mayor extremo (46).
Jambas, pilastras y columnas flanqueantes pueden interpretarse como «guardianes» de las puertas. Las portadas son la exteriorización del retablo, que, a
su vez, es el programa enclavado en el «corazón» del templo. Los claustros
tienen también un profundo sentido, cósmico y espiritual. En el primer aspecto y considerados como espacio equivalente a un transcurso, son signifi-
cantes del curso del año y, por analogía, de la vida humana. El lado norte-
este representa los meses octubre-diciembre; el lado norte-oeste los meses
de enero-marzo; el lado este-sur, abril-mayo; y el lado oeste-sur, julio-sep-
tiembre. Según Schneider, y conceptuando el ciclo de la vida (o del año)
como un rito de curación (o salvación), el primer grupo corresponde a la
zona de muerte, peligro y sufrimiento; el segundo, al fuego purificador; el
tercero, a la curación, y el cuarto, a la convalecencia (51). Según Pinedo,
el lado sur es el de los vientos cálidos, es el lado del Espíritu Santo que, con
su inspiración, provoca el fuego del alma en caridad y amor divino; el lado
norte es el de los vientos fríos, el lado del demonio, cuyas sugestiones hielan
el alma (46). Con respecto a una de las formas adoptadas con mayor frecuencia por la catedral gótica, Schneider señala que las dos torres frontales
corresponden a las dos cimas de la montaña de Marte (simbolismo de Géminis, Jano, del número 2), mientras que el cimborrio que se alza sobre la
intersección de naves y crucero corresponde al monte de Júpiter (unidad).
Sobre la plataforma se encuentra el paraíso, y por debajo se halla el infierno,
recordado por las gárgolas. Las cuatro pilastras, estribos o grupos de columnas que dividen la fachada y determinan el emplazamiento de las tres puertas son los cuatro ríos del paraíso; las tres puertas significan fe, esperanza
y caridad. El rosetón central es el lago de la vida donde se reúnen el cielo y la tierra (o también el cielo, al que apunta el triángulo de la ojiva) (50).
Con más carácter de alegoría, por la especialización extrema del sentido
simbólico, pueden especificarse —y así lo han sido— los significados probables o presuntos de diversos elementos arquitectónicos de la catedral. Según
Lampérez, los muros de la iglesia representan la humanidad redimida; los
contrafuertes y arbotantes, la fuerza moral que sostiene; la cubierta, la ca-

ridad que cobija; los pilares, los dogmas de la fe; los nervios de las bóvedas, los caminos de salvación; las flechas de las torres, el dedo de Dios que muestra la patria definitiva. Fácil es ver que la especialización simbólica procede por concretización de un sentido indudable, pero más abstracto y general. Finalmente, mencionaremos dos hechos: la interpretación «degradada» de todo edificio como cuerpo humano (puertas y ventanas, aberturas; columnas, fuerzas) o espíritu (sótanos, inconsciente; buhardillas, cabeza, imaginación), aportada por el psicoanálisis por vía experimental; y la posibilidad de elaborar con principios simbólicos sistemas de complejidad cada vez mayor. Kubler, en su *Arquitectura barroca,* estudia el caso de fray Juan Ricci, quien, en el siglo XVII, y siguiendo el ejemplo de sus predecesores manieristas en Italia, Giacomo Soldati y Vincenzo Scamozzi, se interesó por la creación de un nuevo orden «armónico» o ideal, asimilando los existentes (toscano, dórico, jónico, etc.) a diversos modos que identificaba con modalidades de santidad o temperamento.

Arturo, Rey

Héroe, rey o penteyrn de los siluros de Caerleón en Gales. En torno suyo se estructuran las leyendas de la Tabla Redonda, cuyas fuentes primeras conocidas son el *Brut* (ca. 1155), de Normando Wace, y la *Historia Regum Britanniae* (antes de 1148), de Geofrey de Monmouth, y las *Mabinogion* (Infancias) galesas. Arturo sería hijo del caudillo bretón Uhter Pendragón, sucediéndole en 516. Se le atribuyen conquistas míticas. Según Rhys, Arturo es un avatar del dios galo Mercurio Arterio, rey del fabuloso país de Oberón. Arturo es el arquetipo del «rey mítico» que concentra las esperanzas de una raza y es un reflejo del «hombre primordial». Las tradiciones niegan su muerte y afirman que volverá a aparecer cuando la nación inglesa le necesite para triunfar sobre sus enemigos. Símbolos como los de espadas y escudos mágicos o milagrosos, de la «guerra santa» o combate del bien contra el mal y de los «doce caballeros», asimilables a los signos del zodíaco e implicando una idea de totalidad están íntimamente asociados al rey Arturo. Jean Marx, en sus *Nouvelles recherches sur la littérature arthurienne* (París, 1965), reúne las investigaciones recientes sobre Arturo y el ciclo de leyendas, de trasfondo simbólico, a él asociadas.

Arturo, Rey. Santo Graal. Ms. Fr. gótico, 343. Bib. Nat. París.

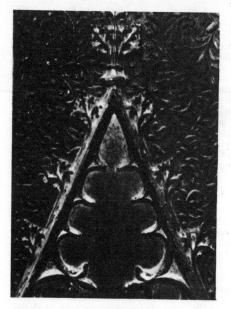

Ascensión. Detalle del retablo de Santa Clara y Santa Catalina (año 1455).

Catedral de Barcelona

Ascensión

El simbolismo de la ascensión y de la subida tiene dos aspectos esenciales: el objetivo, que se refiere a valores de nivel, en cuya coincidencia concierne al simbolismo espacial y de la verticalidad; o el más interno, que se relaciona con el «impulso de ascensión» mejor que con el propio resultado de subir. Desde este punto de vista se concibe la siguiente aseveración de Mircea Eliade: «Cualquiera que sea el conjunto religioso en que se encuentren, y cualquiera que sea el valor que se les haya dado —rito chamánico, de iniciación, éxtasis místico, visión onírica, leyenda heroica— las ascensiones, la subida de montañas o escaleras, el subir volando por la atmósfera, significan siempre trascender la condición humana y penetrar en niveles cósmicos superiores. El mero hecho de la «levitación» equivale a una consagración...» (17). Pero, según un concepto más simplemente energético, la acción de subir (cual en la música, del grave al agudo: analogía desde el *piano* al *forte*) expresa la tensión creciente de los impulsos (38), trátese de las ideas de dominación, o de otro instinto cualquiera. Todos los símbolos del eje del mundo: montaña, escalera, árbol, cruz, liana, cuerda, hilo de araña, lanza, se relacionan con el significado de la ascensión (18).

Asno

Animal simbólico que pertenece, como atributo, al «segundo sol», a Saturno. Es el animal siempre en celo, detestado por Isis (31). El crucifijo burlesco con cabeza de asno del Palatino debe poseer un sentido relacionado a la identificación de Yahvé con Saturno (31), aunque también es posible que se trate de un simbolismo análogo al del bufón. En esta última versión, la cabeza de asno, que es frecuente en emblemas, marcas y signos medievales, suele aparecer como emblema de la humildad, paciencia y coraje. A veces entre sus largas orejas se ve una rueda o símbolo solar, lo cual sucede también en las cabezas de buey, e identifica ambos animales como víctimas sacrificiales (4). La complejidad simbólica del asno no acaba en esto. Jung lo define como *daemon trinus*, trinidad ctónica que en la alquimia latina se representa como monstruo de tres cabezas (32), que pueden identificarse como Mercurio, Sal y Azufre, o los tres principios materiales. En Caldea, la diosa de la muerte se representaba de rodillas sobre un asno, trasladado en barca por el río infernal. En sueños, el asno, sobre todo cuando surge investido de un aspecto solemne y ritual, suele ser mensajero de muerte o aparecer en relación con una defunción, como destructor del tiempo de una vida.

Atributos

Objetos de uso, simbólicos o no, o incluso seres vivos, que acompañan a las personificaciones para constituir alegorías. No puede decirse, igual que con éstas acontece, que carezcan enteramente de valor simbólico, pero en todo caso es el mismo que se halla en los propios objetos de por sí, pues no por figurar en la alegoría este significado varía, ni siquiera se intensifica. Citaremos algunos atributos mitológicos y alegóricos: la lechuza, compañera de Minerva; el tridente, arma de Neptuno; la balanza, que aparece siempre en manos de la Justicia; la palma y el laurel, o las alas, asociadas a la Victoria; la copa y la serpiente unidas, que forman el emblema de la Medicina; el compás y la escuadra, que alegorizan la Arquitectura, etc. En la iconografía cristiana, para facilidad de identificación, el atributo no se dejó de poner junto a cada santo. Así, a las representaciones renacentistas de san Sebastián, que aparece en el acto de haber sido asaeteado, preceden las medievales, en que se representa al santo como caballero llevando su atributo.

Atributos. Cruz de los improperios. Cau Ferrat. Sitges (Barcelona).

Aureola. Detalle del retablo
de San Jorge de Ciérvoles.
Os de Balaguer (Lérida).

Aureola

Aura que circunda los cuerpos gloriosos, que se representa en forma circular o almendrada. Según un texto del siglo XII, que se atribuye a Saint-Victor, esa forma almendrada deriva del simbolismo de la almendra, identificada con Cristo, pero ello no altera el significado general de la aureola (6), que se interpreta como resto del culto al sol, símbolo ígneo que expresa la energía sobrenatural irradiante, o como visibilización de la luminosidad espiritual emanada, que desempeña importante papel en la doctrina hindú (26). La aureola almendrada, que suele rodear todo el cuerpo, acostumbra dividirse en tres zonas, manifestando la acción trinitaria (6).

Aurora

El significado simbólico de la aurora concierne analógicamente a todo principio, despertar o iluminación; por esto, la alegoría la muestra como doncella desnuda que aparta de su cuerpo velos en movimiento ondulante. En emblemas, marcas y signos, imágenes de la aurora aparecen con frecuencia en el período inmediatamente anterior al Renacimiento. Trátase de un simbolismo no disimilar al de los niños. Uno y otros constituyen representación del Doncel divino o de la Doncella divina, símbolos del alma en su función naciente (4).

Aventura

Símbolo de la búsqueda del «sentido de la vida» (peligro, combate, amor, abandono, encuentro, ayuda, pérdida, conquista, muerte). Bezzola afirma que, en Chrétien de Troyes, la aventura es siempre expresión simbólica de «lo que el poeta juzga como esencia de las cosas»; esto bastaría para justificar el interés por las novelas de caballerías o de aventúras, aunque el «nivel» distinto de ellas eleva o rebaja el mito hasta el símbolo o la mera dinámica de la peripecia por sí misma. La lucha contra el mal es el aspecto ético de la aventura, como la búsqueda de la amada es el aspecto erótico-espiritual.

Aves

Desde el antiguo Egipto, las aves simbolizan con gran frecuencia las almas humanas; a veces tienen cabeza de persona, incluso en iconografía helénica. En el *Mirach* puede leerse que, al ascender Mahoma al cielo, se encuentra en una gran plaza el árbol de la vida, cuyos frutos rejuvenecen a quien los come. A sus lados hay avenidas de árboles frondosos, en cuyas ramas se posan aves de brillantes colores y canto melodioso: son las almas de los fieles, mientras las de los perversos encarnan en aves de rapiña (46). En general, aves y pájaros, como los ángeles, son símbolos del pensamiento, de la imaginación y de la rapidez de las relaciones con el espíritu. Conciernen al elemento aire y, como se dijo de las águilas, «son altura» y, en consecuencia, espiritualidad. Una particularización de las que son frecuentes en el simbolismo tradicional ha llevado la caracterización del sentido simbólico a extremos. Así, Odón de Túsculo dice, en su sermón XCII, que, así como son varias las propiedades de las aves, también son muy diversas las costumbres de los hombres espirituales. Las aves son, prosigue: unas, sencillas, como la paloma; otras astutas, como la perdiz. Unas se llegan a la mano, como el halcón; otras huyen de ella, cual la gallina. Unas aman convivir con los hombres, como la golondrina. Otras, la soledad y el desierto, como las tórtolas... Las aves de vuelo bajo simbolizan la actitud terrena; las de alto vuelo, la pasión espiritual (46).

Axiales

Los símbolos axiales son los que representan el «eje del mundo» o tienen relación analógica con él. No siempre han de ser formas estrictamente lineales en su verticalidad y por ello se consideran dentro de este grupo: montaña, pirámide, hacha de dos filos, tridente, escalera. Más directamente expresivos son: obelisco, columna exenta, menhir, lanza, espada, poste de tortura, mástil totémico, mástil de navío, mástil de juegos y diversiones populares, etc. El eje es el lugar de enfrentamiento de los contrarios, por ello su más completa representación simbólica es el caduceo, que integra, además de la línea vertical, axial, las dos serpientes entrelazadas, equivalentes, que significan las dos fuerzas en oposición y equilibrio.

Lábaro.

Yang-Yin.

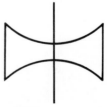

Hacha doble.

Azotes

Para la mentalidad arcaica, los golpes, azotes y flagelación no aparecen como castigo (en el sentido de venganza, o en el de escarmiento), sino como purificación y estímulo. La costumbre arcádica de azotar la efigie del dios Pan cuando los cazadores regresaban de sus empresas con las manos vacías equivalía a una purificación de las influencias paralizantes (21). En multitud de ritos universales, los azotes figuran como necesarios para liberar de posesiones, encantamientos y todas aquellas actitudes que corresponden a una impotencia física o espiritual (51).

Azucena

Emblema de la pureza, utilizado en la iconografía cristiana, especialmente en la medieval, como símbolo y atributo de la Virgen María (46). Con frecuencia aparece erguida en un vaso o jarrón, símbolo a su vez del principio femenino.

Azufre

Voluntad de acción positiva. Calor vital (57). En el complejo simbolismo alquímico, el azufre es un estadio de la evolución de la materia (y de la psique). Según René Alleau, dichos estadios, desde el inferior al superior, pueden establecerse así: elementos previos (posibilidades innatas en el cosmos, en el hombre), materia prima (organización elemental de esas posibilidades, equivaliendo acaso al inconsciente, a los instintos), mercurio (ordenación ya depurada, sentimientos, imaginación, principio femenino dominante), azufre (purificación profunda, razón e intuición, principio masculino) y grande obra (trascendencia).

Báculo, romanicogótico. Leg. Espona. Museo Arte Cataluña.

B

Es éste un símbolo cultural, pero que, aun no siendo espontáneo o analógico, posee un gran interés. Como Cartago, Babilonia es imagen de la existencia caída y corrompida; el reverso de la Jerusalén celeste y el paraíso (37).
En sentido esotérico, simboliza el mundo denso o material, a través del cual
se producen los movimientos involutivo y evolutivo del espíritu (su entrada
en la vida de la materia y su salida de ella) (37). Véase la escalera.

Babilonia.
Estela de Ur Mammu
(2100 a. de J.C.).

Babosa

El signo de la babosa, que también se ha interpretado a veces como pequeña serpiente, simboliza el germen masculino, el origen de la vida, el movimiento silencioso de la oscuridad hacia la luz; este concepto se halla bien expresado en el capítulo XVII del Libro de los Muertos (19).

Báculo

El bastón con el extremo curvo, atributo del pastor en la Iglesia y símbolo de la fe (4), por el significado de lo sigmoideo representa el poder divino, la comunicación y la conexión (50). Por su forma espiral es símbolo de fuerza creadora.

Balanza. Fresco de San Miguel de Tosses (siglo XIII). Detalle. Museo Arte de Cataluña.

Baile

La inmensa variedad de bailes imposibilita darles otro sentido general que el de «rito rítmico», intento de modificar por el movimiento y la sacudida una situación estática. Los bailes en ronda o círculo exponen un simbolismo colectivo, probablemente solar.

Balanza

Este útil, de origen caldeo (7), es el símbolo místico de la justicia, es decir, de la equivalencia y ecuación entre el castigo y la culpa. En los emblemas, marcas y alegorías, aparece con frecuencia en el interior de un círculo rematado por una flor de lis, estrella, cruz o paloma (4). En su forma más común, con dos platillos colgantes e iguales, dispuestos en simetría bilateral, tiene un significado asimilable hasta cierto punto —y secundario respecto al arriba expuesto— al de los esquemas de esa distribución, cual el hacha doble, el árbol de la vida, los árboles sefiróticos, etc. En su aspecto más profundo, la balanza constituye el arquetipo zodiacal denominado Libra, relativo a la «justicia inmanente», es decir, a la idea de que toda culpabilidad desencadena automáticamente las fuerzas de autodestrucción y de castigo (40).

Balder

Dios nórdico muerto por el muérdago, al cual personifica, hallándose íntimamente relacionado con diferentes símbolos cual el fuego, el sol y el roble (21). Tiene relación con Odín y con el profundo simbolismo del ahorcado.

Ballena

Mundo, cuerpo, sepulcro (20). También considerada como símbolo de lo continente (y ocultante) por esencia. Rabano Mauro (*Operum*, III, *Allegoriae in Sacram Scripturae*) acentúa especialmente este sentido (46). Sin embargo, actualmente el significado simbólico de la ballena parece cobrar una autonomía, como equivalente de la mandorla mística, zona que comprende los contrarios de la existencia cósmica, por encontrarse en la intersección de los círculos del cielo y de la tierra (51).

Bandera

Deriva históricamente de la insignia totémica, cual aparece en los distritos egipcios y entre la mayoría de pueblos. Los persas llevaban águilas doradas con las alas desplegadas al extremo de largas astas; los medos, tres coronas; los partos, una hoja de espada; los escitas, un rayo; los griegos y romanos tuvieron enseñas *(signum)*, estandartes y banderas. Lo que constituye la esencia de todos estos símbolos es menos la figura adoptada que el hecho de que ésta se coloque en lo alto de una pértiga o asta. Dicha elevación es correlativa de la exaltación imperiosa, significando la voluntad de situar la proyección anímica expresada por el animal o figura alegóricos, por encima del nivel normal. De este hecho deriva el simbolismo general de la bandera, como signo de victoria y autoafirmación (22).

Baño. Miniatura gótica.

Baño

La inmersión en el agua toma su simbolismo de ésta y significa no sólo purificación (simbolismo secundario derivado de la cualidad general atribuida al agua de ser clara), sino principalmente regeneración, a causa del contacto con las fuerzas de transición (cambio, destrucción y nueva creación) de las «aguas primordiales» (elemento fluido). En alquimia, este sentido no se modifica, sino que sufre simplemente una aplicación especializada; por eso dijeron los alquimistas que el baño simboliza la disolución del oro y de la plata y la purificación de esos dos metales.

Barca

Tiene un sentido general de «vehículo». Según Bachelard, innumerables referencias literarias podrían probar que la barca es la cuna recobrada (y el claustro materno) (2). También hay una asimilación entre barca y cuerpo.

Barco

Objeto de culto en Mesopotamia, Egipto, Creta y Escandinavia principalmente. Asociado al viaje del sol por el cielo y al «viaje nocturno por el mar» y también a otras deidades y a los espíritus de los muertos. La palabra *Carnaval (Carrus navalis)* se refiere a una procesión de navíos. En la Antigüedad existió la costumbre de pasear a los barcos. En la *Gesta abbatum Trudonensium* se dice que en 1133 un labrador de Indem mandó construir en un bosque cercano un barco que andaba con ruedas y al cual hizo recorrer parte del país. Por los sitios donde pasaba había fiestas y júbilo (objeto desplazado como la locomotora en el bosque de Breton). Como el carro o la casa, símbolo del cuerpo o «vehículo» de la existencia. Barco antiguo, alusión a la vejez o al estrato arcaico. Barco roto, alusión a la enfermedad, deterioro, daño o carácter incompleto de algo. Barco enterrado, alusión a una «segunda vida» enterrada, reprimida, olvidada.

Barreras

Como los muros, cercas, verjas, simbolizan la dificultad suma o la imposibilidad de un acceso, sea existencial, sea espiritual. En este caso, la reiteración de su imagen puede simbolizar la incapacidad para avanzar por la vía emprendida. Todo conjunto encerrado por cercas, barreras o muros (jardín, ciudad amurallada) puede simbolizar —según contextos— la realidad terrena, o bien la realidad superior a que se quiere acceder.

Barro

Significa la unión del principio meramente receptivo de la tierra con el poder de transición y transformación de las aguas. El légamo es el lugar característico de las hylogenias (17). De ahí que una de sus condiciones esenciales sea la plasticidad, que, por analogía, se ha relacionado con lo biológico y naciente.

Basilisco

Animal fabuloso en forma de serpiente, con cabeza puntiaguda y tres apéndices prominentes. En las descripciones medievales se creía que había nacido de un huevo sin yema puesto por un gallo y empollado por un sapo sobre el estiércol; se le describía como animal con cola trífida en la punta, ojos centelleantes y corona en la cabeza. Se creía que mataba sólo con mirar, por lo cual solamente se le podría dar muerte viéndolo reflejado en un espejo, creencia relacionada con el mito de Medusa Gorgona. En Oriente se le atribuía forma mixta de gallo, serpiente y sapo. Según Diel, esta creación de la humana psique muestra un carácter netamente infernal, ratificado en su triplicidad (inversión de las cualidades trinitarias) y en el predominio de componentes malignos como el sapo y la serpiente. Se trata de uno de los innumerables «guardianes del tesoro» de que hablan las leyendas.

Bastón

De doble simbolismo, como apoyo y como instrumento de castigo. En el primer aspecto, Frazer menciona que, después del equinoccio de otoño, los antiguos egipcios tenían una fiesta a la que daban el nombre de «la natividad del bastón del sol», pues, como el día y el calor iban en disminución, suponían que el astro necesitaba un bastón en que apoyarse (21). Es notable la revivificación del mito por Dalí con las muletas que tan frecuentemente emplea en su temática. Uno y otro caso ponen en práctica el principio elemental del simbolismo: considerar como correlativas e intercambiables las posibilidades materiales y espirituales de una forma-situación dada. Como arma (con un bastón mata Edipo a su padre Layo sin reconocerle) se identifica con la maza, arma real (15).

Beber

El acto de beber, de ofrecer bebida, con frecuencia forma parte de ritos, y puede asociarse también a la idea de filtros, con carácter positivo o negativo, bueno o malo. Pero la representación visual de animales bebiendo —por lo común dispuestos simétricamente— en una vasija o fuente, es imagen que pertenece a la iconografía cristiana y que simboliza la asimilación de la doctrina y de la gracia, con su consecuencia la inmortalidad. Es frecuente que los animales que beben sean pavos reales o palomas.

Bella durmiente

De un lado, puede considerarse como símbolo del ánima, en el sentido junguiano. De otro, simboliza, más que el inconsciente propiamente dicho, las imágenes ancestrales que en él yacen, en espera de ser desveladas y puestas en acción. Como señala Loeffler, en los cuentos y leyendas las princesas sueñan en el fondo de sus palacios, como los recuerdos y las intuiciones en el fondo de nuestro inconsciente. Las bellas no todas están dormidas, pero, de un modo u otro, se hallan siempre al margen de la acción. Cada bella inmovilizada representa una posibilidad en estado pasivo (38).

Bestia apocalíptica

La materia en involución, como serpiente o dragón, como adversaria del espíritu y perversión de las cualidades superiores (9). A veces se ha identificado con el principio femenino, en cuanto éste es fuente de tentación y de corrupción, pero, principalmente, de estancamiento en el proceso evolutivo. Los mitos de Calipso, las sirenas y otros se relacionan con este tema.

Binario

Todos los procesos naturales en cuanto poseen dos fases contrarias fundamentan un estado dualista. La integración de esa contradicción en un complejo superior origina un sistema binario, fundado en la tensión de una polaridad. A veces, las dos fases son simétricas, es decir, de fuerza y extensión equivalentes; pero en otras ocasiones, la diferencia es dada por relaciones irregulares. Los fenómenos cósmicos: día, noche; invierno, verano; crecimiento, decrecimiento; vida, muerte; sístole, diástole; inspiración, espiración; juventud, vejez; de carácter sucesivo valen para el caso como los pares de contrarios que pueden ser sucesivos o simultáneos, cual: húmedo, seco; frío, cálido; masculino, femenino; positivo, negativo; sol, luna; oro, plata; redondo, cuadrado; fuego, agua; volátil, fijo; espiritual, corpóreo; hermano, hermana, etc., y se hallan en el caso. La mano derecha y la izquierda, que corresponden a las columnas de la tradición hebrea Jakin y Bohaz y a las dos puertas celeste e infernal que los latinos relacionaban con Janus, pueden simbolizar el binario, como el Rey y Reina de la alquimia (28). El hecho de que se trate de oscilaciones temporales o de tensiones simultáneas no altera la naturaleza del sistema, expresado, en última instancia, por el mito del Géminis y apareciendo en la doctrina maniquea y gnóstica como dualismo moral en el cual el mal se equipara potencialmente al bien. El mal y la materia, según la doctrina neopitagórica, origina la *dyas* (dualidad), de naturaleza femenina, representada en la gnosis justina como ser dual, con la mitad superior de mujer y la inferior de serpiente. Diel señala que, ansiosa de venganza, ella combate al Pneuma, siendo el arquetipo de figuras legendarias como Medea, Ariadna, Iseo (15). El misterio de todo dualismo, origen de toda acción, aparece en cualquier contraposición de fuerzas, porque todas poseen un sentido, sean espaciales, físicas o espirituales.

La pareja primordial cielo, tierra, aparece en la mayor parte de tradiciones del mundo como imagen de la contraposición primordial del binario de la vida natural (17). Dado el dualismo permanente de la naturaleza —señala justamente Schneider—, ningún fenómeno determinado puede constituir una realidad entera, sino sólo la mitad de una realidad. A cada forma ha de corresponder la análoga y contraria; al hombre, la mujer; al movimiento, el reposo; a la evolución, la involución; a la derecha, la izquierda; con la cual forma una totalidad. Sólo la conexión de tesis y antítesis da la síntesis. Sólo la síntesis posee verdadera realidad (50). Esto explica que la tendencia psicológica de muchos sea la penetración en la ambivalencia, la destrucción de los aspectos unitarios de las cosas, aunque ello origine el más alto dolor. Antes de Freud, Eliphas Lévi había dicho: «El equilibrio humano se compone de dos atracciones, una hacia la muerte, otra hacia la vida». El instinto tanático es, pues, tan natural y espiritual como el vital o erótico. La integración de estos símbolos en sistemas complejos de correspondencias se da con la mayor claridad y perfección en Oriente, donde cósmicas alegorías como la Rueda de las transformaciones, el disco *Yang-Yin*, el *Shri-Yantra*, etc., expresan gráficamente con increíble intensidad estas ideas de la contradicción y la síntesis, estableciendo como principales elementos de cada polo: principio positivo (masculino, claro, activo); principio negativo (femenino, oscuro, pasivo), que, psicológicamente, corresponden a consciente e inconsciente; y destinalmente a evolución e involución (25). Tales figuras simbólicas exponen, pues, no tanto el dualismo de las fuerzas cuanto su carácter «complementario» en el sistema binario. Los hindúes dicen: Brahman es *sat* y no *sat*, lo que es y lo que no es; *satyam* y *asatyam* (realidad más irrealidad). En los Upanishads se traduce esta síntesis a lo dinámico, diciendo que consiste en «lo que está en movimiento y está quieto, sin embargo». Schneider explica estas afirmaciones diciendo que, en los sistemas místicos, la antítesis es el complemento de la tesis, pero no su negación (50). Por ello resulta comprensible la afirmación, trasladada al microcosmo, de Lao-tse: «Quien conoce su masculinidad y conserva su feminidad, es el abismo del mundo» (58). La aspiración a la síntesis de los contrarios permanece con todo llena de agitación y sufrimiento, en tanto no se resuelve de modo sobrenatural. Por eso, el paso de la tesis a la ambivalencia es doloroso, y el de la ambivalencia al éxtasis, difícil de alcanzar. El símbolo del «centro», de la rosa azul, la flor de oro, la salida del laberinto, pueden aludir a este encuentro de la conjunción de conciencia e inconsciente, como de amado y amada. Metáforas como «el lobo habitará con el cordero; la pantera descansará con el cabrito; el ternero, el león y el buey vivirán juntos, y un niño les conducirá» (Is 11, 6), son alusiones al reino final de la Jerusalén celeste (25), donde la síntesis del binario no es ya desgarramiento dualista, diferencia ni separación, menos aún equivalencia de poderes, sino asunción de lo inferior por lo superior, de lo tenebroso por lo luminoso. Pues el simbolismo ascensional no sólo expresa la posibilidad de un ser privilegiado, sea iniciado o santo, héroe o intelectual, sino la primaria y radical disposición del cosmos, desde el barro a la lágrima, desde el plomo al oro.

Los ritmos son varios, pero la dirección es sólo una. La doctrina hindú, junto a la esperanza del nirvana, pone también la enseñanza de la *mâyâ* o ilusión. En ella —mundo fenoménico— los contrarios se neutralizan, equivalentes a fuerza de juegoś y transmutaciones, de creaciones y supresiones de cosas (60). Precisamente, la altura moral de una religión se puede medir por su capacidad para probar con imágenes y dogmas la superación del dualismo en equivalencia, cual lo ofrece, por ejemplo, la figura de la diosa Kali, de sangriento culto. Uno de los mitos que expresan con más fuerza y poesía el anhelo de unidad cósmica es el que habla de «unificar» el sol y la luna, obligándolos a juntarse en un solo ser (17).

Blanco

El color blanco, como suma de los tres colores primarios, simboliza la totalidad y la síntesis de lo distinto, de lo serial. En cierto modo es más que un color. Por esto, Guénon, en *Symboles fondamentaux de la Science sacrée*, dice que la gama real del arco iris es de seis colores (rojo, anaranjado, amarillo, verde, azul, violado) y los pone en las puntas de una «estrella de Salomón». El blanco, séptimo color, lo sitúa en el centro (en analogía con el «centro» del espacio, que tiene seis direcciones = dos por dimensión). Así, tradicionalmente, el blanco es asimilado al andrógino, al oro, a la deidad. En el Apocalipsis, el blanco es el color del vestido de los que «han salido de la gran tribulación, han lavado su ropa y *la han blanqueado con la sangre* del Cordero». Jesús como Juez es presentado con cabellos «blancos como la blanca lana» y los del Anciano de los Días son blancos «como la nieve»: La blancura simboliza el estado celeste. Lo blanco expresa una «voluntad» de acercamiento a ese estado; por ejemplo, la nieve es una suerte de «tierra transfigurada» cuando ya recubre la tierra. No en otro sentido sitúa Balzac la acción de su novela mística *Séraphita* en el norte de Escandinavia, en países en que sólo domina el eje cromático blanco-azul: tierra sublimada-cielo, acorde que expone ya los anhelos del andrógino Séraphita-Séraphitus de alcanzar el cielo y a Dios. Según Guénon en *Il Re del Mondo*, el color blanco corresponde al centro espiritual, Tula (Thule) es la llamada «isla blanca», que en la India se identifica con la «tierra de los vivientes» o paraíso. Esta montaña es la misma llamada Meru. El autor citado cree que la etimología de los muchos nombres geográficos que integran *albo* (Alba Longa, la ciudad madre de Roma; Albión, Albano, Albany, Albania, etc.) derivan de ese significado. En griego, Argos tiene igual sentido; del que procede *argentum*, argénteo. Con todo, el color blanco, simbólicamente, no es asimilado a la plata, sino al oro.

Boca

Una dimensión elemental del simbolismo anatómico es la identificación del órgano con su función. Por esta causa es obvio el sentido de la boca, como signo jeroglífico egipcio, con significado de la palabra, el verbo creador. De este modo, el signo expresa la emanación primera. En estrecha relación con éste, vemos otro signo, el cual representa el disco solar dentro de la boca, que sólo hasta cierto punto se identifica con el ojo (en las representaciones en color el ojo se figura enteramente en azul, mientras que el signo a que aludimos presenta un circulito rojo en el interior de la boca azul (19). El significado expuesto es ratificado por Guénon (29). Este autor menciona que, en el *Mândûkya Upanishad*, se dice que la boca es la conciencia integral, a propósito del estado de sueño profundo (26). En el lenguaje del Antiguo Testamento es muy frecuente la asociación de boca y fuego. Los adjetivos frecuentes de este último, cual «devorador» o «consumidor», aluden a la función de la boca. De ahí los animales legendarios que escupen fuego. Jung explica por la sinestesia tales asociaciones, indicando que ellas nos remiten al dios solar Apolo, a quien se representa con la lira. La convergencia de los significados de sonar, hablar, brillar y arder, se expresan fisiológicamente en el fenómeno de la audición coloreada. Por otro lado, no es coincidencia casual que los dos hechos principales que distinguen al hombre sean el lenguaje y el uso del fuego. En consecuencia, el simbolismo de la boca aparece ambivalente, como el fuego, creador (verbo) y destructor (devoración); como punto de unión de dos mundos, exterior e interior. Por esa causa se explica el abundante simbolismo de la «boca del monstruo», cuyos dientes constituyen el engranaje de dos universos, cielo y tierra o, mejor, infierno y tierra (50). La iconografía medieval muestra con frecuencia esas bocas de dragón o enorme pez por las cuales se penetra en el mundo interior o inferior.

Bosque

Dentro del simbolismo general del paisaje, el bosque ocupa un lugar muy caracterizado, apareciendo con gran frecuencia en mitos, leyendas y cuentos folklóricos. Su complejidad, como la de otros símbolos, redunda en los diversos planos de significado, que parecen todos ellos corresponder al principio materno y femenino. Como lugar donde florece abundante la vida vegetal, no dominada ni cultivada, y que oculta la luz del sol, resulta potencia contrapuesta a la de éste y símbolo de la tierra. La selva fue dada como esposa al sol por los druidas (49). Dada la asimilación del principio femenino y el inconsciente, obvio es que el bosque tiene un sentido correlativo. Por ello, puede afirmar Jung que los terrores del bosque, tan frecuentes en los cuentos infantiles, simbolizan el aspecto peligroso del inconsciente, es decir, su naturaleza devoradora y ocultante (de la razón) (31). Zimmer señala que, por contraste a las zonas seguras de la ciudad, la casa y el campo de cultivo, el bosque contiene toda suerte de peligros y demonios, de enemi-

gos y enfermedades (60), lo cual explica que los bosques fueran de los primeros lugares consagrados al culto de los dioses, suspendiéndose en los árboles
las ofrendas (estaca de sacrificio) (8).

Botella

Según Bayley, es uno de los símbolos de salvación (4), probablemente a
causa de su analogía, más que de forma, de servicio, con el arca o el barco.

Bóveda

Según Leo Frobenius, toda bóveda constituye una representación de la
unión del dios del cielo y la diosa de la tierra, según figuraciones pre y pro-
tohistóricas. La separación de ambos creó el vacío (22).

Bóveda

Brazo

En jeroglífico egipcio, este signo representa la acción en general. Signos
derivados del principal expresan acciones especiales, como trabajo, ofrenda,
protección, donación, etc. Los dos brazos alzados son, en el mismo sistema,
símbolo de invocación y también de autoprotección (19). La universalidad de
este significado es conocida. El brazo armado, surgiendo del interior de una
nube o del marco que cierra la composición, es motivo frecuente en heráldica y emblemática. Es el brazo vengador del Dios de los ejércitos, o un
llamamiento a la venganza celeste (39).

Brillo

Es interesante destacar la asociación de Bachelard (3) entre el brillo, la
mirada y la luz de las estrellas. En sí, el brillo tiene siempre algo de sobrenatural, es como un mensaje destacado nítidamente sobre un fondo negativo
o neutro. El brillo se relaciona naturalmente con el fuego y la luz en su
aspecto benéfico o destructor.

Bucentauro

Centauro con cuerpo de buey o de toro. En algunos monumentos se representa a Hércules combatiendo con un bucentauro o ahogándolo entre sus brazos. Tal como el centauro, se trata de un símbolo mítico que expone la dualidad esencial del hombre, dando aquí predominio a la parte inferior. La lucha de Hércules es la empresa combativa por excelencia: la de Teseo contra el minotauro, Sigfrido contra el dragón, etc. (8).

Bucráneo

Motivo decorativo que proviene de la figura residual de la cabeza del buey o toro en los antiguos sacrificios verificados mediante el fuego (41).

Buey

En un sentido general e indiferenciado, símbolo de las fuerzas cósmicas (40). En Egipto y la India se precisó más profundamente el significado simbólico de este animal, contraponiéndolo, de un lado al león; de otro, al toro. Por razones obvias deviene símbolo de sacrificio, sufrimiento, paciencia y trabajo. En Grecia y Roma se consideró como atributo de la agricultura y de la fundación (como también el yugo, por derivación). Los triunfadores romanos inmolaron bueyes blancos a Júpiter capitolino (8). En el *Hortus Deliciarum*, de Herrade de Landsberg, el carro de la luna es tirado por bueyes (14), lo que precisa el carácter feminizado del animal (14). En la emblemática medieval aparece con el citado significado de paciencia y sumisión o espíritu de sacrificio (20). Muchas veces su imagen se reduce a la cabeza y entre los cuerpos aparecen los siguientes signos: corona, serpiente enlazada en un bastón, cáliz, círculo, cruz, flor de lis, creciente lunar, o la «R» gótica de *Regeneratio* (4). Es además símbolo de la oscuridad y de la noche (relación con la luna), en oposición al carácter solar del león (50).

Buey. Altar de la iglesia de los Desamparados. Detalle. Valencia.

Bufón

El bufón es la inversión del rey, por ello este personaje se relaciona con la víctima sacrificial de ciertos ritos, en la transición entre la protohistoria y la historia. Según Schneider, es el ser terrestre que corresponde al Géminis; no es un personaje cómico, sino dual como aquel al que representa. Dice en tono duro las cosas agradables y en tono jocoso las terribles (50). Ciertos seres deformes y anormales, como los enanos, se hallan en estrecha relación con los bufones, cuando no llegan a identificarse con ellos. Cuenta Frazer que, en la Antigüedad, cuando una ciudad sufría de peste, elegían a una persona deforme o repugnante para que pagase con su persona los males de la colectividad. Llevaban a ese desgraciado ser a un lugar apartado y le daban de comer. Después le pegaban siete veces en los órganos genitales con ramas de árboles y luego lo quemaban en una hoguera, arrojando sus restos al mar (21). Se advierte aquí el papel de víctima a que aludíamos antes y cómo, por el terrible camino del sacrificio, el inferior era sublimado y elevado hasta lo superior.

Buitre

En jeroglífico egipcio este signo representa la idea de la madre, igual que el signo que expresa la superficie ondulada de las aguas (19). Según Jung, a la necrofagia debe con toda probabilidad el buitre egipcio su significado simbólico de «madre» (31). Se creía que, por nutrirse de cadáveres, el buitre tiene relación con la madre naturaleza (y la muerte). Los parsis exponían a sus muertos en altas torres para que los buitres los devorasen, a fin de facilitar su renacimiento (56). Una sublimación de este sentido, más mítico que propiamente simbólico, la encontramos en la India, donde el buitre aparece como símbolo de las fuerzas espirituales protectoras que sustituyen a los padres, siendo emblema de abnegación y consejo espiritual (38).

Bufón. Pintura de Velázquez. Detalle.

C

Cabalgadura

Símbolo de la esfera animal en el ser humano, de las fuerzas de los instintos. Como el vehículo, es también un símbolo del cuerpo. Por esta razón la mayor parte de figuras mitológicas, aparte de sus atributos instrumentales, poseen una cabalgadura determinada (Wotan monta sobre Sleipnir, Ahuramazda sobre Angromainiu, Mitra sobre el toro, Men sobre el caballo con pies humanos, Freir sobre el jabalí de cerdas de oro). La situación del símbolo es la misma que en el centauro, pero la relación de jerarquía está invertida, pues mientras éste simboliza el predominio de los instintos, hasta la videncia (que algunos primitivos atribuyen a los animales, sobre todo a los caballos), en la cabalgadura como tal se expresa lo dominado inferior. En la India, la cabalgadura se interpreta como *vahana* (materialización). El pedestal desempeña un papel análogo y su forma siempre es simbólica. Así la diosa Padmâ está asociada al loto (60). En un relieve de coraza, representada en una estatua de mármol romana, Minerva es representada de pie sobre una loba.

Caballero

Ratifica el simbolismo que hemos planteado a propósito de la cabalgadura. El caballero es el dominador, el logos, el espíritu que prevalece sobre la cabalgadura (la materia). Pero esto no es posible sino a través de una larga técnica de aprendizaje. Podemos ver ésta, en su aspecto histórico, como un real esfuerzo por crear un tipo humano —el caballero— superior a todos los demás. En consecuencia, la ecuación del caballero tendía a fortificar su cuerpo, pero a la vez, paralela y dominantemente, a educar su alma y su espíritu, su sentimiento (moral) y su intelecto (razón) para permitirle un dominio y dirección adecuados del mundo real y una participación perfecta en las jerarquías del universo (feudal, organizado según el modelo de las jerarquías celestes, desde el barón al rey). Hasta el punto en que los monjes, sacerdotes o seglares, conservan su cabalgadura y la dominan, pertenecen a la caballería espiritual (simbólica) de la que estamos hablando en buscadas interferencias con la caballería del estamento historicosocial. Por esta causa, en el claustro de Silos hay, en los bajorrelieves de los capiteles, jinetes sobre cabras. Dado el simbolismo de estos animales (favorable por habitar en los sitios elevados), Rabano Mauro señala que los jinetes montados sobre las mismas deben identificarse con los santos (46). Naturalmente, la coincidencia del santo y el caballero no hace sino magnificar el espécimen humano y su simbolismo, como en el caso de san Ignacio de Loyola. Otra convergencia más profunda la tenemos entre el rey y el caballero (rey Arturo) y entre el rey, el caballero y el santo (san Fernando III de España o san Luis IX de Francia). Este simbolismo del caballero, en general, se halla en todas las tradiciones. Ananda Coomaraswamy dice que «el caballo es el símbolo del vehículo corporal y el caballero es el espíritu; cuando alguien llega al término de su evolución, la silla queda desocupada y la montura muere necesariamente» (60). Por nuestra parte, considerando que la alquimia es una técnica medieval de espiritualización, en cierto modo y aun cuando en otro orden de cosas comparable a la caballería, y atendiendo a ciertos rasgos basados en el simbolismo del color, hemos establecido un parangón que creemos muy interesante para dilucidar unos extremos del simbolismo concreto del caballero. Con frecuencia, los relatos medievales y leyendas hablan del caballero verde, blanco o rojo; con mucha mayor frecuencia todavía, del caballero negro. ¿Se trata de meras estimaciones estéticas del matiz, con literal y decorativo sentido? ¿La determinación del color proviene de un fondo forzoso y altamente significante? Nos inclinamos por esto último. Dado que la escala de colores ascendentes (progresivos, evolutivos) en alquimia es: negro, blanco, rojo (materia prima, mercurio, azufre) con una etapa final, sólo aludida (dorado, oro), podemos establecer una escala descendente con los otros colores, desde cielo a tierra (azul a verde). Estos dos matices son los símbolos del factor celeste y terrestre natural. Dadas las asociaciones siguientes: *negro* (culpa, penitencia, ocultación, oscuridad, regeneración en la profundidad, tristeza), *blanco* (inocencia —natural o recobrada por la penitencia—, iluminación, mostración, alegría) y *rojo* (pasión —moral o material, amor y dolor—, sangre, heridas, sublimación y éxtasis), se puede determinar que el Caballero verde simboliza al precaballero, al escudero, al aprendiz o vocado a la caballería; el Caballero negro, al que sufre y trabaja, todavía en la oscuridad y en la culpa, en el castigo de la penitencia, para transformarse y aparecer en la gloria (de la fama mundana o del cielo trascendente); el Caballero blanco (sir Galahad) es el triunfador natu-

Caballero. Justa medieval.

ral, el «escogido» de los Evangelios, o el iluminado después de la etapa de *nigredo;* el Caballero rojo es el caballero sublimado por todas las pruebas, ensangrentado por todos los sacrificios, supremamente viril y dominador de lo inferior, quien, lograda la gran obra de su vida, es acreedor al oro de la última metamorfosis: su glorificación. La caballería se nos aparece como una pedagogía superior tendiendo a la transformación del hombre natural (descabalgado) en hombre espiritual, y en ella tenía parte muy importante la proposición de modelos, como caballeros famosos, míticos cual los de la corte arturiana, o santos patrones como san Jorge, Santiago o el arcángel san Miguel. Para el logro práctico de la finalidad se verificaban los ejercicios corporales, que no se detenían en materialidad por el uso de *todas* las armas (posibilidades espirituales); finalmente, venía la inversión del mundo del deseo, por la ascética negación del placer físico (esencia de la caballería) y el culto casi místico a la dama. La imperfección relativa en el cumplimiento es la causa del color negro, que se ha analizado. Sin embargo, otras asimilaciones a éste han sido dadas, como «guardián del tesoro», en sustitución del monstruo vencido (serpiente, dragón). Es evidente que este simbolismo no niega el anterior, antes lo ratifica exponiendo la misión esencial del caballero en servicio. Otro aspecto interesante, aunque hasta cierto punto negativo, del simbolismo del caballero lo dan los calificativos de «andante» y «errante» aplicados en relatos medievales y leyendas o cuentos folklóricos. A veces, el apelativo se precisa con intención. Otras veces, el adjetivo tiene mayor imprecisión. En todos los casos, andar o errar expone una situación intermedia entre la del caballero salvado y la del cazador maldito, si bien la intencionalidad es inversa. No se trata, en efecto, de una carrera en pos

Caballero. San Jorge, de F. Comes.
Soc. Arq. Luliana. Palma de Mallorca.

del deseo, sino de un trabajo para dominarlo (lo cual presupone, de otro lado, y a esto nos referíamos al decir «hasta cierto punto negativo»). Fácil es advertir que este simbolismo del errar y penar por bosques y veredas ratifica lo dicho antes sobre el caballero negro (como estado de ocultación, penitencia y sacrificio). W. Langland, en *Piers the Plowman* (1377), habla ya de Robin Hood, el «caballero verde», como del símbolo de la «verdad de la naturaleza» en oposición al régimen opresivo (artificial, cultural) del estamento social humano. Hood se ha relacionado con *wood* (bosque), término del que pudiera ser corrupción. Tenemos así cierta inversión de sentidos y el caballero «verde» que se aparecía como el estado inferior (alquímicamente) sobre el que se elevan el negro, el blanco y el rojo, sería expresión de la necesidad de un «retorno» al origen.

Caballo

Su simbolismo es muy complejo y, hasta cierto punto, no bien determinado. Para Eliade es un animal ctónico-funerario (17), mientras que Mertens Stienon lo considera antiguo símbolo del movimiento cíclico de la vida manifestada, por lo cual los caballos que Neptuno hace surgir de las ondas marinas labrándolas con su tridente, simbolizan las energías cósmicas que surgen en el Akasha, fuerzas ciegas del caos primigenio (39). Una traducción de este último concepto al plano biopsicológico se debe a Diel, para el cual el caballo simboliza los deseos exaltados, los instintos, de acuerdo con el simbolismo general de la cabalgadura y del vehículo (15). En multitud de ritos antiguos el caballo tiene un papel asignado. Los antiguos rodios sacrificaban anualmente al sol una cuadriga con cuatro caballos, que precipitaban en el mar (21). Por otro lado, estaba consagrado a Marte y la vista de un caballo se consideraba presagio de guerra (8). Soñar con un caballo blanco en Alemania o Inglaterra se consideraba presagio de muerte (35). Es muy interesante anotar el hecho de que el gran mito y símbolo del Géminis, manifestado en los gemelos, en los animales bicéfalos, en las figuras antropomorfas de cuatro ojos y cuatro brazos, etc., aparece también en los caballos, en forma de pareja con un caballo blanco y otro negro (vida y muerte). Los mismos Ashvins de la India, probable origen de Cástor y Pólux, se representaron como caballeros. En las representaciones zodiacales del Medievo a veces se ve el signo de Géminis de igual modo, como en el zodíaco de Nuestra Señora de París (39). Por otro lado, considerando al caballo como perteneciente a la zona natural, inconsciente, instintiva, no es extraña la creencia

Caballo. Arte ibérico. Mus. Arq. Nac. Madrid.

en ciertos poderes de adivinación, frecuente en muchos pueblos de la Antigüedad (8). En fábulas y leyendas, es muy común que los caballos tengan la función de prevenir a los caballeros y son clarividentes, como en la fábula de Grimm. Jung llega a preguntarse si simbolizará el caballo la madre, y no duda de que expresa el lado mágico del hombre, la «madre en nosotros», la intuición del inconsciente. De otro lado, reconoce que el caballo pertenece a las fuerzas inferiores, así como también al agua, por lo cual se explica su relación con Plutón y Neptuno (56). De este carácter mágico del caballo se deriva la creencia de que la herradura trae buena suerte. A causa de su velocidad, los caballos pueden significar el viento y las espumas marinas, así como también el fuego y la luz. El caballo llega a adquirir un sentido cósmico en el *Brhadaranyaka Upanishad* (I, 1) (31).

Caballo-dragón

Animal fabuloso que participa de los dos citados, y que, según la leyenda china, fue visto por el emperador Phuc-Hi, a principios del III milenio antes de Jesucristo, llevando el octógono con los trigramas y el signo Yang-Yin. El caballo-dragón, como el hombre draconífero y el propio dragón, son símbolos de la energía cósmica en su forma primigenia.

Cabellos

En un sentido general, los cabellos son una manifestación energética. Su simbolismo se relaciona con el del nivel; es decir, la gran cabellera, por hallarse en la cabeza, simboliza fuerzas superiores, mientras el vello abundante significa un crecimiento de lo inferior. Alguna vez se han interferido estos dos significados; así, en un capitel románico de Estíbaliz, se figura a Adán imberbe antes de pecar y, tras su pecado, con abundosa cabellera y barba poblada (46). Tienen los cabellos un sentido de fertilidad. Orígenes decía: «Los nazarenos no se cortan los cabellos porque todo lo que hacen los justos prospera y no caen sus hojas» (46). En el simbolismo hindú, como los hilos de un tejido, simbolizan las «líneas de fuerza» del universo (25). La cabellera opulenta es una representación de la fuerza vital y de la alegría de vivir, ligadas a la voluntad de triunfo (42). Los cabellos corresponden al elemento fuego; simbolizan el principio de la fuerza primitiva (50). Una importantísima asociación secundaria deriva de su color. Castaños o negros ratifican ese sentido de energía oscura, terrestre; dorados se identifican con los rayos del sol (38) y con todo el vasto simbolismo solar; los cabellos cobrizos tienen carácter venusino y demoníaco (32). Por espiritualización del mero concepto de energía, se transforman los cabellos en esa superior potestad. Phaldor, en su *Libro d'oro del sogno*, dice que «representan los bienes espirituales del hombre. Bellos cabellos abundantes significan para el hombre y para la mujer evolución espiritual. Perder los cabellos significa fracaso y pobreza» (56). Ahora bien, en cierto modo, lo contrario de la pérdida motivada «desde fuera» es el sacrificio voluntario. Por ello recuerda Zimmer que todo el que renuncie a las fuerzas generadoras o se subleve contra el principio procreador y proliferador de la vida, para entrar en la vía de la ascesis absoluta, debe en principio cortarse el cabello. Ha de simular la esterilidad del anciano, que ya no tiene cabellos y se halla al margen de la cadena de las generaciones. Algunas religiones, como la de los antiguos egipcios, prescribían la depilación total (60). Pelo, peluca y barba, entre los sumerios, para defenderse de los malos espíritus (como el humo).

Cabeza

En el Zohar, la «cabeza mágica» simboliza la luz astral (9); en el arte medieval simboliza la mente (46) y la vida espiritual, por cuya razón aparece con gran frecuencia como tema decorativo. Por otro lado, en su *Timeo*, Platón dice: «La cabeza humana es la imagen del mundo». Leblant ratificó esta idea señalando que el cráneo, como cima semiesférica del cuerpo humano, significa el cielo. Es evidente que se trata de una asimilación de la cabeza y la esfera, cuyo simbolismo de la totalidad es conocido. En el lenguaje jeroglífico egipcio tiene el mismo sentido (19). La cabeza de águila ha servido como símbolo solar y emblema del centro de la emanación (llama cósmica y fuego espiritual del universo) (4). La multiplicación de una cualidad dada, o la yuxtaposición de dos, tres o cuatro sustancias o elementos, se simboliza tradicionalmente por igual número de cabezas. Así, el Géminis (símbolo de la naturaleza dual o de la ligazón integrada, pero no unificada, de los dos principios), se representa por seres dotados de dos cabezas o dos rostros, como el Jano romano. Tres cabezas aparecen en la figura de Hécate, por ello denominada triforme, simbolismo que puede aludir a los «tres niveles» (cielo, tierra, infierno) y a las tres pulsiones. La yuxtaposición de cuatro cabezas o rostros, como es la imagen de Brahman, el Gran Señor, concierne al mismo simbolismo que el tetramorfos (60). Un dato muy importante sobre el simbolismo de la cabeza, en relación con el significado místico que en un momento dado le descubrió el hombre prehistórico, lo facilita Herbert Kühn, en *L'Ascension de l'Humanité* (París, 1958), al señalar que la decapitación de cadáveres marca el instante en que el hombre advierte la independencia del principio espiritual respecto a la totalidad vital representada por el cuerpo, y sólo entierra la sede del espíritu.

Cabeza de monstruo

Como el ogro, la cabeza de monstruo (*Kâla-mukha* en la India; *T'ao-t'ie* en China) simboliza la devoración, el demonio de las tinieblas, el tiempo destructor, y simboliza también el Principio en tanto que tal o «transformador» de las cosas creadas, es decir, el aspecto negativo y «disolvente» de la deidad.

Cabiros

Son símbolos ctónicos, personificados como enanos, cuya invisibilidad se representa por medio de la capucha que cubre su cabeza. Se consideraban deidades protectoras de los náufragos. Es probable que simbolicen los «poderes» que constituyen la reserva del espíritu humano (32).

Cacería

Podría tener un significado general de búsqueda muy apasionado, pero más bien se relaciona con la idea de hacer presa e incluso víctima. En *Ramacaritamanas*, de Tulsidas, autor de la India del siglo XVI, hay una cacería de un ciervo de oro, que parece resonancia del de la leyenda del rey Arturo, pero que puede ser un paralelismo nacido de idéntico simbolismo.

Cadena

El signo jeroglífico egipcio en forma de cadena vertical, que consiste en un entrelazado de tres vueltas con ambos cabos en la parte inferior, tiene un doble simbolismo; de un lado se asimila al caduceo de Mercurio y representa la doble corriente —involución, evolución— del universo (19); de otro lado integra el sentido general de la cadena, que es ligazón, comunicación. En el plano cósmico, es el símbolo del matrimonio entre el cielo y la tierra, como el grito de dolor, el zumbido de la piedra lanzada por la honda y la flecha (50). En el plano existencial, es el símbolo del matrimonio; cada eslabón corresponde o puede corresponder a una existencia ligada: padre, madre, hijos, hermanos (51). En su sentido más amplio, que la relaciona con los lazos y cuerdas, bandas y cordones, es un símbolo de unión social o psíquica, con el carácter secundario pero muy importante de la dureza de su materia. Entre los galos había camaradas de armas que entraban en combate unidos por medio de cadenas y si uno moría el otro no debía sobrevivir. Luis XI recompensó el valor de Raoul de Lannci, dándole una cadena de oro y diciéndole: «Par la Pâque-Dieu, mon ami, vous êtes trop furieux dans un combat, il faut vous enchaîner; car je ne veux vous perdre, désirant me servir de vous plus d'une fois».

Caduceo

Vara entrelazada con dos serpientes, que en la parte superior tiene dos pequeñas alas o un yelmo alado. Su origen se explica racional e históricamente por la supuesta intervención de Mercurio ante dos serpientes que reñían, las cuales se enroscaron a su vara. Los romanos utilizaron el caduceo como símbolo del equilibrio moral y de la buena conducta; el bastón expresa el poder; las dos serpientes, la sabiduría; las alas, la diligencia (8); el yelmo es emblemático de elevados pensamientos. El caduceo es en la actualidad la insignia del obispo católico ucraniano. Desde el punto de vista de los elementos, el caduceo representa su integración, correspondiendo la vara a la tierra, las alas al aire, las serpientes al agua y al fuego (movimiento ondulante de la onda y de la llama) (56). La antigüedad del símbolo es muy grande y se encuentra en la India grabado en las tablas de piedra denominada *nâgakals*, una especie de exvotos que aparecen a la entrada de los templos. Erich Zimmer deriva el caduceo de Mesopotamia, donde lo ve en el diseño de la copa sacrificial del rey Gudea de Lagash (2600 a. de J. C.). A pesar de la lejana fecha, el autor citado dice que el símbolo es probablemente anterior, considerando a los mesopotámicos a las dos serpientes entrelazadas como símbolos del dios que cura las enfermedades, sentido que pasó a Grecia y a los emblemas de nuestros días (60). Desde el punto de vista esotérico, la vara del caduceo corresponde al eje del mundo y sus serpientes aluden a la fuerza Kundalini, que, según las enseñanzas tántricas, permanece dormida y enroscada sobre sí misma en la base de la columna vertebral (símbolo de la facultad evolutiva de la energía pura) (40). Según Schneider, las dos S formadas por las serpientes corresponden a enfermedad y convalecencia (51). En realidad, lo que define la esencia del caduceo es menos la naturaleza y el sentido de sus elementos que su composición. La organización por exacta simetría bilateral, cual en la balanza de Libra, o en la triunidad de la heráldica (escudo entre dos tenantes) expresa siempre la misma idea de equilibrio activo, de fuerzas adversarias que se contrarrestan para dar lugar a una forma estática y superior. En el caduceo, esta binariedad equilibrada es doble: las serpientes y las alas, por lo que ratifica ese estado supremo de fuerza y autodominio (y en consecuencia, de salud) en el plano inferior (serpientes, instintos) y en el superior (alas, espíritu). La Antigüedad, incluso griega, atribuyó poder mágico al caduceo. Hay leyendas que se refieren a la transformación en oro de lo tocado por el caduceo de Mercurio (obsérvese la anticipación que la asociación de los dos nombres determina, respecto a la alquimia) y a su potestad de atraer las almas de los muertos. Incluso las tinieblas podían ser convertidas en luz por virtud de ese símbolo de la fuerza suprema cedida a su mensajero por el padre de los dioses.

Caída

O encarnación del espíritu. «El hombre —dice Jakob Böhme en *De Signatura*— murió según la esencia celeste divina porque el deseo interno, surgido del centro ígneo... tendía hacia el nacimiento temporal exterior.» Así, en el hombre, la esencia divina (que persiste) o corporeidad interior, deviene la «muerte» (física), transcribe Evola.

Caja

Como todos los objetos que sirven fundamentalmente para guardar o contener algo, símbolo femenino, que puede referirse al inconsciente (15) o al mismo cuerpo materno (31). Nos referimos a los objetos de forma no esférica, que son simbólicos de totalidad y principio espiritual. El mito de la «caja de Pandora» parece aludir al significado del inconsciente, aunque particularizado en sus posibilidades inesperadas, excesivas, destructoras. Diel asimila el símbolo a la «exaltación imaginativa» (15). De otro lado, quisiéramos señalar la analogía, el parentesco, entre la caja mencionada y el «tercer cofre» que aparece en muchas leyendas. El primero y el segundo contienen bienes y riquezas; el tercero, tempestad, devastación, muerte. Este es un claro simbolismo de la vida humana, del ciclo del año (dos tercios favorables, un tercio adverso).

Calabaza doble

Emblema chino de Li T'ieh-kuai, el segundo de los Ocho Inmortales. Es como el reloj de arena, el tambor doble, la cruz de san Andrés o la letra X, un símbolo de la relación de los dos mundos (superior e inferior) y de la inversión que regula los cambios ordenados en la existencia cósmica (noche y día, muerte y vida, vileza y sublimidad, tristeza y alegría). En efecto, Li T'ieh-kuai es un personaje mítico cuya característica esencial era la facultad de abandonar el cuerpo y visitar el cielo. También se simbolizaba por la columna de humo (5). Pero este símbolo de la calabaza doble dista de estar circunscrito al Extremo Oriente, siendo frecuente en Occidente. Entre otras representaciones, el frontispicio del segundo libro alquimista *Symbola Aureae...* de Mayer (1617), nos muestra la calabaza doble como formada por dos ánforas, hallándose invertida la superior. Lo más sorprendente es que esta imagen integra también el símbolo arriba citado de la columna de humo, que surge entre las dos ánforas uniendo la cavidad inferior con la superior; aquí dicha columna es doble y forma un anillo en medio, de modo que circula de arriba abajo e inversamente (32).

Calavera

En un sentido general, es el emblema de la caducidad de la existencia, cual aparece en los ejemplos literarios del *Hamlet* y del *Fausto*. Sin embargo, como la concha del caracol, es en realidad «lo que resta» del ser vivo una vez destruido su cuerpo. Adquiere así un sentido de vaso de la vida y del pensamiento; con este sentido simbólico aparece la calavera en los libros de alquimia en relación con la *nigredo*. Multitud de actos supersticiosos, rituales o derivados de la antropofagia, a fin de cuentas, provienen de este sentimiento.

Calavera. Detalle de la obra «El P. Gonzalo de Illescas» de Zurbarán. Monasterio de Guadalupe (Cáceres).

Caldera

Como la calavera, símbolo del receptáculo de las fuerzas de transformación y germinación. Pero mientras el cráneo, por su forma de bóveda, significa los aspectos superiores, ya sublimados y espirituales del proceso, la caldera, abierta por encima, tiene el sentido inverso, refiriéndose en consecuencia a las fuerzas inferiores de la naturaleza. La mayor parte de calderas míticas de las tradiciones célticas han aparecido en el fondo del mar o de los lagos (por analogía y concreción de un mismo simbolismo). Relacionando los símbolos citados con el general de las aguas, como vehículo de la vida y elemento mediato por excelencia, vemos que la calavera es el receptáculo del «océano superior» o de su reflejo en el hombre, mientras la caldera —su inversión— es el recipiente del «océano inferior». También por esta causa, las calderas y pucheros aparecen con tanta frecuencia en leyendas de magia y cuentos folklóricos (17). El cáliz es una sublimación y sacralización de la caldera, como también del vaso, puro signo de continente.

Cáliz

El cáliz de la liturgia cristiana es la forma trascendente del vaso. Relacionado con el Graal, su forma es, con frecuencia, la descomposición e inversión de una esfera. Con ello, la parte inferior de ésta se convierte en receptáculo, abierto a las fuerzas espirituales, mientras la superior se cierra sobre la tierra, que duplica simbólicamente. No deja de mantener relación con el simbolismo céltico del caldero.

Calor

Imagen de la libido en relación con el sol. Su representación o mención tiene siempre un sentido simbólico relacionado con la maduración de un proceso cualquiera, sea biológico o espiritual. La representación gráfica del calor, en los emblemas solares, se verifica por medio de rayos ondulantes, que alternan con los rectos correspondientes a la expresión de la luz.

Calzado

Signo de libertad entre los antiguos, por ir los esclavos con los pies desnudos (46). Su sentido simbólico se halla ligado al de los pies; sobre él determinan una estructura dimanada de sus características. Dado el triple simbolismo del pie (fálico según la escuela freudiana; el alma, en opinión de Diel; de la relación y soporte entre el cuerpo y la tierra, según nosotros), el calzado refleja tales posibilidades, ligadas también al simbolismo del nivel.

Camello

Tradicionalmente se le asigna una curiosa relación con el dragón y las serpientes aladas, ya que el Zohar dice que la serpiente del edén era una especie de «camello volador». En el Avesta persa hay similares afirmaciones (9).

Campana. Xilografía gótica (hacia 1500).

Campana

Su sonido es símbolo del poder creador (4). Por su posición suspendida participa del sentido místico de todos los objetos colgados entre el cielo y la tierra; por su forma tiene relación con la bóveda y, en consecuencia, con el cielo.

Campos

En el sentido más amplio, significan espacios, posibilidades abiertas. En esta acepción surgen los dioses uránicos como Mitra, al que se denomina «Señor de los Grandes Campos». Como dueño del cielo, asume la función de guía de las almas en su viaje de retorno (11), en lo que coincide con otros dioses psicopompos, como Mercurio.

Cáncer

Cuarto signo zodiacal. Los órficos lo conceptuaban como el umbral por el que las almas entran en la encarnación. Está gobernado por la luna, de conformidad con su simbolismo de regulación entre los mundos formal e informal (40).

Candelabro

Símbolo de la luz espiritual y de la salvación. El número de sus brazos alude siempre a un sentido cósmico o místico. Por ejemplo, el candelabro hebreo de los siete brazos corresponde a los siete cielos y siete planetas (4). Es interesante retener ciertos datos sobre el candelabro del Templo de Jerusalén. Llevado a Roma por Tito en 70 después de Jesucristo, estuvo en esa capital hasta 534, año en que Belisario, general de Justiniano, se lo llevó a éste. Luego se pierden sus huellas.

Caos

La doctrina de la realidad considera el caos como un estadio inicial ciegamente impulsado hacia un nuevo orden de fenómenos y de significaciones (22). Blavatsky se pregunta: «¿Qué es el caos primordial sino el éter conteniendo en sí mismo todas las formas y todos los seres, todos los gérmenes de la creación universal?». Platón y los pitagóricos consideraban que esa «sustancia primordial» era el alma del mundo, denominada *protohylé* por los alquimistas. Se conceptúa al caos integrando todas las oposiciones en estado de disolución indiferenciada. En el caos primordial se encuentran también Amrita o la inmortalidad y Visha, el mal y la muerte, según la tradición hindú (9). En alquimia, el caos se identifica con la primera materia y se considera como una «masa confusa» de la que ha de surgir el *lapis* que está en relación con el color negro. Se ha identificado también con el inconsciente, pero se trata mejor de un estadio anterior a su misma condición.

Capricornio

Décimo signo zodiacal. Su naturaleza doble, expresada alegóricamente en forma de cabra cuyo cuerpo termina en cola de pez, alude a la doble tendencia de la vida hacia el abismo (agua) y las alturas (montañas); estas direcciones significan asimismo, en la doctrina hindú, las posibilidades involutiva y evolutiva, el retorno o la salida de la «rueda de los renacimientos» (zodíaco).

Capucha

La capucha o tocado cónico aparece con gran frecuencia en la iconografía antigua y medieval, debiéndose relacionar con el gorro frigio y otros similares que se ven en representaciones griegas y romanas. Un relieve del siglo XIV presenta a Parsifal armado con dos lanzas y tocado con un gorro cónico de cabiro. Parece ser que la capucha integra y refunde el doble significado de la capa y el sombrero; su forma y color implican sobredeterminaciones correlativas. Según Jung, la capucha, al envolver casi enteramente la cabeza y adoptar una forma casi esférica, deviene simbólica de la esfera superior, esto es, del mundo celeste (que tiene su representación en la campana, bóveda, en la parte superior del reloj de arena, de la cabeza doble, como también en la calavera) (32). Ahora bien, además, el cubrirse la cabeza significa invisibilidad, es decir, muerte. Por ello, en algunas escenas de los antiguos misterios aparecen los iniciados con la cabeza envuelta en la capa. Completa Jung la aportación de datos al respecto con otros relativos a los iniciados de tribus negras. Atribuye similar sentido al velo de las monjas (31). Diel ratifica esta significación al considerar la capucha como símbolo de la represión que «invisibiliza» un contenido psíquico (15).

Caracol

Asociado, en el sistema jeroglífico egipcio, a la espiral microcósmica en su acción sobre la materia (19). La actual ciencia morfológica tiende a ratificar esta intuición, en este caso y en todos aquellos que muestran el esquema espiral en la naturaleza.

Carbón

Como la madera quemada, su simbolismo deriva íntimamente del significado del fuego. Tiene cierta ambivalencia, apareciendo en ocasiones como un poder ígneo concentrado, o como el aspecto negativo (negro, reprimido, oculto) de la energía. La relación cromática del negro y el rojo, del carbón y la llama, se encuentra en mitos y leyendas relatados por Krappe. Según los australianos, el pájaro portador del fuego (demiurgo) tiene la espalda negra con una mancha roja. Creencias similares entre los celtas, en América y Asia (35).

Carnaval

Aparte de la etimología *carrus navalis*, asociado a las ideas de orgía, trasvestismo, retorno temporal al Caos primigenio, para resistir la tensión ordinaria que impone el sistema. Las saturnales romanas, con trastueque de amos y esclavos, con su «inversión del mundo», son el precedente más claro y directo del Carnaval.

Carro

Una de las principales analogías simbólicas de la tradición universal es la del carro en relación con el ser humano. El conductor representa el sí mismo de la psicología junguiana; el carro, el cuerpo y también el pensamiento en su parte transitoria y relativa a las cosas terrestres; los caballos son las fuerzas vitales; las riendas, la inteligencia y la voluntad. Esta significación aparece también entre los cabalistas, bajo el nombre, dado al carro,

Carro. Mosaico romano. Museo Arq. de Barcelona.

de *Mercabah* (40, 55). El «carro del sol» es el Gran Vehículo del budismo esotérico (4); el «carro de fuego» es un posible símbolo, según René Guénon, del estado sutil en su aspecto dinámico y arrebatador (26). Sea como fuere, los desplazamientos de dioses o de hadas en carros terrestres, marinos o que cruzan los cielos son de gran frecuencia y evidente sentido simbólico. La determinación de algunas de las condiciones que concurren en el vehículo completa el simbolismo (materia, forma, animales que lo arrastran). Así, Perrault, en su formulación literaria del cuento folklórico *La Biche au bois*, dice: «Cada una de las hadas tenía su carro de diferente materia: uno era de ébano tirado por pichones blancos; otros eran de marfil arrastrados por cuervos; y otros eran de cedro... Cuando las hadas estaban enfadadas, no salían sino dragones voladores, culebras que arrojaban fuego por la garganta y los ojos». El carro del sol o de fuego, según Loeffler, es un arquetipo tan poderoso que entra en la mayoría de mitologías del mundo. Cuando lleva a un héroe, es el emblema del cuerpo de ese héroe consumiéndose en el servicio del alma. El tiro expone, por su apariencia, especie y color de los animales, la cualidad buena o mala de los móviles determinantes del movimiento del carro y de su misión. De este modo, los caballos de Arjuna, en la epopeya védica, son blancos, lo cual significa la pureza del conductor. Un cuento regional polaco dice que el carro del sol es arrastrado por tres caballos: uno de plata, el segundo de oro y el tercero de diamantes (38). La triplicidad tiene el valor conocido derivado del sentido del 3, tal como en las mandorlas triples y otros símbolos y emblemas parecidos.

Carro, El

Séptimo arcano del Tarot. Figura un joven revestido de coraza y armado de cetro, montado en el simbólico carro. Encarna los principios superiores de la personalidad humana. En el carro se ve el emblema del globo alado egipcio, que representa la sublimación de la materia y su movimiento (evolución). El carro tiene también las ruedas rojas, en relación con los torbellinos de fuego de la visión de Ezequiel. Dichas ruedas surgen en contraposición con el baldaquino o palio azul que cubre el carro, significando la separación entre lo absoluto y lo relativo. El alegorismo de esta imagen llega a detalles prolijos. Así, la coraza del conductor del carro representa su defensa contra las fuerzas inferiores, mostrando cinco clavos de oro, alusivos a los elementos y la quintaesencia. Sobre sus hombros se ven dos crecientes lunares que significan el mundo de las formas. El carro es arrastrado por lo que parecen dos esfinges, pero en realidad un anfisbena de dos cabezas, símbolo de los poderes antagónicos que hay que sojuzgar para poder avanzar (como en el caduceo se equilibran las dos serpientes contrarias). Basile Valentin, en su libro *L'Azoth des Philosophes* (París, 1660), figura ese principio doble bajo la forma de una serpiente que rodea al sol y la luna y cuyas extremidades son un león y un águila. Este arcano se halla asociado a las ideas de autodominio, progreso y victoria (59).

Casa

Los místicos han considerado tradicionalmente el elemento femenino del universo como arca, casa o muro; también como jardín cerrado. Otro sentido simbólico es el que asimila estas formas al continente de la sabiduría, es decir, a la propia tradición (4). El simbolismo arquitectónico, por otra parte, tiene en la casa uno de sus ejemplos particulares, tanto en lo general como en el significado de cada estructura o elemento. Sin embargo, en la casa, por su carácter de vivienda, se produce espontáneamente una fuerte identificación entre casa y cuerpo y pensamientos humanos (o vida humana), como han reconocido empíricamente los psicoanalistas. Ania Teillard explica este sentido diciendo cómo, en los sueños, nos servimos de la imagen de la casa para representar los estratos de la psique. La fachada significa el lado manifiesto del hombre, la personalidad, la máscara. Los distintos pisos conciernen al simbolismo de la verticalidad y del espacio. El techo y el piso superior corresponden, en la analogía, a la cabeza y el pensamiento, y a las funciones conscientes y directivas. Por el contrario, el sótano corresponde al inconsciente y los instintos (como en la ciudad, las alcantarillas). La cocina, como lugar donde se transforman los alimentos, puede significar el lugar o el momento de una transformación psíquica en cierto sentido alquímico. Los cuartos de relación exponen su propia función. La escalera es el medio de unión de los diversos planos psíquicos. Su significado fundamental depende de que se vea en sentido ascendente o descendente. Por otro lado, como decíamos, también hay una correspondencia de la casa con el cuerpo humano, especialmente en lo que concierne a las aberturas, como ya sabía Artemidoro de Daldi (56).

Casco

En simbolismo heráldico, emblema de pensamientos elevados (y ocultos, si muestra la visera calada). En este aspecto, coincide con un sentido general de invisibilidad, que también se le ha asignado, como a la capucha y el sombrero (38), aunque acaso con manifiesta exageración de una de sus posibilidades significativas. La relación del casco con la cabeza tiene una gran importancia y determina la íntima conexión de sentido; así, un casco con extraña cimera puede significar exaltación imaginativa o perturbada. El sombrero, la capucha o la mantilla tienen la misma asimilación; su color suele expresar el matiz del pensamiento dominante.

Castillo

Se trata de un símbolo complejo, derivado a la vez de la casa y del recinto o ciudad murada. En este último aspecto, ciudades amuralladas aparecen en el arte medieval como símbolo del alma en su trascendencia y de la Jerusalén celeste. Por lo general, el castillo se halla emplazado en la cima de un monte o colina, lo que agrega un importante componente relativo al simbolismo del nivel. Su forma, aspecto y color, su sentido sombrío y luminoso tiene gran valor para definir la expresión simbólica del castillo, que en el sentido más general es una fuerza espiritual armada y erigida en vigilancia. El «castillo negro» se ha interpretado como mansión del alquimista y también como nubes que encierran la lluvia por encima de la montaña (50). Parece ser que su significación como mansión del más allá, o como puerta de acceso al otro mundo, es evidente. En muchas leyendas, el castillo sombrío habitado por un «caballero negro» es la morada y símbolo de Plutón; así puede comprobarse en el mito de la expedición infernal de Teseo. Caronte tiene su vivienda en un castillo similar, inaccesible para los vivos (el «castillo de irás y no volverás» de los cuentos folklóricos). En el cielo legendario nórdico se conserva el mismo significado. Melwas, el encantador de Ginebra, habita en un castillo rodeado por un profundo foso que sólo es accesible por dos puentes de difícil tránsito. Según Krappe, es muy posible que el substrato simbólico de todos los cuentos y leyendas medievales, en que

Castillo. Grabado de Carlos Amorós (año 1528). Bib. Nac. Madrid.

se alude a un castillo propiedad de un «mal caballero» que tiene. en cautividad a cuantos se acercan a su dominio, sea éste del castillo siniestro del señor de los infiernos (35). En cambio, el «castillo luminoso» es el aspecto redimido de esa misma visión. Piobb explica que la aparición súbita de un castillo en el paraje recorrido por el caminante es como la comprensión súbita de un conjunto espiritual que se hace evidente. «Delante de esa visión fascinadora la fatiga desaparece. Se tiene la clara intuición de que en él reside un tesoro. El templo de los esplendores es la realización de lo inconcebible, la materialización de lo inesperado» (48). En el castillo, junto con el tesoro (riquezas espirituales en su aspecto eterno), la dama (ánima, en el sentido junguiano) y el caballero purificado, constituyen la síntesis de la voluntad de salvación.

Catástrofe

Símbolo general de un cambio por mutación en un proceso, frecuente signo del inicio de una transformación psíquica (56). El carácter de la catástrofe, el elemento dominante en la misma (huracán, aire; incendio, fuego; diluvio o inundación, agua; terremoto, tierra) matiza secundariamente el símbolo. La modificación que la catástrofe produce en el agente que la padece tiene, naturalmente, una importancia esencial para discernir el carácter positivo o negativo del cambio.

Caverna

En general, su significado probablemente no traspasa los linderos del sentido adscrito al término de lo continente, cerrado, oculto. Sirve de substrato para ciertas identificaciones, como la medieval, en que la caverna aludía al corazón humano como «centro» espiritual (14). Con cierta frecuencia, aparece en la iconografía emblemática y mitológica como lugar de reunión de imágenes de divinidades, antepasados o arquetipos.

Cazador

En *Le Transformationi*, de Ludovico Dolci, puede verse la imagen siguiente: En el claro de un bosque hay un pequeño estanque y, ante él, un hombre arrodillado mirando las aguas (símbolo de la contemplación). Por el fondo, un cazador a caballo, acompañado por una jauría de perros, persigue a su presa (símbolo de la acción por sí misma, de la repetición, de la persecución de lo transitorio, de la voluntad de permanecer — para usar un idioma hindú — en la «rueda de las reencarnaciones»). La carrera y la caza enloquecen el corazón del hombre, había dictaminado Lao-tse (58), significando así que el enemigo es interior: el propio deseo. Por otro lado, Zagreo, sobrenombre de Dioniso, significa «el gran cazador», y simboliza la insaciable incontinencia ante los deseos (15) en la interpretación moral de Diel. Para los que buscan un correlato cósmico, el mito de la caza infernal alude al viento aullador, en el que color y formas se agregan y mezclan sin seguir orden ni ley (3). A un tiempo, los árabes identifican ese viento, el cazador y la muerte (35). En muchas mitologías, tradiciones, leyendas y cuentos folklóricos aparece la figura del cazador maldito. Tomamos de Julio Caro Baroja diversos motivos concernientes al mito, como ampliación de lo expuesto: «La tradición vasca *Abade chacurra* (los perros del abad) dice que un abad o sacerdote, grandemente aficionado a la caza, se hallaba celebrando misa a la sazón que una liebre acierta a pasar inmediata a aquellos sitios. Los perros del abad, al sentirla, salen tras ella dando grandes ladridos, y éste, dejando el Santo y Altísimo Sacrificio, abandona el templo y se apresura a seguir a sus perros y la caza. Desde entonces, y en castigo, quedó condenado a una incesante carrera en pos de sus perros, que atraviesan las selvas como torbellino, dando grandes ladridos, sin alcanzar jamás la caza que persigue inútilmente». Este es, con toda claridad, el símbolo de una «situación límite», el abandono del centro —o de la tendencia hacia él— y la consiguiente caída en la rueda inacabable de lo fenoménico, que persiste a causa de que la ilusión estimula perpetuamente la fuerza del movimiento estéril de persecución. En otras versiones la liebre es el diablo disfrazado. Con el nombre de «El cazador negro», «El mal cazador» o «El perro del rey» se encuentra este tema de la caza maldita. Procede del mito de Odín, dios de las almas. En los pueblos que se denominan célticos, Odín ha sido sustituido por el rey Arturo o Arthus, como lo prueban las «chasses du roi Arthus» de Normandía. Otras tradiciones similares son la «chasse Annequin» (Normandía), «Manihennequin» (Vosgos), «chasse Saint Hubert» o de «le Grand Veneur» (10). Según Dontenville, un precedente mítico importante es el de Meleagro (16).

Cenit

Se identifica con el agujero central del símbolo del cielo chino llamado Pi, y también con la cima del templo montaña, de la pirámide, o de la estaca de sacrificios o del pilar del mundo (18). Es el lugar por donde el pensamiento mítico supone que se pasa del espacio a lo no espacial, del tiempo a lo intemporal. De ahí la gran importancia de este símbolo que, desde el punto de vista formal, se identifica con el agujero.

Ceniza

Se identifica con la *nigredo* alquímica, con la muerte y la disolución de los cuerpos. Simboliza así el «instinto de muerte» o cualquier situación en la que el retorno a lo inorgánico surge como amenaza. Relacionada con el polvo, de un lado, con el fuego y lo quemado, de otro.

Centauro.
Mosaico romano.
Museo Prov.
de Valencia.

Centauro

Ser fabuloso que, constituido por seres medio hombres medio caballos, se suponía nacido de Centauro y de las yeguas de Magnesia. Desde el punto de vista simbólico constituyen la inversión del caballero, es decir, la situación en que el elemento inferior (fuerza cósmica no dominada por el espíritu, instintos, inconsciente) domina plenamente.

Centella

Imagen del principio espiritual que da origen a una vida individual, en relación con la idea cabalística (emanatista) de la dispersión del centro en el mundo en forma de centellas (almas).

Centro

El paso de la circunferencia a su centro equivale al paso de lo exterior a lo interior, de la forma a la contemplación, de la multiplicidad a la unidad, del espacio a lo inespacial, del tiempo a lo intemporal. Con todos los símbolos del centro místico se intenta dar al hombre el sentido del «estado paradisíaco» primordial y enseñarle a identificarse con el principio supremo (29). Este centro es lo que Aristóteles denominara «motor inmóvil» y Dante «L'Amor que muove il sole e l'altre stelle» (27). Por eso, la doctrina hindú dice que Dios se halla en el centro, allí donde los radios de una rueda se juntan con el eje (51). En las representaciones cósmicas, el espacio central siempre se reserva para el Creador, que aparece en la aureola circular o almendrada (intersección del círculo del cielo y el de la tierra), en torno a la cual hay círculos concéntricos, la rueda del zodíaco y de los trabajos de los meses del año, y una división en cuaternidad que corresponde a las estaciones y también al tetramorfos. Entre los chinos, el ser infinito se simboliza con frecuencia por un punto de luz en torno al cual se abren círculos concéntricos. En los emblemas occidentales surge a veces la cabeza del águila con el mismo sentido (4). En algún mandala hindú, como el Çri-Yantra, el centro no se representa y ha de ser adivinado y situado mentalmente por el contemplador de la «forma en expansión» (símbolo de la creación) figurada por la combinación de nueve triángulos que se interpenetran, situados en el interior de una flor de loto y de un cuadrado. Muchas ceremonias rituales no tienen otra intención que determinar la existencia de un «centro» espiritual en una determinada localidad, la cual o cuyo templo, devienen «imagen del mundo». También hay muchas leyendas que aluden a peregrinaciones a sitios que, por sus especiales características, tienen notas comunes con el paraíso. Así, el orientalista Wilhelm, en su obra sobre *Lao-tse*, transcribe una narración china al efecto: «El rey Huangti tuvo un sueño. Trasladóse al reino de los Hua Hsü. El reino de los Hua Hsü está al oeste del extremo oeste y al norte del extremo norte. No se sabe cuántos cientos de miles de leguas está apartado del Estado Ts'i. No puede llegarse allí ni por la fuerza de buques o de carruajes, ni andando. Sólo se llega por el vuelo del espíritu. Este país no tiene soberano: todo se hace por sí solo; el pueblo no tiene gobernantes: todo se hace por sí solo. No se conoce la alegría de la vida ni el horror de la muerte; por eso no hay muerte prematura. No se conoce ni la adhesión a sí propio, ni el alejamiento de los demás; por esto no hay amor ni odio. No se conoce ni la evitación de lo repulsivo, ni la busca de lo grato; por eso no hay utilidad ni perjuicio. Nadie tiene una preferencia, nadie tiene una aversión. Entran en el agua y no se ahogan, pasan por el fuego y no se queman... Suben por el aire como se anda por la tierra; descansan en el espacio vacío como se duerme en un lecho; nubes y nieblas no velan su mirada. El rodar de los truenos no ensordece su oído. Ni la belleza ni la fealdad deslumbran su corazón. Ni los montes ni los valles les impiden su marcha. Camina sólo en el espíritu» (58). Esta idea del centro coincide, naturalmente, con la del «país de los muertos», en la cual el tema de la *coincidentia oppositorum* de la tradición mística conduce más bien a una suerte de neutralización de timbre característicamente oriental. El centro se sitúa en la intersección de los dos brazos de la cruz superficial, o de los tres de la tridimensional. Expresa la dimensión de «profundización infinita» que posee el espacio en ese lugar, considerado como germen del eterno fluir y refluir de las formas y de los seres, e incluso de las propias dimensiones espaciales. En algunas cruces litúrgicas, como la de Cong (Irlanda), el centro se señala por una piedra preciosa.

Centro espiritual

En *Il Re del Mondo*, René Guénon habla del «centro espiritual» establecido en el mundo terrestre para conservar íntegramente el depósito de una ciencia «no humana». No otra es la idea de «tradición» de que derivan todas las tradiciones y explicaciones religiosas, míticas y filosóficas del mundo según el autor citado. Señala Guénon que, en una obra póstuma, Saint-Yves d'Alveydre (*La Mission de l'Inde*, 1910) denomina *Agarttha* al centro. El autor relaciona con esa ciudad-símbolo la «ciudadela solar» de los rosacruces y la *Ciudad del sol* de Campanella.

Cerbero

Perro de tres cabezas cuya garganta estaba erizada de serpientes. Era el guardián del palacio de Plutón a orillas de la laguna Estigia. La doctrina neoplatónica lo consideraba símbolo del genio del mal. Más tarde se inter-

Cerbero. Miniatura de una obra de Publio Virgilio. Marón (siglo XV). Bib. Univ. de Valencia.

pretó como emblema de la descomposición que se opera en el sepulcro, pues si Hércules lo venció fue a causa de que sus trabajos le encaminaban al logro de la inmortalidad (8). La triplicidad de sus cabezas es, como en el tridente, la réplica infernal de la triunidad divina. Se relaciona con las tres Gorgonas (40). En su sistema de interpretación moral de los símbolos, Diel ve en toda triplicidad inferior la perversión de las tres pulsiones esenciales (conservación, reproducción, espiritualización), dando lugar a la muerte del alma, razón por la cual Cerbero aparece como guardián de las almas muertas, en el Tártaro, encargado de impedirles la salida y el retroceso hacia el mundo en el que todavía cabe la rectificación y la salvación (15).

Cerdo

Símbolo de los deseos impuros, de la transformación de lo superior en inferior y del abismamiento amoral en lo perverso (15).

Cerrojo

En el lenguaje jeroglífico egipcio, este signo representa el nexo que une los dos batientes de una puerta, simbolizando por analogía la voluntad de fijar un estado de cosas determinado sin posibilidad de rectificación (19).

Cesta

Representa el cuerpo materno (31). En las monedas griegas, una cesta cubierta y rodeada de hiedra alude a los misterios de las bacanales. Se dice que, estando Sémele encinta de Baco, fue puesta en una cesta y arrojada al río. El simbolismo de las aguas concierne a la idea de nacimiento (8).

Cetro. Pintura de P. Berruguete. Iglesia de Santa Eulalia de Paredes de Nava (Palencia).

Cetro

Está emparentado con la vara mágica, la maza, el rayo y el falo, así como también con el martillo de Tor. Su simbolismo corresponde al grupo de signos y emblemas de fertilidad (31), pero también pudiera relacionarse con el «eje del mundo». En las alegorías en que aparece el cetro, un enriquecimiento y desarrollo de su simbolismo deriva de la forma, color, materia del útil. Una de las formas más frecuentes lo remata en flor de lis, símbolo de la luz y la purificación. Los cetros romanos, y los bastones cortos de mando, precedente del bastón de mariscal, remataban comúnmente en águilas. En los puños de espada era más frecuente el uso sólo de una cabeza de águila en el pomo.

Cibeles

Esta deidad, esposa de Saturno, personifica la energía que anima la tierra. Los leones de su carro representan las energías domadas necesarias para la evolución; el carro en que aparece sentada tiene forma cúbica, por corresponder este simbolismo geométrico al de la tierra. La corona en forma de muro torreado ratifica el sentido constructivo también presente en el cubo. A dicha alegoría se asocia, a veces, una estrella de siete rayos (símbolo de transcurso cíclico) y un creciente lunar (símbolo de la realidad fenoménica, del nacer y desaparecer de las formas sobre la tierra, en lo sublunar) (59).

Cicatrices

Ciertos elementos de la realidad, sin ser símbolos en sí, o sin haber *aún* sido analizados en su significado simbólico, es evidente que lo poseen. El sentido se desprende a veces de la puesta en contacto de hechos diversos. El autor soñó en una ocasión con una doncella desconocida *(anima)* cuyo rostro bellísimo estaba surcado de cicatrices y quemaduras, que no lo afeaban. Milton dice que el rostro de Satán «está surcado por las cicatrices del rayo». Lacroix, en *Rostros de la Fe*, indica que «ciertamente, los estigmas de la maldición original se leen a veces en los bellos rostros de estos objetos codiciados». Imperfecciones morales, sufrimientos (¿son lo mismo?) son, pues, simbolizados por heridas y por cicatrices de hierro y fuego.

Ciclo

El carácter cíclico de los fenómenos, con el encorvamiento de la etapa final de los procesos, tendiendo a reunirse con la etapa inicial, permite su simbolización por medio de figuras como el círculo, la espiral y la elipse. En su condición de ciclo, todos los procesos coinciden (integrando movimiento en el espacio, transcurrir en el tiempo, modificaciones de forma o condición), se trate del año, el mes, la semana, el día, o de una vida humana, la vida de una cultura o de una raza. El simbolismo zodiacal y la división por doce (cuatro veces tres, o inversamente) son las correlaciones esenciales en el sentido simbólico del ciclo (40, 51). Gráficamente, el ciclo cumplido se expresa por dos signos o imágenes en dirección contraria, que simbolizan los actos de ir y retornar. Por ejemplo, en estelas romanas, con huellas de los pies, contrapuestas.

Cíclope

Gigante mitológico, generalmente dotado de un solo ojo frontal, que no corresponde al sentido simbólico de éste cuando es «tercero», y que parece simbolizar las fuerzas primarias de la naturaleza.

Cídipe

Hombre con una sola pierna y un solo pie, que aparece en la decoración románica. Es la figura contraria a la sirena de doble cola; si ésta, por simbolismo del número —dos— ratifica su carácter femenino, el cídipe afirma el masculino por el impar. Pueden también tener relación con las figuras de Hermes y cierto sentido fálico.

Cielo

Luc Benoist transcribe el siguiente pasaje, concerniente al cielo, de la *Chândogya Upanishad:* «En el origen, todo el universo no era más que no ser. Devino ser. Se desarrolló y se formó un huevo, el cual permaneció cerrado durante un año. Entonces se abrió. De las dos mitades de la cáscara, la una era de plata y la otra de oro». Esta constituyó el cielo, mientras la primera dio origen a la tierra. Estas dos mitades se encuentran, en la arquitectura hindú, figuradas por el altar y la *stupa* (6). Claramente se advierte en lo descrito la convergencia profundísima de las analogías formales, para dar lugar al mito. El cielo, excepto en Egipto, se ha considerado siempre asimilado al principio masculino, activo, al espíritu y al número tres, mientras la tierra se relaciona con el principio femenino, pasivo, material y el número cuatro. Mircea Eliade desarrolla motivos del simbolismo del cielo en un aspecto menos abstracto y cosmogónico. El azul del cielo es el velo con el cual se cubre el rostro la divinidad. Las nubes son sus vestiduras. La luz es el óleo con que unge su cuerpo inmenso. Las estrellas son sus ojos (17). También, en los pueblos orientales, aparte de la conexión cielo-bóveda, se relaciona la cúpula celeste con la tienda del nómada, como si se presintiera que el espacio tridimensional es sólo una especie de tapadera que impide la penetración en *otro* mundo. El espacio celeste deja, pues, de ser un continente para convertirse en un contenido del hiperespacio o, mejor, del transespacio. Un aspecto terrible del cielo se halla en relación con el mito de la catástrofe cósmica, al que parece aludir William Blake cuando habla de «la colérica región de las estrellas» (3). También hemos de recordar la división del cielo en cielos, desde la Antigüedad, hecho debido a una característica de la lógica primitiva, que necesita asignar un espacio separado, celular, a cada cuerpo celeste o grupo determinado de cuerpos, presintiendo las leyes de la gravitación, del campo gravitatorio y de la teoría de los conjuntos, que expone la esencial relación de lo cualitativo (discontinuo) y lo cuantitativo (continuo).

Ciervo

Su sentido simbólico se halla ligado al del árbol de la vida, por la semejanza de su cornamenta con las ramas arbóreas. También es símbolo de la renovación y crecimiento cíclicos, cual observa Henri-Charles Puech. En diversas culturas asiáticas y de la América precolombina, el ciervo es símbolo de la renovación, a causa de los brotes de sus cuernos. Como el águila y el león, es enemigo secular de la serpiente, lo que indica su carácter favorable. El ciervo está en relación con el cielo y con la luz, mientras la serpiente depende de la noche y de la vida subterránea (18). Por ello, a los dos lados del puente de la muerte y de la resurrección (Vía Láctea), aparecen las águilas, ciervos y caballos, como mediadores entre el cielo y la tierra (50). En el período medieval, en Occidente, la vía de la soledad y de la pureza fue simbolizada con frecuencia por el ciervo, que en algunos emblemas aparece con la cruz entre la cornamenta (completando así la relación árbol-cruz y árbol-cornamenta) (4). También fue considerado como animal simbólico de la elevación (20). Entre los griegos y romanos, ya se reconocían ciertas cualidades «místicas» al ciervo, exagerándose por proyección psíquica. Entre estas condiciones figura la atribución de una sabiduría instintiva para el reconocimiento de las plantas medicinales, por lo que la mayor parte de anti-

Ciervo. Pormenor de tapiz francés del siglo XV.

guos bestiarios dicen: «El ciervo conoce el Dictamo». Parte de su prestigio
lo debe el ciervo a sus características físicas: su belleza, su gracia, su agi-
lidad (46). Por su papel de mensajero de los dioses, el ciervo puede considerarse como la antítesis del macho cabrío.

Cigüeña

Esta ave había sido consagrada a Juno por los romanos, simbolizando la
piedad filial. Figura asimismo como emblema del viajero (8). En la alegoría
de la «Gran Sabiduría», dos cigüeñas afrontadas aparecen volando en un
espacio circular cerrado por la figura de una serpiente (4).

Cimera

Por su colocación sobre el yelmo (cabeza), alude claramente al pensamiento y llega a simbolizar la idea dominante, el *leitmotiv* del caballero,
exhibida — como prenda de la dama (ánima) — para dar un contenido existencial a la aventura y al combate. El pájaro enjaulado de Walther von der
Vogelweide (siglo XIII) es el probable emblema de un alma anhelante de vuelo.

Cintas

Las cintas circulares, anudadas, que llevaban los romanos a modo de
diadema, como también las coronas de flores, son símbolos de la inmortalidad por su forma de círculo. Tienen también un sentido heroico, como todas
las coronas, ya que el mismo acto de coronar una empresa se llama así
por la relación simbólica entre la forma mencionada y la idea del absoluto
cumplimiento.

Cinturón

El cinturón o cinto es un símbolo de la protección del propio cuerpo,
que implica las virtudes «defensivas» (morales) de la persona, siendo alegoría de la virginidad. Es notable que, con las espuelas de oro, el cinturón
fuera atributo del caballero medieval, manteniendo sin duda su significado.
De otro lado, cuando el cinturón aparece asociado a Venus adquiere un contexto fetichista erótico.

Ciprés

Arbol consagrado por los griegos a su deidad infernal. Los latinos rati-
ficaron en su culto a Plutón este emblematismo, dando al árbol el sobrenombre de «fúnebre», sentido que conserva en la actualidad (8).

Círculo

A veces se confunde con la circunferencia, como ésta con el movimiento
circular. Pero aunque el sentido más general engloba los tres aspectos, hay
determinaciones particulares que importa destacar. El círculo o disco es,
con frecuencia, emblema solar (indiscutiblemente cuando está rodeado de
rayos). También tiene correspondencia con el número 10 (retorno a la unidad tras la multiplicidad) (49), por lo que simboliza en muchas ocasiones el
cielo y la perfección (4) o también la eternidad (20). Hay una implicación
psicológica profunda en este significado del círculo como perfección. Por ello,

dice Jung que el cuadrado, como número plural mínimo, representa el estado pluralista del hombre que no ha alcanzado la unidad interior (perfección), mientras el círculo correspondería a dicha etapa final. El octógono es el estadio intermedio entre el cuadrado y el círculo. La relación del círculo y el cuadrado es frecuentísima en el mundo de la morfología espiritual universal, pero especialmente en los mandalas de la India y el Tíbet o en los emblemas chinos. Efectivamente, según Chochod, en China, la actividad, el principio masculino *(yang)*, se representa por un círculo blanco (cielo), mientras la pasividad, el principio femenino *(Yin)*, es figurado como cuadrado negro (tierra). Los círculos blancos corresponden a la energía e influjos celestes; los cuadrados negros, a los impulsos telúricos. El dualismo, en su interacción, es representado por el famoso símbolo del Yang-Yin, círculo dividido por una línea sigmoidea que cruza a manera de diámetro y determina dos zonas iguales; la blanca *(Yang)* tiene un punto negro en su interior. La negra *(Yin)* tiene un punto blanco. Estos dos puntitos significan que en lo masculino hay siempre algo de femenino, e inversamente. La línea sigmoidea simboliza el movimiento de comunicación y establece, como la esvástica, el sentido de una rotación ideal que convierte en dinámicas y complementarias las cualidades del símbolo bipartido. Esta ley de la polaridad ha sido muy desarrollada por los filósofos chinos, quienes han derivado del símbolo descrito una serie de principios de indudable valor, por lo que los transcribimos: *a)* La cantidad de energía distribuida en el universo es invariable. *b)* Consiste en la suma de dos cantidades iguales de energía de signos contrarios; una de signo positivo y activa; otra de signo negativo y receptiva. *c)* Los fenómenos cósmicos se hallan caracterizados en su naturaleza por las proporciones en que intervienen los dos modos energéticos que las producen. En los doce meses del año — por ejemplo — hay una cantidad total de energía constituida por seis partes de *Yang* y seis de *Yin*, en proporción variable (13). Hemos de señalar también la relación entre el círculo y la esfera, símbolo de la totalidad.

Circunferencia

Símbolo de la limitación adecuada, del mundo manifestado, de lo preciso y regular (25), también de la unidad interna de la materia y de la armonía universal, según los alquimistas. El acto de incluir seres, objetos o figuras en el interior de una circunferencia tiene un doble sentido: desde dentro, implica una limitación y determinación; desde fuera, constituye la defensa de tales contenidos físicos o psíquicos, que de tal modo se protegen contra los *perils of the soul* que amenazan desde lo exterior, asimilado hasta cierto punto a caos; peligros, sobre todo, de ilimitación y disgregación (32). El movimiento circunferencial, que los gnósticos convirtieron en uno de sus emblemas esenciales mediante la figura del dragón, la serpiente o el pescado que se muerde la cola, es una representación del tiempo. El Ouroboros (dragón mordiéndose la cola, en forma circular) aparece en el *Codex Marcianus* (siglo II d. de J. C.) con la leyenda griega *Hen to Pan* (El Uno, el Todo), lo cual explica su significación, concerniente a todo sistema cíclico (unidad, multiplicidad, retorno a la unidad; evolución, involución; nacimiento, crecimiento; decrecimiento, muerte; etc.). Los alquimistas recogieron el símbolo gnóstico aludido aplicándolo al proceso de su *opus*. Ahora bien, en virtud de su movimiento, tanto como de su forma, el giro circular tiene además la significación de algo que pone en juego, activa y vivifica todas las fuerzas establecidas a lo largo del proceso en cuestión, para incorporarlas a su marcha y, en consecuencia, de los contrarios de la clase que fueran. Hemos visto en el símbolo *Círculo* que este sentido es el principal en el emblema chino del *Yang-Yin* (30). Casi todas las representaciones del tiempo afectan forma circular, como las medievales del *Año*. Pero la circunferencia en que no hay marcado ningún punto es la imagen de aquello en lo cual el principio coincide con el fin, es decir, del eterno retorno.

Cisne

Símbolo de gran complejidad. El cisne estaba consagrado a Apolo como dios de la música, por la mítica creencia de que, poco antes de morir, cantaba dulcemente (8). El cisne rojo es un símbolo solar (2). La casi totalidad de sentidos simbólicos conciernen al cisne blanco, ave de Venus, por lo cual dice Bachelard que, en poesía y literatura, es una imagen de la mujer desnuda: la desnudez permitida, la blancura inmaculada y permitida. Sin embargo, el mismo autor, profundizando más en el mito del cisne, reconoce en él su hermafroditismo, pues es masculino en cuanto a la acción y por su largo cuello de carácter fálico sin duda, y femenino por el cuerpo redondeado y sedoso. Por todo ello, la imagen del cisne se refiere siempre a la realización suprema de un deseo, a lo cual alude su supuesto canto (símbolo del placer que muere en sí mismo) (2). Este mismo sentido ambivalente del cisne había sido conocido por los alquimistas, por lo cual lo identificaban con el «Mercurio filosófico» (57), el centro místico y la unión de los contrarios, significado que corresponde en absoluto a su valor como arquetipo (56). Ahora bien, según Schneider, por su relación con el arpa y con la serpiente sacrificada, el

Leda y el **cisne**. Obra genovesa del siglo XVI. Patio del Mexuar. La Alhambra (Granada).

cisne aparece como montura mortuoria, ya que los símbolos esenciales del viaje místico al ultramundo (aparte del barco funerario) son el cisne y el arpa. Esto constituiría también una explicación del misterioso «canto del cisne» moribundo. Presenta además el cisne cierto parentesco con el pavo real, aunque en situación inversa. El cisne-arpa, correspondiente al eje aguafuego, expresa la melancolía y la pasión, el autosacrificio, la vía del arte trágico y del martirio. En cambio, el pavo real-laúd, situado entre tierra y aire, acaso representa el pensamiento lógico (50). Así como el caballo es el animal solar diurno, el cisne era el que tiraba de la barca del dios Sol a través de las olas durante la noche, señala Jaime de Morgan en *La humanidad prehistórica*. Es evidente que la leyenda de Lohengrin se halla en relación con este mito.

Cítara

Símbolo cósmico; sus cuerdas corresponden a los planos del universo. Su forma redondeada por un lado y plana por el otro (como en la tortuga) significa la integración del cielo y de la tierra (14, 50).

Ciudad

La imagen de una ciudad corresponde hasta cierto punto al simbolismo general del paisaje, del que es un elemento — en el aspecto representativo —, interviniendo entonces en su significación el importante simbolismo del nivel y espacial, es decir, la altura y orientación en que aparece. En la génesis de la historia, según René Guénon, existía una verdadera «geografía sacra» y la posición, forma, puertas y ordenación de una ciudad con sus templos y

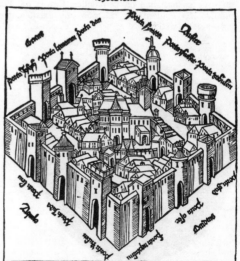

Ezcchiclis

Ciudad medieval.
Xilografía de la
Biblia latina (1493).

acrópolis no era nunca arbitraria ni se dejaba al azar o al sentido utilitario. De otro lado, el hecho de fundar una ciudad estaba en estrecha conexión con la constitución de una doctrina y por ello la ciudad era un símbolo de la misma y de la sociedad dispuesta a defenderla (28). Los muros de la ciudad tenían carácter mágico (símbolos de la limitación dogmática), lo que explica la justicia del fratricidio de Rómulo. Durante la Edad Media, y con carácter más emblemático que simbólico, los relieves ornamentales de capiteles, dinteles y tímpanos, muestran con gran frecuencia el esquema de una silueta de ciudad murada. Constituye una prefiguración de la Jerusalén celeste. A veces, se ve a la puerta de la muralla un ángel armado con espada (46). En toda la Antigüedad se personificó a las ciudades en matronas.

Clima

La analogía del estado de ánimo con un clima determinado, como interacción de espacio, situación, elementos dominantes (aire, agua, tierra, fuego) y temperatura, aparte del simbolismo del nivel, es una de las más frecuentes en el dominio de la literatura. En el caso de Nietzsche se dio una búsqueda apasionada del clima real, de la localización geográfica, que correspondía al clima interior del pensador (3). La universalidad de valores como los pares de contrarios: alto-bajo, frío-cálido, húmedo-seco, claro-oscuro se prueba en su continuo uso tanto en lo físico y material como en lo psicológico, intelectual y espiritual.

Clípeo

Escudo, disco o círculo. Incluir una imagen en una figura geométrica circular equivale a heroizarla, según el criterio simbólico de la Antigüedad. Los *signum* romanos llevaban las efigies de los emperadores en discos. Las primeras efigies clipeadas de que hay noticia histórica son las de los Emilios que se hallaban en la basílica Emilia del Foro romano, durante la República. Es evidente la relación que existe entre el clípeo y el nimbo de las efigies cristianas.

Clípeo. Arte Ibérico.
Museo Arq. Nac. Madrid.

Cocodrilo

En el significado de este animal se confunden dos aspectos principales y diferentes, que expresan la interacción de dos impresiones elementales sobre el mismo: por su agresividad y poder destructor, el cocodrilo significó, en el sistema jeroglífico egipcio, furia y maldad (19); por su pertenencia al reino intermedio de la tierra y el agua, al limo y la vegetación, es emblemático de la fecundidad y la fuerza (50). Según Mertens-Stienon, tiene un tercer aspecto, derivado de su conexión con el dragón y la serpiente, por el cual constituye un símbolo de la sabiduría. En Egipto se representaba a los difuntos transformándose en cocodrilos de sabiduría. Esta idea está relacionada con el signo zodiacal de Capricornio. Blavatsky identifica los cocodrilos con los Koumara de la India (40). Prevalece la noción de su agresividad.

Cofre

Como todos los objetos cuyo carácter esencial es el de contener algo, puede adquirir el carácter simbólico de corazón, cerebro, vientre maternal. El primero de los aludidos significados es el que presenta en el simbolismo del período románico (14). En un sentido más amplio, desde la Antigüedad representan los recipientes cerrados todo aquello que puede contener secretos, como el arca de la alianza de los hebreos o la caja de Pandora (48).

Color

El simbolismo del color es de los más universalmente conocidos y conscientemente utilizados, en liturgia, heráldica, alquimia, arte y literatura. Desde la somera división establecida por la óptica y la psicología experimental, en dos grupos: colores cálidos y avanzantes, que corresponden a procesos de asimilación, actividad e intensidad (rojo, anaranjado, amarillo y, por extensión, blanco), y colores fríos y retrocedentes, que corresponden a procesos de desasimilación, pasividad y debilitación (azul, añil, violado y, por extensión, negro), situándose en medio el verde como matiz de transición y comunicación de los dos grupos; hasta las sutilezas del empleo emblemático de los colores se extiende una enorme serie de fenómenos concernientes al sentido de los matices, que sólo podemos sintetizar aquí. Es fundamental la ordenación serial de la gama cromática, que se presenta (aunque sea por abstracción relativa) como un conjunto limitado de colores definidos, distintos y ordenados. La afinidad formal de esta serie de seis o siete matices (a veces no se discierne el azul del añil, el celeste del marino), con la serie de las vocales (siete entre los griegos) y de las notas musicales, permite suponer fundamentalmente la existencia de una analogía esencial entre todos esos planos, como también entre ellos y la división del cielo en siete partes (a veces en nueve) verificada por el antiguo pensamiento astrobiológico. El simbolismo del color suele proceder de uno de estos fundamentos: la expresión inherente a cada matiz, que se percibe intuitivamente como un hecho dado; la relación entre un color y el símbolo planetario a que la tradición lo adscribe; finalmente, el parentesco que, en lógica elemental y primitiva, se advierte entre un color y el elemento de la naturaleza, reino, cuerpo o sustancia, que acostumbra presentarlo, o que lo presenta siempre en asociación indestructible y capaz por lo tanto de sugestionar para siempre el pensamiento humano. La moderna psicología y el psicoanálisis parecen dar a esta última fórmula más importancia incluso que a la primera (la segunda es un puente de enlace entre las otras dos). Así la doctora Jolan Jacobi, al estudiar la psicología de Jung, dice literalmente: «La coördinación de los colores con las funciones (psíquicas) respectivas cambia con las diferentes culturas y grupos humanos, e incluso entre los diversos individuos. Pero, por regla general..., el color azul —color del espacio y del cielo claro—es el color del pensamiento; el color amarillo—el color del sol que de tan lejos llega, surge de las tinieblas como mensajero de la luz y vuelve a desaparecer en la tenebrosidad—es el color de la intuición, es decir, de aquella función que, por decirlo así, ilumina instantáneamente los orígenes y tendencias de los acontecimientos; el rojo—el color de la sangre palpitante y del fuego—es el color de los sentidos vivos y ardientes: en cambio, el verde—el color de las plantas terrestres perceptibles directamente—representa la función perceptiva» (30). Asociaciones derivadas de las esenciales transcritas, que poseen una importancia decisiva, son las que siguen: rojo (sangre, herida, agonía, sublimación); anaranjado (fuego, llamas); amarillo (luz solar, iluminación, dispersión, generalización comprensiva); verde (vegetación, pero también color de la muerte, lividez extrema; por eso el verde es transmisión y puente entre el negro (ser mineral) y el rojo (sangre, vida animal), pero también entre vida animal y descomposición y muerte; azul claro (cielo y día, mar sereno); azul oscuro (cielo y noche, mar tempestuoso); marrón, ocre (tierra); negro (tierra estercolada). El oro corresponde al aspecto místico del sol; la plata, al de la luna. La diferencia de concepto entre psicología y tradición esotérica al plantear los hechos innegables descritos es que, para la primera, el sentido simbólico se forma en la mente humana por impregnación de una relación que puede ser fortuita, mientras para el esoterismo, los tres planos (gama de matices, gama de elementos y aspectos naturales, gama de sentimientos y reacciones en la mente) son el resultado de una misma y simultánea acción de la realidad profunda. Por esta causa, Ely Star, entre otros autores, insiste en que cada uno de los siete colores es análogo a cada una de las siete facultades del alma, a las siete virtudes (desde su punto de vista positivo) y a los siete vicios (desde el negativo), a las formas geométricas, a los días de la semana y a los planetas (55). En realidad, este concepto pertenece más bien a la «teoría de las correspondencias» que al simbolismo del color propiamente dicho. En muchos pueblos primitivos se siente esta conexión íntima de todos los aspectos del mundo; por ejemplo, los indios zouñí de la América occidental ofrendan a sus sacerdotes un tributo anual de «trigos de siete colores», cada uno concerniente a un dios planetario. Entre las correspondencias conviene retener, sin embargo, las más esenciales; el fuego es representado por los colores rojo y anaranjado; el aire, por el amarillo; y desde el verde al violado corresponden al agua; la tierra se representa por el negro o el ocre. El tiempo suele simbolizarse por el matiz tornasolado y cambiante. Sobre la gama de los azules, desde el que se confunde con el negro hasta el transparente de zafiro, se ha especulado mucho. Lo más importante que conocemos sobre el tema es lo siguiente: «El azul, por su relación esencial (y espacial, simbolismo del nivel) con el cielo y el mar, significa altura y profundidad, océano superior y océano inferior» (32). «El color simboliza una fuerza ascensional en el juego de sombra (tinieblas, mal) y luz (iluminación, gloria, bien). Así, el azul oscuro se asimila al negro; y el azul celeste, como también el amarillo puro, al blanco» (14). «El azul es la oscuridad devenida visible. El azul, entre el blanco y el negro (día y noche) indica un equilibrio "variable según el tono"» (3). La tendencia a la formulación polar de los fenómenos y a la consideración extrema de que los colores, en uno de sus aspectos fundamentales, pueden reducirse a aspectos de valor positivo (luz) o negativo (sombra), se refleja incluso en teorías estéticas con-

temporáneas, que, en vez de fundar el sistema cromático sobre los tres colores primarios (rojo, amarillo, azul) lo hacen sobre una oposición entre amarillo (blanco) y azul (negro), considerando que el rojo es el resultado de la
transición indirecta entre estos dos (mediante los pasajes: amarillo, anaranjado, rojo, violeta, azul), mientras el verde es la transición (sumativa) directa
(Kandinsky, Herbin). Vamos a refundir ahora las interpretaciones del simbolismo cromático que consideramos más interesantes y fundamentales: azul, atributo de Júpiter y Juno, como dioses del cielo (56), sentimientos religiosos, devoción, inocencia (59); verde, color de Venus y de la naturaleza, fertilidad
de los campos (56), simpatía, adaptabilidad (59); violado, nostalgia, recuerdo, es decir, devoción (azul), más pasión (rojo) (59); amarillo (atributo
de Apolo, dios solar, generosidad, intuición, intelecto) (56, 59); anaranjado
(orgullo, ambición) (56, 59); rojo (atributo de Marte, pasión, sentimiento, principio vivificador) (56, 59); gris (neutralización, egoísmo, abatimiento, inercia,
indiferencia; es el color de las cenizas) (56, 59); púrpura (color del *paluda-
mentum* imperial romano y del cardenalicio, síntesis similar aunque inversa
a la del violeta, poder, espiritualidad, sublimación) (56, 59); rosa (color de
la carne y de la sensualidad, o los afectos) (56, 59). Estas interpretaciones
pueden prolongarse hasta lo indefinido por una mayor precisión de matices y de grados paralelos de significación, pero esto constituye una de las
peligrosas tentaciones del simbolismo, que conduce a un sistema petrificado
de alegorías. Es importante, sin embargo, retener la analogía entre el tono
(intensidad de un matiz, luminosidad) y el simbolismo de nivel correspondiente, situándolo entre los polos de luz y oscuridad. También hay que tener
en cuenta que la pureza de un color corresponderá siempre a la pureza de
un sentido simbólico; del mismo modo, los matices primarios equivalen a
fenómenos emotivos primarios y elementales, mientras los colores secundarios y terciarios se refieren a paralelos grados de complejidad. Los niños rechazan instintivamente todos los colores mezclados e impuros, porque para
ellos nada representan. En cambio, el arte de los períodos muy evoluciona-
dos y refinados se nutre de tonos malvas amarillentos, rosas violáceos, ocres
verdosos, etc. Vamos a citar ahora algunos casos de aplicación del simbolismo cromático, para mayor aclaración de lo expuesto. Según Beaumont, en
el simbolismo chino los colores tienen un significado y propósito muy especiales, por ser emblemáticos de rango y autoridad, siendo el amarillo — por
su calidad solar — considerado como sagrado y reservado a la casa real (5).
Para los egipcios, el azul era el color de la verdad (4). El verde domina en
el arte cristiano por su valor de alianza entre los dos grupos de colores (37).
La diosa madre de la India se representa de color rojo (en contradicción
aparente con el blanco, que suele ser el matiz femenino), por asimilarse al
principio creador, ya que el rojo es el color de la actividad *per se* (60) y
de la sangre. Por esta última causa, en el período protohistórico se teñían de
rojo los objetos que se querían vivificar, y los chinos usan como talismán
banderolas rojas (39). También por esta razón, el general romano que era
recibido con los honores del triunfo aparecía en un carro tirado por cuatro
caballos blancos, revestido de armadura dorada (símbolos solares) y con el
rostro pintado de rojo. Para Schneider, en estrecha relación con la alquimia,
el color rojo se refiere más bien al fuego y la purificación (51). Una corroboración muy especial e interesante del carácter más bien nefasto y trágico
del color anaranjado, que para Oswald Wirth expresa nada menos que llama,
ferocidad, crueldad y egoísmo, la tenemos en el siguiente párrafo del orientalista Erich Zimmer: «Después que el futuro Buda hubo cortado sus cabellos y cambiado sus vestiduras reales por la ropa amarilloanaranjada del

mendigo asceta, pues los que se hallan más allá de los cuadros de la sociedad adoptan voluntariamente la ropa de ese color que, en el origen, era el vestido de los criminales conducidos al lugar de ejecución...» (60). Para terminar estas consideraciones sobre el significado psíquico de los colores, señalaremos algo sobre las correspondencias alquímicas. Las tres fases principales de la «grande obra» (símbolo de la evolución espiritual) eran materia prima (color negro), mercurio (blanco) y azufre (rojo), coronados por la obtención de la «piedra» (oro). El negro concierne al estado de fermentación, putrefacción, ocultación y penitencia; el blanco, al de iluminación, ascensión, mostración y perdón; el rojo, al de sufrimiento, sublimación y amor. El oro es el estado de gloria. Esta serie: negro, blanco, rojo, oro expone, pues, la vía de la ascensión espiritual. La inversa la tenemos en la serie, de arriba abajo: amarillo (oro en su aspecto negativo, es decir, no como punto de llegada, sino de partida o emanación), azul (cielo), verde (naturaleza, vida directa y natural), negro (caída de los neoplatónicos) (33). En algunas tradiciones el verde y el negro se asimilan como abono-vegetación. Por esto, la serie ascendente: verde, blanco, rojo constituía el símbolo predilecto de los egipcios y de los druidas célticos (54, 21). También, hace notar René Guénon, la coincidencia de que Beatriz aparece vestida, según Dante — que tenía un absoluto conocimiento de la tradición simbólica—, de verde, blanco y rojo, como expresión de la esperanza, la fe y la caridad, correspondientes a los tres planos mencionados (27). Los colores mezclados tienen un sentido general complejo y derivan su valor simbólico de los que refunden; así, los pardos, ocres, se relacionan con la tierra y la vegetación. Nos es imposible aquí dar una idea de las derivaciones que pueden establecerse sobre un sentido primordial. Así, los gnósticos, desarrollando la idea de que el rosa es el color de la carnación, lo consideraron símbolo de la resurrección. Volviendo sobre el color naranja, el libro alquimista de *Abraham Juif* lo denomina «color de la desesperación» en una bella explicación de unas figuras alegóricas, que dice: «El hombre y la mujer de color naranja sobre campo azul celeste, significan que el hombre y la mujer no deben fijar su esperanza en este mundo, pues el anaranjado señala desesperación, y el fondo azul celeste, la esperanza del cielo». Volviendo al verde, es el color ambientende, color de la vegetación (vida) y de los cadáveres (muerte); por eso los egipcios pintaban a Osiris (dios de la vegetación y de los muertos) de color verde. De igual modo, en la gama natural, el verde ocupa el lugar central. Según Guénon, *Symboles fondamentaux...*, la gama de seis colores es: rojo, anaranjado, amarillo, verde, azul, violeta. El séptimo es el blanco, no el índigo, y ocupa el centro, cuando los seis colores se sitúan en las puntas de dos triángulos en «sello de Salomón».

Color (positivo-negativo)

Con frecuencia aparece en símbolos la contraposición del blanco y el negro, como positivo y negativo, bien como polaridad simultánea o como mutación sucesiva y alterna. Consideramos de una importancia extrema este símbolo, que, como toda fórmula dual, tiene relación con el significado del número dos y con el gran mito del Géminis. Pero, además, presenta particularizaciones de sumo interés, por lo que vamos a considerarlo, comenzando por la exposición de ejemplos: En las dos esfinges del arcano séptimo del Tarot, una es blanca y la otra negra (59). En una leyenda catalana se asegura que, en las cercanías de una cascada mágica se crían unos pájaros negros con todo el pecho blanco, al modo como van vestidas las hermanas de la caridad (10). En muchos ritos primitivos, como danzas medicinales, los baila-

rines van vestidos de blanco y con las caras pintadas de negro (51). La oposición de los dos mundos (tema del simbolismo de los Gemelos) se expresa,
en la mitología indoaria, por un caballo blanco y otro negro (50). Las «mozas
del agua» del folklore hispánico, en los dedos de la mano diestra llevan anillos blancos y en la muñeca izquierda una argolla de oro con bandas negras (10). Cuando en el Tíbet se verifican ciertos ritos en que un hombre es
señalado como víctima, le pintan la mitad de la cara de color blanco y la
otra mitad de color negro (21). Jung cuenta un sueño en el cual el protagonista se vio a sí mismo como discípulo de un mago blanco vestido de negro,
quien le instruyó hasta cierto límite a partir del cual — le dijo — le sería preciso aprender del mago negro vestido de blanco (34). Luchas entre caballeros
negros y blancos surgen con frecuencia en leyendas y cuentos folklóricos.
En un canto persa el caballo negro defiende un castillo y el blanco lucha
denodado para vencer y apoderarse del tesoro. En la Baja Sajonia, según
Grimm (transcrito por Jung, 31), hay una leyenda mítica que expone ese avatar del combate cósmico entre el principio positivo y negativo. «Un día nacerá un fresno, del cual todavía no se ha visto nada, pues no es más que
un pequeño retoño que asoma del suelo sin ser notado. Todas las noches
de Año Nuevo viene un jinete blanco montado en un caballo blanco a arrancar el joven retoño. Al mismo tiempo, llega un jinete negro que lo defiende.
Tras larga lucha, el blanco logra eliminar al negro y arranca el retoño. Pero
un día, el blanco ya no podrá vencer a su contrario, entonces crecerá el fresno
y cuando sea lo bastante grande para que bajo él pueda atarse un caballo,
aparecerá un rey poderoso que librará una gran batalla (destrucción del tiempo y del mundo). El negro, en términos casi absolutamente generalizados, parece ser la etapa — como en alquimia — inicial y germinal. Por esto Blavatsky
recuerda que Noé puso en libertad un cuervo negro, desde el arca, antes
de la paloma blanca. En muchas leyendas aparecen cuervos negros, palomas
negras, llamas negras. Todos esos símbolos están en relación con la sabiduría
primordial (negra u oculta, inconsciente), que fluye de la fuente escondida (9).
Jung menciona al respecto la «noche oscura» de san Juan de la Cruz y
también la «germinación en la oscuridad» de la *nigredo* alquímica. Recordaremos también el sentido maternal de las tinieblas, en Víctor Hugo y en
Ricardo Wagner, en las que la aparición de la luz es una suerte de cristalización (33). El mismo autor, y dentro de este círculo de cosas, recuerda que
el carbono (material químico preponderante en nuestro organismo) es negro (carbón, grafito), pero que el diamante (cristal de carbono), es «agua
clarísima» (32), por lo cual subraya que el sentido más profundo del color
negro es ocultación y germinación en la oscuridad (32), en lo que coincide
Guénon, para quien el negro expresa toda fase preliminar, correspondiendo al
«descenso a los infiernos», que constituye una recapitulación (penitencia) de
todos los estadios precedentes (29). Así, la oscura madre de la tierra, la Diana de Efeso, figuró representada con rostro y manos negras, en relación con
cavernas y grutas (56). Entre los pueblos primitivos, el negro es el color de
las zonas interiores y subterráneas (9, 21). También el negro aparece simbolizando el tiempo (60), en oposición al blanco de la intemporalidad y el
éxtasis. El blanco tiene una función derivada de la solar, de la iluminación
mística, de Oriente; como amarillo purificado (en la misma relación que
el negro con el azul, profundidad marina) es el color de la intuición y del
más allá, en su aspecto afirmativo y espiritual. Por esto los caballos sagrados
de los griegos, romanos, celtas y germanos eran blancos. Aún en el presente,
en Ditmarsia, al sur de Jutlandia, se conserva el recuerdo del *Schimmelreiter*, caballero sobre caballo blanco que aparecía cuando los diques de la costa

se rompían amenazando una catástrofe. Casi todas las voces en que entra
la raíz *albo*, como Alberico, rey de los albos o elfos, el río Elba, los montes
Alpes, aluden a ese resplandor de lo sobrenatural (16). Por otro lado, el
blanco, en su aspecto negativo, como lividez (igual que el verde y el amarillo
verdoso) es color de muerto (50) y de origen lunar, de lo que derivan algunos
ritos y costumbres. Eliade cita las danzas a la luz de la luna, por mujeres
con los rostros pintados de blanco (17). En muchas alegorías y símbolos el
dualismo de contraposición aparece. La noche, como madre de todas las
cosas, fue figurada con un velo de estrellas, llevando en brazos a dos niños,
uno blanco y el otro negro (4). Los eslavos conocían a Bielborg y Czernibog,
el dios blanco y el dios negro (35), tema en relación con los Gemelos. El
Ouroboros del *Codex Marcianus* (siglo II d. de J. C.) tiene la mitad superior de
su cuerpo negra y la otra blanca, inversión que dinamiza el movimiento cíclico en la figura que se supone giratoria por el hecho de perseguirse y
morderse la cola. Fácil es establecer la conexión con el símbolo binario del
Yang-Yin chino. Y también con todos los sistemas de simbolismo gráfico que
definen dos corrientes inversas. Se trata, pues, de un símbolo de la inversión, uno de los fundamentales puntos del simbolismo tradicional, por el que
se explican los alternos y eternos cambios (vida, muerte; luz, oscuridad;
aparición, desaparición) que posibilitan la continuidad fenoménica del mundo.
En el Rigveda (III, 7, 3) hay un bello símbolo doble cruzado que expone esta
situación de dualismo dinámico y mutacional. El fuego, a pesar de ser claro
y luminoso en el cielo (aire), deja huellas negras en la tierra (objeto quemado). La lluvia, a pesar de ser negra en el cielo (nubes de tempestad), se
vuelve clara en la tierra (50). Este tejer y destejer de todos los pares de
contrarios es lo simbolizado por las formas comentadas de positivo-negativo
o blanco-negro. El Géminis, que es el símbolo de la naturaleza en su necesidad de transformación binaria y contradictoria, es representado blanco y
negro (51). Pero la humanidad ha intuido una salida de ese terrible círculo
dividido por una línea sigmoidea *(Yang-Yin)*, lo cual expresa por el eje
blanco-rojo o por rojo-oro. Al referirnos al simbolismo del color, en general,
ya citamos la ordenación ascendente: negro, blanco, rojo. Loeffler, a propósito de los pájaros míticos de las leyendas, identifica los de color negro con
la inspiración intelectual, los blancos con la erótica y los rojos con la sobrenaturalidad. Insistimos también en el simbolismo del arte cristiano medieval:
negro (penitencia), blanco (pureza), rojo (caridad, amor). Por el amor, pues,
se verifica la apertura del círculo dual, cerrado. Pinedo cuenta que la madre
de san Bernardo, cuando se hallaba encinta, soñó con un perro blanco
con el dorso rojo. Otro caso similar es el de la beata Juana de Aza, madre
de santo Domingo de Guzmán, que fue en peregrinación a la tumba de santo Domingo de Silos, pidiéndole la gracia de un hijo. Se le apareció el santo,
prometiéndoselo. A sus pies estaba un perro blanco con una tea encendida
en la boca (46). En alquimia, blanco-rojo es la conjunción de los contrarios, la *coniunctio solis et lunae*. Aguilas bicéfalas, representaciones del
Rebis (ser humano con dos cabezas), suelen ser de color blanco y rojo, contraposición que constituye la sublimación del eje negro-blanco. En alquimia
aparece también la extraña rosa blanca y roja, simbolizando la unión del
agua y el fuego. En el simbolismo místico, el lirio y la rosa («Mi amado es
blanco y purpúreo», Cantar de los Cantares, 5, 10) exponen una imagen simbólica esencial (46). Cuando se contraponen dos colores en un campo simbólico dado (heráldica, emblema u obra de arte) el inferior tiene siempre carácter femenino y el superior masculino. Llamamos superior al más elevado
en la jerarquía determinada por el «círculo de colores» de la alquimia. Sien-

do la serie ascendente: negro, blanco, rojo, oro, en la contraposición negro-blanco el primero es inferior y femenino y el segundo superior y masculino; lo mismo acontece con la contraposición blanco-rojo o con la rojo-oro. Igual vale en la serie descendente: amarillo, azul, verde, negro.

Columna

La columna sola es un símbolo perteneciente al grupo cósmico del «eje del mundo» (árbol, escala, estaca de sacrificio, mástil, cruz), pero puede tener también un sentido meramente endopático, derivado de su verticalidad, que marca un impulso ascendente y de autoafirmación. Naturalmente, hay una conexión fálica; por ello, ya en la Antigüedad, Ceres tenía como atributos una columna y un delfín, emblemas del amor y del mar, respectivamente (8). De columna exenta se trata, forma tan relacionada con el árbol como con la erección ritual de la piedra o menhir. En las alegorías y símbolos gráficos, casi nunca aparece una columna sola, sino que son dos. Cuando están colocadas a los dos lados de un escudo, equivalen a los tenantes (fuerzas contrarias en equilibrio tenso). Lo mismo si sostienen un dintel. Los dos pilares o columnas simbolizan, cósmicamente, la eterna estabilidad; su hueco, la entrada a la eternidad. Aluden también al Templo de Salomón (imagen de la construcción absoluta y esencial) (4). Elaboraciones diversas de este símbolo o, mejor, de su significación, se encuentran en el esoterismo; casi todas ellas proceden de la aplicación del simbolismo numérico a las dos columnas aludidas. En cuanto símbolos, las dos unidades que integran el número dos son siempre de cualidad diferente, diferencial. El uno corresponde al principio masculino, afirmativo y evolutivo; el dos al femenino, negativo o pasivo e involutivo. Por eso señala Saunier que las dos columnas que se alzan a la entrada de los templos expresan particularmente las ideas de evolución y de involución, el bien y el mal (como el árbol de la vida y el árbol de la muerte — o de la ciencia — del paraíso). En ocasiones, esta dualidad se marcaba físicamente con la distinta naturaleza del material; según las leyendas, en el templo de Hércules en Tiro una de las columnas era de oro y la otra de una piedra semipreciosa (49). En la tradición hebrea, las dos columnas se denominan de la Misericordia y del Rigor (9). Volviendo a la columna única, no podemos por menos que ver en ella una proyección (o correspondencia analógica) con la columna vertebral (igual situación de relación existe entre todas las formas de simetría bilateral artística o gráfica y la que organiza determinados órganos en el cuerpo del hombre, como los riñones o los pulmones). Esta columna vertebral se puede asimilar también al eje del mundo, como el cráneo a la imagen del cielo, en la relación macrocosmo-microcosmo.

Columna de fuego

Símbolo del eje del mundo cargado de fuerte contenido teofánico.

Collar de oro fenicio. Museo Arq. Nac. Madrid.

Collar

En el sentido más general, el collar compuesto de múltiples cuentas ensartadas expresa la unificación de lo diverso, es decir, un estadio intermedio entre la desmembración aludida por toda multiplicidad — siempre negativa — y la verdadera unidad de lo continuo. Como cordón que es también, el collar es un símbolo de relación y ligazón, cósmico y social. Por su colocación en el cuello o sobre el pecho adquiere relación con estas partes del cuerpo y los signos zodiacales que les conciernen. Como el cuello tiene relación astrológica con el sexo, el collar simboliza también un vínculo erótico.

Combate.
Bajorrelieve de la puerta de san Ivo. Catedral de Barcelona

Combate

El combate singular es el aspecto individual de la guerra, podríamos decir (en ciertos casos) de la *Jihad* o «guerra santa». Parece psicologismo la tesis de que la necesidad de combate es tanto mayor cuanto más se proyectan las propias imperfecciones en otros. Pero tiene este sentido en *Erec y Enid* de Chrétien de Troyes. A veces, los sueños de combate con un desconocido simbolizan la lucha con una parte del yo, con la sombra. De otro lado, la agresividad dimana de la pérdida de sublimaciones y de la disminución de las satisfacciones del Eros infantil, según algunas escuelas psicoanalíticas. La represión de la agresividad hacia el exterior aumenta la agresividad contra sí mismo, el impulso de autodestrucción.

Compás

Representación emblemática del acto de la creación (37), que aparece en las alegorías de la geometría, la arquitectura y la equidad (8). Por su forma, se relaciona con la letra A, signo del principio de todas las cosas (4). Simboliza también el poder de medir, el límite.

Concordia

Expresa la conformidad, adecuación y armonía entre lo diverso, el estado de paz entre los seres o entre los impulsos del ser; se simboliza mediante la unión de las manos, el abrazo o el entrelazamiento. Es un concepto esencial en la *Psycomachia* (combate del alma) del poeta español latino Aurelio Prudencio Clemente (348-410), autor asimismo del *Peristephanon* o Libro de las Coronas.

Concha

Uno de los ocho emblemas de la buena suerte del budismo chino, utilizado en las alegorías de la realeza y como signo de viaje próspero (5). Este sentido favorable procede de hallarse la concha asociada a las aguas, como fuente de fertilidad. Las conchas, según Eliade, tienen relación con la luna y con la mujer. El simbolismo de la perla está íntimamente emparentado con el de la concha. El mito del nacimiento de Afrodita de una concha tiene una evidente conexión (18). Para Schneider, la concha es el símbolo místico de la prosperidad de una generación a base de la muerte de la generación precedente (50). Con toda probabilidad, su sentido favorable relacionado con el agua es, como en el caso del pozo y de la botella, por una consecuencia obvia de la necesidad que el caminante y el peregrino sienten del agua, lo que explica su significado en las alegorías medievales.

Condecoraciones

Representación invertida de las heridas, sublimación y glorificación, relación alquímica rojo-oro.

Conjunción

Muchos símbolos conciernen al gran mito de la *coniunctio* o unificación, que representa la *coincidentia oppositorum*, pero muy especialmente la reintegración de ambos sexos a su unión perpetua, según la leyenda de Platón. En la psicología junguiana, esta conjunción tiene un sentido puramente psicológico e interior, que sustituye la integración realizada por el amor entre dos seres diferentes. La aspiración mística se halla en la profunda aspiración de todo lo particularizado y escindido a la suprema unidad. Se halla en la unión mencionada la única posibilidad de paz y de descanso en la felicidad. La unión del cielo y la tierra de las religiones primitivas y astrobiológicas es un símbolo de la conjunción, como asimismo el matrimonio de la princesa y el príncipe liberador de los cuentos y leyendas (33, 38).

Cono

El significado simbólico del cono es muy complejo y puede derivar de la unión del círculo y el triángulo. En Biblos simbolizaba a Astarté, pero en diversas localidades de Siria eran símbolos solares, según Frazer, por lo que no puede precisarse más sobre su sentido. También puede considerarse como una derivación de la pirámide (21). Totalidad psíquica.

Consonancia-disonancia

La música, en sus aspectos melódico y armónico (o polifónico), penetra tanto en el dominio de la expresión como en el de la simbolización por analogía (grave = bajo; agudo = alto, etc.). Sus cambios continuos, su movimiento, expresan o se fundamentan en una dinámica constante, que por eso Schopenhauer identificó con la vida «interior» del universo, con su voluntad de devenir. Puntos de vista esotéricos sobre la música, muy interesantes y acertados, pueden leerse en el libro de Cyril Scott, *La Musique*, donde considera la hiperdisonancia (Schoenberg, Berg, Webern, Stravinski) como medio para combatir la «disonancia moral». Aclara que esta música ha sido necesaria, no sólo para la finalidad aludida, sino para combatir el rutinarismo convencional y filisteo de la sociedad. La «falsa relación», o melodía disonante (saltos de 9.ª o 7.ª, etc., sucesiones a diversa tesitura de una misma nota alterada y no en acordes) dice que sirve para «romper» por analogía el espacio natural, simbolizando por tanto la salida del orden cósmico natural. Scriabin en *Prometeo* usa abundantemente de la falsa relación. Igualmente Schoenberg en casi todas sus obras atonales. Es interesante anotar la «inversión» (según la idea de Schneider) que se produce en *Wozzeck* de Alban Berg, donde la hiperdisonancia, siendo el estado normal de la armonía, llega casi a ser sentida como tal y el acorde consonante «suena» como tremenda alteración del orden. De otro lado, es evidente la relación de analogía entre los pares: consonancia-disonancia y concordia-discordia. Por lo tanto, la disonancia exalta cualquier aspecto de expresividad bélica en música, cual en *Arcana* de Varèse.

Constelación. Pintura mural de Fernando Gallego. Universidad de Salamanca.

Constelación

En el simbolismo chino constituye el tercer elemento. El primero es la fuerza activa y luminosa *(Yang)* y el segundo la fuerza pasiva y oscura *(Yin)*. Significa la conexión de lo superior y lo inferior, el lazo que liga lo diferente. Es uno de los emblemas imperiales (5).

Contaminación

O también sustitución, a veces, podría denominarse un proceso en el que un objeto experimenta lo que corresponde a otro, o más bien a una persona o a un espíritu. Por ejemplo, en el poema medieval atribuido a Cynewulf, *El sueño de la cruz* — composición grabada en la cruz de Ruthwell (Escocia) — el poeta ve la cruz «adornada con vestidos, recubierta de oro y joyas», luego la ve «manchada de sangre». Finalmente, la cruz cuenta que ha sufrido también ella la Pasión.

Copa

Especialmente cuando tiene tapa, en forma de cáliz, se ha identificado con el corazón, durante el período románico (14). En sentido más generalizado, como el cofre y el arca, es un símbolo del continente por excelencia. En cierto modo es una materialización de la envoltura del centro. Un importante significado secundario se agrega al mencionado de continente, a causa del carácter líquido (lo informal, mundo de las posibilidades) del contenido de las copas, vasos o cálices (4). Este último sentido es el que explica la hidromancia, practicada en copas de cristal o vidrio investidos del valor de talismán (57).

Coral

El coral es el árbol marino. Participa por ello de dos simbolismos que refunde: el del árbol (eje del mundo) y el del océano (inferior) o abismo. Por ello puede identificarse con las raíces del árbol terrestre. De otro lado, su color rojo lo relaciona con la sangre; de ahí su sentido visceral y abisal, muy bien captado en el simbolismo alquímico (8). Según las leyendas griegas, el coral había surgido de la sangre de Medusa Gorgona.

Corazón

En el esquema vertical del cuerpo humano tres son los puntos principales: el cerebro, el corazón y el sexo. Pero el central es el segundo y por esa misma situación adquiere el privilegio de concentrar en cierto modo la idea de los otros dos. El corazón era la única víscera que los egipcios dejaban en el interior de la momia, como centro necesario al cuerpo para la eternidad (todo centro es símbolo de la eternidad, dado que el tiempo es el movimiento externo de la rueda de las cosas y, en medio, se halla el «motor inmóvil» según Aristóteles). En la doctrina tradicional, el corazón es el verdadero asiento de la inteligencia, siendo el cerebro sólo un instrumento de realización (25); por ello, al cerebro corresponde la luna y al corazón el sol, en el sistema analógico antiguo que demuestra la profundidad de los conceptos y su persistencia. Todas las imágenes de «centro» se han relacionado con el corazón, bien como correspondencias o como sustituciones, tal como la copa, el cofre y la caverna. Según los alquimistas, el corazón es la imagen del sol en el hombre, como el oro es la imagen del sol en la tierra (32). La importancia del amor en la mística doctrina de la unidad explica que aquél se funda también con el sentido simbólico del corazón, ya que amar sólo es sentir una fuerza que impulsa en un sentido determinado hacia un centro dado. En los emblemas, pues, el corazón significa el amor como centro de iluminación y felicidad, por lo cual aparece rematado por llamas, una cruz, la flor de lis, o una corona (4).

Cordero

Un origen del simbolismo del cordero se halla en el libro de Enoch (32). Significa la pureza, inocencia, mansedumbre (e inmerecido sacrificio). En las alegorías aparece bajo uno de estos aspectos: los pensamientos puros de la mente, el hombre justo, el Cordero de Dios (4). Pinedo, sin embargo, señala la interesante relación del cordero con el león, por inversión simbólica. Esto aparece expresado con gran frecuencia en símbolos cristianos, en especial del período románico, por ejemplo en un tímpano de la iglesia de Armentia. El *Agnus Dei* aparece en el interior de un círculo (totalidad, perfección), donde hay un epígrafe que dice: *Mors, ego sum mortis. Vocor Agnus sum Leo fortis* (Yo soy la muerte de la muerte. Me llaman cordero, soy un león fuerte) (46). Por etimología se le dan otros significados simbólicos: por la relación de *agnus* y del griego *agnos* (ignorado) es un símbolo de lo ignoto, según Alleau en *De la Nature des Symboles* (París, 1958). Por la relación de *agnus* con *agni* (fuego) es un símbolo sacrificial, de la renovación periódica del mundo.

Cordón

Todo cordón o cuerda es una forma de ligadura. Su significado corresponde concretamente a ésta. Por ello, el cordón sagrado es llevado por todos los hindúes de alta casta. Como explica el *Jâbâla-Upanishad*, el cordón sagrado es el símbolo exterior del Sûtrâtman, hilo espiritual que liga todas las existencias, como las perlas en un collar (60). Esta idea es tan clara que aparece con carácter universal. Los trenzados de cordoncillo de los militares y funcionarios, las bandas y lazos, galones y cintas no son sino emblemas de una fuerza de cohesión y ligazón, aunque en forma particularizada que alude a un determinado estamento social. A nuestro juicio, contra la tendencia freudiana de darle carácter fálico, ése y no otro es el sentido de la corbata.

Corona

Su sentido esencial deriva del de la cabeza, a la que corresponde no con finalidad más bien utilitaria cual el sombrero, sino estrictamente emblemática. Por el simbolismo del nivel, la corona no sólo se halla en lo más alto del cuerpo (y del ser humano), sino que lo supera; por esto simboliza, en el sentido más amplio y profundo, la propia idea de superación. Por esto se dice de todo cumplimiento perfecto y definitivo «coronar una empresa». Así, la corona es el signo visible de un logro, de un coronamiento, que pasa del

Corona de Isabel la Católica
Capilla Real de Granada.

acto al sujeto creador de la acción. Al principio, las coronas se hacían de ramas de diversos árboles, por lo que integran, como símbolo secundario, el de la especie correspondiente. Eran atributo de los dioses y también tenían sentido funeral (8). La corona de metal, la diadema y la corona de rayos son también símbolos de la luz y de la iluminación recibida (4). En algunos libros de alquimia, se ve a los espíritus de los planetas recibir de su rey (sol) su corona, es decir, su luz. Esta luz no es uniforme, sino gradual y jerarquizada. Por ello, sus formas muestran la nobleza a que corresponden, desde el rey al barón (32).

El sentido afirmativo y sublimador de la corona aparece asimismo en los libros de alquimia. En *Margarita pretiosa*, los seis metales son primeramente representados como esclavos, con la cabeza descubierta a los pies del oro (rey), pero después de su transmutación llevan corona en la cabeza. Esta «transmutación» es un símbolo de la evolución espiritual, cuyo hecho decisivo es la victoria del principio superior sobre los instintos. Por lo cual dice Jung que la corona radiante es el símbolo por excelencia del cumplimiento de la más alta finalidad evolutiva: quienes triunfan sobre sí mismos logran la corona de la vida eterna (31). Significaciones secundarias o particulares derivan de las materias y formas de las coronas, algunas de las cuales pueden apartarse considerablemente de la forma esencial expuesta. La antigua corona de los faraones egipcios es un caso típico de estas coronas distintas. Por ello señala Marqués-Rivière el origen emblemático y casi figurativo de los dos componentes: corona blanca y corona roja. La primera se asemeja a los bonetes en forma de mitra que aparecen en Oriente en todos los tiempos. La segunda, según De Rochemonteix, sería un conjunto de jeroglíficos deformados por el diseño. La cofia sería un vaso; el tallo curvado representaría la vegetación, y el recto, el ideograma de la tierra... M. E. Soldi interpreta el tallo curvado como «proyección del disco solar, llama en espiral que fecunda los gérmenes» (39).

Correspondencia

La teoría de las correspondencias es uno de los fundamentos de la tradición simbolista. Sus derivaciones son insondables y toda verdadera profundización en los significados últimos de los aspectos del *universo* habrá de avanzar tomándolas en cuenta. Pero no podemos aquí dar sino una sucinta idea de lo que significan tales correspondencias, ilustrándola con ejemplos. Se fundamenta la teoría en que todos los fenómenos cósmicos son limitados y seriales, aparecen en planos particulares, donde constituyen gamas, pero esta situación no es caótica ni indiferente, sino que existen conexiones entre los elementos de una y otra gama, fundadas en nexos internos de esencia y de sentido. Las correspondencias pueden organizarse forzando a los elementos de las gamas a adaptarse a un patrón común numérico (por ejemplo, no es difícil modificar la gama de los colores, elevándola de siete matices a ocho —si se quiere adaptar a la gama de temperamentos establecida por la actual caracterología— o reducirla a seis, por causa similar). Pero resulta preferible verificar adecuaciones parciales, con modelos diferentes, sin forzarlos por dilatación o constricción. Ya los atributos de las antiguas deidades no eran sino inconfesadas correspondencias: Venus (rosa, concha, paloma, manzana, ceñidor, mirto). Hay también un fundamento psicológico, relacionado con la sinestesia. Louis-Claude de St. Martin, en *L'Homme du Desir*, escribió: «No es como en nuestra tenebrosa morada, donde los sonidos no pueden compararse más que con los sonidos, los colores con los colores, una sustancia con su análoga; allí todo era sustituible, homogéneo. La luz daba sonidos, la melodía hacía nacer la luz, los colores poseían movimiento porque eran vivientes; los objetos eran a la vez sonoros, diáfanos y bastante móviles para interpretarse y recorrer de un trazo toda la extensión» (3). Para Schneider, el elemento clave de todas las correspondencias es el musical. Señala que, en la India, un tratado de Sârngadeva, en el *Samgita Ratnâkara* (I, III, 48), del siglo XIII, expone la relación mística de la música y los animales. Indica que no existe nada similar en Occidente, aunque él cree que los capiteles de San Cugat del Vallés y de Gerona (siglo XII) representan una serie de animales que, por su selección (constitución en gama), sugieren relación con los aludidos sistemas de la India. También alude a Jakob Böhme y al padre Athanasius Kircher, que intentaron reconstruir esas ideas en su sistema de correspondencias místicas *(Musurgia universalis)* (50). Ely Star expone la teoría crudamente diciendo: «Cada uno de los colores del prisma es análogo a una de las siete facultades del alma humana; a las siete virtudes y a los siete vicios; a las formas geométricas, a los planetas...» (55). Es evidente que existen correspondencias de sentido y de situación en el mismo mundo físico. Por ejemplo, el sonido es tanto más agudo (elevado) cuanto rápido el movimiento, e inversamente; luego la rapidez corresponde a la elevación y la lentitud a la caída, en un sistema binario. Si los colores fríos son retrocedentes, frialdad corresponde a lejanía; calor a cercanía. Ya tenemos otra correspondencia científicamente comprobable. En el sistema septenario, Star da unas correspondencias de notas y colores que juzgamos bastante justas: violeta (sensible); rojo (tónica); anaranjado (supertónica); amarillo (mediante); verde (subdominante); azul (dominante), índigo (superdominante) (54). Los griegos, cabalistas y gnósticos fundaron muchas de sus especulaciones en las correspondencias. Porfirio señala las siguientes, de las vocales griegas y los planetas: *Alfa* Luna); *épsilon* (Mercurio); *eta* (Venus); *iota* (Sol); *ómicron* (Marte); *ipsilon* (Júpiter), y *omega* (Saturno). En el sistema del novenario destaca la teoría hindú de los «modos»: erótico, heroico, odioso, furioso, terrible, patético, maravilloso, apacible, humorístico. El simbolismo de las plantas, perfumes, animales se funda con frecuencia en la teoría de las correspondencias y en las atribuciones que resultan. Citaremos algunas a modo de ejemplo: encina (Sol); nogal (Luna); olivo (Mercurio); pino (Saturno). O dimanan de las cualidades sobresalientes del símbolo, desde algunas obvias como encina (fuerza), palmera (victoria) a otras menos evidentes (47). Entre las más importantes correspondencias figuran las del zodíaco, a cuyos doce signos se asimilan los meses, las tribus de Israel, los trabajos de Hércules, los colores elevados a una gama de doce. Una de las esenciales, entre estas correspondencias, es la de las partes del cuerpo: Aries (cabeza), Tauro (cuello, garganta), Géminis (hombros y brazos), Cáncer (pecho y estómago), Leo (corazón, pulmones, hígado), Virgo (vientre, intestinos), Libra (columna vertebral, medula), Escorpión (riñones, genitales), Sagitario (muslos), Capricornio (rodillas), Acuario (piernas), Piscis (pies) (54). La serie de los seis primeros signos (involutivos) se corresponde, en los colores —dentro del proceso alquímico— al «descenso» desde el amarillo al negro, a través del azul y del verde. La serie evolutiva corresponde a la metamorfosis ascensional, desde el negro al oro, a través del blanco y el rojo. Correspondencias muy valiosas estudia Schneider. Una de ellas, tomada de Albiruni *(The book of instructions in the elements of the Art of Astrology*, 1934), establece estas identificaciones de los signos zodiacales con los elementos esenciales del paisaje: Aries (desierto), Tauro (praderas), Géminis (montaña doble), Cáncer (parques, ríos, árboles), Leo (montaña con castillos y palacios), Virgo (casa), Escorpión (cárceles y cavernas), Sagitario (arenales y centros de magia), Capricornio (plazas de fuego y castillos), Acuario (cavernas y cloacas), Piscis (tumbas) (50). También se han establecido (Piobb) correspondencias entre estos signos y las operaciones alquímicas (48). La teoría de las correspondencias implica el anhelo de llevarlas a su extremo límite, en lo concreto, con el peligro de transformar los símbolos en signos o convenciones. Con todo, queremos dar una relación de correspondencias, basada en el número doce, y que representa la curiosa característica de haber sido aprobada por un órgano oficial inglés, en 1937:

Mes	Signo zodiacal	Color	Joya
Enero	Capricornio	Rojo oscuro	Granate
Febrero	Acuario	Púrpura	Amatista
Marzo	Piscis	Azul pálido	Aguamarina, hematites
Abril	Aries	Blanco	Diamante, cristal
Mayo	Tauro	Verde vivo	Esmeralda, crisopado
Junio	Géminis	Crema	Perla, piedra lunar
Julio	Cáncer	Rojo claro	Rubí, cornalina
Agosto	Leo	Verde pálido	Sardónice, peridoto
Setbre.	Virgo	Azul oscuro	Zafiro, lapislázuli
Octubre	Libra	Jaspeado	Opalo
Nvbre.	Escorpión	Amarillo	Topacio
Dicbre.	Sagitario	Azul verdoso	Turquesa

correspondencias que creemos más interesantes desde el ángulo alegórico que desde el propiamente simbólico.

Cortina

Símbolo de separación, como el «velo del templo» de Jerusalén. Según Gershom Sholem, «cortinas dispuestas ante los dominios celestes del mundo de los eones, desempeñan un gran papel, aparentemente por influencia judía, en la *Pistis Sofía* gnóstica. La *sucesión* de cortinas emparenta con la de mantos o velos, o incluso de elementos de vestido y adorno, cual aparecen en el poema mesopotámico del *Descenso de Ishtar a los infiernos*. Apartar cortinas, desgarrar velos o vestiduras, despojarse de diademas, mantas o pulseras es avanzar hacia una interioridad o profundizar en un arcano. Sholem, en *Les origines de la Kabbale*, dice que cortinas similares, entre las emanaciones, aparecen personificadas en las fuentes de Isaac Cohen.

Cosmogonía

La base de la mayor parte de cosmogonías consiste en el «sacrificio cósmico», expresando la idea de que la creación de formas y de materia sólo puede tener lugar por medio de una modificación de la energía primordial. Esta modificación, para la mayor parte de pueblos primitivos y protohistóricos, como decimos, aparece en forma claramente dolorosa, como mutilación, lucha o sacrificio. En la cosmogonía babilónica, es la matanza de la madre originaria Tiamat (dragón) cuyo cuerpo sirve para crear el cielo y la tierra. Las tradiciones hindúes relacionan la lucha de los dioses con los asuras, tribu de demonios, o con monstruos de toda suerte. Según el *Rig Veda*, los dioses sacrifican un ser primordial, el gigante Purusha. En Persia, es el toro sacrificado por Ahriman o Mitra. En Escandinavia se trata del gigante Ymir, el cual, despedazado por los Ases, provee la materia con la que se crea el mundo (35). Evidentemente, estas cosmogonías tienen un valor psicológico, ya que exponen la idea central de que no hay creación sin sacrificio, no hay vida sin muerte (tema de la inversión y del Géminis), origen éste de todos los sacrificios cruentos de las religiones del mundo. Una cosmogonía más evolucionada, que, aun cuando comprende ciertas ideas en conexión con lo expuesto, toma su valor principal de la descripción del cosmos como orden nuevo impuesto al primigenio caos, se debe al autor chino Huainantsé, que transcribimos por su interés, tomándola de Wilhelm (58): «El hundimiento del cielo todavía no había adquirido forma alguna. Estaba flotando y nadando y se llamaba la gran luz. Cuando comenzó el Sentido en el caos vacío de nubes, el caos de nubes engendró el espacio y el tiempo. Espacio y tiempo engendraron la fuerza. La fuerza tenía límites fijos. Lo puro y lo claro ascendió flotando y formó el cielo. Lo pesado y lo turbio cuajóse abajo y formó la tierra... La semilla unida del cielo y la tierra es lo claro y lo oscuro. Las semillas concentradas de lo oscuro y lo claro son los cuatro tiempos. La semilla dispersa de los cuatro tiempos es la cantidad de las cosas. La fuerza caliente de lo claro reunido engendra el fuego. La semilla de la fuerza ígnea es el sol. La fuerza fría de lo sombrío reunido es el agua. La semilla del agua es la luna... El camino del cielo es redondo. El camino de la tierra es cuadrado. La esencia de lo redondo es lo claro». Todos los procesos escatológicos son regeneraciones parciales del universo, que participan del carácter cosmogónico y por lo tanto sacrificial. Del mismo modo, no es posible transformar nada en el alma humana, si no es mediante el sacrificio.

Creación.
Grabado de Regensburgo (siglo XVI).

Creación

En el sistema jeroglífico egipcio todo el proceso de la creación se expresa mediante cuatro signos: la espiral, símbolo de la energía cósmica; la espiral cuadrada, símbolo de la acción de dicha energía en el seno de la materia; la masa informe, de sentido literal; y el cuadrado, que simboliza la materia organizada (19). Este paso doble, de la fuerza abstracta a la fuerza conformante, y de la materia pura a la materia regida por un orden, tiene un extraordinario valor conceptual, puesto que explica el proceso de toda creación desde sus dos lados esenciales: el del contenido energético y el de la forma material.

Creciente lunar

Este símbolo presenta una significación dual. Como perteneciente a la luna, concierne al mundo de las formas cambiantes, a lo fenoménico, al principio pasivo y femenino, a lo acuático. Sin embargo, aunque con frecuencia en tal caso aparece asociado a una estrella, surge en los emblemas occidentales de la Edad Media como figuración simbólica del paraíso (4).

Cremación

La muerte en la hoguera, la consunción del sacrificio por el fuego y, desde el punto de vista místico, cualquier clase de cremación, son símbolos de sublimación, es decir, de destrucción de lo inferior para que advenga lo superior, la salvación del y por el espíritu. El autosacrificio de Hércules tiene este significado. Los alquimistas utilizaron con gran frecuencia este símbolo. Así, el emblema XXIV de la obra de Michael Majer *Scrutinium Chymicum* (1687), representa al lobo, como símbolo de la primera materia, ardiendo en la hoguera (32).

Crepúsculo

Tanto en el matutino como en el vespertino, corresponde a la escisión, a la grieta que une y separa a un tiempo los contrarios. Frazer cuenta una curiosa estratagema mítica: Indra jura que no matará al demonio Namuni ni de día ni de noche; le mata de madrugada, entre dos luces (21). El crepúsculo se distingue, pues, por esa indeterminación y ambivalencia, que lo emparenta con la situación espacial del ahorcado y de lo suspendido, entre el cielo y la tierra. Respecto al crepúsculo vespertino, se identifica con Occidente (el lugar de la muerte). Por ello dice Dontenville que no es por azar que Perseo va hacia el Oeste para apoderarse de la cabeza de Gorgona; y Hércules para llegar al jardín de las Hespérides, pues, el lugar (y la hora) del ocaso, por ser el extremo terminal de un proceso (asimilable al signo zodiacal Piscis) es también el origen de un ciclo nuevo. Según la leyenda, Merlín enterró al sol en Mont Tombe; en Occidente cayó herido el rey Arturo, donde fue curado por el hada Morgana (de *Morgen*, mañana) (16).

Crisálida

Dice Wang Chung: «La crisálida precede a la cigarra, sólo cambia de aspecto y se transforma en cigarra. Cuando el alma abandona el cuerpo, se asemeja a una cigarra que sale de la crisálida para transformarse en insecto». Según Schneider, el papel místico de la transformación implica otras cualidades: el equilibrio, la regeneración y el valor guerrero (51). Probablemente, la máscara ritual y teatral está íntimamente ligada a la idea de crisálida y de metamorfosis. Tras la máscara debe ocultarse la transformación de la personalidad en el rito y en su forma profana o del teatro.

Crisis

El hombre acude a la consulta del destino especialmente en sus períodos de crisis; cuando la corriente vital en que se halla inmerso, sea interior (sentimientos, pasiones, anormalidades, insuficiencias) o exterior (obstáculos, faltas de correspondencia diversas) se le opone o le lleva más allá de lo que él desearía. El anhelo primordial, entonces, es el que da lugar a la «inversión», es decir, a la técnica para la cual todo lo que era de un modo se transmuta en lo contrario. Esta inversión (de la enfermedad a la salud, del odio al amor, de la soledad a la compañía, de la ignorancia a la sabiduría, del desasimiento a la solidaridad, del rencor al perdón, de la tristeza a la alegría, de la victoria de los enemigos a su derrota, de la sequedad a la fertilidad, etc.) aparece en primer lugar como encrucijada, es decir, como posibilidad. Acontecen entonces los símbolos sacrificiales, que expresan la idea latente —y verdadera— de que en toda situación negativa se esconde un sentido de culpabilidad directa o indirecta. Tras ellos, pueden aparecer los símbolos de inversión y de renacimiento.

Crismón

Es el emblema signográfico de Cristo, basado en la unión de las dos primeras letras del nombre Xrestos, X *(ji)* y P *(ro)*. Se ha subrayado la similitud de este signo, que figuró en el lábaro (estandarte) romano desde Constantino, con la cruz ansata egipcia.

Cristal

Como las piedras preciosas, es un símbolo del espíritu y del intelecto a él asociado (56). Es interesante la coincidente veneración mostrada hacia el cristal por los místicos y los surrealistas. El «estado de transparencia» se define como una de las más efectivas y bellas conjunciones de contrario: la materia «existe», pero es como si no existiera, pues que se puede ver a su través. No hay dureza a la contemplación, no hay resistencia ni dolor.

Crómlech

Llamado por el pueblo «círculo del gigante». Diodoro de Sicilia ya se refería al gran crómlech de Stonehenge, al decir que, frente a la Galia, en una isla «tan grande como Sicilia», se encontraba el «templo circular de

Crómlech. Stonehenge. (Gran Bretaña). Hacia 2000 a. de J.C.

Apolo» donde los hiperbóreos entonaban las alabanzas al dios Sol. Se desprende el significado solar del monumento (16). El crómlech participa del simbolismo del círculo (proceso cíclico, totalidad, perfección; del disco, representación del sol; y de la piedra, teofanía para la mayoría de pueblos primitivos, asociada a los cultos de fertilidad. En medio del círculo de monolitos suele elevarse la *hyrmensul* o piedra del sol.

Crono

Más que al simbolismo general de Saturno, nos referimos aquí a las imágenes del tiempo, derivadas de las orientales, tan frecuentes en el Bajo Imperio romano. En algunas representaciones aparece con cuatro alas, dos extendidas como si fuese a volar y dos plegadas como si permaneciera quieto, aludiendo al dualismo del tiempo como transcurso y como éxtasis. También se le atribuían cuatro ojos, dos delante y dos detrás, símbolo de simultaneidad y del presente entre el pasado y el futuro, sentido que poseen también los dos rostros de Jano (8). Más característico es el «Crono mitraico», deificación del tiempo infinito, que deriva del Zerván Akarana de los persas. Su figura es humana y rígida, a veces bisómata (cabeza de león). Cuando tiene cabeza humana, la testa de león aparece situada sobre el pecho. El cuerpo de la efigie aparece envuelto en las cinco vueltas de una enorme serpiente (de nuevo el sentimiento dual del tiempo: el transcurso enroscado a la eternidad), que, según Macrobio, representa el curso del dios en la eclíptica. El león, por lo general asociado a los cultos solares, es emblema del tiempo en cuanto representa su destructividad y la devoración. Con este sentimiento aparece en muchas representaciones funerarias romanas, e incluso medievales.

Cruce

El cruce de dos líneas, objetos o caminos, es un signo de conjunción y de comunicación, pero también de inversión simbólica, es decir, aquella zona en la cual se produce un cambio trascendental de dirección, o se desea provocar ese cambio. Por ello, la superstición utiliza el cruce de dedos, o de objetos. En las danzas medicinales se cruzan espadas y barrotes, para provocar el cambio (curación), es decir, para modificar el curso del proceso sin que éste llegue a su final ordinario (51).

Crucifixión

El sentido simbólico de la crucifixión, que no atenta contra el hecho histórico ni lo modifica, sino que lo explica adicionalmente, parece referirse al sufrimiento clave de la contradicción y de la ambivalencia. Especialmente por la tendencia iconográfica medieval, de ratificar pares dualistas en torno a la imagen de Jesús en la cruz. Estos pares son traídos a escena, o seleccionados entre los testigos del acto. Así, se sitúa la cruz entre el sol y la luna, la Virgen y san Juan, el bueno y el mal ladrón, la lanza y la copa (a veces sustituida por el palo con la esponja empapada en vinagre) y, naturalmente, la tierra y el cielo. En ocasiones se añade el símbolo del Espíritu Santo contrapuesto al cráneo de Adán. Estos pares de contrarios no hacen sino ratificar el sistema binario esencial que es, en sí, la propia cruz. El madero horizontal corresponde al principio pasivo, al mundo de la manifestación. El vertical, al principio activo, al mundo de la trascendencia y de la evolución espiritual. El sol y la luna son los representantes cósmicos de ese dualismo, que se repite en la contraposición de sexos entre el discípulo amado y la santa Madre, que, además, exponen el consecuente y antecedente de la vida y obra de Jesús y, por ello, el pasado y el futuro. Los dos ladrones constituyen el binario de la contraposición en lo moral, es decir, las dos actitudes posibles del hombre: penitencia y salvación, prevaricación y condenación.

Cruz

En el complejo simbolismo de la cruz, que no niega ni sustituye, sino ratifica su sentido histórico en la realidad del cristianismo, entran dos factores esenciales: el de la cruz propiamente dicha y el de la crucifixión o «estar sobre la cruz». En primer lugar, la cruz se ofrece como una derivación dramática, como una inversión del árbol de la vida paradisíaco. Por ello, en la iconografía medieval, la cruz es representada muchas veces como árbol con nudos y hasta con ramas, a veces en forma de Y, y otras en forma espinosa. Cual acontece con el árbol de la vida, la cruz es un «eje del mundo». Situada en el centro místico del cosmos, es el puente o la escalera por los que las almas suben hacia Dios. En algunas variantes, la cruz tiene siete escalones, como los árboles cósmicos que figuran los siete cielos (17). Consecuentemente, la cruz establece la relación primaria entre los dos mundos (terrestre y celeste) (14), pero también, a causa del neto travesaño que corta la línea vertical que corresponde a los citados significados (eje del mundo, símbolo del nivel), es una conjunción de contrarios, en la que casan el principio espiritual y vertical con el orden de la manifestación y de la tierra; de ahí su transformación en sentido agónico de lucha y de instrumento de martirio (14). A veces la cruz aparece en forma de T, para resaltar más la oposición casi igualada de dos principios contrarios. Jung dice que, en algunas tradiciones en que aparece la cruz como símbolo del fuego y del sufrimiento existencial, puede deberse a que sus dos maderos se relacionan, en su origen, con los empleados para producir la llama, a los que se considera por los primitivos como masculino y femenino. Pero el sentido de conjunción prevalece. En el *Timeo* de Platón, el demiurgo vuelve a unir las partes del alma del mundo, mediante dos suturas que tienen la forma de una cruz de san Andrés (31). Bayley insiste en el sentido ígneo de la cruz y, en su sistema etimológico, explica que las voces *cross, crux, cruz, crowz, croaz, krois, krouz*, resuelven todas en ak ur os: «luz del Gran Fuego» (4). La cruz como emblema gráfico ha sido universalmente utilizada; en gran parte por el influjo cristiano. En gran parte también por la elementalidad del signo, y sabido es que las nociones elementales, sean ideas o signos, han aparecido sobre la tierra sin necesidad de influjo cultural determinado. Cientos de formas de cruces se han reseñado en libros de simbolismo gráfico, como, por ejemplo, el de Lehner, *Symbols, signs and signets*, siendo posible, por simbolismo del grafismo, descubrir el sentido particular de cada modalidad; muchas se encuentran en insignias de Órdenes militares, condecoraciones, etc. Por su universalidad destaca la cruz gamada, a la que nos referimos bajo el nombre de *esvástica*. Por su antigüedad y particular interés, destaca la cruz egipcia o ansada. Esta, en el sistema jeroglífico, significa vida y vivir (*Nem Ankh*) y entra en la composición de palabras como *salud, felicidad* y similares. Su brazo superior es una curva cerrada, a veces casi circular. Enel describe su significado en los términos que siguen: «La fonética del signo reúne los signos de la actividad, la pasividad y su mezcla, la cual concuerda con el simbolismo general de la cruz, como integración del principio activo y el pasivo. La misma formación gráfica del signo de la cruz ansada expresa una idea profunda: el círculo vital irradiado por el principio descendiendo sobre la superficie (sobre la pasividad a la que anima) y penetrando (por la vertical) hacia el infinito. Puede considerarse también como nudo mágico que enlaza juntamente una combinación particular de elementos que originan un individuo, lo que ratifica su carácter de signo vital. Puede también significar el destino. Juzgado desde el punto de vista macrocósmico (analogía con el mundo), el *Ankh* puede representar el sol, el cielo y la tierra (círculo, trazo vertical y horizontal). Como signo microcósmico (analogía con el hombre), el círculo representaría la cabeza del hombre (la razón, el sol que le vivifica), los brazos (representados por la barra horizontal) y su cuerpo (la vertical) (19). La determinación más general de la cruz, en resumen, es la de conjunción de contrarios: lo positivo (vertical) y lo negativo (horizontal); lo superior y lo inferior, la vida y la muerte. En sentido ideal y simbólico, estar

Cruz de la Victoria. Cámara santa de la catedral de Oviedo.

crucificado es vivir la esencia del antagonismo base que constituye la existencia, su dolor agónico, su cruce de posibilidades y de imposibilidades, de construcción y destrucción. Según Evola, la cruz simboliza la integración de la septuplicidad del espacio y del tiempo, como forma que retiene y a la vez destruye el libre movimiento; por esto, la cruz es la antítesis de la serpiente o dragón Ouroboros, que expresa el dinamismo primordial anárquico anterior al cosmos (orden). Por esto hay una relación estrecha entre la cruz y la espada, puesto que ambas se esgrimen contra el monstruo primordial.

Cuadrado

El cuadrado es la expresión geométrica de la cuaternidad, es decir, de la combinación y ordenación regular de cuatro elementos. Por ello mismo, corresponde al simbolismo del número cuatro y a todas las divisiones tetrapartitas de procesos cualesquiera. Su carácter estático y severo, desde el ángulo de la psicología de la forma, explica su utilización tan frecuente en cuanto signifique organización y construcción. Según Jung, el orden cuaternario de los cursos y formas tiene más valor que el ternario. Sea esto cierto o no, lo que sí es verdad es que, frente al dinamismo general de los números (y las formas geométricas) impares (tres, cinco, triángulo, pentágono), los pares (cuatro, seis, ocho, cuadrado, hexágono, octógono) aparecen como estáticos, firmes y definidos. De ahí que el modelo ternario sirva más para la explicación de la actividad y el dinamismo (o de lo espiritual puro), mientras el modelo cuaternario alude con mayor firmeza a lo material (o intelectual racionalista). Los cuatro elementos, las cuatro estaciones, las cuatro edades de la vida, pero sobre todo los cuatro puntos cardinales suministran orden y fijeza al mundo. Esto no impide el carácter femenino que suele atribuirse (tradiciones china, hindú, etc.) al cuadrado, como símbolo preferente de la tierra, en oposición al carácter masculino que se advierte en el círculo (y el triángulo) (32). En el sistema jeroglífico egipcio, el cuadrado significa realización, y la espiral cuadrada, energía constructiva y materializada (19). Sin embargo, el cuadrado colocado sobre uno de sus ángulos adquiere un sentido dinámico por entero distinto, que implica un cambio de su significado simbólico. En el período románico se utilizaba ese cuadrado como símbolo solar, asimilándolo al círculo (51).

Cuadratura del círculo

Los antiguos mesopotámicos, para conocer el área de un círculo lo situaban entre dos cuadrados. La idea de identificar el círculo y el cuadrado se verificó también por la rotación del cuadrado. Pero no se trata, en el aspecto a que nos referimos, de un problema matemático, sino de un problema simbólico. La «cuadratura del círculo», como el *lapis* o el *aurum philosophicum*, constituyó la preocupación de los alquimistas, pero mientras estos últimos símbolos se referían más bien a la finalidad evolutiva del espíritu, el primero concernía a la identificación de los dos grandes símbolos cósmicos: el del cielo (círculo) y el de la tierra (cuadrado). Es, pues, una coincidencia de los dos contrarios, pero no entendida como yuxtaposición o *coniunctio* (cual el trazo vertical y horizontal forman la cruz), sino como identificación y anulación de los dos componentes en síntesis superior. Correspondiendo el cuadrado a los cuatro elementos, en el significado de la «cuadratura del círculo» que, en realidad, no debiera denominarse así, sino «circulación del cuadrado», se trataba de obtener la unidad de lo material (y de la vida espiritual) por encima de las diferencias y oposiciones (orientaciones) del cuatro y del cuadrado. Otro procedimiento para obtener un *ersatz* de «cuadratura» fue refundir los dos cuadrados en cuyo interior se inscribía el círculo, lo que da por resultado un octógono. El octógono puede considerarse, en efecto, geométrica y simbólicamente como el estado intermedio de una forma entre el cuadrado y el círculo. Por esto no simbolizó nunca el *opus* (es decir, el logro místico de la identificación de contrarios), pero sí la vía de purificación del cuatro y el cuadrado (tierra, elemento femenino, materia, razón) para alcanzar el círculo (perfección, eternidad, espíritu). Por esta causa, muchos baptisterios y cimborrios de la Edad Media son de planta octogonal.

Cuadriga

Variante del cuadrado cuyo simbolismo se considera. Aporta el significado inherente al cuaternario, representado por los cuatro caballos de su tiro. Por esta causa, se ha establecido la analogía siguiente, por Dión Crisóstomo: cochero, Pantocrátor; coche, aureola (planos de la manifestación, interacción de los círculos del cielo y de la tierra); cuatro caballos, cuatro elementos, tetramorfos. De la identificación simbólica de los caballos y los elementos se deduce la inteligibilidad del siguiente pasaje: «El primer caballo avanza con suma rapidez. Tiene un pelaje reluciente y lleva los signos de los planetas y constelaciones. El segundo caballo es más lento y sólo está iluminado de un lado. El tercero va más despacio aún y el cuarto gira sobre sí mismo. Pero llega un momento en que el aliento ardiente del primero enciende las crines del segundo, y el tercero inunda al cuarto con su sudor (fuego, aire, agua, tierra; desde el elemento más energético al más material o *lento*)». La cuadriga deviene así símbolo del universo.

Cuaternario

El cuaternario es en la ordenación lo que el tetramorfos expone en el plano místico; si no cabe identificación, sí correspondencia y analogía. Se fundamenta en el cuatro. Platón dijo: «El ternario es el número de la idea; el cuaternario es el número de la realización de la idea». Por esta causa, el ternario —en la séptuple organización de las direcciones del espacio— se halla situado en la vertical (tres mundos, tres niveles), mientras el cuaternario se halla dispuesto en la superficie, en el plano que pasa por el nivel central, es decir, por el mundo de lo manifestado. Por ello el cuaternario corresponde a la tierra, a la organización material, mientras el tres expone el dinamismo moral y espiritual. La misma anatomía humana hubo de coadyuvar a fortalecer la idea del cuatro. El simbolismo espacial —plano— del cuatro es expuesto por el escritor del Renacimiento, Cartario, quien, en *Les Images des Dieux des Anciens*, dice: «Las figuras cuadradas de Mercurio, que sólo tenían la cabeza y el falo, significaban que el sol es el jefe del mundo, el sembrador de todas las cosas; incluso de los cuatro costados de la figura cuadrada, designan lo que significa el sistro de cuatro cuerdas, dado a Mercurio, es decir, las cuatro partes del mundo o, de otro modo, las cuatro estaciones del año...» (32). En evidente conexión con dichos «hermes» están las figuras de Brahma de cuatro rostros, de la India (60), correspondientes a los cuatro Kumaras, que entre los persas son cuatro ángeles, en relación con las cuatro estrellas denominadas «reales» del firmamento: Aldebarán, Antares, Régulus y Fomalhaut, dispuestas en los cuatro signos fijos del zodíaco: Tauro, Escorpio, Leo, Acuario (en relación, de nuevo, con el tetramorfos). El símbolo de los cuatro ríos del paraíso, que nacen al pie del Arbol de la Vida (eje del mundo), está en evidente conexión con todas las ideas expuestas (40).

Estas direcciones del plano son los puntos cardinales, que, según el Zohar, corresponden a los cuatro elementos (9) y a todas las formas que revisten el aspecto de la cuaternidad. Las correspondencias más interesantes del cuaternario son las siguientes: *este* (primavera, aire, infancia, amanecer, luna creciente); *sur* (verano, fuego, juventud, mediodía, luna llena); *oeste* (otoño, agua, madurez, atardecer, luna menguante); *norte* (invierno, tierra, vejez, noche, luna nueva). Las analogías pueden extenderse, como sucede en la aplicación de un «modelo» basado en el siete (semana, esferas planetarias) o en el doce (zodíaco, año), a cualquier proceso vital (55).

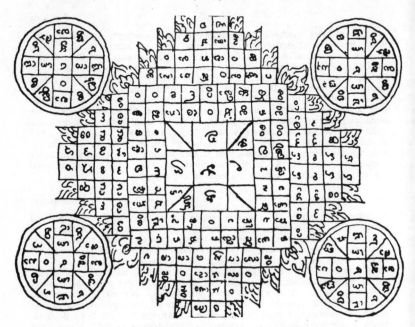

Cuaternario. Talismán de Laos, con la típica
caracterización del cuaternario (= tetramorfos).

Bachelard cree en la relación de los temperamentos con los elementos (1), que acaso pudiera establecerse así: *aire* (sanguíneos); *fuego* (nerviosos); *agua* (linfáticos); *tierra* (biliosos) (55). En sus obras sobre psicoanálisis de los elementos, Bachelard estudia las imágenes de los poetas, en su aspecto plástico y dinámico (significativo) en relación con su elemento dominante, como el fuego en Hoffmann, el agua en Edgar Poe, el aire en Nietzsche. Volviendo a los puntos cardinales, no hay acuerdo absoluto entre cuál de los dos es más negativo (oeste o norte), pero sí hay unanimidad en la identificación del este con la fuente luminosa del espíritu (14, 31, 48). En China, el emperador efectuaba un curioso ritual, por el que se identificaba con el sol en el transcurso anual, integrando también los puntos cardinales. En cada estación habitaba la parte de su palacio cuadrado que estaba orientada hacia el punto correspondiente, en el orden citado arriba (7). Los animales místicos de ese orden son: *este* (dragón azul); *sur* (pájaro rojo); *oeste* (tigre blanco); *norte* (tortuga negra) (6). En Occidente, según Schneider, los animales son: *este o mañana* (león); *sur o mediodía* (águila); *oeste o tarde* (pavo real); *norte o noche* (buey) (50). La importancia del cuatro tiene además un fundamento estadístico; el cuadrado es la forma más utilizada por el hombre o, en su defecto, el rectángulo. Según la concepción hindú, la idea de totalidad está ligada íntimamente al número cuatro, en coincidencia con Platón. Lo completo posee cuatro ángulos, se apoya en cuatro pies (60). Ya William Blake, en sus Cuatro Zoas, habló de los «cuatro Sentidos eternos del hombre», y Georges Bataille, en *La Littérature et le Mal* (París, 1957), los considera como potencias, mejor que como sentidos propiamente dichos. Jung se ha interesado profundamente por el simbolismo de la cuaternidad y a su imagen ha constituido la organización de la psique humana, dotándola de cuatro funciones: percibir, intuir, sentir y reflexionar. Sitúa éstas en los cuatro extremos de una cruz y supone que las tres colocadas a izquierda, derecha y arriba son conscientes, mientras que la cuarta es inconsciente (reprimida). Varían las situaciones de las funciones y con ello el tipo del individuo (34). Estas cuatro funciones aparecen en torno al elemento esencial (volición o juicio) como el tetramorfos en torno al Pantocrátor. En similar disposición y organización cuaternaria aparecen los componentes principales, arquetipos, del ser humano, según dicho autor: Anima, sombra, yo, personalidad, en derredor del *Selbst* o «Dios en nosotros» (32). Podemos situar las fases de la operación alquímica en un orden cuaternario; de lo inferior a lo superior: negro, blanco, rojo, oro. Las pulsiones de Diel pueden también ordenarse por el mismo esquema; pues si sólo menciona tres: conservación, reproducción, espiritualización (evolución), es porque la función oculta, en ese caso, es la tanática.

Cubo

Equivale al cuadrado, entre los sólidos. Por esta razón simboliza la tierra (el cosmos físico, de cuatro elementos). Dionisio el cartujo señalaba que los cuerpos cúbicos no están destinados a la rotación como los esféricos, por lo cual ofrecen la imagen de lo estable (14). Por esta causa, el cubo aparece en muchas alegorías que expresan las virtudes en relación con la idea de solidez y permanencia (8). Algunos tronos y carros tienen forma cúbica, en las representaciones simbólicas y emblemáticas, por la misma razón.

Cuchillo

Símbolo que constituye la inversión de la espada, asociado a las ideas de venganza y muerte, pero también a las de sacrificio (8). La corta dimensión de la hoja del cuchillo representa analógicamente la primariedad del instinto que lo maneja, como la altura de la espada —inversamente— expone la altura espiritual de su poseedor.

Cuerda

Símbolo general de ligazón y conexión, como la cadena. La cuerda anudada, en el sistema jeroglífico egipcio, significa nombre. Varios signos en forma de nudo, lazo, cinturón, corona, etc., tienen relación con el nombre por ser el nudo símbolo de la existencia individual. El sello tiene el mismo significado (19). La cuerda de plata que aparece en el simbolismo hindú, en la enseñanza védica, concierne a un sentido más hondo de la ligazón, pues se refiere al camino interior y sagrado que une la conciencia exterior (intelectual) del hombre a su esencia espiritual (al centro o palacio de plata) (38). La cuerda, bajo el aspecto de cordón, reviste un significado principalmente social, lo mismo que los collares.

Cuerno de la abundancia

Era el de la cabra Amaltea, la cual, según la mitología, amamantó a Júpiter. Dado el simbolismo general de los cuernos, que corresponde a fuerza, y el sentido materno del animal citado, a lo que se agrega el más complejo significado derivado de la forma (exteriormente fálica, interiormente hueca) del cuerno (lo que le convierte en *lingam*, o símbolo de la generación), se comprende el uso alegórico del cuerno como foco de la abundancia. Piobb señala además que el cuerno de la abundancia es la expresión de la prosperidad derivada del influjo del signo zodiacal de Capricornio (48).

Cuernos

Algunas interpretaciones desfavorables, demasiado al uso, del sentido de los cuernos derivan más bien del viejo símbolo del buey (castración, sacrificio, trabajo paciente), aunque puede tratarse también de un caso de «inversión simbólica». Pues, en efecto, en todas las tradiciones primitivas los cuernos implican ideas de fuerza y poder. Con ellos se adornaron los tocados de pieles prehistóricos y los yelmos de guerra, hasta la Edad Media. Los cuernos entraron en la composición decorativa y ornamental de los templos asiáticos y, junto con el bucráneo (por ser restos sacrificiales), se consideraban de valor sacro. El sentido concreto del símbolo empieza a aclararse a partir de tan lejanos antecedentes como los de Egipto. En el sistema jeroglífico, este signo determinativo, que representa «lo que está por encima de la cabeza», simboliza por extensión «abrirse camino» (como la testuz del carnero, Aries, ariete). Se resalta el hecho de que los signos zodiacales que abren el ciclo (Aries, Tauro) están representados mediante animales dotados de cuernos (19). También el signo egipcio citado entra en la composición de las palabras que significan elevación, prestigio, gloria, etc. (19). El cuerno único aparece esencialmente (aparte del emblema del cuerno de la abundancia o del cuerno como instrumento músico), en el animal fabuloso llamado unicornio y en el rinoceronte. Los cuernos de este animal, tallados en forma de copas, constituyen uno de los «emblemas corrientes» chinos y significan prosperidad (fuerza) (5). Entre los gnósticos se encuentra la misma creencia, especificada al decir que dicho elemento simboliza el «principio que otorga la madurez y perfección a todas las cosas». Como instrumento músico, el cuerno aparece en los emblemas simbolizando la llamada del espíritu para la guerra santa, sentido que se ratifica por las cruces, tréboles, círculos y flores de lis asociadas al cuerno (4). Son los cuernos atributo del dios cilicio de la agricultura. Lleva en las manos racimos de espigas: fertilidad. Tiene etimológicamente las mismas letras (KRN) que corona, en griego (en latín: *cornu*, *corona*). La corona primitiva era una diadema con puntas, en la que éstas simbolizan la misma fuerza que los cuernos, según Guénon, *Symboles fondamentaux...*

Cuerpo

Según Gichtel, «sede de un apetito insaciable, de enfermedad y de muerte». Según el mitraísmo, el alma para liberarse tiene que atravesar siete esferas, transcribe Evola.

Cuervo

Por su color negro, asociado a las ideas de principio (noche materna, tinieblas primigenias, tierra fecundante). Por su carácter aéreo, asociado al cielo, al poder creador y demiúrgico, a las fuerzas espirituales. Por su vuelo, mensajero. Por todo ello, en muchos pueblos primitivos, el cuervo aparece investido de extraordinaria significación cósmica: para los pieles rojas norteamericanos, es el gran civilizador y creador del mundo visible. Entre los celtas y germanos, así como también en Siberia, surge con un sentido similar (35). En las culturas clásicas, pierde esta gigantesca valoración, pero conserva ciertos poderes místicos, atribuyéndosele un instinto especial para predecir el futuro, por lo cual su graznido se usaba especialmente en los ritos de adivinación (8). En el simbolismo cristiano, es alegoría de la soledad. En la alquimia, recobra algunos de los aspectos de su significación primitiva, simbolizando la *nigredo* o estado inicial, como cualidad inherente a la «primera materia» o provocada por la división de los elementos *(putrefactio)*. Una derivación interesante del simbolismo del cuervo es aquella en la que aparece dotado de tres patás, dentro de un disco solar. De este modo constituye el primero de los emblemas imperiales chinos y significa el *Yang* o actividad de la vida del emperador. Las tres patas corresponden al trípode (símbolo solar: aurora y sol naciente, cenit o sol al mediodía, y ocaso o sol poniente). Según Beaumont, el cuervo en sí debe significar el aislamiento del que vive en un plano superior al de los demás (53), como todas las aves solitarias.

Cueva

La cueva, gruta o caverna (véase esta voz) tiene un significado místico desde los primeros tiempos. Se considere como «centro» o se acepte la asimilación a un significado femenino, como lo haría el psicoanálisis desde Freud, la caverna o cueva, como abismo interior de la montaña, es el lugar en que lo numinoso se produce o puede recibir acogida. Por ello, desde la prehistoria, y no sólo por la causa utilitaria de esconder y preservar las imágenes, se situaron en grutas profundas las pinturas simbólicas de los correspondientes cultos y ritos. La cueva, dotada en sí de simbolismo femenino, parece recibir un símbolo masculino compensatorio, de ser cierto el equilibrio de pares de principios (activo-pasivo) indicado por la señora Lamming Emperaire en su *Signification de l'Art Pariétal*. De hecho, así sucede con frecuencia, pero, en realidad, las obras pictóricas integran símbolos femeninos (mujer, bisonte, representaciones esquemáticas de cabañas, heridas, redes, cuadrados, rombos, etc.) y masculinos (caballo, fieras, arpones, azagayas, etc.). De este modo, la cueva pintada es un santuario que acoge símbolos que explican y refuerzan su propio simbolismo. Prescindiendo ya de la prehistoria, en las religiones de la Antigüedad son frecuentes los mitos relacionados con cuevas o estructuras similares. El nacimiento de ciertos héroes, la ocultación de armas, símbolos de poder, etc., se verifica en cuevas. Como el simbolismo no contradice en nada la realidad natural y utilitaria, sino que sólo la transfigura dándole un sentido espiritual, es obvio que el origen de estos significados pudo hallarse en la realidad histórica de un acontecer, aunque nada más contrario a la teoría que priva actualmente en mitología que invertir los términos de este modo. Se postula que el origen de lo utilitario es mítico, y no al revés. Prescindiendo de cuestiones de «origen» siempre comprometidas y nebulosas, cuando no falsas, diremos que hay un paralelismo de nivel y de sentido entre los empleos de la cueva y sus significados simbólicos, al margen del correlato biológico ya explicado. Para terminar, indicaremos que la cueva, o caverna, tiene en Platón un sentido diferente, en el fondo menos simbólico que alegórico, como representación del mundo fenoménico, mientras su exterior, realidad luminosa y abierta, expresa el mundo de las ideas. Probablemente, en esta transformación de sentido vería Frobenius (que habló de dos sentimientos del mundo: de libertad y de caverna) un paso del orden que da la prioridad a la naturaleza, a la mujer, a la materia, al que da la preeminencia al espíritu y al padre.

D

Damero

Toda superficie con recuadros, losanges o rectángulos alternantes, en positivo negativo (blanco, negro) o colores distintos tiene relación simbólica con la dualidad de elementos que presenta una extensión (tiempo) y por ello con el destino. Así, los romanos marcaban con piedra blanca o negra los días faustos e infaustos. Los dameros de colores diferentes modifican su sentido según el simbolismo del color. La significación del damero concierne a las ideas de combinación, demostración, azar y posibilidad (48) y al esfuerzo por dominar lo irracional sojuzgándolo en una estructura dada. Cualquier forma octogonal es siempre un símbolo de la razón y del intelecto, pero no del espíritu, a causa de que éste es el contenido por excelencia, mientras lo racional no pasa de ser un sistema de aprehensión de las cosas, es decir, un

Damero. Juego de ajedrez.
Bib. Monasterio de El Escorial.

modo de intelección y organización, o sea, un continente. El losangeado de la heráldica es una modalidad del damero, que, por su forma, presenta una reactivación del dinamismo de interpretación de los dos elementos repetidos y contrapuestos que constituyen la trama dual de todo damero. Es de notar que el traje de los arlequines (deidades ctónicas) consiste precisamente en dameros o losanges, lo que afirma sin lugar a dudas su relación con las divinidades del destino.

Danza

Imagen corporeizada de un proceso, devenir o transcurso. Así aparece, con este significado, en la doctrina hindú la danza de Shiva en su papel de *Natarâjâ* (rey de la Danza cósmica, unión del espacio y el tiempo en la evolución) (6). Creencia universal de que, en cuanto arte rítmico, es símbolo del acto de la creación (56). Por ello, la danza es una de las antiguas formas de la magia. Toda danza es una pantomima de metamorfosis (por ello requiere la máscara para facilitar y ocultar la transformación), que tiende a convertir al bailarín en dios, demonio o una forma existencial anhelada. Tiene, en consecuencia, función cosmogónica. La danza encarna la energía eterna: el círculo de llamas que circunda el «Shiva danzante» de la iconografía hindú (60). Las danzas de personas enlazadas simbolizan el matrimonio cósmico, la unión del cielo y de la tierra (la cadena) y por ello facilitan las uniones entre las hembras y los varones (51).

Decapitación

La decapitación ritual está profundamente relacionada con el descubrimiento prehistórico de la cabeza como sede de la fuerza espiritual. La conservación de cabezas tiene la misma causa que la inhumación exclusiva de esa parte del cuerpo durante la prehistoria. De todo ello deriva el empleo frecuente de la cabeza esculpida como tema simbólico-ornamental, cual en la portada de la catedral de Clanfert (Irlanda).

Dedos

En el aspecto mítico, los dáctilos o dedos son parientes de los cabiros, deidades protectoras. Todos ellos corresponden a la esfera ctónica y cumplen la función de relacionar el mundo inferior con el terrestre (31). Pueden interpretarse simbólicamente como poderes ordinariamente desatendidos de la psique, que tanto ayudan como enredan en las empresas conscientes de la razón.

Delfín

En muchas alegorías y emblemas aparece la figura del delfín, a veces duplicada. Cuando los dos delfines, o bien figuras de peces indeterminados, se hallan en la misma dirección, la duplicidad puede tener un valor dictado por la ley de simetría bilateral, por necesidad ornamental o simbolizando, simplemente, el equilibrio de fuerzas iguales. La disposición en forma invertida, es decir, con un delfín hacia arriba y otro hacia abajo, significa siempre la doble corriente cósmica de la involución y la evolución, a la que se refería Saavedra Fajardo con su «O subir o bajar». En sí, el delfín es el animal alegórico de la salvación, en virtud de antiguas leyendas que lo consideraban como amigo del hombre. Su figura se asocia a la del áncora, otro símbolo de salvación, a las deidades eróticas paganas y a otros símbolos (20). Tenían también los antiguos la idea de que el delfín era el más veloz de los animales marinos y por ello, en los emblemas de Francesco Colonna, cuando aparece enroscado a un áncora, significa detención de la velocidad, es decir, prudencia.

Demonios ctónicos

Bajo este apelativo se incluyen diversos entes que citan las mitologías, como las harpías y erinias griegas, los rakasas hindúes, los jinn árabes, los elfos y valquirias germánicos, etc. Son símbolos de los poderes tanáticos, del instinto de muerte bajo aspectos diversos, sea el sutil del encanto del sueño, o el vibrar heroico y la llamada a la vocación guerrera (35). La solicitud de la muerte —los extremos se tocan (por la curvatura de la línea conceptual)— aparece en las situaciones límite, no sólo en la negativa sino y principalmente en la cima de la afirmativa. Es decir, el optimismo vital y la plena felicidad implican la aparición de la tendencia a morir.

Derecha e izquierda

Según el doctor H. L. C. Jaffé, en *Les Labyrinthes*, «The Situationist Times», 4, 1963, la izquierda, para todas las civilizaciones del Mediterráneo anteriores a nuestra era, significaba la dirección de la muerte. Esto no es incompatible con otros sentidos que se mencionan en el término *Espacio*.

Derramamiento de sangre

El derramamiento de sangre sobre la tierra ha sido siempre considerado por las culturas arcaicas como un acto de fecundación, tanto por el valor del sacrificio como por la analogía sangre-semilla. Así, según Fromm, en *El corazón del hombre*, la «sed de sangre arcaica» puede no ser necrofilia, destructividad pura, sino aparecer unida a los instintos de vida.

Desaparición

En muchos cuentos folklóricos, leyendas medievales y mitos se producen repentinas «desapariciones», a veces por traslado a un lugar lejanísimo de lo desaparecido, a veces por anulación y destrucción pura y simple. Psicológicamente es un símbolo de represión, en particular si lo desaparecido es maléfico o entrañaba peligro. En realidad, es una forma de encantamiento.

Demonios ctónicos.
Valquiria según pintura de Dielitz
(siglo XIX).

Descanso semanal

Como otros muchos aspectos existenciales, sean costumbres o instrumentos, aparte de su sentido religioso, el concepto del «descanso» semanal no nace de una necesidad material o empírica. Entre los hebreos, la observancia del *Sabbat*, según Erich Fromm, no designa el mero reposo, sino algo mucho más profundo que una medida de higiene. En efecto, a causa de que el trabajo implica un estado de modificación, de guerra entre el hombre y el mundo, el descanso designa la paz entre el hombre y la naturaleza. Un día por semana (correspondiendo, en la analogía entre el tiempo y el espacio cósmico, a la idea de centro implicada por el sol entre los cielos planetarios, o por la tierra, en el sistema geocéntrico), se debe verificar la entera armonía espontánea entre el hombre y la naturaleza. No trabajando, el ser humano se arranca del orden de mutaciones que origina la historia y, consecuentemente, se libera del tiempo y del espacio, retrocediendo al estado paradisíaco (23). Este simbolismo explica, por el contrario, lo que Bell denominara «la ardiente actividad del rebelde», el odio instintivo a toda forma de descanso en el espíritu guerreador y enemistado con la naturaleza y el mundo de lo dado.

Descenso a los infiernos

Dos aspectos del «viaje nocturno por el mar» del sol, de la mitología egipcia. Mítico: los descensos de Eneas *(Eneida)*, de Orfeo, etc. Religioso, el de Cristo al limbo, a salvar las almas de los que descendieron a él antes de su llegada, esto es, de los justos que no podían aún salvarse.

Jesús en el limbo
por B. Bermejo.
Museo de Arte
de Cataluña.

Desfiladero

Dentro del simbolismo general del paisaje, el desfiladero corresponde a las zonas inferiores y por lo tanto se asimila a lo maternal, al inconsciente y, eventualmente, a las fuerzas del mal. Si la caverna o el hueco cerrado del interior de un monte expresan mejor el auténtico inconsciente, desconocido, enigmático, experimentable indirectamente, el desfiladero, y la grieta, simbolizan esas fisuras de la vida consciente por las que se puede ver el engranaje interior de la psique individual o del alma del mundo (32). Por razones estratégicas o asociación de ideas derivada, el desfiladero integra la noción de peligro. Por simbolismo de la forma, la inferioridad ante fuerzas aplastantes (las montañas o masas de tierra o roca que lo constituyen). El significado materno del desfiladero se ratifica, por el contrario, pudiéndose anular hasta cierto punto las implicaciones negativas, cuando por su cauce discurre el agua, siempre relacionada con el nacimiento, la regeneración y la purificación.

Desierto

Su significado simbólico es profundo y claro. Dice Berthelot que los profetas bíblicos, combatiendo las religiones agrarias de la fecundidad vital (relacionada, según Eliade, con la orgía), no cesaban de presentar su religión como la más pura de Israel «cuando vivía en el desierto». Esto confirma el valor específico del desierto como lugar propicio a la revelación divina, por lo cual se ha escrito que «el monoteísmo es la religión del desierto» (7). Ello es a causa de que, en cuanto paisaje en cierto modo negativo, el desierto es el «dominio de la abstracción», que se halla fuera del campo vital y existencial (37), abierto sólo a la trascendencia. Además, el desierto es el reino del sol, no en su aspecto de creador de energías sobre la tierra, sino como puro fulgor celeste, cegador en su manifestación. Además, si el agua está ligada a las ideas de nacimiento y fertilidad física, se opone en cambio a la perennidad espiritual, y la humedad se ha considerado siempre como símbolo de corrupción moral. En cambio, la sequedad ardiente es el clima por excelencia de la espiritualidad pura y ascética, de la consunción del cuerpo para la salvación del alma. Tiene el desierto otra ratificación de su simbolismo por la vía de la tradición. Para los hebreos, la cautividad de Egipto era la vida en el oprobio. Ir al desierto fue «salir de Egipto» (46). Finalmente, citaremos la relación emblemática del desierto con el león, símbolo solar que ratifica lo antedicho.

Despedazamiento

Bajo este aspecto o bajo los de desgarramiento y desmembramiento, se oculta un importante símbolo. Citaremos primero varios ejemplos de la aparición del símbolo. El más conocido es el mito de Osiris, despedazado por Set, quien dispersó los fragmentos, que luego Isis buscó cuidadosa y unió con excepción de uno. Multitud de leyendas y cuentos folklóricos exponen la misma situación, cuerpos de gigantes caen a trozos y luego se unen mágicamente. La espada de Sigmundo, en la saga de los nibelungos, está rota en varios pedazos y el herrero no es capaz de recomponerla; sólo Sigfrido, hijo del héroe, puede hacerlo. Según Erich Zimmer, el desmembramiento del informe dragón Vritra, en la mitología de la India, revela el proceso por el cual de la unidad primigenia surgió la multiplicidad. Según la misma tradición, este hecho fue el pecado de Indra, cuya expiación implica la reintegración de todo en la unidad. Según Coomaraswamy, el sentido del sacrificio no es otro que ese movimiento creador y destructor, sístole y diástole de la realidad, en lo que coinciden actuales teorías cosmológicas (60). Desde el punto de vista de la persona y de la vida anímica, el filósofo grecorruso Gurdjief fundó su enseñanza en el «Instituto para la educación armónica del hombre», según Ouspensky, en *Fragments d'un enseignement inconnu*, en la necesidad de destruir toda dispersión (desmembramiento) de la atención y de la unidad espiritual. Los alquimistas ya habían simbolizado el estado de separación interior de los elementos anímicos en las fases del *opus*, que denominaron: *solutio, calcinatio, incineratio*, figurándolas a veces emblemáticamente por medio de sacrificios personales y mutilaciones corporales, como el hecho de cortar las manos a la madre, las zarpas a un león, etc. (33). Para Orígenes, la meta del cristianismo no era otra sino convertir al hombre en un ser interiormente unitario. En cambio, la posesión por el inconsciente (caprichos, manías, obsesiones) es justamente un desgarramiento en la multiplicidad caótica, según Jung. Este mismo señala que el tema del despedazamiento o *disiunctio* es la contrapartida de la formación del hijo en el seno materno (y de la *coniunctio* mística). De este modo, todos los símbolos que expresan un proceso involutivo, degenerante, destructor, se basan en la conversión de lo uno en múltiple (por ejemplo, ruptura de una roca en muchas piedras). Las mutilaciones corporales, la separación de lo unido, son símbolos de análogas situaciones en lo espiritual.

Desnudez

Ya el simbolismo cristiano distinguía en la Edad Media entre *nuditas virtualis* (pureza e inocencia) y *nuditas criminalis* (lujuria o vanidosa exhibición). Por eso todo desnudo tiene y tendrá siempre un sentido ambivalente, una emoción equívoca; si de un lado eleva hacia las puras cimas de la mera belleza física y, por platónica analogía, hacia la comprensión e identificación de la belleza moral y espiritual, de otro lado no puede casi perder su lastre demasiado humano de atracción irracional arraigada en los fondos insensibles a lo intelectual. Evidentemente, la expresión de la forma, sea natural o artística, induce en una u otra dirección al contemplador.

Destrucción

Los símbolos de destrucción son siempre, en doctrina tradicional, ambivalentes, se trate del arcano XIII del Tarot, del signo duodécimo del zodíaco (Piscis), del simbolismo del agua, del fuego o de otra forma sacrificial. Todo fin es un principio, como todo principio contiene un fin. Es la idea esencial de los símbolos de la «inversión» mística tan estudiados por Schneider. Por ello, cuando leemos un texto como el que transcribimos a continuación, de Rudolf Steiner (*La Philosophie de la Liberté*), hemos de tener presente todo lo dicho: «Transformar al ser en un no ser infinitamente superior, tal es el fin de la creación del mundo. El proceso universal es un perpetuo combate... que sólo acabará con el aniquilamiento de toda existencia. La vida moral del hombre consiste, pues, en tomar parte en la destrucción universal». Esa destrucción, como la operación alquímica, sólo se dirige contra lo fenoménico, contra lo separado en el espacio (escindido, alejado) y lo separado en el tiempo (transitorio). Por ello ha podido titularse a un libro de poemas *La destrucción o el amor*.

Devoración

Este símbolo, que tiene su expresión literal en el acto o el miedo a ser devorado, aparece mitigado en el tema del envolvimiento y, según Diel, también en el hundimiento en el barro o el pantano. Jung cita al respecto el pasaje bíblico de Jonás en el interior de la ballena, pero éste concierne mejor al «viaje nocturno por el mar». Para dicho autor (31) el miedo al incesto se transforma en miedo a ser devorado por la madre, que luego se disfrazaría en diversas formas imaginativas, como la bruja que come niños, el lobo, el ogro, el dragón, etc. En un plano cósmico, el símbolo concierne sin duda a la devoración final que la tierra hace de cada cuerpo humano, después de la muerte, a su disolución, de manera que bien puede asimilarse a una digestión. En consecuencia, los cuentos que «terminan bien» y en los que los niños devorados aún viven en el interior del animal devorador, de donde son extraídos por alguien, aluden sin duda alguna a la esperanza de la resurrección de la carne, dogma del cristianismo. Así, la ballena no es exclusivamente un símbolo negativo.

Devoración. Xilografía del Libro de Belial (1473).

Diablo, El

Arcano decimoquinto del Tarot. Aparece como Báphomet de los templarios, macho cabrío en la cabeza y las patas, mujer en los senos y brazos. Como la esfinge griega, integra los cuatro elementos: sus piernas negras corresponden a la tierra y a los espíritus de las profundidades; las escamas verdes de sus flancos aluden al agua, a las ondinas, a la disolución; sus alas azules aluden a los silfos, pero también a los murciélagos por su forma membranosa; la cabeza roja se relaciona con el fuego y las salamandras. El diablo persigue como finalidad la regresión o el estancamiento en lo fragmentado, inferior, diverso y discontinuo. Se relaciona este arcano con la instintividad, el deseo en todas sus formas pasionales, las artes mágicas, el desorden y la perversión (59).

Diablo. Leyenda de san Miguel por el Maestro de Arguis. Detalle. Prado. Madrid.

Diadema

Deriva de la simple cinta que rodeaba la frente de los soberanos diadocos (descendientes de Alejandro). Se relaciona, pues, con la corona, y también con el nimbo o aureola. Su esplendor expresa el resplandor interior que la mente primitiva atribuye al ser dotado de poder. Poder que se atribuye a la gracia de la deidad.

Diadema de oro procedente de Jávea. Arte Ibérico. Museo Arq. Nac. Madrid.

Diamante

Etimológicamente, deriva su nombre del sánscrito *dyu* (ser brillante). Símbolo de la luz y del resplandor. Adamantino se relaciona con el griego *adamas* (inconquistable) (4). Aparece en los emblemas con el sentido frecuente de «centro» místico irradiante (56). Como todas las piedras preciosas, participa del sentido general de los tesoros y riquezas, símbolo de los conocimientos morales e intelectuales. Se asimila a la «piedra angular», o mejor a la «clave de bóveda», símbolo del coronamiento de un proceso constructivo.

Diana

Deidad de los bosques, relacionada con la naturaleza en general y con la fertilidad y los animales salvajes (21). Lleva el sobrenombre griego de *Hécate* (la que alcanza desde lejos), por lo cual se identifica con el cazador maldito (Wotan). Acompañada de perros se convierte en una persecutora nocturna, en relación con los demonios ctónicos (31). Se ha señalado también su carácter variable relacionado con la luna y con el tiempo (Diana-Jana, Jano). Por eso, en algunas representaciones mitológicas y emblemáticas aparece como Hécate triforme, dotada de tres cabezas, famoso símbolo que, como el tridente o la triple cabeza de Cerbero, es la inversión infernal de la forma trinitaria del mundo superior. Según Diel, esas formas triples de lo inferior aluden a la perversión de las tres pulsiones esenciales del ser humano (conservación, reproducción y espiritualización-evolución). En tal caso, Diana ratifica el aspecto terrible de lo femenino. Sin embargo, por su virginidad, tiene un carácter moral favorable opuesto al de Venus, como se advierte en el *Hipólito* de Eurípides.

Dientes

Según Allendy, son las armas de ataque más primigenias y expresión de la actividad. Perder los dientes significa, pues, miedo a la castración o a la derrota en la vida, inhibición (56). Es la actitud inversa del adorno personal con los dientes y las garras de la fiera vencida, común a todos los primitivos, según la antropología. Hay interpretaciones que recargan el significado en la parte sexual de la energía. Más importante es la idea gnóstica sobre los dientes, que debemos a Leisegang (*La Gnose*), según la cual constituyen las almenas, el muro y defensa del hombre interior, en el aspecto energético material, como la mirada y los ojos en el sentido espiritual. De ahí el simbolismo negativo de la caída de los dientes o su fractura.

Digestión

Simboliza la devoración, dominación, asimilación y disolución. Lo «no digerido» es lo que no se puede disolver (vencer o asimilar). Los alquimistas lo identificaron con el dragón, con el color verde (elemento irreductible natural, por oposición a las sustancias sublimadas, transformadas en espíritu, es decir, digeridas). La iconografía románica muestra una extraordinaria abundancia de monstruos que tragan o vomitan, o tienen en su interior otros animales, reales o fabulosos, aún enteros, no digeridos. Debe tratarse de este sentido simbólico, correlativo y contrario a la creencia del antropófago de que, devorando y digiriendo los órganos vitales de su enemigo, acaba de vencerlo, asimilarlo e incorporar sus elementos potenciales.

Diluvio

La tradición del diluvio, o de varios diluvios, está repartida por toda la tierra, excepto Africa (35). La ciencia parece confirmar su realidad histórica. En la relación existente entre el agua y la luna, según Eliade, el diluvio corresponde a los tres días de «muerte de la luna». Es una catástrofe que nunca es definitiva, por tener lugar bajo el signo del proceso cíclico lunar y del carácter regenerativo de las aguas. El diluvio destruye las formas, pero no las fuerzas, posibilitando así nuevos surgimientos de vida (17). En consecuencia, aparte de su realidad, el diluvio simboliza el final de un período, coincidente con el signo zodiacal Piscis (9). En la lluvia corriente se conserva siempre algo del gran sentido simbólico del diluvio; toda lluvia equivale a una purificación y regeneración, lo que implica en el fondo la idea de castigo y de finalización.

Dioniso

Deidad infernal. Símbolo del desencadenamiento ilimitado de los deseos, de la liberación de cualquier inhibición o represión (15). Nietzsche llamó la atención sobre la polaridad de lo apolíneo y lo dionisíaco, como extremos del arte y de la vida, atrayendo hacia el orden y hacia el caos y también, en consonancia con el instinto tanático de Freud, hacia la existencia y la eternidad, o hacia el autoaniquilamiento. Lo insaciable del dios griego, que se supone venido de Asia Menor o de Escitia, se muestra en los atributos que se le adjudican comúnmente: el tirso rematado en el símbolo fálico de la piña; la serpiente, el caballo, el toro, la pantera, el macho cabrío y el cerdo. Según Jung, el mito de Dioniso significa el abismo de la «disolución apasionada» de cada individualidad humana, a través de la emoción llevada al paroxismo y en relación con el sentido pretemporal de la «orgía». Es un llamamiento del inconsciente (32).

Dioses planetarios

Simbolizan las cualidades idealizadas y personificadas del hombre; los «modos» de ser de la existencia, la gama de posibilidades esenciales de la conducta y del conocimiento. Siendo fuerzas dotadas de un poder y de un campo atractivo, simbolizan el triunfo de su principio respectivo, por lo cual aparecen en la mitología tan frecuentemente ligados a la idea de justicia y a la legalidad sustancial de la vida (15). Por un proceso de catasterismo, los dioses de la gama fundamental se proyectaron al cielo y se identificaron con los cuerpos celestes más importantes y cercanos, el sol, la luna y los cinco planetas. Ello se verificó en la aurora del pensamiento astrobiológico (7), en Mesopotamia. Para los caldeos, los astros eran seres vivos animados y divinos, idea de la cual quedan restos evidentes en Aristóteles y a lo largo de la Edad Media en Occidente, como lo prueba el libro de Seznec (53). Las identificaciones caldeas, griegas y romanas son las siguientes: *Shamash* (el Sol, Helio, Apolo), *Sin* (la Luna, Artemisa, Diana), *Marduk* (Zeus, Júpiter), *Ishtar* (Afrodita, Venus), *Nabu* (Hermes, Mercurio), *Nergal* (Ares, Marte), *Ninib* (Crono, Saturno). Por la teoría de las correspondencias, las identificaciones se extienden hasta la totalidad o casi totalidad del tejido universal.

Dioses planetarios. Clípeo de Júpiter
Ammón. Museo Arq. Tarragona.

Disco

Emblema solar, también del cielo. En China, el «disco sagrado» es símbolo de la perfección celestial (5) y el que concierne concretamente al cielo (disco de jade llamado *Pi*), tiene un agujero en el centro. El «disco alado», uno de los más difundidos símbolos de la Antigüedad, que en signos y emblemas llega hasta el presente, representa en el sentido más profundo la materia en estado de sublimación y de transfiguración. Las dos pequeñas serpientes que aparecen junto al disco son las del caduceo y aluden al equilibrio activo de las fuerzas en antagonismo (59). Pero en un sentido más exotérico, el disco alado significa el disco en movimiento, en vuelo, por lo cual es correcta la utilización emblemática que le ha dado la humanidad en la era del dominio del aire y del espacio.

Disfraz

El disfraz o, mejor, trasvestismo, tiene su forma fundamental en el cambio de trajes correspondientes a diversos sexos. Según Eliade, ese cambio es un ritual análogo a la orgía, siendo frecuente su uso en relación con la misma. Todo ello tiende a la reactivación de la supuesta androginia primordial, aludida en el *Diálogo* de Platón (17). Zimmer confirma con cierta variante el sentido simbólico citado y señala que, en la India, en el ritual que se ejecuta cada año a la caída de las lluvias, el elefante es llevado en procesión y su escolta se compone de hombres vestidos de mujer, que así rinden homenaje a la naturaleza materna (60). De otro lado, el disfraz puede ser concebido como reflejo del «aspecto distinto» que las cosas y seres expresan en el mundo, con su individualidad, teniendo sus raíces en la Unidad primordial y originaria. Así, cada parcela del Ser se disfraza para constituir un aparente ente autónomo.

Disyunción

El símbolo más simple es la letra Y, como la X lo es de la inversión. Corresponde a la idea de encrucijada, de dualidad o multiplicidad de caminos divergentes. En antiguas representaciones (siglos XIV-XVIII) a veces la cruz de ciertos crucifijos es en forma de Y.

Doble imagen

Toda duplicación concierne al binario, a la dualidad, a la contraposición y el equilibrio activo de fuerzas. Las imágenes dobles, o la duplicación simétrica de formas o figuras —como los tenantes en heráldica— simbolizan esa exacta situación. Pero la duplicación realizada sobre un eje horizontal, en la que una figura superior repite invertida una inferior, tiene un sentido más intenso que deriva del simbolismo del nivel. En los emblemas cabalísticos suele aparecer un ser dual cuyas dos partes se denominan *Metatron* la superior y *Samael* la inferior, de quienes se dice que son dos compañeros inseparables por toda la vida (57). Cabe que bajo esta alegoría se oculte el símbolo de una ambivalencia esencial de todas las cosas, o que se refiera más bien al gran mito del Géminis.

Dodecanario

En realidad, el grupo de doce elementos es el más amplio, pues las fórmulas del Tarot duplican dos grupos de once y cuatro de catorce, pero los componentes de éstos no tienen condición arquetípica. Siendo los dos modelos cuantitativos esenciales el tres y el cuatro (dinamismo e interioridad; estatismo y exterioridad, respectivamente), su suma y su multiplicación dan lugar a los dos números que les siguen en importancia: el siete y el doce. Este último, o dodecanario, corresponde entre las figuras geométricas al dodecágono, pero puede identificarse con el círculo, pues su valor, prácticamente, le corresponde. Por ello todas las ordenaciones circulares o cíclicas tienden al doce como límite. Cuando habíanse edificado bajo menos amplia división, tienden a superarla y a llegar a esa cifra (como en la música, se ha pasado de la escala modal y tonal de siete notas a la dodecafónica de doce sonidos, según la escuela de Arnold Schoenberg). La división del medio día en doce horas, la del año en doce meses, el establecimiento de doce dioses mayores en muchas mitologías, como ampliación del septenario planetario; la distribución de la rosa de los vientos según tal modelo numérico (Eurus, Scolans, Notus, Auster, Africus, Euroauster, Zephirus, Stannus, Ireieus, Boreas, Aquilo, Volturnus), prueban la existencia de un orden fundado en la partición por doce, que resulta —analíticamente— una tripartición interna del cuaternario exterior y situacional, o bien una cuadripartición externa del ternario interior y actual. Para los indios védicos, los doce días del centro del invierno, de Navidad a Epifanía, eran una imagen y réplica del año entero; lo mismo en la tradición china (17). Tras estas formaciones creemos se halla, como substrato, el simbolismo del zodíaco, es decir, la idea de que los cuatro elementos pueden aparecer en tres modos (niveles o grados), de lo que resultan doce factores. Por todas estas razones, sociológicamente, dice Saint-Yves que, en los grupos humanos que se hallan situados en la vía de la tradición simbólica, «el círculo más elevado y próximo al centro misterioso se compone de doce miembros que representan la iniciación suprema (potestades, virtudes, conocimientos) y que corresponden, entre otras cosas, a la zona zodiacal. Guénon, que cita esta aseveración, agrega que esta fórmula dodecanaria se halla en el «consejo circular» del dalai lama; en los hijos de Jacob, jefes de las doce tribus de Israel (Rubén, Simeón, Leví, Judá, Dan, Neftalí, Gad, Aser, Isacar, Zabulón, José y Benjamín) y en los apóstoles (Pedro, Andrés, Felipe, Bartolomé, Santiago Alfeo, Judas Tadeo, Santiago, Juan, Tomás, Mateo, Simón el Cananeo y Judas Iscariote). Esta constitución dodecanaria se halla también en los caballeros de la Tabla Redonda y en los históricos Doce Pares de Francia. Asimismo, el Estado etrusco se hallaba dividido en doce estados; Rómulo instituyó doce lictores» (28).

Dolmen

Corresponde su simbolismo al general de las litofanías, relacionado con los cultos de fertilidad. Menciona Eliade que, en las creencias populares europeas aún hoy, quedan restos de la fe en los poderes de las grandes piedras. El espacio entre las rocas y piedras o los agujeros que en ellas aparezcan se utilizan para ritos de fertilidad o de salud. El dolmen se considera como símbolo de la Gran Madre, mientras el menhir es de evidente filiación masculina (17).

Dolmen,
«Taula dels Lladres».
Port de la Selva
(Girona).

Dosel

Uno de los ocho emblemas de la buena suerte del budismo chino. Alegoría de la dignidad real. Expresa protección (5). Si es cuadrado alude a la tierra; si es circular, al cielo o al sol, identificándose entonces con el parasol ritual de tantos pueblos primitivos y de la Antigüedad.

Dragón

Animal fabuloso, figura simbólica universal, que se encuentra en la mayoría de pueblos del mundo, tanto en las culturas primitivas y orientales como en las clásicas. Un examen morfológico de los dragones legendarios nos autoriza a ver en ellos una suerte de confabulación de elementos distintos tomados de animales especialmente agresivos y peligrosos, serpientes, cocodrilos, leones y también animales prehistóricos (38). Krappe cree que en la génesis de la idea mítica del dragón pudo intervenir el asombro al descubrir restos de monstruos antediluvianos. El dragón es, en consecuencia, «lo animal» por excelencia mostrando ya por ello un aspecto inicial de su sentido simbólico, en relación con la idea sumeria del animal como «adversario», en el mismo concepto que luego se atribuyó al diablo. Sin embargo, el dragón (como cualquier instinto, en las religiones no morales de la Antigüedad) puede aparecer entronizado y casi deificado; así aparece en los estandartes chino de la dinastía Manchú, fenicio y sajón (4). En multitud de leyendas, el dragón, aparte de su sentido simbólico más profundo y recubriéndolo, aparece con ese significado de enemigo primordial, el combate con el cual constituye la prueba por excelencia. Apolo, Cadmo, Perseo y Sigfrido vencen al dragón. En la hagiografía, los santos patronos de los caballeros, san Jorge y san Miguel arcángel, aparecen en el acto preciso de combatirlo en innumerables obras de arte prodigiosas; bastará que recordemos el san Jorge de Carpaccio, o el de Rafael; y el san Miguel de Tous de Bermejo. Para Dontenville (16), que gusta de una interpretación historicista y sociológica del aspecto simbólico de algunas leyendas, los dragones significan plagas que perturban el país (o a la persona, si el símbolo deviene psicológico). El gusano, la serpiente, el cocodrilo se asocian íntimamente a la idea del dragón, con sus significados particulares. En Francia se relacionan también los dragones con los ogros y con Gargantúa y los gigantes en general. Para Schneider, el dragón es símbolo de enfermedad (51). Pero, antes de referirnos a la significación del animal, citaremos algunos datos más sobre su constancia. Los autores clásicos y la Biblia lo mencionan con mucha frecuencia, describiéndolo y dando datos precisos sobre su carácter y costumbres. Surge de ahí una variedad de dragones que Pinedo destaca: «Unos les dan un cuerpo de serpiente con alas, vive en los aires y en las aguas, sus fauces son enormes, devora a los hombres y animales, a quienes mata primero con su enorme cola. Otros, en cambio, lo hacen terrestre, sus fauces son muy pequeñas, su enorme y fuerte cola es un elemento de destrucción, vuela también y se alimenta de la sangre de los animales que mata; no faltan autores que lo creen anfibio; su cabeza es de mujer hermosa, de luenga cabellera, y es aún más terrible que los anteriores». Daniel (14, 22-27), Miqueas (1, 8), Jeremías (14, 6), Rabano Mauro (*Operum*, III), Apocalipsis (12, 7), Isaías (34, 13; 43, 20), aluden a los dragones. También Plinio (VIII, 12), Galiano, Pascal (*De Coronis*, IX), tratan del fabuloso animal. Dichos autores atribuyen a los dragones las propiedades simbólicas siguientes: son fuertes y vigilantes, su vista es agudísima y parece ser que su nombre procede de la palabra griega *dercein* (viendo). Por esta razón, en plena ambivalencia, aparte de su sentido terrorífico, los hicieron —como a los grifos— guardianes de templos y tesoros y también alegoría del vaticinio y la sabiduría. Del lado bíblico, se exagera el carácter negativo del símbolo y es curioso el anagrama de Herodes, que, en lengua siria, se descompone en *ierud* y *es*, que significan «dragón ardiendo» (46). A veces, el dragón multiplica sus cabezas, empeorando con ello su significación dado el sentido regresivo e involutivo de toda aumentación numérica. «Un gran dragón rojo, con siete cabezas, diez cuernos y, sobre las cabezas, siete diademas», dice el Apocalipsis. En otras ocasiones, el dragón se utiliza para formar un emblema, en el que predomina entonces el esquema sobre el animal; por ejemplo, el dragón que se muerde la cola, u Ouroboros de los gnósticos, símbolo de todo proceso cíclico y en especial del tiempo. Los alquimistas utilizaron la figura del dragón con cierta frecuencia; varios dragones combatiéndose expresaban el estado de *putrefactio* (escisión de los elementos, disgregación psíquica). Dragón alado, el elemento volátil; dragón sin alas, el elemento fijo (Albert Poison). En China, es posiblemente el lugar donde el dragón ha alcanzado una mayor difusión y transfiguración incluso. Es el emblema del poder imperial. Mientras el emperador usa el dragón de cinco garras en sus ornamentos, los oficiales de su corte sólo pueden usar el de cuatro garras (5). Según Diel, el dragón genérico chino simboliza la perversión sublimada y superada (15), pues, implícitamente, se trata de un «dragón domado», como el que obedece a san Jorge después de haber sido derrotado por el santo. Cuenta Frazer que, cuando los chinos desean la lluvia, fabrican un enorme dragón de madera y papel y lo llevan en procesión, pero si no llueve el dragón es destrozado (21). Esto se debe, según Tchoang Tseu, a que el dragón y la serpiente, investidos de la más

profunda y total significación cósmica, simbolizan la «vida rítmica». La asociación dragón-rayo-lluvia-fecundidad es frecuente en los textos chinos arcaicos (17), por lo cual el animal fabuloso es el elemento de relación entre
las aguas superiores y la tierra. Sin embargo, no se puede generalizar en
la mitología china, ya que hay dragones subterráneos, aéreos y acuáticos.
«La tierra se une al dragón», significa que llueve. Desempeña, pues, un importante papel de intermediario en las potencias cósmicas, entre las fuerzas
distribuidas según los tres estadios esenciales (alto, espíritu; medio, vida
y manifestación; bajo, fuerzas inferiores y telúricas) del simbolismo del
nivel. Asociado a su sentido hay un poderoso componente de fuerza y velocidad. Las más antiguas imágenes chinas del dragón se asemejan a las
formas del caballo (13). Esotéricamente, hay dragones chinos asimilados a
los colores: el dragón rojo es el guardián de la alta ciencia; el dragón blanco
es un dragón lunar; los matices se relacionan con los planetas y signos
zodiacales. En la Edad Media, y en Occidente, los dragones tienen el busto
y las patas de águila, el cuerpo de enorme serpiente, alas de murciélago y
la cola terminada en dardo y vuelta sobre sí misma. Estas partes, según
Piobb, significan la fusión y confusión de todos los elementos y posibilidades:
águila (cualidad celeste), serpiente (cualidad secreta y subterránea), alas (posibilidad intelectual de elevación) y cola en forma del signo zodiacal de Leo
(sumisión a la razón) (48). Pero, en términos generales, la actual psicología
define el símbolo del dragón como «algo terrible que vencer», pues sólo el
que vence al dragón deviene héroe (56). Desde el punto de vista de la tradición esotérica hebrea, el más hondo sentido del misterio del dragón debe
quedar inviolado (rabino Simeón ben Lochait, citado por Blavatsky) (9). El
dragón universal *(Katolikos ophis)*, según los gnósticos, es el «camino a través de todas las cosas». Se relaciona con el principio del caos (nuestro Caos
o Espíritu es un dragón ígneo que todo lo vence. *Filalete*, «Introitus») y
con el principio de la disolución... El dragón es la disolución de los cuerpos
(textos del seudo·Demócrito). Entre los símbolos de esa disolución, el hermetismo usa las expresiones siguientes: Veneno, Víbora, Disolvente universal, Vinagre filosofal=potencia de lo indiferenciado (Solve), según Evola.
El mismo recuerda que los dragones y toros son los animales contra los
cuales combaten los héroes solares (Mitra, Sigfrido, Hércules, Jasón, Horus,
Apolo) (Mujer=dragón, mercurio y agua) (=Verde y «no digerido») y dice:
«Si el dragón aparece de nuevo en el centro de la ''Ciudadela de los filósofos'' de Khunrath, se trata todavía de un dragón que debe ser vencido y
muerto: es *aquello* que se devora eternamente a sí mismo, el Mercurio
como sed ardiente, como hambre e impulso de ciego goce (naturaleza fas-
cinada y vencida por la naturaleza, secreto del mundo lunar de los cambios
y del devenir, contrapuesto al uránico o del ser inmutable)». En *De Signatura
rerum*, Böhme habla de una voluntad que apetece sin tener nada, excepto
a sí propia, que es «la propiedad del hambre para nutrirse a sí misma».

Dualidad

Si como «dualismo» entendemos la oposición de contrarios (blanco-
negro, frío-calor, etc.), como dualidad más bien concebimos el dos en su
noción de conflicto, como duplicación innecesaria o como escisión interna.
En este sentido dijo Nerval: «El hombre es doble», pues él veía la identidad
propia como dualidad, lo cual le llevó a perder la razón. Incluso en otros
planos del ser, la identidad era, para él, una dualidad, un desdoblamiento,
apto a veces para indefinidas resonancias y disfraces, según J. P. Richard en
Poésie et profondeur.

Dualismo

Todo sistema que implica un sistema binario, pero en el cual se señala más que el complementarismo de tesis y antítesis, tendiendo a resolverse en síntesis, la enemistad de los dos principios en lucha. Dualismo moral fueron las religiones maniquea y gnóstica. Las divisiones de ciertas formas cósmicas en dos fases, como la consideración china del año en dos partes, una en que predominan las fuerzas activas y benignas *(Yang)* y otra en que prevalecen las pasivas y malignas *(Yin)*, más que dualismos son sistemas binarios, pues se incluye la dualidad en un orden más amplio y sintético que engloba su contradicción. R. Bertrand, en *La Tradition secrète* (París, 1943), hablando precisamente del símbolo chino citado, dice: «El dualismo en religión (o en filosofía mística o cósmica) es teorético y aparente; en realidad, hay algo siempre, un tercer término que se opone a la anulación de los dos términos antagonistas y que obliga a estas dos fuerzas-principios a plegarse, a actuar alternativa y no simultáneamente. Así, el negro y el blanco del *Yin-Yang* que, limitados al círculo de la estabilidad, *Tai Kih*, forman en efecto un sistema ternario, el Tao». Sin embargo, esta solución del «tercer término», más que resolver el problema lo mantiene indefinidamente planteado, pues justifica la continuación del dualismo por el equilibrio interno que le presta. Es como si, en simbolismo alquímico, la doble corriente ascendente y descendente de la solución y la coagulación, hubiera de mantenerse en perpetua rotación. Y no es así, las fuerzas positivas acaban por vencer y *transmutan* la materia (principio positivo, negativo o inferior), salvándola y llevándola consigo hacia arriba. Abundan en extremo los símbolos duales, por ejemplo, el látigo y el cayado de los faraones egipcios; emblemas de la ganadería y de la agricultura, símbolos de las vías recta y oblicua (espada recta y espada curva); o las columnas cabalísticas Jakin y Bohaz; Misericordia y Rigor.

Duplicación

Como la inversión, tema frecuente en simbolismo. Aparece como doble imagen en cuanto a color (positivo-negativo), como dualismo simétrico o como sistema binario sobre un eje horizontal, en cuyo caso el sentido simbólico alude a la ambivalencia de una forma o existencia dada, por expresar el símbolo su situación sobre o debajo del nivel medio. La duplicación es también, como imagen en el espejo, un símbolo de la conciencia, un eco de la realidad. Numéricamente corresponde al dos y, por tanto, al conflicto.

E

Ecuación

Admitiendo la denominación del álgebra (igualdad que contiene incógnitas), la ecuación sería un símbolo tan importante como el de la inversión. Es el enfrentamiento de lo equivalente y pudiera decirse que sólo lo igual *se encuentra verdaderamente*. Según los místicos islámicos, la primera pareja estaba formada por dos seres tan parecidos entre sí que era imposible distinguir en ellos lo femenino y lo masculino (Corbin, *Terre céleste et Corps de Résurrection*). En *Tristán,* esa ecuación es simbolizada por la mirada. También parece poseer ese sentido el cuadro de Gustave Moreau *Orfeo* y el grabado de H. Linton, *Pandora*, en que la joven mira a una esfinge negra que remata la caja de donde saldrán todos los males (la caja, que es ella misma o equivalente a ella).

Edades

En la morfología de los símbolos, edad corresponde exactamente a fase. El «modelo» lunar de las cuatro fases: crecimiento, plenitud, decrecimiento, ocultación, ha experimentado a veces la contracción a dos o tres fases, o la ampliación a cinco. Las edades de la vida humana experimentan esas mismas modificaciones, pero en general se reducen a cuatro y entonces la muerte o no aparece o se refunde con la vejez. La división cuaternaria, aparte del valor de su adaptación al modelo lunar, presenta la coincidencia con el proceso solar y anual de las estaciones y con la condición espacial de los cuatro puntos cardinales del plano ideal. Las edades cósmicas se han aplicado a una era de la existencia de la humanidad o a la vida de una raza o de un imperio. En la tradición hindú, el *Manvantara,* llamado también *Mahâ-Yuga* (Gran Ciclo), comprende cuatro *yuga* o períodos secundarios, que se identificaron respectivamente con las cuatro edades de la Antigüedad greco-romana. En la India, dichas edades reciben su denominación de cuatro suertes del juego de dados: *krita, tretâ, dvâpara* y *kali*. En la cultura clásica, su nombre revélase asociado al simbolismo de los metales, por lo cual se denominan: «edad de oro», «edad de plata», «edad de bronce» y «edad de hierro». Esta misma integración simbólica, que en sí equivale ya a una interpretación, aparece en el famoso sueño de Nabucodonosor de la Biblia (Dan 2) y también en la figura del «anciano de Creta» de la *Commedia* dantiana (*Infierno, XV,* 94-120) (60, 27). El avance del metal más puro al más atacable, del oro al hierro, indica una involución. Por ello dice René Guénon que, en la sucesión de los períodos se produce una materialización progresiva, resultante del «alejamiento del Principio» (28). Por lo mismo dijo William Blake: «El progreso es el castigo de Dios». Así, el avance en la vida, en una existencia personal, es también una progresiva pérdida de los áureos valores de la infancia, un envejecimiento que sólo puede continuar hasta cierto límite, señalado por la muerte. Los mitos de la «edad de oro» derivan, según Jung, de la analogía con la infancia, época en la cual la naturaleza colma al niño de regalos, sin que tenga que esforzarse por conquistar nada, pues todo se le da. Pero además y más profundamente, la edad de oro simboliza la vida en la inconsciencia, en la ignorancia de la muerte y de todo problematismo, en el «centro» anterior al tiempo, o en lo que, dentro de la esfera existencial, resulta más similar al paraíso. La ignorancia del mundo crea una niebla dorada, pero con la penetración progresiva en la idea del deber, en el principio paterno, en lo racional, surge el mundo (31). La tentativa del surrealismo no es otra sino la de reintegrar, hasta el punto factible, ese estado de irracionalidad afectiva propia de lo primigenio y auroral.

Efigie

Toda efigie como imagen de un ser expresa el aspecto psíquico de ese ser. Por ello, dada la asimilación de Jung de lo mágico y lo psíquico como equivalentes, en cierto modo, se comprende el valor de las efigies en la magia. El acto de quemar a un personaje en efigie, antiquísima práctica que no ha sido desterrada, no revela, pues, la venganza impotente del que no tiene posibilidad de atacar a la persona real —aunque también exista este componente, de manera secundaria—, sino que es un acto dirigido contra la imagen del ser, es decir, contra la impresión que él ha producido en los otros, contra su recuerdo y su presencia espiritual. Inversamente, de ahí la justificación de los retratos y los «recuerdos», menos ligados con la persona a que pertenecieron y por cuyo amor se guardan, que a la *imago* o actividad proyectada de esa persona en nuestro interior. La efigie, en consecuencia, es más un símbolo de la imagen que del ser.

Egipto

Símbolo tradicional de la naturaleza animal del hombre (57). Por ello «dejar Egipto» es abandonar el estado de postración en lo sensual y material para avanzar hacia la Tierra Prometida, a través del mar Rojo y del desierto; es trascender a un estado superior (46). Se trata de un símbolo gnóstico.

Eldorado

Símbolo de la vivificación «solar» del hombre, o, más exactamente, del rey como descendiente de la deidad que resplandece en el cielo. El mito de Eldorado o El Dorado, que se ha identificado a veces erróneamente con una comarca, desde la época de la conquista española de América, deriva de la costumbre, entre las tribus de Colombia-Ecuador, por la cual el monarca, hijo del Sol, se recubría de polvo de oro antes de bañarse en el lago sagrado de Guatavita.

Elección

Los símbolos de la elección suelen aparecer en forma de encrucijada o como contraposición de dos principios opuestos. La alegoría más conocida de la elección muestra su figura personificada en una mujer con vestido de color violado (indecisión, según Otto Weininger: tan azul como rojo), situada entre dos caminos, en uno de los cuales se arrastra una serpiente, mientras en el otro se eleva un árbol verde que la figura señala con la mano (8).

Elefante

El simbolismo de este animal tiene cierta complejidad y determinaciones secundarias de carácter mítico. En el sentido más amplio y universal, es un símbolo de la fuerza y de la potencia de la libido (42). En la tradición de la India, los elefantes son las cariátides del universo. En las procesiones, son la montura de los reyes. Es muy interesante que, por su forma redondeada y su color gris blanquecino, se consideran símbolo de las nubes. Por los cauces del pensamiento mágico, de esto se sigue la creencia en que el elefante puede producir nubes y de ahí la mítica suposición de la existencia de elefantes alados. La línea elefante, cima de monte, nube, establece un eje del universo (60). Probable derivación de estos conceptos de clara impronta primitiva, el uso del elefante en la Edad Media como emblema de la sabiduría (49), de la templanza, de la eternidad e incluso de la piedad (8).

Elementos

La ordenación cuaternaria de los elementos, que en realidad corresponden a los tres estados de la materia más el agente que facilita la modificación a través de los mismos, corresponde al concepto, tantas veces expresado en simbolismo, de la solidez del cuatro y leyes derivadas de él. Tierra (sólido), agua (líquido), aire (gas) y fuego (temperatura que motiva las transformaciones de la materia), se conceptúan, en Occidente desde los filósofos presocráticos, como los «puntos cardinales» de la existencia material a la vez que cual modelos de las condiciones de la vida espiritual, en analogía paralela. Por ello, puede decir Gaston Bachelard (3) decir: «la alegría terrestre es riqueza y pesadez; la acuática es blandura y reposo; la ígnea es deseo y amor; la aérea es libertad y movimiento». Jung ratifica las notas tradicionales: «de los elementos, dos son activos: fuego y aire; dos pasivos, tierra y agua». De ahí el carácter masculino y creador de los primeros y el carácter femenino y receptivo de los segundos (33). La ordenación de los elementos según una jerarquía de importancia o de prioridad ha variado según autores y épocas, influyendo en ello también la inclusión o no inclusión del «quinto elemento», a veces llamado éter, a veces designado abiertamente como espíritu y quintaesencia, en el sentido de alma de las cosas. Se comprende que la ordenación gradual ha de verificarse desde lo más espiritual a lo más material (creación es involución, o materialización). Situando el quinto elemento en el origen, identificado con el poder demiúrgico, viene luego el viento o el fuego, después el agua y luego la tierra; es decir, del estado ígneo o aéreo deriva el líquido y de éste el sólido. La conexión del quinto elemento, considerado como mero principio vital, con el aire y el fuego es obvia. Schneider dice: «Puede establecerse la ecuación: sonido igual a aliento, viento, principio de vida, lenguaje y calor (fuego)», y recuerda que, según la tradición hindú, el proceso se produjo como antes dijimos (50). Ahora bien, el mismo autor y ya con un criterio primeramente psicológico dice que hay que tener en cuenta la *orientación* de los elementos, pues, por ejemplo, el fuego orientado hacia la tierra (o hacia el agua) es un elemento erótico, pero orientado hacia el aire es purificación. Cita los cuatro seres místicos de la mitología china, que expresan la fusión de dos elementos: fénix (fuego y aire), dragón verde (aire y tierra), tortuga (tierra y agua) y tigre blanco (agua y fuego) (50). Según Bachelard, en la vida psíquica, en la inspiración, en la creación literaria, ninguna imagen puede recibir los cuatro elementos, porque semejante acumulación (y neutralización) sería una contraindicación insoportable. Las verdaderas imágenes, según dicho autor, son unitarias o binarias; pueden soñar con la monotonía de una sustancia y con la conjunción de dos (2). Por la teoría de las correspondencias los elementos se pueden identificar con las cuatro edades y los puntos cardinales en el plano.

Emblemas

Composiciones alegóricas basadas en la unión de elementos naturales o artificiales, que pueden poseer sentido simbólico. Los emblemas adquirieron su forma característica en la obra de Andrea Alciato *Emblemata* (1531) y se han inventariado más de tres mil títulos de este género de libros. Estos ideogramas figurativos suelen acompañarse de una divisa que explica su sentido o duplica el enigma, y de una glosa en prosa. El interés por el emblema como modo de imagen llevó a ilustrar libros de autores clásicos con emblemas expresamente dibujados y grabados para alegorizar determinadas abstracciones, ideas o hechos que destacan a lo largo del texto. Las marcas de los siglos XVI y XVII, los frontis de los libros, las viñetas, con frecuencia tienen carácter emblemático, e indirectamente simbólico. Durante la época de auge de la emblemática (siglos XVI a XVIII), fue a veces costumbre crear verdaderas variaciones sobre un emblema, por lo común religioso, basándose en la sintaxis simbólica.

Emperador, El

Cuarto arcano del Tarot. Aparece en esta alegoría sentado en un trono que es un cubo de oro, sobre el que destaca un águila negra. Tiene en sus manos el globo del mundo y un cetro rematado por una flor de lis. La cimera de su casco tiene cuatro triángulos, emblemas de los elementos. El rojo que predomina en su vestimenta significa el fuego estimulador, la actividad intensa. Este arcano se relaciona estrechamente con la imagen de Hércules, portador de maza y llevando las manzanas de oro del jardín de las Hespérides. El cubo de oro del trono representa la sublimación del principio constructivo y material. La flor de lis del cetro, la iluminación. Por ello, en síntesis, el arcano significa magnificencia, energía, poder, derecho y rigor. En sentido negativo, dominación (59).

Emperatriz, La

Tercer arcano del Tarot. Aparece de frente, con rigidez hierática. Una sonrisa brilla en su rostro, enmarcado por cabellos rubios. Sus atributos son el cetro, la flor de lis y un escudo con águila de plata sobre fondo de púrpura, emblema del alma sublimada en el seno de la espiritualidad. En sentido afirmativo, este arcano señala la idealidad, la dulzura, la dominación por la persuasión y el afecto. En sentido negativo, vanidad y seducción (59).

Enamorado, El

Sexto arcano del Tarot. Esta imagen está relacionada con la leyenda de Hércules, según la cual se le dio a elegir entre dos mujeres que personificaban la Virtud (actividad determinada, vocación, finalidad, lucha) y el Vicio (pasividad, entrega a los impulsos interiores y a las determinaciones externas). Al ser solicitado como Hércules, por dos modos opuestos de conducta, el Enamorado duda. Su traje es de dos colores, en división vertical; la mitad es rojo (actividad) y la mitad verde (neutro, indecisión). En sentido afirmativo, el arcano presupone la elección acertada y equivale a belleza moral, a integridad; en sentido negativo, alude a incertidumbre y tentación (59).

Enano

Símbolo ambivalente. Como los dáctilos, duendes, gnomos, personificación de los poderes que quedan virtualmente fuera del campo consciente. En el folklore y la mitología, aparecen como seres de inocente carácter maléfico, con ciertos rasgos infantiles de conformidad con su pequeño tamaño, pero también como entes protectores o cabiros, siendo éste el caso de los «enanos del bosque» de la *Bella durmiente*. Según Jung, en el plano psicológico pueden considerarse como guardianes del umbral del inconsciente (32). Ahora bien, la pequeñez puede ser también signo de deformidad, anormalidad e inferioridad y por ello, en las imágenes de Shiva danzante, la deidad es representada bailando sobre el cuerpo postrado de un demonio enano, el cual simboliza la «ceguera de la vida», la ignorancia del hombre (su pequeñez). La victoria sobre ese demonio significa obtener la verdadera sabiduría (60). Es probable que un concepto similar animara al escultor renacentista León Leoni, cuando esculpió la efigie de Carlos I dominando al Furor.

Encantamiento

El «encantamiento» es una reducción a un estadio inferior. Es una metamorfosis descendente, que en mitos, leyendas e historias aparece como castigo o como obra de un poder maléfico. Puede ser la conversión de una persona en animal (como en el caso narrado en la *Odisea* a propósito de Circe), en planta o piedra, como en numerosos cuentos folklóricos. El encantamiento de la tierra es su pérdida de fertilidad; cual en *The Waste Land* de Eliot que reproduce la situación creada por el pecado y herida de Amfortas en la historia de *Parsifal*. El encantamiento puede adoptar también la forma de desaparición, traslado a lugar lejano o de enfermedad (generalmente: parálisis, mudez, ceguera) y expresa una autopunición o un castigo emanado de lo superior cual antes decíamos. En los relatos «tradicionales» si el encantamiento es obra de un poder maléfico (nigromante, mago negro, brujo, dragón, etc.) nunca deja de ser levantado por la acción de un héroe que interviene providencialmente con su poder de salvación y liberación. Desde Caldea se produjeron objetos de «encantamiento».

Encina

Arbol consagrado a Júpiter y a Cibeles. Símbolo de la fuerza y de la duración. La clava de Hércules, según la leyenda, era de encina (8). La atribución a Júpiter puede derivar de la creencia antigua de que este árbol atrae más que otros el rayo. En todo el ámbito ario: Rusia, Germania, Grecia, Escandinavia, la encina tenía esa significación simbólica y alegórica (17).

Encrucijada

Se relaciona con la cruz. Entre los antiguos las encrucijadas tenían un carácter teofánico aunque ambivalente, ya que la reunión de tres elementos siempre presupone la existencia de los tres principios: activo (o benéfico), neutro (resultante o conducente) y pasivo (o maléfico). Por eso estaban consagradas a Hécate triforme.

Enfrentamiento perfecto

Equivale a consecución, logro, corona, triunfo, equilibrio supremo (caduceo, relieves de Naksh-i-rustam, escudos heráldicos).

Enigma

Relación entre el macrocosmo y el microcosmo, según la alquimia (57). Esto significa que, para el simbolismo tradicional, todo aspecto enigmático de las cosas expresa su trascendencia. Eliade ha ratificado el concepto al decir que lo sorprendente es el origen de las kratofanías y teofanías, en muchos pueblos primitivos, por no decir en la totalidad (17). Pero, además, el enigma, como sinónimo, hasta cierto punto, de todo símbolo confirma el carácter metafísico de éste.

Enigmas

Forma literaria propia de las literaturas nórdicas en especial. El libro de Exeter incluye 95 en verso. Se basan en el sentido alegórico-simbólico de cada imagen; la totalidad de la descripción ha de revelar un personaje, ser u objeto.

Entrelazados

Con este nombre, o el de lacerías, se entiende todo un amplio sector del ornamentalismo, principalmente adscrito al arte copto, irlandés, vikingo e islámico, que aparece aún en el románico e incluso llega al Renacimiento, en orlas de libros. El entrelazado puede aparecer como una estructura que se basta a sí misma (trenza lineal o constituyendo superficies), como un conjunto de animales muy estilizados, por lo común serpientes, enlazados íntimamente, o como una red que *envuelve* un animal u otra cosa. En todos los casos expresa el mismo sentido de ligazón indestructible de todo lo real, de imposibilidad de «salir de ello», ligado al parecer al sentimiento búdico del mundo de las apariencias como conexión indefinida de fenómenos en relación fatal. En un aspecto más positivo, el entrelazado, por la vitalidad de la línea, expresa el movimiento de la existencia en busca de espacios donde desarollarse, formando laberintos y bosques inextricables aunque, en el arte, con frecuencia muy ordenados y geométricos.

Entrelazados. Capitel del claustro del monasterio de Santo Domingo (Burgos).

Envolvimiento

Este tema simbólico está relacionado con los de la red y los lazos. Desde la época prehistórica, un motivo ornamental muy frecuente es este del envolvimiento y de la lacería. O bien las formas vegetales y animales surgen —como en los grutescos— de un conjunto de nervios abstractos que semejan tallos vegetales o cuerdas animadas, en volutas, arrollamientos, nudos o entrecruzamientos, o —motivo más evolucionado— los seres, ya distintos y bien configurados, aparecen en el interior de las jaulas formadas por tales mallas. En las leyendas, cuentos folklóricos y mitos surge también el envolvimiento, paralelamente al arte bárbaro y románico. Aparece un gigante cubierto de árboles, o el castillo de la Bella durmiente se halla enterrado en una inextricable vegetación. Jung ha estudiado el tema del envolvimiento con atención. Recuerda que Osiris yace entre las ramas del árbol, que, en su crecimiento, le envuelven. También una leyenda narrada por Grimm, de una doncella encerrada entre la madera y la corteza de un árbol. O, durante su nocturna travesía, la nave de Ra es aprisionada por la serpiente de la noche, motivo éste que se encuentra luego en la Alta Edad Media, en miniaturas y relatos. Dicho autor dice que el envolvimiento encuéntrase a menudo relacionado con el mito del sol y su renacimiento diario. El ocultamiento, la desaparición, el envolvimiento, simbolizan la muerte, ocasión de renacer. Es una mera variante del tema del «devoramiento» a que se refiere Frobenius al tratar de los héroes solares. Ya en la clave de los sueños del *Yagaddeva* hindú se lee: «Quien en sueños rodea su cuerpo con lianas, plantas enredaderas, cuerdas o pieles de serpiente, hilos o tejidos, muere», es decir, retorna al seno materno (31). Según Loeffler, en el plano psíquico, lo envuelto es lo inconsciente, lo reprimido, lo olvidado, lo anterior. En el plano de la evolución cósmica, es el sueño colectivo que separa dos ciclos (38).

Equívoco

Schneider (50) recoge un profundísimo tema simbólico, al decir que «hacer poesías equívocas y saltar es matar la distancia entre dos elementos lógicos o espaciales y poner bajo yugo común dos elementos alejados naturalmente», lo cual explica el sentido místico de la poesía del presente, en su rama derivada de Rimbaud y Reverdy, quien dijo: «La imagen es una creación pura del espíritu. No puede nacer de una comparación, sino de la aproximación de dos realidades más o menos alejadas. Cuanto más lejanas y justas sean las relaciones de las dos realidades acercadas, más fuerte será la imagen, y poseerá más potencia emotiva y realidad poética». Realidad simbólica, en verdad. En consecuencia lo equívoco tiende a la orgía, a la alteración saturnal del «orden dado» y a posibilitar el «nuevo orden». De ahí que «el arte de períodos equívocos» exprese siempre, culturalmente, la necesidad de *invertir* un estilo para transir al contrario (como entre gótico y Renacimiento, entre realismo decimonónico y estilo técnico del siglo xx, etcétera).

Eremita, El

Noveno arcano del Tarot. Se representa esta alegoría como un anciano en cuya mano derecha lleva una linterna parcialmente velada por un pliegue de su amplio manto, el cual es exteriormente de color oscuro (ocultación, austeridad), pero su forro es azul (naturaleza aérea). Si encuentra en su camino la serpiente del instinto, no la destruye, sólo la encanta haciendo que se enrosque en su cayado, como Esculapio. Maestro secreto, trabaja en lo invisible.

Erinias

En los autores trágicos aparecen a veces como perros o serpientes, lo que revela su carácter infernal, de demonios ctónicos (31). Personificación de remordimientos, los cuales simbolizan la culpa transformada en destructividad dirigida contra el culpable (15).

Erizo de mar

Llamado «huevo de serpiente» en la tradición céltica, es uno de los símbolos de la fuerza vital (26) y del germen primordial.

Escalera. Xilografía del siglo XVI (Wittemberg).

Escalera

Aparece este símbolo con mucha frecuencia en la iconografía universal. Las ideas esenciales que engloba son: ascensión, gradación, comunicación entre los diversos niveles de la verticalidad. En el sistema jeroglífico egipcio, la escalera se halla como signo determinativo para el acto de subir y entra en la composición de uno de los epítetos de Osiris, a quien se invoca como «el que está en lo alto de la escalera». Subir, pues, se bifurca en un sentido material y en otro espiritual y evolutivo. De ordinario, el número de escalones concierne al que priva en el simbolismo numérico imperante en el lugar y hora históricos. Entre los egipcios, los escalones suelen ser nueve: el triple ternario, símbolo de los dioses de la enéada que, con Osiris, forman el diez del ciclo cerrado o retorno a la unidad (19). En muchas tumbas egipcias se han encontrado amuletos en forma de escaleras de mano. El Libro de los Muertos dice: «Está ya colocada mi escalera para [que pueda] ver a los dioses». Eliade señala el paralelismo de esta idea con otras. El mito de la ascensión en muchos pueblos primitivos se verifica por medio de una cuerda, de una estaca, de un árbol o de una montaña (eje del mundo). En un mito de Oceanía, el héroe llega al cielo mediante una cadena de flechas, fantástica hipérbole. En la tradición islámica, Mahoma vio una escalera por la que los justos subían hasta Dios (17). Con respecto a los primitivos, Schneider señala que para «alcanzar» la montaña de Marte y obtener sus bienes hay que subir la escalera de los antepasados (derivación biológica e histórica del símbolo místico). Por ello, la escalera es también uno de los símbolos más notables del culto a los antepasados (50). Formas emparentadas con la escalera de un modo concreto son las montañas o construcciones arquitectónicas con escalones, como la pirámide egipcia de Sakkarah, los zigurats mesopotámicos o los teocallis de la América precolombina; se refunden entonces dos símbolos, el del «templo-montaña» y el de la escalera, significado que todo el cosmo es la vía de la ascensión hacia el espíritu. En los misterios de Mitra, la escalera ceremonial tenía siete escalones, siendo cada uno de un metal diferente (como lo eran, figuradamente, los planos del zigurat). Según Celso, el primer escalón era de plomo (Saturno). La correspondencia con los cielos planetarios es obvia. Ahora bien, este aspecto de la gradación fue especialmente recogido por la alquimia, desde fines de la Edad Antigua, identificándose a veces dichos grados con las etapas del proceso de transformación. En la obra de Stephan Michelspacher, *Die Cabala, Spiegel der Kunst und Natur* (1654), los grados aparecen en el orden siguiente: *Calcination, Sublimation, Solution, Putrefaction, Distillation, Coagulation, Tinctur,* conduciendo a una suerte de templete alojado en el interior de un monte. Según el Zohar, la escala que viera Jacob en sueños tenía setenta y dos escalones y su cima se perdía en las mansiones del cielo (39). En general, durante toda la Edad Media predomina casi enteramente el sentido afirmativo (ascendente) de la escalera, que se manifiesta por los signos y símbolos agregados a la escalera, en alegorías y emblemas. Bayley cita que, en las marcas, muchas escaleras están rematadas por una cruz, la figura de un ángel, una estrella o una flor de lis (4). En el arte románico y en el pensamiento del período, la escalera es el símbolo de la «relación entre los mundos» (14, 20), pero no se debe olvidar que, en el simbolismo espacial del nivel, los puntos que señalan los mundos no son dos (medio o terrestre y superior o celeste), sino tres (por la agregación del tercer punto, inferior e infernal). Por esto Eliade, con sentido a la vez psicológico, dice que la escalera figura plásticamente la *ruptura* de nivel que hace posible el paso de un mundo a otro y la comunicación entre cielo, tierra e infierno (o entre virtud, pasividad y pecado). Por ello, ver una escalera situada por debajo del nivel del suelo, es siempre un símbolo de apertura hacia lo infernal. En la obra de Bettini, *Libro del monte santo di Dio* (Florencia, 1477), la escalera aparece sobrepuesta a una montaña; para afirmar el paralelismo e identificación simbólicos, el monte forma a modo de terrazas, que equivalen a los peldaños de la escalera. En éstos figuran nombres de virtudes (Humildad, Prudencia, Temperancia, Fortaleza, Justicia, Temor, Piedad, Ciencia, Fortaleza, Consejo, Intelecto, Sabiduría). La escalera aparece aferrada al monte por medio de cadenas. En la cima del monte, mandorla formada por ángeles y Cristo en el centro.

Escamas

De un lado, significan protección, defensa. De otro lado, simbolizan el agua, el mundo inferior. También, por extensión, la persistencia de lo anterior en lo ulterior, de lo inferior en lo superior. En los Hechos de los Apóstoles (Act 9, 18) se dice que a san Pablo (Saulo) se le cayeron las escamas de los ojos cuando le llamó la voz de Dios (50). La figuración de escamas en la parte inferior de algunos seres, como las sirenas, tritones y el Baphomet de los templarios, ratifica el simbolismo del nivel, expresando visualmente la inferioridad cósmica (moral) de lo que, en la altura vertical, aparece abajo.

Escollos

Los escollos y arrecifes eran en la Antigüedad objeto de terror religioso y se personificaban como gigantes y monstruos marinos (8). Igualmente los bancos de arena e incluso las islas. Vemos aquí el grandioso mito de la regresión o la petrificación (estancamiento en el curso de la evolución espiritual) que el alma antigua ya concebía como el peor de los crímenes. De ahí que, en la *Odisea*, los escollos, las islas con su mágica dama (Calipso o Circe), los bajos arenosos sean símbolos de todos los motivos de encantamiento y detención del destino.

Escorpión

Octavo signo zodiacal. Corresponde al período de la existencia humana amenazado por el peligro de la «caída» o de la muerte. También está relacionado con la función sexual (40). Durante la Edad Media, el escorpión aparece en el arte cristiano como emblema de la traición y como símbolo de los judíos (20). En el simbolismo megalítico, antítesis de la abeja cuya miel socorre al hombre. Equivalente del verdugo (51).

Escudo

Como la armadura, de que forma parte en cierto modo, y como el manto: protección. Aísla y defiende al que lo usa. Es también un símbolo (como el muro) de la frontera entre la persona y el mundo circundante. En realidad, entre la persona y el adversario, ya que no se concibe fuera del contexto combativo. Es interesante anotar que, en relación con la idea de Paracelso (relación inconsciente y apriorística) de que «lo semejante se cura con lo semejante», los escudos de san Miguel suelen tener forma *membranosa* similar a la de las alas del demonio. A la vez que escuda y tapa, el escudo exhibe; por esto ya desde la Antigüedad fue el lugar donde el guerrero disponía el emblema que juzgaba serle característico y que, entre los siglos XI y XIII, se convirtió en blasón heráldico, hereditario.

Esfera

Símbolo de la totalidad, como el *rotundus* alquímico. Corresponde, en el espacio de tres dimensiones, a la circunferencia en el de la línea. Ya para los presocráticos, esfera equivalía a infinito (lo único uno), e igual a

Escudo. Interior
de la iglesia de
San Juan de los
Reyes. Toledo.

sí mismo, con los atributos de homogeneidad y unicidad. Emblemáticamente, la esfera se identifica con el globo, que, por similitud con los cuerpos celestes, se considera alegoría del mundo. Pero existe aún otro significado de la esfera, más profundo si cabe, *Sphairos*, equivalente a infinito, y en el *Banquete*, Platón, al referirse al hombre en estado paradisíaco, anterior a la caída, lo juzga andrógino y esférico, por ser la esfera imagen de la totalidad y de la perfección. Es posible que tengan este sentido las esferas transparentes que alojan a las parejas de amantes en el *Jardín de las delicias* del Bosco (Prado).

Esfera terrestre

El hemisferio norte se considera de la luz, asimilado al principio positivo *Yang;* y el sur, de las tinieblas o *Yin*. Por ello los movimientos culturales se producen de norte a sur (40), entre los hemisferios.

Esfinge

Ser fabuloso compuesto con partes de ser humano y de cuatro animales. La de Tebas tenía cabeza y pechos de mujer, cuerpo de toro o de perro, garras de león, cola de dragón y alas de ave (8). Enigma por excelencia, la esfinge contiene en su significación un último reducto inexpugnable. Jung ve en ella, unificándola, un símbolo de la «madre terrible», de la cual se hallan otros rastros en la mitología (31). Pero bajo esa máscara, que concierne a la *imago* de la madre y también a la naturaleza, se esconde el mito de la multiplicidad y de la fragmentación enigmática del cosmos. En la tradición esotérica, la esfinge de Gizeh sintetiza toda la ciencia del pasado. Contempla el sol naciente y parece referirse al cielo y a la tierra. Desde luego, es un símbolo que unifica, aun dentro de la heterogeneidad, los cuatro elementos (tetramorfos) y la quintaesencia o espíritu, aludido por la parte humana del ente (49).

Espacio

En cierto modo, el espacio es una región intermedia entre el cosmos y el caos. Como ámbito de todas las posibilidades es caótico, como lugar de las formas y de las construcciones es cósmico. «La relación temprana entre el espacio y el tiempo constituyó uno de los medios para dominar la rebelde naturaleza del espacio. Otro, el más importante, fue su organización por medio de divisiones fundadas en su tridimensionalidad. Cada dimensión, en sus dos sentidos posibles —en la recta— facilitó dos polos de orientación. A estos seis puntos situacionales se agregó el séptimo: el centro. El espacio quedó convertido así en una construcción lógica. El simbolismo del nivel y de ·la orientación completó su ordenación significativa. La tridimensionalidad del espacio se expresa por una cruz de tres dimensiones, cuyas ramas se orientan en las seis direcciones espaciales: las cuatro de los puntos cardinales, más las dos del cenit y el nadir. Según René Guénon, este simbolismo (por su carácter constructivo) es el mismo que el del Palacio Santo de la Cábala (o palacio interior) situado en el centro de las seis direcciones, como origen de las mismas. En la cruz tridimensional, el cenit y el nadir corresponden a lo alto y lo bajo; los puntos extremos de delante y detrás, al este y al oeste; los de la derecha e izquierda, al sur y al norte. El eje vertical es el eje polar; el eje norte-sur es el solsticial; el este-oeste, el equinoccial. El significado de la verticalidad o del nivel concierne a la analogía existente entre lo alto y lo bueno, lo bajo y lo inferior. La doctrina hindú de las tres *gunas: sattwa* (elevación, superioridad), *rajas* (zona intermedia o de la manifestación, ambivalencia) y *tamas* (inferioridad, tinieblas) explica suficientemente el sentido del simbolismo del nivel a lo largo del eje vertical. El plano central en el que se halla la cruz de cuatro direcciones (puntos cardinales) determinando el cuadrado, es en consecuencia el ámbito simbólico de la manifestación. En el eje este-oeste, el simbolismo de la orientación identifica tradicionalmente el primero de dichos puntos, por ser el del sol naciente, con la iluminación espiritual; el segundo, o del poniente, con la idea de la muerte y de la oscuridad. En el eje norte-sur prevalece la valoración del norte como «centro» u origen. El cenit se identifica en algunas culturas orientales con el «agujero» por el que se verifica la transición y la trascendencia, es decir, el paso del mundo de la manifestación (espacial y temporal) al de la eternidad. Aunque también se ha situado este «lugar» en el centro de la cruz tridimensional, considerado como el corazón del espacio. Reduciendo la cruz a dos dimensiones, en contraste de verticalidad y horizontalidad, la cruz representa la armonía entre los sentidos de la amplitud (ancho) y de la exaltación (alto). El sentido horizontal concierne a las posibilidades de un grado o momento de la existencia. El vertical a su elevación moral (25). Guillaume de Saint-Thierry, al describir los siete grados del alma, dice que ella realiza su ascensión para alcanzar la vida celeste (14). Si buscamos una identificación que autorice la reducción de los cuatro puntos del plano horizontal a dos (izquierda y derecha) tenemos una base para ello en la afirmación de Jung, para quien detrás equivale a inconsciente y delante a manifestado o consciente. Como el lado izquierdo se identifica también con inconsciente y el derecho con conciencia, detrás resulta equiparable a izquierda, y delante a derecha (32). Otras asimilaciones son: lado izquierdo (pasado, siniestro, reprimido, involución, anormal, ilegítimo); lado derecho (futuro, diestro, abierto, evolución, normal, legítimo) (42). Hay en todo lo expuesto una contradicción con el simbolismo de los números; dice Paneth que, en la mayor parte de las culturas, los números impares son considerados como masculinos y los pares como femeninos. Siendo el lado izquierdo la *zona de origen* y el derecho la de *resultado,* al asignarles una numeración parece que habría de ser la del uno (impar, masculino) para el lado izquierdo (anterior) y el dos (par, femenino) para el lado derecho (ulterior o consecuencia). La solución está en que el uno (la unidad) no corresponde nunca al plano de la manifestación ni a la realidad espacial; el uno es símbolo del centro, pero no de una situación en el espacio que ya presupone un despliegue. Por eso, el dos es el número que corresponde al lado izquierdo, mientras al derecho le concierne el tres. Guénon establece la ordenación cósmica ya de conformidad con todo lo indicado, dando una clarísima explicación de los conceptos hindúes sobre la materia al decir: «La zona de la derecha es la solar; la de la izquierda es la lunar. En el aspecto del simbolismo que se refiere a la condición temporal, el sol y el ojo derecho corresponden al futuro; la luna y el ojo izquierdo al pasado; el ojo frontal de Shiva al presente, que desde el punto de vista de lo manifestado, no es más que un instante inapresable, comparable a lo que, en lo geométrico, es el punto sin dimensiones. Por esto [se dice que] una mirada del tercer ojo destruye toda manifestación (lo que se expresa simbólicamente diciendo que lo reduce todo a cenizas), y por ello no se halla representado por ningún órgano corporal. Pero, si nos elevamos por encima del punto de vista contingente, el presente contiene toda la realidad (lo mismo que el punto encierra todas las posibilidades espaciales) y, cuando la sucesión es transmutada en simultaneidad, todas las cosas permanecen en ''eterno presente'', de modo que la destrucción aparente es verdaderamente la ''transformación''» (26). Ahora bien, las siete determinaciones del espacio se han considerado como origen de todos los septenarios, en especial de los siete planetas y colores, como también de las siete formas de paisaje (50). Por ello Luc Benoist puede afirmar que la Iglesia cristiana, creando sobre la tierra una enorme cruz de piedra de tres dimensiones, establece para el mundo entero las coordenadas de una geometría sobrenatural. Ya Clemente de Alejandría —cita el autor mencionado— dijo que las seis direcciones del espacio simbolizan (equivalen a) la presencia simultánea y eterna de los seis días de la Creación. Y que el séptimo día (de descanso) significa el retorno al centro y al principio (6). Establecido el sentido cósmico del simbolismo espacial, fácil es deducir sus aplicaciones psicológicas. Determinados los valores estáticos, también resulta fácil advertir las consecuencias dinámicas, teniendo siempre en cuenta el simbolismo de la orientación. Dentro de éste, hemos de señalar el hecho de que la esvástica (símbolo solar y polar) diseña el movimiento de derecha a izquierda (como el aparente del sol) y que la parca Cloto hace girar el «huso de la necesidad» en la misma dirección (es decir, llevando la contraria a la existencia, destruyéndola). La dextrosidad es normal en todas las manifestaciones naturales (28); por ello, en el sistema jeroglífico egipcio, entrar es ir hacia el lado derecho y salir ir hacia la izquierda (19), lo cual, en orientación y teniendo enfrente el norte, corresponde a la apariencia de nacimiento y muerte del sol. Por esto también, el lado derecho adquiere una sobredeterminación vital y el izquierdo otra de carácter funerario (17). Otra consecuencia de ello, manifestada en alegorías y emblemas, es que al lado derecho corresponden las virtudes superiores, si así puede hablarse, como la misericordia, y al izquierdo la justicia. Todo lo que llevamos dicho sobre el simbolismo espacial, aparte de proceder del estudio de la tradición oriental y de tener un evidente carácter lógico, ratificado por la psicología experimental, ha sido comprobado también por antropólogos y sociólogos, al estudiar las manifestaciones de estas leyes en diversos pueblos. Ania Teillard, después de aducir multitud de datos, dice que J. J. Bachofen, en *Muterrecht und Urreligion und Grabersymbolyk der Alten*, afirma la importancia y frecuencia de la ecuación: diestra, masculinidad, consignando que la potencia mágica reside en la mano izquierda y la racional en la derecha; y también que en las sociedades matriarcales se encuentra siempre la idea de superioridad atribuida al lado izquierdo e inversamente. Volverse hacia la izquierda es contemplar el pasado, lo inconsciente, introversión; volverse hacia la derecha es mirar hacia lo externo y la acción, extraversión. Por otro lado, los etnólogos están de acuerdo al asegurar que al principio de un período de culto solar, el lado derecho se convierte en lugar preeminente, mientras en los cultos lunares es el izquierdo el que prevalece (56). En pinturas, relieves u otras obras creadas por el hombre, el lado izquierdo recibe la proyección más fuerte (identificación) y el derecho expone lo contrapuesto. El proceso temporal: no-manifestación, manifestación, se expresa en el espacio, mediante asimilaciones que dan equivalencias como: oculto, inconsciente, detrás, izquierda, abajo; y manifestado, consciente, delante, derecha, arriba. Hay que tener en cuenta que este simbolismo de las zonas espaciales informa o sobredetermina todo otro símbolo material, sea natural, artístico o gráfico, puesto que se halla en el espacio.

Espada

Compuesta esencialmente de hoja y guarda, es un símbolo de conjunción, especialmente cuando adopta —en la Edad Media— la forma de la cruz. La espada, entre muchos pueblos primitivos, recibía una veneración especial. Los escitas sacrificaban anualmente varios caballos a una hoja de espada, a la que conceptuaban representación del dios de la guerra. De otro lado, los romanos creían que el hierro, por su relación con Marte, ahuyentaba a los espíritus malignos (8). Esta creencia se mantiene en Escocia (21). En los antiguos relatos chinos *(Che-King)*, los fundadores de ciudades llevan espadas (7). Como símbolo religioso, forma aún parte del traje de ceremonial de los obispos orientales. En sentido primario, es un símbolo simultáneo de la herida y del poder de herir y por ello un signo de libertad y de fuerza. En la cultura megalítica, analizada por Schneider, la espada es la contrapartida del huso, símbolo femenino de la continuidad de la vida. La espada y el huso simbolizan, respectivamente, muerte y fecundidad, los dos contrarios que constituyen la ley de la montaña (sus equivalentes entre los animales son el pez fálico y la rana, según el autor citado) (50). Sin embargo, por virtud del sentido cósmico del sacrificio (inversión de realidades entre orden terrestre y orden celeste), la espada es símbolo de exterminación física y de decisión psíquica (60). Por ello se comprende que, durante la Edad Media, se considerara símbolo preferente del espíritu o de la palabra de Dios (4), recibiendo un nombre como si se tratara de un ser vivo (Balmunga, de Sigfrido; Escalibur, del rey Arturo; Durandal, de Rolando; Joyosa, de Carlomagno, etc.). Bayley señala el interesante hecho de que, en inglés, espada es *sword* y palabra es *word*. No hay duda de que un componente sociológico entra en la constitución de este símbolo, por ser la espada instrumento reservado al caballero, defensor de las fuerzas de la luz contra las tinieblas. Pero es el caso que, en las fronteras de la época prehistórica y el folklore, la espada tiene un similar sentido espiritual y una misión mágica al combatir las fuerzas oscuras personificadas en los «muertos malévolos», por lo que figura siempre en las danzas apotropaicas. Asociada al fuego y a la llama, por su forma y por su resplandor, su empleo constituye una purificación. Esta, ratifica Schneider, se verifica siempre por

Espada. Miniatura de «Speculum
Humanae Salvationis».
Archivo Catedral de Toledo.

el fuego o la espada, mientras el castigo está simbolizado por el látigo o
la maza (51). En la alquimia, la espada simboliza el fuego purificador. La
espada de oro, la Crysaor de la mitología griega, es el símbolo de la suprema espiritualización (15). La espada occidental, de hoja recta, es por simbolismo de la forma solar y masculina. La oriental y curva, lunar y femenina.
Hay que recordar el significado general de las armas, antítesis de los monstruos. La espada debe ser, por su carácter relativo a la «exterminación
física», un símbolo de la evolución espiritual, como el árbol lo es de la involución, es decir, de la expansión de la vida en la materia y en la actividad.
Este dualismo entre el espíritu y la vida, que Ludwig Klages resolvió a su
modo tomando partido por la última, pero que Novalis expuso al decir: «La
vida es una enfermedad del espíritu», podría expresarse por la contraposición de la madera (femenina) y el metal. El árbol correspondería al proceso
de proliferación; la espada, al inverso. Al menos, en una ilustración del siglo XV, en el libro de Conrad Dinckmut *Seelen Wurzgarten* (Ulm, 1483), como
en muchas obras de arte de la época, hay una imagen de Cristo y junto a su
rostro, al lado izquierdo, hay una rama o un árbol, mientras al lado contrario, simétricamente, aparece una espada. Esta idea era de gran antigüedad,
pues, en un relieve germánico prehistórico, hemos visto dos figuras: una
femenina con una rama de árbol; otra masculina con una espada. Puede
aducirse a estas imágenes un sentido alegórico de la guerra y la paz; en
especial la medieval pudiera aludir a la rama de olivo, pero no así la otra.
Evola insiste en la relación de la espada con Marte, con la verticalidad y la
horizontalidad, es decir, con la vida y la muerte. Relacionada también con
el acero como dureza trascendente del espíritu dominador. «En las razas
germánicas, y según señaló Tito Livio, el uso de la espada no fue en ningún
tiempo general; por el contrario, esta arma constituyó un símbolo propio
del elevado mando y alta jerarquía; ha de pensarse en la dignidad y prestigio con que se revistió la institución del *Comes Spatharium* que creara
el emperador Gordiano el Joven hacia el año 247... La espada es el arma
propia y casi exclusiva de las altas dignidades. Según tradición árabe, fueron los hebreos quienes inventaron la espada. Esta misma tradición indica,

como signo trágico con que la idea llegó al mundo, el lugar en que primeramente fue hecha por los israelitas: el monte Casium, en las proximidades de Damasco, que había de ser célebre por sus aceros en todo el islam, y donde, según creencia antigua, Caín mató a su hermano. Allí, y obedeciendo a fatal designio, se establecieron los primeros artífices de la nueva arma ideada» (Emilio Sobejano, «Espadas de España», en *Arte Español*, XXI, 1956). La espada de fuego ratifica la relación intrínseca de los elementos espada, acero (o hierro), Marte, fuego, que poseen ritmo común. Pero de otro lado establece un dualismo entre el calor de la llama y el frío del metal, asumiendo el símbolo un significado de síntesis ambivalente como el volcán *(gelat et ardet)*. Por esta causa, la espada de fuego es el arma de escisión entre el paraíso, como reino del fuego del amor, y la tierra, como mundo del castigo.

Espada desnuda

En ciertas leyendas nórdicas, también en libros de caballerías e incluso en los poemas de Tennyson, el héroe interpone su espada desnuda entre él y la mujer a la que ama, estando acostado con ella en el mismo lecho. Borges, en su libro sobre *Antiguas literaturas germánicas*, dice que la espada simboliza, en esa situación, el honor del héroe, su renunciamiento posible por su fuerza espiritual (expresada por la espada).

Espada rota

Siendo la espada símbolo de la agresividad espiritual, del ánimo del héroe, la espada rota es un símbolo que representa un estado de destrucción de dicho factor. Con todo, como la «espada enterrada», más bien suele aparecer en las leyendas medievales como herencia que ha de ser reconquistada por el propio valor. Así, Sigfrido encuentra, en su adolescencia, los trozos de la espada Balmunga, que Odín diera a su padre Sigmund. Mime, el herrero, no podía soldarla y Sigfrido lo logra. En la gesta llamada «Continuación Gauvain» del ciclo arturiano (Jean Marx, *Nouvelles recherches sur la Littérature arthurienne*, París, 1965) a Gauvain le entregan una espada rota que no logra recomponer enteramente, símbolo de que no conseguirá penetrar en el «centro» de la empresa que persigue.

Espejo

El mismo carácter del espejo, la variabilidad temporal y existencial de su función, explican su sentido esencial y a la vez la diversidad de conexiones significativas del objeto. Se ha dicho que es un símbolo de la imaginación —o de la conciencia— como capacitada para reproducir los reflejos del mundo visible en su realidad formal. Se ha relacionado el espejo con el pensamiento, en cuanto éste —según Scheler y otros filósofos— es el órgano de autocontemplación y reflejo del universo. Este sentido conecta el simbolismo del espejo con el del agua reflejante y el mito de Narciso, apareciendo el cosmos como un mismo Narciso que se ve a sí mismo reflejado en la humana conciencia. Ahora bien, el mundo, como discontinuidad afectada por la ley del cambio y de la sustitución, es el que proyecta ese sentido negativo en parte, calidoscópico, de aparecer y desaparecer, que refleja el espejo. Por esto, desde la Antigüedad el espejo es visto con un sentimiento ambivalente. Es una lámina que reproduce las imágenes y en cierta manera las contiene y las absorbe. Aparece con frecuencia en leyendas y cuentos folklóricos dotado de carácter mágico, mera hipertrofia de su cualidad fundamental. Sirve entonces para suscitar apariciones, devolviendo las imágenes que aceptara en el pasado, o para anular distancias reflejando lo que un día estuvo frente a él y ahora se halla en la lejanía. Esta variabilidad del espejo «ausente» al espejo «poblado» le da una suerte de fases y por ello, como el abanico, está relacionado con la luna, siendo atributo femenino. Además es lunar el espejo por su condición reflejante y pasiva, pues recibe las imágenes como la luna la luz del sol (8). Entre los primitivos, es también —y en esto muestra con claridad su pertenencia a la esfera lunar— símbolo de la multiplicidad del alma, de su movilidad y adaptación a los objetos que la visitan y retienen su interés. Aparece a veces, en los mitos, como puerta por la cual el alma puede disociarse y «pasar» al otro lado, tema éste retenido por Lewis Carroll en *Alicia*. Esto solo puede explicar la costumbre de cubrir los espejos o ponerlos vueltos de cara a la pared en determinadas ocasiones, en especial cuando alguien muere en la casa (21). Todo lo dicho no agota el complejo simbolismo del espejo. Como el eco, es símbolo de los gemelos (tesis y antítesis) y es símbolo específico del mar de llamas (vida como enfermedad) (50, 51). Para Loeffler, los espejos son símbolos mágicos de la memoria inconsciente (como los palacios de cristal) (38). Un sentido particularizado poseen los espejos de mano, emblemas de la verdad (4) y, en China, dotados de cualidad alegórica a la felicidad conyugal y de poder contra las influencias diabólicas (5). Leyendas chinas hablan de los «animales de los espejos».

Espiga

Emblemática de la fecundidad y atributo solar (8). Simboliza también la idea de germinación y crecimiento, de desarrollo de cualquier posibilidad virtual. El haz de espigas ratifica este simbolismo, como la nota suplementaria de la integración y dominación impuestas por la conexión forzosa dada a la multiplicidad. Generalmente, todos los haces, manojos y ramos simbolizan poderes psíquicos integrados y dirigidos a finalidad.

Espina

En particular, la espina de la acacia espinosa fue considerada en Egipto como emblema de la diosa madre Neith. También se halla en relación con el eje del universo, por lo tanto con la cruz (4). La espina de la rosa acentúa la contraposición, que también hallamos en el simbolismo de la cruz, de la conjunción de la tesis y antítesis, de las ideas de existencia y no existencia, éxtasis y angustia, placer y dolor. La corona de espinas da a la espina el carácter malévolo de toda multiplicidad y la eleva a símbolo cósmico por su forma circular.

Espiral

Forma esquemática de la evolución del universo. Forma clásica con la que se simboliza la órbita de la luna (50). Forma de crecimiento, relacionada con el número de oro (32), debida, según Housay, al movimiento de rotación de la Tierra. En el sistema jeroglífico egipcio, este signo, que corresponde al *vau* hebreo, designa las formas cósmicas en movimiento; la relación entre la unidad y la multiplicidad. Se relacionan particularmente con la espiral los lazos y serpientes. Este signo es esencialmente macrocósmico (19). En forma mítica, estas ideas se han expresado con las palabras siguientes: «Del seno del abismo insondable surgió un círculo formado por espirales... Enroscada en su interior, siguiendo la forma de las espirales, yace una serpiente, emblema de la sabiduría y de la eternidad» (9). Ahora bien, podemos encontrar la espiral en tres formas principales: creciente (como en la nebulosa), decreciente (remolino) o petrificada (concha del caracol). En el primer aspecto es símbolo activo y solar; en los dos segundos, negativo y lunar (17). Sin embargo, la mayoría de tratadistas, y con ellos Eliade, convienen en que el simbolismo de la espiral es bastante complejo y de origen incierto. Provisionalmente, se admite su relación con los animales lunares y con las aguas (18). Ya las antiguas tradiciones distinguían entre la espiral creadora (que se representaba dextrógira, atributo de Palas Atenea) y la destructora o torbellino (hacia la izquierda, atributo de Posidón) (51). Como hemos visto, la espiral puede ser también un símbolo del centro potencial (serpiente y fuerza Kundalini del tantrismo), cual en la tela de araña. Sea como fuere, la espiral es uno de los temas esenciales del arte simbólico (ornamental) universal, bien en forma simple de curva en crecimiento en torno a un punto, o en forma de arrollamientos, sigmas, etcétera. Dice Parkin en *Prehistoric Art* que «ningún motivo ornamental parece haber tenido más atractivo que la espiral». Ortiz (41) la considera semánticamente como emblema de los fenómenos atmosféricos, del huracán particularmente, pero es que, a su vez, el huracán simboliza el desatarse de las funciones creadoras (y destructoras) del universo, la suspensión del orden provisional y pacífico. También señala este autor la conexión del viento con el hálito vital y el soplo creador. La voluta, forma espiral, simbolizó en las culturas antiguas, según él, el aliento y el espíritu. Y por eso el dios egipcio Toth aparece representado con una gran espiral sobre la cabeza. También por su sentido de creación, movimiento y desarrollo progresivo, la espiral es atributo de poder, que se halla en el cetro del faraón egipcio, en el *lituus* de los augures romanos y en el báculo actual. La espiral está asociada a la idea de danza, siendo muchos los bailes primitivos de carácter mágico que evolucionan siguiendo una línea espiral. Tanto esta forma danzada, como la que con tantísima frecuencia aparece en el arte desde el período neolítico, sobre todo en el ornamentalismo celta de Francia, Irlanda e Inglaterra, se consideran figuras destinadas a provocar el éxtasis y a facilitar una evasión del mundo terrestre para penetrar en el más allá. Juzgada desde este ángulo, la espiral es el intento por conciliar la «rueda de las transformaciones» con el centro místico y el «motor inmóvil», o al menos constituye una invitación a esta penetración hacia el interior del universo, hacia su intimidad.

Espiral doble

Completa la forma de la línea sigmoidea, cuyo carácter de comunicación entre dos principios opuestos se especifica claramente en el símbolo chino del *Yang-Yin*. Dos espirales dobles cruzadas forman la esvástica de ramas curvas, motivo que aparece con cierta frecuencia, aunque no tanta como la ordenación en ritmo continuo de series de espirales dobles. Se ha dicho que este motivo fue creado por la cultura danubiana, de donde irradió hacia el norte y sur de Europa y hacia el Extremo Oriente a través de Asia. Mientras el meandro de líneas y ángulos rectos es un símbolo de la tierra, la espiral doble parece estrechamente asociada a las aguas. Siendo éstas el elemento de transición, transformación y regeneración, la espiral doble las representa en toda su efectividad simbólica. Por eso aparece con tanta frecuencia en la cultura cretense y en otras de evidente carácter marino. Desde el punto de vista cósmico, la doble espiral puede ser considerada como

Espuela. Del Museo Balaguer. Vilanova i La Geltrú (Barcelona).

la proyección plana de las dos mitades del huevo del mundo, del andrógino primordial separado en dos partes, aguas superiores y aguas inferiores (8).

Espuela

La espuela es un símbolo de la fuerza activa. Va sujeta al talón como las alas de Mercurio; protege el punto débil según la leyenda de Aquiles. La espuela de oro es un símbolo del caballero medieval e implica el aludido simbolismo, con el cinturón, que significa las virtudes «defensivas» (morales) del caballero.

Esqueleto

En la mayoría de alegorías y emblemas, es la personificación de la muerte. En la alquimia simboliza el color negro y la putrefacción o *disiunctio* de los elementos.

Estaciones

Constituyen las cuatro «fases» del curso solar y por lo tanto se corresponden con las de la luna y con las edades de la vida humana. Los griegos las representaban bajo la figura de cuatro mujeres, la primavera con corona de flores y junto a un arbusto que está echando brotes; el verano, con corona de espigas, llevando un haz de ellas en una mano y en la otra una hoz; el otoño lleva racimos de uvas y un cesto de frutas; el invierno, con la cabeza descubierta y al lado de árboles desprovistos de hojas. También se han representado con figuras de animales: la primavera, un carnero; el verano, un dragón; el otoño, una liebre, y el invierno, una salamandra (8).

Estado de ánimo

La idea simbolista de que los mundos son estados del ser (que cristalizan en materias y formas determinadas con aspectos expresivos correlativos) y que pueden organizarse, en su diversidad, en una gama o serie, a la manera de las figuras regulares geométricas, de los colores o de los sonidos, puede interpretarse al revés. Entonces, los estados del ser que, psicológicamente, se traducen en aspectos distintos de la emotividad y por formas diversas del «estado de ánimo» (como las expresiones peculiares a cada uno de los modos musicales: severo, extático, doloroso, entusiástico, activo, erótico, melancólico), han de concebirse como rigurosos paisajes, en los que el juego de niveles, las contraposiciones de elementos, la luz, el color, tienen significados precisos.

Estado de conservación

Simboliza textual y analógicamente, por mera transposición a lo espiritual y psicológico de las cualidades físicas de la cosa, lo que tal estado expone y muestra directamente. Es decir, lo roto expresa fragmentación, disgregación, mutilación; lo desgastado, cansancio, invalidez, vejez de un sentimiento o de una idea; lo corroído, destrucción, enfermedad, sufrimiento. Es la vieja idea del paralelismo de los mundos físico y psíquico, merced a la cual pudieron los alquimistas imaginar que una serie de operaciones aplicadas a la materia tenían su repercusión (y efectivamente así era, por el nexo de la *intención*) en lo espiritual. Sin embargo, hay que guardarse de tomar la explicación simbólica que damos arriba, que sólo es la más general, por única verdadera, ya que otros significados, a veces más importantes, derivan de la clase de materia u objeto que aparece en alteración y del agente que ha provocado la misma. Por ejemplo, la acción de los elementos incluye siempre un fuerte componente simbólico debido a ellos. El fuego, el agua, la tierra, si queman, mojan o pudren un objeto, además de afectar su integridad física y de modificar su estado, integran en él parte de su actividad.

Estelas

Monumentos conmemorativos, con frecuencia funerarios, existentes desde la Antigüedad (ya en Egipto). Las estelas con motivos abstractos simbólicos (ruedas solares, esvásticas curvilíneas, rosetas esquematizadas, etc.) aparecen desde Asia a España, penetrando en Rusia. También muestran otros motivos ornamentales, simbólicos, aparte de los citados, principalmente triángulos, círculos concéntricos, series de estrígiles (elementos sigmoideos), etc., y, a veces, representaciones figurativas. En el norte de Europa ofrecen especial interés las estelas escandinavas, generalmente grabadas con runas, ornamentadas con lacerías, naves, jinetes (Odín), enfrentamientos de animales reales o fabulosos, etc. La cruz de las comarcas anglosajonas y célticas (Irlanda) parece relacionada, en espíritu, con tales estelas, siendo con frecuencia anteriores. Las lacerías son el motivo dominante.

Estigia

Fuente y laguna subterránea de la mitología griega que corresponde al mar subterráneo de la doctrina egipcia, el cual es atravesado cada noche por el sol. El sentido analógico de estas aguas inferiores concierne a la muerte, como cada resurgir del sol a la resurrección (8).

Estrella

Como fulgor en la oscuridad, símbolo del espíritu. Sin embargo, señala Bayley, la estrella tiene muy pocas veces sentido singular y aparece casi siempre bajo el aspecto de multiplicidad. Simboliza entonces el ejército espiritual luchando contra las tinieblas. Con este sentido ha pasado a la emblemática universal (4). Por esta causa, la «identificación con la estrella» representa una posibilidad sólo reservada al elegido. Recuerda Jung que, en los ritos de Mitra, se dice: «Soy una estrella que camina con vosotros y brilla desde lo hondo» (31). Ahora bien, en el simbolismo gráfico surgen con frecuencia estrellas individuales. Su sentido depende con frecuencia de su forma, número de puntas, disposición y color, si lo hay. La «estrella llameante» es un símbolo del centro, de la fuerza del universo en expansión (4). La estrella de cinco puntas es la más usual. Ya en el sistema jeroglífico egipcio significa «elevación hacia el principio» y entra en la composición de palabras como *educar, instruir, maestro*, etc. (19). La estrella de cinco puntas invertida es un símbolo infernal utilizado en la magia negra (37).

Estrellas

Por su nocturnidad, ligadas a la idea de noche; por su número, a la de multiplicidad (ruptura), por su disposición a la idea de orden y destino (Horapolo Niliaco).

Estrellas, Las

Arcano decimoséptimo del Tarot, cuya imagen alegórica muestra una doncella desnuda, arrodillada junto a un estanque, que vierte en el mismo el contenido de una jarra de oro, de la que sale un líquido vivificador del agua estancada. En la mano izquierda tiene otra vasija de plata con la que vierte agua fresca sobre la tierra árida, haciendo que crezca la vegetación, que se representa especialmente por medio de una rama de acacia y una rosa abierta (emblema de inmortalidad y del amor). Sobre esta figura hay una gran estrella y ocho estrellas más. El último sentido simbólico de esta imagen parece expresar la comunicación entre los mundos, la vivificación por las luminarias celestes de los líquidos contenidos en los recipientes y la transmisión de estas cualidades a la tierra y el agua puramente materiales. Por eso dice Oswald Wirth que este arcano representa el alma ligando el espíritu a la materia (59).

Esvástica

Este símbolo gráfico, en el que resaltan la concreción y el dinamismo, aparece en casi todas las culturas primitivas y antiguas del mundo, en las catacumbas cristianas, en Bretaña, Irlanda, Micenas, Vasconia; entre los etruscos, hindúes, celtas, germanos; tanto en Asia central como en la América precolombina. Su poder sugestivo es grande porque integra dos símbolos muy efectivos: la cruz de brazos iguales (griega) y los cuatro ejes en una misma dirección rotatoria. La *tetraskelion* o esvástica de cuatro ramas en ángulo recto se llama también cruz gamada o *gammadion* porque puede constituirse juntando cuatro letras gamma. Según Ludwig Müller, en la edad del hierro la esvástica representaba al dios supremo (39). Según Mackenzie, este símbolo aparece con la agricultura y la noción de los cuatro puntos cardinales. Colley March interpreta la esvástica como signo específico de la rotación axial. Hay que distinguir entre la esvástica dextroversa

(Swastica) y la sinistroversa *(Swavastica)* (41). Su significación formal se ha identificado como rueda solar con rayos y pies esquematizados en sus extremos (56). La interpretación más generalizada, ya en la Edad Media, es que corresponde al movimiento y a la fuerza solar (14), aunque por otra parte se ratifica que es un símbolo evidente de la cuaternidad, como «figuración de un movimiento descompuesto precisamente en cuatro tiempos», hallándose en relación con el polo y las cuatro direcciones (16). Este último significado es el que mantiene René Guénon, para quien la esvástica es el «signo del polo». Como la identificación del polo y el cenit como el centro es conocida, la esvástica significaría la acción del Principio sobre el universo (25). Un sentido muy distinto recoge Schneider, para quien este signo es el símbolo de la sucesión de las generalidades; sus ganchos son los barcos de la vida, o sea, sus diferentes etapas (51). Volviendo a la esvástica como tema iconográfico, al parecer su muestra más antigua se halló en Transilvania y no se ha encontrado nunca en comarcas semitas. Por citar algún ejemplo concreto de esvásticas citaremos las que aparecen como elemento ornamental en Troya, las de las urnas cinerarias itálicas anteriores a Roma, las de la hoja de espada de Vers-La-Gravelle (Berlín Mus. für Vor-u.Frühgeschichte) y la que aparece en el fondo de una vasija galorromana del tesoro de Graincourt-les-Havrincourt (Louvre). También figura en mosaicos hispanorromanos. En *Il Re del Mondo*, René Guénon indica que el sello de Gengis Jan (conservado en Urga) lleva la esvástica. La esvástica más antigua que hemos visto representada, y que reproducimos, corresponde a un sello encontrado en Harappa (India), de hacia 2000 antes de Jesucristo. Aparece más tarde en estandartes hititas.

Eternidad

En las monedas de varios emperadores romanos la alegoría de la eternidad consiste en la figura de una doncella que tiene en las manos el sol y la luna. En la alquimia, pues, las figuraciones similares relativas al *opus* como conjunción o «matrimonio de los opuestos» aluden al principio esencial de que el orden eterno sólo puede lograrse por la abolición de las contraposiciones, de lo distinto y cambiable. La eternidad se ha representado también como tiempo infinito, así en los «Cronos mitraicos» y en el Ouroboros, serpiente o dragón que se muerde la cola. El ave fénix también simboliza la eternidad (8).

Etíope

Símbolo alquimístico que representa la *nigredo* o estado inicial de la obra. Así puede verse en una de las imágenes del *Splendor solis* de Salomón Trismosin (1582). El significado dado por Jung a las figuras e imágenes de negros, indios, salvajes, etc., que considera como símbolos de la sombra, o doble inferior de la personalidad, no contradice el anterior, pues, en la interpretación moral de la alquimia, la *nigredo* expone precisamente el estado primitivo del alma antes de comenzar su evolución y perfeccionamiento (32).

Eufrates

En el simbolismo tradicional, que engloba lugares geográficos concretos, el río Eufrates es el equivalente del cosmos fluídico atravesando el mundo material (Babilonia), en los dos sentidos, involutivo y evolutivo (57). En general, el río, todo el río — según Heráclito y sin penetrar en los conceptos esotéricos — es símbolo del tiempo, de la irreversibilidad de los procesos avanzantes.

Eva

Símbolo de la vida, de la *Natura naturans* o madre de todas las cosas, pero en su aspecto formal y material (57). Desde el punto de vista del espíritu, es la inversión de la Virgen María, madre de las almas. A veces, inversiones similares han tenido una correlación ya en el nombre, como la contraposición de Eros (el amor) y Ares (la guerra, la destrucción, el odio). Antonio de Sousa de Macedo disertó sobre esta contraposición de Eva y Nuestra Señora en su obra *Eva y Ave o María triunfante.*

Eva. «Creación de la mujer», obra de F. Gallego. University of Arizona, Tucson.

Excrementos

Según De Gubernatis, en el folklore; según Freud en su experiencia psicológica, con frecuencia se asocia lo más desprovisto de valor a lo más valioso. Por eso, en leyendas y cuentos aparece la sorprendente relación de las heces y el oro, relación que también surge en la alquimia, pues la *nigredo* y la obtención del *aurum philosophicum* son los dos extremos de la obra de transmutación. Todo este simbolismo se halla en la frase de Nietzsche: «Desde lo más bajo ha de alcanzar su ápice lo más alto». Norman O. Brown, en *Erôs et Thanatos* (1960), los define como «vida muerta del cuerpo y símbolo de la felicidad de la vida corporal». En alquimia, más bien se trataba de partir de la zona más baja de lo real para llegar a la más alta.

Extranjero

En mitos, leyendas, cuentos folklóricos e incluso en la literatura en general, el «extranjero» aparece con gran frecuencia como el «destinado a sustituir» al que rige, domina o gobierna un país o lugar. Es un símbolo de las posibilidades de cambio imprevisto, del futuro presentizado, de la mutación en suma. Frazer nos cuenta que Litierses, hijo del rey Midas, solía desafiar a la gente a segar con él, y cuando los vencía, los trillaba. Un día encontró un extranjero que le ganó en la siega y le mató (21).

F

Relacionado con el gallo y de simbolismo similar. En China, animal alegórico de la luz y del día (17).

Falo

Símbolo de la perpetuación de la vida, del poder activo y de la fuerza en su propagación cósmica (57).

Fecundidad

En las alegorías suele simbolizarse por la planta adormidera, a causa de su prodigioso número de semillas; también el grano de cebada la simboliza. Entre los animales, el toro, la liebre y el conejo (8).

Fecundidad.
Marca de
impresor francés.
París, 1529.

Fénix

Ave mítica del tamaño del águila, adornada con ciertos rasgos del faisán. La leyenda dice que cuando veía cercano su fin, formaba un nido de maderas y resinas aromáticas, que exponía a los rayos del sol para que ardieran y en cuyas llamas se consumía. De la medula de sus huesos nacía otra ave fénix (8). En la tradición turca se le da el nombre de *Kerkés*. Los relatos persas le dan el nombre de *Simorgh*. Igual que en otros aspectos, simboliza la periódica destrucción y recreación (38). Wirtz da un sentido psicológico a este ser fabuloso al decir que todos poseemos un fénix que nos permite sobrevivir a cada instante y vencer a cada una de las muertes parciales que llamamos sueño (59) o cambio. En China, el Fénix es el emperador de las aves y simboliza al sol (5). En el Occidente cristiano, significa el triunfo de la vida eterna sobre la muerte (20). En alquimia, corresponde al color rojo, a la regeneración de la vida universal (57) y a la finalización de la obra.

Fertilidad

El agua, las semillas, los signos fálicos, son símbolos de fertilidad. Según Granet, en China se emplazaba el lecho conyugal en el rincón más oscuro de la vivienda, en el lugar donde se guardaban las simientes y encima de donde se enterraba a los muertos. La relación entre los antepasados, las cosechas y la vida erótica, según Eliade, es tan estrecha que los ritos correspondientes se interfieren hasta confundirse (17). En el ritual indio, los granos de arroz representan el germen de la fertilidad (17).

Fíbula

La fíbula o hebilla es una forma mínima de escudo, y, como el cinturón, es símbolo de la virginidad. Con este sentido aparece en muchas leyendas, especialmente en el Kalevala (38).

Fiesta

De un lado, en relación con el ritual. De otro, con la orgía. En sí es un ritual extraordinario que se celebra cada largo período de tiempo, cada año por ejemplo. Entre los celtas, el 1.º de noviembre era la fiesta principal: en ella, el mundo de los poderes ocultos alzaba su barrera y lo inaccesible se mezclaba al mundo de los humanos, según Loyer en su estudio *Les Chrétientés celtiques*.

Figuras

En el aspecto representativo, las figuras se identifican, en cuanto a su significación, con el objeto o ser aludido. Simbólicamente es lo mismo un gallo que su figura pintada, grabada o esculpida. Cuando la figura corresponde a un ser viviente, éste es el que detenta el sentido dominante, pudiendo existir simbolismos secundarios derivados del color, de la forma, etc. Cuando las figuras son geométricas o representan volúmenes arquitectónicos, también es el simbolismo de la forma el que entra en acción. Las figuras esquemáticas — marcas, signos, tatuajes, grabados, insculturas prehistóricas o primitivas, alfabetos mágicos, etc. — conciernen al simbolismo gráfico, sustancialmente fundamentado en el espacio, el número y la forma geométrica. Dada la analogía, la posible semejanza, la conexión interna, entre la obra del hombre y la del Creador, las figuras inventadas — símbolos culturales o instrumentos — se relacionan siempre con las figuras naturales que se les asemejan. Las ideas simbólicas o míticas que muestran influjo, parentesco o reflejo de una forma o figura natural, reciben un poderoso contexto simbólico de tal relación; por ejemplo, la cabeza de Medusa y el pulpo; la esvástica y la estrella de mar; el hacha doble y el halcón en vuelo.

Filtro

Generalmente filtro de amor, se menciona con frecuencia en la Antigüedad romana, diciéndose, por ejemplo, que la locura del poeta Lucrecio se debió a un filtro. Aparece con más frecuencia aún en leyendas medievales y se relaciona con el *geis* céltico según Jean Marx, *Nouvelles recherches sur la Littérature arthurienne*. Simboliza la fatalidad del amor. Quien bebe el filtro no puede ya mantener las reglas feudales ni los deberes de su situación, e incluso puede ser por esa fatalidad empujado a la muerte, cual en el caso de Tristán.

Flauta

Dolor erótico y funerario que corresponde al sentido profundo de este instrumento. Su complejidad deriva de que, si por su forma parece poseer un significado fálico, su timbre se relaciona en cambio con la expresión femenina interna (ánima) (50). La flauta se relaciona también con la caña y con el agua.

Flecha

Arma de Apolo y de Diana, significando la luz del supremo poder (4). Simboliza el rayo solar, tanto en Grecia (8) como en la América precolombina (39). Pero, por su forma, tiene un sentido fálico innegable, en especial cuando aparece en emblemas contrapuesta a un símbolo del «centro» y de carácter femenino como el corazón. La flecha clavada en éste es un símbolo de conjunción.

Flor

Distintas flores suelen poseer significados diferentes, pero, en el simbolismo general de la flor, como en muchos otros casos, hallamos dos estructuras esencialmente diversas: la flor en su esencia; la flor en su forma. Por su naturaleza, es símbolo de la fugacidad de las cosas, de la primavera y de la belleza. El sexto de los Ocho Inmortales chinos, Lan Ts'ai-ho, aparece en las imágenes generalmente con traje de color azul y llevando una canastilla de flores. Dícese que se dedicó a cantar versos alusivos a la brevedad de la existencia y a lo efímero de los placeres (5). Los griegos y romanos, en todas sus fiestas, se coronaban de flores. Cubrían con ellas a los muertos que llevaban a la pira funeraria y las esparcían sobre los sepulcros (menos como ofrenda que como analogía) (8). Se trata, pues, de un símbolo contrario, pero coincidente con el esqueleto que los egipcios ponían en sus banquetes para recordar la realidad de la muerte y estimular al goce de la vida. Ahora bien, por su forma, la flor es una imagen del «centro» y, por consiguiente, una imagen arquetípica del alma (56). Flores celestes se llama a los meteoritos y estrellas fugaces en la alquimia (57). La flor, en esa disciplina, es un símbolo de la obra (del sol) (32). Según su color, modifican en sentido determinado su significación y lo matizan. El carácter solar se

refuerza en las flores anaranjadas y amarillas; el parentesco con la vida animal, la sangre y la pasión en las flores rojas. La «flor azul» es el símbolo
legendario del imposible, probable alusión a un centro cual el Graal y otros
símbolos similares. La «flor de oro» es un equivalente famoso, en la mística
china. En la alquimia se habla también de esa flor inexistente y en la *Epístola ad Hermannum Arch. Coloniensem.* (Theatr. Chem., 1622) se la llama
«flor de zafiro del hermafrodita» (32).

Fonético

Transcribimos la definición del simbolismo fonético dada en el *Rituale
mitriaco*, con ideas que proceden de la tradición egipcia y a las que se alude
en el Libro de los Muertos: «Y la palabra, que es fundamentalmente un fenómeno acústico, tiene más valor como sonido que como expresión de una
idea, ya que el sonido contenido en ella y que de ella emana en determinadas vibraciones es la modulación del hálito cósmico; pronunciar en el «justo
modo» una palabra sintonizándola, por así decirlo, con los diversos ritmos
del cosmos, significa restituirle su elemental poder» (11). En la tradición hindú se alude con frecuencia al sentido concreto de letras (como sonidos) y
sílabas o palabras. Al examinar el sentido de las voces *Makara y Kumara,*

Flores. Obra
de Breughel
de Velours.

defínese la significación concreta de cada sonido (la *Rrrr* es la onomatopeya del trueno, simboliza el poder creador; por eso la mayoría de los verbos incluyen esta letra en casi todos los idiomas. *Ma,* alude a la materia, etc.) (40). En la sílaba *Om (Aum)* los hindúes y tibetanos ven concentrada toda la esencia universal (*A,* principio; *U,* transición; *M,* final, sueño profundo). Esta creencia mística en el poder fonético *per se* llevó a los gnósticos y creyentes de Mitra a la inclusión de pasajes carentes de sentido literal en sus fragmentos rituales y recitados, suerte de música simbólica actuante sólo por el poder del sentido de lo fonético.

Formas

Determinadas ciencias como la psicología de la forma, el isomorfismo, la morfología, confluyen en muchas de sus conclusiones con la simbolística tradicional. La determinación más amplia, general y valedera, del significado de las formas es la que expuso la legendaria *Tabla de Esmeralda* al decir: «Lo que está arriba es como lo que está abajo», ratificada y mejorada por Goethe al añadir: «Lo que está dentro (idea) está también afuera (forma)». Por ello, Paul Guillaume puede afirmar que «los términos de forma, estructura, organización pertenecen tanto al lenguaje biológico (formas) como al psicológico (pensamientos, ideas...) y que el isomorfismo, mediante el cual la teoría de la forma renueva la vieja tradición de paralelismo (analogía mágica), se niega a establecer un corte entre el espíritu y el tiempo». Esto se completa aún más al indicar que «las formas corresponden en nuestra percepción y en nuestro pensamiento a formas parecidas de los procesos nerviosos»; así lo circular es igual al círculo y a lo cíclico; el cuadrado se identifica con el cuaternario y el cuatro (50), y la forma aparece como «intermediario entre el espíritu y la materia» (57). En el aspecto más amplio, pues, podemos afirmar que la preferencia por formas regulares corresponde a sentimientos regulares, mientras las formas irregulares conciernen a los sentimientos irregulares. Las formas ovoides se relacionan con lo biomórfico; las cúbicas con lo artificial y constructivo; las simples con lo sencillo; las complejas con lo complicado. Lo mismo sucede con los ritmos, las estructuras y las composiciones. Hay otros principios generales como el que asimila simetría a equilibrio y a estatismo; asimetría a dinamismo; regularidad absoluta e irregularidad absoluta con expresiones caóticas, por cuanto indiferenciadas; la diferenciación se produce por el rito, es decir, por la organización de la irregularidad regularizada. Ejemplos tomados de análisis morfológicos pueden traducirse a lo simbólico; por ejemplo, en el crecimiento, la forma circular, irradiada, significa: regularidad de fuerza de difusión, existencia de un centro como origen, medio de resistencia uniforme. En lo espiritual valen exactas esas leyes. Las formas que, dentro de un mismo sistema o grupo son diferentes, pueden ordenarse en serie o gama (y son aptas para su inclusión en órdenes de analogías y correspondencias). Así, trapecio, rectángulo, cuadrado, círculo, señalan un avance progresivo de la irregularidad a la regularidad, que podría simbolizar exactamente una evolución moral. Jung alude a estas cosas cuando dice que, el cuadrado, como número plural mínimo (simbolizante de lo situacional) representa el estado pluralista (interno) del hombre que no ha alcanzado aún su unidad interior. Sin embargo, es superior al trapecio, como éste al trapezoide. El octógono es la «figura de intercalación» (intermedia) entre el cuadrado y el círculo. No es preciso insistir en que los símbolos tienen significados en diversos planos, principalmente en el psicológico y el cósmico. Así, psicológicamente, el triángulo es también, en su posición natural con el vértice arriba y colocado entre el cuadrado y el círculo, un elemento de comunicación. Pero, objetivamente, esas tres figuras simbolizan la relación (triángulo) de la tierra (cuadrado) y el cielo (círculo, rueda, rosetón); por ello constituyen el símbolo esencial de muchas portadas cistercienses y góticas. Otra ley que se debe tener en cuenta es: las formas explican los objetos; los objetos explican las formas. Es decir, el simbolismo de un ser o figura suele ser ratificado o ampliado por el sentido de su forma, e inversamente. Las agujas góticas tienen relación con la pirámide, luego la pirámide se relaciona con las agujas góticas. Precisamente en la India, las formas geométricas tienen los sentidos cósmicos siguientes: esfera (éter o cielo); creciente (aire); pirámide (fuego); cubo (tierra) (4). El simbolismo de las figuras geométricas ha sido desarrollado por algunos autores, Piobb entre ellos, hasta límites de precisión excesiva. Según Star, tales formas tienen los significados que siguen: esfera (vida intelectual, pensamiento puro, abstracción); cono (resume todas las formas, simboliza la totalidad psíquica); cilindro (pensamientos materiales, intelecto maquinizado) (55). En general, las formas planas tienen carácter más espiritual que las de volumen y éstas mayor correspondencia con los elementos del macrocosmo. Innecesario es advertir que, en el simbolismo de la forma, aun tridimensional, como en el esquema, tiene valor esencial la figura de la sección o planta. Así, en la catedral, la figura de la cruz, de la planta, prevalece sobre el simbolismo del templo-montaña derivado de la forma ascendente y piramidal irregular, sin destruir el efecto de ésta. El factor numérico tiene también su valor significativo; por ejemplo, dos torres significan, además de lo que simbolizan las torres y de lo que simbolizan los prismas o los cilindros, un sentido que dimana del sistema binario que componen. Por ello, la mayor parte de edificios religiosos rehúye el dos (conflicto) y se funda en el tres (resolución, aparte de ser imagen de la Trinidad) y los dos campanarios de la fachada se completan con el cimborrio sobre el crucero. Círculo y cuadrado simbolizan ilimitación y limitación. Un valioso análisis de las formas esenciales (círculo, cruz, cuadrado, triángulo) y su significación logicomística se encuentra en la obra de Wm. Kingsland, *The Esoteric Basis of the Christianity*, Part (Londres, 1893).

Fósil

Su significado simbólico corresponde en general al de la piedra, pero integra, por su carácter, ideas ambivalentes sobre el tiempo y la eternidad, sobre la vida y la muerte, sobre la evolución de las especies y su petrificación.

Frío

Según Bachelard y a través de análisis literarios, el frío corresponde a la situación o al anhelo de soledad o de elevación. En *Humano, demasiado humano*, Nietzsche hace un llamamiento a «la fría y salvaje naturaleza alpestre apenas calentada por un sol de otoño y *sin amor*». «Gracias al frío, el aire gana en virtudes ofensivas, se espiritualiza y deshumaniza. En el aire helado de las alturas se encuentra otro valor nietzscheano: el silencio» (1).

Fruto

Equivalente al huevo, en el simbolismo tradicional. En su centro se encuentra también el germen que representa el origen (29). Simboliza los deseos terrestres.

Fruto Torso de diosa.
Museo Arq. Tarragona.

Fuego

Los chinos utilizan una tableta de jade rojo, llamada Chang, que se emplea en los ritos solares y simboliza el elemento fuego (39). En relación con este sentido solar de la llama, aparece el fuego, en los jeroglíficos egipcios, como asociado a la idea de vida y salud (calor en el cuerpo). También, y esto ya indica una transposición del símbolo a una energética espiritual, a la idea de superioridad y mando (19). Los alquimistas conservan en especial el sentido dado por Heráclito al fuego, como «agente de transformación», pues todas las cosas nacen del fuego y a él vuelven. Es el germen que se reproduce en las vidas sucesivas (asociación a la libido y a la fecundidad) (57). En este sentido de mediador entre formas en desaparición y formas en creación, el fuego se asimila al agua, y también es un símbolo de transformación y regeneración. Para la mayor parte de pueblos primitivos, el fuego es un demiurgo y procede del sol, es su representación sobre la tierra; por esto se relaciona, de un lado con el rayo y el relámpago (35); de otro, con el oro. Frazer recoge muchos ritos en los que las antorchas, hogueras, ascuas y aun cenizas se consideran con virtud para provocar el crecimiento de las mieses y el bienestar de hombres y animales. Sin embargo, las investigaciones antropológicas han dado dos explicaciones de los festivales ígnicos (perpetuados en las hogueras de san Juan, en los fuegos artificiales, en el árbol iluminado de Navidad): magia imitativa destinada a asegurar la provisión de luz y calor en el sol (Wilhelm Mannhardt) o finalidad purificatoria, y destrucción de las fuerzas del mal (Eugenio Mogk, Eduardo Westermack) (21), pero estas dos hipótesis no son contrarias sino complementarias. El triunfo y la vitalidad del sol (por analogía, espíritu del principio luminoso) es victoria contra el poder del mal (las tinieblas); la purificación es el medio sacrificial necesario para que ese triunfo se posibilite y asegure. De otro lado, Marius Schneider ya distingue entre dos formas de fuego, por su dirección (intencionalidad); el fuego del eje fuego-tierra (erótico, calor solar, energía física) y el del eje fuego-aire (místico, purificador, sublimador, energía espiritual), que se corresponde exactamente con el simbolismo de la espada (destrucción física, decisión psíquica) (50). El fuego, de consiguiente, imagen energética, puede hallarse al nivel de la pasión animal o al de la fuerza espiritual (56). La idea de Heráclito, del fuego como agente de destrucción y renovación, se halla en los Puranas de la India y en el Apocalipsis (27). Gaston Bachelard recuerda el concepto de los alquimistas para quienes «el fuego es un elemento que actúa en el centro de toda cosa», factor de unificación y de fijación. Paracelso establecía la igualdad del fuego y de la vida; ambos, para alimentarse, necesitan consumir vidas ajenas. Tomar el fuego o darse a él (Prometeo y Empédocles) es el dualismo situacional del hombre ante las cosas. El medio está en el sentido burgués de usar simplemente de los beneficios del fuego. Pero el fuego es el ultraviviente. Realiza el bien (calor vital) y el mal (destrucción, incendio). Sugiere el anhelo de destruir el tiempo y llevarlo todo a su final. El fuego es la imagen arquetipo de lo fenoménico en sí (1). Atravesar el fuego es símbolo de trascender la condición humana, según Eliade en *Mitos, sueños y misterios* (Buenos Aires, 1961).

Fuego. Miniatura del «Speculum Humanae Salvationis». Códice año 1432. Bib. Nac. Madrid.

Fuente Xilografía de «Jungbrunnen» (hacia 1520).

Fuente

En la imagen del paraíso terrenal, cuatro ríos parten del centro, es decir, del mismo pie del Arbol de la Vida, y se separan según las cuatro direcciones marcadas por los puntos cardinales. En consecuencia, surgen de una misma fuente, que deviene simbólica del «centro» y del origen en actividad. Según la tradición, esta fuente es la *fons juventutis* cuyas aguas pueden asimilarse a la «bebida de inmortalidad» (*amrita* de los hindúes) (25). Por ello se considera que su significación (agua en surgimiento) simboliza la fuerza vital del hombre y de todas las sustancias (57). Por ello, la iconografía artística presenta con gran frecuencia el motivo de la fuente mística; se encuentra también en el mitraísmo; una inscripción votiva canónica dice: *fonti perenni* (31). No hay duda de que su sentido como centro se refuerza y ratifica cuando, en un plan arquitectónico: claustro, jardín o patio, la fuente ocupa el lugar central. Esta es la disposición más frecuente en la mayoría de obras realizadas en culturas o períodos de conocimiento simbolista, como en las construcciones románicas y góticas. Además, los cuatro ríos paradisíacos se señalan por cuatro caminos que van desde los ámbitos claustrales al claro en forma circular u octogonal donde se halla la taza de la fuente, que suele tener esas mismas formas, a veces las dos, en doble taza. Jung ha estudiado el simbolismo de la fuente con gran atención, especialmente en la alquimia, y considerado cuanto antecede, se inclina por asimilarla a una imagen del ánima como origen de la vida interior y de la energía espiritual. La relaciona también con el «país de la infancia», en el cual se reciben los preceptos del inconsciente y señala que la necesidad de la fuente surge principalmente cuando la vida está inhibida y agostada (32). Particularmente es justo este simbolismo cuando se trata de la fuente centrada en el jardín (cuyo recinto simboliza el *Selbst* o individualidad). Recuerda, como ejemplos, la «fuente de juventud» del *Códice de Sphaera*, de Florencia, y el *Jardín de las delicias*, pintado por Hyeronimus van Aken, el Bosco. Indica que, en *Ars Symbolica*, de Boschius (1702), la fuente en el jardín cercado significa constancia en la adversidad y también que ese recinto puede considerarse como un *temenos* (recinto sagrado) (32).

Fuerza, La

Arcano undécimo del Tarot. Aparece bajo la imagen de una reina que, sin aparente esfuerzo, doma un furioso león y cuyas mandíbulas mantiene separadas. Esta imagen tiene una clara alusión zodiacal (Leo vencido por Virgo), tema que tiene su correlato mitológico en Hércules dominado por Onfale. Wirth señala como detalle del mayor interés en la alegoría el hecho de que la reina no mata al león, sino que lo aprieta contra su pecho después de aturdirlo con la maza, lo cual significa que no se debe menospreciar lo inferior, sino dominarlo y utilizarlo. Suena aquí el tema alquimista de que lo vil no se debe (ni se puede, en rigor) destruir, sino transmutar en lo superior. En sentido afirmativo, este arcano simboliza el triunfo de la inteligencia sobre la brutalidad; en sentido negativo, insensibilidad y furor (59).

Fulgor

Símbolo de la fuerza de lo indiferenciado, de la disolución, según Evola.

Funerario

El simbolismo funerario, paradójicamente, y a la vez con justo motivo, se orienta por lo común, aunque no siempre, hacia la vida, la vida eterna o la salvación del alma. No podemos hacer la historia de este complejo simbolismo, ni citar siquiera nada de lo relativo al Próximo Oriente, pues la sola abundancia de símbolos y representaciones (mágicas) de Egipto es tema para una amplia monografía. Sí es interesante corroborar que, desde la Antigüedad grecorromana, las imágenes funerarias se escinden en dos tipos esenciales: el que hemos de considerar como realista y sentimental (las estelas con efigies del difunto, griegas; las parejas de esposos sobre las tapas de los sarcófagos, o urnas, de Etruria; los retratos romanos); y el propiamente simbólico o alegórico, que suele ofrecer como imagen esencial el vuelo del alma a las regiones superiores, sea trasladada por un genio alado, por un cisne o un pavo real, o aludido por la imagen del águila o de una de las aves ya citadas. El altar, con su alusión a la columna de fuego-humo, la luna — como residencia de las almas — son temas habituales en el simbolismo funerario romano, estudiado por Franz Cumont y revelado por las monedas de *consecratio* de los emperadores y emperatrices. En el cristianismo, el monumento funerario más rico y completo, en el período gótico, integra imágenes realistas y simbólicas: la escena del funeral en las paredes del sarcófago, la estatua yacente sobre la tapa y, en el fondo del arcosolio, la ascensión del alma ayudada por dos ángeles. Cruces, ángeles, pirámides, flores, son elementos asociados a la iconografía funeraria.

G

Gacela

Animal emblemático del alma o de la sensibilidad humana. Desde la época más primitiva aparece con frecuencia hasta el período románico, en el acto de huir o de ser agredida por un león u otra fiera. De este modo simboliza la persecución de las pasiones y del aspecto agresivo, autodestructor, del inconsciente.

Gallo

Símbolo solar, ave de la mañana (4), emblema de la vigilancia y de la actividad. Se inmolaba a Príapo y a Esculapio para obtener la curación de los enfermos (8). Durante la Edad Media, símbolo cristiano de gran importancia, apareciendo casi siempre en la veleta más elevada, sobre las torres y cimborrios de las catedrales. Se consideraba alegórico de vigilancia y resurrección. Davy señala que la primera de tales condiciones debe tomarse en sentido de «tendencia a la eternidad y cuidado en dar primacía al espíritu, de estar despierto y saludar al sol (Cristo), aun antes de su salida por Oriente (iluminación)» (14).

Gallo de campanario procedente de la iglesia de Lachenaie (siglo XVIII). Museo de Quebec.

214   Gárgola

Gárgola

Los animales fabulosos y los monstruos aparecen en el arte religioso de la Edad Media como símbolos de fuerzas o como imágenes del submundo demoníaco y draconífero, pero entonces como vencidos, como prisioneros sometidos al poder de una espiritualidad superior. Esto se indica en la situación jerárquica en que aparecen, siempre subordinada a las imágenes angélicas y celestes (16). Nunca ocupan un centro.

Garza

Símbolo de la mañana y de la generación vital, entre los egipcios, considerándose, con el ibis y la cigüeña, como ave favorable (4).

Gato

Asociado a la luna en Egipto. Consagrado a las diosas Isis y Bast, protectora esta última del matrimonio (7). Un simbolismo secundario procede del color del animal. El gato negro se asocia a las tinieblas y a la muerte.

Gavilán

Entre los egipcios, griegos y romanos, como el águila, esta ave estaba consagrada al sol, atribuyéndosele todos los poderes derivados de esta situación simbólica (8).

Gavilla

En el sistema jeroglífico egipcio, signo determinativo del concepto de limitación (19).

Gemelos

En las representaciones del *sacrificium mithriacum*, con mucha frecuencia aparecen los dos dadóforos, Cautes y Cautopates, uno con la antorcha hacia arriba y otro que la lleva hacia abajo (encendida y apagada). Cumont considera que simbolizan la vida y la muerte. Los dadóforos llevan a veces —y esto ratifica dicho sentido—, respectivamente, una cabeza de toro el uno, un escorpión el otro. Significan también los dos aspectos esenciales del sol (manifestado y oculto, en el día y en la noche) (31). Un examen detenido ha permitido comprobar en la mayoría de tradiciones primitivas y de mitologías relativas a las altas culturas, la presencia del símbolo de los hermanos gemelos, tales como los Ashwins védicos, Mitra-Varuna, Liber-Libera, Rómulo-Remo, Isis-Osiris, Apolo-Artemisa, Cástor-Pólux, Anfión-Zeto, Arión-Orión. En algunas ocasiones, un tercer hermano permite otras asociaciones, como Cástor-Helena u Osiris-Set. Todos ellos son seres míticos que nacieron de padre inmortal y madre mortal. Estos caracteres, expresados en el paisaje por el dualismo montaña (cielo) y valle o agua (tierra), no se funden en la descendencia, sino que permanecen escindidos. Un hermano suele ser cazador feroz; otro, pastor apacible (50). En conjunto, estos seres suelen ser deidades bienhechoras (17). Con cierta frecuencia aparecen, por derivación totémica o por simbolismo animalístico, transformados en animales, como pájaros (35) —lo que se manifiesta también en el mito del nacimiento humano ovíparo— como leones (león salvaje y león domado, día y noche) (4) o como caballos, uno blanco o rojizo y negro el otro. Los dos Ashwins de la India aparecen en esta última forma, uno dentro de la luz y otro en las tinieblas, como si el carro que conducen corriera por perpetua margen de crepúsculo. El sentido simbólico más general de los gemelos es que uno significa la porción eterna del hombre, herencia del padre celeste (reflejo de la hierogamia), es decir, el alma; y el otro la porción mortal (40). Pero también simbolizan los principios contrapuestos del bien y del mal, por lo que los gemelos aparecen como enemigos mortales. Este es el origen del mito egipcio de Osiris y Set, del mito persa de Ahura Mazda y Angromaniu, y asimismo del mito iroqués de Hawneyn y Hanegoasegeh y del eslavo de Bielbog y Czernibog, el «dios blanco» y el «dios negro» (35). Como el principio vital suele asimilarse al mal, el del bien tiene que recaer sobre la espiritualidad ascética; de ahí que, para conseguir la inmortalidad, sea preciso el «niégate a ti mismo». En la India, esta dualidad se especifica bajo los nombres de *Atman* (alma individual) y *Brahman* (alma del mundo) que, hasta cierto punto, exponen un sentido panteísta. Federico Nietzsche interpretó con exactitud el mensaje místico de esta negación parcial, necesaria para la salvación de la esencia espiritual humana cuando dice al hombre: «Arroja en el abismo lo que tienes de más pesado. Hombre, olvida... Divino es el arte de olvidar. Si quieres elevarte. Si quieres ser tú en las alturas, arroja al mar lo que tienes de más pesado», pero aquí, como occidental, no se llega a desprender del yo.

Géminis

Como tercer signo zodiacal, asume la significación general de los gemelos (divino y mortal, blanco y negro), pero también el de una fase característica del proceso cósmico en la rueda de las transformaciones, aquel momento preciso en el cual la pura fuerza creadora (Aries y Tauro) se escinde en un dualismo que será, de un lado, superado, pero, de otro irá avanzando hacia la multiplicidad fenoménica. Los pilares de Hermes, las columnas de Hércules, o las llamadas Jakin y Bohaz en la Cábala, son símbolos derivados del gran mito del Géminis. Dentro del simbolismo zodiacal, el tercer signo es el del intelecto objetivado y reflejado (40). Marius Schneider ha estudiado profundamente el mito del Géminis en la cultura megalítica. Señala que, de las dos naturalezas del Géminis, una es blanca y otra es negra, una crea y otra mata, expresándose ambas por los dos brazos del Géminis, que, en el simbolismo del paisaje, se identifican con el río de la juventud y el río de la muerte, respectivamente. El Géminis es la naturaleza creadora *(Natura naturans)* y la naturaleza creada *(Natura naturata)* y su doble naturaleza se presenta a veces en los cuentos como ser con la cara tapada o por un ser proteico que se transforma en gigante, hombre o animal. En el aspecto de los ritos medicinales, el Géminis, por su constante naturaleza doble, es el médico pero también el enfermo por excelencia (y a esto aludió sin saberlo Jean Arthur Rimbaud cuando dice que el poeta es el gran enfermo y el vidente), como se señala en leyendas y mitos, cual la historia de Parsifal (51). A veces se distinguen dos momentos diversos del Géminis (exactamente como en el mito paralelo del andrógino primordial). El «Géminis celeste» presenta los contrarios fusionados, integrados en unidad (el ser esférico o perfecto). El «Géminis terrestre» muestra ya la grieta, la escisión (Jano de cabeza doble, Hécate triforme, etc.), es decir, los contrarios en conflicto o al menos en disidencia. El tercer paso es el de la individualización y escisión del «ser doble», pero esta etapa ya no concierne al orden mítico, sino al orden existencial. Por el carácter dinámico de todas las contradicciones (lo blanco tiende hacia lo negro, la noche quiere transformarse en día, el malo aspira a la bondad, la vida va hacia la muerte), el mundo fenoménico está constituido por un sistema de perpetuas inversiones, figurado por el reloj de arena que gira sobre sí mismo para poder mantener su movimiento interior gracias al paso de la arena por el agujerito central o «foco» de la inversión. El Géminis, como símbolo esencial de lo contrario es, en su aspecto dinámico, pues, un símbolo de la inversión. Según la concepción megalítica —seguimos a Schneider—, la montaña de Marte (Jano) que se levanta en la mandorla (otro signo de la inversión y el entrecruzamiento, pues se forma por la intersección del círculo de la tierra y el círculo del cielo) del Géminis es el lugar de la inversión, el monte de la muerte y de la resurrección. Esa montaña presenta dos cumbres y todos los símbolos y signos que aluden a esa «situación de inversión» se distinguen por su duplicidad o por tener cabeza doble. Las águilas y gallos bicéfalos corresponden a esa zona, que simboliza también por lo alternante contradictorio (positivo-negativo, grave-agudo). Son todos éstos símbolos de la convivencia ambitendente de «tesis y antítesis, paraíso e infierno, amor y odio, paz y guerra, nacimiento y muerte, alabanzas e insultos, claridad y oscuridad, rocas ardientes de sol y pantanos, que rodean las fuentes y el agua de salvación. Aquí se habla en tono serio de las cosas alegres y se gastan bromas sobre los más trágicos asuntos» (50). Psicológicamente, de la aplicación de este simbolismo cósmico, resultaría que la «zona de contracción» es el umbral del misticismo unificante y unificado. Esto explicaría la abundancia de adjetivaciones contradictorias en la lírica más sublime, y la frecuente abundancia de paradojas en los más profundos pensadores, como Lao-tsé. También corresponde al misterio del Géminis el hecho morfológico de que todo objeto individual posea siempre dos elementos formales: uno variante y otro invariante. Es decir, uno de sus «rostros» da a su individualidad, pero el otro lo liga con su especie.

Geografía visionaria

Con referencia al simbolismo del paisaje, pero también a una experiencia mística de auténtica penetración en un universo tangente con el nuestro, habla Henry Corbin, en *Terre céleste et corps de résurrection* (París, 1960), de una «geografía visionaria» mencionada por los místicos persas. Llaman a ese lugar «mundo de Hûgalayá», tierra de las visiones, intermundo o *barzakh*, queriendo significar con esta última denominación que no se trata propiamente de un «lugar», sino de la transformación de cualquier lugar por su contemplación a la luz visionaria. Aunque hablan de «la imaginación activa como órgano de las metamorfosis» insistiendo así en el sentido psíquico y vivencial, describen «países de oro, plata, blancos, etc.», y aluden al espejo como «lugar epifánico de las revelaciones», en coincidencia con el simbolismo que la magia atribuye al espejo.

Geométrico

El simbolismo del espacio, de las formas y de los grafismos le afectan en parte, o lo integran. Cabría analizar el sentido de todo el simbolismo del esquema geométrico partiendo del segmento lineal (o mejor, del vector, cuya orientación es importante). En esta zona, el simbolismo confluye con la estética de la endopatía y con la psicología de la forma o *Gestalttheorie*. Por ejemplo, un ángulo puede «verse» como la abertura que produce el encuentro de dos líneas o como una alineación con cambio brusco, «fragmento» en este caso de línea quebrada. Su simbolismo será distinto en uno y otro caso aunque el efecto endopático sea el mismo: en el encuentro hay la idea de conflicto, en el cambio de dirección se implica la de una suerte de «voluntad» interna de la línea. Prescindiendo de ello, la «forma» de un ángulo en conjunto posee expresión simbólica. Racional, el ángulo recto; «agresivo» o dinámico, el agudo. Desplazado, como aplastado o «anómalo», el obtuso. Las integraciones de esquemas angulares en series continuas (las grecas, líneas quebradas de diversos cánones y «figuras») poseen, aparte de su valor expresivo, un significado tradicional (formas cuadradas asociadas a la tierra, triangulares al fuego, onduladas al agua y al aire, según esquemas en parte convencionales). Muchos signos pueden interpretarse por el simbolismo de su «gesto» geométrico. Así, la esvástica, dado que el ángulo recto expresa el cambio racional de orientación, significa el cuádruple cambio simultáneo de dirección; teniendo en cuenta el sentido de la cuaternidad (totalidad, puntos cardinales, funciones psíquicas, etc.), se comprende la voluntad de cambio total, de imposición de «nuevo orden» manifestado por la esvástica, símbolo también de movimiento por el «giro» potencial aludido por sus cuatro gammas. Hay que tener presente siempre las leyes del simbolismo espacial (izquierda, derecha; antes, después) cuando se trata de interpretar esquemas gráficos, incluso tan simples como una letra.

Gigante

En el aspecto más profundo y ancestral, el mito del gigante alude a la existencia de un ser inmenso, primordial, de cuyo sacrificio surgió la creación. Este mito cosmogónico, tan frecuente entre los primitivos y antiguas culturas, explica los sacrificios humanos como rito para renovar el sacrificio inicial y revivificar las fuerzas cósmicas o su aspecto favorable (17). Ahora bien, en sí, el gigante no es ni benévolo ni malévolo, es una mera magnificación cuantitativa de lo ordinario; por eso, según los casos, hay gigantes legendarios protectores y otros peligrosos. Ese sentido del gigante, como «lo que sobrepasa» la estatura (simbólica aquí de poder y de fuerza), determina también la indefinición del significado del gigante. Puede ser una imagen del «padre terrible», por reminiscencia infantil (los niños ven a sus padres como gigantes), una imagen del inconsciente, de la «sombra» en su peligrosidad erigida frente al *Selbst* (21), etc. Es curioso anotar que, en el folklore, el gigante suele ser protector del pueblo contra los señores, mantiene las libertades y fueros, su carácter es tutelar. Cabe una significación (no generalizada) del gigante como personificación del hombre colectivo de «la unión hace la fuerza», de la vida de una comunidad (16). Pero el mito del gigante dista de reducirse a esta especialidad. En todas las tradiciones surge más bien como irrupción de lo maravilloso y de lo terrible, aun cuando siempre con cierto aspecto de inferioridad y subordinación. En la Biblia se cita a Goliat (1 Sam 17, 4), a Og, rey de Basán (Dt 3, 1-11), Exodo (46). En cierto aspecto, Sansón presenta los rasgos de un gigante. En Occidente, Bodo, Rübezahl, Gerión, Gargantúa, Hércules son los personajes más caracterizados en la gigantomaquia, que presenta también, en el ámbito griego, a titanes y cíclopes. La tradición cristiana ha identificado con frecuencia el gigante con Satán (50). El héroe trágico se relaciona estrechamente con el gigante, pero a veces en relación inversa, como adversario (60). Frazer expone los numerosos casos de creación de gigantes artificiales, de madera o cestería (fallas valencianas), a los que se prendía fuego en las fiestas solsticiales. En la Antigüedad se rellenaban de animales y aun de hombres vivos, que ardían con el simulacro. Se consideran como sustituciones del espíritu de la vegetación, del dios inmolado para la creación del mundo, lo que nos torna a la cosmogonía. Puede ser el gigante un símbolo de la «rebelión permanente», de las fuerzas de insatisfacción que crecen en el hombre y determinan todas las mutaciones de su historia y de su destino, puede ser un símbolo del Hombre universal (Adam Kadmon) (21). Ahora bien, en psicología junguiana su esencia o, mejor, su aparición parece corresponder al símbolo del padre, como representante del espíritu que pone obstáculo a lo instintivo, como guardián del tesoro (la madre, el inconsciente), en cuyo caso se identifica con el dragón. Un ejemplo citado por Jung que reúne esas características es el de Humbaba, protector del jardín de Ishtar en la epopeya de Gilgamés (31).

Gladiadores

El reciario simboliza al dios uránico y oceánico (red y tridente), asociado zodiacalmente al signo de Acuario; el mirmidón corresponde al dios solar (armadura-caparazón y espada corta), asociado a Cáncer.

Globo

La esfera es una totalidad y por ello constituye el substrato simbólico de las imágenes que coinciden en ese sentido dominante, desde la idea de centro (56) a la del mundo y la eternidad (8) o, más concretamente, del alma del mundo (4). En la filosofía neoplatónica, el alma aparece en explícita relación con la forma esférica y la sustancia del alma se deposita, como quintaesencia, en torno a las esferas concéntricas de los cuatro elementos. Lo mismo acontece en el hombre primordial platónico del *Timeo* (32). En la alquimia aparece como símbolo de la primera materia cuando es un globo de color negro, o bien alado (para significar el movimiento espiritual, la evolución); así aparece el globo en la obra de Milius, *Philosophia Reformata* (1622) (32). Otra asociación importante a la idea de esfericidad es la de perfección y felicidad. La carencia de esquinas (aristas) equivale analógicamente a la falta de inconvenientes, estorbos, contrariedades.

Glorieta

Como la torre, el pozo y la puerta, emblema corriente de la Virgen María. Un pintor intenso de la femineidad, cual Juan de Flandes (siglos xv-xvi), hace surgir con frecuencia estos temas en sus obras.

Gog y Magog

Significan respectivamente: rey y pueblo, citados por Ezequiel (38, 2-16; 39, 6). La Biblia se refiere concretamente a los pueblos al nordeste de Asia Menor como enemigos de Dios. Los musulmanes han conservado este sentido (46).

Golondrina

Ave consagrada a Isis y a Venus (8), alegoría de la primavera. Bécquer integró en el símbolo todo el patético sentido irreversible del tiempo, estableciendo analogías con otros símbolos.

Goma

La denominación *Gummi arabicum* fue empleada por los alquimistas para señalar la sustancia de transmutación, por creerla, en lo espiritual, dotada de análogas virtudes adhesivas. Símbolo de la sustancia seminal (32).

Gorgona

Según Frobenius, es un símbolo de la fusión de los contrarios: león y águila, pájaro y serpiente, movilidad e inmovilidad (esvástica), belleza y horror (22). Por ello excede las condiciones soportables por la conciencia y mata al que la contempla. Como otros entes fabulosos, simboliza también las posibilidades indefinidas de creación de la naturaleza. Su rostro dramático aparece con relativa frecuencia en mosaicos romanos, en el centro. Es decir, como equivalencia del mascarón (dios primordial, Pan) y con simbolismo evidente de madre terrible, o *Dea inversa*, lado destructor de la naturaleza. En el siglo pasado, los pintores simbolistas gustaron de representarla; hay efigies de Medusa de Böcklin y Stuck, entre otros; el primero la representa muerta; el segundo viva, con expresión de pasmo, como de asombro ante su propia malignidad. Las serpientes en la cabeza, por su sobredeterminación negativa (multiplicidad = disgregación), no simbolizan elevación de la fuerza inferior (serpiente en la cabeza), sino, a la inversa, invasión de la zona superior (cabeza) por las fuerzas inferiores (serpientes) asimiladas más profundamente aún por el hecho de que los cabellos simbolicen justamente las fuerzas.

Gorro frigio

Símbolo fálico, pero en cierto aspecto. El hecho de que sea un sombrero, es decir, corresponda a la cabeza, significa que se trata de erotismo en su forma superior, más alta, sublimada (aunque puede ser obsesionante). Por ello, el troyano Paris —tipo puro del hombre venusino, cuyo destino en suerte y desgracia es enteramente determinado por el eros — se representa con gorro frigio. El color rojo puede tener también un sentido sacrificial, propio (como el de los sacerdotes de Cibeles) o ajeno (como el de los revolucionarios franceses de 1789). Todo bonete rojo tiene similar sentido, en principio. El casquete *(il corno)* del dux es una estilización del casquete de pescador — lo semejante a lo semejante — puntiagudo (análogo al gorro frigio).

Graal

Es uno de los símbolos legendarios más bellos y complejos. En realidad engloba dos símbolos diferentes, principales, en torno a los cuales aparecen otros. Son éstos: el propio Graal, y su búsqueda. En la leyenda occidental del rey pecador y de sir Parsifal, una misteriosa enfermedad simbólica (la misma de Filoctetes) paralizaba al anciano monarca, mantenedor del secreto del Graal. Y a su ritmo y nivel, cuanto le rodeaba sufría la misma impotencia (tema de *La caída de la casa de Usher*, de Poe; de la *Tierra baldía*, de

Eliot). Los animales degeneraban, los árboles no daban frutos, las fuentes se extinguían. Día y noche, médicos y caballeros se interesaban por la salud del monarca. Sir Parsifal interroga directamente al rey: ¿Dónde está el Graal? Al instante, el monarca se levanta y la naturaleza se regenera (18). Wolfram de Eschembach fue el autor del *Perceval* cuya acción se sitúa en la Galia, en los confines de España, donde un héroe llamado Titurel funda un templo para conservar el vaso de la última Cena (27). La copa posee, de por sí, su propio simbolismo, pero una leyenda dice que el Graal fue tallado por los ángeles de una esmeralda caída de la frente de Luzbel, en el momento de ser precipitado en el abismo. Así, de igual modo que la Virgen María redime del pecado de Eva, la sangre del Redentor, a través del Graal, redime del pecado luciferiano. Esta esmeralda, señala Guénon, recuerda la *urnâ*, perla frontal que, en el simbolismo hindú, tiene el puesto del tercer ojo de Shiva y que representa el «sentido de la eternidad». La pérdida del Graal es la pérdida de la conexión interna, trátese de la religación religiosa o, en las formas degradadas (psicológicas) del misterio, de cualquier «fuente de felicidad». Por ello, ese abandono del recuerdo trae consigo la pérdida del estado primordial o paradisíaco, la muerte y agostamiento de la naturaleza (de la vida espiritual propia). El Graal significa simultáneamente un vaso (grasale) y un libro (gradale). En cuanto a su búsqueda, concierne, en términos generales, a la «busca del tesoro perdido», empresa que es exactamente la inversión de la inacabable persecución del «cazador maldito», ya que éste persigue las formas fenoménicas en juego incesante de ser y no ser, mientras que el Graal es, sobre todo, un símbolo del centro («motor inmóvil» de Aristóteles; «medio invariable» de la tradición extremoriental) (28). La aparición del Graal en el centro de la mesa de la Tabla Redonda, en torno a la cual toman asiento los caballeros, reproduce con exacto sentido (según el simbolismo de la forma) el símbolo del cielo de los chinos: el círculo con un agujero (la copa) en medio. El Ms fr. 112 de la Bibl. Nat. de París, *Lancelot du Lac*, presenta el momento en que el Graal es depositado por dos ángeles en el centro de la mística mesa redonda. El origen histórico de la leyenda del Graal relaciona, en el Occidente cristiano, el vaso sagrado con la copa o plato en que José de Arimatea recogió sangre del Salvador clavado en la cruz. El gran desarrollo de la leyenda del Graal se produce en el ya citado siglo XII, tres novelas debidas a Chrétien de Troyes, Wolfram de Eschembach y a Robert de Bron. Pierre Ponsoye, en su libro *L'Islam et le Graal* (París, 1958), estudia la trayectoria arábiga del símbolo. Estudio de conjunto sobre el Graal y los símbolos que hay en torno suyo es el libro de A. E. Waite, *The Holy Graail* (Londres, 1933). La idea del Graal como «objeto» dotado de poderes misteriosos se relaciona con la del arca de la alianza hebraica, que aparece investida de similar poder protector y de comunicación con el Altísimo.

Gráfico

Un inmenso repertorio de signos gráficos pudiera inventariarse y catalogarse. En ellos, más acaso que en otro dominio alguno, por la expresa voluntad de acuñar significación que presidió su origen, hay sentido simbólico. Un solo autor coetáneo, Ernst Lehner, nos dice que su colección llegó a integrar 60 000 símbolos, signos y marcas diferentes, de diversas procedencias, orígenes, culturas y tiempos. En el símbolo gráfico (grabado, incidido, dibujado, creado en forma de diagrama, emblema o esquema por cualquier otro procedimiento, como el de las filigranas de los impresores) aparece en plena manifestación la doctrina mística de la forma, que fue especialmente desenvuelta por las civilizaciones orientales. Con arrebato lírico, dijo Shukrâshârya: «El carácter de la imagen se determina por la relación establecida entre el adorante y el adorado», coincidiendo sin saberlo con la definición del biólogo, para quien la forma es «el diagrama entre la pulsión interna de un cuerpo y la resistencia del medio». Para la doctrina hindú la belleza no resulta de unas cualidades exteriores, sino de la emanación de un estado de alma; lo mismo se dice respecto de otras notas de la forma, como dirección, ordenación, orientación o número de elementos. Los místicos alemanes también se han referido — como recuerda Luc Benoist (6) — a la forma (plena o diagramática) como manifestación del espíritu. Ana Catalina Emmerich dijo: «Nada es pura forma. Todo es sustancia y acción por medio del signo». El símbolo fijado por procedimientos artísticos posee una condensación extrema, que deriva de la economía formal integrada y de la potencia alusiva que pueda poseer. Esta es la base psicológica (la mágica se fundamenta en una interpretación literal de la teoría de las correspondencias) de que la mayoría de amuletos, talismanes, pantáculos y signos adivinatorios — desde los tiempos prehistóricos hasta el presente, sin solución de continuidad — se hayan apoyado con fuerza en el simbolismo gráfico. Por ello también, ciertas formas, emblemas, banderas, escudos de armas, marcas y condecoraciones ejercen una atracción tan intensa y justificada, no convencional como se ha dicho, sino basada en nexos internos de ritmos simbólicos (30). Aparte de su valor de integración y resumen, los símbolos gráficos poseen un singular poder nemotécnico. Así lo señala Schneider, indicando que tales dibujos esquemáticos (espiral, esvástica, círculo con punto central, creciente lunar, doble sigma, etc.) permitían recordar los más variados conocimientos filosóficos, alquimísticos o astronómicos, según la interpretación (por reducción a un plano de significación) que se les aplicara. La misma figura (con multivalencia, no con sentido indiferente o equívoco) cambia de aspecto y de sentido según el ritmo-símbolo (idea como dirección intencional) que la invada. Agrega que esto constituye un rasgo dominante del arte antiguo, al «que con frecuencia se denomina por desgracia arte decorativo u ornamental», en conexión con Tanew *Das Ornament die Elbetiza*, Ipek, 1942) (51). Enumerando sumariamente algunos de los géneros que comprende el simbolismo gráfico, tenemos los siguientes: atributos y figuras mitológicas, signos de astronomía y astrología, alquimia, magia y mística primitiva, religiones, heráldica, figuras fabulosas y monstruos, ornamentos, signos de oficios diversos, signos numismáticos, marcas de porcelana, de papel, etc. (36). Basta imaginar la prodigiosa variedad de uno solo de estos epígrafes, el de la ornamentaria aplicada, para advertir que un estudio siquiera aproximado, inventarial, del simbolismo gráfico exigiría una extensión material considerable. Al grupo citado podemos agregar, alfabetos, ideografías, pictografías, metagrafías, mandalas; y también la reducción a lo gráfico de las composiciones artísticas, incluyendo por ejemplo la pintura abstracta, que, como el arte ornamental celta, anglosajón y nórdico, es un enorme repertorio de formas significativas, producidas con intención de expresar o sin ella, pero sin poderse evadir de esa comunicación sutil, inmediata, totalitaria, que el ser humano impone a cuanto realiza. Para ampliar más aún el panorama de posibilidades que estamos exponiendo, nos referiremos a los signos lapidarios que se hallan en los sillares de muchas obras arquitectónicas. Se han catalogado muchísimas variedades de marcas que, aparte de su sentido esotérico, pueden corresponder a: letras iniciales, anagramas, signos astrológicos, numéricos, mágicos, misticocristianos, trabajos propios de la construcción, nacionalidad o raza, donantes, etc.

Los ornamentos (grecas, líneas onduladas, series de espirales, arrollamientos de ritmos varios, sigmas, aspas, rombos, círculos, óvalos, dardos, triángulos, zigzagues, triskeles, esvásticas) reciben la denominación simbólica general de «fondos cósmicos», porque simbolizan efectivamente la actividad de las fuerzas naturales y de los elementos (41). Según la época y las predilecciones culturales del autor, los prehistoriadores e historiadores del arte, que en la mayoría de los casos no se han interesado por la doctrina autónoma del simbolismo, los consideran globalmente a casi todos como signos solares, o como símbolos del huracán y del cielo. J. Déchelette, en su *Manuel d'Archéologie Préhistorique* dice que todos los signos de doble simetría bilateral o de centro irradiante «han sido empleados como representaciones del sol desde la edad del bronce». No podemos dejar de mencionar un hecho importante, y es la conexión del simbolismo de la forma con la adivinación. Los *Pa Kua* chinos, cuyo sistema se explica en el *I King* (Libro de las Mutaciones), los puntos de la geomancia, y las innumerables mancias que legó la Antigüedad, relacionadas en multitud de obras sobre el tema, se fundan en la mayoría de los casos en el simbolismo de la forma; bien, como en el caso de las manchas (y del test de Rorschach) por identificar una «forma matriz» determinada con la figura de tal o cual ser, cuyo sentido simbólico sería el determinante del augurio, bien por descomponer la forma en elementos numéricos y de dirección espacial, buscando su sentido por la aplicación del significado de las zonas del espacio y de los números. Por ejemplo, Frazer nos explica la creencia china de que la existencia y destino de una ciudad estaban tan influidos por su forma, que habrían de variar según el carácter de la cosa más similar a tal figura. Y cuenta que, en tiempos lejanos, la ciudad de Tsuen-cheu-fu, cuya configuración se asemejaba a una carpa, con frecuencia servía de presa a las depredaciones de la vecina ciudad de Yung-chun, cuya forma se asemejaba a la red de un pescador (21).

Jung se ha interesado profundamente por los problemas del simbolismo gráfico, de los esquemas geométricos y los números determinados por el factor cuantitativo de los elementos, pero sin sistematizar sus interesantes hallazgos y conceptos, que son exactos. Así dice que las relaciones entre los números y las formas no sólo dependen de la cantidad de elementos, sino de la forma y dirección de los mismos, pues la dirección modifica la calidad cuantitativa como la ruptura. Coincide con el simbolismo esotérico, para el cual los cuadriláteros no cuadrados indican una modificación del equilibrio del simbolismo del cuatro, en el sentido del eje mayor. El prevalecimiento de la horizontal revela un predominio del intelecto meramente racionalista, mientras el de la vertical, el del irracionalismo espiritual. El signo de la unión del cuaternario (cruz o cuadrado) con la unidad se expresa por la unión del cuatro y el uno, es decir, del cuadrado (o la cruz) y el círculo. La relación de los dos diámetros cruzados con la circunferencia se ratifica a veces haciendo perceptible el centro, por su transformación de un circulito, que deviene simbólico del «centro» místico. La figura así constituida tiene un gran valor simbólico por expresar la unidad original (centro) la «salida a la manifestación» (cuatro radios, que se identifican con los cuatro ríos que brotan en el paraíso, de la *fons vitae* o junto al árbol cósmico) y el retorno a la unidad (circunferencia exterior), por el movimiento circular que «alisa» las esquinas del cuadrado (diferencias de lo múltiple y transitorio del mundo del fenómeno). Por la agregación de una cruz en aspa a la figura mencionada, se obtiene la rueda, que es el símbolo más universal del centro y del ciclo de las transformaciones. La importancia de la relación

Unidad, origen.

Principio pasivo.

Principio activo.

Cuaternario material
pasivo.

Cuaternario material
activo.

Generación material
por acción de dos
antagónicos.

Ternario neutro;
modo sucesivo.

Ternario evolutivo,
por ser mayor el eje
vertical.

Ternario involutivo,
por inversión.

Cuaternario espiritual
neutro.

El ternario superior
actúa en el
cuaternario espiritual

Inversión del anterior.

Doble cuaternario en
la circunferencia.

El cuaternario
accionado por el
ternario en el
universo. Modo
constructivo en la
totalidad.

Quinario. Símbolo
del hombre.

Ternario y cuaternario
separados; su unión
constituye el
septenario.

Triángulo
parcialmente inscrito
en círculo.
Penetración en la
totalidad. Con el
cuaternario inferior
(desligado) expresa
los tres "estados",
material, ascensional,
espiritual.

Los mismos
elementos unidos.
Obsérvese que así se
componían las
portadas cistercienses
(con el triángulo
curvilíneo u ojival).

del círculo y el cuadrado es extraordinaria; formas que integran de las más variadas maneras ambas figuras, abundan en el arte no sólo religioso y simbólico, sino en el profano. Pero ciñéndonos al primero, mencionaremos dos casos que, sin la menor conexión, dan el mismo resultado: el denominado «pantáculo de Laos», figura cuadrada, con un cuadrado en el centro y cuatro círculos en los ángulos, con cuadripartición interna, y el retablo de la Cartuja de Miraflores, de parecida organización, que es la de los conjuntos de Pantocrátor y tetramorfos. Pues el substrato logicosimbólico de la figura es tan poderoso, que cuando se quiere acudir a una imagen abstracta de ordenación cósmica, de relación íntima e intensa de los «dos mundos», se ha de volver a esta *coniunctio* del símbolo de la tierra (cuadrado) y del cielo (círculo). El hecho de que las figuras de centro irradiante simbolicen, cósmicamente, el destino final del espíritu, motiva que, en lo psicológico, simbolicen la imagen de ese destino, su presentimiento y el camino de su posibilitación, es decir, la idea mística por excelencia (32). Por ello señalan los psicoanalistas que la unión del cuadrado con el círculo, la estrella, la rosa, el loto, los círculos concéntricos, el círculo con punto central, etc., simbolizan el final del proceso de individualización o de «salvación» en las doctrinas místicas, es decir, aquella etapa de la vida espiritual en que se han eliminado las imperfecciones (figuras irregulares) y también los intereses vitales (símbolos biológicos, en el aspecto peor: monstruos, animales salvajes) para concentrarse en la unidad y en la imagen que Dante sitúa al final de su *Paraíso* (56). Otras afirmaciones de Jung sobre psicología de la forma son: los opuestos se simbolizan por una cruz (como impulsos) y por un cuadrado (como horizonte). Su superación, por el círculo (33). Cuando los dos símbolos aparecen orientados en direcciones contrarias expresan el anhelo de totalidad (tanto de conquista de todo el espacio, como de penetración en las dos esferas: ir hacia la izquierda es dirigirse hacia el inconsciente y el pasado; hacia la derecha es ir hacia lo consciente y el futuro). Como ejemplo, menciona Jung que, en el *Viatorium*, de Michael Majer (Rotomagni, 1651) se ven dos águilas volando en direcciones opuestas (32).

Respecto a las composiciones, como tales, y a su significado simbólico, no hemos de ocultar que existe una teoría de su origen ornamental sostenida, entre otros autores, por Baltrusaitis — que establece como elemento apriorístico la idea de un campo a llenar y de unos efectos estéticos a conseguir, dimanando de las ideas de orden, simetría, lógica, claridad —. Pero los impulsos estéticos de la humanidad son muy posteriores a su necesidad de expresar significaciones cósmicas y el concepto actual del arte como signo y como testimonio del espíritu, mejor que como creación de belleza o de deleite estético (lo que expulsaría automáticamente de su dominio muchas obras que en sí carecen de cualidades amables o positivas), parecen inclinarse por la prioridad de un sentido primario simbólico. Según la doctrina tradicional, las formas simétricas artísticas — por ejemplo, las distribuciones de figuras en un tímpano románico o gótico; o la de los tenantes, escudo y yelmo en un blasón — brotan de la misma fuente (Géminis) que la simetría bilateral de la figura humana que se traduce en duplicación de algunos órganos. Si no se quiere aceptar esta idea, puede entonces concebirse la preferencia por lo simétrico como proyección anatómica, dando por sentado que la sensación de adecuación primordial sólo podría aparecer cuando lo artificial fuese paralelo, análogo, correspondiente a lo natural. Un ser con dos brazos situados a los lados de un cuerpo rematado por una cabeza ha de tender, primariamente, a formular como orden una disposición en que una forma principal se halle en el centro y dos secundarias a ambos lados. Estas nociones elementales fueron sentidas probablemente no en la época paleolítica, en que poco sabemos del hombre, que vivía bajo la presión de la necesidad y obligado a esfuerzos constantes en lo utilitario, pero sí en la etapa auroral, desde fines del neolítico a la edad de bronce, entre los años 5000 y 3000 antes de Jesucristo, época en que surgieron o se desarrollaron decisivamente los elementos culturales. Ortiz indica con juicio que no es inverosímil que, antes de llegar a la figuración genérica de la vida, los hombres concibieran los ideogramas de las realidades tangibles de la vida, especialmente en lo concerniente a los entes que no tienen figura concreta como el viento. El fuego se vio como llama; el agua, como sucesión de ondas; la lluvia se asoció a las lágrimas; el relámpago, al zigzag, etcétera (41).

No es que todas las representaciones pictográficas o ideográficas ni menos los signos, de las culturas primitivas y astrobiológicas, se deban a igual motivo ni representen similar morfología, en su proceso. Hemos de distinguir entre: *imágenes realistas imitativas* (propiamente dibujos o pinturas); *imágenes esquemáticas imitativas* (que buscan ya el sentido rítmico de la figura tanto como su forma exterior); *imágenes rítmicas puras* (como los signos de animales derivados de las huellas que dejan al andar). Schneider menciona que, en las culturas medias, los animales símbolos no se representan por la imitación de su aspecto físico, sino por las líneas rítmicas determinadas por sus movimientos. Agrega que, en Malaca, se transfiere el simbolismo de un animal al de un elemento; y el símbolo del agua deriva del ritmo de las piernas de las ranas — similar, de otro lado, al movimiento de las ondas —. Las hormigas se figuran por el ritmo de su andar; un ciempiés, lo mismo (50). Esta idea del ritmo abre enormes horizontes en cuanto se concibe a la luz del espíritu. Cada hombre posee su propio ritmo; cada cultura, también. El estilo, la manera personal, no son, en última instancia, sino expresiones rítmicas. Germain Bazin, en su *Histoire de l'Art* (París, 1953), dice del arte abstracto que es el intento de exponer al exterior los *ritmos esenciales* del alma humana, individual y colectiva (en relación con las ideas sobre la endopatía, de Aristóteles, Vischer, Kant, Lipps, etc.).

En consecuencia, en toda figura gráfica, y para establecer su significado, hemos de tener en cuenta los siguientes elementos: *a)* similitud con figuras de seres cósmicos; *b)* forma abierta o cerrada, regular o irregular, geométrica o biomórfica; *c)* número de elementos de esa forma y significado de tal número; *d)* ritmos dominantes, sentido elemental de su tensión y movimiento; *e)* ordenación espacial, determinación de las zonas; *f)* proporciones; *g)* colores, si los hay. El factor similitud es tan amplio y obvio que no es preciso comentarlo; la forma tiene el significado análogo a su condición y respecto a las geométricas, ya se ha indicado su simbolismo; el número de elementos traduce al simbolismo numérico un componente secundario — a veces muy importante — de la forma; la estrella de siete puntas, por ejemplo, corresponde tanto al significado del septenario como al de la figura estelar; sobre los ritmos ya hemos indicado su relación con los elementos y con los animales. La greca y la línea quebrada de esquema trapecial se suele considerar correspondiente al simbolismo de la tierra; la línea ondulada, al del aire; la sucesión de espirales incompletas o de ondas, la línea quebrada, al del agua; pero esta última también se asocia al fuego por su forma triangular en cada diente. En cuanto a la ordenación espacial, en lo vertical domina el simbolismo del nivel — de carácter moral y a la vez energético —; en lo horizontal, ya indicamos que la zona izquierda es previa (zona de origen, asimilada al inconsciente y las tinieblas), mientras la derecha es resultante. Por ello, el eje que parte del lado izquierdo, abajo, para dirigirse hacia el lado derecho, arriba, no indica caída sino elevación; e inversamente. Por eso la cruz de san Andrés, que cruza dos ejes contrarios (caída y elevación) es símbolo del entrecruzamiento de dos mundos, como la mandorla mística. En las figuras con centro y doble simetría bilateral, los ritmos hacia dentro señalan concentración, pero también ataque (el clásico símbolo de los cuatro vientos soplando hacia el interior); ritmos surgiendo del centro hacia los cuatro puntos cardinales indican defensa de la totalidad (así está realizada la Laureada de San Fernando) y tienen cierta relación con el tetramorfos y los «cuatro arqueros» de la cultura megalítica. Las figuras radiantes indican dispersión, crecimiento, involución. Debe tenerse en cuenta que, al margen de su valor morfológico, las líneas son siempre factores de comunicación y de enlace; de ahí que su sentido dependa íntimamente de las zonas que ponen en contacto. Algunos tratadistas de simbolismo llevan el análisis de los grafismos a extremos de prolijidad y precisión extremas. Por ejemplo, Ely Star analiza las formas diversas a que puede dar lugar la conexión de una raya vertical y otra horizontal, simplemente por aplicación del concepto de que la primera corresponde al principio activo y la segunda al principio pasivo. Señala que las líneas rectas siempre son actividad, comparativamente a las curvas que expresan receptividad (54). Respecto a la conexión de los primeros signos ideográficos con las constelaciones, es muy importante la tendencia actual de considerar a éstas como el origen del alfabeto. Gattefossé, Fenn y otros autores así lo declaran explícitamente. En la obra de Zollinger se advierte cómo de la Osa Mayor deriva el signo representativo de lazo, nexo, conocimiento; indica que el 8 y la H son signos derivados del Géminis; que la esvástica expresa el ciclo de las eternas leyes, bien representado por el curso solar o por la rotación del polo; la división de lo increado en formas distintas, por el signo chino del *Yang-Yin*; la manifestación, por la línea horizontal; el centro, por una cruz; la unión de los tres principios, por la conexión de los signos del sol, la luna y la cruz, dando lugar al símbolo gráfico llamado emblema de Hermes. Indica el parentesco de las formas de simetría bilateral, como el signo *Yang-Yin*, el *labrys* (hacha doble), el lábaro, y la cruz (61), esto es, símbolos axiales con dos elementos laterales complementarios. Bayley, en su repertorio de marcas de papel, encuentra multitud de signos gráficos dotados de sentido preciso: tres círculos, trébol y derivados, lo trinitario; laberinto en forma de cruz, la divina inescrutabilidad y ligazón; ruedas, el sol como motor de los cambios y sucesiones (4). Respecto al simbolismo de las cruces, de las que existen numerosos tipos, sólo indicaremos que depende de la forma de sus brazos y del sentido rítmico de dirección que esa forma les depare (cruces centrífugas y centrípetas, indiferentes, rotatorias) (47). Los símbolos de los planetas y otras muchas marcas que no se pueden reducir a una figura geométrica dada, ni a la unión de elementos simples, sino que muestran cierta complejidad, pueden leerse con ayuda del simbolismo por los principios expuestos. Vamos a dar un solo ejemplo. El signo alquímistico del «antimonio», que representa el alma intelectual, animada de todas sus virtudes y potencias, se figura por una cruz colocada sobre un círculo; el del «verde», que concierne al alma vegetativa, es decir, el mundo de lo fisiológico, consiste en un círculo inscribiendo la cruz; el signo de Venus, correspondiendo a acción instintiva, impulsos inferiores, muestra la cruz debajo del círculo. En simbolismo gráfico nada es arbitrario (59), todo sigue un sistema que parte del punto y se expande hacia las formas más complejas, en las que figura, ritmo, cantidad, situación, orden y dirección explican y definen el diagrama. Recuérdese lo dicho al final del artículo que trata del espacio. En todo símbolo gráfico el significado de las zonas espaciales sobredetermina y condiciona —u origina— el sentido del grafismo según las equivalencias: no manifestado, inconsciente, detrás, izquierda, abajo; manifestado, consciente, delante, derecha y arriba. Positivo es todo movimiento que va del grupo primero hacia el segundo y negativo el que se orienta inversamente.

Gran Madre

El arquetipo de la Gran Madre, que corresponde a algunas deidades femeninas, como Isthar en Babilonia, Isis en Egipto, Astarté en Fenicia, Kali-Durga en la India, Gea y Deméter en Grecia (56) suele considerársele como un símbolo de la tierra fecundada (51), aunque también el mar aparece en antiguas cosmogonías con ese sentido (4). La *Magna Mater* representa la objetiva verdad de la naturaleza, enmascarándose o encarnando en las figuras de una mujer maternal, sibila, diosa, sacerdotisa, o bajo el aspecto de una iglesia, ciudad, comarca, etc. Jung da a esta imagen arquetípica el nombre de personalidad mana, correspondiendo al «Anciano de los Días», también aparecido como mago, hechicero, sabio, etc. (30).

Gran Monarca

Esta denominación, que aparece en algunos escritos herméticos, procede, según Piobb, de una incorrecta interpretación de la lengua griega tomando «el que se gobierna solo» por «el que gobierna solo» (48). Sin embargo, ya el simbolismo del rey se refiere al triunfador de sí mismo, es decir, al héroe en su aspecto definitivo y victorioso (48).

Gran Sacerdote

Quinto arcano del Tarot. Aparece sentado en un trono entre las dos columnas Jakin y Bohaz, que simbolizan la intuición y la razón. Lleva guantes blancos para simbolizar la pureza de sus manos. El cetro termina en triple cruz, cuyos extremos redondeados dan lugar al septenario, que alude a las virtudes necesarias para vencer a los siete pecados capitales: orgullo (Sol), pereza (Luna), envidia (Mercurio), cólera (Marte), lujuria (Venus), gula (Júpiter) y avaricia (Saturno). En la imagen aparecen también dos fieles arrodillados, uno vestido de rojo (actividad) y otro de negro (receptividad). En sentido afirmativo, este arcano significa la ley moral, el deber y la conciencia (59).

Gran Sacerdotisa

Arcano segundo del Tarot. Representa a Isis, como deidad de la noche. Aparece sentada, teniendo en la mano derecha un libro entreabierto y en la izquierda dos llaves, una de oro (sol, verbo, razón) y otra de plata (luna, imaginación). Su trono se halla alegóricamente entre dos columnas (pues el dos corresponde al principio femenino), las llamadas en el Templo de Salomón Jakin y Bohaz, unidas por el velo que cierra la entrada del santuario. La primera (solar) es roja y corresponde al fuego, a la actividad; la segunda (lunar) es azul. La tiara que corona la cabeza de la Gran Sacerdotisa tiene un creciente lunar (símbolo de las fases, del mundo fenoménico), lo que muestra el predominio del principio pasivo, reflejante y femenino. Se apoya sobre la esfinge de las grandes interrogaciones cósmicas, y el suelo.

de baldosas alternas blancas y negras, dice que todo en la realidad está sometido a la ley del azar y de los contrastes. En el Tarot de Besançon, el arcano segundo se figura como Juno. En sentido afirmativo, significa meditación e intuición. En sentido negativo, intolerancia (59).

Granada

Los griegos creían que las granadas habían brotado de la sangre de Dioniso. Creencias similares relacionan las anémonas con Adonis y las violetas con Atis (21). Pero el significado prevaleciente de la granada, debido a su forma y estructura interna, dominando sobre la impresión del color, es el del adecuado ajuste de lo múltiple y diverso en el seno de la unidad aparente. Por eso, ya en la Biblia aparece como símbolo de la unidad del universo (37). También simboliza la fecundidad.

Grifo

Animal fabuloso, cuya parte delantera es de águila, mientras por detrás semeja un león, con larga cola parecida a una serpiente. La mezcla de los dos animales superiores y solares expresa el carácter más bien benéfico de este ser, consagrado por los griegos a Apolo y Némesis (8). El grifo, como ciertas formas de dragón, se halla siempre como vigilante de los caminos de salvación, junto al Arbol de la Vida o símbolo similar. Desde el punto de vista psicológico, simboliza la relación entre la energía psíquica y la fuerza cósmica (4). En el arte cristiano medieval, desde las miniaturas mozárabes, aparece el grifo con frecuencia y con signos más bien ambivalentes, como Salvador o Anticristo (20).

Grulla

Desde China hasta las culturas mediterráneas, alegoría de la justicia, la longevidad y el alma buena y solícita (51).

Grutescos

Género ornamental y decorativo, usado por los romanos y que aparece con gran frecuencia desde el siglo xv, muy especialmente en el plateresco. Algunos de sus elementos —como en la emblemática— provienen del gnosticismo, que, como es sabido, empleó la imagen simbólica en grado sumo para la difusión de su doctrina. Bayley reproduce gran cantidad de grutescos y temas decorativos similares, en los cuales aparecen principalmente las figuras siguientes: fénix, cisne, cordero, caballos alados, serpientes, dragones, jardines, flores diversas, plantas, haces, guirnaldas, tallos enroscados, rosas en jarros, frutas, cestas de flores y frutas, vides, granadas, árboles sobre todo de hoja perenne, cruces, lises, caduceos, clavos, máscaras, escaleras, trofeos, lacerías, nudos, escudos, cartelas, espadas, lanzas, copas, niños desnudos, gemelos, sembradores, diosas de la fecundidad de múltiples senos, cariátides, doncellas. Todo ello corresponde al mundo simbólico, como los elementos de las alegorías, emblemas, capiteles románicos y góticos, etc. Pero el grutesco en sí, como forma y sistema, destaca el enlace de la continuidad y discontinuidad, es decir, la ambivalencia (Géminis), por lo cual se convierte en un símbolo general del mundo fenoménico y de la existencia en su despliegue enlazado (4).

Grutescos. Grabado de Peter Flötner. Zurich, 1559.

Guadaña

Atributo de Saturno y de las alegorías de la muerte. Aparece también asociada a Atis y a los sacerdotes de Cibeles, aludiendo a la automutilación (8). En algunas imágenes de las citadas deidades no se trata de la gran hoz del agricultor, sino de un pequeño puñal de forma curva, llamado *harpé*. Todas las armas curvas, en general, son lunares y femeninas, mientras las rectas son masculinas y solares. Lo recto es penetración e impulso; lo curvo es camino y pasividad. Por eso se ha asociado la *harpé* con la «vía indirecta», con el camino secreto hacia el ultramundo. Según Diel, la guadaña es también símbolo de la cosecha, de la nueva esperanza de renacimiento. Por ello aparece el símbolo, como en el zodiacal de Piscis, la dualidad del principio como fin, e inversamente (15). Estos significados, el de la mutilación y el de la esperanza, pese a su carácter contradictorio, coinciden en la idea del sacrificio, asociada a la imagen de toda arma.

Guante

Los guantes, constituyendo el vestido de las manos, derivan su simbolismo de éstas. Especial interés tiene el guante derecho, y la costumbre ceremonial de no llevarlo puesto al aproximarse a una persona de rango superior, al señor, a un altar. Tiene la norma doble raíz simbólica; en cuanto guante de mallas, significa desarmarse ante el superior; de otro lado, correspondiendo la mano derecha a la voz y al lado de lo racional, es hablar sin velos y destocarse mostrando la conciencia con claridad.

Guardián.
Toro alado de
Dur Sharrukin.
Arte asirio.
Louvre. París.

Guardián

Por analogía, tal como los poderes de la tierra han de defenderse, toda riqueza o potestad mítica, religiosa o espiritual, ha de ser protegida contra los poderes contrarios o frente a la posible intromisión de lo que no es digno de penetrar en su dominio. Así las leyendas hablan del «guardián del tesoro», casi siempre un grifo o dragón, o un guerrero dotado de potestades extraordinarias. En los templos, ya la organización del espacio implica la idea de defensa, que los muros, puertas y torres ratifican. En Extremo Oriente los guardianes suelen ser figuras de monstruos fabulosos. En Occidente, las imágenes de los portales pueden tener similar función. Psicológicamente, los guardianes simbolizan las fuerzas que se concentran en los umbrales de transición entre distintos estadios de evolución y progreso, o regresión espiritual. El «guardián del umbral» ha de ser vencido para penetrar como dueño en un recinto superior.

Guerra

En sentido cósmico, toda guerra concierne a la lucha de la luz contra las tinieblas, del bien contra el mal. En las mitologías abundan ejemplos de esa guerra librada entre las potencias luminosas y las oscuras, como la lucha de Júpiter contra los titanes, la de Thor contra los gigantes, la de Gilgamés y otros héroes contra los monstruos. (4). El campo de batalla simboliza el dominio de la realidad en que acontece la acción. En la tradición islámica, la guerra material es sólo la «pequeña guerra santa», mientras que la «gran guerra santa» es la que libra el hombre contra sus enemigos interiores. La imagen es tanto más fiel cuanto más justa es la guerra. Guénon especifica que la razón única que puede justificar una guerra es reducir la multiplicidad a la unidad, el desorden al orden. De este modo, la guerra aparece como el medio para obtener la reintegración del orden original, como un «sacrificio» que repite el cosmogónico. En el plano psíquico sucede exactamente: el hombre debe tender a realizar su unidad interior; entre sus acciones; entre sus pensamientos; y entre unas y otros. La unidad en la intención se simboliza por la orientación ritual, siendo los centros terrestres (estrella Polar, Oriente) como imágenes visuales del único centro (25).

Guerreros.
Detalle de
copa griega.

Guerreros

Antepasados. Fuerzas latentes de la personalidad que se disponen a pres-
tar ayuda a la conciencia. Si son guerreros enemigos, potencias adversarias
pero incluidas dentro de la personalidad. Es éste un simbolismo similar al
de los cuatro arqueros que defienden los puntos cardinales. Los «espacios»
independizados del «centro» exponen las fuerzas que pueden alzarse, analógicamente, contra la síntesis individual. Defensores y atacantes son poderes
en pro y en contra en tal caso.

Guirnalda

Todo se encadena en el universo como en una guirnalda, ha sido dicho (37), exponiendo así indirectamente el significado simbólico de la guirnalda, relacionado con el grutesco, la lacería, el cordón y todos los elementos
de conexión. El uso dado a la guirnalda define más su simbolismo. Los antiguos las colgaban a las puertas de los templos cuando se celebraba una
fiesta (símbolo de religación); y coronaban con ellas las cabezas de las
víctimas (8). En este caso, como en el de las coronas usadas por los co-
mensales de los banquetes egipcios, griegos y romanos, es el simbolismo
de la flor (belleza efímera, dualismo vida-muerte) el que prevalece.

Gusano

Jung lo define como figura libidinal que mata en lugar de vivificar (31).
Débese a su frecuente carácter subterráneo, a su inferioridad, a su relación
con la muerte y con los estadios de disolución o primariedad biológica. Así
es muerte relativa (para lo superior, organizado) lo que simboliza, pues, en
el fondo —como la serpiente— es un exponente de la energía reptante y
anudada.

H

Símbolo de la individualidad, del pensamiento personal. Las ventanas simbolizan la posibilidad de entender, de transir a lo exterior y lejano. También la comunicación, de cualquier especie. Por ello, la habitación cerrada, carente de ventanas, puede simbolizar la virginidad, según Frazer, o también la incomunicación de otro carácter. Muchos ritos de encierro acompañan la pubertad en múltiples lugares de la tierra. La leyenda de Dánae, que fue encerrada por su padre en una torre de bronce, pertenece a este simbolismo. En una leyenda de Siberia aparece una «casa de hierro oscura» con el mismo sentido (21). Podemos aludir aquí al «jarrón con tapa», uno de los ocho emblemas de la buena suerte del budismo chino, símbolo de la totalidad, de la idea «sin salida», o sea, del estado de inteligencia suprema triunfando sobre el nacimiento y la muerte (puertas y ventanas, en la habitación) (5). De ahí que puedan acaso identificarse la estancia hermética y el jarrón tapado.

Habitación.
Xilografía
del siglo XV.

Hacha doble. Capitel ibérico procedente del Cortijo
del Ahorcado, Baeza. Museo Arq. Nac.

Hacha

Símbolo del poder de la luz. El hacha de guerra tiene un significado
equivalente al de la espada, martillo y cruz. Mucho más importante y complejo es el significado del hacha doble, relacionada con el signo *tau* (4). El
hacha doble aparece en multitud de obras artísticas desde la India hasta
Inglaterra, especialmente en la cuenca mediterránea, en Africa y Creta. Con
gran frecuencia se halla situada sobre la cabeza de un buey, entre sus cuernos; en este caso, simboliza, de un lado la mandorla (también simbolizada
por los cuernos por su forma); de otro lado, es el símbolo de la relación de
sacrificio en el eje valle-montaña (tierra y cielo) (50). Según Luc Benoist, el
hacha doble equivale al *vajra* hindú y al rayo de Júpiter, constituyendo un
símbolo de la iluminación celeste. Se relaciona en la actualidad el hacha
doble *(labris)* con el laberinto (ambos símbolos esenciales del culto cretense). El laberinto expresa el mundo existencial, el peregrinaje en busca
del centro. El hacha, como hemos dicho, alude a la revelación de dicho centro (6). En algunas pinturas de Creta, como en la de un sarcófago de Hagia
Triada, vemos un símbolo formado por un cono, un hacha doble y un pájaro.
El primero alude a la deidad; el segundo símbolo, es decir, el hacha, como
todo lo doble es un aspecto del Géminis, o sea, del foco de la inversión
simbólica. El pájaro es la conocida imagen del alma humana, ya desde
Egipto (Waldemar Fenn). El hacha simboliza también la muerte enviada
por la divinidad.

Hacha doble

Según Charbonneau-Lassay, en *L'Esoterisme de quelques symboles géométriques chrétiens*, y fundándose en una tradición inmemorial, la doble hacha es símbolo del poder uno en esencia y doble en su manifestación
(creador, destructor). Similar sentido, para el citado autor, tienen otros símbolos axiales.

Hadas

Las hadas simbolizan probablemente los poderes supranormales del alma
humana, cuando menos en la versión esotérica. Hay una contradicción en su
destino. Ejercen menesteres humillantes, pero tienen facultades extraordinarias. Hacen dones a los recién nacidos. Pueden hacer aparecer personajes, palacios, objetos maravillosos. Dispensan riquezas (símbolo de la
sabiduría). Son las hadas las facultades, no ya en un aspecto mágico, sino
como simples posibilidades latentes de pronto iluminadas. Por eso se ha
podido asimilar el «hada olvidada» de las leyendas al «acto fallido» de la
psicología freudiana (38). En un sentido más tradicional, objetivamente, las
hadas son hilanderas como las parcas; también son lavanderas. Reciben diversos nombres: damas blancas, damas verdes, damas negras (equivalentes
a las denominaciones de los caballeros medievales y por idéntica causa). Son
entonces la personificación de estadios de la vida espiritual o del alma de
los paisajes. Así aparecen en Mesopotamia como: dama de la llanura, dama
de la fuente, dama del agua (Damgalnunna). Son susceptibles de grandes
transformaciones inesperadas y tienen cierta relación con otros seres míticos como las sirenas y lamias (sus aspectos maléficos) (16).

Hadas. Dibujo de Grandville.

Halcón

Emblema del alma en el antiguo Egipto, con sentido de transfiguración
solar (57). Sin embargo, en la Edad Media cristiana, según Pinedo, pudieron
ser alegoría de la mala conciencia del pecador. En el claustro de Silos se
ven halcones desgarrando liebres, al parecer con dicho significado (46), si

bien, por el sentido simbólico negativo de la liebre (fecundidad, pero también lascivia), el halcón pudiera mejor significar la victoria sobre los instintos concupiscentes con el consiguiente desgarramiento. Esa lucha, de todos modos, se expresa mejor por el motivo mítico y legendario, también frecuente en los cuentos folklóricos, del grifo cuyas partes luchan entre sí, apareciendo el ser como simultáneamente verdugo y víctima.

Harapos

Simbolizan las heridas y cicatrices del alma; una determinación más concreta se deriva de la prenda vestimentaria donde aparecen los harapos.

Haz

Eliade señala que las palabras latinas *fascis* (haz), *fascia* (banda, venda, vendaje), están emparentadas con *fascinum* (encanto, maleficio), dentro del vasto grupo simbólico de ligaduras, nudos, lacerías, entrelazados, cuerdas y cordones, todos ellos alusivos a la situación existencial «estar ligado» (18). Pero esto sólo explica el aspecto negativo del símbolo, que, como la mayoría, es ambitendente. Afirmativamente, el haz es símbolo de unificación, de integración y de fuerza.

Hebilla

Tiene un sentido de autodefensa y protección, como la fíbula de un lado (reducción del escudo a su mínima forma) y el cinturón de otro (4). Desatarse el cinturón es un sinónimo simbólico de «soltarse la cabellera».

Hécate

Símbolo de la madre terrible, que aparece como deidad tutelar de Medea o como lamia devoradora de hombres. Es una personificación de la luna o del principio femenino en su aspecto maléfico, enviando la locura, las obsesiones, el lunatismo. Sus atributos son la llave, el látigo, el puñal y la antorcha (31).

Hechicero

Como el gigante y el brujo, personificación del padre terrible, del «mal demiurgo» de los gnósticos, prefigurado en el mito de Saturno (31).

Helio

Significa el sol en su aspecto astronómico, como Apolo lo simboliza en su aspecto espiritual. Helio preside las estaciones, la vegetación, la fecundidad y la productividad de la tierra en los cultos antiguos (15).

Hemisferio

En el sistema jeroglífico egipcio, el signo de media circunferencia cerrada por el diámetro como base representa el curso del sol y a la vez el

Heráldicos. Cerradura gótica en hierro forjado.
Cau Ferrat, Sitges (Barcelona).

hemisferio. Simboliza el equilibrio entre el origen y el fin, entre el nacimiento y la muerte. Gramaticalmente expresa el principio femenino que da equilibrio al masculino (19).

Heráldicos, Símbolos

Los elementos exteriores del blasón (coronas, yelmos, mantos, lambrequines, tenantes, soportes, collares) como los interiores o armas (colores, metales, forros, particiones, piezas honorables, figuras), aparte de su sentido literal, o incluso de la anécdota de su origen. Tienen significado sim-

bólico, según la tesis de Cadet de Gassicourt y del barón del Roure de Pau-
lin, en *L'Hermetisme et l'Art Héraldique* (París, 1907), confirmada por
P. Piobb en su crítica del libro en *L'Année Occultiste et Psychique* (1907). Metales y colores pueden «leerse» por el simbolismo de estos elementos; las
particiones y piezas honorables por simbolismo espacial y gráfico, así como
por las implicaciones de las correspondencias. El arte heráldico distingue
cinco colores o esmaltes: gules (Marte), sinople (Venus), azul (Júpiter), púrpura (Mercurio) y sable (Saturno), y dos metales: oro (Sol), plata (Luna).
Todos los significados de colores, metales y piezas se consideran como actividad ejercida por el principio activo (o espiritual) que rige el blasón, sobre
el cuaternario material pasivo, simbolizado por la superficie del escudo.
Los blasones de las ciudades se explican por el mismo método, según Gérard de Sède, que, en *Les Templiers sont parmi nous* (París, 1962), explica
el escudo de la ciudad de París, que es una nave, por el mito de los argonautas, la búsqueda del vellocino de oro y la empresa alquímica.

Heraldos de armas

Como los escribas egipcios y caldeos, eran «guardianes de secretos», según Alleau, *De la nature des Symbols* (París, 1958). Los heraldos de armas
tienen cierta relación con los tenantes de los escudos y con los portainsig-
nias de los antiguos ejércitos.

Hércules

Héroe que devino símbolo de la liberación individual, de la búsqueda de
la inmortalidad, a través de la expiación del error y del mal por medio del
sufrimiento y del «esfuerzo heroico». Pudo así como mero ejecutor y al
servicio de su hermano (mito del Géminis) vencer, exterminar o dominar a los
monstruos (plagas, vicios, fuerzas del mal) dentro de un proceso ordenado
de progresiva lucha en evolución (15). Sus atributos son la maza (símbolo de aplastamiento, de aniquilación, no sólo de victoria) y la piel del león de
Nemea (símbolo solar) (8). Hércules no pudo emprender un trabajo sino
después de cumplido el anterior; por esta causa durante la Baja Antigüedad y la Edad Media, los alquimistas interpretaron el mito heroico de
Hércules como figuración del combate espiritual que lleva a la «conquista
de las manzanas de oro del jardín de las Hespérides» (la inmortalidad).
Piobb ha identificado los doce trabajos de Hércules con los signos del zodíaco, ratificando el carácter de Hércules como héroe solar, señalado por
los mitólogos, del modo siguiente: Aries (victoria sobre los gigantes, como
Gerión, Caco, etc.), Tauro (toro de Creta), Géminis (columnas de Hércules),
Cáncer (hidra de Lerna, pájaro del lago Estinfalo), Leo (león de Nemea), Virgo
(amazonas), Libra (murallas de Troya, cuadras de Augias), Escorpión (jabalí
de Erimanto), Sagitario (centauros, caballos de Diomedes), Capricornio (cier-
va de cuernos de oro), Acuario (águila y Prometeo) y Piscis (monstruo de
Hesíone) (48).

Héroe

El culto del héroe ha sido necesario no sólo por la existencia de las
guerras, sino a causa de las virtudes que el heroísmo comporta y que, siendo advertidas seguramente desde los tiempos prehistóricos, hubo necesidad
de exaltar, resaltar y recordar. La magia, el aparato, el esplendor del mismo

vestuario guerrero de los antiguos así lo proclama, como la coronación de los vencedores equiparados a reyes. La relación entre la «pequeña guerra santa», es decir, entre la lucha contra los enemigos exteriores y materiales, y el combate contra los enemigos interiores y espirituales, determinó automáticamente la misma relación entre el héroe de una y de otra guerra. Todas las cualidades heroicas corresponden analógicamente a las virtudes precisas para triunfar del caos y de la atracción de las tinieblas. De ahí que el sol se asimilara en muchos mitos al héroe por excelencia. Por esta causa, en las monedas aparece Alejandro el Grande con los cuernos de Júpiter Ammón, es decir, identificado con el sol pujante de la primavera, bajo el signo de Aries. Por ello dice Jung que el más egregio de los símbolos de la libido (y pudo decir del espíritu) es la figura humana como héroe, objeto de mitos, leyendas y relatos tradicionales. Y también que en el destino del héroe coinciden lo histórico y lo simbólico. El héroe tiene como fin primordial vencerse a sí mismo; por eso en las leyendas germánicas los héroes suelen tener ojos de serpiente. En el mito de Cécrope, el héroe es mitad hombre y mitad serpiente (31). La cristianización del héroe lo convierte en caballero, bajo la advocación de los santos guerreros, como san Jorge y san Miguel arcángel.

Herrero

En algunos niveles culturales el oficio de herrero es privilegio del rey y se considera como sagrado (21). Hay una estrecha unión entre metalurgia y alquimia: el herrero está asimilado al poeta maldito y al profeta despreciado, según Alleau. En el Rigveda, el creador del mundo es un herrero (31). Esta conexión puede deberse al simbolismo del fuego, pero también al del hierro ligado al mundo astral (el primer hierro conocido por el hombre fue el meteórico), y al planeta Marte.

Herrero. Dibujo de una talla vikinga con Minne y Sigfrido.

Hespérides

Hijas de Atlas y de Hesperis. Se encontraban en un jardín con manzanas de oro, guardado por un dragón. Hércules se adueñó de esas manzanas, tras su victoria sobre el guardián. Vosio explicaba el mito por analogía astronómica. Las Hespérides serían las horas de la tarde; el jardín, el firmamento; las manzanas de oro, las estrellas; el dragón, el zodíaco, y Hércules, el sol (8). Pero esta interpretación no invalida la psicológica relacionada con todos los símbolos presentes en el mito, en particular con el del héroe y el del tesoro difícil de conquistar.

Hielo

Siendo el agua el símbolo de la conexión de lo formal y lo informal, el elemento de transición entre los ciclos, moldeable por naturaleza, ligado también a las ideas de fecundidad material y terrena y a la de «muerte del alma» (Heráclito), el hielo representa principalmente dos cosas: la modificación del agua por el frío, es decir, la «congelación» de su significado simbólico; y la petrificación de sus posibilidades. Por ello se ha definido como el estrato rígido que separa la conciencia del inconsciente o cualquier plano de la determinación de su dinamismo (56). Prevaleciendo un sentido negativo, no deja de poseer un valor afirmativo en cuanto la petrificación es dureza y el frío resistencia contra lo inferior. En el sentido nietzscheano de las cumbres, del aire gélido y «ofensivo».

Hierbas

A veces tienen el significado simbólico de seres humanos. La etimología de la voz griega *neophytos* (hierba nueva) así lo indica (17). También están ligadas a la idea de los poderes naturales, en bien y en mal. Las hierbas, por su poder medicinal o su veneno, aparecen con gran frecuencia en leyendas y cuentos folklóricos y en la magia. La sistematización de cualidades asignadas a cada hierba o planta constituye un caso evidente de especialización del símbolismo.

Hilar

Hilar, como también cantar, resulta una acción equivalente a crear y mantener la vida. Por ello señala Schneider que, desgraciada la hilandera que se deja robar sus madejas (es decir, sus hijos) bañadas y tendidas a la orilla del río para secarlas al sol (51). Las parcas y las hadas son hilanderas. Innumerables figuras legendarias y folklóricas también.

Hilo

Según el Zohar, es uno de los símbolos más antiguos, como el cabello. El hilo simboliza la conexión esencial, en cualquiera de los planos, espiritual, biológico, social, etc. (38).

Hiperbóreas, Regiones

Relacionadas con el polo, como centro. La doctrina de la «tradición primordial» sitúa en las regiones hiperbóreas su propio origen. De ahí que ciertas sociedades, grupos y razas hayan adscrito a esas comarcas su nacimiento. Por simbolismo del espacio, lo hiperbóreo corresponde a lo máximamente elevado en el «nivel» terreno.

Hipogrifo. Dibujo anónimo.

Hipogrifo

Animal fabuloso compuesto de caballo y de grifo que Ariosto y otros autores de libros de caballerías hacen cabalgadura de los protagonistas de sus obras. El hipogrifo es una suerte de Pegaso intensificado. Integra por tanto solamente cualidades favorables: la condición de guardián del grifo y el valor de «montura espiritual» del caballo alado (8).

Hipolectrion

Animal fabuloso mezcla de caballo y de gallo, probable símbolo solar.

Hipopótamo

En el sistema jeroglífico egipcio representa fuerza, vigor. También está asociado a la idea de fertilidad y a las aguas; por consiguiente, al principio materno (19).

Hogar

Forma de «sol familiar», símbolo de la casa, de la conjunción de los principios masculino (fuego) y femenio (recinto) y, en consecuencia, del amor (49).

Hoja

Uno de los ocho «emblemas corrientes» del simbolismo chino, es alegoría de la felicidad. Cuando aparece en grupo en un motivo representa personas, lo cual coincide con el significado de las hierbas como símbolos de seres humanos (5).

Hombre

El hombre se convierte en símbolo para sí mismo, en cuanto tiene conciencia de su ser. El arte de Hallstatt de los países caucásicos presenta bellas cabezas de animales con representaciones humanas encima. En la India, en Nueva Guinea, en Occidente, la cabeza de toro o de buey con la figura humana entre los cuernos es motivo muy frecuente. Siendo el toro símbolo del padre cielo, el hombre aparece como su hijo (22) y de la tierra; o también del sol y la luna, como tercer término (49). La frase de Orígenes: «Comprende —hombre— que eres otro mundo en pequeño y que en ti se hallan el sol, la luna y también las estrellas» es común a todas las tradiciones. Según el esoterismo musulmán, el hombre es el símbolo de la existencia universal (29), idea que llega a la filosofía contemporánea en que el hombre es definido como «mensajero del ser», si bien, para el simbolismo, no sólo hay una relación de función (detentar la conciencia del cosmos), sino de analogía, por lo cual el hombre es una imagen del universo. Esta conexión analógica es a veces precisada; pasajes de los Upanishads de mayor antigüedad, cual el *Brihad Aranyaka* y *Chandogya* establecen la correspondencia, parte a parte, del organismo humano con el macrocosmo, por correlaciones de los órganos y de los sentidos (7). Por ejemplo, los elementos del sistema nervioso proceden de las sustancias ígneas; la sangre se relaciona con las acuosas (26). Estas ideas orientales aparecen en Occidente durante el período románico. Honorius Augustodunensis, en su *Elucidarium* (siglo XII), dice que la carne del hombre (y los huesos) proceden de la tierra; la sangre, del agua; el aliento, del aire, y el calor vital, del fuego. Cada parte del cuerpo corresponde a otra del universo: al cielo, la cabeza; al aire, el pecho; al mar, el vientre; a la tierra, las extremidades inferiores. De igual modo, los sentidos responden a las analogías, según ideología que pudo penetrar en Europa a través de griegos y hebreos (14). El hombre, según Hildegarde de Bingen, de la misma época, está regido por el número cinco; posee cinco partes iguales en altura y cinco en anchura; cinco sentidos; cinco extremidades, que la mano repite en los cinco dedos. Por ello el pentagrama es el signo del microscosmo. Esta idea la representó gráficamente Agrippa de Netesheim, siguiendo también a Valeriano, quien figuró la analogía de la estrella de cinco puntas con las cinco heridas de Cristo. Existe relación entre el canon del hombre y el templo cisterciense (14). Otro de los números relacionado con el ser humano, según Fabre d'Olivet, que sigue a la Cábala, es el nueve, esto es, el triple ternario. Divide las posibilidades humanas en tres planos, de abajo arriba: cuerpo, alma o vida, espíritu. Cada uno de estos planos presenta tres momentos: activo, pasivo, neutro (43). También en Extremo Oriente se establecieron tempranas especulaciones sobre el hombre. La misma organización ternaria en triplicidad se encuentra en las antiguas escuelas taoístas (13) y también tiene interés la relación establecida entre el ser humano y los animales esenciales o arquetípicos (tortuga, fénix, dragón, unicornio), que parecen representar respecto al hombre —central— el papel de tetramorfos con respecto al Pantocrátor. Ahora bien, entre el hombre individual y concreto y el universo existe un

término medio, un mesocosmo. Es éste el «Hombre universal», el rey
(*Wang*) de la tradición extremoriental, el *Adam Qadmon* de la Cábala, y
simboliza el conjunto de estados de la manifestación, es decir, de practi-
cabilidades de lo inherente al hombre. Corresponde, en cierto modo, al
«inconsciente colectivo» de Jung. Leibnitz —según Guénon—, acaso por influencia de Ramon Llull, admitió que toda «sustancia individual» ha de contener en sí una presentación integral del universo, como el germen contiene la totalidad del ser que se desarrollará, aunque en imagen (25). En
el simbolismo de la India, Vaishwânara, o el «Hombre universal», se divide
en siete partes principales: 1) el conjunto de las esferas luminosas superiores o estados supremos del ser: 2) el sol y la luna, expresados en los
ojos derecho e izquierdo, respectivamente, o, mejor dicho, los principios a
que ellos corresponden; 3) el principio ígneo, o la boca; 4) las direcciones
del espacio, o los oídos; 5) la atmósfera, o los pulmones; 6) la región intermedia que se extiende entre la tierra y el cielo, o el estómago; 7) la
tierra, el cumplimiento de las funciones corporales, o parte inferior del
cuerpo. Del corazón no se habla, porque, como «centro» o morada de Brahma, se considera al margen de la rueda de las cosas (26). Ahora bien, este
hombre universal implica, aunque no se hable de ello, la androginia. Pues
el ser humano concreto y existencial, como hombre y mujer, expresa la
escisión de la totalidad no sólo física, sino anímica de «lo humano». En los
Upanishads se lee: «Era, en realidad, tan grande como un hombre y una
mujer abrazados. El dividió este *atman* en dos partes; de éstas nacieron
marido y mujer». En la iconografía occidental aparecen a veces imágenes que
parecen reflejar esta idea (32). La pareja humana, por el hecho de serlo,
simboliza siempre la tensión hacia la unión de lo que está separado de hecho.
Cuando en las figuras se ve el abrazo, la unión de las manos, la conversión
parcial en raíces que se unen, etc., se trata de un símbolo de conjunción y
coincidentia oppositorum. En una imagen hindú «la unión de lo inunible»
(matrimonio del agua y del fuego) se representa por el entrelazamiento de
hombre y mujer, que por ello puede simbolizar toda unión de contrarios:
bueno, malo; alto, bajo; frío, cálido; húmedo, seco; etc. (32). En alquimia,
hombre y mujer simbolizan azufre y mercurio (metal). En el simbolismo
psicológico, pueden aplicarse los conceptos de nivel a los diferentes miembros del cuerpo humano. El lado derecho corresponde a lo consciente, y el
izquierdo a lo inconsciente. Las formas, según su carácter positivo o negativo (prominencias o huecos), conciernen a tales principios respectivos y a
los géneros y sexos correlativos. La cabeza se considera casi unánimemente
como símbolo de virilidad (56). Las posiciones del cuerpo tienen gran importancia simbólica, porque realizan y a la vez figuran los mismos sentidos
simbólicos. La actitud erecta es la expresión esencial humana de tendencia
ascendente y evolutiva. La posición con los brazos abiertos concierne al simbolismo de la cruz, como la que da al cuerpo la forma de un aspa se refiere
a la unión de los dos mundos, como el reloj de arena, la X y todas estas
figuras de cruzamiento, etc. (50).

Horas

En la *Ilíada*, constituyen personificaciones de la humedad del cielo, abren
y cierran las puertas del Olimpo, condensan y disipan las nubes, dirigen
las estaciones y la vida humana. En el desempeño de estas funciones, se las
consideraba hijas de Zeus y Temis, con los nombres de Eunomia, Dice
e Irene, es decir, Buena Ley, Justicia y Paz. Las 12 horas forman el séquito
de Eos y están en torno al trono del sol, ocupadas en enganchar los caballos

de su carro. Hay que observar, pues: *a)* que expresan fuerzas cósmicas; *b)* que constituyen *momentos* de dichas fuerzas y por lo mismo engendran las *ocasiones* de la acción humana. Su colocación en torno al sol es análoga a la disposición de los ángeles (rojos y azules, positivos y negativos) en torno a la mandorla de Dios en la iconografía cristiana.

Hormigas

Atributo de Ceres; se usaba para la adivinación (8). En algún mito de la India aparecen como símbolos de la pequeñez de lo viviente, de su deleznabilidad y de su impotencia, pero también son aspecto de la vida que vence a la humana (60). Por su multiplicidad, su significado es desfavorable.

Horno

Símbolo de la madre. El crisol de los alquimistas simboliza el cuerpo y el alambique el *vas Hermetis* (31). Pero también tiene un sentido de pura gestación espiritual. Con este simbolismo aparece el horno encendido en las obras de muchos alquimistas, por ejemplo en el *Museum Hermeticum* de Michael Majer (1678) (32).

Hueso

Símbolo de la vida reducida al estado de germen. La palabra hebrea *luz* significa mandorla, refiriéndose lo mismo al árbol que a su núcleo, como pulpa interior, escondida e inviolable. Pero se refiere también, según la tradición israelita, a una partícula corpórea indestructible, representada por un trozo de hueso durísimo, parangonable a la crisálida de la que surge la mariposa, por su relación con la creencia en la resurrección (28).

Huevo

En gran número de sepulcros prehistóricos de Rusia y Suecia, se han hallado huevos de arcilla, depositados como emblemas de la inmortalidad (17). En el lenguaje jeroglífico egipcio, el signo determinante del huevo simboliza lo potencial, el germen de la generación, el misterio de la vida (19). La alquimia prosigue manteniendo ese sentido, precisando que se trata del continente de la materia y del pensamiento (57). Del huevo se pasa así al Huevo del Mundo, símbolo cósmico que se encuentra en la mayoría de las tradiciones, desde la India a los druidas (26). La esfera del espacio recibía esa denominación; el huevo estaba constituido por siete capas envolventes (los siete cielos o esferas de los griegos) (40). Los chinos creían que el primer hombre había nacido de un huevo, que Tieu dejó caer del cielo y flotó sobre las aguas primordiales. El huevo de Pascua es un emblema de la inmortalidad que sintetiza el espíritu de estas creencias. El huevo de oro del seno del cual surge Brahma equivale al círculo con el punto —o agujero— central, de Pitágoras. Pero es en Egipto donde este símbolo aparece con mayor frecuencia. El naturalismo egipcio, el interés hacia los fenómenos de la vida habían de ser estimulados por el secreto crecimiento del animal en el interior de la cerrada cáscara, de lo que, por analogía, deriva la idea de que lo escondido (oculto, que parece inexistente) puede existir y en actividad. En el *Ritual egipcio* se da al universo la denominación de «huevo concebido en la hora del Gran Uno de la fuerza doble». El dios Ra

Huevo. Arte popular.

es plasmado resplandeciendo en su huevo. El grabado de un papiro, el *Edipus Egipciacus* de Kircher (III, 124) muestra la imagen de un huevo flotando encima de una momia, para significar la esperanza de la vida en el más allá. El globo alado y el escarabajo empujando su bola tienen significación similar (9). Respecto a la costumbre, por Pascua, de poner un huevo en un surtidor, el «huevo que baila», débese, según Krappe (él se refiere sólo a los países eslavos), a la creencia de que, en tal período del año, el sol danza en los cielos. Los letones cantan: «El sol baila sobre una montaña de plata; lleva botas de plata en los pies» (35).

Humedad

Si, en el plano de la vida natural, puede tener un valor positivo, en el de la vida espiritual lo tiene enteramente negativo. La sequedad, el calor, corresponden al predominio del fuego, elemento activo; la humedad, al del agua, elemento pasivo y de disolución.

Humo

Es la antítesis del barro (agua y tierra), por corresponder a los elementos fuego y aire. En algunos folklores se atribuye poder benéfico al humo, al que suponen poseedor de una cualidad mágica para remover y ahuyentar las desgracias de hombres, animales y plantas (21). De otro lado, la columna de humo es un símbolo del eje valle-montaña, es decir, de la relación entre la tierra y el cielo. En este sentido, la columna de humo simboliza el camino de la hoguera hacia su sublimación (17). Según el alquimista Geber, el humo es el alma separada del cuerpo.

Huracán

En antropología es frecuente, sobre todo en lo que se refiere a América, atribuir muchos símbolos gráficos al huracán. Así la sigma, la doble sigma, la esvástica. Pero a la vez, el propio huracán tiene un sentido simbólico. Dice Ortiz que es típico del huracán tener dos movimientos: de rotación y traslación, como un cuerpo celeste. En el eje de la línea traslaticia del ciclón, hay un intermedio en absoluta calma, en el llamado «ojo del huracán». Para el aborigen americano, el huracán es la sinergia cósmica, por contener tres elementos (fuego o rayo, aire o viento, agua o lluvia) y conmover al cuarto, tierra. Se le adoró como deidad de los vientos y de las aguas, y también del cielo (41). Esta última asimilación nos lleva al famoso y constante símbolo celeste del «agujero», en el disco de jade chino, o en el concepto del cenit como vacío por el que se pasa del mundo del espacio y del tiempo al inespacial e intemporal.

Huso

El huso y la rueca, como la acción de hilar, son símbolos de la vida y de la duración, por lo cual están relacionados con la esfera de la luna, es decir, de lo transitorio, de lo que tiene fases. Por ello, las deidades que han integrado las cualidades de la luna, la tierra y la vegetación, acostumbran tener como atributo el huso o la rueca. Es el caso de Ishtar, Atargatis, etc. (17). Schneider ratifica este significado, definiendo el huso como símbolo de la *Magna Mater*, que hila con él en la montaña de piedra o en la copa del árbol del mundo. Por su forma, el huso es una mandorla y tiene el significado de la interpretación de los dos círculos (cielo y tierra), es decir, del sacrificio que renueva la fuerza generadora del universo. Todos los símbolos fusiformes significan la idea general del sacrificio mutuo y la fuerza de la inversión (50).

Hyle

Protomateria, símbolo del principio pasivo, femenino, primordial. Según Nicómano de Gerasa, el caos primitivo de la *hylé* fue fecundado por el número. Hildegarde de Bingen (1098-1179), abadesa de Rupertsberg, describe en su obra *Scivias* visiones cosmogónicas en que el *Nous* compenetra y armoniza al monstruo caótico (14).

I

Ibis

Estaba relacionado con el dios egipcio de la sabiduría, Thot. Según el autor griego Elian, en *Peri Toon Idistetos*, la elección de esta ave se debió a que cuando el ibis duerme pone la cabeza debajo del ala y adopta la forma de un corazón, y a que el paso del ibis marca exactamente un cúbito, medida usada en la construcción de los templos. También por destruir insectos dañinos (19). Había dos ibis, el blanco, relacionado con la luna, y el negro. Se creía que Thot velaba sobre el pueblo egipcio en forma de *ibis religiosa* y les enseñaba las artes y ciencias ocultas (9).

Identificaciones

Muchos símbolos, como los dioses de las antiguas mitologías, pueden identificarse (relativamente) entre sí. Por ejemplo, la nave de los locos y la cacería perpetua; el centro de la cruz y el santo Graal; el centauro y los hermanos de Géminis; la caja de Pandora y el fulgor, etc. En el empleo justo de las identificaciones reside en gran parte la ciencia del simbolismo.

Ideogramas

Representaciones gráficas —incididas, pintadas, dibujadas, etc.— de ideas o cosas mediante una reducción a los elementos esenciales que las pueden sugerir. El ideograma, que hasta cierto punto coincide con el jeroglífico de las antiguas culturas, expresa la transición entre la imagen estrictamente representativa y el signo convencional, de un lado, y el alfabético, de otro. Gran parte de las pinturas «abstractas» del final del período paleolítico y del neolítico muestran ideogramas que han recibido interpretaciones distintas, desde la de representación esquemática de rastros, cabañas, etc., a la de un simbolismo sexual. En la cultura egipcia, en la de la India primitiva, como en la cretense y etrusca, el ideograma se halla no ya en esa fase de imagen autónoma, sino como componente de sistemas concebidos por el hombre para la conservación y transmisión de conocimientos, es decir, como sistemas de escrituras. En China, también los ideogramas muestran un principio con relativa fidelidad a los elementos representados, tipo del que la evolución los aparta por simplificación. La evolución de jeroglíficos egipcios y ya las tres clases de escritura (jeroglífica, hierática y demótica), así como la inserción de signos fonéticos, muestra la evolución desde la fórmula representativa. Obvio es decir que estos signos tienen valor simbólico con frecuencia, especialmente en la fase del ideograma propiamente dicho, ya que, a la vez que poseían un carácter sacro, evocaban el objeto mejor que mencionarlo, e incluso se tenía en cuenta el poder mágico de los nombres y de las fórmulas así escritas. Los ideogramas con frecuencia responden a la lógica del simbolismo gráfico, según se explica en la voz correspondiente.

Idioma de los pájaros

La idea de tradición universal supone la de una lengua común primitiva, que ha sido llamada «idioma de los pájaros», designación simbólica relacionada con ciertas leyendas, como la de Sigfrido, que empieza a entender el idioma de los pájaros (mensajeros celestes) al llevarse a la boca la sangre del dragón vencido.

Imagen

Conjunto de formas y figuras dotado de unidad y significación. Como señala la teoría de la forma, y cual en el caso de la melodía musical, el todo es más que la suma de las partes, por ser en cierto modo origen y justificación de ellas. Mientras para Sartre «la imagen es una conciencia degradada de saber», para otros psicólogos la imagen es precisamente la manera superior en que puede presentarse un saber, ya que todo conocimiento tiende, por síntesis, a ir hacia lo visual. Conviene tener presente también la teoría expuesta por sir Herbert Read en *Imagen e idea*, donde señala que toda creación de artes visuales (y en realidad toda configuración) es una forma de pensamiento y, por lo tanto, tiene una equivalencia ideológica inteligible. Esto nos conduce a la intuición del mundo como vasto repertorio de signos que esperan ser «leídos». Podemos recordar que algunas obras de Trithemius y Athanasius Kircher se orientaron en este sentido. René Huyghe llega a decir que toda imagen es un signo, por no decir que es un símbolo.

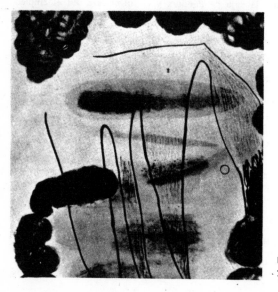

Imagen ignota.
Joan Miró. Fragmento.
1930.

Imagen ignota

La evolución de la poesía y de las artes plásticas, aproximadamente desde mediados del siglo pasado, con antecedentes a lo largo de todos los tiempos, siendo particularmente importante en torno a 1800 la obra de William Blake, ha conducido los dominios de la lírica y de las artes visuales hacia una modalidad que, en conjunto, puede en justicia considerarse hermética. Se busca la oscuridad como finalidad esencial y se presentan «conjuntos armoniosos» que seducen por su interés y por su lejanía. Es muy clara al respecto la definición del poeta alemán Gottfried Benn: «Escribir poesía es elevar las cosas al lenguaje de lo incomprensible». Esta configuración insólita constituye una «imagen ignota», es decir, una conexión de palabras, formas o colores que no corresponden a nada de lo habitual, en nuestro mundo de la realidad exterior o de los sentimientos normales. Pero estas imágenes crean su modo de realidad y expresan la necesidad de ciertos espíritus de vivir en ella. Simbolizan la síntesis de lo desconocido, lo anterior y ulterior al hombre, lo que le circunda sin que sus sentidos o su inteligencia puedan advertirlo y hacerlo suyo. La amplitud de lo desconocido es inmensa, pues comprende desde el misterio sumo, desde el arcano de los arcanos (secreto del cosmos y de la creación, identidad del ser) a lo psicológico o incluso existencial que «aún no creemos». Lo desconocido es lo no formado. También se relaciona con la muerte, con el hilo que une a ésta con la vida.

Imagen del mundo

El cúmulo de posibilidades que abre la palabra *mundo* ya alude a la multiplicidad de imágenes simbólicas que podrán existir, referentes a los aspectos que dicho mundo refleje. En realidad, todos los grandes símbolos son imágenes del mundo; en su aspecto de ordenación planetaria, los septenarios, como el candelabro de los siete brazos; en su aspecto de equilibrio de fuerzas antagónicas, los de simetría bilateral, como el caduceo de Mercurio; en su aspecto de ciclo o sucesión de transformaciones, todos los que adoptan la forma de una rueda, como el zodíaco, los mandalas o el Tarot. Pero la esencia del mundo, como conflicto entre tiempo y eternidad, materia y espíritu, conjunción de contrarios que sin embargo se distinguen, en lo existencial (continuidad y discontinuidad), se suele manifestar en imágenes que conjugan el cuadrado y el círculo, a veces simplemente, como en el tema alquímico de la «cuadratura del círculo»; otras, multiplicando por cuatro uno de los dos elementos, cual en el pantáculo oriental de Laos. La disposición del tetramorfos como cuaternario espiritual, reservando el centro como imagen del origen (y del cielo), que se contrapone a la manifestación, corresponde a la ciudad con cuatro torres y cuatro puertas, en cuyo centro hay siempre una torre principal. Frobenius hace la historia de un grupo de interesantes símbolos de esta especie, concernientes a las copas rituales de Etiopía, que derivan de las piezas cerámicas de Susa, en el cuarto milenario antes de nuestra era. En medio se encuentra una cruz o un símbolo del género de la esvástica, o un símbolo del tipo del damero, acaso imagen de la tierra, en los bordes hay un motivo en esquema que puede representar el agua. Una copa africana, de Benin, mostraba la serpiente oceánica en dicho lugar, símbolo que puede asimilarse al dragón mordiéndose la cola del Ouroboros gnóstico. En un disco de madera del país Morka, se ve la imagen del sol en el centro, luego una doble cadena alusiva al océano y una corona exterior dividida en cuatro, según los puntos cardinales —que corresponden a las estaciones del año y a los elementos—. Pero habla también Frobenius de representaciones tridimensionales de la imagen del mundo. Dice que, en 1910, hallándose en el país de los yoruba, y dirigiéndose a la ciudad sagrada de Ifé, en un lugar consagrado al dios Edschar, encontró un objeto consistente en una suerte de plataforma con cuatro conos en los ángulos y otro mayor en el centro rematado en una copa. El central es el monte del mundo (la mandorla mística); los otros cuatro corresponden a los puntos cardinales. Señala el parentesco de esta imagen con ciertos tronos de cinco soportes (22). Según una descripción de Pinedo, el cristianismo —aparte de las imágenes pictóricas de Pantocrátor y tetramorfos, de igual significación— ha conocido el mismo esquema, en lo tridimensional. La pila bautismal de Estíbaliz tiene la configuración siguiente: la base es una gruesa columna, a la que se adosan cuatro menores (centro y puntos cardinales); encima abre su corola una flor de loto (símbolo de la manifestación, de lo naciente). Sobre esta corola, una columnata con arcos, en los que se inscriben otros menores trilobulados. En los espacios, diversos seres simbólicos (plano de la vida cósmica, de la existencia). Encima de los arcos aparece el esquema almenado de la Jerusalén celestial, es decir, del paraíso recobrado (46). Constituye así el símbolo artístico más exacto y completo de que tenemos noticia de la imagen del mundo en la totalidad de sus aspectos fundamentales.

Imposibles

En muchas leyendas y cuentos folklóricos aparecen con mucha frecuencia las narraciones de «imposibles» como, por ejemplo, la vida del no nacido, la atribución a un árbol de los frutos de otro, etc. En algunos cantares se reflejan estas ideas, como en el conocido dicho hispánico: «Por el mar corren las liebres, por el monte las sardinas». Puede tratarse de símbolos de la inversión, pero más claramente pertenecen a la subversión. Hay una posible relación entre los imposibles, los errores y comedias de equivocaciones —de igual origen folklórico— y la creencia en seres, duendes y trasgos, empeñados en crear desorden. En el libro del padre La Peña, *El Ente dilucidado*, se habla de si se puede vivir sin comer, si los hombres pueden volar, etc. En conjunto, todas estas manifestaciones pueden interpretarse como «llamada al caos», símbolos del anhelo regresivo orgíaco (10), como algunos aspectos del surrealismo.

Incesto

Mientras las uniones de materias parecidas son símbolos del incesto, por ejemplo, en música, la idea de un concierto para arpa y piano, el propio incesto, a su vez, según Jung, simboliza el anhelo de unión con la esencia de uno mismo, es decir, la individuación. Por este motivo suelen los dioses de las mitologías engendrar con gran frecuencia por medio del incesto (33).

Inferior

Todos los símbolos tienen una dinámica que les permite expresar la tensión entre el aspecto superior y el inferior de un *modo* de la realidad. Más que de símbolos de lo inferior debe hablarse de aspectos negativos del símbolo. Negativo no significa aquí aniquilante o neutralizador, sino antisuperior, es decir, inferior. Robert Ambelain, en *Le cristal magique*, sitúa bajo el epígrafe de «iconografía demoníaca» lo que no es sino una relación de aspectos negativos de diversos símbolos tradicionales. Resumimos algunos de sus ejemplos: el *águila*, símbolo ascensional y celeste, puede significar al «demonio raptor de almas» (al orgullo que ciega); el *ciervo*, cuyo carácter predominantemente afirmativo es obvio en la iconografía general, puede simbolizar la «ligereza irrefrenada hasta el error y el crimen»; el *cisne*, asociado tradicionalmente al arpa, al canto, a la huida del alma hacia lo superior, según el autor citado puede simbolizar la falsedad en lo místico. A propósito de esta ave puede recordarse que ciertas cofradías del siglo xv celebraban un «ágape del cisne» (en los que participó Hieronymus Bosch), rito cuyo sentido se ignora. Ambelain incluye también símbolos concretos de lo inferior, como las *alas* membranosas (de murciélago, atribuidas a Satán; obsérvese que muestra un «ritmo» similar el escudo de san Miguel, su oponente victorioso). Esas alas son símbolo de la «perversión intelectual, de la preferencia de las tinieblas a la luz». Obvio es agregar que toda deformación inferiorizante de un símbolo imanta éste hacia la significación exclusiva o muy preferente de lo negativo (una corona invertida, una espada con la punta rota, un simple cubo geométrico deformado de manera que se «oriente» y deje de ser regular, etc.). Los *colores* poseen también, y este sentido ha descendido con frecuencia a los diccionarios populares de «interpretación de sueños», etc., una significación negativa (que ha de hallarse por el contexto en que aparecen): *blanco*, inocencia pero también ignorancia; *rojo*, pasión, pero también crueldad, etc.

Infierno

Al margen de la existencia «real» del infierno o de «un» infierno, esta idea posee un valor mítico y constante, activo en la cultura humana. Primeramente concebido como una forma de «subvida» (vida larvada de los muertos en el seno de la tierra), situado luego como lugar de tormentos —en un período en que la tortura era una necesidad del *pathos* humano— aún en el interior del planeta, es evidente que, por analogía, puede ser asimilado a todo el lado inferior y negativo de la existencia, tanto cósmica como psíquica. Las representaciones del infierno aparecen en todas las religiones de la tierra, o poco menos, desde Egipto al cristianismo, que especialmente ha representado la «caída» de los réprobos tras el peso de sus faltas durante el Juicio. En el simbolismo del nivel, o en el de los «tres mundos» es la zona baja, siendo la tierra la zona media y el cielo la zona superior. No puede aquí dejarse de lado la heterodoxa concepción de William Blake, ya expresada en el título de una de sus más famosas obras: *Las bodas del cielo y del infierno*, concepción que tiene dos puntos principales: que el infierno es el crisol de las energías cósmicas (mientras el cielo simboliza la serenidad, la paz de los «resultados» últimos), y, consecuentemente, la posibilidad de una síntesis. Las imágenes del infierno, apareciendo irruptiva e irracionalmente en el arte, aluden siempre a una similar y abrupta emergencia de las energías «infernales» del inconsciente en el pensamiento. Ligado está también el infierno, por el *Non serviam* de Luzbel que determinó su precipitación en el báratro, a la idea de libertad absoluta del individuo para el bien y para el mal. No puede olvidarse la demente «corrección» que un Sade dio a la idea de libertad como libertad suprema del instinto (uniendo los instintos sexual y de muerte). Fuego, instrumentos de tortura, demonios y monstruos son las expresiones iconográficas del infierno.

Injerto

Símbolo de la intervención artificial en el reino de lo natural (4). Tiene también un significado sexual.

Instrumentos

Simbólicamente, son objetivación de las posibilidades, acciones y deseos. Cada uno de ellos, por tanto, posee el significado literal correspondiente, pero también el derivado de su transposición al plano psicológico y espiritual.

Intermundo

Según el misticismo sufí, hay una zona entre lo Uno y el mundo: es el *intermundo*, donde el espíritu (privilegiado) ve las realidades bajo la luz del mundo superior. Henri Corbin, en *L'imagination créatrice dans le soufisme d'Ibn Arabí*, indica que esta «iluminación» es la transformación de todo lo visible en símbolos; las cosas, los elementos, se tornan transparentes y se convierten en «modos» de manifestación de lo Uno, con la individualidad suficiente, sin embargo, para que *aún* sean algo manifestado, fenoménico.

Intestinos

Signo determinativo egipcio que significa la idea de circulación (19). En un sentido más amplio, simbolizan lo mismo que el alambique. Por su carácter de entrañas, relacionados con todo lo visceral y ctónico (por analogía); por su forma, relacionados con el laberinto y con la muerte.

Inversión

Según Schneider, la continuidad de la vida está asegurada por el sacrificio mutuo que se establece en la cima de la montaña mística; las muertes permiten los nacimientos. Todos los contrarios se fusionan por un instante y luego se invierten. Lo constructivo llega a ser destructivo. El amor se transforma en odio. El mal, en bien. La infelicidad, en felicidad. El martirio, en éxtasis. A esa inversión interna del proceso corresponde una inversión externa del símbolo que le concierne. De esto se deriva una organización cruzada de la estructura simbólica. Cuando el símbolo tiene dos aspectos, la inversión del uno determina la del otro. Por ejemplo, si lo que se halla abajo es negro y quiere pasar arriba, puede lograrlo tornándose blanco. O al revés, si lo que es negro y está abajo quiere volverse blanco, que pase arriba y lo será. Esta «lógica simbólica» de la inversión está, como es fácil advertir, íntimamente ligada con el mito del sacrificio. A situación más terrible, a más urgencia de la necesidad de que se transforme y se invierta (calamidad pública, guerra desfavorable), mayor sacrificio; esto explica a los cartagineses y a los mexicanos precolombinos. Tiene un fundamento psicológico, pues en la esfera mental, por el proceso de sublimación, sí se producen estas inversiones y metamorfosis. La ambivalencia, el contraste, la paradoja, la *coincidentia oppositorum* que pueden, en su horizonte trascendente, aludir al otro mundo, prácticamente exponen la proximidad al foco de la inversión. Por ello señala Jung que los alquimistas describían lo incognoscible por medio de contrastes (33); por esto dice Schneider que, siendo el universo una díada, cada fenómeno o tesis se determina por su contrario. Cuanto más se acercan los fenómenos al foco de la inversión, más ohocan entre sí. La expresión numérica de la inversión parece ser dos y once. Símbolos de la inversión: la espiral doble, el reloj de arena, el tambor de igual forma, la cruz de san Andrés, la letra X, el haz de flechas y, en general, todo cuanto tenga forma cruzada. Por eso, el gesto supersticioso de cruzar los dedos equivale a una concitación. De ahí que en muchos ritos desesperados aparezca el crimen y que incluso, entre los primitivos, se insulte a los muertos, puesto que al pasar por el foco los insultos se invierten (como los rayos luminosos) y se convierten en alabanzas (50). También simbolizan la inversión todos los seres u objetos que aparecen colocados al revés, en lo vertical; como la figura del Ahorcado del Tarot, el murciélago o vampiro suspendido de la roca o de la rama, el acróbata en el trapecio. Vamos a citar otros aspectos de la inversión, que, a veces, se revela como antítesis; por ejemplo, según L. Charbonneau Lassay, en *Le Bestiaire du Christ* (Brujas, 1940), los animales malévolos: sapo, escorpión, rinoceronte, basilisco, son los antagonistas naturales y respectivos de los benéficos: rana, escarabajo, unicornio, gallo. También la avispa es la antítesis de la abeja, y el macho cabrío del ciervo. Hay inversiones de símbolos que se deben a un

Inversión. Esquema de contrarios y sus relaciones. Grabado (siglo XVII).

complejo racial o nacional, o a un cambio de casta dominante; por ejemplo, en el islam la cortesía exige al varón mantenerse cubierto, y en la cristiandad, lo contrario. Como inversión histórica positiva y de sublimación acaso podamos hallar la siguiente: la transformación de una situación humillante —que se impuso a los romanos: pasar bajo las horcas caudinas— en otra glorificadora —la obsesión por el arco de triunfo, característica de este pueblo—. La costumbre de ciertas capas populares, de poner el santo cabeza abajo o de cara a la pared, menos que un supuesto «castigo» a la imagen, se fundamenta en el simbolismo de la inversión: invirtiendo la posición física de la efigie se pretende invertir su actitud hacia el fiel y, por el cambio de esa actitud, el destino del mismo.

Invisibilidad

Hacerse o ser invisible, corresponde psicológicamente a la represión, a lo reprimido. De otro lado, tornarse invisible es una imagen de disolución en el inconsciente. Con este símbolo se relacionan el viaje nocturno por el mar, la devoración, el *sol niger* de los alquimistas (32).

Iopode

Hombre con pies de caballo, que aparece en la decoración románica. Tiene indudable relación con el simbolismo del centauro, del que parece ser una reducción.

Ishtar

En muchas imágenes occidentales, en libros de magia y esoterismo, se representa a Ishtar llevando un anillo en la mano izquierda y una copa en la derecha, o bien armada como Minerva. Estos atributos se refieren a la continuidad de la vida, al líquido vivificante (agua, leche, sangre, soma), el mismo que Iseo da a beber a Tristán, y al carácter duro de la vida. Las armas dicen claramente que Ishtar quiere al héroe y desprecia al cobarde (59).

Isla

Símbolo complejo que encierra varios distintos significados. Según Jung, la isla es el refugio contra el amenazador asalto del mar del inconsciente, es decir, la síntesis de conciencia y voluntad (33). Sigue en esto a la doctrina hindú, pues, según Zimmer, la isla es concebida como el punto de fuerza metafísico en el cual se condensan las fuerzas de la «inmensa ilógica» del océano (60). De otro lado, la isla es un símbolo de aislamiento, de soledad y de muerte. La mayor parte de deidades de las islas tienen carácter funerario, como Calipso. Pudiera acaso establecerse la ecuación (en contraposición e identidad) de la isla y la mujer, como la del monstruo y el héroe.

Isla maldita

En el *Lai de José de Arimatea*, de período románico, junto a una isla bienaventurada se supone la existencia de una isla maldita, en la que se producen apariciones infernales, encantamientos, tormentas y peligros. Corresponde al castillo negro de otras leyendas y expresa, en ambos casos, la ley de polaridad que contrapone el mundo inferior al superior, a ambos lados del terreno, o encima y debajo de él.

Islas bienaventuradas

La doctrina hindú habla de una «isla esencial», dorada y redonda, cuyas orillas están hechas de joyas pulverizadas, por lo cual se le da el nombre de «isla de las joyas». Arboles perfumados crecen en su interior y en su centro se eleva un palacio, equivalente oriental del *lapis philosophorum*. En el interior de su recinto, en un pabellón enjoyado, sentada en un trono se halla la *Magna Mater* (60). Según Krappe, la «isla de los bienaventurados», mito griego, era el país de los muertos (35), es decir, el mismo símbolo del centro, pero visto bajo su aspecto negativo. El mismo autor nos habla de la perennidad del símbolo y de cómo el noble español don Juan Ponce de León emprendió la busca de Bimini, descubriendo la Florida. En los más diversos lugares se suponía la existencia de la isla o islas bienaventuradas. Blavatsky dice: «la tradición relata y los anales del libro de Dayan explican que, donde ahora no se encuentran más que lagos salados y desiertos desnudos y desolados, existía un vasto mar interior que se extendía sobre el Asia central, en el cual se hallaba una isla de incomparable belleza», transunto de la que, en el océano superior o de los cielos, se halla en medio de la rueda zodiacal. Los mismos signos del zodíaco son concebidos como doce islas (9). Finalmente, la isla bienaventurada, en la mayor parte de autores clásicos, parece ser un símbolo del paraíso terrenal. Schneider habla de la isla de una leyenda medieval, visitada por san Brandán, en la cual, cerca de una fuente, había un árbol inmenso, en cuya copa habitaban muchos pájaros. Dos ríos la atravesaban: el río de la juventud y el de la muerte (51). Son estas descripciones la más clara alusión al paisaje cósmico sustancial, integrado por los elementos esenciales del simbolismo tradicional. Las islas bienaventuradas o «tierra de los vivientes» era el lugar que constituía el punto de llegada de las *peregrinatio* marítimas medievales, a imagen de la de Gilgamés. El viaje del celta Maëlduin es seguido del de san Brandán. Sin embargo, la peregrinación, terrestre o marítima, es, en sí, distinta de la búsqueda del lugar paradisíaco y puede tener sentido de exilio, penitencia y autocastigo.

J

Jabalí

Su sentido simbólico, como el de la mayoría de animales, es ambivalente. De un lado, figura como símbolo de la intrepidez y del arrojo irracional hasta el suicidio (8). De otro, es símbolo de desenfreno (15). Fue una de las encarnaciones de Vishnú y se conceptuaba como animal sagrado en Babilonia y otras culturas semitas. En las leyendas célticas y galas, figura siempre con distinción y notas positivas (4). Como enemigo, el jabalí se halla en jerarquía superior a la del dragón o monstruo primordial, pero inferior a la del león. Respecto a lo dicho sobre el jabalí entre los celtas, según Oliver Loyer, en *Les Chrétientés celtiques,* este animal se relacionaba con el poder de los druidas, mientras el oso tenía relación con el poder civil. En Inglaterra se han encontrado signos legionarios romanos con la figura del jabalí. En cuanto a la relación entre el símbolo y la superstición, a propósito de un animal de significado tan difícil de esclarecer, en el fondo, como el que tratamos, no puede dejar de recordarse que una sacerdotisa druida de la Galia predijo a Diocleciano que alcanzaría el poder cuando matara un jabalí (*aper* en latín). Tiempo después, Diocleciano mató a Apro, jefe de ejército del que se sospechaba había dado fin al emperador Numeriano (284 d. de J. C.) y fue aclamado por las tropas y elevado al trono.

Jabalí. Escultura romana.

Jade

El simbolismo chino del jade y de sus formas caracterizadas es una derivación del más amplio sentido universal de las litofanías. La tradición china considera al jade como poseedor de una esencia de inmortalidad que le pertenece por derecho. Por ello, lo utilizó en ritos y conjuros desde el tercer milenio antes de nuestra era, por ejemplo, en las figuras de dragones y tigres que señalan los períodos de decrecimiento y crecimiento de las fuerzas naturales. El *Chou Li* es el libro que trata de ese simbolismo, data del siglo XII antes de Jesucristo. Se enumeran en él seis instrumentos rituales hechos de jade: *Pi, Ts'Ung, Hu, Huang, Kuei, Chang.* El símbolo *Pi* es el disco agujereado que significa el cielo, con el centro como zona del vacío perfecto. El *Hu* es el tigre de jade. El *Huang* tiene la forma de un *Pi* de jade negro roto en dos o tres trozos; se usa en magia china unido a las prácticas de necromancia. El *Ts'Ung* es el símbolo de la tierra; redondo en el interior y cuadrado en el exterior, suele ser de jade amarillo (39). En términos generales, el jade corresponde al *Yang*, principio masculino, y al elemento seco.

Jano

Deidad romana representada con dos rostros unidos por la línea de la oreja y la mandíbula, mirando en direcciones contrapuestas. Como todo lo orientado a la vez a la derecha y la izquierda, es un símbolo de totalización, de anhelo de dominación general. Por su dualidad, puede significar todos los pares de opuestos, es decir, coincide con el mito del Géminis. Parece ser que los romanos asociaban Jano esencialmente al destino, el tiempo y la guerra. Sus rostros se dirigían hacia el pasado y el futuro (conciencia histórica) y determinaban el conocimiento de lo destinal (igual es el águila bicéfala). Pero, como acertadamente señala Guénon, se trata de dos rostros que impiden advertir el verdadero (central), el del «eterno presente» (25). Por esto muchos pueblos, como los del norte de Europa, crearon símbolos similares, pero con tres rostros, dispuestos a veces en forma de triángulo giratorio, o colocados como los de Jano con otro mirando hacia el frente. Así aparece Hécate triforme (59). También simboliza Jano la unión de los poderes sacerdotal y real (28). Según comunicación verbal de Marius Schneider, se identifica con la montaña de dos cimas de Marte, y, por consiguiente, con todos los símbolos de inversión y de sacrificio mutuo. Se le ha representado con dos llaves, las de las dos puertas solsticiales: *Janua Caeli* y *Janua Inferni*, una de oro y otra de plata. Jano es así el «maestro de las dos vías», según Guénon, y también el «señor del conocimiento», lo que nos lleva a la idea de la iniciación en los misterios. Otras identificaciones de las dos puertas citadas, Cáncer y Capricornio, se refieren a las puertas de «los hombres» (entrada en la manifestación individual, en la vida) y de «los dioses» (salida del estado humano con ascenso a los estados superiores). El mismo autor señala otras, no diremos identificaciones simbólicas, pero sí correspondencias: en el cristianismo, las dos puertas de Jano, en los solsticios, se consagran a los dos santos Juanes (Bautista y Evangelista).

Jardín

El jardín es el ámbito en que la naturaleza aparece sometida, ordenada, seleccionada, cercada. Por esto constituye un símbolo de la conciencia frente a la selva (inconsciente), como la isla ante el océano. Es a la vez un atributo

Jardín. Miniatura gótica (siglo XIV).

femenino en los emblemas de los siglos XVI y XVII. En los jardines tienen lugar muchas veces acciones de conjunción, o se guardan tesoros, lo cual está en plena conformidad con los significados asignados. Un sentido matizado del símbolo deriva de las características del jardín, en especial de forma y ordenación, niveles y orientación, lo cual corresponde ya a los principios generales que determinan el simbolismo del paisaje. No debemos dejar de citar el texto bizantino, que se cree del siglo XI, publicado por Margaret H. Thomson, *El jardín simbólico*, en el que se expresa el simbolismo de diversas plantas, además del de la tierra, el agua, la cerca, el jardinero, etc.

Jarrón

Símbolo de continente y, como todos ellos, correspondiente al mundo de lo femenino. El jarrón de oro o de plata con una azucena es el emblema de la Virgen que aparece con mayor frecuencia en la iconografía religiosa. El jarrón con tapa es uno de los ocho emblemas de la buena suerte del budismo chino; significa la totalidad, el estado de suprema inteligencia triunfando sobre el nacimiento y la muerte (5).

Jeroglíficos

Con este nombre se conocen los ideogramas representativos, es decir, formados por imágenes esquemáticas de objetos, a las que pueden ir unidas otras más simples o abstractas. La noción de jeroglífico, en sí, es igual a la de enigma. Los jeroglíficos por antonomasia son los de la civilización egipcia (que conoció tres escrituras, jeroglífica, hierática y demótica). La complejidad del sistema jeroglífico, que llegó a contar unos 900 signos (representativos de ideas, sílabas, palabras, letras, o complementarios=determinativos), hizo que su conocimiento perteneciera sólo a la casta sacerdotal y que se olvidara su interpretación ya en época romana. Horapolo Nilíaco intentó restablecerla en el siglo ii-iii de nuestra era, basándose en el simbolismo. La cuestión fue relegada al olvido durante siglos hasta que el padre Athanasius Kircher la resucitó en el siglo xvii. Quien se interese por esta cuestión debe consultar la obra de Madeleine V.-David, *Le Débat sur les Écritures et Hiéroglyphe aux XVII et XVIII siècles* (París, 1965). Una interpretación moderna, simbológica, profunda y fundada la da Enel en *La langue sacrée*.

Jerusalén celeste

«Y tenía un muro grande y alto, con doce puertas, y en las puertas doce ángeles con sus nombres escritos, que son los de las doce tribus de Israel. Tres puertas al oriente, y tres puertas al aquilón, y al austro tres puertas y al ocaso tres puertas. Y el muro de la ciudad tenía doce fundamentos; en los mismos doce, los nombres de los doce apóstoles y del Cordero» (Ap 21, 12-14). «Y me mostró el río de agua de vida, resplandeciente como un cristal, que salía del trono de Dios y del Cordero. En medio de su plaza, y en ambas partes del río, el árbol de la vida, que da doce frutos, en cada mes su fruto, y las hojas de este árbol que son para la salud de las gentes» (Ap 22, 1-2). La Jerusalén celeste es principalmente descrita como ciudad en la que prevalece el elemento mineral, mientras el paraíso perdido se describe como jardín y preferentemente vegetal. Guénon expone el hecho y se pregunta: «¿Es que la vegetación representa la elaboración de los gérmenes en la esfera de la asimilación vital, mientras que los minerales representan los resultados definitivamente fijados, "cristalizados", por así decirlo, al término de un desenvolvimiento cíclico?» (27). El mismo autor asimila las doce puertas a los signos del zodíaco y deduce que se trata de una conversión espacial de un ciclo temporal, consecutiva al cese de la rotación del mundo (28). De este modo, la visión de san Juan Evangelista, aparte de su valor profético, se expresa en la lógica de los símbolos, para determinar el carácter totalizador, unificador, «salvador» del paraíso futuro, como «ciudad nueva».

Joven y viejo

Personificaciones del sol como naciente y poniente. Otra idea similar es la de considerar cada sol como hijo de su predecesor, lo cual explicaría los numerosos dioses solares, hijos de otros dioses del sol (35). Aparte de este sistema de «conexión continua» o circular, el viejo es siempre el padre (dominador, tradición, reflexión, soberano celeste, justicia), mientras el joven es el hijo (dominado, subversión, intuición, héroe, audacia). La contraposición joven-viejo cambia de signo cuando el joven es ya hombre maduro y el viejo es un anciano decrépito, por la infantilización y asexuación de éste.

Joyas

En la mayor parte de tradiciones, las joyas significan verdades espirituales (4); las piedras preciosas que aparecen en las vestiduras de las princesas, los collares, pulseras, como todas las joyas encerradas en estancias escondidas son símbolos del saber superior (38). En el caso citado, de per-

tenencia a doncellas o princesas, manifiesta el símbolo clara conexión con
el del ánima junguiana. En los tesoros custodiados por dragones, se alude a
las dificultades de la lucha por alcanzar un saber, que no debe concebirse
como ciencia en el sentido de la erudición impersonal, sino como suma de
experiencias y conocimientos ligados indisolublemente a lo vivencial y evolutivo. La situación de las joyas en cavernas, alude a la sabiduría alojada
en el seno del inconsciente. Otra conexión simbólica interesante, que a veces
se ha manifestado de forma mítica, conservándose en formas supersticio-
sas, es la que liga la joya, como saber concreto, con la serpiente, como
energía en movimiento. hacia una finalidad. La leyenda de la «piedra de la
serpiente» es el mejor ejemplo de ello. En muchos folklores se encuentra
la creencia de que las piedras preciosas habían caído de la cabeza de las
serpientes o de los dragones. De ahí la idea de que el diamante es venenoso
y ha estado en las fauces de las serpientes (creencia hindú, helenística y
árabe), o de que las piedras preciosas provienen de la cristalización de la
baba de las serpientes (creencia generalizada en las culturas primitivas,
desde Extremo Oriente a Inglaterra). Estos mitos establecen al grado máximo la proximidad de lo que puede ser pariente o adversario, es decir, el
tesoro guardado y el monstruo guardador. Son una síntesis de los opuestos,
que llega casi a identificarlos en una zona psicológica ambigua que establece
una corriente de significación homogénea entre valores de situación contrapuesta. Eliade señala que los emblemas metafísicos, guardados y defen-
didos por serpientes o dragones, se transforman en objetos concretos que
están en la frente, los ojos o la boca de los ofidios (17). De otro lado, las
piedras preciosas integran —sublimado por su perfección y belleza— el simbolismo general de las litofanías. Por ello, dice Gougenot des Mousseaux,
en *Dieu et les Dieux*, las piedras han desempeñado siempre un papel importante. El aerolito, particularmente, por su conexión con la esfera celeste,
representa la casa y la vestidura de un dios que desciende a la tierra. Estrellas fugaces se relacionan con los ángeles. Otra tradición da cierto matiz
infernal a las piedras preciosas, en consonancia con el carácter «oscuro»
de los saberes que las joyas pudieran presentar. Es evidente que en este
caso, prevalece el sentimiento de aversión a la riqueza material de la piedra
preciosa, sobre o junto a la admiración por su dureza, color y transparencia. En este orden de cosas, el barón Guiraud, en *La Philosophie de l'histoire*,
dice que, en el momento de la caída de Lucifer, la luz angélica fue corporeizada bajo la forma luminosa de los astros y de las joyas. También éstas
han sido relacionadas con los metales, como «astronomía subterránea» y,
en consecuencia, por la teoría de las correspondencias, con todos los órdenes
existentes. Gotas luminosas de distintos colores, también éstos pueden definir el sentido simbólico de cada piedra preciosa, aunque secundariamente
y por asociación al simbolismo esencial de la piedra. Los hebreos conocieron
el sentido simbólico de las joyas y lo aplicaron a su liturgia. Levi, en *Les
Mystères du Rational d'Aaron*, nos recuerda lo siguiente: «El Racional, compuesto de doce piedras preciosas (meses del año, signos del zodíaco), estaba
dispuesto en cuatro líneas de tres piedras cada una, cuya naturaleza y color,
de izquierda a derecha y de arriba abajo, eran: sardónice (rojo), esmeralda
(verde), topacio (amarillo), rubí (rojo anaranjado), jaspe (verde profundo),
zafiro (azul profundo), jacinto (lila), amatista (violeta), ágata (lechoso), cri-
sólito (azul dorado), berilo (azul sombrío) y ónice (rosado). Cada una de
estas piedras tenía su aptitud mágica determinada. La ordenación se basaba
en el color y la luminosidad, la cual disminuía de arriba abajo, como en la
llama, y desde los lados exteriores a la hilera central (59).

El juicio. Fragmento de la pintura egipcia
«El libro de los muertos». Museo Británico.

Judío errante

La leyenda del judío errante, Ahasvero, se cree de origen occidental. Su substrato simbólico es la idea del hombre que no puede morir, o que, tras su falsa muerte (rey don Rodrigo, don Sebastián, rey Arturo, etc.), ha de retornar. Se puede relacionar esta tradición con la del «eterno joven», el oriental Jádir. Según Jung, se trata de un mismo símbolo que alude a la parte imperecedera del hombre, como el mito de los dioscuros y el de Géminis (31).

Juglar, El

Primer arcano del Tarot. Símbolo de la actividad originaria y del poder creador existente en el hombre. En la imagen, aparece el Juglar tocado con un sombrero en forma de ocho horizontal (signo del infinito); en una mano sostiene la varita mágica y sobre la mesa que tiene enfrente aparecen los otros tres símbolos de la baraja: el oro, la espada y la copa, que, con la varita corresponden a los cuatro elementos (y puntos cardinales). Estos atributos simbolizan el dominio sobre la situación. El traje del Juglar es multicolor, pero domina el rojo como matiz de la actividad. Está relacionado este arcano con Mercurio en cuanto a ulteriores conexiones simbólicas (59).

Juguetes

Símbolos de las tentaciones. Según Diel, con este significado aparecen en la mitología griega, cuando los titanes muestran juguetes a Dioniso niño (15). Una prueba similar es la que se planteó a Aquiles, al darle a elegir joyas y preseas entre las cuales había una espada, elegida sin vacilar por ei héroe.

Juicio, El

Arcano vigésimo del Tarot. La imagen representa la resurrección de los muertos en el valle de Josafat, donde el ángel del Apocalipsis hace resonar su trompeta. Dicho ángel presenta en la frente el signo solar y su cabellera dorada ratifica el significado. En sentido simbólico, la muerte equivale a la muerte del alma, al olvido de la finalidad trascendente del hombre. La tumba es el cuerpo y las apetencias corporales. El ángel «despierta» con su luz y el sonido de su trompeta (también solar), el latente anhelo de resurrección del hombre caído en la inautenticidad. La constelación que presenta mayor afinidad con este arcano es el Cisne de Leda, nuncio de la conjunción final. Este arcano significa, en sentido afirmativo, iluminación, renovación, curación, resurrección. En sentido negativo, exaltación y éxtasis dionisíaco (59).

Júpiter

Entre los dioses grecorromanos, corresponde a las virtudes supremas del juicio y la voluntad. Dueño del cielo, su réplica infernal es Plutón, en lo ctónico; Neptuno, como rey del océano (inconsciente). Los atributos de Júpiter son el rayo, la corona, el águila y el trono (8).

Júpiter. Xilografía de un zodíaco. 1513.

Justicia, La

Arcano octavo del Tarot. Esta alegoría presenta la idea personificada, en imagen similar a la de la Emperatriz, en actitud frontal y simétrica (símbolo del exacto equilibrio bilateral), con túnica roja y manto azul. Sostiene en una mano la balanza (peso del bien y del mal, equilibrio) y la espada (decisión psíquica, palabra de Dios). Su trono es estable y macizo como el del Emperador. Una corona con florones en forma de hierro de lanza remata el sombrero con que toca la figura alegórica. Este arcano se relaciona con el signo zodiacal de Libra y representa, como éste, menos que la justicia exterior o la legalidad social, la función interior justiciera que pone en movimiento todo un mecanismo psíquico (o psicosomático) para determinar el castigo del culpable, partiendo ya de la idea de Weininger de que la culpa no es, en sí, diferente del castigo. Astronómicamente, la Justicia es Astrea. En sentido afirmativo, este arcano es armonía, regla de conducta, firmeza; en sentido negativo, restricción, minucia, sutileza (59).

L

Laberinto

Construcción arquitectónica, sin aparente finalidad, de complicada estructura y de la cual, una vez en su interior, es imposible o muy difícil encontrar la salida. Jardín dispuesto en igual forma. Los textos antiguos citan cinco grandes laberintos: el de Egipto, que Plinio sitúa en el lago Moeris; los dos cretenses, de Cnosos y Gortyna; el griego de la isla de Lemnos; y el etrusco de Clusium. Es probable que ciertos templos iniciáticos se construyeran de este modo por razones doctrinarias. Plantas de laberintos, diseños y emblemas de los mismos aparecen con relativa frecuencia en una área muy amplia, en Asia y Europa, principalmente. Algunos se cree habíanse dibujado para engañar a los demonios y hacer que entraran en ellos, quedando presos en su interior. Supónese, pues, ya en los pueblos primitivos, que el laberinto posee una cualidad atrayente, como el abismo, el remolino de las aguas y todo lo similar (8). Sin embargo, según Waldemar Fenn, ciertas representaciones de laberintos circulares o elípticos, de grabados prehistóricos, cual los de Peña de Mogor (Pontevedra), han sido interpretados como dia-

Laberinto.
Detalle de la
pila bautismal
de Aguilar
de Campoo
(Palencia).
Siglos XI-XII.

gramas del cielo, es decir, como imágenes del movimiento aparente de los astros. Esta noción no contradice la anterior, es independiente de ella y hasta cierto punto puede ser complementaria, pues el laberinto de la tierra, como construcción o diseño, puede reproducir el laberinto celeste, aludiendo los dos a la misma idea (la pérdida del espíritu en la creación, la «caída» de los neoplatónicos, y la consiguiente necesidad de buscar el «centro» para retornar a él). Una imagen de la obra *De Groene Leeuw*, de Goose van Wreeswyk (Amsterdam, 1672), muestra el santuario del *lapis* alquímico circulando por las órbitas de los planetas, figuradas a modo de muros que dan lugar a un laberinto cósmico (32). El emblema del laberinto fue usado con frecuencia por los arquitectos medievales. El acto de recorrer el laberinto figurado en el suelo, en un mosaico, se consideraba. como sustitución simbólica de la peregrinación a Tierra Santa (28). Unos laberintos en forma de cruz, que se conocen en Italia con el nombre de «nudo de Salomón», apareciendo muchas veces en la decoración céltica, germánica y románica, integran el doble simbolismo de la cruz y del laberinto, por lo que se suelen entender como el «emblema de la divina inescrutabilidad». En el centro del diseño así constituido no es difícil advertir la esvástica, que enriquece el símbolo por alusión al movimiento rotatorio, generador y unificador (4). Según Diel, el laberinto simboliza el inconsciente, el error y el alejamiento de la fuente de la vida (15). Eliade señala que la misión esencial del laberinto era defender el centro, es decir, el acceso iniciático a la sacralidad, la inmortalidad y la realidad absoluta, siendo un equivalente de otras pruebas, como la lucha contra el dragón. De otro lado, cabe interpretar el conocimiento del laberinto como un aprendizaje del neófito respecto a la manera de entrar en los territorios de la muerte (17). El laberinto se puede *experimentar* en la realidad de los dédalos de una ciudad desconocida, en especial de las ciudades antiguas u orientales. Nerval tuvo la obsesión del laberinto y en sus obras prueba haberlo experimentado de este modo, como pérdida en un mundo que es equivalente al caos.

Lacerías

Motivo ornamental, que corresponde posiblemente al símbolo del envolvimiento, que aparece en numerosos países y épocas, pero especialmente en el Egipto copto, en el mundo céltico — sobre todo en Irlanda, donde alcanza el máximo florecimiento en orfebrería, cruces de piedra y miniaturas de códices como los libros de Lindisfarne, Durrow y Kells —, así como en el mundo germánico y escandinavo. La lacería, en las puertas de los países nórdicos llega a constituir inextricables abstracciones (aunque animadas incidentemente por cabezas de animales). Según algunos autores, este motivo procede del arte escita, de donde se propagaría hacia el oeste y el norte y hacia el oriente. En el islam, la lacería tiene un carácter muy distinto; pierde el factor animalístico, la irregularidad viva del norte de Europa y se adapta a redes geométricas.

Lago

En el sistema jeroglífico egipcio, la figura esquemática de un lago expresa lo escondido y misterioso, probablemente por alusión al lago subterráneo que ha de recorrer el sol en su «travesía nocturna» (pero también por simple simbolismo de nivel, ya que las aguas aluden siempre a la «conexión de lo superficial con lo profundo»; masa de transparencia en movilidad). En el templo del dios Amón, en Karnak, había un lago artificial, que simbolizaba la *hylé*, las «aguas inferiores de la protomateria». En ciertos días señalados, una procesión de sacerdotes atravesaba el lago en varias barcas, para significar el paso mencionado del sol (19). Este simbolismo es el mismo que el del abismo marino; en general. La creencia de irlandeses y bretones de que el país de los muertos se halla en el fondo del océano o de los lagos puede derivar de su visión del ocaso solar en las aguas. La muerte de los humanos, como análoga a la del sol, constituía el acto de penetración en el universo inferior. Pero la construcción simbólica puede también, como decimos, nacer directamente del simbolismo del nivel intensamente arraigado en el alma del hombre, por el cual todo lo inferior espacial se asimila a lo inferior espiritual, a lo negativo, destructivo y, por consiguiente, mortuorio. La agregación del agua al símbolo del abismo no hace, por el papel del elemento líquido, como factor de transición entre la vida y la muerte, entre lo sólido y lo gaseoso, entre lo formal y lo informal, sino ratificar el significado funerario. De otro lado el lago, o, mejor, la mera superficie de sus aguas, tiene el significado de espejo, de imagen y autocontemplación, de conciencia y revelación.

Lamia

Personaje mítico. La reina Lamia, célebre por su belleza, fue transformada en fiera por su crueldad. Se citan en textos antiguos en plural; las lamias son entonces seres semejantes a las sirenas, que viven con frecuencia en compañía de los dragones, en cuevas y desiertos. En 1577, Jean de Wier publicó un tratado entero dedicado a estos seres *Lamiis Liber*. Según Caro Baroja, en Vasconia existe también la creencia popular en las lamias. Su atributo es el peine de oro (¿esqueleto de pez?) con que se peinan (10). En las leyendas se juzga a las lamias devoradoras de niños (8). Jung señala que el hecho de que también se llame lamia un enorme pez muy voraz (de *lamos*, abismo), establece conexión de las lamias devoradoras con el dragón-ballena estudiado por Frobenius, en *Zeitalter des Sonnengottes* (31).

Lámpara

Símbolo de la inteligencia y del espíritu (56). Así aparece en el mito griego de Psique, en la leyenda de Diógenes y en el arcano del Eremita del Tarot (40). Las lámparas de los antiguos tenían formas en consonancia con su servicio (profano, religioso, fúnebre) y con la deidad a la que estaban dedicadas. Hubo lámparas con doce mechas, simbolizando la rueda zodiacal. También lámparas de llama perpetua, como la mantenida por las vestales, o la del templo de Venus citada por san Agustín (8).

Langostas

En el simbolismo cristiano, fuerzas de destrucción (20). Sigue la tradición hebrea, desde las «plagas del faraón». En el Apocalipsis (9, 1-10) se lee: «El quinto ángel tocó la trompeta; y vi una estrella caída en la tierra y diósele la llave del pozo del abismo. Y abrió el pozo del abismo, y subió del pozo un humo semejante al de un grande horno; y con el humo de este pozo quedaron oscurecidos el sol y el aire; y del humo del pozo salieron langostas sobre la tierra, y dióseles poder, semejante al que tienen los escorpiones de la tierra; y se les mandó no hiciesen daño a la hierba de la tierra ni a cosa verde, ni a ningún árbol, sino solamente a los hombres, que no tienen la señal de Dios en sus frentes; y se les encargó que no los matasen;

sino que los atormentasen por cinco meses; y el tormento que causan es como el que causa el escorpión cuando hiere o ha herido a un hombre. Durante aquel tiempo los hombres buscarán la muerte, y no la hallarán; y desearán morir, y la muerte irá huyendo de ellos. Y las figuras de las langostas se parecerán a caballos aparejados para la batalla; y sobre su cabeza tenían como coronas al parecer de oro; y sus caras así como caras de hombres, y tenían cabellos como cabellos de mujeres; y sus dientes, como dientes de leones; vestían también lorigas de hierro; y el ruido de sus alas como el estruendo de los carros tirados de muchos caballos que van corriendo al combate; tenían asimismo colas parecidas a las de los escorpiones y en las colas aguijones...».

Lanza

Símbolo de la guerra y también sexual (8). Arma de la tierra, en contraposición al carácter celeste de la espada. La lanza se halla en relación con la copa. En general, el simbolismo de esta arma se relaciona con la rama, el árbol, la cruz y los símbolos del eje valle-montaña. En el *Libro del orden de caballería*, Ramon Llull considera que la lanza que se da al caballero es símbolo de rectitud. La «lanza que sangra», que aparece en la leyenda del Graal, a veces ha sido interpretada como lanza de Longino, relacionándola con la Pasión; hay autores que rechazan esta interpretación y le otorgan un sentido simbólico general de sacrificio.

Lapislázuli

En Mesopotamia es símbolo del cielo nocturno. Igual en la América precolombina. Según Eliade, en algunas tumbas antiguas de una isla del Ecuador se han encontrado fragmentos de lapislázuli labrados en forma de cilindro y con la mencionada significación (18).

Látigo

El simbolismo del látigo refunde el del lazo y el del cetro, signos ambos de dominación y superioridad. Expresa la idea de castigo, como el garrote y la maza — en contraposición a la espada, símbolo de purificación — y también la potestad de envolver y dominar (51). En Egipto, el látigo era el atributo de Min, dios del viento y, en general, de ciertas deidades supremas (41) de la tempestad, por su identificación morfológica con el rayo. Los dioscuros llevaban látigos; instrumentos de bronce de este género se utilizaban en el culto de Zeus en Dodona (35). Los faraones egipcios lo usaban como emblema de poder. Los romanos los colgaban en sus carros de triunfo (8). Lógicamente, el látigo se relaciona también con los ritos de flagelación (fecundidad) (8) y aparece también como atributo de la «madre terrible» (31).

Laurel

Árbol consagrado a Apolo y a la victoria. De sus hojas hacíanse guirnaldas y coronas para los festivales. La coronación del poeta, artista o vencedor con laurel no representa la consagración exterior y visible de una actividad, sino el reconocimiento de que esa actividad, por su sola existencia, ya presupone una serie de victorias interiores sobre las fuerzas negativas y disolventes de lo inferior. No hay obra sin lucha, sin triunfo. Por ello el laurel expresa la identificación progresiva del luchador con los motivos y finalidades de su victoria, asociando también el sentido genérico de fecundidad que tiene toda la vegetación.

Lavado

Según Oswald Wirtz, «en alquimia, el sujeto ennegrecido, luego muerto y podrido, es sometido a la ablución, operación que utiliza las lluvias progresivas procedentes de la condensación de los vapores que se desprenden del cadáver por la acción de un fuego exterior moderado, alternativamente activado y rebajado. De estas lluvias reiteradas, resulta el lavado progresivo de la materia, que pasa del negro al gris y progresivamente al blanco. La blancura señala el éxito de la primera parte de la Gran Obra. El adepto no la alcanza sino purificando su alma de todo lo que la turba comúnmente» (59). El lavado, pues, simboliza menos la purificación del mal objetivo y exterior, que el de los males subjetivos que pudiéramos llamar «particulares». Resulta obvio agregar que esta purificación es mucho más difícil y dolorosa, puesto que lo que se trata de destruir forma nudo con la propia existencia, sus razones vitales e impulsos espontáneos. Este es el «niégate a ti mismo» necesario para el verdadero progreso moral, alegóricamente explicado en la fase descrita del proceso alquímico.

Lazos

El tema de los lazos tiene innúmeras variantes, en la mitología y la iconografía, como imagen de enlazamiento o como forma de arte ornamental, bajo la figura de entrelazados, lacerías, nudos, cintas, cordones, ligamentos, redes y látigos. En el sentido más general, representan la idea de ligar. Parece ser que, así como el contemporáneo — en la versión existencialista — se siente «arrojado» en el mundo, el primitivo y el hombre de las culturas orientales y astrobiológicas se sentía «ligado» al mundo, al creador, al orden y

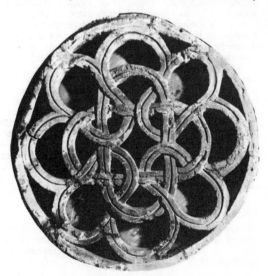

Lazos. Rosetón.
Museo de Zaragoza.

a la sociedad a que pertenecía. En la ornamentación románica, según Jurgis Baltrusaitis en *Etudes sur l'Art médieval en Géorgie et en Arménie*, distingue los siguientes tipos de lacerías: entrecruzamiento, entrelazamiento, enlazamiento y encadenamiento. El autor indica que los entrelazados pertenecen al repertorio de formas más antiguas creadas por el hombre, no pudiendo considerarse ni como aportación del arte bárbaro, ni como elemento específicamente asiático. Dentro de los lazos, redes y cordajes, aparecen con frecuencia monstruos, animales y figuras humanas. Ya en el sistema jeroglífico egipcio existía el lazo, como signo correspondiente a la letra T y como equivalente gramatical del posesivo (enlazar, dominar y poseer) (19). Es un símbolo similar al del envolvimiento. Pero dentro de él encontramos particularizaciones especialmente favorables, como el «hilo de oro», idéntico a la «cuerda de plata» de la tradición hindú y al «hilo de Ariadna», símbolo de la vía y ligazón interna de la criatura con el creador. El sentido místico viene dado por la inversión del símbolo que, en vez de presentarse como ligadura exterior, aparece como conexión interior. A ésta pertenecen todos los cordones que surgen en heráldica, que a veces forman nudos, lacerías con figura de ese o de ocho (4) y representan la ligazón, la dependencia en el sistema feudal de las jerarquías, ratificada por el juramento de honor, lo que constituye la sublimación del hallarse «ligado» por el superior (36). En cambio, la red exterior que envuelve e inmoviliza, ha de relacionarse con la expresión bíblica aducida por Pinedo: «Llueven sobre los pecadores lazos» (Sal 10, 7) (46). Mircea Eliade aporta en sus obras un detenido estudio del simbolismo del nudo y de la ligadura, concerniente a la cuestión del hilo laberíntico que hay que desatar o el problema esencial al que hay que dar solución. Los dioses del cielo tienen como arma característica el lazo, así Varuna y Urano, lo que significa el supremo privilegio del dominio. Señala Eliade que existe relación simbólica entre lazos y ligaduras e hilos y laberintos. El laberinto puede ser concebido como el nudo que debe ser desatado, empresas míticas respectivamente llevadas a cabo por Teseo y Alejandro. El fin último del ser humano es liberarse de las ligaduras. También en la filosofía griega aparece el motivo: en la caverna de Platón, los hombres se hallan retenidos por cadenas que les impiden moverse (*Rep.* VII). Según Plotino, el alma, «después de su caída, se halla aprisionada, está encadenada... pero volviéndose hacia [el reino de] los pensamientos, se libera de sus ligaduras» (*Ennéadas*, IV, 8). El autor citado analiza también, en conexión con este motivo simbólico, la morfología de las ligaduras y de los nudos en la magia y distingue dos grandes grupos: *a)* nudos y ligamentos benéficos, medios de defensa contra animales salvajes, enfermedades y sortilegios, contra los demonios y la muerte; *b)* ligaduras empleadas como ataque contra los enemigos humanos, con la operación inversa del corte de las ligaduras (18); esta última práctica llega al encadenamiento del cadáver para evitar sus acciones presuntas (17, 18). A veces, el tema de la ligadura se presenta en forma vegetal, bajo el aspecto de ramas frondosas que envuelven, inextricables, los cuerpos sumidos en su interior. Este tema tiene relación con el símbolo de la «devoración» y con los grutescos.

Lechuza

En el sistema jeroglífico egipcio, la lechuza simboliza la muerte, la noche, el frío y la pasividad. También concierne al reino del sol muerto, es decir, del sol bajo el horizonte, cuando atraviesa el lago o el mar de las tinieblas (19).

Lémures

Daban este nombre los romanos a los espíritus desencarnados. Según Ovidio, la fiesta de los lémures correspondía a una conmemoración de los muertos. Es probable que también la *umbra*, fantasma o aparición, se relacionara íntimamente con el lémur y que ambos simbolizaran ciertos estados de disociación psíquica (47).

Leo

Quinto signo zodiacal. Corresponde a la fuerza solar, a la voluntad, al fuego y a la luz clara y penetrante que surge por el umbral de Géminis al dominio de Cáncer. Está ligado a los sentimientos y emociones (40).

León

Sus correspondencias principales son el oro o «sol subterráneo» y el sol, por lo cual aparece como símbolo de los dioses solares, cual Mitra. En Egipto se creía que el león presidía las inundaciones anuales del Nilo a causa de la correlación de este fenómeno con la entrada del sol en el signo zodiacal de Leo, en la canícula. La piel del león es un atributo solar (8). La identificación del sol y del león, verificada por las culturas primitivas y astro-biológicas, también fue admitida en la Edad Media y el simbolismo cristiano la retiene (14), aunque el significado del león se enriquece con diferentes simbolismos secundarios. En alquimia, corresponde al elemento «fijo», al azufre. Contrapuesto a otros tres animales, representa a la tierra, aunque en otros textos se le llama «fuego filosófico» (57), mientras al oro se le da el nombre de «león de los metales». El león rojo es el que más propiamente responde a este último significado (56). Pero al margen de estos problemas, que conciernen más a la teoría de las correspondencias que al estricto simbolismo, el león constituye, como «rey de los animales», el oponente terrestre del águila en el cielo y, por lo mismo, el símbolo del «señor natural» o posesor de la fuerza y del principio masculino. Como recuerda Frobenius, el motivo en el que el león solar degüella al toro lunar se repite incansablemente en la decoración asiática y africana (22). Según Schneider, el león pertenece al elemento tierra y el león alado al elemento fuego. Ambos simbolizan la lucha continua, la luz solar, la mañana, la dignidad real y la victoria. Como símbolo de los evangelistas, pasó por varias atribuciones hasta concretarse en el del de san Marcos. Naturalmente, de la posición o situación del león se pueden derivar otros significados. El león joven corresponde al sol naciente; el león viejo o enfermo, al sol en el ocaso. El león victorioso representa la virilidad exaltada, el león domado corresponde a la paralela expresión existencial (50). Como animal salvaje, en general, según Jung, es indicio de las pasiones latentes y puede aparecer como signo del peligro de ser devorado por el inconsciente (32). Esta última significación, con todo, concierne más al simbolismo de la devoración, en general, que a la del león en particular. La devoración también es simbólica del tiempo. La leona salvaje es un símbolo de la *Magna Mater* (35).

Leopardo

Atributo de Dioniso. Asimilado a Argos, vigilante de mil ojos (4). Símbolo de la bravura y de la ferocidad marcial (5). El leopardo, como el tigre y la pantera, expresan los aspectos agresivos y potentes del león, sin corresponder en cambio a su sentido solar.

Letras

En todas las tradiciones las letras poseen un sentido simbólico, que a veces se desdobla en dos, según su figura y según su sonido. Probablemente, esta creencia deriva, aparte del sistema de las correspondencias cósmicas por el cual cada componente de cualquier serie ha de corresponder a otros componentes de otras series, de los primitivos pictogramas e ideogramas. Respecto al alfabeto egipcio, es decir, la selección de jeroglíficos de sentido fonético, extraídos del vasto repertorio que incluye signos silábicos e ideográficos, Enel en *La langue sacrée* realiza un profundo y detenido análisis. El citado autor recuerda que Horapolo Nilíaco, en la Antigüedad, y el padre Kircher y Valeriano en el Renacimiento, intentaron inútilmente penetrar en el sentido exacto de dichos símbolos, siendo su comprensión posible a partir de los descubrimientos de Champollion, Maspero, Mariette, etc. La comprensión del significado de muchos signos se aclara por medio del sentido de los llamados «determinantes», que ratifican grupos de signos fonéticos. No podemos dar aquí una idea del complejo sistema egipcio, que mezclaba signos ideográficos con fonéticos, alusiones abstractas y pictogramas concretos,

Letras. Bajorrelieve gótico. Museo Arq. Nac. Madrid.

plasmados en esquema visual, como el signo de combatir (dos brazos con hacha y escudo) o figuras alusivas a un lugar geográfico, como el Bajo Egipto (plantas del Delta). Nos ceñimos, pues, al llamado alfabeto egipcio, en el cual ve Enel una correlación, en su desarrollo, de la idea misma de la creación. Transcribimos su explicación: «Así el principio divino, la esencia de la vida, la razón de la creación está representada por el águila, pero, para el microcosmo, ese mismo signo expresa la razón que aproxima el hombre a la deidad, elevándole por encima de todos los seres creados. La manifestación creadora del principio razón es la acción, figurada por el brazo, signo que simboliza también toda especie de actividad y se opone a la pasividad, representada por una línea quebrada, imagen del elemento primario. Las formas de la acción y el movimiento vital desarrollan el verbo divino, figurado por una imagen esquemática de la boca, primera manifestación que desencadenó el comienzo de la creación... La acción creadora irradiada por el verbo se prosigue y desenvuelve para producir todas las variadas manifestaciones de la vida; es el signo de la espiral circular, formatriz del universo, que figura las fuerzas cósmicas en acción. Para el microcosmo, para expresar el trabajo del hombre, el signo que corresponde aquí a la espiral cósmica es la espiral cuadrada, signo de la construcción. Aplicando su esfuerzo y utilizando las fuerzas de la naturaleza susceptibles de ser sometidas a su voluntad, el hombre transforma la materia bruta, expresada por una suerte de rectángulo irregular y casi informe, en materia organizada, rectángulo, piedra con la que construye la casa o templo del dios (signo correlativo esquemático a un templo). Pero el desarrollo de las fuerzas creadoras macrocósmicas, así como el del trabajo humano, se halla sometido a la ley del equilibrio, expresada por el semicírculo cerrado por un diámetro, que posee dos significaciones: la aguja de la balanza a 180° y el transcurso diario del sol por el cielo, desde el levante al poniente, y el alfa y el omega de san Juan, representados por las aves del día (águila) y de la noche (lechuza), correspondiendo también, respectivamente, a la vida y la muerte, la aurora y el ocaso... La ligazón entre los dos polos donde se produce el intercambio constante está simbolizada por la división de «las aguas de arriba y las aguas de abajo», representada por el jeroglífico equivalente al *mem* hebreo. Por medio de esta ligazón, el día se transforma en noche y de la muerte nace la vida. Este cambio continuo forma el ciclo de la vida simbolizada por la serpiente que rampa y ondula constantemente. El ligamento que une la vida y la muerte, para el hombre, es el pañal (vendas del cadáver)... La fuerza que anima toda manifestación vital es la doble corriente de lo evolutivo-involutivo, el descenso y el ascenso, representados por el signo de la pierna, movimiento vertical en potencia. Para el hombre, ese jeroglífico tiene la misma significación, puesto que por medio de sus piernas puede ir a donde quiere: al fracaso como al éxito. Esta doble corriente de relación está simbolizada por la cuerda trenzada...». Otros signos continúan por el mismo orden: el lazo, la ligazón de los elementos; el cerrojo, la fijación de la mezcla; la hoja de caña, el pensamiento humano, etc. (19). Dentro de un sistema similar, poseen significaciones simbólicas y semánticas las letras del alfabeto hebreo, con dos grupos de sentidos, el usual y el cabalístico, y correspondencia con las láminas del Tarot. Por ejemplo: letra *aleph*, voluntad, el hombre, el mago; *beth*, la ciencia, la boca, la puerta del templo; *ghimel*, acción, la mano que coge, etc. (48). En alquimia también las letras poseen un sentido: A, el principio de todas las cosas; B, la relación de los cuatro elementos; C, la calcinación; G, la putrefacción; M, la condición andrógina del agua en su origen, como Gran Abismo; etc. (57). Pero se trata de una fusión de ver-

dadero simbolismo con atribuciones puramente convencionales. El significado
de la letra M sí que es verdaderamente simbólico. Blavatsky dice que la letra
más sagrada es la M, a la vez masculina y femenina, pues simboliza el
agua en su origen o gran abismo (9). También es interesante la relación (por
simbolismo de la forma) de la letra S con la luna (está constituida por un
creciente y un menguante contrapuestos). Las letras desempeñaron un papel
muy importante entre los gnósticos y misterios de Mitra, teniendo una equivalencia numeral, y correspondencias con los signos del zodíaco, las horas
del día, etc. Hipólito, uno de los primeros Padres de la Iglesia, cita la atribución de Marcus el pitagórico, quien decía: «Los siete cielos... pronunciaron
cada uno su vocal y todas éstas, combinadas en conjunto, formaron una do-
xología única, cuyo sonido transmitido abajo convirtióse en el creador...» (9).
De igual modo, cada vocal se relacionaba con un color (11). Las siete letras
correspondían también a las siete direcciones del espacio (los seis extremos
de la cruz de tres dimensiones más el centro) (39). Entre los árboles, las
letras tenían también un valor numérico, siendo veintiocho las letras, como
los días del mes lunar. Por la importancia atribuida tradicionalmente al
verbo, al elemento aire, se comprende que en todos los sistemas se buscara
establecer la sacralidad de las letras haciéndolas depender de órdenes místicos y cósmicos. Saint-Yves d'Alveydre, en *L'Archéometre* (1911), estudia
ampliamente el simbolismo de las letras, llegando, empero, según creemos, a
conclusiones algo personales, al buscar la relación de la letra con el color,
el sonido, el planeta, el signo zodiacal, la virtud, el elemento natural, etc.
Como muestra de su interpretación damos la de la letra M, de la cual dice:
«Corresponde al origen natural, de donde las existencias surgen temporal-
mente. Su número es el 40. Su color, verde marino; su signo, Escorpión; su
planeta, Marte; su nota, *re*». Mayor autenticidad simbólica tiene la versión
sintética dada por Bayley, quien refunde datos de distintas procedencias para
facilitar el significado intrínseco de las letras, ya en nuestro alfabeto occidental, siendo obvio que hay símbolos más evidentes que otros, los cuales
relacionamos a continuación: A (cono, montaña, pirámide, causa primera).
B (?). C (luna creciente, mar, *Magna Mater*). D (brillante, diamante, día).
E (letra solar). F (fuego vital). G (el Creador). H (Géminis, el umbral). I (uno,
el eje del universo). L (poder). M (ondas del mar, ondulaciones de la serpiente). N (igual significación). O (disco solar, la perfección). P (cayado de
pastor, báculo). R (igual significación). S (serpiente). T (martillo, hacha doble, cruz). U (cadena de Júpiter). V (vasija, convergencia, radios gemelos).
X (cruz de luz, unión de los dos mundos, superior e inferior). Y (tres en
uno, encrucijada). Z (zigzag del relámpago) (4). Como detalle interesante,
reproducimos, del mismo autor, las correlaciones de sentido, aquí meramente convencional, de las iniciales sueltas que aparecen con más frecuencia
en los emblemas medievales y del siglo XVI, que son las siguientes: A (con
la V, significa Ave). M (inicial de la Virgen María) (también como signo del
Millenium, es decir, del fin de este mundo). R (*Regeneratio* o *Redemptio*).
Z (*Zion*). S (*Spiritus*). SS (*Sanctus Spiritus*). T (*Théos*), etc. El estudio del
simbolismo de las letras se relaciona estrechamente con el de las palabras.
Loeffler recuerda que, tanto entre los arios como entre los semitas, la M
ha comenzado siempre las palabras relacionadas con el agua y con el nacimiento de los seres y de los mundos (Mantras, Manou, Maya, Madhava,
Mahat, etc.) (38). Respecto a la conexión entre la M y la N, creemos que
ésta es la antítesis de la primera, es decir, si la M corresponde al aspecto
regenerador de las aguas, la N pertenece a su aspecto destructor, a la disolución de las formas. Las letras, por sus asociaciones, fueron una de las

Figura		Nombre	Letras corresp.	Valor numérico
א	1	Aleph	- - -	1
ב	2	Baith	B	2
ה		Vaith	V	- -
ג	3	Gimmel	G	3
ד	4	Daleth	D	4
ה	5	Hay	H	5
ו	6	Wav	W	6
ז	7	Zayin	Z	7
ח	8	Cheth	Ch	8
ט	9	Teth	T	9
י	10	Yood	Y	10
כ	11	Caph	C	20
		Chaph	Ch	- -
ל	12	Lamed	L	30
מ	13	Mem	M	40
נ	14	Noon	N	50
ס	15	Samech	S	60
ע	16	Ayin	- - -	70
פ	17	Pay	P	80
		Phay	Ph	- -
צ	18	Tzade	Tz	90
ק	19	Koof	K	100
ר	20	Raish	R	200
ש	21	Sheen	Sh	300
		Seen	S	- -
ת	22	Tav	T	400
		Thav	Th	- -

Letras. Valor numérico de las letras hebreas.

técnicas más usadas por los cabalistas. No podemos aquí sino aludir al estudio sobre los «tifinars» o signos prehistóricos simbólicos, que R. M. Gattefossé estudia en *Les Sages Ecritures* (Lyon, 1945). Muy interesante también es la filosofía de las letras — y de la gramática — en conexión simbólica, de M. Court de Gebelin, quien, en *Du Génie Allégorique et Symbolique de l'Antiquité* (París, 1777), establece las condiciones ideales y deducidas de una lengua primitiva, estudiando además el simbolismo de: nombres propios, raíces lingüísticas, fábulas sacras, cosmogonías, pinturas simbólicas, blasones, jeroglíficos, etc., el valor de las letras, por ejemplo, de la *A* como: grito, verbo, preposición, articulo, inicial de una palabra, valor entre los orientales, carácter, etc. En fecha reciente se ha publicado el importante libro de Kallir, *Sign and Design* (Londres, 1961), especialmente dedicado al tema de las letras como símbolos. El signo Y, en la tradición de los hiperbóreos y nórdica, representa al hombre cósmico con los brazos en alto y simboliza la resurrección (Evola).

Leviatán

Pez enorme, fabuloso, que lleva sobre sí la mole de las aguas y que los rabinos dicen estar destinado a la comida del Mesías (8). En la mitología escandinava, los mares son obra de una gran serpiente o dragón que traga el agua para luego devolverla, ser que recibe el Midgardorm (35). Arquetipo de lo inferior en sí, del monstruo primordial del sacrificio cosmogónico, cual el Tiamat mesopotámico. A veces se identifica por entero con el mundo o, mejor, con la fuerza que conserva y agita el mundo.

Liberación de la doncella

De origen mítico (Sigfrido despertando a Brunilda, cuento de la Bella durmiente), aparece en leyendas paganas, cristianas y en libros de caballerías. Perseo liberando a Andrómeda es tal vez el arquetipo, sin olvidar a san Jorge y la princesa. En la «matière de Bretagne» son varios los casos de liberación de doncellas por parte de los caballeros, pudiendo casi afirmarse que es ésa su misión esencial. Símbolo de la búsqueda del *ánima* y de su liberación de la prisión a que la tienen sometida las fuerzas maléficas e inferiores, parece tener un origen mistérico.

Libra

Séptimo signo zodiacal y que, como la cruz y la espada, se relaciona con el simbolismo del siete. Libra es el signo del equilibrio, trátese del plano cósmico o del psíquico, de la legalidad y la justicia social como de la interior. Por ello se dice que la balanza marca el equilibrio entre el mundo solar y la manifestación planetaria, entre el ego espiritual del hombre (el *selbst* de la psicología junguiana) y el yo exterior o personalidad. También señala el equilibrio entre el bien y el mal; como el hombre, tiene dos inclinaciones, simbolizadas por los platillos simétricamente dispuestos: uno inclinado hacia el Escorpión (el mundo de los deseos) y otro hacia el signo de Virgo (la sublimación). El hombre, a imagen de la balanza, debe armonizar sus tendencias internas. Según la astrología tradicional, el signo de la balanza rige los riñones. El séptimo signo es el de las relaciones humanas y el de la unión del espíritu consigo mismo, es decir, de la salud espiritual y mental. En su determinación alegórica de la justicia, se refiere al sentimiento regulador íntimo que desencadena el autocastigo en el propio culpable (40). Como símbolo de armonía interior y de comunicación entre el lado izquierdo (inconsciente, materia) y el derecho (conciencia, espíritu), es un símbolo de conjunción.

Libro

Uno de los ocho emblemas corrientes chinos, símbolo del poder para alejar a los espíritus malignos (5). El «libro escrito por dentro y por fuera» es una alegoría del sentido esotérico y exotérico, como también la espada de dos filos que sale de la boca (37). En general, el libro está relacionado con el simbolismo del tejido, según Guénon. Un resumen de la doctrina de Mohyiddin ibn Arabi, al respecto, dice: «El universo es un inmenso libro; los caracteres de este libro están escritos, en principio, con la misma tinta y transcritos en la tabla eterna por la pluma divina... por eso los fenómenos esenciales divinos escondidos en el «secreto de los secretos» tomaron el nombre de «letras trascendentes». Y esas mismas letras trascendentes, es decir, todas las criaturas, después de haber sido virtualmente condensadas en la omnisciencia divina, fueron, por el soplo divino, descendidas a las líneas inferiores, donde dieron lugar al universo manifestado» (25). Simboliza el mundo, *Liber Mundi* de los rosacruces y *Liber Vitae* del Apocalipsis.

Libro. Detalle de la pintura mural de San Clemente de Taüll (siglo XII). Museo Arte Cataluña.

Licanthropo

Según la leyenda, hombre al cual el diablo cubre con piel de lobo y obliga a ir errante por los campos dando aullidos (8). Simboliza la irracionalidad latente en la parte inferior del hombre, la posibilidad de su despertar. Por ello, sentido similar al de todos los monstruos y seres fabulosos malignos.

Liebre

En el sistema jeroglífico egipcio, signo determinativo del concepto ser, simbolizando, en consecuencia, la existencia elemental (19). Entre los algonquinos, la Gran Liebre es el animal demiurgo. Egipto conoció también este mito. Hécate, diosa lunar, estaba en Grecia relacionada con las liebres. El correlato germánico de la citada Hécate, la diosa Harek, iba acompañada por liebres (35). En general, la liebre es un símbolo del procrear, ambivalente por el dualismo del sentido, natural amoral, o moral, con que se considere. Los hebreos la consideraban «animal inmundo» (Deut 14, 7). Según Rabano Mauro, simbolizaba la lujuria y la fecundidad. Sin embargo, también había sido convertida su figura en alegoría de la ligereza y de la diligencia en los servicios, pues aparece en muchos sepulcros góticos con ese sentido emblemático, que es secundario respecto al anteriormente expuesto (46). Un carácter femenino es inseparable de la simbolización fundamental aludida; por ello, la liebre es también el segundo emblema de los doce del emperador de China, simbolizando la fuerza *Yin* en la vida del monarca (5). En ese país se conceptúa a la liebre como animal de presagios y se supone que vive en la luna.

Ligereza

La trilogía de lo sonoro, transparente y móvil, se relaciona con la impresión interna de ligereza (3). El elemento aire es el que corresponde en primer lugar a esta sensación. El anhelo de ligereza se manifiesta, onírica y literariamente, más por el símbolo de la danza, como en Nietzsche, que por el del vuelo. Si éste expresa esencialmente una voluntad de superación, de sí y de los demás, aquél concierne al impulso de evasión.

Lilith

Primera mujer de Adán, según la leyenda hebrea. Espectro nocturno, enemigo de los partos y de los recién nacidos. Satélite invisible de la tierra, mítico (8). En la tradición israelita corresponde a la Lamia de griegos y romanos. Su figura puede coincidir con Brunilda, en la saga de los nibelungos, en contraposición a Crimilda (Eva). Símbolo de la «madre terrible». Todos estos rasgos aproximan este ser a la imagen griega de Hécate, exigente de sacrificios humanos. Lilith personifica la *imago* materna en cuanto reaparición vengadora, que actúa contra el hijo y contra su esposa (tema transferido en otros aspectos a la «madrastra» y a la madre política). No se debe identificar literalmente con la madre, sino con la idea de ésta venerada (amada y temida) durante la infancia. Lilith puede surgir como amante desdeñada o anterior «olvidada», cual en el aludido caso de Brunilda o como tentadora que, en nombre de la *imago* materna, pretende y procura destruir al hijo y a su esposa. Posee cierto aspecto viriloide, como Hécate «cazadora maldita». La superación de este peligro se simboliza en los trabajos de Hércules mediante el triunfo sobre las amazonas.

Lingam

No es el simple signo del falo, sino de ambos sexos integrados, simbolizando el poder generador del universo (8). Aparece muy frecuentemente en los templos hindúes. Los símbolos de conjunción aluden a la hierogamia, sin la cual no resultaría concebible la obra de creación continua y conservación del universo y por ello entran en los ritos de fecundidad y fertilidad. En China, el lingam se denomina *Kuei*, es un rectángulo oblongo de jade, que termina en un triángulo. Se encuentran con frecuencia las siete estrellas de la Osa Mayor grabadas en el Kuei (39), probable símbolo del espacio y del tiempo (siete direcciones, siete días de la semana).

Linterna

Como toda «luz» independizada de la luz, es decir, escindida, simboliza la vida particular frente a la existencia cósmica, el hecho transitorio frente al eterno, la «distracción» frente a la esencia. De ahí el empleo mágico de las linternas. Por su interés psicológico, transcribimos un pasaje literario chino, de la época de los reyes Tong: «El día de la fiesta del Medio del Otoño, el diablo se transformaba en hombre, obtenía la confianza de las mujeres y los niños, y los conducía a lugares secretos de donde no podían salir (símbolo de la muerte). Viendo que ese demonio perseguía mucho al pueblo, el jurisconsulto Bao-Cong dio cuenta de ello al rey y obtuvo de él la promulgación de una orden que prescribía la fabricación de linternas de papel en forma de peces y de colgarlas a la puerta de las casas. De este modo, la carpa-demonio, engañada por estos simulacros, dejaría en paz a las Cien familias» (13).

Lira

Símbolo de la unión armoniosa de las fuerzas cósmicas, representada por el rebaño de ganado en su forma caótica (40). La lira de siete cuerdas correspondía a los siete planetas. Timoteo de Mileto elevó a doce el número de las cuerdas (signos del zodíaco). Una transformación similar —en lo serial— ha sido la ejecutada por Arnold Schoenberg en nuestro tiempo, al dar el mismo valor a las notas cromáticas que a las diatónicas, estableciendo, en vez de la antigua escala de siete sonidos, una de doce. Schneider establece un paralelismo entre la lira y la hoguera, al recordar que, según el Exodo (38, 2), en el Templo de Jerusalén se hallaban a ambos lados del altar unos cuernos revestidos de metal, entre los cuales se elevaba el humo del sacrificio. La lira, de igual modo, lanza sus sonidos por entre los cuernos laterales de su estructura, que representan la relación entre la tierra y el cielo (50).

Lis

Flor heráldica que no existe en la naturaleza. Símbolo real desde la Alta Antigüedad (46). El emblema tiene por base un triángulo, que representa el agua. Encima se halla una cruz (conjunción y realización espiritual), ampliada con dos hojas simétricas que se enrollan sobre la rama horizontal. La central se eleva recta hacia el cielo, simbolizando su propia expresión (59). En la Edad Media se consideró como emblema de la iluminación y atributo del Señor (4).

Lobo

Símbolo del valor entre los egipcios y romanos. Aparece también como guardián en gran número de monumentos (8). En la mitología nórdica hace su aparición un lobo monstruoso, Fenris, que destruía las cadenas de hierro y las prisiones, siendo por fin recluido en el interior de la tierra. Este monstruo deberá romper también esta cárcel en el crepúsculo de los

Lobo. Loba capitolina. Roma.

dioses, es decir, al fin del mundo, y devorar al sol. El lobo aparece aquí como un símbolo del principio del mal, en un orden de ideas que no deja de tener relación con la cosmogonía gnóstica. Supone el mito nórdico que el orden cósmico es posible sólo por el aherrojamiento temporal de la posibilidad caótica y destructiva del universo, la cual (símbolo de la inversión) habrá de triunfar al final. También tiene conexión el mito con todas las ideas de aniquilamiento final de este mundo, sea por el agua o por el fuego.

Loco, El

Último arcano del Tarot, que se distingue por carecer de cifra (los otros van marcados del I al XXI), lo cual quiere significar que el Loco se halla al margen de todo orden o sistema, como el «centro» en la rueda de las transformaciones se halla fuera de la movilidad, del devenir y del cambio. Este hecho ya, en primer término, nos habla del simbolismo místico del Loco, abordado en el *Parsifal* y otras leyendas. En la alegoría del Tarot, aparece con traje de colores abigarrados, para indicar las influencias múltiples e incoherentes a que se halla sometido. El color rojo es anaranjado, para indicar —aquí inequívocamente— el color del fuego esencial en la figura. Lleva una alforja sostenida por un bastón (símbolo de la mente y de su carga). Su pierna izquierda (inconsciente) es mordida por un lince blanco, que significa el residuo de lucidez (remordimiento). Pero esa mordedura no le detiene, antes le empuja hacia adelante, hacia el fondo, donde aparece un obelisco derribado (símbolo solar, logos) y un cocodrilo dispuesto a devorar lo que debe retornar al caos. No se precisa la imposibilidad del Loco para salvarse; contrariamente, la situación que se ha expuesto se halla equilibrada por la tulipa de color púrpura (espiritualidad activa) y por el cinto de oro con doce placas alusivas al zodíaco. Corresponde este arcano a lo irracional en sí, al instinto activo y capaz de sublimación, pero también a la ciega impulsividad y a la inconsciencia (59). Según Schneider, el Loco, como personaje mítico y legendario, se relaciona estrechamente con el bufón. En las ceremonias y ritos medicinales, médico y enfermo hacen de «loco», reaccionan por el delirio, el baile y las «extravagancias» para invertir el orden maligno reinante. Clara es la lógica del proceso. Cuando lo normativo y consciente aparece como enfermo o perverso, para obtener lo benévolo y salutífero, habrá que utilizar lo peligroso, inconsciente y anormal (51). Además, el loco y el bufón tienen, como señala Frazer, el carácter de «víctima de sustitución» en los sacrificios humanos rituales.

Logos

El Logos es la vida y la luz, a la vez espirituales, que combaten a la noche (7). Es lo contrario del desorden y del caos, del mal y las tinieblas. También se identifica con la palabra y con el pensamiento.

Lorelei

Sirena que aparece en la mitología germánica, en la roca de su nombre, en el Rin, y cuyo canto pierde a los marineros, pues al escucharla no se dan cuenta de los escollos y naufragan. Tiene relación también con la leyenda del tesoro de los nibelungos.

Losange

Uno de los ocho «emblemas corrientes» chinos, que simboliza la victoria. Gráficamente, el losange no es sino la multiplicación del rombo en un orden vertical (5). El rombo es un signo dinámico, como la cruz de san Andrés, y alude a la comunicación de lo inferior y lo superior. Esquema ornamental y heráldico formado por la unión de dos triángulos (agua y fuego), constituyendo un rombo. Se considera como figura ambigua y se relaciona con el andrógino. Aparece en el traje del arlequín. En su libro *Magic*, Maurice Bouisson reproduce el diseño de una alfombra tunecina, con losanges y también con grupos de más de diez triángulos (fuego), entre los que por «error» se intercala otro con la significación opuesta (agua). Pero el autor agrega que esta equivocación voluntaria, dotada de sentido mágico y simbólico, aparece en realidad entre 720 triángulos en la totalidad de la alfombra. La finalidad del «defecto» es llamar la atención con algo imperfecto, pues la perfección sólo puede ser obra de Allah.

Loto

Tiene cierta equivalencia a lo que la rosa representa en Occidente. En Egipto, el loto simboliza la vida naciente, la aparición (19). Saunier lo considera como símbolo natural de toda evolución (49). En la Edad Media se identifica al centro místico y, en consecuencia, al corazón (56, 14). El loto, como creación artística, se relaciona con el mandala; su significación se modifica según el número de pétalos; el de ocho, se considera en la India como el centro donde mora Brahma (ocho es igual a la mandorla del arte románico, pues significa la intersección de la tierra: cuatro, cuadrado; y del cielo, círculo), y como manifestación visible de su acción oculta (26). El «loto de mil pétalos» simboliza la revelación final; en su centro suele haber la figura de un triángulo, en cuyo interior se halla el «gran vacío» que simboliza lo informal. René Guénon explica y desenvuelve largamente el simbolismo del loto, diciendo: «La realización de las posibilidades del ser se efectúa por medio de una actividad que siempre es interna (el «crecimiento», del padre Gratry), puesto que se ejerce a partir del centro de cada plano y además, metafísicamente, no podría existir acción exterior ejercida sobre el ser total, pues esta acción sólo es posible en un plano relativo y especializado... Dicha realización se halla figurada en los diferentes simbolismos por el despliegue, en la superficie de las «aguas» de una flor, generalmente el loto en las tradiciones orientales, y la rosa o el lis en las occidentales. Hay también relación entre estas flores con la circunferencia como símbolo del mundo manifestado y con la Rueda cósmica. Las variaciones de expresión posibles en este símbolo se relacionan siempre con el simbolismo de los números (pétalos)» (25). Desde la remota Antigüedad, el loto fue unánimemente elegido por chinos, japoneses, hindúes, egipcios y arios. La flor del loto, representada como saliendo del ombligo de Vishnú, simboliza el universo que evoluciona fuera del sol central, el punto, el «motor inmóvil». Figura como atributo de muchas deidades (9).

Lucha

Toda lucha es la exposición de un conflicto. Numerosas luchas, danzas y simulacros son ritos o residuos rituales que exponen situaciones conflictuales. Según Eliade, en Suecia se celebran luchas de jinetes que personifican, en dos bandos, el invierno y el verano. Usener daba igual significación al combate de Janto y Melanto, el rubio y el negro. De otro lado, la lucha puede corresponder al sacrificio cosmogónico primordial, como el de Tiamat por Marduk. Luchas entre dioses de la vegetación y la sequía, como Osiris y Set, y el bien y el mal, cual Ahuramazda y Ahriamanyu, modifican el plano del conflicto. Por lo general, la lucha es de generación o de elementos antitéticos (17). Por nuestra parte, creemos que las luchas romanas de gladiadores respondían a un fondo simbólico y mítico ancestral, correspondiendo el reciario a Neptuno y a Piscis (el océano celeste, dios ligador armado del triple poder —tridente— y de la red) y el mirmidón a Cáncer, el sol, el hijo armado de espada. La lucha, el combate, son elevados al rango de felicidad sobrenatural en el Valholl escandinavo: los héroes muertos resucitan, se arman, matan y mueren, vuelven a resucitar, y este proceso se repite eternamente.

Lucha.
Grabado de
la Biblia und.
germ. 1487.

Luchas de animales

Simbolizando los animales diversos estadios de la fuerza instintiva, y pudiendo por tanto situarse a lo largo de un eje vertical ideal (por ejemplo, de abajo arriba: oso, león, águila), las luchas 'de animales —león contra grifo, serpiente contra águila, águila contra león, etc.— significan la lucha entre disposiciones instintivas de profundidad diferente. La victoria de un animal alado sobre otro sin alas siempre es un símbolo positivo, asimilable a la sublimación. La lucha entre un águila y un león implica un vector de menor intensidad que la lucha entre el águila y la serpiente, por ser mayor la distancia que separa a estos dos animales. La lucha de animales reales con fabulosos puede significar el combate de instintos o tendencias realistas con las imaginativas o anormales, pero también —y esto ha de decidirse por contextos— una reducción de la fuerza imaginativa, es decir, de la fantasía creadora, en beneficio de la actividad material, directa y realista.

Luna

El simbolismo de la luna es muy amplio y complejo. El poder del satélite era citado por Cicerón al decir: «Cada mes la luna ejecuta la misma carrera que el sol en un año... Contribuye en gran medida por su influjo a la madurez de las plantas y al crecimiento de los animales». Esto contribuye a explicar el importante papel de las diosas lunares: Ishtar, Hathor, Anaitis, Artemisa. El hombre percibió, de antiguo, la relación existente entre la luna y las mareas; la conexión más extraña aún entre el ciclo lunar y el ciclo fisiológico de la mujer. Krappe —de quien tomamos estos datos— cree que esta relación se debe, como ya creía Darwin, a que la vida animal se originó en el seno de las aguas, determinando un ritmo vital que duró millones de años. La luna deviene así «Señor de las mujeres». Otro hecho esencial de la «psicología de la luna» es la modificación aparente de su superficie a través de las fases periódicamente repetidas. Supone el autor citado que dichas fases (especialmente como efecto negativo, de progresiva desaparición parcial), pudieron inspirar el mito del desmembramiento (Zagreo, Penteo, Orfeo, Acteón, Osiris). La misma relación puede verse en los mitos y leyendas de «hilanderas» (35). Cuando se sobrepuso el sentido patriarcal al matriarcal, se dio carácter femenino a la luna y masculino al sol. La hierogamia, generalmente extendida como matrimonio del cielo y la tierra, puede aparecer también como bodas del sol y de la luna. Se admite hoy generalmente que los ritmos lunares se utilizaron antes que los solares para dar la medida del tiempo. Es posible asimismo la coincidencia en el misterio de la resurrección (primavera tras el invierno, florecer tras la helada, renacer del sol después de las tinieblas de la noche, pero también «luna nueva» y creciente). Eliade señala la conexión de esta evidencia cósmica con el mito de la creación y recreación periódica del universo (17). El papel regulador de la luna aparece también en la distribución del agua y de las lluvias, por lo que aparece tempranamente como mediadora entre la tierra y el cielo. La luna no sólo mide y determina los períodos, sino que también los unifica a través de su acción (luna, aguas, lluvias, fecundidad de la mujer, de los animales y de la vegetación). Pero, por encima de todo, es el ser que no permanece siempre idéntico a sí mismo, sino que experimenta modificaciones «dolorosas» en forma de círculo clara y continuamente observable. Estas fases, por analogía, se parecen a las estaciones anuales, a las edades del hombre, y determinan una mayor proximidad de la luna a lo biológico, sometido también a la ley del cambio, al crecimiento (juventud, madurez) y al decrecimiento (madurez, ancianidad). De ahí la creencia mítica de que la etapa de invisibilidad de la luna corresponde a la de la muerte en el hombre; y como consecuencia de ella, la idea de que los muertos van a la luna (y de ella proceden, en las tradiciones que admiten la reencarnación). «La muerte —señala Eliade— no es así una extinción, sino una modificación temporal del plan vital. Durante tres noches, la luna desaparece del cielo, pero al cuarto día renace. La idea del viaje a la luna después de la muerte se ha conservado en culturas avanzadas (Grecia, India, Irán). El pitagorismo dio un nuevo impulso a la teología astral; las "islas de los bienaventurados" y toda la geografía mítica se proyectó sobre planos celestes; sol, luna, Vía Láctea. En estas fórmulas tardías no es difícil descubrir los temas tridicionales: la luna como país de los muertos, la luna receptáculo regenerador de las almas. Pero el espacio lunar no era más que una etapa de la ascensión; había otras: sol, Vía Láctea, "círculo supremo". Esta es la razón por la que la luna preside la formación de los organismos, pero también su descomposición (como el color verde). Su destino consiste en reabsorber las formas y volver a crearlas. Sólo lo que está más allá de la luna o encima de ella trasciende el devenir. Por esto, para Plutarco, las almas de los justos se purifican en la luna, mientras su cuerpo vuelve a la tierra y su espíritu al sol.» Así, la condición lunar equivale a la condición humana. Nuestra Señora se representa sobre la luna, para expresar la eternidad sobre lo mudable y transitorio (17). René Guénon confirma que en «la esfera de la luna» se disuelven las formas, determinando la escisión entre los estados superiores y los inferiores; de ahí el doble papel de la luna como Diana y Hécate, celestial e infernal. Diana o Jana es la forma femenina de Jano (26, 17). En la ordenación cósmica, la luna es considerada en cierto modo como una duplicación del sol, minimizada, pues si éste vitaliza a todo el sistema planetario, la luna sólo interviene en nuestro planeta. Por su carácter pasivo, al recibir la luz solar, es asimilada al principio del dos y de la pasividad o lo femenino. La luna se relaciona también con el huevo del mundo, la matriz y el arca (9). El metal correspondiente a la luna es la plata (57). Se considera al satélite como guía del lado oculto de la naturaleza, en contraposición al sol, que es el factor de la vida manifestada y de la actividad ardiente. En alquimia, la luna representa el principio volátil (mudable) y femenino. También la multiplicidad, por la fragmentación de sus fases. Estas dos ideas confundidas han dado lugar a interpretaciones literales que caen en la superstición. Los groenlandeses, por ejemplo, creen que todos los cuerpos celestes fueron en un tiempo seres humanos, pero acusan particularmente a la luna de incitar a las mujeres a la orgía por cuyo motivo prohíben contemplarla durante mucho tiempo (8). En la Arabia preislámica, cual en otras culturas semitas, el culto lunar prevalece sobre el solar. Mahoma reprobó, para los amuletos, todo metal que no fuese la plata (39). Otro componente significativo de la luna es el de su estrecha asociación a la noche (maternal, ocultante, inconsciente, ambivalente por lo protectora y peligrosa) y el que dimana del tono lívido de su luz y del modo como muestra, semivelándolos, los objetos. Por eso la luna se asocia a la imaginación y a la fantasía, como reino intermedio entre la negación de la vida espiritual y el sol fulgurante de la intuición. Schneider precisa un hecho de alto interés morfológico, al decir que la evolución de los contornos de la luna —desde el disco hasta el hilo de luz— parece haber determinado un canon místico de formas, con sujeción al cual se construyeron también los instrumentos de música (51). De otro lado, Stuchen, Hommel,

Dornseif han mostrado la conexión de las formas de las fases lunares con los caracteres de las letras hebreas y árabes, así como también la profunda acción de dichos factores formales en la morfología instrumental. Eliade cita a Hentze, quien afirma que todos los dualismos tienen en las fases lunares, si no su causa histórica, al menos una ejemplificación mítica y simbólica. «El mundo inferior, mundo de las tinieblas, está representado por la luna agonizante (cuernos=cuartos de la luna; signo de doble voluta=dos cuartos de luna en dirección opuesta; superpuestos y ligados el uno al otro=cambio lunar, anciano decrépito y huesudo). El mundo superior, el mundo de la vida y del sol naciente, está representado por un tigre (monstruo de la oscuridad y de la luna nueva) de cuyas fauces sale el ser humano representado por un niño» (17). Se consideran animales lunares los que alternan apariciones y desapariciones, como los anfibios; el caracol, que sale de su concha o se mete en ella; el oso, que desaparece en invierno y reaparece en primavera, etc. Objetos lunares pueden considerarse los que tienen carácter pasivo y reflejante, cual el espejo; o los que pueden modificar su superficie, como el abanico. Nótese el carácter, la relación con lo femenino de ambos. Las diosas que derivan de la forma primitiva de Astarté, como Venus y Diana, llevan una media luna en la cabellera.

Luna, La

Arcano decimoctavo del Tarot. Presenta la imagen del astro nocturno iluminando los objetos a medias con su luz indecisa. Debajo de la luna, aparece un enorme cangrejo sobre el barro, de color rojizo. La alegoría presenta también dos perros que guardan la ruta del sol y ladran a la luna. Tras ellos, a derecha e izquierda, hay dos castillos en forma de torre cuadrada, de color carne y ribeteados de oro. La luna está representada por un disco plateado sobre el que aparece un perfil femenino. De ese disco arrancan largos rayos amarillos entre los cuales hay otros rojos, más cortos. Gotas invertidas flotan en el aire, como atraídas por la luna. Esta escena expone la fuerza y los peligros del mundo de las apariencias y de lo imaginativo. El visionario ve las cosas a una luz lunar. El cangrejo, como el escarabajo egipcio, tiene la función de devorar lo transitorio (el elemento volátil de la alquimia), contribuyendo a la regeneración moral y física. Los perros son los guardianes que impiden el paso de la luna al dominio solar (logos) y las torres, por el contrario, se elevan para advertir que el dominio de la luna está guardado por peligros indudables (los *perils of the soul* del primitivo). Wirtz dice que tras esas torres hay una estepa y detrás un bosque (la selva de las leyendas y cuentos folklóricos), llena de fantasmas. Después hay una montaña (¿la montaña doble, aludida por Schneider?) y un precipicio que termina en un curso de agua purificadora. Esta ruta parece corrresponder a la descrita por los chamanes en sus viajes extáticos. Un Tarot antiguo presenta la imagen de un arpista, que, al claro de luna, canta a una joven que desata sus cabellos al borde de la ventana. Esta imagen alude al carácter mortuorio de la luna, pues el arpista es un conocido símbolo indudable del ánima. Este arcano, en suma, pretende instruir sobre la «vía lunar» (intuición, imaginación, magia), distinta de la vía solar (razón, reflexión, objetividad) y cargada asimismo de sentido negativo y fúnebre. En aspecto negativo, alude a los errores, fantasía arbitraria, impresionabilidad imaginativa, etc. (59).

Luz

Identificada tradicionalmente con el espíritu (9). La superioridad de éste,
afirma Ely Star, se reconoce inmediatamente por su intensidad luminosa.
La luz es la manifestación de la moralidad, de la intelectualidad y de las
siete virtudes (54). Su color blanco alude precisamente a esa síntesis de totalidad. La luz de un color determinado corresponde al simbolismo de
éste, más el sentido de emanación. Pues la luz es también fuerza creadora,
energía cósmica, irradiación (57). La iluminación corresponde, en lo situacional, a Oriente. Psicológicamente, recibir la iluminación es adquirir la conciencia de un centro de luz, y, en consecuencia, de fuerza espiritual (32).

Luz

La palabra hebrea *luz* tiene varios significados (ciudad-centro, como
Agarttha, mandorla o lugar de la aparición), y también, según Guénon
(*Il Re del Mondo*), significa «una partícula» humana indestructible, simbolizada por un hueso durísimo, a la que una parte del alma se mantiene
unida desde la muerte a la resurrección. Enel coincide, en *Le Mistère de la
vie et de la mort d'après l'enseignement de l'ancienne Egypte.*

Llama

La llama y la luz tienen ciertos contactos significativos. Según Bachelard, la llama simboliza la trascendencia en sí (1), y la luz, su efecto sobre lo circundante. Y agrega: «más bien el alquimista atribuyó valor al oro por ser un receptáculo del fuego elemental (el sol); la quintaesencia del oro es toda fuego. Los griegos representaron el espíritu como un soplo de aire incandescente» (1).

Llave

Como atributo, corresponde a diversos personajes míticos, entre ellos a Hécate (31). Simboliza un arcano, una obra a realizar, pero también el medio para su ejecución. Puede referirse al umbral entre la conciencia y el inconsciente (32). La llave del conocimiento corresponde en el ciclo anual al mes de junio (curación). La conjunción de los símbolos del palomo y la llave significa que el espíritu abre las puertas del cielo (4). El emblema formado por dos llaves, que a veces aparece colocado sobre un corazón, se relaciona con Jano (4). En las leyendas y cuentos folklóricos aparecen con frecuencia tres llaves correspondientes a otras tantas cámaras secretas, las cuales están llenas de objetos preciosos. Son representaciones simbólicas de la iniciación y del saber. La primera llave, de plata, concierne a las revelaciones de la enseñanza psicológica. La segunda, de oro, a las del saber filosófico. La tercera y última, de diamante, confiere el poder (38). El encuentro de una llave expone, pues, la fase previa a la del hallazgo del tesoro difícil de encontrar. Es evidente el parentesco morfológico de la llave en el signo del *Nem Ankh* (Vida Eterna), o cruz ansada, de los egipcios. Deidades llevan

Llave de la reja del altar mayor de la iglesia del Salvador. Ubeda (Jaén).

288 Llave

esa cruz cogida por la parte superior del asa como si fuera una llave, especialmente en las ceremonias relativas a los muertos. Esto expresa, en realidad, una conexión inversa: las llaves derivan acaso de la cruz ansada, que sería el arquetipo de la llave (Vida Eterna) abriendo las puertas de la muerte para la inmortalidad.

Lluvia

La lluvia tiene un primer y evidente sentido de fertilización, relacionado con la vida (26) y con el simbolismo general de las aguas. Aparte. y por la misma conexión, presenta un significado de purificación, no sólo por el valor del agua como «sustancia universal», agente mediador entre lo informal (gaseoso) y lo formal (sólido), admitido por todas las tradiciones (29), sino por el hecho de que el agua de la lluvia proviene del cielo (7). Por esa causa, tiene parentesco con la luz. Esto explica que, en muchas mitologías, la lluvia sea considerada como símbolo del descenso de las «influencias espirituales» celestes sobre la tierra (28). En alquimia, la lluvia simboliza la condensación o albificación, ratificando el íntimo parentesco de su agua con la luz

M

Macrocosmo-microcosmo

Relación entre el universo y el hombre, considerado como «medida de todas las cosas». El simbolismo del hombre, particularmente como «hombre universal» y las correspondencias zodiacales, planetarias y de los elementos, constituyen las bases de dicha relación, a la cual han aludido pensadores y místicos de todas las doctrinas y tiempos. Orígenes, por ejemplo, dijo: «Comprende que eres otro mundo en pequeño y que en ti se hallan el sol, la luna y también las estrellas» (33).

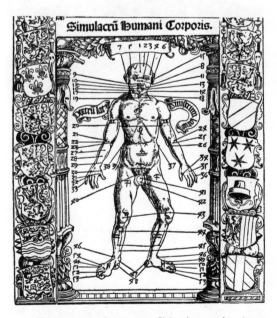

Macrocosmo-microcosmo. El hombre con los signos zodiacales, según Stoeffler Kalendarium, **1518.**

Macho cabrío

Símbolo de la proyección de la propia culpa sobre otro, con represión de su conciencia, de ahí el sentido de «emisario» dado tradicionalmente a este animal asociado al diablo (15). También, como el toro, es un símbolo del padre (50). En los aquelarres y *sabbats* aparece como centro de la dramática ceremonia. Así ha sido representado en numerosos grabados y también en cuadros de Goya. Tienen también el sentido secundario de «portador del mal», que lo enlaza con los bufones y seres anómalos.

Macho cabrío.
«Aquelarre»,
pintura de Goya.
Col. Lázaro.
Madrid.

Madera

Símbolo de la madre (31). La madera quemada simboliza la sabiduría y la muerte (50). Los valores mágicos y fertilizantes de la madera empleada en los sacrificios se transmiten a las cenizas y carbones. Se supone que la cremación significa un retorno al estado de «simiente»; de ahí muchos ritos y costumbres folklóricas en relación, por otra parte, con el simbolismo del fuego (17). Los persas consideraban las vetas de la madera como portadoras del fuego y la vitalidad.

Madre

Los símbolos de la madre presentan una ambivalencia notable; la madre aparece como imagen de la naturaleza e inversamente; la «madre terrible», como sentido y figura de la muerte (31). Por esta causa, según la enseñanza hermética, «regresar a la madre» significaba morir. Para los egipcios, el buitre era el símbolo de la madre, probablemente a causa de que devoraba cadáveres (19), simbolizando también el medio por el cual se escinden las partes de Hammamit (alma universal) para formar las almas individuales (19). También por la citada causa se ha considerado íntimamente ligado al significado de lo materno el sentimiento de nostalgia del espíritu por la materia (18) o la sumisión del mismo a una ley informulada pero implacable (el destino). Jung menciona el hecho de que en el *Traité de la Cabale*, de Jean Thenaud (siglo XVI), se representa precisamente la figura materna bajo una divinidad del destino (32). El mismo autor indica que la «madre terrible» es la réplica complementaria de la *Pietà*, es decir, no sólo la muerte, sino el aspecto cruel de la naturaleza, su indiferencia con el dolor humano (31). También indica Jung que la madre es símbolo del inconsciente colectivo, del lado izquierdo y nocturno de la existencia, la fuente del agua de la vida. La madre es la primera portadora de la imagen del ánima, que el hombre ha de proyectar sobre un ser del sexo contrario, pasando luego a la hermana y de ésta a la mujer amada (32). El régimen social del predominio de la madre, o matriarcado, se distingue, según Bachofen, por la importancia de los lazos de la sangre, las relaciones telúricas y la aceptación pasiva de los fenómenos naturales. El patriarcado, por el contrario, por el respeto a la ley del hombre, la instauración de lo artificial y la obediencia jerárquica (23). Aun cuando, sociológicamente, el matriarcado ya no exista en Occidente, psicológicamente el hombre atraviesa una fase en la cual se siente esencialmente dominado por el principio femenino. El vencimiento de esta etapa y la entronización del principio masculino como rector de la vida, con las notas citadas por Bachofen, se simbolizó por el paso de la «obra lunar» a la solar, por el paso del mercurio al azufre. «Símbolos de la tierra madre: agua, madre de las aguas, piedra, caverna, casa de la madre, noche, casa de la profundidad, casa de la fuerza o de la sabiduría», según Evola.

Madre. Detalle del sepulcro de los Reyes Católicos. Capilla Real de Granada.

Maíz

Uno de los ocho emblemas corrientes chinos. Simboliza la prosperidad y es muy utilizado en el arte ornamental (5). Casi todos los granos tienen el mismo sentido y son representaciones espermáticas. Volviendo al maíz, los peruanos visualizan la idea de fertilidad por medio de una figura que ejecutan con tallos de esa planta, en forma de mujer, y a la cual denominan la «madre del maíz» (17).

Makara

Monstruo mítico de la India, partes de cuyo cuerpo proceden del pez y del cocodrilo. Aparece también en el arte ornamental de los pueblos de Indonesia.

Manchas

El simbolismo de las manchas, como el de los desconchados de los muros, que impresionaron a Piero de Cosimo y Leonardo de Vinci, integra el simbolismo de la forma de tales manchas y el de la textura o matéria. Tiene relación con el de las nubes, en cuanto ambas generan figuras ilusorias que pueden ser identificadas por procesos de interpretación análogos. Prueba de ello la hay en el test de Rorschach. Con frecuencia, las manchas están asociadas al paso del tiempo, aluden así a las ideas del transcurso y de la muerte. De otro lado, las manchas, decoloraciones e imperfecciones de todo género pueden adscribirse al simbolismo de lo anormal, pues, según los alquimistas, esas «enfermedades» de los objetos o materias constituyen la auténtica «primera materia», la base para la preparación del oro filosófico (evolución espiritual). El *Rosarium Philosophorum* dice: «Nuestro oro no es el oro común. Tú, sin embargo, has demandado al verde, suponiendo que el mineral sea un cuerpo leproso a consecuencia del verde que muestra en sí. Por esta razón te digo que lo de perfecto en el mineral es solamente ese verde, porque bien pronto se verá transformado mediante nuestro magisterio en el oro más verdadero». Este simbolismo se relaciona con la frase de Nietzsche, en *Así hablaba Zaratustra*, «Desde lo más bajo ha de alcanzar su ápice lo más alto» (32).

Mandala

Este término hindú significa círculo. Son una forma de *yantra* (instrumento, medio, emblema), diagramas geométricos rituales, algunos de los cuales se hallan en concreta correspondencia con un atributo divino determinado o una forma de encantamiento *(mantra)* de la que vienen a ser la cristalización visual (6). Según Sch. Cammann, fueron introducidos en el Tíbet desde la India por el gran guru Padma Sambhava (siglo VIII a. de J. C.). Se encuentran en todo Oriente, siempre con la finalidad de servir como instrumentos de contemplación y concentración (como ayuda para precipitar ciertos estados mentales y para ayudar al espíritu a dar ciertos avances en su evolución, desde lo biológico a lo geométrico, desde el reino de las formas corpóreas a lo espiritual). Según Heinrich Zimmer, no sólo se pintan o dibujan, sino que también se construyen tridimensionalmente en ciertas festividades. Lingdam Gomchen, del convento lamaísta de Bhutia Busty, explicó a Carl Gustav Jung el mandala como «una imagen mental que puede ser constituida, mediante la imaginación, sólo por un lama instruido». Afirmó que «ningún mandala es igual a otro»; todos son diferentes, pues exponen

—proyectada— la situación psíquica de su autor o la modificación aportada por tal contenido a la idea tradicional del mandala. Es decir, integra estructura tradicional e interpretación libre. Sus elementos básicos son figuras geométricas contrapuestas y concéntricas. Por ello se dice que «el mandala es siempre una cuadratura del círculo». Hay textos como el *Shri-Chakra-Sambhara-Tantra*, que dan reglas para la mejor creación de esa imagen mental. Coinciden con el mandala, en su esencia, el esquema de la «Rueda del universo», la «Gran Piedra del Calendario» mexicano, la flor de loto, la flor de oro mítica, la rosa, etc. En un sentido meramente psicológico, cabe asimilar a mandala todas las figuras que tienen elementos encerrados en un cuadrado o un círculo, como el horóscopo, el laberinto, el círculo zodiacal, la representación del «Año» e incluso el reloj. Las plantas de edificios circulares, cuadradas u octogonales son mandalas. En el aspecto tridimensional, algunos templos obedecen a este esquema de contraposiciones esenciales, simbolizadas por la forma geométrica y el número, siendo la stupa de la India la más característica de tales construcciones. Según el ya citado

Mandala. La idea de centro en expansión (mandala de Shri-Yantra).

Cammann, algunos escudos y espejos chinos (en su reverso) son mandalas. El mandala, en resumen, es ante todo una imagen sintética del dualismo entre diferenciación y unificación, variedad y unidad, exterioridad e interioridad, diversidad y concentración (32). Excluye, por considerarla superada, la idea del desorden y su simbolización. Es, pues, la exposición plástica, visual, de la lucha suprema entre el orden, aun de lo vario, y el anhelo final de unidad y retorno a la condensación original de lo inespacial e intemporal (al «centro» puro de todas las tradiciones). Pero, como la preocupación ornamental (es decir, simbólica inconsciente), es también la de ordenar un espacio (caos) dado, cabe el conflicto entre dos posibilidades: la de que algunos presuntos mandalas surjan de la simple voluntad (estética o utilitaria) de orden; o de que, en verdad, procedan del anhelo místico de integración suprema. Para Jung, los mandalas e imágenes concomitantes (precedentes, paralelas o consecuentes) arriba citadas, han de provenir de sueños y visiones correspondientes a los más primarios símbolos religiosos de la humanidad, que se hallan ya en el paleolítico (rocas grabadas de Rodesia). Muchas creaciones culturales y artísticas o alegóricas, muchas imágenes de la misma numismática, han de tener relación con este interés primordial de la organización psíquica o interior (correlato de la ordenación exterior, de la que tantas pruebas tenemos en los ritos de fundación de ciudades, templos, división del cielo, orientación, relación del espacio con el tiempo, etc.). La contraposición del círculo, el triángulo y el cuadrado (numéricamente, del uno y el diez, el tres, el cuatro y el siete), desempeñan el papel fundamental de los mejores y más «clásicos» mandalas orientales. Aun cuando el mandala alude siempre a la idea de centro (y no lo representa visible, sino que lo sugiere por la concentricidad de las figuras), presenta también los obstáculos para su logro y asimilación. El mandala cumple de este modo la función de ayudar al ser humano y aglutinar lo disperso en torno a un eje (el *Selbst*, de la terminología junguiana). Nótese que es el mismo problema de la alquimia, sólo que en modalidad muy distinta de ser enfrentado. Jung dice que el mandala representa un hecho psíquico autónomo, «una especie de átomo nuclear de cuya estructura más íntima y último significado nada sabemos» (directamente) (32). Mircea Eliade, desde su posición de historiador de las religiones y no psicólogo, busca principalmente en el mandala su objetividad y lo conceptúa como una *imago mundi* antes que como proyección de la mente, sin descontar, empero, el hecho. La construcción de los templos —como el de Borobudur— en forma de mandala tiene por objeto monumentalizar la vivencia y «deformar» el mundo hasta hacerlo apto para expresar la idea de orden supremo en la cual pueda el hombre, el neófito o iniciado, penetrar como entraría en su propio espíritu. En los mandalas de gran tamaño, dibujados en el suelo mediante hilos de colores o polvo coloreado, se trata de lo mismo. Menos que a la contemplación, sirven a la función ritual de penetrar en su interior gradualmente, identificándose con sus etapas y zonas. Este rito es análogo al de la penetración en el laberinto (la búsqueda del «centro») (18) y su carácter psicológico y espiritual es evidente. A veces, los mandalas, en vez de contraponer figuras cerradas, contraponen los números en su expresión geométrica discontinua (cuatro puntos, cinco, tres), que son asimilados entonces a las direcciones cardinales, a los elementos, los colores, etc., enriqueciéndose prodigiosamente por el simbolismo adicional. Los espejos de la dinastía presentan, en torno al centro, la contraposición del cuatro y del ocho, en cinco zonas correspondientes a los cinco elementos (los cuatro materiales y el espíritu o quintaesencia). En Occidente, la alquimia presenta con relativa frecuencia figuras de innegable carácter mandálico, en las que se contraponen el círculo, el triángulo y el cuadrado. Según Heinrich Khunrath, del triángulo en el cuadrado nace el círculo. Hay, a veces, mandalas «perturbados» —señala Jung— con formas distintas de las citadas y con números relativos al seis, ocho y doce, infrecuentes. En todo mandala en que domine el elemento numérico, el simbolismo de los números es el que mejor puede explorar su sentido. Se deben leer considerando superior (principal) lo más próximo al centro. Así, el círculo dentro del cuadrado es composición más evolucionada que inversamente. Lo mismo sucede con respecto al triángulo. La lucha del tres y el cuatro parece ser la de los elementos centrales (tres) del espíritu contra los periféricos (cuatro, puntos cardinales, imagen de la exterioridad ordenada). El círculo exterior, sin embargo, tiene siempre función unificadora por resumir con la idea de movimiento las contradicciones y diversidades de los ángulos y lados. Luc Benoist explica las características del Shri-Yantra, uno de los instrumentos mandálicos superiores. Está constituido en torno a un punto central, punto metafísico e irradiante de la energía primordial no manifestada y que, por esta causa, no figura en el dibujo. Ese centro virtual está rodeado por una combinación de nueve triángulos, imagen de los mundos trascendentes. Cuatro figuran con el vértice hacia arriba y cinco en posición inversa. El mundo intermediario, o sutil, está figurado en una triple aureola que rodea los triángulos. Luego, un loto de ocho pétalos (regeneración), otros de dieciséis y un círculo triple, completan la representación del mundo espiritual. Su inclusión en el material está figurada por un triple cuadrado con redientes que expresan la orientación en el espacio (6).

Mandorla

Aun cuando el símbolo geométrico de la tierra es el cuadrado (y el cubo) y el del cielo el círculo, a veces se utilizan dos círculos para simbolizar el mundo superior y el inferior, es decir, el cielo y la tierra. Su unión, la zona de intersección e interpenetración (aparición) es la mandorla, figura almendrada obtenida por los dos círculos que se cortan. Para disponer verticalmente esta mandorla, por necesidades iconográficas, los dos círculos pasan a ser el de la izquierda (materia) y el de la derecha (espíritu). Esta región, como la montaña doble de Marte, comprende los antípodas de todo dualismo (51). Por ello simboliza también el sacrificio perpetuo que renueva la fuerza creadora por la doble corriente de ascenso y descenso (aparición, vida y muerte, evolución e involución). Se identifica morfológicamente con el huso de la *Magna Mater* y de las hilanderas mágicas (50).

Mandrágora

Planta a la cual se atribuían virtudes mágicas por tener las raíces una figura parecida a la humana. Con este nombre se conocía también el fantasma de un diablo, como hombrecillo negro, sin barba y con los cabellos despeinados y esparcidos (8). Es una imagen del alma, en su aspecto negativo y minimizado, en la mentalidad primitiva.

Manicora

Ser fabuloso que aparece en la decoración románica en forma de cuadrúpedo recubierto de escamas y con cabeza de mujer tocada con una suerte de gorro frigio. Su significado puede ser similar al de la sirena; las escamas siempre aluden al océano, a las aguas primordiales e inferiores.

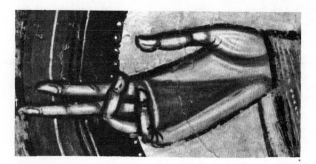

Mano. Fragmento de pintura mural de
San Clemente de Taüll. Museo Arte Cataluña.

Maniquí

Como el homúnculo y la mandrágora, es una imagen del alma en la mentalidad primitiva. Lo mismo sucede con el espantapájaros, los muñecos y todas las figuras parecidas a la humana; de ahí la creencia en su actividad mágica (21).

Mano

En el idioma egipcio, el término que designaba la mano se relacionó con pilar (soporte, fuerza) y con palma (4). Las posiciones de la mano sobre el cuerpo y las disposiciones de los dedos corresponden, según el esoterismo, a nociones precisas (48). En el sistema jeroglífico egipcio, la mano significa el principio manifestado, la acción, la donación, la labor. La asociación del ojo y la mano, como en algunos seres míticos orientales, simboliza «acción clarividente» (19). Schneider concede a la mano un papel extraordinario «por ser la manifestación corporal del estado interior del ser humano [pues] ella indica la actitud del espíritu cuando éste no se manifiesta por la vía acústica (gesto)». De ello se deduce que la mano elevada es el símbolo de la voz y del canto. Igual que en China, en Egipto el símbolo gráfico de cantar es un brazo. La mano colocada sobre el pecho indica la actitud del sabio, en el cuello señala la posición del sacrificio. Las dos manos unidas, matrimonio místico (individuación junguiana). La mano sobre los ojos, clarividencia en el instante de morir (50). Es muy importante el hecho de que la mano tenga cinco dedos; de un lado por su analogía general con la figura humana (de cuatro extremidades más la cabeza); de otro lado por su asimilación al sentido simbólico del cinco (amor, salud, humanidad) (40). La mano abierta, en jeroglífico egipcio, significa cualquier tarea específicamente humana y también fuerza magnética (19). Esta creencia se encuentra también en la América precolombina (41). Y sentido muy parecido determina su abundantísimo empleo como amuleto en el área de la cultura islámica. Para el pensamiento beréber, la mano significa protección, autoridad, poder y fuerza. Lo mismo entre los romanos. La *manus* simbolizaba la autoridad del *pater familias* y la del emperador; por ello aparece rematando algunos *signum* de las legiones en vez del águila. En los amuletos precitados, la mano sufre modificaciones o se asocia, como en los emblemas del occidente cristiano, a otros símbolos (estrella, paloma, pájaro, abanico, zigzag, círculo, etc.) (12).

El repetido emblema de las «manos enlazadas» expresa la unión ante el peligro, la fraternidad viril (49). En opinión de Jung, la mano posee significación generadora (31). La distinción entre la mano derecha y la izquierda es infrecuente, pero, de aparecer, sólo enriquece el símbolo con el sentido adicional derivado del simbolismo espacial; el lado derecho corresponde a lo racional, consciente, lógico y viril. El izquierdo, a lo contrario (33). En algunas imágenes de la alquimia se ve al rey y la reina unidos por el enlace de sus dos manos siniestras. Según Jung, esto puede referirse al carácter inconsciente de la ligazón, pero también ser indicación de lo afectivo o de lo sospechoso (33).

Mánticas

Formas y métodos de adivinación diversos. Pueden basarse en el simbolismo, pero más bien se cree que estimulan la acción del inconsciente, el don visionario, la aptitud interpretativa asociada a ese don. Jámblico, en *De Mysteriis Aegyptiorum*, dice que los *signos* merecen crédito, que son superiores a la naturaleza humana (si no en sus elementos, sí en su coordinación y su dinámica), por lo que pueden ser objeto de interpretación. El psicoanálisis juzga como proyección psicológica todo proceso «adivinatorio», pero Rhine y otros investigadores científicos actuales de la parapsicología parecen creer en formas de energía o del espíritu aún no bien conocidas que podrían manifestarse de estas y otras maneras.

Manto

Dentro del simbolismo vestimentario, el manto es de un lado señal de dignidad superior; de otro, establecimiento de un velo de separación entre la persona y el mundo (48). El manto de Apolonio expresa la posesión completa de sí mismo, que aísla al sabio de las corrientes instintivas de la generalidad (37). La posición del manto tiene gran importancia para el sentido simbólico secundario. Por ejemplo, en la efigie de Mitra sacrificando al toro, del relieve de Heddernheim, el manto afecta la forma de unas alas desplegadas al viento, lo cual asimila al héroe y a la víctima a la conocida pareja de la alquimia del volátil y el fijo (31). La tela, adornos, color y forma del manto matizan el significado de éste. El dualismo de color entre la tela externa del manto y el de su forro corresponde siempre a un simbolismo dual dimanado directamente de la significación de los colores.

Manzana

Como forma casi esférica, significa una totalidad. Es símbolo de los deseos terrestres, de su desencadenamiento. La prohibición de comer la manzana venía por eso de la voz suprema, que se opone a la exaltación de los deseos materiales (15). El intelecto, la sed de conocimiento es —como sabía Nietzsche— una zona sólo intermedia entre la de los deseos terrestres y la de la pura y verdadera espiritualidad.

Máquinas

El simbolismo de las máquinas se basa en la forma de sus elementos y en el ritmo y dirección de su movimiento. La fácil analogía con lo fisiológico determina el sentido más general de dicho simbolismo, relacionado con ingestión, digestión y reproducción.

Mar

Su sentido simbólico corresponde al del «océano inferior», al de las aguas en movimiento, agente transitivo y mediador entre lo no formal (aire, gases) y lo formal (tierra, sólido) y, analógicamente, entre la vida y la muerte. El mar, los océanos, se consideran así como la fuente de la vida y el final de la misma. «Volver al mar» es como «retornar a la madre», morir.

Mar Rojo

Según el simbolismo alquímico, «atravesar el mar Rojo» simboliza la parte peligrosa de la operación, o de una época de la vida. Dejar Egipto para dirigirse a la Tierra Prometida implica atravesar ese mar del color de la sangre y del sacrificio; por ello, este paso es un símbolo de la evolución espiritual (57), pero también de la muerte, como umbral entre el mundo de la materia y el del espíritu. Quien se sacrifica, muere en cierto modo.

Marca

La marca, como sello, signo o señal, tiene relación con el tatuaje, máximamente si es corporal, en forma de pintura o de ornamento (insignia). Tales marcas pueden tener un significado ocasional, derivado de una circunstancia (luto, rito de iniciación, etc.). Pero su sentido más profundo las emparenta con las cicatrices, como huella «de los dientes del espíritu». Lo marcado se distingue; ésta es la idea originaria y dominante del simbolismo de la marca, de toda marca. Se quiere pertenecer a algo, de lo cual se adopta el distintivo, o se expresa la propia originalidad mediante signos determinativos e inéditos. La creación artística o espiritual de cualquier especie, el desarrollo de la personalidad, la máscara, las peculiaridades del vestir y del actuar son derivaciones de este símbolo esencial de lo marcado.

Marcas

Signos distintivos, adoptados por una persona, cofradía, entidad, etc. Las marcas, desde la Antigüedad al presente, son de una variedad insondable y, junto a meras presentaciones de letras, nombres y anagramas, integran emblemas, símbolos, alegorías, etc., y también ideogramas o formas intermedias entre éstos y el mero signo gráfico. Armeros, alfareros, canteros, albañiles, fabricantes de papel, etc., nos muestran en sus marcas un repertorio iconográfico variadísimo: coronas, flores de lis, escaleras, tridentes, espadas, rosas, esferas del mundo rematadas por la cruz, corazones, copas, pelícanos, águilas, panteras, etc., aparecen entre tales símbolos de las marcas. De otro lado, éstas muestran relación con los *signos* —que van de lo convencional a lo ideográfico— empleados por determinadas clases sociales, grupos, técnicas o ciencias.

Mariposa

Entre los antiguos, emblema del alma y de la atracción inconsciente hacia lo luminoso (8). La purificación del alma por el fuego, que en el arte románico se expresa por el carbón encendido que el ángel pone en la boca del profeta, se ve representada en una pequeña urna de Matti por la imagen del Amor, que tiene en su mano una mariposa a la que acerca una llama (8). El ángel de la muerte era representado por los gnósticos como pie alado pisando una mariposa, de lo cual se deduce que asimilaban ésta a la vida, más que al alma en sentido de espíritu y ente trascendente (36). Esto explica que el psicoanálisis conceptúe la mariposa como símbolo del renacer (56). En China, aparece con el sentido secundario de alegría y felicidad conyugal (5).

Marte

En la concepción primitiva y de las culturas astrobiológicas, la creación sólo puede tener lugar por el «sacrificio primordial»; similarmente, la conservación sólo se puede asegurar por el sacrificio y por la guerra. La imagen de Jano, de dos rostros; la montaña de Marte, de dos cimas, son símbolos de la inversión, es decir, de la comunicación entre el mundo superior (y de lo no formado, esto es, de las posibilidades de futuro) y el inferior (materializado). Schneider insiste en este hecho característico del orden primordial y dice que «su ley férrea exige una muerte para cada vida, sublima el instinto criminal para fines buenos y humanitarios, y fusiona el amor y el odio con el fin de renovar la vida. Para mantener el orden, los dioses lucharon contra los gigantes y los monstruos que desde el principio de la creación intentaban devorar al sol» (logos) (50). Marte perenniza y personifica esta necesidad de lo cruento, que se da en todos los órdenes cósmicos. Por ello, incluía en su origen los cultos de la vegetación, siendo a Marte a quien el labrador romano impetraba la prosperidad de sus cosechas (21). Sus atributos son las armas, especialmente la espada.

Martillo

Instrumento propio del herrero y dotado de un místico poder de creación (51). El martillo de dos cabezas es, como el hacha doble, símbolo ambivalente de la montaña de Marte· y de la inversión sacrificial.

Máscara

Todas las transformaciones tienen algo de profundamente misterioso y de vergonzoso a la vez, puesto que lo equívoco y ambiguo se produce en el momento en que algo se modifica lo bastante para ser ya «otra cosa», pero aún sigue siendo lo que era. Por ello, las metamorfosis tienen que ocultarse; de ahí la máscara. La ocultación tiende a la transfiguración, a facilitar el traspaso de lo que se es a lo que se quiere ser; éste es su carácter mágico, tan presente en la máscara teatral griega como en la máscara religiosa africana u oceánica. La máscara equivale a la crisálida. Unas máscaras muy especiales son las que se usan en las ceremonias de iniciación de algunos pueblos de Oceanía, según Frazer. Los jóvenes mantienen los ojos cerrados y el rostro cubierto con una máscara de pasta o greda. Aparentan no entender las órdenes dadas por un anciano. Gradualmente se recuperan. Al día siguiente se lavan y se limpian la costra de greda blanca que les tapaba los rostros e incluso los cuerpos. Con ello finaliza su iniciación (21). Aparte de este significado, el más esencial, la máscara constituye una imagen. Y tiene otro sentido simbólico que deriva directamente del de lo figurado de tal suerte. Llega la máscara, en su reducción a un rostro, a expresar lo solar y energético del proceso vital. Según Zimmer, Shiva creó un monstruo leontocéfalo de cuerpo delgado, expresión de insaciable apetito. Cuando su criatura le pide una víctima que devorar, el dios le dice que coma de su mismo

Máscara. «Entierro de la sardina», pintura de Goya.
Acad. San Fernando. Madrid.

cuerpo, cosa que el monstruo realiza reduciéndose a su aspecto de máscara (60). Hay un símbolo chino, llamado T'ao T'ieh, la «máscara del ogro», que pudiera tener un origen parecido (5).

Mascarón

Tema ornamental, que aparece en el arte de la Antigüedad grecorromana, en la Edad Media, en los grutescos del Renacimiento, en el barroco, etc. Es una cabeza, o, mejor, un rostro de personaje en cuyas barbas y cabellos se insertan hojas con cierta metamorfosis mutua. Sus ojos miran fijamente. Suele estar heroizado, es decir, inserto en un clípeo o disco. Originariamente es un símbolo del dios primordial, del dios de la naturaleza pánica. En Egipto, Bes panteo. Podríamos dar decenas de ejemplos de esta imagen, desde un medallón de plata romano hallado en Mildenhall, Suffolk, a las tallas de muebles en que se ha reproducido, degradado a mera decoración, en abundancia increíble. Este tema simbólico aparece ligado con frecuencia a los grutescos, de cuyo mundo viene a ser el centro: centro de metamorfosis y creaciones sentidas como una «orgía de la naturaleza», como cosmos que, en cierto modo, no deja de ser un caos, o de participar profundamente en el carácter del caos.

Materia

Equivalente a la luna y al dragón, mientras el sol es forma, según Evola.

Maternidad

Tema inconográfico tradicional mejor que símbolo, no deja de poseer un sentido simbólico por la relación madre-naturaleza, tanto en su forma profana como en la sagrada, aunque en ésta la madre se identifica con la raíz de todas las cosas, con lo que los cabalistas llaman el «aspecto femenino de Dios» o Shekhina.

Matrimonio

En alquimia es un símbolo de la conjunción, representada simbólicamente también por la unión del azufre y del mercurio, del rey y la reina. Jung establece la correlación entre este significado y el de la íntima unión y conciliación interna —verificadas en el proceso de individuación— de la parte inconsciente y femenina del hombre con su espíritu.

Matrona

Forma de personificación que aparece con gran frecuencia en todas las figuraciones simbólicas o alegóricas que conciernen al principio femenino, no como ánima, sino como madre protectora, así la Noche, la Tierra, la Iglesia o la Sinagoga. Las ciudades también son comúnmente personificadas por matronas con corona mural. Los atributos y rasgos de su aspecto acaban de definir el contenido simbólico de la imagen (32). Psicológicamente, la matrona parece expresar el aspecto dominante de la madre.

Maya

«La lección puede entenderse psicológicamente en tanto se refiere a nosotros. La proyección, la exteriorización constante de nuestra çakti (energía vital específica) es nuestro "pequeño universo", nuestro dominio restringido y ambiente inmediato, lo que nos concierne y nos afecta. Poblamos y coloreamos la pantalla objetiva indiferente, neutra, con las imágenes y los dramas del filme que constituye el sueño interior de nuestra alma y, en consecuencia, caemos víctimas de esos acontecimientos trágicos, de esas alegrías y dolores. El mundo, no tal cual es, sino como lo percibimos, es el producto de nuestra mâyâ o ilusión. Puede entenderse esta última como nuestra propia energía vital, más o menos ciega, que produce y proyecta las formas y apariencias demoníacas o bienhechoras. Somos así los prisioneros de nuestra propia Maya-çakti y del filme que ella suscita sin tregua. Es la magia del no saber, del hecho de «no conocer mejor». El Ser Supremo es el dueño de la maya. Todos los otros son las víctimas de su propia maya personal. Liberar al hombre de una tal magia es el objeto principal de todas las filosofías hindúes.» (60).

Maza

Signo determinativo del sistema jeroglífico egipcio, relacionado con las ideas de verbo creador y de realización (19). Se relaciona con el remo, el cetro, el bastón y la clava, instrumentos y símbolos de una misma familia morfológica. El remo, en Egipto, también estaba ligado a la idea de crear. Como arma, la maza expresa el aplastamiento, la destrucción completa y no sólo la victoria sobre el adversario; por esto es la insignia de la aniquilación de la tendencia subjetiva dominante y de los monstruos que la representan, y por ello es el atributo de Hércules (15).

Mefistófeles

Aspecto negativo, infernal, de la función psíquica que se ha liberado de la totalidad hasta adquirir independencia y carácter propio (32). Mircea Eliade ha escrito sobre el tema la monografía *Mephistopheles et l'Androgyne*.

Melusina

Hada de la que hablan las leyendas, a veces con forma de sirena. Trató en especial de este ser fabuloso Jean d'Arras en *La noble hystoire de Lu-*

Melusina. Xilografía del libro de Jean d'Arras (Fragmento). 1525.

zignen (1393). Cuando había de suceder un gran desastre, lanzaba un agudo grito por tres veces. «Melusina era la autora de construcciones misteriosas, edificadas en una noche por ejércitos de obreros que desaparecen sin dejar huella al acabarse la obra. Casada, sus hijos tienen alguna anormalidad física; de igual modo, sus construcciones mágicas tienen todas algún defecto, así como esos puentes del diablo a los que siempre falta una piedra.» (16). Parece Melusina el arquetipo de la intuición genial, en lo que ésta tiene de advertidor, constructivo, maravilloso, pero también enfermizo y maligno.

Menhir

Como toda piedra, participa de la idea de litofanía. Específicamente por su verticalidad, es un símbolo del principio masculino y de la vigilancia. Relacionado también con la estaca de sacrificio y, en consecuencia, con el eje del mundo (y todos sus símbolos: árbol cósmico, escalera, cruz, etc.) (50). Tiene también un componente fálico y un sentido de protección, según señala Eliade (17).

Mercurio

Dios planetario y metal del mismo nombre. En astronomía es hijo del cielo y de la luz; en mitología, de Júpiter y Maya. Esencialmente, es el mensajero del cielo. Su nombre de Hermes significa «intérprete», mediador. Por ello también recibe la misión de conducir las almas de los muertos. Como Hécate, es ·a menudo representado con tres cabezas (triforme). Representa el poder de la palabra, el emblema del verbo, para los gnósticos el *logos spermatikos* esparcido en todo el universo, sentido éste que recoge la alquimia, que identifica a Mercurio con la misma idea de la fluencia y la transformación (9). Tiene asimismo la condición de un dios de los caminos (posibilidades) (4). La astrología lo define como «energía intelectual»; el sistema nervioso es gobernado por él, pues los nervios son los mensajeros en el plano biológico (40). Probablemente fue la alquimia la que, con sus altas especulaciones, llevó más lejos el análisis del arquetipo Mercurio. En muchos casos, identifica su substancia de transmutación con la «planta viva», es decir, con ese dios cuyo metal es blanco y decididamente lunar. Sin embargo, como el planeta Mercurio es el más cercano al sol (oro), el arquetipo resultante posee una doble naturaleza (dios ctónico y ̇celeste, hermafrodita) (32). El mercurio (metal) simboliza el inconsciente por su carácter fluido y dinámico, esencialmente *duplex*, de un lado ser inferior, diablo o monstruo; de otro, «hijo de los filósofos» (33). Por ello, la ilimitada capacidad de transformación que se le asigna (como a todo líquido) deviene simbólica del anhelo esencial del alquimista, de transmutar la materia (y el espíritu), llevándolo de lo inferior a lo superior, de lo transitorio a lo estable. También se atribuyó a Mercurio una ilimitada capacidad de penetración. Sus nombres *Monstrum hermaphroditus, Rebis* (cosa doble) definen su conexión profunda con el mito del Géminis (Atma y Bouddhi); su contemplación como figura femenina y *Anima mundi* (32) es más frecuente e importante que su absorción por el solo principio masculino. Por esto, René Alleau recuerda como etapas esenciales del proceso alquímico: materia prima, Mercurio, Azufre, *Lapis*. La primera corresponde a la fase indiferenciada; la segunda, al principio femenino y lunar; la tercera, al masculino y solar; la cuarta, a la síntesis absoluta (identificada por Jung con el proceso de individuación). Los atributos de Mercurio son el sombrero y sandalias alados, el caduceo, la clava, la tortuga y la lira, que inventó y donó a Apolo (8).

Metal fundido

Según J. P. Richard en *Poésie et profondeur*, las ensoñaciones sobre metales fundidos, que forman como ríos, sugieren la «sangre de la tierra», como valores y poderes ctónicos.

Metales

Son denominados por la astrología «planetas terrestres» o «subterráneos», por constituir correspondencias analógicas (57). Por esta causa, en dicha disciplina no se consideran sino siete metales afectos a otras tantas esferas, lo cual no significa que la humanidad de la época astrobiológica no conociera otros. Como algunos ingenieros han hecho notar, los siete metales planetarios constituyen una serie aplicable en el sistema de los doce polígonos, según Piobb (48). Pero aparte de la teoría de las correspondencias, los metales simbolizan solidificaciones de energía cósmica y, en consecuencia, de la libido. Por esta causa ha podido afirmar Jung que «los metales bajos son los deseos y pasiones corporales. Extraer la quintaesencia de esos metales o transformarlos en los superiores, equivale a liberar la energía creadora respecto de los lazos del mundo sensible» (33), proceso idéntico al que la tradición esotérica y la astrología consideran como liberación de las «influencias planetarias». Los metales constituyen una «serie» gradual, en la que cada uno presenta una superioridad jerárquica sobre el inferior, hallándose el oro en el punto terminal. Por esta causa, en ciertos ritos se exigía al neófito que se despojara de sus «metales» (monedas, llaves, joyas), símbolos de sus hábitos, prejuicios, costumbres, etc. (9). Sin embargo, por nuestra parte, nos inclinamos a ver en los metales y astros, en cada par asociado y concreto como, por ejemplo, Marte —hierro—, un núcleo ambitendente, cualidad hacia un lado, defecto hacia otro. El metal derretido es un símbolo alquímico que expresa la *coniunctio oppositorum* (fuego y agua), relacionada asimismo con el mercurio, Mercurio y el andrógino primordial de Platón. De otro lado, resalta el simbolismo liberador de las cualidades «cerradas» (sólidas) de la materia, de donde su conexión con Hermes psicopompo aludida (32). Las correspondencias planetarias de los metales son las que siguen, de inferior a superior: plomo (Saturno), estaño (Júpiter), hierro (Marte), cobre (Venus), mercurio (Mercurio), plata (Luna), oro (Sol).

Metamorfosis

Las transformaciones de unos seres en otros, de unas especies en otras, corresponden en términos generales al gran simbolismo de la inversión, pero también al sentimiento esencial de la diferencia entre lo uno indistinto primigenio y el mundo de la manifestación. Todo se puede transformar en todo porque nada es realmente nada. La transmutación es otra cosa. Esa metamorfosis en sentido ascendente aparta las apariencias del movimiento de la Rueda de las Transformaciones y las dirige, por el camino del radio, hacia el «motor inmóvil» del centro inespacial e intemporal.

Miel

Para los órficos, símbolo de la sabiduría. El oscuro axioma «las abejas nacen de los bueyes» tiene su explicación astrológica por la relación entre Tauro y Cáncer (40) y simbólica por ser el buey signo de sacrificio, expresando así la idea de que no hay conocimiento superior sin sufrimiento.

También poseyó la miel otros significados. Simbolizó el renacimiento o el cambio de personalidad que sigue a la iniciación. También, en la India, el yo superior (como el fuego). Por ser la miel el resultado de un misterioso proceso de elaboración, se comprende que corresponda analógicamente al trabajo espiritual ejercido sobre sí mismo (56).

Minarete

Significa lámpara e iluminación espiritual, por integrar los símbolos de la torre (elevación) y el mirador (conciencia). Por esto aparece como figura emblemática de la ciudad del sol o Camelot, reino de Arturo. El mismo sentido se representa a veces como horizonte de torres y pináculos (4).

Minotauro

Monstruo fabuloso medio hombre (en la parte inferior) y medio toro. Para encerrarlo se construyó el Laberinto de Creta. Siendo carnívoro, y por haber sido vencidos los atenienses, veíanse obligados a mandar, cada siete años, siete jóvenes y siete doncellas para que le sirvieran de alimento. Tres veces fue pagado este tributo; a la cuarta, Teseo mató al minotauro, ayudado por Ariadna y su hilo mágico (8). Todos los mitos y leyendas que aluden a tributos, monstruos y héroes victoriosos, exponen a la vez una situación cósmica (la idea gnóstica del mal demiurgo y de la redención), social (el Estado dominado por un tirano, una plaga, un estamento enemigo) y psicológica colectiva o individual (predominio de la parte monstruosa del hombre, tributo y sacrificio de lo mejor: ideas, sentimientos, emociones). El minotauro expresa casi el escalón final en la gama de relaciones entre la parte espiritual y la animal humana. El dominio neto de la primera sobre la segunda está simbolizado por el caballero; el prevalecimiento de la segunda, por el centauro con cuerpo de caballo o de toro. La inversión que da a la cabeza la forma de animal y al cuerpo de la persona lleva a las últimas consecuencias ese predominio de lo inferior. De otro lado, el número siete (dragones de siete cabezas, siete años, siete jóvenes) concierne siempre a la relación de la serie esencial (días de la semana, dioses planetarios, planetas; vicios o pecados capitales y virtudes contrapuestas). Vencer a un monstruo de siete cabezas es dominar las influencias malignas de los planetas (identificación con los instintos y fuerzas inferiores).

Mirabilia

Con este nombre se conocieron en la Antigüedad y Edad Media los hechos y objetos raros y maravillosos (zoología fantástica, virtudes ocultas de animales, plantas minerales, «milagros», simpatías o antipatías que unen o separan tales seres o hechos, correspondencias, etc.). Esta corriente intelectual, unida al simbolismo, a la gnosis, a la alquimia, parte —por ser el nombre de autor conocido más antiguo— de Bolo el democriteano (siglos III-II antes de J. C.), según el padre Festugière en *La Révélation d'Hermès Trismegiste*. Pero en la literatura de los *mirabilia* se da más valor a lo maravilloso, en sí, que a su sentido e interpretación. De otro lado, los «objetos maravillosos» —símbolos de una realidad transfigurada, o transfigurante— pertenecen de lleno al mundo céltico e invaden la *Matière de Bretagne*, como recuerda Jean Marx en sus *Nouvelles recherches sur la littérature arthurienne* (París, 1965). Armas mágicas, talismanes, reliquias, objetos o seres encantados aparecen de continuo en esa literatura del «intermundo», para emplear un término de la mística sufí, pues, como señala J. Marx, los celtas tienen la concepción propia «de una vida extraterrestre, que no es la de los muertos ni la de los vivientes», sino el «lugar simbólico» por excelencia de todo género de mágicas y maravillosas metamorfosis.

Mirada

Mirar, o simplemente ver, se identifica tradicionalmente con conocer (saber, pero también poseer) (26). De otro lado, la mirada es, como los dientes, la barrera defensiva del individuo contra el mundo circundante; las torres y la muralla, respectivamente, de la «ciudad interior». En Wagner, principalmente en *Tristán*, la mirada de amor es un acto de reconocimiento, de ecuación (ver este término) y de comunicación absoluta.

Mono

Los simios tienen un sentido general de fuerza inferior, sombra, actividad inconsciente, pero ello presenta —cómo en el caso de los seres fabulosos de las leyendas— una doble faz. Si de un lado esa actividad puede ser peligrosa, si su fuerza rebasa la del que lo tiene, de otro —como toda potencia inconsciente— puede resultar una ayuda con la que no se contaba. Por esta causa, en China, al mono se concede el poder de otorgar la salud, el éxito y la protección, relacionándolo con duendes, brujas y hadas (5).

Monolito

En el sistema jeroglífico egipcio, el monolito es una determinante que se asocia al nombre del dios Osiris y que significa durar. Según el mito, Osiris fue muerto y desmembrado por Set (Tifón) y reconstituido por Isis. La ceremonia que se practicaba en memoria de este acontecimiento incluía la erección de un monolito (símbolo de la unidad litofánica), como signo de la resurrección y de la vida eterna (19), de la unidad contrapuesta a la multiplicidad, fragmentación o desmembración (símbolo, de otro lado, del mundo fenoménico), «caído» en la multiplicidad de lo diverso (espacio) y transitorio (tiempo). El monolito, por su forma y posición, tiene otros significados secundarios, alusivos —como en el caso del menhir— al principio masculino, solar y procreador.

Monstruos

Símbolos de la fuerza cósmica en estado inmediato al caótico, al de las «potencias no formales». En el plano psicológico aluden a las potencias inferiores que constituyen los estratos más profundos de la geología espiritual, desde donde pueden reactivarse —como el volcán en erupción— y surgir por la imagen o la acción monstruosa. Simbolizan también, según Diel, una función psíquica en' cuanto trastornada: la exaltación afectiva de los deseos, la exaltación imaginativa en su paroxismo, las intenciones impuras (15). Son por ello el oponente, el adversario por excelencia del «héroe» y de las «armas» (potencias positivas concedidas al hombre por la divinidad; de ahí el origen misterioso, milagroso o mágico de la mayor parte de armas usadas por los héroes en los mitos y leyendas). Las armas son, pues, lo contrario de los monstruos. Señala Diel que, por paradoja, el enemigo quimérico —la perversión, la llamada de la locura o de la maldad *per se*— es el fundamental en la vida del hombre. En el aspecto o plano social, el motivo del monstruo que devasta un país .simboliza el reinado nefasto de un monarca pervertido, tiránico o débil (15). La lucha contra el monstruo significa el combate por liberar a la conciencia apresada por el inconsciente. La salvación del héroe es la salida del sol, el triunfo de la luz sobre las tinieblas, de la conciencia o del espíritu sobre el magma patético (31). En un sentido menos negativo, se identifica monstruo con libido (56). Los monstruos se relacionan íntimamente con los seres fabulosos, gama de más amplitud que comprende algunos enteramente favorables y positivos como el Pegaso, el fénix, etc. Entre los principales monstruos conocidos por la tradición y perpetuados por el arte tenemos los siguientes: esfinge, grifo, sirena-pez, sirena-pájaro, lamia, pájaro con cabeza de cuadrúpedo, pájaro-serpiente, toro alado, dragón, pez gigante, serpiente gigante del mar, quimera, gorgona, minotauro, tritón, hidra, salamandra, hombre marino, harpía, hipogrifo, demonio marino, furia, etc. (36). Es interesante señalar la relación, o, mejor, el sentido simbólico, que hay entre el predominio de los monstruos o animales feroces, en un período dado de la historia, del arte, o de la vida psíquica, o, inversamente, de los héroes, las armas o los signos de triunfo. Walter Abell en *The Collective dream of Art*, señala que, desde el neolítico a las culturas históricas, se advierte una casi omnipotencia de los monstruos, los cuales retornan en la llamada «edad de las tinieblas», disminuyendo progresivamente durante el románico para ser vencidos en el gótico, en que, por el contrario, prevalecen las imágenes heroicas o religiosas de salvación. René Huyghe, de su lado, establece tres fases en la «ascensión» del hombre hacia sus posibilidades superiores: 1) victoria de los monstruos; 2) combate con el dragón (Apolo, Sigfrido, san Jorge), y 3) combate con el ángel.

Monstruos. Miniatura del beato Petrus Clericus. Catedral de El Burgo de Osma (Soria).

Montaña

La diferencia de significaciones atribuidas al simbolismo de la montaña
deriva, más que de multiplicidad de sentido, del valor de los componentes
esenciales de la idea de montaña: altura, verticalidad, masa, forma. Del primero derivan interpretaciones como la de Teillard, que asimila montaña
a elevación interna (56), o transposición espiritual de la idea de ascender.
En la alquimia, de otro lado, se refieren casi siempre a la montaña hueca,
cuya caverna es el «horno de los filósofos». La verticalidad del eje principal
de la montaña, de la cima a la base, la identifica con el eje del mundo y,
en lo anatómico, con la columna vertebral. Por sus proporciones generalmente grandiosas, la montaña simboliza, en China, la grandeza y generosidad
del emperador, siendo el cuarto de los doce emblemas imperiales (5). Pero
el simbolismo más profundo de la montaña es el que le otorga un carácter
sagrado, refundiendo la idea de masa, como expresión del ser, y la verticalidad. Como en el caso de la cruz o del árbol cósmico, el emplazamiento
de esa montaña símbolo es un «centro» del mundo. Casi todas las tradiciones tienen ese profundo símbolo; basta recordar el monte Meru de los
hindúes, el Haraberezaiti de los iranios, Tabor de los israelitas, Himingbjör
de los germánicos, etc. También los templos-montaña, cual el Borobudur, los
zigurats mesopotámicos o los teocallis precolombinos, se edifican a imagen
de ese símbolo. La montaña corresponde por su ˈforma, que, vista desde
arriba, se ensancha progresivamente, al árbol invertido cuyas raíces están
en el cielo y cuya copa, en la parte inferior, expresa la multiplicidad, la expansión del universo, la involución y materialización. Por ello, puede decir
Eliade que «la cima de la montaña cósmica no sólo es el punto más alto de
la tierra, es el ombligo de la tierra, el punto donde dio comienzo la creación (la raíz)» (18). El sentido místico de la cima proviene también de que
es el punto de unión del cielo y la tierra, centro por el cual pasa el eje del
mundo, ligando los tres niveles (y constituyendo el foco de la inversión, el
punto de intersección de la gigantesca cruz de san Andrés que expresa la
relación de los mundos). Otros montes sagrados son el Sumeru, de los pueblos uraloaltaicos (17) y el Caf, de la mitología musulmana, inmensa montaña cuyos cimientos son de una piedra llamada Sakhrat, de una sola esmeralda (8). El monte Meru se considera de oro y se supone emplazado en el
polo septentrional (8), para reforzar la idea de centro y especialmente para
ligarlo con la estrella polar, «agujero» por el cual el mundo espacial y temporal pierde estas características. Esa montaña polar aparece en otras tradiciones y siempre simboliza el eje del mundo (25), siendo probable que su
mítica determinación fuera dada por la fijeza de la estrella polar. También
se la llama «montaña blanca» y su simbolismo refunde entonces el de montaña, con todas las implicaciones reseñadas y el de blancura (inteligencia, pureza). Este era el carácter dominante del Olimpo (49). Esta montaña suprema,
celeste, es considerada por Schneider como correspondiente a Júpiter y
asimilada al principio o número uno. Existe también la montaña relativa
al número dos, concerniente a Marte, como Jano, es decir, como Géminis;
en el fondo se trata de un aspecto distinto de la misma montaña, sólo que
integra en el símbolo la idea de los «dos mundos» (*Atma* y *Bouddhi*), de
los dos aspectos rítmicos esenciales de la creación manifestada (luz y
tinieblas, vida y muerte, inmortalidad y mortalidad). Esta montaña tiene
dos cimas, para representar visualmente su sentido ambivalente y dual. Aparece en la tradición de la cultura megalítica con insistencia, como concreción en forma de paisaje del mismo mito del Géminis que aparece, proteico,
en tantas otras formas del pensamiento y el arte primitivos. La montaña

forma una mandorla (intersección del círculo del cielo y del de la tierra), la cual constituye el crisol de la vida, encerrando sus dos antípodas (bien y mal, amor y odio, fidelidad y traición, afirmación y negación, números 2 y 11 —1 más 1, construcción y destrucción—). Los animales que representan la totalidad de la mandorla son la ballena y el tiburón (51). En esa montaña se alza, en las leyendas hindúes, el castillo de Indra; el de Marte en las romanas, y es la morada del rayo, del águila bicéfala y del Géminis. Se le da el nombre de «montaña de piedra» y es a la vez morada de los vivos (exterior) y de los muertos (interior, cavernas) (50). Esto es ratificado por Krappe, al decir: «Con frecuencia se ha localizado el país de los muertos en el interior de una montaña; éste es el origen de las colinas de las hadas de los celtas y de Irlanda, y explica la leyenda, extendida por Asia y Europa, en relación con un demiurgo o héroe dormido en el interior de una montaña, de donde saldrá un día para renovar las cosas sublunares» (35). Es evidente la conexión de este mito con el del envolvimiento, el castillo sumido en el bosque inextricable y la «bella durmiente». Todos exponen el misterio de lo desaparecido entre dos fases de aparición. Según Schneider, a la montaña de Marte están asociadas las profesiones siguientes: reyes, médicos, guerreros y mineros, así como también los mártires (51). En la tradición occidental, el símbolo del monte sagrado se encuentra en la leyenda del Graal, como Montsalvat (monte de la salvación o de la salud) y que, según Guénon, es tan pronto «montaña polar» como «isla sagrada», pero siempre

Montaña. Vista de Montserrat (Barcelona). Grabado de Laborde.

lugar inaccesible o dificilísimo de encontrar (centro del laberinto) (28). En general, la montaña, la colina, la cima, están asociadas a la idea de meditación, elevación espiritual, comunión de los santos. En los emblemas medievales, el monte de la salud se representa, para mejor definirlo, con una figura simbólica complementaria encima: flor de lis, estrella, creciente lunar, cruz, escalera, corona, círculo, triángulo, número tres, etc. La letra Z, que aparece en ocasiones, es la inicial de *Zion;* la R, de *Regeneratio* (4). En la elaboración poética de algunos de estos símbolos se ha llegado a una síntesis significante que resulta necesario explicar. Desde el momento en que una montaña deja casi, por así decirlo, su carácter terrestre y material, para convertirse en imagen de una idea, cuantos más elementos pertenecientes a esa idea asuma más claridad y fuerza tendrá. Por ello, el monte Meru de la India se considera en forma de pura pirámide de siete caras (las siete esferas planetarias, las siete virtudes esenciales, las siete direcciones del espacio) y cada cara tiene uno de los colores del arco iris. En su aspecto total, la montaña fulgura blanquísima, lo que la identifica como montaña polar e imagen sintética de la totalidad (pirámide) tendiendo a la unidad (cima) según los conceptos de Nicolás de Cusa.

Montón de tierra

Signo perteneciente al sistema jeroglífico egipcio, en forma de rectángulo por dos de sus lados. Simboliza los estados intermedios de la materia, en relación con las aguas primordiales y con el limo (19).

Montsalvat

En la leyenda del Graal es el *mons salvationis,* el pico situado «en las lejanas orillas a que ningún mortal puede acercarse», similar a la montaña Meru hindú, a la Zaf árabe, y a la montaña polar. Símbolo de la realización espiritual suprema.

Montserrat

Hay pinturas prehistóricas que muestran el hombre en cuclillas, esquemáticamente, parecido a un monte serrado. Es una mera coincidencia, pero el significado de Montserrat es precisamente el del hombre como ser marginal, punto de intersección del cielo y de la tierra (cruz) por medio del sacrificio. De otro lado, hay representaciones medievales de la sirena con epígrafe *Serra.*

Mordedura

Como la inmensa mayoría de símbolos, presenta un doble significado, que alude a los planos místico y psicológico. En el primero, la mordedura o, mejor, la huella de los dientes equivale al sello, la impronta del espíritu sobre la carne (ya que los dientes son la muralla del «hombre interior» o espiritual). En el segundo, especialmente cuando se trata de mordedura de animales, es un símbolo de la acción repentina y peligrosa de los instintos sobre la psique (32).

Mozas del agua

Seres míticos del folklore hispánico. Seres diminutos con una estrella en la frente, que son de color pajizo tornasolado, con trenzas doradas. En los dedos de la mano derecha llevan anillos blancos y en la muñeca izquierda una argolla de oro con bandas negras. Sus pisadas producen — según la leyenda — flores amarillas que dan la felicidad al que las halla (10). El mecanismo simbólico funciona en estos graciosos personajes con exactitud. Blanco-negro, tema de la inversión. Oro, emblema del poder. Luego están facultadas para trastocar las cosas e invertir el orden, dando la felicidad (al desgraciado, es decir, a todo el mundo).

Muchedumbre

La muchedumbre supera ya el concepto de multiplicidad y da lugar a la nueva entidad de lo numeroso como totalidad, como unidad fraccionada y descompuesta. Por ello es atinada la interpretación de Jung de la muchedumbre que, especialmente, si se mueve y agita, traduce un movimiento análogo de lo inconsciente (31). Conocida es la imagen de Homero, asimilando la multitud de guerreros en el ágora o el combate a las ondas oceánicas (símbolo también del inconsciente).

Mudez

Símbolo de los primeros estadios de la creación; regresión a ellos. Por eso aluden con frecuencia las leyendas a la mudez como castigo por graves males cometidos (que determinan por sí mismos la regresión) (9).

Muérdago

Planta parásita que enlaza con el roble. En diciembre era cogido por los druidas celtas para utilizarlo en ritos de fertilidad (8). Simboliza la regeneración, la restauración de la familia y del hogar (49). Frazer lo identificó con la «rama dorada» de que habla Virgilio en los términos siguientes: «El árbol maravilloso en la verde fronda, del cual brillan chispeantes reflejos dorados. Así como en el frío invierno muestra el muérdago su perpetuo verdor y lozanía, huésped del árbol que no lo produjo, y entinta de amarillo con sus bayas el umbroso tronco, así aparecían sobre el follaje de la encina las hojas áureas y así susurraban las doradas hojas a la brisa apacible» (*Eneida*, VI). El color amarillo de la rama seca de muérdago (por magia simpática) se creía apto para descubrir tesoros enterrados (21).

Muerte

Fin de un período, pero especialmente cuando surge como sacrificio o deseo propio de destrucción, por efecto de la tensión excesiva (Romeo y Julieta, Tristán e Iseo). El héroe muere joven por la misma razón. Sigfrido, Aquiles, Balder. La necesidad pública de un sacrificio de esta índole motivaba el «asesinato ritual del rey», en el que a veces se le dejaba la posibilidad de sobrevivir, si salía vencedor en un combate. Uno de los ejemplos de este rito es descrito por Frazer. Indica que el festival en el cual el rey de Calicut arriesgaba su corona y su vida, se conocía como «El Gran Sacrificio». Ocurría cada doce años, cuando el planeta Júpiter se hallaba en retrogradación en Cáncer, por suponerse una relación entre el planeta y el destino del rey (21).

Muerte heroica

De origen no bien definido, pero perfectamente presente en Roma y particularmente en el islam, es la idea de que el héroe se asimila al iniciado. La *mors triumphalis* es una vía directa de sublimación (Evola). Novalis parece haber intuido esto cuando en su *Enrique de Ofterdingen* habla de la poesía grandiosa que flota en torno a un ejército en combate y «hace sospechar la presencia de fuerzas espirituales en la arremetida sangrienta». Ratifica esto con un carácter más general diciendo que «la lucha marca el despertar de las fuerzas creadoras de la evolución que se habían adormecido en los períodos de estabilidad». En consecuencia, el valor de la muerte heroica no sólo dimana del sacrificio aceptado, sino del servicio a las «fuerzas espirituales» aludidas por Novalis.

Muerte, La

Arcano decimotercero del Tarot. Esta imagen presenta la conocida alegoría del esqueleto, pero aquí, contra lo acostumbrado, maneja la guadaña hacia el lado izquierdo. Los huesos no son grises, sino rosados. El suelo está sembrado de restos humanos, pero éstos, como en las leyendas y cuentos folklóricos, presentan los caracteres de lo vivo. Las cabezas incluso conservan su expresión. Las manos que emergen de la tierra parecen prestas a la acción. Todo en el arcano tiende a la ambivalencia, para remarcar que si la vida, en sí, como supieron Heráclito, los medievales y confirma la ciencia moderna, está íntimamente ligada a la muerte, también la muerte es el manantial de la vida, no sólo de la espiritual, sino de la resurrección de la materia. Es preciso resignarse a morir en una prisión oscura para renacer en la luz y la claridad. Igual que Saturno poda el árbol para que se rejuvenezca, Shiva transforma los seres, destruyendo su forma sin aniquilar su fundamento. La muerte es, de otro lado, la suprema liberación. En sentido afirmativo este arcano simboliza la transformación de todas las cosas, la marcha de la evolución, la desmaterialización. En sentido negativo, melancolía, descomposición, final de algo determinado y por ello integrado en una duración (59). Todas las alegorías e imágenes de la muerte tienen el mismo sentido. La mitología griega la hacía hija de la noche y hermana del sueño. Horacio la representa con alas negras y una red con la que cazaba las víctimas (8), red idéntica a la de los dioses uránicos y a la del gladiador romano. La muerte se relaciona con el elemento tierra y con la gama de colores que va del negro al verde pasando por los matices terrosos. El estiércol está asociado a su simbolismo.

Muestras

Representaciones realistas o estilizadas, o elementos pertenecientes a un oficio o trabajo. Pueden ser emblemáticas y si presentan símbolos es más bien por azar o degradados a una función de marca. Así, un sol suspendido sobre la entrada de un edificio puede deber su existencia al mero hecho de que la empresa que señala se denomine «Sun Life Assurance» (ejemplo dado por Sutton, en *Signs in Action*). La herradura era la muestra común de los herreros hace decenios. Todo lo dicho no obsta para que la sensibilidad pueda captar estas imágenes en su interior sentido simbólico a pesar de la mera razón utilitaria de su existencia, razón que, por lo demás, existe en muchos objetos que valoramos aquí como simbólicos, cual, por ejemplo, la copa, la espada, el carro, etc.

Mujer

Corresponde, en la esfera antropológica, al principio pasivo de la naturaleza. Aparece esencialmente en tres aspectos: como sirena, lamia o ser monstruoso que encanta, divierte y aleja de la evolución; como madre, o

Magna Mater (patria, ciudad, naturaleza), relacionándose también con el aspecto informe de las aguas y del inconsciente; y como doncella desconocida, amada o ánima, en la psicología junguiana. Según el autor de *Transformaciones y símbolos de la libido*, ya los antiguos conocían la diferenciación de la mujer en: Eva, Elena, Sofía y María (relación impulsiva, afectiva, intelectual y moral) (33). Uno de los más puros y universales arquetipos de la mujer como ánima es la Beatriz de la *Commedia* de Alighieri (32). La figura femenina conserva todas las implicaciones mencionadas, es decir, las correspondientes a cada una de sus formas esenciales, en todas las alegorías basadas en la personificación. Son muy interesantes ciertos símbolos en los cuales surge la mujer asociada a una figura de animal. Así la mujer-cisne de la mitología céltica y germánica, relacionada con las mujeres de pie de cabra del folklore hispánico. En ambos casos se alude a la desaparición de la mujer una vez cumplida su misión maternal y también a la «muerte» de la virgen como tal para dar paso a la matrona (31). La unión de elementos tomados de la figura femenina con la del león es frecuente en la iconografía. La diosa egipcia Sekmet, caracterizada por su destructividad, tenía cuerpo de mujer y cabeza (ideas) de león. Por el contrario, el cuerpo de león con cabeza femenina aparece en los *Hieroglyphica* de I. P. Valeriano como emblema de la hetaira (39). La participación de elementos morfológicos femeninos en símbolos tradicionales, como la esfinge, alude siempre al fondo de la naturaleza sobre el que se proyecta un concepto o una suma de intuiciones cósmicas. En consecuencia, como imagen arquetípica, la mujer es compleja y puede ser sobredeterminada de modo decisivo; en sus aspectos superiores, como Sofía y María, como personificación de la ciencia o de la suprema virtud; como imagen del ánima es superior al hombre mismo por ser el reflejo de la parte superior y más pura de éste. En sus aspectos inferiores, como Eva y Elena, instintiva y sentimental, la mujer no está al nivel del hombre, sino por debajo de él. Es acaso cuando se realiza a sí misma, como *Ewig Weibliche*, tentadora que arrastra hacia abajo, coincidente con el símbolo alquímico del principio volátil, esto es, de todo lo transitorio, inconsistente, infiel y enmascarado. Ver *Amada* y *Sofía*.

Mujer muerta

La imagen, visión o sueño de una mujer joven muerta, en su sepulcro, es un símbolo directo de la muerte del ánima. Habla de ello la leyenda francesa de la reina Blanche, citada por Gérard de Sède en *Les templiers sont parmi nous*. Este autor, al mismo propósito, relaciona los nombres de Isis, una legendaria Yse de los templarios, e Yseult o Iseo. Georg Gichtel, discípulo de Jacob Boehme, se refiere al mismo símbolo de la doncella o reina muerta (en realidad o aparentemente, es decir, durmiente, como en el conocido cuento de hadas) y dice que esta imagen corresponde «a la corrupción del cuerpo luminoso paradisíaco» (cit. Evola, *La tradizione ermetica*, Bari, 1948).

Muleta

Su significación es literal, simboliza el soporte invisible, moral o económico de cualquier otra existencia «apoyada» en ella. Con este sentido la muleta apareció frecuentemente en las pinturas de Salvador Dalí. Es uno de los emblemas chinos y con el mismo significado (5). Con frecuencia esa muleta corresponde a un apoyo inmoral, oculto o vergonzante [a causa de ser el pie símbolo del alma (15) y su enfermedad o mutilación correlativo del defecto incurable espiritual]. Por eso, en leyendas e historias literarias muchos personajes siniestros, piratas, ladrones e hipócritas inmorales aparecen usando muletas y con la simbólica cojera. La venganza contra el motivo de la mutilación expresa la acción de un espíritu que conserva restos de su poder moral y que sufre hasta obtener la vindicación. Este es el substrato simbólico de la célebre novela *Moby Dyck*, en la cual le es arrebatada la pierna al protagonista por el monstruo abisal, pero él lo persigue sin tregua hasta destruirlo.

Multiplicidad

Dado el carácter místico y emanatista de la filosofía del simbolismo, en la que — cual en el neoplatonismo — el Uno se identifica con el Creador, la multiplicidad expresa el grado de máximo alejamiento de la fuente de todas las cosas. Expresando por la imagen del círculo la relación entre la unidad y la multiplicidad, el centro corresponde a la primera y la circunstancia más exterior a la segunda (Rueda de las Transformaciones del budismo) (25). Jung, desde el punto de vista psicológico, ratifica este principio y señala que la multiplicidad tiene siempre carácter regresivo, recordando que, en la *Hypnerotomachia Polyphili*, cuando el protagonista aparece rodeado de muchas figuras femeninas, es indicio de la naturaleza del inconsciente, pero en estado de fragmentación. Por esto, las ménades, erinias, bacantes, harpías y sirenas griegas expresan la situación de «desgarramiento» interior de la unidad (32). Este tema preocupó profundamente a los alquimistas, parte de cuyas operaciones se dirigían a resolver lo volátil (transitorio, múltiple) en fijo (estable, único). Otro modo de concitar la multiplicidad es la jerarquización. En relación con todo lo expuesto, debemos observar que la multiplicidad y su consecuencia la diversidad pueden ser lo mismo producto de una multiplicación que de una división. Para el simbolismo, lo esencial de lo múltiple es lo dividido. Para expresar con un ejemplo esta idea diremos que, frente a una fruta unitaria, cual la manzana, la idea de multiplicidad se concreta perfectamente en la granada, internamente subdividida en multitud de granos. De ahí el carácter negativo de la multiplicidad y que, para la doctrina simbólica, lo uno personal carezca de valor en cuanto no haya realizado la labor de transmutación, destruyendo en sí la apetencia de la dispersión en el espacio (multiplicidad) y en el tiempo (transitoriedad) para poder convertirse en imagen de lo Uno y ser asumida así por el principio eterno. Esta tendencia mística no deja de manifestarse en el plano existencial, muy notablemente en la moral del amor. Leyendas como la de *El holandés errante* exponen con exactitud la peregrinación del espíritu en busca del alma única, a través de las formas imperfectas que surgen al paso. Las «tentaciones» de Parsifal corresponden a idéntico simbolismo. Incluso las joyas, cuando pierden el sentido sintético de «tesoro» para caer en la multiplicidad, asumen un significado negativo y perturbador.

Multiplicidad de lo mismo

Con cierta frecuencia, en lo excepcional, se sueña que una muchedumbre — de objetos o personas — presenta los mismos rasgos, es decir, que se constituye por la multiplicación de un solo fenómeno en vez de por la reunión de muchos distintos. Este símbolo alude a la secreta y en el fondo terrible unidad de todo. Pues la angustia que acompaña casi siempre a este símbolo proviene de la psicología de la «repetición», explorada por Kierkegaard, y del hecho de que, en este mundo, parece ser ley la de diversifica-

Multiplicidad.
Xilografía
del siglo XV.

ción. Dicho de otro modo, la diversidad justifica la multiplicidad. La multiplicidad monstruosa *per se* es la de lo mismo, imagen de ruptura, disociación, dispersión, separación. Por esta causa, es símbolo característico patológico.

Mundo

Dominio en el que se desenvuelve un estado de la existencia (25). El mundo se constituye por la coherencia de sus componentes. Cuando se utiliza el término en plural, pertenecen en cierto modo al simbolismo espacial, pero no son, realmente, sino modos diferentes del espíritu (26). La explicación del sentido cósmico y moral de los tres mundos (infernal, terrestre y celestial) corresponde al simbolismo del nivel. No debe confundirse siempre inferior con subterráneo, ya que, en las culturas megalíticas, lo subterráneo suele localizarse en alto, en el interior de las montañas (morada de los muertos). Guénon señala que las tradiciones alusivas al «mundo subterráneo» se encuentran en gran número de pueblos, asociando el «culto de la caverna» y del «lugar central». Hay que tener presente la asimilación de la caverna a la cavidad del corazón, considerado como centro del ser o huevo del mundo (28). ¿Por qué ve el hombre el mundo en su totalidad como un símbolo? Ferenczi considera que el mundo es, primariamente, hostil al sujeto y que la tendencia del hombre a encontrar lo que ama en objetos, formas o aspectos del mundo es la fuente primera, el origen del simbolismo. Es decir, el hombre descubre como un «intermundo» o un común denominador, a veces sólo, o ante todo, por la vía emocional, entre su interior y lo exterior. Ve su agresividad contenida en una espada, su pasión en un color rojo, su anhelo de elevación en una montaña o en un alto edificio; esto le reconcilia con el mundo y a la vez le hace entender esas formas de realidad como correspondientes a lo que hay en su interior. Cassirer, más generalmente aún, define al hombre como *animal symbolicum*, que, habiendo perdido su universo y su vida (idea que alude sin duda a la «caída» de la doctrina de Platón y de los gnósticos, y a la del «pecado original» cristiano), conserva en sistemas de símbolos un *mapa de la realidad perdida*, mapa movedizo y fluctuante pero verdadero. Estos conceptos, de Ferenczi y Cassirer, son citados por Norman O. Brown en su *Eros et Thanatos*. Brown agrega que la sublimación es una compensación aloplástica por la pérdida del yo.

Mundo, El

Arcano vigésimo primero del Tarot. La constitución de la serie por ternarios y septenarios ratifica el valor del 21 como síntesis. Corresponde por ello al conjunto de lo manifestado, es decir, al mundo espacial, reflejo de una actividad creadora permanente. En la imagen alegórica de este arcano, dicha idea se manifiesta por la figura de una doncella corriendo con dos varitas en el interior de una guirnalda rodeada por el cuaternario cósmico o tetramorfos. Las varillas son los símbolos de la polarización, la cual estimula el movimiento circulatorio en todo el cosmos. Según Wirtz, esta doncella representa también la Fortuna mayor, mientras la menor corresponde al arcano décimo. El cuaternario concierne a los elementos; la guirnalda, al proceso cósmico (59).

Mundo físico

En relación con los gnósticos, Guénon, en *Symboles fondamentaux de la Science sacrée*, y cargando el acento en el carácter físico (material) del mundo, dice que éste es, en cierto modo, un sepulcro, por considerar que la resurrección es un nacimiento extracósmico. Pero este sepulcro no deja de contener las imágenes del mundo espiritual que en él se condensan en momentos del tiempo.

Murciélago

Por su carácter ambiguo presenta significaciones contradictorias. En China, por ejemplo, es animal emblemático de felicidad y larga vida (5). En la alquimia occidental tiene un sentido no desemejante al del dragón y al del ser hermafrodítico.

Muro

Presenta diversos significados, que derivan de sus distintas cualidades tomadas alternativamente como fundamento de su sentido. En el sistema jeroglífico egipcio, es un signo determinante que expresa la idea de «elevar sobre el nivel común» (19); claramente se advierte que el valor dominante en este caso es el de su altura. Como pared, que cierra el espacio, es el «muro de las lamentaciones», símbolo del sentimiento «de caverna» del mundo, del inmanentismo, de la imposibilidad de transir al exterior (de la metafísica). Expresa la idea de impotencia, detención, resistencia, situación, límite. Ahora bien, el muro en forma de cerca y considerado desde dentro tiene un carácter asociado, que puede tomarse como principal — depende de la función y del sentimiento — de protección. El psicoanálisis lo considera con frecuencia bajo este último aspecto y por ello lo tiene por símbolo materno, como la ciudad o la casa (56). Bayley resume los dos momentos esenciales del simbolismo del muro al decir: «como la casa, es un símbolo místico que representa el elemento femenino de la humanidad. Ello permite entender la de otro modo absurda aserción de Sulamita en el Cantar de los Cantares: "Yo soy un muro" (8, 10). Por otro lado, esta asimilación tiene otro término de relación: la materia, en oposición al espíritu» (4). Nótese que el simbolismo no cambia, puesto que la materia corresponde al principio pasivo o femenino y el espíritu al activo o masculino.

Muro. Muralla romana. Plaza de la Catedral. Barcelona.

Música

El simbolismo de la música es de suma complejidad y sólo podemos dar aquí unas ideas generales. Penetra todos los elementos de la creación sonora: los instrumentos, ritmos, sonoridades o timbres, tonos de la escala natural, organizaciones seriales, procedimientos expresivos, melodías, armonías y formas. El término de simbolismo puede entenderse en dos sentidos principales: dentro del orden cósmico de las antiguas culturas megalítica y astrobiológica, o como fenómeno de correspondencia ligado al de la expresión y comunicación. Otro de los fundamentos del simbolismo musical es su relación con el metro y con el número, desde la especulación pitagórica (27). El significado cósmico de los instrumentos musicales, su pertenencia dominante a uno u otro elemento fue estudiado primeramente por Curt Sachs, en *Geist und Werden der Musikinstrumente* (Berlín, 1929). En ese simbolismo instrumental debe distinguirse forma y timbre, existiendo con frecuencia «contradicciones» que expresarían acaso el papel mediador del instrumento y de la música en general (forma de relación, elemento sustancialmente dinámico, como la voz y la palabra). Por ejemplo, la flauta es fálica y masculina por la forma y femenina por el timbre agudo y ligero, plateado (lunar), mientras el tambor es femenino por su forma de recipiente y masculino por el tono grave de su voz (50). El simbolismo, en su conexión con la expresión (y aun con la representación gráfica) de la música, lo tenemos en evidencia en el arte primitivo de los sonidos, con frecuencia imitativo hasta lo literal de ritmos y movimientos, de gestos e incluso formas de animales. Narra Schneider que, al oír cantar a unos senegaleses la «canción de la cigüeña» empezó a «ver al escuchar», pues el ritmo correspondía exactamente a los movimientos del ave. Al pedir explicaciones sobre el canto, la respuesta confirmó sus observaciones. Por el sistema analógico, podemos encontrar la transición de lo expresivo a lo simbólico; es decir, un movimiento conjunto, en una melodía, expresa sentimientos coherentes y, simbólicamente, corresponde a formas coherentes. Por el contrario, la alternativa de lo grave y agudo expresa salto, angustia, necesidad de inversión, lo cual es analizado por Schneider como resultado de la idea de vencer al espacio que media entre el valle y la montaña (tierra y cielo). Dice el autor citado que en Europa, hasta el Renacimiento, perdura la designación de «música alta» (aguda) y «música baja» (grave) con significado místico equivalente. La asimilación de ciertas notas a colores o a planetas dista de presentar la seguridad que otras correspondencias simbólicas. Sin embargo, no dejaremos de indicar la profunda relación serial de los fenómenos; por ejemplo, con la escala pentatónica suelen darse ordenaciones en grupos de a cinco; con la diatónica y modal, de siete notas, se corresponden la mayor parte de sistemas astrobiológicos, e indudablemente en la más importante de las ordenaciones; con el paso a la serie de doce tonos, la asimilación pudiera referirse a los signos zodiacales. Pero, hasta el momento de redactar estas líneas, no encontramos base suficiente para esta faceta del simbolismo musical. A pesar de ello, damos a continuación las correspondencias establecidas por el ocultista francés Fabre d'Olivet: mi (Sol), fa (Mercurio), sol (Venus), la (Luna), si (Saturno), do (Júpiter), re (Marte) (26). Una correlación más verdadera, cuando menos en el aspecto expresivo, es la que relaciona los modos griegos con planetas y con aspectos particulares del *ethos*, en la línea siguiente: modo de mi (dórico), Marte (severo, patético); re (frigio), Júpiter (extático); do (lidio), Saturno (doloroso, triste); si (hipodórico), sol (entusiástico); la (hipofrigio), Mercurio (activo); sol (hipolidio), Venus (erótico); fa (mixolidio), Luna (melancólico) (50). Schneider ha estudiado aspectos profundos del simbolismo

musical, que nos parecen fundamentados. Así considera como tetracordo mediador entre la tierra y el cielo, al constituido por las notas do, re, mi, fa, con el
león (valentía, fuerza), el buey (sacrificio, deber), el hombre (fe, encarnación)
y el águila (elevación, oración). Por el contrario, el tetracordo sol, la, si, do
podría representar una suerte de doble divino. De otro lado, fa, do, sol,
re son considerados por el citado autor como elementos masculinos, correspondientes a los elementos fuego y aire y a los instrumentos de piedra y de
metal. Componentes femeninos son la, mi, si, relativos a los elementos agua
y tierra. El intervalo si-fa, denominado tritono en teoría musical, expresa con
su disonancia el contacto «doloroso» de los elementos fuego y agua, es decir,
la zona de la muerte (50). Nos hemos limitado a dar algunos aspectos de la
teoría del simbolismo musical de Schneider, de inmensa amplitud, al extremo de que, según comunicación verbal, el autor de *El origen musical de los
animales símbolos*, cree también que toda significación simbólica es de
raíz musical o cuando menos sonora. Esta afirmación resulta más comprensible si recordamos que el canto, como realización de la armonía de los elementos sucesivos y melódicos, es una imagen de la conexión natural de todas
las cosas, a la vez que comunicación, delación y exaltación de esa relación
interna de todo. Por ello, según Platón, no puede modificarse el sentido de la
música de un pueblo sin que se transformen las costumbres y las instituciones del Estado (26).

Músico

Con frecuencia simboliza la atracción de la muerte. Esta se personificaba
con un adolescente en Grecia. El flautista de Hamelín, del conocido cuento,
el tipo del arpista o citarista, de leyendas y cuentos folklóricos, aluden al
mismo símbolo. La música es una zona intermedia entre lo diferenciado (material) y lo indiferenciado (la «voluntad pura» de Schopenhauer). Por esto, se
utiliza en los ritos y liturgias (como el fuego y el humo).

Muslos

Expresan la fuerza, en el sistema jeroglífico egipcio (19), lo cual está en
exacta correspondencia con su función de soporte dinámico del cuerpo. En
el cabalismo se mantiene esta simbolización, precisando las cualidades: firmeza y esplendor.

Música. Cantoral del siglo XVI. Miniatura.

N

Nada

Los Upanishads establecen diversos estados de conciencia del ser, desde la vigilia — poblada de' formas objetivas —, la del ensueño, ya ordenada según impulsos subjetivos y profundos, a la conciencia profunda, sin imágenes, del más intenso sueño. Esta última se asimila a la nada mística. Es muy importante para el conocimiento de la idea del nirvana, y para comprender el éxtasis de anonadamiento, conocer que esa «nada» oriental no es la negación absoluta, la muerte de todo, sino la indiferenciación, es decir, la carencia de oposiciones y contrastes y, por consiguiente, la ausencia de color y de dinamismo. Guénon transcribe la doctrina hindú y dice: «En ese estado de indiferenciación, los distintos objetos de la manifestación, incluso los de la manifestación individual, no son por lo demás destruidos, sino que subsisten de un modo principal, unificados por la misma razón que no son concebidos bajo el aspecto secundario y contingente de la distinción; se encuentran necesariamente entre las posibilidades del Sí y éste permanece consciente por sí mismo de todas sus posibilidades consideradas ''no distintivamente'' en el conocimiento integral» (26). Esta idea de la nada como «realidad inobjetiva» y por lo tanto inefable pasa, probablemente, por Oriente Medio y Persia, a los místicos hebreos. Según el rabino Joseph ben Shalom de Barcelona, que vivió en el siglo XIII, entre las descripciones simbólicas de Dios en su revelación, se debe dar una atención especial a lo que concierne a la nada mística. En el abismo deviene visible en cada brecha de la existencia. Según el rabino citado, en cada transformación de la realidad, en cada crisis, sufrimiento, metamorfosis, en cada cambio de forma, o en cada vez que el estado de una cosa es alterado, el abismo de la nada es atravesado y se hace visible durante un instante místico, pues nada puede cambiar sin producirse el contacto con esa región del ser absoluto que los místicos orientales llaman la nada (citado por C. G. Sholem, *Les Grands courants de la Mystique Juive*). Un anagrama cabalístico ratifica esa identificación al comprobar que «nada», en hebreo *Ain*, tiene las mismas letras que «yo», *Ani*.

Naipes

El juego completo de los naipes es de origen simbólico y se halla integrado por los veintidós arcanos mayores (Tarot), cuyas imágenes son alegorías sintéticas y dotadas, cada una de ellas, hasta cierto punto, de un sentido total y cerrado; y de los cincuenta y seis arcanos menores. Estos se componen de catorce figuras por cada una de las cuatro series: oros (círculos, discos, ruedas), bastos (mazas, cetros), espadas y copas. El oro simboliza las fuerzas materiales. El basto o bastón, el poder de mando. La copa tiene cierta variedad de sentidos que conciernen, en general, al continente como tal: cáliz o cofre. La espada es emblema aquí, especialmente, del discernimiento entre el error y la justicia. La cifra de cada naipe tiene el correspondiente simbolismo numérico. Las combinaciones suponen otras combinaciones en el orden analógico de que se trate (59). Véase *Tarot*.

Narciso

Joachim Gasquet concibe el mito de Narciso no como una manifestación primordial del plano sexual, sino del plano cósmico, y dice que «el mundo es un inmenso Narciso en el acto de pensarse a sí mismo», por lo que Narciso es símbolo de esa actitud autocontemplativa, introvertida y absoluta (citado por Bachelard, 2).

Naturaleza

La alegoría de la naturaleza fue expuesta por el escritor del siglo XII Alain de Lille, en su obra *De planctu naturae*, diciendo que lleva una diadema, cuyas pedrerías están constituidas por las estrellas: doce joyas simbolizan los signos del zodíaco; siete piedras simbolizan el Sol, la Luna y los cinco planetas (14). Es éste un concepto netamente astrobiológico, cuya característica esencial es la de llevar el rigor de lo numérico a lo vital y la vivacidad de las plantas y animales a lo astral, mineral y abstracto.

Nave

En las monedas, una nave surcando los mares es emblema de felicidad y de alegría (8). Pero el sentido más profundo de la navegación nos es dado por Pompeyo el Grande al decir: «Vivir no es necesario; navegar, sí». Con ello quiso descomponer la existencia en dos estructuras fundamentales: por vivir entendía vivir para sí o en sí; por navegar, vivir para trascender, lo que, desde su ángulo pesimista, denominó Nietzsche: «vivir para desaparecer». La *Odisea* no es, en el fondo, sino simplemente la epopeya mítica de la navegación, como victoria sobre los dos peligros esenciales de todo navegar, la destrucción (triunfo del océano, inconsciente) o el retroceso (regresión, estancamiento). Pero Homero sitúa el final del periplo odiseico en un sublime pero sentimental «retorno» a la esposa, al hogar, a la patria. Esta idea mítica corresponde analógicamente al misterio de la «caída» del alma en el plano material (existencia) y a la necesidad de su regreso al punto de partida (involución, evolución), misterio expuesto por el idealismo platónico y, particularmente, por Plotino. Este orden retornante corresponde a un concepto de universo «cerrado» como el del eterno retorno o el que concibe todos los fenómenos organizados en ciclo. La navegación, en una filosofía del infinito absoluto negaría al héroe incluso la llegada a la patria y lo haría navegador eterno en mares siempre nuevos, en horizontes inacabables. De otro lado, volviendo al simbolismo, toda nave corresponde a la constelación de este nombre (48). Se ha relacionado la nave, como símbolo, con la isla sagrada, en cuanto ambas se diferencian del mar amorfo y asaltante. Si las aguas oceánicas simbolizan el inconsciente, también aluden a la sorda agitación del mundo exterior. La idea de que precisa haber surcado el mar de las pasiones para alcanzar el Monte de la Salud, es la misma que hemos comentado ya al referirnos a los peligros de todo navegar. Por ello, dice Guénon, «la conquista de la gran paz es figurada bajo la forma de una navegación» — y por ello la nave en el simbolismo cristiano representa la Iglesia— (28). Aparte del simbolismo indeterminado que asimila el barco, como la barca y el carrua-

Nave. Detalle del retablo de Santa Ursula,
obra de Reixac. Museo Arte Cataluña.

je, al cuerpo humano y a todo cuerpo físico o vehículo, existe la determinación cósmica derivada de la antiquísima asimilación del sol y de la luna a
dos barcos flotando en el océano celeste. Los monumentos religiosos egipcios presentan con frecuencia el barco solar. En el arte asirio se representan
también barcos en forma de copa, de evidente función solar. Esta forma estrecha más el sentido de la significación (35). Un sentido adherido al anterior,
o a veces independiente, es el que procede, mejor que de la idea concreta del
barco, del hecho de la «navegación». De ella proviene el simbolismo del barco
funerario y por ello, en muchos países primitivos, se disponen barcos sobre
un palo o techo. En ocasiones es el propio techo del templo o casa que
adopta la forma de una nave. Siempre que significa el anhelo de transir, de
viajar por el espacio hacia los otros mundos. Todas esas formas representan,
en consecuencia, el eje valle-montaña, la verticalidad y el mito de la elevación. Obvia es la asociación de este simbolismo con todos los del «eje del
mundo»; el mástil colocado en el centro del navío da realidad al árbol cósmico integrado en la nave funeraria o «barco de la trascendencia» (50).

Nave de los locos

Este símbolo, que aparece con frecuencia en la iconografía medieval, expone la idea de navegación como finalidad en sí, es decir, contraria al concepto de tránsito y de evolución. Por eso, la *stultifera navis* suele representarse con una mujer desnuda, una copa de vino y otras alegorías de los
placeres terrenos. Es un símbolo similar al del cazador.

Negro

La imagen del hombre negro alude siempre a la parte inferior humana, al magma pasional. Este hecho psicológico, comprobado en su empirismo por los analistas, tiene un paralelo —u origen— en la doctrina simbólica tradicional, para lo cual las razas negras son hijas de las tinieblas, mientras que el hombre blanco es hijo del sol o de la montaña blanca polar (49). Naturalmente, también puede tratarse de una mujer negra, cual la que aparece en la novela galesa de *Peredur* (Parsifal), la que posee el mismo sentido de inferioridad que en el caso del hombre negro o del «etíope».

Neptuno

Primitivamente, deidad del cielo en su aspecto de «aguas superiores», es decir, nubes y lluvia. Luego, dios de las aguas dulces y fertilizantes. Finalmente, dios del mar. En esta progresiva asimilación vemos mejor que una trayectoria cronológica e histórica una proyección espiritual que repite el mito de la «caída», integrándolo en la personalidad neptuniana. El tridente, considerado así en posición descendente, puede asimilarse al rayo. Charles Ploix, en cambio, en *La Nature et les dieux*, asimila el tridente a la varilla mágica que permite descubrir las fuentes (2). En alquimia, Neptuno es simplemente el símbolo del agua. Además del tridente, su atributo son los caballos marinos (8), asimilados a las fuerzas cósmicas y al ritmo ondulante de las espumosas olas. El psicoanálisis, al considerar al océano como símbolo del inconsciente, establece una relación indudable entre esta región del alma personal y universal y Neptuno. Por ello, Diel indica que Neptuno, como Plutón, simboliza el espíritu en su forma negativa. Es rey de los abismos del subconsciente y de los mares desordenados de la vida; desencadena las tempestades, correlato de las pasiones del alma, especialmente en su aspecto exagerado y destructor. El autor citado considera el tridente como un emblema de la triple culpa, deformación de las tres pulsiones esenciales del espíritu (conservación, reproducción, evolución) y recuerda que el tridente es también atributo de Satán (15).

Nibelungos

Los Niflungar de los *Eddas* se cree expresan o simbolizan a los muertos, pero es posible que más bien signifiquen ciertos muertos esclavizados de raza inferior. Su destino *post mortem* no es el de los héroes.

Niebla

La niebla simboliza lo indeterminado, la fusión de los elementos aire y agua, el oscurecimiento necesario entre cada aspecto delimitado y cada fase concreta de la evolución. La «niebla de fuego» es la etapa de la vida cósmica que aparece después del estado caótico (9), corresponde a la acción de los tres elementos anteriores al sólido.

Nieve

Aparte de su relación con lo caído del cielo (lluvia, rocío, rayo) de carácter numinoso, ligado al simbolismo de la altura y de la luz, la nieve, ya caída y cubriendo la tierra, podría simbolizar una sublimación de la propia tierra. Así, contrapuesta al cielo forma un eje blanco-azul o azul-blanco (en su descenso) que tiene un evidente carácter místico, hierogámico.

Nimbo

Círculo luminoso a modo de corona que los antiguos daban a sus deidades y que el cristianismo concede a los personajes sacros (8). El nimbo es una expresión visualizada de la sobrenaturalidad irradiante o, más simplemente, de la energía intelectual en su aspecto místico; para comprobarlo basta recordar la asimilación de casi todos los pueblos antiguos de la inteligencia y la luz. Existen otros nimbos esféricos. Por ejemplo, los musulmanes representaron con frecuencia las perlas para aludir al paraíso y creen que los bienaventurados viven en perlas, en unión cada uno de su hurí. El nimbo se identifica con la jaula o, mejor, con la esfera propia (46). Jurgis Baltrusaitis, en *Le Moyen Age fantastique*, muestra multitud de dibujos y pinturas medievales de seres encerrados en el interior de esferas transparentes, como de cristal. Hay muchas obras de Jerónimo van Aken, el Bosco, con representaciones de este tipo. El nimbo aparece entonces como simple visualización de un cierto determinismo, el que encierra a cada hombre en su modo de ser y en su destino, sea favorable y paradisíaco, o adverso e infernal.

Ninfas

La palabra griega *nymphe* significa «recién casada» y también «muñeca». Las ninfas que acompañan a algunas deidades míticas representan las ideas accesorias de ese dios (48). Según Mircea Eliade, las ninfas corresponden esencialmente a las aguas corrientes, fuentes, manantiales, torrentes y cascadas. Las más conocidas son las hermanas de Tetis, las nereidas que aparecen en la expedición de los argonautas. Por esa relación con el elemento acuático, son ambivalentes, y lo mismo pueden presidir los nacimientos y la fertilidad, que la disolución y la muerte (17). En el plano psicológico y dentro de su teoría de la individualización, Jung considera a las ninfas aspectos del carácter femenino del inconsciente, aspectos independizados y fragmentados. Por ello dice que la llamada *regio nymphidica* por Paracelso corresponde a un estadio relativamente bajo del proceso de individualización, relacionado con las nociones de tentación, transitoriedad, multiplicidad, disolución (32).

Niño

Símbolo del futuro, en contraposición al anciano que significa el pasado (49), pero también símbolo de la etapa en que el anciano se transforma y adquiere una nueva simplicidad, como predicara Nietzsche en *Así hablaba Zaratustra*, al tratar de las «tres transformaciones». De ahí su concepción como «centro místico» y como «fuerza juvenil que despierta» (56). En la iconografía cristiana, surgen los niños con frecuencia como ángeles; en el plano estético, como *putti* de los grutescos y ornamentos barrocos; en lo tradicional, son los enanos o cabiros. En todos los casos, según Jung y Kerenyi, simbolizan fuerzas formativas del inconsciente de carácter benéfico. Psicológicamente, el niño es el hijo del alma, el producto de la *coniunctio* entre el inconsciente y el consciente; se sueña con ese niño cuando una gran metamorfosis espiritual va a producirse bajo signo favorable (33). El niño místico que resuelve enigmas y enseña la sabiduría es una figura arquetípica que lleva esa misma significación al plano de lo mítico, es decir, de lo general colectivo. Es un aspecto del niño heroico que libra al mundo de monstruos (60). En alquimia, el niño coronado o revestido de hábito real es el símbolo de la piedra filosofal, es decir, del logro supremo de la identificación mística con el «dios en nosotros» y lo eterno. No puede hablarse del simbolismo del niño sin aludir a la famosa y misteriosa *IV Egloga* de Virgilio, que dice: «Comienza ahora de nuevo la poderosa carrera del año / Vuelve Virgo, Saturno domina otra vez / Y una nueva generación desciende del Cielo a la Tierra / Bendice el nacimiento del Niño, oh casta Lucina / que despide a la edad de hierro y es el alba de la de oro», égloga que se ha considerado profética.

Nivel

El término se refiere a un aspecto del simbolismo espacial: el que estructura simplemente la identificación moral de la altura a partir de la noción de su centro. La doctrina hindú asimila los tres estados fundamentales en que puede hallarse el espíritu humano: *sattwa* (elevación, espiritualidad), *rajas* (manifestación, lucha, dinamismo) y *tamas* (oscuridad, instintividad bruta) a tres zonas de un nivel vertical. Trátase en realidad de cinco zonas: la inferior absoluta y la superior absoluta, más la central partida en tres, en las cuales se relativizan gradualmente las dos extremas por interpenetración. Cuando no se trata de inferioridad intelectual sino moral —que es infinitamente más compleja y misteriosa, en su esencia, que la otra— las determinaciones en el simbolismo de nivel son mucho menos estables. Existe siempre la posibilidad de la inversión, y las dos direcciones contrapuestas tienen algo de común; ambas participan de la idea de profundidad. Por eso fue dicho: «el abismo llama al abismo». Las tentaciones concernientes a los elegidos tienen su contrapartida en los abismos de salvación que pueden abrirse para el abandonado. Dostoievski ha hablado mucho sobre este punto. «Bajo la dinastía china de los Tcheu (siglo XI a. de J. C.), los muertos de las clases inferiores eran sepultados en las llanuras; los príncipes, en las colinas poco elevadas; y los emperadores, sobre túmulos edificados en la cumbre de una montaña. La cabeza del muerto estaba vuelta hacia el norte» (M. Paléologue, *L'art chinois*, 1888). En numerosas obras de arte de todos los tiempos se observa la ordenación simbólica que establece el nivel dentro de la verticalidad como valor con equivalencia espiritual. Así en las estelas o *kudurru* de Mesopotamia las representaciones se escalonan en diversos niveles o franjas, situándose en las más bajas los seres más primitivos y en las más altas los cuerpos celestes y los símbolos de los dioses. En el arte decorativo románico se observan las mismas leyes.

Noche

Relacionada con el principio pasivo, lo femenino y el inconsciente. Hesíodo le dio el nombre de madre de los dioses por ser opinión de los griegos que la noche y las tinieblas han precedido la formación de todas las cosas (8). Por ello, como las aguas, tiene un significado de fertilidad, virtualidad, simiente (17). Como estado previo, no es aún el día, pero lo promete y prepara. Tiene el mismo sentido que el color negro y la muerte, en la doctrina tradicional.

Nombre

El esoterismo conceptúa el nombre como síntesis expresiva del horóscopo (49). Muchas especulaciones se han establecido sobre los elementos simbólicos que entran en el nombre: letras en aspecto gráfico y fonético, similitudes, analogías, etc. Por ejemplo, Piobb dice que el nombre de Napoleón es el de Apolo en su pronunciación corsa O'N'Apolio (48). El problema de por qué un determinado nombre realiza un sentido destinal en un caso y en otro no, rebasa los límites de la presente obra. Nos reduciremos a dar el fundamento racional del simbolismo del nombre, relacionado con la idea egipcia del «poder de las palabras», de que Edgar Allan Poe habló en uno de sus poemas. Dado el sistema simbólico del lenguaje egipcio, se comprende que el nombre nunca podía proceder del azar, sino de un estudio de las cualidades de la cosa nombrada, se tratara de nombre común o propio. El nombre RN (boca sobre la superficie de las aguas) presentaba la acción del verbo sobre la pasividad. En cuanto a la persona, creían los egipcios que el nombre representa el reflejo del alma humana. De esta creencia deriva la idea mágica de que se puede actuar por medio del nombre sobre otra persona. La consecuencia de la identificación de nombre y carácter (y destino) lleva a los nombres descriptivos, como el de Osiris «el que está en lo alto de la escalera» (de los grados evolutivos), o el de Arabia «el que marcha en silencio». La onomatopeya, de otro lado, significó una aportación importantísima a la génesis del lenguaje y de su representación ideográfica, fundiendo el ser con uno de sus aspectos esenciales, por ejemplo el león con su rugido; en egipcio RW (19). Los libros de vulgarización ocultista dan a veces relaciones de significados de nombres propios; como en otros casos de interpretación similar, puede haber raíces de auténtico simbolismo en estas expresiones, pero también se trata de una desviación, por especialización extrema, de las posibilidades auténticamente simbólicas. La evolución del idioma ha sido tan compleja en los últimos siglos que la determinación etimológica, en simbolismo aplicado, se presta a innúmeros errores.

Nubes

Presentan dos aspectos principales; de un lado se relacionan con la niebla, con el mundo intermedio entre lo formal y lo informal. De otro, constituyen el océano de las «aguas superiores», el reino del antiguo Neptuno. En el primer aspecto, la nube simboliza las formas como fenómenos y apariencias, siempre en metamorfosis, que esconden la identidad perenne de la verdad superior (37). En el segundo caso, las nubes son progenitoras de fertilidad y pueden relacionarse analógicamente con todo aquello cuyo destino sea dar fecundidad. Por ello, según las claves del antiguo simbolismo cristiano, las nubes son asimiladas a los profetas, pues las profecías son un agua oculta de fertilización y de origen celeste (46). Por lo mismo señala Bachelard que la nube es tomada también (simbólicamente) como mensajero (3).

Nudo

Símbolo complejo que integra varios sentidos importantes, relacionados todos ellos con la idea central de conexión cerrada. En el nudo está ya el dominio de las espirales y de las líneas sigmoideas (41). El signo del infinito u 8 horizontal, como también esta cifra, constituyen un entrelazado pero también un nudo, lo que muestra la relación de este símbolo con la idea de infinitud o, mejor, de manifestación de esa infinitud. Como la red, el lazo, el entrelazado, el nudo expresa la idea de ligadura y apresamiento; generalmente éste es un concepto que expresa una situación psíquica constante, aunque percibida en mayor o menor grado: la del hombre no liberado y «atado» por el dios uránico. Por esta razón, el *Flamen Dialis* de los antiguos romanos no podía llevar nudos en su vestidura, lo que acontece también a los peregrinos musulmanes a La Meca (21). Este sentido mágico de atadura que posee el nudo, al aplicarse literalmente, prácticamente, da lugar a ac-

Nudo. Arte manuelino. Detalle de un relieve de Francisco Arruda, 1520.

ciones mágicas como la de los marineros de Shetland, los cuales aún creen dominar a los vientos mediante nudos (21). La cuerda anudada constituye un anillo cerrado, una circunferencia. Como tal, tiene el sentido general de circuito, protección, recinto. El «nudo corredizo» es un signo determinativo egipcio que entra en palabras como *calumnia, maldición, viaje,* etc. Debe originarse el significado en la idea de atar a alguien alejado y tiene indudable conexión con el arcano del Ahorcado del Tarot (19). El «nudo sin fin» es uno de los ocho emblemas de la buena suerte del budismo chino y representa la longevidad (5); aquí lo que el pensamiento simbólico utiliza del objeto es la idea de conexión pura aplicándola a lo biológico y fenoménico. Por último, el célebre «nudo gordiano» que cortó con su decisión y su espada Alejandro el Grande, es un viejo símbolo del laberinto, por la disposición caótica de las cuerdas y de los inextricables lazos que lo constituyen. Deshacer el nudo equivalía al hallazgo del «centro» de que hablan todas las doctrinas místicas. Cortar el nudo, traducir a un plano guerrero y existencial la pura idea de logro y de victoria.

Números

En el sistema simbolista los números no son expresiones meramente cuantitativas, son ideas-fuerza, con una caracterización específica para cada uno de ellos. Las cifras son a modo de su vestido. Todos proceden del número Uno (que se identifica con el punto no manifestado). Cuanto más se aleje un número de la unidad, más se hunde en la materia, en la involución, en el «mundo». Los diez primeros números, en la tradición griega (doce, en la oriental), pertenecen al espíritu: son entidades, arquetipos y símbolos. Los demás resultan de las combinaciones de esos números primordiales (44). Los autores griegos especularon sobre el número. Pitágoras dijo: «Todo está arreglado según el número». Platón consideró al número como esencia de la armonía y a ésta como fundamento del cosmos y del hombre, sentenciando: «Pues la armonía, cuyos movimientos son de la misma especie que las revoluciones regulares de nuestra alma» (24). La filosofía de los números fue también desarrollada por los hebreos, gnósticos y cabalistas, llegando hasta la alquimia nociones universales que se encuentran en Lao-tsé: «El uno se convierte en dos; el dos se convierte en tres; y del ternario procede el uno (la nueva unidad u orden) como cuatro» (María profetisa) (32). La actual Lógica simbólica y la Teoría de los Grupos retornan a la idea de lo cuantitativo como cualidad. Según Pierce, las leyes de la naturaleza y las del espíritu se basan en los mismos principios, sistematizables según tales vías (24). Aparte de los valores esenciales de unidad y multiplicidad, tienen significado general los pares (negativos, pasivos) y los impares (afirmativos, activos). La sucesión numérica, de otro lado, tiene un gran dinamismo que es preciso considerar. La idea de que el uno engendra el dos y el dos el tres, se fundamenta precisamente en la noción de que toda entidad tiende a rebasarse a sí misma, a situarse en contraposición con otra. Donde hay dos elementos, lo tercero aparece en forma de unión de esos dos y luego como tres, dando lugar a lo cuarto como conexión de los tres, y así sucesivamente (32). Después de la unidad y del binario (conflicto, eco, desdoblamiento primordial), el ternario y el cuaternario son los grupos principales; de su suma surge el septenario; de su multiplicación, el dodecanario. Del tres deriva más directamente el siete (por ser también impar); del cuatro, el doce (ambos pares). En simbología suelen representar: ternario (orden mental o espiritual), cuaternario (orden terrestre), septenario (orden planetario y moral), dodecanario (orden universal). Vamos a considerar seguidamente los significados más generalmente reconocidos por la tradición simbolista a cada número, para atender luego sumariamente a la teoría psicológica de Paneth.

Cero. — El no ser, misteriosamente ligado a la unidad, como su contrario y su reflejo; símbolo de lo latente y de lo potencial; es el «huevo órfico». En la existencia simboliza la muerte como estado en el que las fuerzas de lo vivo se transforman (40, 55). Como círculo, es decir, por su figura, simboliza la eternidad.

Uno. — Símbolo del ser (40), de la aparición de lo esencial. Principio activo que se fragmenta para originar la multiplicidad (43) y se identifica con el centro (7), con el punto irradiante y la potencia suprema (44). También simboliza la unidad espiritual, base de la fusión de los seres (55). Guénon distingue entre la unidad y el uno, siguiendo las especulaciones de los místicos del islam. Difiere del uno la unidad en que es un reino absoluto, cerrado en sí mismo, que no admite el dos ni el dualismo. Es por ello esa unidad símbolo de la divinidad (26). También se identifica el uno con la luz (49).

Dos. — Eco, reflejo, conflicto, contraposición: la inmovilidad momentánea cuando las fuerzas son iguales (43); corresponde al transcurso, a la línea detrás-delante (7); geométricamente se expresa por dos puntos, dos líneas o un ángulo (44). Simboliza el primero de los núcleos materiales, la naturaleza por oposición al creador, la luna comparada con el sol (55). Todo el esoterismo considera nefasto el dos (9); significa asimismo la sombra (49) y la sexuación de todo o el dualismo (Géminis), que debe interpretarse como ligazón de lo inmortal a lo mortal, de lo invariante a lo variante (49). La región del dos, en el paisaje místico de la cultura megalítica, es la mandorla de la montaña, el foco de la inversión que forma el crisol de la vida y encierra a los dos antípodas (bien y mal) (vida y muerte) (51). Por esto el dos es el número de la *Magna Mater* (51).

Tres. — Síntesis espiritual. Fórmula de cada uno de los mundos creados. Resolución del conflicto planteado por el dualismo (43). Hemiciclo: nacimiento, cenit, ocaso (7). Corresponde geométricamente a los tres puntos y al triángulo (44). Resultante armónica de la acción de la unidad sobre el dos (55). Concierne al número de principios (41) y expresa lo suficiente, el desenvolvimiento de la unidad en su propio interior (9). Número idea del cielo (51) y de la Trinidad.

Cuatro. — Símbolo de la tierra, de la espacialidad terrestre, de lo situacional, de los límites externos naturales, de la totalidad «mínima» y de la organización racional. Cuatro es el cuadrado y el cubo; la cruz de las estaciones y de los puntos cardinales. Según el modelo del cuaternario se organizan muchas formas materiales y espirituales (43). Es el número de las realizaciones tangibles (55) y de los elementos (41). Místicamente, tetramorfos.

Cinco. — Símbolo del hombre, de la salud y del amor; la quintaesencia actuando sobre la materia. Los cuatro miembros regidos por la cabeza como los cuatro dedos por el pulgar (43); los cuatro puntos cardinales más el centro (7). Número de la hierogamia, unión del principio del cielo (tres) y de la *Magna Mater* (dos). Pentagrama, estrella de cinco puntas (44). Corresponde a la simetría pentagonal, frecuente en la naturaleza orgánica, relacionándose asimismo con la Sección de oro como fue notado por los pitagóricos (24); los cinco sentidos (55) correspondientes a las «formas» de la materia.

Seis. — Ambivalencia y equilibrio. Unión de los dos triángulos (fuego y agua) y por ello símbolo del alma humana. Para los griegos, hermafrodita (33). Corresponde a las seis direcciones del espacio (dos por cada dimensión) (7) y a la terminación del movimiento (seis días de la Creación). Por ello, número de la prueba y del esfuerzo (37). También se ha establecido relación del seis con la virginidad (50) y con la balanza.

Siete. — Orden completo, período, ciclo. Está compuesto por la unión del ternario y el cuaternario, por lo que se le atribuye excepcional valor (43). Corresponde a las siete direcciones del espacio (las seis existentes más el centro) (7). Corresponde a la estrella de siete puntas, a la conexión del cuadrado y el triángulo, por superposición de éste (cielo sobre la tierra) o por inscripción en su interior. Gama esencial de los sonidos, de los colores y de las esferas planetarias (55). Número de los planetas y sus deidades, de los pecados capitales y de sus oponentes (41). Corresponde a la cruz tridimensional (38). Símbolo del dolor (50).

Ocho. — Octonario, dos cuadrados u octógono (44). Forma central entre el cuadrado (orden terrestre) y el círculo (orden de la eternidad); por ello, símbolo de la regeneración. Por su figura tiene relación con las dos serpientes enlazadas del caduceo (equilibrio de fuerzas antagónicas; potencia espiritual equivalente a potencia natural) (55). También simboliza, por dicha causa formal, el eterno movimiento de la espiral de los cielos (doble línea sigmoidea, signo del infinito) (9). Por su sentido de regeneración fue en la Edad Media número emblemático de las aguas bautismales. Además, corresponde, en la mística cosmogónica medieval, al cielo de las estrellas fijas, que simboliza la superación de los influjos planetarios.

Nueve. — Triángulo del ternario. Triplicidad de lo triple. Imagen completa de los tres mundos. Límite de la serie antes de su retorno a la unidad (43). Para los hebreos, el nueve era el símbolo de la verdad, teniendo la característica de que multiplicado se reproduce a sí mismo (según la adición mística) (4). Número por excelencia de los ritos medicinales, por representar la triple síntesis, es decir, la ordenación de cada plano (corporal, intelectual, espiritual) (51).

Diez. — Retorno a la unidad según los sistemas decimales. Relacionado con el cuatro en la *Tetractys*, cuyo triángulo de puntos: cuatro, tres, dos, uno, suma diez. Símbolo de la realización espiritual, pero también puede expresar la unidad actuando como número par (ambivalencia) o al comienzo de una nueva serie total (44). En algunas doctrinas, la década simboliza la totalidad del universo, así metafísico como material, pues eleva a la unidad

todas las cosas (9). El diez fue llamado número de la perfección desde el
antiguo Oriente, a través de la escuela pitagórica, hasta san Jerónimo (50).
   Once. — Transición, exceso, peligro. Número del conflicto y del martirio (37). Según Schneider, tiene carácter infernal, por exponer desmesura
(exceso sobre el número de la perfección, diez) (50) y a la vez corresponde
como el dos a la mandorla de la montaña, al foco de inversión y de la antítesis, por ser uno más uno (como el dos, en cierto modo) (51).
   Doce. — Orden cósmico, salvación. Número de los signos zodiacales, modelo de las ordenaciones en dodecanario. Ligado a la idea de espacio y tiempo, a la de rueda o círculo.
   Trece. — Muerte y nacimiento, cambio y reanudación tras el final (37).
Por esto marcado característicamente con un valor adverso.
   Otros números. — El *catorce* es el número de la fusión y de la organización (37), también de la justicia y de la templanza (59); el *quince* tiene un
notable valor erótico y se relaciona también con el diablo (59). En los otros
que pudiéramos citar, hasta el *veintidós*, hay relación con el correspondiente
significado del arcano del Tarot de la misma cifra, o el sentido deriva de
la fusión de los componentes simples. Dos son las modalidades como pueden
fundirse los números; por adición mística; por ejemplo, 374 = 3 + 7 + 4 = 14
(= 1 + 4 = 5) o por sucesión, estableciendo que el número de la derecha expresa el resultado de la acción del anterior; así 21 expresa reducción de un
conflicto (dos) a la solución (unidad). También poseen significados por causas
ajenas al intrínseco simbolismo del número, derivadas de causas tradicionales; por ejemplo, el 24 es la cifra sagrada de la filosofía Sankya; el 50 aparece
con gran frecuencia en la mitología griega (expresando a lo que creemos
la potenciación de lo erótico y humano, que caracteriza el mito helénico),
pues cincuenta son las danaides, los argonautas, los hijos de Príamo, los de
Egipto, etc. La repetición de un número consolida su poder en lo cuantitativo, pero le resta dignidad en lo espiritual. En el Apocalipsis, 666 era el
número de la Bestia, por la inferioridad del seis respecto al siete (37). Cuando
en un número se conjugan diversas cualidades de sentido, su simbolismo
se acentúa y consolida. Así el 144 se consideraba muy favorable por sumar 9
(1 + 4 + 4) y componerse de múltiplos de 10 y de 4 y del propio cuaternario (37). En la *Divina Comedia*, Dante observó el simbolismo numérico (27).
La obra de Ludwig Paneth trata menos del sentido simbólico de los números que de la interpretación normal que el psicólogo debe darles cuando
aparecen en obsesiones o sueños de personas situadas en el nivel común.
Indicamos estas interpretaciones: *Uno*, aparece muy raramente, alude al estado paradisíaco anterior al bien y el mal o dualismo. *Dos*, equilibrio en
tensión, experiencia de lo escindido: problema, necesidad de análisis, par-
timiento, descomposición interior o lucha contra alguien. *Tres*, síntesis biológica, nacimiento del hijo, solución de un conflicto. *Cuatro*, la doble partición (dos y dos) ya no significa separar (dos) sino ordenar lo separado, por
ello este número simboliza el orden en el espacio y, por analogía, cualquier
otra organización estable. El griego Simónides ya había dicho: «Es difícil
llegar a ser un hombre superior, tetragonal de mano, de pie y de espíritu,
formando un todo perfecto». *Cinco*, número que aparece con frecuencia en
la naturaleza animada, por lo cual su eclosión triunfal corresponde a la primavera. El cinco caracteriza la plenitud orgánica de la vida frente a la
muerte rígida. Tiene sentido erótico. *Seis*, número especialmente ambiguo,
por lo general, como el dos, expresa dualismo (2 × 3 o bien 3 × 2). Tiene, sin
embargo, un sentido normativo como el cuatro, frente al sentido de liberación del cinco y el carácter místico (o conflictivo) del siete. *Siete*, como

todos los números primos, dato irreductible, expresión de un conflicto, de una unidad compleja (cuanto más elevado el número primo más grave es el complejo); puede tener relación con la luna ($7 \times 4 = 28$ días del mes lunar). *Diez*, en su aspecto gráfico (como 10) puede expresar el matrimonio. *Cero*, como multiplicador decimal eleva la potencia cuantitativa (en lo negativo) de un símbolo numérico. El exceso de ceros indica manía de grandezas.

Características generales de los números. — Distingue Paneth entre número aritmético y número simbólico diciendo que el primero no agrega condición ninguna al objeto que define sólo por la cantidad, mientras el segundo tiene un nexo interior con la cosa a la que se refiere, por una relación mística entre lo contado y el número. En aritmética, si se adicionan 1, 1 y 1 se tendrá el 3, pero no la triunidad. En simbolismo, el segundo y el tercer uno son intrínsecamente diferentes del primero, ya que siempre funcionan dentro de órdenes ternarios que establecen el primer término como elemento activo, el segundo como pasivo y el tercero como neutro o resultante. Ya Aristóteles habló de la «estructura cualitativa» del número en contraposición al carácter amorfo de la unidad aritmética. Respecto a los números elevados dice Paneth: «La multiplicación de un número acrecienta su poder; así el 25 y el 15 son símbolos de erotismo. Los números formados por dos cifras expresan una relación entre ellos, de izquierda a derecha. Por ejemplo, 23 = 2 (conflicto) 3 (resuelto)». Los números de más de dos cifras pueden descomponerse y analizarse simbólicamente de diferentes maneras. Así, por ejemplo, el 338 puede ser igual a 300 más 2×19 o bien 3, 3 y 8. El tres es un

AIRE

TIERRA

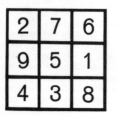

FUEGO

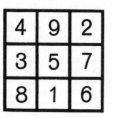

AGUA

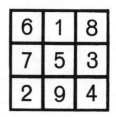

Numéricos, cuadros mágicos.

número sobre el que nunca se insistirá bastante, por su extraordinario dinamismo y riqueza simbólica. El valor resolutivo del tercer elemento, queremos indicar, puede tener un aspecto favorable, pero también adverso. Por ello aparecen en mitos y leyendas, constantemente, tres hermanos, tres pretendientes, tres pruebas, tres deseos (42). El elemento uno y el dos corresponden en cierto modo a lo que se tiene; el tercer elemento es la resolución mágica, milagrosa, que se desea, se pide y se espera. Pero este tercer elemento, como decíamos, puede ser negativo. Así como hay leyendas en que, donde fracasan el primero y el segundo (pasa a veces con seis, y vence el séptimo), triunfa el tercero, la inversión del símbolo produce el resultado contrario, es decir, que a dos datos favorables (que suelen ser crecientes), sucede un tercero destructor, o negativo. Por ejemplo, en los dones de los Reyes Magos al Niño Jesús, le ofrecen oro, incienso (positivos) y mirra (negativo). Casi todos los mitos o cuentos en que se citan tres cálices, tres cofres o tres habitaciones, el tercer elemento corresponde a la muerte, por la división asimétrica del ciclo vital; dos terceras partes son ascendentes (infancia-adolescencia, juventud-madurez), pero la última es descendente (vejez-muerte). Un cuento hebreo llamado *La verdadera felicidad* expresa con exactitud este símbolo del «tercer elemento». Lo transcribimos de Loeffler por su valor ejemplar: «Un campesino y su esposa, descontentos de su suerte, envidiaban a los habitantes de un palacio, de los cuales se representaban la existencia como continuación no interrumpida de delicias. Trabajando el campo, el hombre encontró tres cofres de hierro. En el primero, una inscripción decía: «Quien me abra se volverá rico». En el segundo se leía: «Si el oro te hace dichoso, ábreme». En el tercer cofre: «Quien me abre, pierde todo lo que posee». El primer cofre fue pronto abierto y con la plata que contenía, la pareja celebró enormes festines, compró espléndidos vestidos y esclavos. El contenido del segundo cofre permitió a los protagonistas descubrir el lujo de los refinamientos estéticos. Pero a la apertura del tercero, una terrible tempestad destruyó la totalidad de sus bienes» (38). Este simbolismo tiene relación con el del ciclo anual asimétrico (primavera-verano-otoño contra invierno) y con todos los símbolos de «lo superior», siempre peligroso. Finalmente, en lo que respecta al simbolismo de los números, existen también interpretaciones visuales, que se derivan de la figura de las cifras, pero constituyen una especialización no siempre fundamentada.

Numismáticos

Las monedas, desde la Antigüedad, pero perdiéndose progresivamente con el paso del tiempo, en especial desde el final de la Edad Media, tuvieron cierto sentido talismánico, como expresión que eran del poder de una ciudad, de un rey, de un magistrado. Símbolos, signos, alegorías y personificaciones aparecen en ellas, claramente determinados por el espíritu de la cultura a que pertenecen las acuñaciones de que se trate. En las monedas griegas son frecuentes cruces esvásticas, trípodes, tridentes, laberintos, carros, caballos alados, rosas, tortugas, águilas, grifos, escudos, coronas, toros, cuernos de la abundancia, etc. En las romanas, trofeos militares, signos de las legiones, proas de navíos, cabezas de deidades en especial la bifronte de Jano, águilas, coronas votivas, carros, templos, etc. Nótese que, en monedas de Luceria (Apulia), de los siglos V-II antes de Jesucristo, aparecen símbolos geométricos como óvalos, triángulos, series de botones, junto a rayos de Júpiter, pero también la cruz potenzada que más tarde figuraría en el escudo cristiano de Jerusalén. Las monedas medievales propiamente dichas aparecen con la cultura carolingia y presentan: cruces, anagramas, triples recintos, templos muy esquemáticos. Las monedas bizantinas muestran sobre todo rostros de emperadores, figuras del Señor, la Virgen y santos, pero también cruces y escaleras esquemáticas. La moneda medieval occidental tiene un amplio registro de motivos: cruces de muchas formas, triples recintos, rosas, lises, coronas, ángeles, caballeros armados, espadas, manos bendicientes, castillos y templos, leones, águilas, etc. Algunos reversos son verdaderos mandalas por su confrontación de recintos lobulados, círculos y cruces. Desde el Renacimiento, la moneda, ya profanizada, ofrece el tipo usual, derivado del imperial romano, con rostros de monarcas en el anverso y escudos heráldicos en el reverso, aunque aún se mantiene la fantasía en muchos tipos, con frecuente trasfondo simbólico, apareciendo «salvajes», símbolos solares, temas religiosos, alquímicos, etc. Las monedas islámicas suelen basarse en la caligrafía, pero a veces muestran estrellas, figuras y conjunciones del cuadrado y el círculo. Un tema numismático más alegórico que propiamente simbólico, pero de gran belleza es el de las piezas de oro medievales, con el rey en pie, espada en mano, en una nave. No se ha escrito, que sepamos, una historia de la motívica numismática a través de la geografía y la cronología.

Numismáticos. Triple recinto, cruces, castillo y corona en monedas medievales.

O

Obelisco

Símbolo del rayo solar, por su forma. Por su materia se integra en el simbolismo general de la piedra. Se halla relacionado con los mitos de la ascensión solar y la luz como «espíritu penetrante», a causa de su posición erecta y de la punta piramidal en que remata.

Objeto

El simbolismo del objeto depende de su naturaleza. Pero, en términos generales, todo objeto constituye una construcción material en la que aparecen constelizados específicos contenidos inconscientes (31). El hecho de que estos contenidos olvidados o reprimidos aparezcan traspasados a un nuevo medio — el objeto — permite al espíritu recibirlos en una forma distinta de la original. Los utensilios, especialmente, encierran una fuerza mística que amplifica el ritmo y la intensidad de la volición humana. Por ello, según Schneider, tales instrumentos cumplen un papel triple: son instrumentos culturales, útiles de trabajo, y reflejos del alma musical del universo. El vaso para beber, por ejemplo, es vaso para el sacrificio y tambor. El soplete es flauta y pito mágico, etc. (50). Estas ideas que se refieren al sentimiento primitivo del objeto, han sido reactivadas por algunos movimientos estéticos del presente, en especial por el dadaísmo y el surrealismo. Al exponer objetos de uso vulgar, como si fueran obras de arte, Marcel Duchamp los desplazaba de su mera función utilitaria (la única que poseen para el razonamiento occidental) y los mostraba a la luz de su esencia, sólo delatada en la inutilidad (liberación del servicio). Era posible ver, por ejemplo, en un portabotellas la misma estructura mística que determina las agujas góticas en forma de jaula, o la de las lámparas islámicas de las mezquitas, con sus múltiples aros decrecientes, relacionando todo ello con la pirámide hueca primitiva, símbolo de conjunción de la tierra (y la madre) y el fuego (y el espíritu), montaña artificial y templo geométrico. La forma desempeña un papel esencial determinando el simbolismo del objeto; así todos los que presentan una estructura de doble campana, la superior invertida, como el tambor doble o el reloj de arena, se emparentan con el símbolo gráfico correlativo, la letra X o la cruz de san Andrés, signo de la comunicación de los dos mundos: superior e inferior. Los objetos de forma y función simple suelen corresponder al grupo activo o al pasivo, tener figura de contenido o de continente; por ejemplo, la lanza, hecha para penetrar; y la copa, cuya misión sólo puede ser la de recibir. La asimilación de estos grupos de objetos a las determinaciones sexuales de lo masculino y lo femenino es obvia, pero significa una gravísima mutilación del significado limitar a tal paralelismo el sentido simbólico de un objeto dado. La conjunción de ambos principios en un objeto complejo, y más si está dotado de movimiento, como las máquinas, permite llevar la correlación sexual antedicha al grado de un lingam profanizado. Los «objetos de funcionamiento simbólico» de los surrealistas no eran sino la puesta en práctica de esta realidad de alusión, incrementada por el carácter fetichista de los objetos utilizados en las composiciones. Lautréamont fue quien, en *Les Chants de Maldoror*, percibió agudamente este desplazamiento simbólico de los objetos hacia su clasificación genérica, al decir: «bello como el encuentro fortuito de un paraguas y una máquina de coser sobre una mesa de disección». Como siempre, el simbolismo de una integración así puede traducirse a un plano cósmico o al plano existencial y sexual. En este último, el paraguas sería la mera representación del falo; la máquina, del cteis; la mesa de disección, una figuración del lecho. En el plano cósmico, el paraguas es la serpiente cósmica; la máquina de coser es el jaguar; la mesa es el universo. De otro lado, los objetos poseen un sentido por su procedencia; los objetos caídos del cielo, como aerolitos, meteoritos, participan de la sacralidad uránica y constituyen un símbolo del poder de los dioses celestes (17). Los objetos submarinos, en cambio, tienen una calidad viscosa y abismática que los irracionaliza y torna aptos para expresar todo lo inferior e inconsciente. Los objetos sacros lo son en virtud de asociaciones, como atributos o emblemas, o por razones de origen. Tales el legendario de Troya, los escudos salios de Roma, el arca de la alianza hebrea, etc. (28). Volviendo a un sentido de máxima generalización, al margen de su simbolismo específico, derivado de su forma, función, carácter, origen, color, etc., los objetos, en sí, son siempre símbolos del mundo, es decir, expresiones particulares de un orden material, que expone tanto la irracionalidad ciega de lo continuo, como la organización estructural que los define como objetos contrapuestos al sujeto. El carácter parcial de los simbolismos así expresados fue intuido desde la Antigüedad y por esta razón, en determinados objetos destinados a concentrar grandes poderes simbólicos se procuró combinar y yuxtaponer diversas materias, por lo general nobles, pero en algunas ocasiones extrañas y aun innobles, tal como acontecía en la alquimia con la preparación de la «primera materia». Se buscaba dotar al objeto de todos los poderes inherentes a los distintos planos de la realidad cósmica. Un ejemplo de objeto complejo de este tipo lo tenemos en la espada que se cita en la *Quête du St. Graal*. Su pomo era de una piedra preciosa multicolor, cada uno de cuyos matices poseía una virtud particular. La empuñadura estaba hecha con huesos de animales extraños. Hemos de indicar, finalmente, que una teoría elaborada de las correspondencias podría establecer organizaciones seriales de los objetos y encontrar una adaptación de su «carácter» a los principios que rigen los dos modelos esenciales de serialidad universal: el del siete, o modelo planetario; y el del doce, o modelo zodiacal.

Objetos maravillosos

Objetos maravillosos por su rareza, belleza, esplendor, cualidades mágicas o milagrosas aparecen con frecuencia en mitos, leyendas, cuentos folklóricos y libros de caballería. Son armas invencibles, talismanes, pero también meras obras de arte que hacen dichoso a su poseedor. Con todo, los «objetos maravillosos» por excelencia son las reliquias o los símbolos ancestrales que han podido, a veces, identificarse con alguna de ellas: el Graal, la lanza que sangra, el caldero céltico, etc. En ocasiones, el objeto maravilloso es motivo de una «prueba» simbólica, como la de la espada rota cuya soldadura se propone en las leyendas de la Tabla Redonda.

Oca

Como el pato, ganso o cisne, es un animal benéfico asociado a la Gran Madre y al «descenso a los infiernos». Aparece con gran frecuencia en los cuentos folklóricos (*Ma mère l'oie*, cuentos de Grimm, etc.). Se relaciona con el destino, como lo probaría el «juego de la oca» que es una derivación profana, espacial y temporal, del símbolo, representando los peligros y fortunas de la existencia, antes del retorno al seno materno.

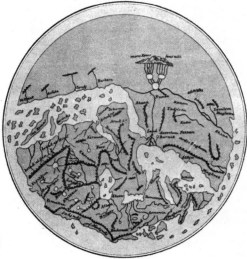

Océano. Carta geográfica de Abu-Abdallah, Al-Edrisi (1154).

Océano

Según Piobb, si en las concepciones griega y romana el océano rodeaba la tierra, era para representar gráficamente la corriente energética que induce el globo terrestre (48). En el océano, la movilidad perpetua y el carácter informe de las aguas son los dos aspectos esenciales, aparte de la grandiosidad. Por esto, el océano simboliza fuerzas en dinamismo, modalidades transicionales entre lo estable (sólido) y lo no formado (aéreo o gaseoso). En su totalidad, frente a la gota, el océano es un símbolo de la vida universal frente a la particular (38). Se le considera tradicionalmente como origen de toda generación (57); la ciencia confirma que la vida comenzó en el mar (3). Zimmer señala que el océano es «la ilógica inmensa», una vasta expansión que se sueña a sí misma y que duerme en su propia realidad, pero que, sin embargo, contiene los gérmenes de los contrarios. La isla es el oponente del océano, el punto de fuerza metafísico (60). Conforme al simbolismo general de las aguas, dulces o saladas, el océano simboliza el conjunto de todas las posibilidades contenidas en un plano existencial. Del aspecto se puede deducir el carácter positivo (germinal) o negativo (destructor) de tales posibilidades (26). Por ello, el océano expresa una situación ambivalente; como creador de monstruos es la perfecta morada abisal, la fuente caótica de donde aún emerge lo inferior, lo no capacitado para la vida en sus formas aéreas y superiores. Por esta razón, los monstruos marinos exponen una situación cósmica o psicológica de estrato más bajo a la de los monstruos terrestres; por esta causa las sirenas y tritones aluden a una infraanimalidad. El carácter destructor del agua salada para las formas superiores de vida terrestre, la convierte también en símbolo de esterilidad. Esto ratifica el carácter ambivalente del océano, su dinamismo contradictorio (32). También aparece el océano simbolizando la mujer, la madre —en su fase benévola o terrible— (56). Al respecto, Frobenius, en *Das Zeitalter des Sonnengottes*, dice: «Si se interpreta la sangrienta salida del sol como el nacimiento de este astro, surgen dos cuestiones: ¿Quién es el padre? ¿Cómo quedó embarazada la mujer? Y como ella y el pez simbolizan el mar — puesto que partimos de la suposición de que el sol se hunde en el mar y asimismo nace de él—, la contestación es que el mar devoró antes el viejo sol y si aparece ahora un «sol nuevo» es porque fue fecundado. Coincide esto con el símbolo de Isis, cuyo doble cuerno lunar envuelve al sol». Este surgir y desaparecer solar en el seno oceánico confirma la significación de las «aguas inferiores» como abismo del que las formas nacen y desenvuelven sus posibilidades existenciales. Así, el océano es asimilado también al inconsciente colectivo, del cual surge el sol del espíritu (32). Como imagen poética, o como sueño, el mar tempestuoso es un signo de análoga situación en el magma patético inconsciente. La transparencia, en cambio, expone una situación de serenidad contemplativa.

Octógono

Los ornamentos, construcciones arquitectónicas, composiciones diversas basadas en el octógono (en forma o en planta si se trata de edificio o de estructura cual baptisterio, fuente, etc.) simbolizan la regeneración espiritual por ir el ocho unido a esta idea como intermediario entre el cuadrado y el círculo. Así no es de extrañar que la mayoría de baptisterios tengan precisamente forma octogonal. Con todo, el doce es usado a veces en pilas bautismales (número de facetas del medio poliedro) por ser un símbolo de totalidad.

Odre

Atributo de los sátiros y de Sileno. Los griegos empleaban la frase «desatar el pie del odre», para referirse al goce de los placeres venusinos (8). La expresión ya diseña la figura de un lingam, por la conjunción de un elemento fálico (pie) y de un recipiente. El cristianismo mantuvo este significado, pero asociándolo a la idea de pecado, con lo cual el odre pasó más bien a simbolizar la mente perversa, la conciencia lastrada. Pinedo señala que el odre llevado por algún personaje de las representaciones románicas, cual en la Puerta Speciosa del santuario de Estíbaliz, tiene ese sentido concreto y al propósito cita: «El tiene recogidas las aguas del mar como en un odre y puestos en depósito los abismos» (Sal 33 [32], 7) (46). Análogo sentido simbólico tienen la mochila, el zurrón e incluso la cornamusa y la ampolla de los bufones — aun cuando en éstos, por el carácter sacrificial del personaje, se refiere a las culpas de los demás.

Ogro

El origen de este personaje, que aparece con frecuencia en leyendas y cuentos folklóricos, se remonta a Saturno, que devoraba a sus hijos a medida que Cibeles los traía al mundo (38). Si lo central, en el mito saturniano, es que la destrucción es la consecuencia inevitable de la creación, por producirse ésta en el seno del tiempo, el ogro parece mejor una personificación del «padre terrible» que del tiempo. Henri Dontenville hace derivar el nombre de este ser de la definición del poeta latino Ennius: *Pluto latine est Dis Pater alii Orcum Vocant.* Orco, dios de la mansión subterránea, como su madre Orca. Ambos seres presentan el rasgo saturniano de devorar niños pequeños (16). Indudablemente, estas leyendas están entroncadas también con antiguos mitos basados en los aspectos más salvajes de la prehumanidad y, como otras, desempeñan la función catártica de advertencia.

Ojancanu

Nombre dado al cíclope en el folklore hispánico del norte de la península. Según Caro Baroja, se considera a este personaje como un gigante de pelo rojo (satánico), alto y grueso, dotado de un solo ojo brillante y maligno. Si dos ojos expresan la normalidad y tres (como en Shiva) la sobrehumanidad, el único ojo alude claramente a lo inferior. El mito del cíclope, con variantes, aparece en los pueblos de Europa y del Asia Menor, pero no se conoce hacia Oriente (10). Es un símbolo de las fuerzas malignas y destructoras del hombre en su aspecto primario o regresivo.

Ojo

La expresión de Plotino: que el ojo no podría ver el sol si no fuese en cierto modo un sol, expone el fondo y la esencia de la cuestión. Siendo el sol foco de la luz y ésta símbolo de la inteligencia y del espíritu, el acto de ver expresa una correspondencia a la acción espiritual y simboliza, en consecuencia, el comprender. Por ello el «ojo divino», llamado entre los egipcios, como signo determinativo, *Ouadza*, simboliza «al que alimenta el fuego sagrado o la inteligencia en el hombre» (28), es decir, a Osiris. Es muy curiosa la concepción analítica egipcia del ojo o, mejor, del círculo del iris centrado por la pupila, como «sol en la boca» (verbo creador) (8). El pintor surrealista belga René Magritte pintó esa analogía del sol y del ojo en uno de sus cuadros más alucinantes. La posesión de dos ojos expresa la normalidad física y su equivalente espiritual; por ello el tercer ojo es símbolo de sobrehumanidad o divinidad. En el caso del ojo único, su significado es ambivalente; por ser menos que dos (normalidad) expresa infrahumanidad, pero por su posición en la frente, encima del lugar dispuesto por la naturaleza, parece aludir a poderes extrahumanos, que realmente — mitológicamente — concurren en el cíclope. De otro lado, el ojo frontal va unido a la idea de destrucción, por razones obvias si es único, pero por también cuando aparece como tercer ojo, cual es el caso de Shiva. Esto concierne a una de las facetas del simbolismo del tres que sí puede expresar: activo, pasivo, neutro, también concierne a: creación, conservación, destrucción. Los ojos heterotópicos, es decir, desplazados de su lugar anatómico y trasladados a diversas partes del cuerpo en figuraciones fantásticas, angélicas o deidades: manos, alas, torso, brazos, distintos lugares de la cabeza, etc., aluden al correlato espiritual de la visión, es decir, a la clarividencia. Puestos en la mano, por ejemplo, asócianse al simbolismo de ésta y expresan, en consecuencia, acción clarividente. La extrema multiplicidad de ojos tiene dos aspectos que conviene no olvidar. Alude a la noche, con sus miríadas de estrellas y entenebrece, pues, paradójicamente al poseedor de tantos ojos. Además, ratificando este hecho, se debe recordar que, en la doctrina simbolista, multiplicidad es siempre signo de inferioridad.

Son estas ambivalencias muy frecuentes en el mundo del inconsciente y de sus emanaciones imagísticas. El caso del pastor Argos, que con sus múltiples ojos no puede evitar la muerte, es aleccionador al respecto. El Adversario (Satán, en hebreo) ha sido representado de muy diferentes maneras, alguna en relación con el tema de que tratamos aquí. Un Tarot del Gabinete de Estampas de París (Kh. 34 d.) lo figura como un Argos con multitud de ojos repartidos por todo el cuerpo. Esta expresión simbólica coincide con otra frecuente en las representaciones de demonios, que consiste en transformar en rostros las partes del cuerpo que poseen cierta autonomía de carácter, pudiéramos decir, o que corresponden a funciones muy precisas. La multiplicidad de rostros y de ojos alude a la descomposición, a la disolución psíquica que es, en su raíz, la idea de lo demoníaco (desgarramiento) contrapuesta a la voluntad mística de integración en lo Uno (59).

Ojo frontal

El «tercer ojo» u ojo frontal es, en realidad, el representado en el interior del triángulo en ciertos emblemas de la deidad. Simboliza la penetración en todo, la omnipresencia, la imposibilidad de estar fuera de su campo de acción y de visión.

Olas

En China se las considera morada de los dragones y símbolo de la pureza (5). Esta diversidad, en apariencia contradictoria, se debe a que se toman significados de dos aspectos distintos de la misma forma oceánica: por el ritmo ondulante, las olas se relacionan con los dragones; por la espuma blanca, con la pureza. No hay aquí ambitendencia, sino yuxtaposición.

Olivo

Símbolo de la paz, consagrado a Júpiter y Minerva por los romanos. Mantiene el mismo significado en muchos otros pueblos de Oriente y Europa (8).

Ondinas

Son un símbolo equivalente e inverso al de las sirenas; en éstas, la parte marina de su cuerpo alude a la relación de las aguas (y de la luna) con la mujer; en las ondinas se simboliza lo femenino de las aguas, su peligro. Señala Krappe que las ondinas suelen tener carácter maléfico porque representan el lado traidor de ríos, lagos y torrentes.

Onfalo

Pausanias (X, 16, 2) dice: «Lo que los habitantes de Delfos llaman *omphalós* es de piedra blanca y se considera que está en el centro de la tierra, y Píndaro, en una de sus odas, confirma esta opinión». Es, pues, uno de los numerosos símbolos del «centro» cósmico, donde se produce la comunicación entre el mundo de los hombres, el de los muertos y el de los dioses (17). W. H. Roscher en una obra titulada *Omphalós* (1913), según indica René Guénon, reunió una cantidad considerable de documentos que prueban la existencia de este símbolo en los más diversos pueblos. Su colocación en un determinado lugar sacralizaba éste y lo transformaba en un entorno del «centro del mundo». La imagen material del *omphalós* (ombligo) consistía en la piedra llamada betilo, que solía tener la forma de una pilastra. Se apunta que los menhires pudieran tener igual significado. También podía ser representada por una piedra ovoide. En algunas imágenes griegas, ésta aparece rodeada por una serpiente. Vemos en estas posibilidades los tanteos de sexualizar el principio cósmico: por asimilación al factor masculino y activo (pilastra), al femenino (huevo del mundo) o al *lingam* (huevo rodeado por una serpiente). Ideas más abstractas y espiritualmente superiores, para la representación del «centro» (a la vez cósmico, temporal y espacial, físico y metafísico), las hallamos en China como el agujero del disco de jade *Pi*, que identifica el centro con el no ser de la nada mística, y como la pirámide cuadrangular que se alzaba en el centro de cada dominio feudal, correspondiendo cada cara a un punto cardinal y el vértice al centro. También en Irlanda se conocieron estas pirámides, según J. Loth en *Brehon Laws* (28).

Oquedad

Es el aspecto abstracto de la caverna, la inversión de la montaña. Muchos significados simbólicos se superponen en la oquedad, como morada de los muertos, del recuerdo, del pasado, aludiendo también a la madre y al inconsciente (15) por la conexión que liga todos estos elementos.

Orgía

La celebración de orgías, con sus notas características: embriaguez, desenfreno sexual, excesos de todo género y ocasional trasvestismo, corresponde siempre a un «llamamiento al caos», producido por un cansancio de la voluntad a la sumisión ordinaria frente a lo normativo. Por ello, la orgía es un equivalente cosmogónico — señala Eliade — del Caos o de la plenitud final, y también del instante eterno, de la no duración. Las fiestas saturnales romanas, de origen prehistórico, el Carnaval, son expresiones de la necesidad orgíaca. Durante esas fiestas exasperadas se tiende a la «confusión de las formas» por la inversión del orden social, la coincidencia de contrarios, el desencadenamiento de las pasiones incluso en su aspecto destructor. Todos estos medios lo son menos de obtener placer que de facilitar la disolución del mundo, la ruptura temporal — que durante ese período se supone definitiva — del principio de realidad y la restauración correlativa del *illud tempus* primigenio (17).

Orientación

En el islam, la orientación es la materialización de la intención. Siendo Oriente el lugar de salida del sol, simboliza la iluminación y la fuente de la vida; volverse hacia el este es dirigirse espiritualmente hacia ese foco de luz espiritual. La orientación forma parte de muchísimos ritos y ceremonias universales, especialmente de los de fundación de templos y ciudades. La orientación de los antiguos templos grecolatinos y de las iglesias medievales débese a la misma idea (28). Sin embargo, no todas las orientaciones místicas toman el este como punto principal de referencia. En la geografía del cielo hay otro lugar, símbolo del «agujero» del espacio y del tiempo y del «motor inmóvil», que es la estrella polar. Los etruscos situaban en el norte la morada de los dioses; por ello, los adivinos, para hablar, se volvían hacia el sur, es decir, adoptaban la situación ideal del dios (7). Situarse hacia el norte es interrogar. Situarse hacia el oeste, prepararse para morir, porque en Occidente termina la carrera del sol entre las aguas. La orientación interviene poderosamente, con la noción del espacio como conjunto tridimensional, para la organización del espacio y de su simbolismo. Ya la misma anatomía humana, con su esquema en cierto modo rectangular, simétrico bilateral, pero no indiferente, al marcar un delante y atrás, sitúa dos focos ideales enfrente y en lo correlativo posterior. La posición natural de los dos hombres y brazos completa el esquema cuadrangular que, en una interpretación cerradamente antropológica y empírica del saber simbólico, nos daría acaso la clase de la idea original de la orientación cuaternaria en la superficie, pero septenaria en lo tridimensional (norte, sur, este, oeste, cenit, nadir, centro). En estrecha relación, asimismo, con el significado de los puntos cardinales y de la orientación, están los gestos y movimientos del cuerpo, como expresiones de la voluntad dirigida a un término u otro. Todas las actitudes de concentración señalan la internalización del centro en el corazón.

Orina

Según Evola, su nombre proviene de *ur* (fuego en caldeo). La frase *Ur Inferioris Naturae* alude, pues, al fuego de la «naturaleza inferior», es decir, no sólo en fuerza sino en virtud. De ahí su empleo por los alquimistas.

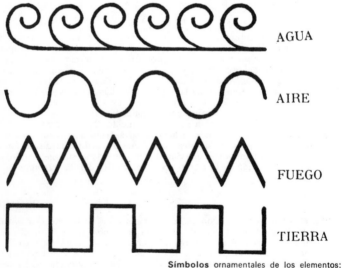

AGUA

AIRE

FUEGO

TIERRA

Símbolos ornamentales de los elementos: agua, aire, fuego y tierra.

Ornamentación

Símbolo de la actividad cósmica, del despliegue espacial y de la «salida del caos», expresado éste por la materia ciega (13). En sus grados, en su progresiva sumisión al orden, significa las etapas progresivas de esta evolución universal. Los principales elementos de ornamentación: espiral, sigma, cruz, olas, zigzag, se estudian en su simbolismo separadamente; algunos de sus principios corresponden al simbolismo gráfico y espacial. Desde el punto de vista negativo, el arte ornamental es el antifigurativo, sobre todo en su versión geométrica o en la estilización de vegetales. «Guardaos de representar sea al Señor, sea al hombre, y no pintéis más que árboles, flores y objetos inanimados» (Mahoma, *Hadith*, tradiciones orales). Por ello, para el musulmán, el arte es un soporte para la meditación, una suerte de mandala indefinido e inacabable, abierto hacia el infinito; una forma de lenguaje, un sistema de signos espirituales, una escritura, pero nunca un reflejo del mundo existencial. El material esencial del ornamentalismo islámico — que podemos considerar como uno de los más prototípicos — lo constituyen: entrelazados, follajes, polígonos, arabescos, epígrafes, las veintiocho letras del alfabeto, cinco o seis flores estilizadas (jacinto, tulipa, eglantina, flor de melocotonero, etc.), algunos animales fabulosos y los siete esmaltes del blasón. Los esquemas se combinan en una vasta red simbólica, similar a la polifonía musical y a la tendencia a una melodía infinita (6). En el ornamentalismo figurativo, como por ejemplo el del románico, cada ser representado posee su sentido propio y su organización constituye una verdadera sintaxis simbólica.

Ornamentación. Relieve de la sala de la Barca.
Detalle. La Alhambra.

Oro

Según la doctrina hindú, el oro es la «luz mineral». Según Guénon, la palabra latina *aurum* (oro) es igual a la hebrea *aôr* (luz) (26). Jung transcribe la bella explicación del alquimista Michel Majer, en *De Circulo Physico cuadrato*, para el cual, a consecuencia de los millones de rotaciones en torno a la tierra (o inversamente), el sol ha hilado el oro en ella. El oro es la imagen de la luz solar y por consiguiente de la inteligencia divina. El corazón es la imagen del sol en el hombre, como el oro lo es en la tierra (32). Consecuentemente, el oro simboliza todo lo superior, la glorificación o «cuarto estado», después del negro (culpa, penitencia), blanco (perdón, inocencia), rojo (sublimación, pasión). Todo lo que es de oro o se hace de oro pretende transmitir a su utilidad o función esa cualidad superior. Crisaor, la mágica espada de oro, simboliza la perfecta decisión espiritual. El oro constituye también el elemento esencial del simbolismo del tesoro escondido o difícil de encontrar, imagen de los bienes espirituales y de la iluminación suprema.

Orquesta

Símbolo de un conjunto en actividad. En semejante sentido puede decir Schneider, cuando la orquesta alta y la orquesta baja (el cielo y la tierra) tocan el contrapunto cósmico, las dos voces antitéticas discantan. Cuando, por el contrario, una impone su ritmo a la otra, esa voz «encanta» a su oponente (50).

Oscuridad

Identificada con la materia, con lo maternal y germinal; es anterior a la diferenciación de lo concreto (9). El dualismo luz-tinieblas no aparece como formulación de un simbolismo moral hasta que la oscuridad primordial se ha dividido en luminosidad y sombras. Así, el concepto puro de dicha oscuridad no se identifica tradicionalmente con lo tenebroso; contrariamente, sí corresponde al caos primigenio. Tiene también relación con la nada mística; por ello, el lenguaje hermético es un *obscurium per obscurius*, vía de adentramiento hacia los orígenes. Según Guénon, la luz es el principio de la diferenciación y de la ordenación jerárquica. Las tinieblas — anteriores al *fiat lux* — expresan siempre, en el simbolismo tradicional, el estado de las potencias no desenvueltas que dan lugar al caos (29). Por ello, la oscuridad proyectada en el mundo ulterior a la aparición de la luz es regresiva; por ello se identifica tradicionalmente con el principio del mal y con las fuerzas inferiores no sublimadas.

Oso

En alquimia corresponde a la *nigredo* de la primera materia: por ello concierne a todas las etapas iniciales, a lo instintivo. Así, se ha considerado como símbolo del aspecto peligroso del inconsciente (32) o como atributo del hombre cruel y primitivo.

Ouroboros

Este símbolo, que aparece principalmente entre los gnósticos, es un dragón o serpiente que se muerde la cola. En el sentido más general, simboliza el tiempo y la continuidad de la vida (57). En sus representaciones lleva por complemento una inscripción que dice: *Hen to pan* (el Uno, el Todo). Así aparece en el *Codex Marcianus* del siglo II después de Jesucristo. Ha sido interpretado también como la unión del principio ctónico de la serpiente y el principio celeste del pájaro (síntesis que puede aplicarse al dragón). Según Ruland, ello lo define como variante simbólica de Mercurio, el dios *duplex*. En algunas representaciones, la mitad del cuerpo del animal es clara y la otra oscura, aludiendo a la contraposición sucesiva de principios, cual en el símbolo chino del *Yang-Yin* (32). Según Evola, es la disolución de los cuerpos: la serpiente universal que, según los gnósticos, «camina a través de todas las cosas». Veneno, víbora, disolvente universal, son símbolos de lo indiferenciado, del «principio invariante» o común que pasa entre las cosas y las liga. El dragón, como el toro, luchan contra el héroe solar. Según E. Neuman, en sus estudios sobre el simbolismo matriarcal, el símbolo primordial de la creación del mundo es la serpiente que se muerde la cola, acto que significa la autofecundación. En un manuscrito veneciano de alquimia vemos la serpiente Ouroboros con la mitad de color negro (símbolo de la tierra) y la otra mitad blanca y moteada de puntos que representan estrellas (cielo), lo cual ratifica ese carácter de *coniunctio* y hierogamia. Señala el doctor Sarró, en su artículo «El mito de la serpiente Ouroboros y el simbolismo letamendiano del organismo», que este mito se refiere a la idea de una naturaleza capaz de renovarse a sí misma cíclica y constantemente, según Nietzsche en *El eterno retorno*.

Ovíparos

En la India, los pájaros, reptiles y todos los ovíparos recibían el apelativo de «dos veces nacido», deduciéndose de ahí el siguiente sentido simbólico: la puesta del huevo equivale al nacimiento del hombre; su ruptura, al segundo nacimiento o iniciación (18).

P

Padre

La imagen del padre, asociada íntimamente a la del principio masculino, corresponde a lo consciente, por contraposición al sentido maternal del inconsciente. Es representado simbólicamente por los elementos aire y fuego. También por el cielo, la luz, los rayos y las armas (56). Así como el heroísmo es la actitud espiritual propia del hijo, el dominio es la potestad del padre (17). Por ello, éste representa el mundo de los mandamientos y prohibiciones morales, que pone obstáculos a la instintividad (31) y a la subversión, por expresar también el origen.

Paisaje

Partiendo de un punto de vista deductivo, el paisaje, todo paisaje, puede ser concebido como la mundificación de un complejo dinámico originariamente inespacial. Fuerzas internas liberadas se despliegan en formas que revelan por sí mismas el orden cualitativo y cuantitativo de las tensiones. Una cresta montañosa es un gráfico. Podemos considerar como ejemplo de lo expuesto los paisajes que aparecen en los sueños. Aparte del fenómeno de recuerdo, reminiscencia o asociación compleja de percepciones distintas, los paisajes y lugares que se ven en los sueños no son ni arbitrarios e indeterminados, ni objetivos: son simbólicos, es decir, surgen para explicar momentos en que determinadas influencias distintas se superponen en grado variable de mezcla y combinación. El paisaje así constituido tiene una existencia fantasma sostenida solamente por la verdad, duración e intensidad del sentimiento causante. La forma, exactamente igual de lo que acontece en morfología física, es el diagrama de la fuerza. Ahora bien, lo dicho para el paisaje soñado vale para el paisaje visto cuando es elegido, es decir, cuando una interpretación automática e inconsciente nos revela una afinidad que nos hace detenernos en él, buscarlo, volver repetidamente. Se trata entonces, no de una creación mental, pero sí de una analogía que determina la adopción del paisaje por el espíritu, en virtud de las cualidades que posee por sí mismo y que son las mismas del sujeto. El subjetivismo concierne sólo a la elección. La intelección del significado de un paisaje es ya plenamente objetiva, como lo son los valores simbólicos de los colores o de los números. Ya los chinos presintieron esto con extraordinaria claridad. Luc Benoist nos dice que el arte chino ha dado siempre más importancia al paisaje que al hombre (como figura) y al macrocosmo que al microcosmo. «Si el hombre superior ama el paisaje — dice Kouo-hi —, ¿cuál es la razón? Las colinas y los jardines son lugares que siempre frecuentará el que busca cultivar su naturaleza original; las fuentes y rocas dan una alegría constante al que se pasea silbando...» (6). Ya la doctrina tradicional precisó que los diferentes

Paisaje. «Paso de la laguna Estigia», por Patinir. Detalle.

mundos (o lugares) no son en realidad sino estados diferentes. De ahí que los «lugares elegidos» sean la imagen-coyuntura que en ellos se desenvuelve. El «lugar de cita», cuando es auténtico y no arbitrario ni ocasional, es una transposición al espacio y la topografía de lo que allí se reúne o realiza (26). Por revolucionarias que parezcan afirmaciones semejantes, se hallan confirmadas por la Psicología de la Forma y el isomorfismo, que no distinguen entre procesos formales psíquicos y físicos sino externamente. En convergencia también con lo expuesto, Mircea Eliade dice: «De hecho, el hombre no elige nunca el lugar; se limita a "descubrirlo"... Uno de los procedimientos para descubrir los emplazamientos es la orientación» (17). Ahora bien, para la comprensión del sentido simbólico de un paisaje hay que leer en él: lo dominante y lo accesorio, el carácter general, el carácter de sus elementos. Cuando una expresión cósmica domina, lo unifica todo y es el elemento el que habla más que el paisaje; por ejemplo: el mar, los desiertos, las llanuras heladas, la cumbre de una montaña, las nubes y el cielo. Cuando hay equilibrio y variedad de factores es cuando la necesidad de interpretación es mayor. Debe buscarse entonces: el orden espacial del paisaje dentro de una demarcación que lo limite y particularice, estructurándolo a manera de una construcción, u obra de arte. Por simbolismo espacial entendemos: simbolismo del nivel, es decir, distribución de las zonas en nivel normal, inferior y superior; y simbolismo de la orientación; o sea, posición de los accidentes respecto a los dos ejes norte-sur y este-oeste. En segundo lugar hay que tener en cuenta la forma, el sentido de la configuración, sinuosa o quebrada, abrupta o llana, blanda o dura. Después, los valores de posición de la zona elegida respecto a la general o circundante; si es inferior o más alta, abierta o cerrada. Finalmente, los elementos naturales y artificiales que concurran y su ordenación: árboles, arbustos, plantas, lagos, fuentes, pozos, rocas, arenas, casas, escaleras, bancos, cavernas, jardines, vallas, puertas. También el color dominante o los colores en contraste tienen importancia. Y el sentimiento general de fecundidad o infecundidad, de claridad o tenebrosidad, de orden o desorden. Los caminos y las encrucijadas tienen interés predominante; lo mismo las corrientes de agua. Respecto al sentido objetivo de todos los factores enumerados hay mucho que decir, si bien lo correspondiente a los elementos más importantes constituye materia que se trata por separado, así el simbolismo del nivel. Lo abrupto indica primitividad y regresión; lo liso, final apocalíptico, anhelo de dominio y muerte. La tradición persa señala que, al fin del mundo, cuando Ahrimán sea vencido para siempre, las montañas se aplanarán y toda la tierra será una gran llanura. En Israel y Francia aparecen ideas similares (35). No sería difícil descubrir en la historia de la arquitectura y el urbanismo la aplicación empírica e inconsciente de dichos principios. Hay, por lo demás, factores de paisaje que tienen un brillo simbólico, aunque su intelección resulte muy difícil. Por nuestra parte, siempre creímos advertir un hondísimo misterio en la siguiente descripción de la *Commedia* de Dante: «Alrededor de esa pequeña isla, en su parte inferior, y donde más azota el agua, se crían juncos sobre su reblandecido limo» (*Purgatorio*, I). Puede existir un significado analógico sexual, con independencia del sentido cósmico del paisaje. También es preciso tener en cuenta que, en la realidad, más que de símbolos se trata de funciones simbólicas, complejas. Por ejemplo, en lo inferior topográfico se producen las siguientes interferencias: *a*) hondo de inferior, asimilable a perverso e infernal; *b*) hondo de profundo, con esta misma significación; *c*) hondo en la tierra material, símbolo ctónico y materno. Sólo los contextos pueden ayudar a discernir lo esencial de lo accesorio, en tales como en la inmensa mayoría de casos que se presentan en simbolismo. En relación con el paisaje, hay que recordar también la idea primitiva del «paisaje ideal» o arquetípico. Schneider señala que la muy frecuente identidad de nombres de ríos y montañas en regiones muy distantes geográficamente, induce a creer que quienes profesaban los principios de la filosofía megalítica tenían la costumbre de designar los accidentes de cada región ateniéndose a un modelo ideal. Este puede ser considerado como resultado del influjo de una larga permanencia en un sitio dotado de la suficiente unidad y variedad como para impresionar durablemente la mentalidad primitiva, pero también como la proyección de un orden psíquico basado en leyes similares a las de la distribución cuaternaria, el mandala, etc. Tras la contraposición cielo-tierra, expresada dinámicamente por la lucha entre los dioses y los titanes, los ángeles y los demonios, y representada topográficamente por el eje montaña-valle, los hombres ordenaron la superficie terrestre según los principios de la orientación, situando en los cuatro puntos cardinales, adaptados de la carrera aparente del sol, pero también de la anatomía humana, fuerzas ambivalentes, poderes enemigos de lo externo y fuerzas defensivas limítrofes de lo externo. Sigue Schneider: «Para mantener el orden, los dioses lucharon contra los gigantes y los monstruos que desde el principio de la creación intentaban devorar el sol. Dejaron al león heroico en la montaña celeste. Cuatro arqueros (el tetramorfos) siguen vigilando de día y de noche para que nadie venga a trastornar el orden del cosmos» (50). El vallado, el muro o el cerco de piedras se cuenta—dice Eliade—entre las estructuras de templo más antiguas que se conocen. Aparecen ya en las civilizaciones protoindias, como en Mohenjo-Daro y en Creta (17). Deben su origen a la misma idea, la primordial del simbolismo del paisaje: que exponen un orden cósmico. El monte de un solo pico (Uno, finalidad trascendente), la montaña de Marte de dos cimas (Géminis, la manifestación, el dualismo de todo lo viviente), se complementan en el paisaje arquetípico—que es también una imagen del año—, en el río de la vida (fase positiva) y el del olvido (fase negativa), pasando por el mar de llamas (enfermedad) y partiendo de la fuente (nacimiento, origen). Según este diagrama, en todo paisaje hay una dirección fausta y otra infausta, de acuerdo, en lo temporal, con las distintas significaciones sabidas del «ir» y del «volver», que analógicamente corresponden a las dos mitades de la existencia. Aparte de todo lo apuntado, la interpretación simbólica de un paisaje puede hacerse por aplicación de leyes de correspondencias distintas, a la vez que por integración de los significados particulares de sus accidentes. Agregaremos, como ejemplo de las posibilidades de «lectura» de un paisaje, algunas observaciones sobre la parte baja de Vallcarca, zona muy característicamente demarcada. Sus jardines aparecen en nivel inferior al de la ciudad general, ocultos de ésta por la vegetación, con aspectos arcaicos y orientales. La gran vía que conduce hacia el norte lleva a una llanura abierta, en disgregación. En cambio, las calles que penetran hacia la montaña siguen el eje favorable. La interpretación es obvia en este caso como en todos los que permitan una relativa identificación de los puntos esenciales del paisaje arquetípico.

Pájaro

Todo ser alado es un símbolo de espiritualización, ya para los egipcios. La tradición hindú dice que los pájaros representan los estados superiores del ser. En un texto de los Upanishads se lee: «Dos pájaros, compañeros inseparablemente unidos, residen en un mismo árbol; el primero come de su fruto, el segundo mira sin comer. El primero de estos pájaros es *jivâtmâ*. El segundo es *Atmâ*, puro conocimiento, libre e incondicionado y, si se hallan inseparablemente unidos, es que éste no se distingue del otro sino de modo ilusorio» (26). Esta significación del pájaro como alma es muy frecuente en todos los folklores. En un cuento indostánico, transcrito por Frazer, un ogro explica dónde tiene su alma: «A veinticinco leguas de aquí hay un árbol. Rondan ese árbol tigres y osos, escorpiones y serpientes. En la copa del árbol está enroscada una serpiente muy grande; sobre su cabeza hay una jaulita y en la jaulita un pájaro; mi alma está dentro del pájaro» (21). En el antiguo simbolismo egipcio se precisó este sentido dotando al pájaro de cabeza humana. Este, en el sistema jeroglífico, corresponde al determinativo *Ba* (alma) y expresa la idea de que el alma vuela del cuerpo después de la muerte (19). Este pájaro androcéfalo aparece también en el arte griego y en el románico, siempre con igual significación (50). Ahora bien, la idea del alma como pájaro—reverso del símbolo—no implica la bondad de esa alma. Por ello se lee en el Apocalipsis un pasaje en el cual Babilonia es representada como «la prisión de los espíritus impuros, la jaula de los pájaros inmundos y odiosos». Según Loeffler, el pájaro, como el pez, era en su origen un símbolo fálico, pero dotado de poder ascendente (sublimación y espiritualización). En los cuentos de hadas se encuentran muchos pájaros que hablan y cantan, simbolizando los anhelos amorosos, igual que las flechas y los vientecillos. También pueden ser los pájaros amantes metamorfoseados. Añade el autor citado que el reconocimiento de los pájaros como colaborado-

Pájaro. Pintura mural de la sala de los Reyes.
Detalle. La Alhambra.

res inteligentes del hombre está universalmente extendido en el mito y en el cuento, surgiendo los pájaros como derivados de los grandes pájaros-demiurgos de los primitivos, portadores de poderes celestes y creadores del mundo inferior, lo cual explica también el significado de los pájaros como mensajeros (38). El color del pájaro determina un sentido secundario de su simbolismo. El pájaro azul es considerado por Bachelard (3) como «producción del movimiento aéreo», es decir, como pura asociación de ideas, pero a nuestro juicio, aunque su origen fuera éste, su finalidad es otra: constituir un símbolo del imposible, como la misma rosa azul. En alquimia, los pájaros son las fuerzas en actividad. Su posición determina su sentido. Elevándose hacia el cielo expresan la volatilización, la sublimación; descendiendo, la precipitación y condensación. Los dos símbolos unidos en la misma figura, destilación. Seres alados contrapuestos a otros sin alas: el aire o el principio volátil contra el principio fijo. Sin embargo, señala Diel, los pájaros, sobre todo en bandada — pues lo múltiple es siempre de signo negativo —, pueden revestir significado maligno, como los enjambres de insectos: fuerzas en disolución, pululantes, inquietas, indeterminadas, rotas. Así son los pájaros del lago Estínfalo en la leyenda de Hércules. Los pájaros que se elevan del lago (alma) (en estancación y parálisis espiritual) son una figuración de los deseos perversos y múltiples (15). El «pájaro gigante» es siempre el símbolo de una deidad creadora. Los hindúes de la época védica se figuraban el sol bajo la forma de un inmenso pájaro, águila o cisne. Los germanos también tenían un pájaro solar (35). También es un símbolo de la tempestad. En la mitología escandinava se cita el Hraesvelg, pájaro gigantesco creador del viento con el batir de sus alas (35). En América del Norte, el Ser supremo se funde con frecuencia con la personificación mítica del rayo y del trueno, que es un gran pájaro (17). El pájaro tiene una antagonista formidable en la serpiente. Según Zimmer, esta enemistad sólo aparece con carácter moral en Occidente. En la India, se trata de contraponer sólo los elementos naturales, la fuerza solar contra la energía líquida de las aguas terrestres. El nombre de ese pájaro solar es Garuda, el «matador de las *nâgas* o serpientes» (60).

Palacio

En el simbolismo cabalístico, el palacio santo, o «palacio interior» se encuentra en medio de las seis direcciones del espacio, que forman con él el septenario. Es, por consiguiente, un símbolo del centro recóndito, del «motor inmóvil» (28). También se le llama el «palacio de plata», y el «hilo de plata» es el ligamento oculto que une al hombre con su origen y su finalidad (28). La idea de centro refunde el corazón y la mente, por esto el palacio del anciano rey de las leyendas y cuentos folklóricos tiene cámaras secretas (inconsciente) que guardan tesoros (verdades espirituales). En especial, según Loeffler, los palacios de cristal o de espejos, como también los palacios que brotan por ensalmo son símbolos de la memoria ancestral de la humanidad, del saber primitivo de la edad de oro (38).

Palafito

Es el origen de la arquitectura de pilar y dintel. Paul Sarrasin ha demostrado que el templo griego clásico deriva directamente de las construcciones lacustres (22). No sólo una necesidad topográfica determinó la existencia del palafito, sino motivaciones de orden místico: alzar la habitación sobre el nivel general. Ahora bien, la construcción lacustre tiene mayor interés simbólico por su pertenencia a tres elementos: tierra, por la idea de casa, siempre asociada a la de caverna y montaña; aire, por la elevación; agua, por la penetración de sus pilotes de suspensión en dicho elemento. Es así símbolo del mundo, árbol de la vida y barco místico, porque sus palos tocan el agua y sus techos, en forma de hoż, representan la mandorla (50).

Palma

Emblema clásico de la fecundidad y de la victoria (8). Para Jung es también símbolo del ánima (32).

Palmera

Según los persas, la palmera simboliza la tierra celeste. Aparece en las monedas de Cartago. También en la iconografía mozárabe y románica alusiva a temas bíblicos.

Palmera. Moneda púnica de plata acuñada en España. Museo Arq. Nac. Madrid.

Palo

Símbolo material del eje valle-montaña, como la escalera, la cruz, la estaca de sacrificio. El poste, particularmente por su posición erecta, realiza ese significado. El palo quemado es símbolo de muerte y de sabiduría (50).

Paloma

Los eslavos consideran que el alma toma forma de paloma, después de la muerte (4). Participa del simbolismo general de todo animal alado (espiritualidad y poder de sublimación). Símbolo de las almas, motivo frecuente en el arte visigodo y románico (46). La religión cristiana, ateniéndose a las Sagradas Escrituras, representa a la tercera persona de la Trinidad, el Espíritu Santo, en forma de paloma, aunque también como lengua de fuego sobre los apóstoles en la fiesta de Pentecostés (Act 2, 1-4) (4).

Pan

Símbolo de la naturaleza, que suele representarse con cuernos para expresar los rayos del sol y la fuerza agresiva de Aries; y con patas llenas de vello para expresar la vitalidad de lo inferior, la tierra, las plantas y los instintos (8). Según la astrología, Pan es un aspecto de Saturno, identificándose también con Satán y la vida en su aspecto involutivo, dirigido especialmente hacia la inferior (39).

Pandora

Según Diel, símbolo de la tentación perversa a la que son expuestos los humanos, criaturas de Prometeo, rebelde contra el orden divino (15). Puede ser también un símbolo de la imaginación en su aspecto irracional y desencadenante.

Panes

Con las semillas de trigo, los panes son símbolos de fecundidad y de perpetuación, siendo ésta la causa por la que a veces presentan formas relacionadas con lo sexual.

Pantano

Las tierras pantanosas son símbolo, según Schneider, de la «descomposición del espíritu», es decir, son el lugar en que ella acontece, por la falta de los dos principios activos (aire y fuego) y la fusión de los dos pasivos (agua y tierra). Por ello, en leyendas, libros de caballerías, etc., los pantanos aparecen con ese significado. En la historia de Gauvain, caballero de la Tabla Redonda, el protagonista se halla en un pantano y esto implica que no pueda llevar su empresa a buen término, tanto como que no acabe de soldar la «espada rota». En The Lovers, de Leslie Stevens, el protagonista se ve obligado a defender tierras pantanosas desde una torre que ha sido profanada, signos premonitorios de su fracaso y de su muerte.

Papiro enrollado

En el sistema jeroglífico egipcio, signo determinante que expresa la idea de saber. El constituir un rollo expone el sentido progresivo, de desenvolvimiento, que posee todo conocimiento. El despliegue de la vida, en sí misma, es también simbolizado por un papiro enrollado, pero más frecuentemente por un tapiz o una alfombra. Así, exactamente, dijo un día Temístocles a Artajerjes: «La vida humana es como un tapiz enrollado que se despliega lentamente», idea expuesta también por Stefan George en uno de sus poemas. El simbolismo, en todos los casos citados, corresponde más que a la materia o al objeto, al proceso de su mostración (19).

Paraguas

Este símbolo no deja de tener relación con el parasol, emblema solar de los monarcas de algunos pueblos. Pero su mecanismo lo ha asimilado más bien a un sentido fálico. El paraguas es un símbolo paternal, por incluir la citada nota de sexualismo viril y la idea de protección, como también de luto (42).

Paraíso

Hay paraísos semejantes al cuerpo humano, según Swedenborg.

Paraíso perdido

Símbolo del «centro» místico o, mejor, de su manifestación espacial. Los chinos se refieren, a su propósito, a un lugar enclavado en el Asia central, jardín habitado por los «dragones de sabiduría». Describen el lugar y muestran los cuatro ríos esenciales del mundo: Oxus, Indus, Ganges, Nilo, brotando de una fuente común, el «lago de los dragones» (9). Infinidad de leyendas occidentales y orientales hablan del paraíso perdido, dejando al margen los principios dogmáticos cristianos. También se halla —y éste es el origen— en todas las tradiciones. Considerándolo como símbolo de un estado espiritual, corresponde a aquel en el que no caben interrogaciones ni distingos. La caída del hombre desde el estado paradisíaco y su retorno a él, aparecen simbolizados de muy distintos modos, en especial por el laberinto. Saunier dice al respecto: «Cuando el hombre se plantea esta misteriosa cuestión, desconoce ya el reposo, pues su pensamiento entregado a una serie de obstáculos infranqueables se rompe y llena su corazón, su alma y su cuerpo de rabia y desesperanza... El hombre, sugestionado por el deseo... condujo su espíritu a un análisis riguroso de las menores partículas del cosmos, encarnó su inteligencia en la materia y se esforzó, por un laborioso y constante trabajo, en reencontrarse en el dédalo de las ciencias. Sólo después de haber conocido los mundos de lo infinitamente pequeño y lo infinitamente grande podría de nuevo el hombre vibrar en concomitancia con las armonías cósmicas y confundirse en inefable comunión con todos los seres y cosas de la tierra y los cielos» (49). El «descanso semanal» es una imagen temporal del paraíso, como, en lo geográfico, las «islas bienaventuradas», los «eldorados», etc. La cualidad de «perdido» que determina la particular psicología del paraíso se relaciona con el sentimiento general de abandono y de caída que el existencialismo reconoce como estructura esencial en el humano.

Parasol

Símbolo solar, emblema de autoridad y de dignidad. Una de las ocho alegorías de la buena suerte del budismo chino (5). Integra las ideas de irradiación y protección.

Pasta

Según Bachelard, la misma noción de materia esta íntimamente ligada a la de pasta. El agua aparece como elemento dominador y de cohesión. Por ello se ha dicho que «la materia es el inconsciente de la forma». El limo es el polvo del agua, como la ceniza es el polvo del fuego. Según el autor citado, limo, polvo, humo dan imágenes que cambian indefinidamente su materia, son los residuos de los cuatro elementos (2). Corresponden a un estadio casi acuático y por ello entran en el simbolismo de la disolución y de la renovación. Las cenizas y el polvo expresan un final, pero todo fin es un principio.

Pastor

Título dado al dios lunar Tammuz, como pastor de los rebaños de estrellas. Según Krappe, esta idea está íntimamente ligada a su pasión, por la relación entre las fases de la luna y el desmembramiento (35). El pastor es también el guía de las almas o psicopompo. Asimismo simboliza el poder supremo, pues el rebaño es expresión de las fuerzas cósmicas.

Pato

Véase *Oca*.

Pavo real

En las monedas romanas, designa la consagración de las princesas como el águila la de los césares (8). La cola del pavo real, particularmente en el emblema LXXXIV de la *Ars Symbolica* de Boschius, aparece como símbolo de la unión de todos los colores y de la totalidad (32). Se explica, por ello, que en el arte cristiano aparezcan simbolizando la inmortalidad (20) y el alma incorruptible (6). El frecuente motivo de los dos pavos simétricamente situados junto al árbol cósmico u *hom* — tema que pasó de Persia al islam, de ahí a España y Occidente — expresa la dualidad psíquica humana (Géminis) recibiendo la vida del principio de la unidad (6). En el horario místico, corresponde al crepúsculo (50). En la mitología hindú, las alas del pavo real, sembradas de formas que parecen ojos, representan el firmamento estrellado (50).

Payaso

Como el bufón, el payaso es un personaje místico: la inversión del rey, del poseedor de los poderes supremos, y por ello la víctima elegida en su sustitución, según las conocidas ideas astrobiológicas y primitivas del asesinato ritual del rey en ciertas conjunciones. El payaso es el último, mientras el rey es el primero, pero en el orden esencial, el último es el segundo. En apoyo de este concepto, cita Frazer una costumbre folklórica, según la cual, en las fiestas de primavera era costumbre que los aldeanos jóvenes corrieran a caballo hasta el palo mayor (eje del mundo). El que llegaba en primer lugar era elegido rey de Pascua; el último era convertido en payaso, recibiendo castigos (21).

Pegaso

Caballo con alas nacido de la sangre de Medusa Gorgona en el momento en que Perseo le cortó la cabeza, con ayuda de las armas mágicas que le entregaron los dioses. Belerofonte lo montó cuando combatió a la quimera. Con el nombre de Hipogrifo, un ser similar surge en las leyendas medievales. Simboliza el poder ascensional de las fuerzas naturales, la capacidad innata de espiritualización y la inversión del mal en bien.

Peine

Según Schneider, es tan grande el parentesco lineal entre el peine y el barco (de remos) que ambos símbolos parecen confundirse para representar la penetración mutua de los elementos agua y fuego (19). Siendo el peine atributo de algunos seres fabulosos de naturaleza femenina, como lamias y sirenas, cabe la relación del peine con la cola descarnada del pez y el consecuente significado mortuorio (restos sacrificiales cual el bucráneo; devoración).

Pelícano

Ave acuática de la cual se suponía legendariamente que amaba tanto a sus crías que las alimentaba con su sangre, para lo cual se abría el pecho a picotazos (8). Es una de las más conocidas alegorías de Cristo. Así aparece en el emblema LXX de la *Ars Symbolica* de Boschius (32).

Pensamiento

Esta flor recibe el nombre de pensamiento precisamente por simbolizarlo a causa de la claridad de su esquema pentagonal, como el hombre mismo adscrito al simbolismo del cinco (48).

Pérdida

De un lado, el sentimiento de pérdida va ligado al de culpa y también al presentimiento de purificación, a la idea de peregrinación y de viaje. De otro lado, el tema de perderse y volver a encontrarse o el del «objeto perdido» que angustia al extremo, es paralelo al de la muerte y la resurrección (31). Sentirse perdido, o abandonado, es sentirse muerto, a causa de que, aunque se proyecte la culpa o causa de ese extravío en lo circunstancial, siempre reside en un olvido del origen y de la ligazón con ese origen (hilo de Ariadna). En la estructura doble del espíritu (Géminis), corresponde a una identificación de la conciencia con el mero aspecto existencial humano, olvidando el componente eterno del espíritu, lo cual produce esa sensación de abandono o se traduce en el símbolo del objeto perdido o de la cosa sin finalidad.

Perdiz

Este animal aparece con suma frecuencia en la decoración románica; por ejemplo, en la galería del lado sur, en el claustro de Silos. Según anota Pinedo, Aristóteles, Teofrasto, Plinio y otros autores antiguos y medievales narran la costumbre de la perdiz que determina su carácter simbólico. San Jerónimo la explica sucintamente: «Así como la perdiz, que junta los huevos e incuba los pollos que no han de seguirla, así el varón impío posee riquezas contra derecho, teniendo que dejarlas en el mejor de sus días». Otra función simbólica se deriva de la capacidad de la perdiz para el engaño. San Ambrosio dice a tal respecto: «La perdiz que, tomando su nombre de la voz *perdendo* y que se llama en hebreo *core* — de llamar y vocear—, es Satanás, que atrae a muchos con su voz» (46).

Peregrinación

Es un viaje a un centro místico, como imagen del centro absoluto (medio invariable, motor inmóvil). La peregrinación céltica, de características especiales, era un errar sin finalidad — según narra Oliver Loyer en *Les Chrétientés celtiques* — que no deja de mostrar interesante analogía con el avance a ciegas, en busca de la «aventura» del caballero andante *(chevalier errant)*. El mar reemplazó al desierto de Egipto y los monjes irlandeses se lanzaron por las costas y fueron a Escocia y al continente en sus peregrinaciones. Estos viajes marinos se llamaban *immrama*. Su paradigma es la *Navigatio Brandani*. En cierto modo reiteran la «busca» de la inmortalidad por Gilgamés, anterior en tres mil años.

Peregrino

La idea del hombre como peregrino y de la vida como peregrinación es común a muchos pueblos y tradiciones (4), concordando ya con el gran mito del origen celeste del hombre, su «caída» y su aspiración a retornar a la patria celestial, todo lo cual da al ser humano un carácter de extranjería en la morada terrestre a la vez que una transitoriedad a todos sus pasos por la misma. El hombre parte y regresa *(exitus, reditus)* a su lugar de origen.

Precisamente porque la existencia es una peregrinación, ésta tiene valor como acto religioso (14). En el simbolismo del peregrino entran también todos los atributos de éste: la concha, el cayado o báculo, el pozo con el agua de salvación que encuentra a su paso, el camino, el manto, etc. Tiene este símbolo relación con el del laberinto. Peregrinar es comprender el laberinto como tal y tender a superarlo para llegar al «centro».

Perfume

Según anota con justeza Gaston Bachelard (3), el perfume, asociado al simbolismo general de lo aéreo, equivale a la penetración en este ámbito de formas concretas que se traducen en estelas, símbolo de reminiscencias, de recuerdos. Mientras el aire frío y puro de las cumbres expresa el pensamiento heroico y solitario, tanto en san Juan de la Cruz como en Nietzsche, el aire cargado de perfumes expone la situación del pensamiento saturado de sentimientos y de nostalgias. Aplicaciones excesivas de la ley de las correspondencias han conducido a algunas determinaciones del simbolismo concreto de cada perfume. Cabe, sin embargo, una elección de los principales y característicos y, a través de su ordenación serial, constituir una gama asimilable a la de los colores, texturas, formas o cuanto presenta las condiciones de continuidad y discontinuidad, variación gradual de lo unitario.

Periquito

En realidad, todos los pájaros capaces de articular palabras son aludidos aquí. Maurice Bouisson, en *Le secret de Scheherazade* (París, 1961), comenta el *Tuti nameh*, traducción persa del «Libro del periquito» de Nakchabi. Viene a considerarlo como símbolo mensajero, y como símbolo del alma (*ba* egipcia) al igual que otros pájaros, pero con un sentido reforzado por la cualidad arriba aludida. La cotorra busca el agua de la inmortalidad en *El lenguaje de los pájaros* del poeta persa Farid ed Din Attar del siglo XIII.

Perla

Uno de los ocho «emblemas corrientes» chinos. Simboliza el genio de la oscuridad (5), siguiendo sin duda a Lao-tse cuando, más indeterminadamente, dice: «Por eso va el elegido con vestidura peluda, pero en el pecho oculta una joya», pues la situación es analógica: la perla, escondida en el interior de la ostra. Por todo ello, el psicoanálisis reconoce su función de simbolizar el centro místico y la sublimación (por ser la transfiguración, aquí, de una enfermedad, de algo anormal) (56). Los musulmanes aluden con frecuencia a la perla para referirse al cielo, pues creen que los bienaventurados se hallan encerrados en perlas, cada uno con su hurí correspondiente (46), lo que se halla en relación evidente con el «hombre esférico» primordial y final —andrógino— de Platón. También consideran, y esto ratifica lo anterior, que la perla es el producto de la conjunción del fuego y el agua. La perla ha sido también asimilada al alma humana (18). En multiplicidad, las perlas adquieren un carácter distinto y, aunque riquísimas, pasan a ser cuentas; unidas corresponden al simbolismo del collar; dispersas, al esquema de la desmembración, como todo cuanto se halle así situado.

Perro

Emblema de la fidelidad, con cuyo sentido aparece muy frecuentemente bajo los pies de las figuras de damas esculpidas en los sepulcros medievales, mientras el león, atributo del hombre, simboliza la valentía (20). También tiene, en el simbolismo cristiano, otra atribución—derivada del servicio del perro de pastor—y es la de guardián y guía del rebaño, por lo que a veces es alegoría del sacerdote (46). Más profundamente, y en relación no obstante con lo anterior, como el buitre, el perro es acompañante del muerto en su «viaje nocturno por el mar», asociado a los símbolos materno y de resurrección. Aparece en la escena del sacrificio mitraico del toro con un sentido similar (31). En alquimia, aparece más como signo que como símbolo. El perro devorado por un lobo simboliza la purificación del oro por el antimonio.

Perséfone

Personificación de la tierra y de la primavera. Según el mito, estaba la diosa recogiendo flores cuando se abrió la tierra y Plutón, dios subterráneo, la raptó para que reinara con él en los infiernos. Su madre Deméter obtuvo que Perséfone pasara dos tercios del año con ella (primavera a otoño) y sólo un tercio con el raptor (invierno). El folklore de muchos pueblos europeos conserva los arquetipos de Perséfone y Deméter bajo las figuras de la «Doncella de la cosecha» y de la «Madre del grano» (21).

Personificación

Atribución a un objeto de las cualidades propias del ser humano o corporeización de una idea. El impulso de personificación, que pertenece al pensamiento mítico, tuvo una especial función en el período de elaboración y fijación de las ideas abstractas, desde los últimos tiempos de la prehistoria hasta el cristianismo. Constituye una síntesis de animismo y visión antropomórfica del mundo. Los antiguos personificaron los grandes temas del destino (vida, muerte, bien, mal); los aspectos cósmicos y elementos (cielo, tierra, océano, ríos, fuentes); los impulsos y sentimientos humanos (miedo, risa, amor, deseo); las virtudes (fortuna, libertad, constancia, victoria, fecundidad), las entidades colectivas (pueblo, ciudad); y los dominios culturales (historia, astronomía), constituyendo alegorías mediante la adición de elementos simbólicos y de atributos que daban expresión formal a las realidades inherentes de cada una de dichas ideas, o que reducían la irracionalidad de la naturaleza a modos más inteligibles con los que el diálogo—forma originaria del pensamiento analítico—resultaba posible. Obvio es decir que las deidades mitológicas pueden, en parte, ser explicadas por el proceso de personificación aparte de corresponder al trasfondo, a la «serie», del sentido diversificado del universo.

Pesca

«El camino del Graal quedó señalado por numerosos milagros; uno de los hermanos se llamaba Brous y también "el rico pescador", porque había logrado pescar un pez con el que había saciado el hambre de toda la asamblea. Pero es llamado "pescador de hombres" y el pez se convierte en símbolo de Cristo.» Este fragmento de leyenda, tomado de Waldemar Vedel, expone claramente el sentido místico de la pesca y del pescador, que es ratificado por todos los investigadores de mitología y antropología, entre ellos por

Schneider. El acto de pescar equivale a la extracción del inconsciente de los contenidos profundos, de los «tesoros difíciles de obtener» de que hablan las leyendas, es decir, de la sabiduría. Pescar almas es una consecuencia, simplemente, de saber pescar *en* las almas. El pez es un animal místico y psíquico que vive en las aguas (disolución, pero también renovación y regeneración). El pescador es el hombre capaz, como el médico, de actuar sobre las mismas fuentes de la vida, por el conocimiento que posee de las mismas. Por esta razón, Parsifal encuentra al rey del Graal como pescador.

Petrificación

El mito de Deucalión transformando piedras en hombres, y las litofanías, tienen su inversión en las leyendas sobre «petrificación». Se trata, como es fácil comprender, de los aspectos contrarios y particulares de los movimientos inversos de la evolución y la involución. Petrificar es detener, encerrar. De Medusa Gorgona se decía que con su mirada transformaba los hombres en piedras. Muchos cuentos folklóricos y leyendas medievales narran similares petrificaciones o encantamientos. Las hadas, a veces, en vez de dormir a los personajes (es el mismo símbolo) los petrifican dejándolos como si fueran estatuas. En *La Belle et la Bête*, las dos hermanas malvadas de la protagonista se transmutan en estatuas. Las palabras que el autor pone en labios del hada ilustran sobre el sentido del símbolo: «Devenid dos estatuas, pero conservad la razón bajo la piedra que os envuelva. Permaneceréis a la puerta del palacio de vuestra hermana y no os impongo otra pena que ser testigos de su felicidad. No podréis volver a vuestro estadio primitivo más que en el momento en que reconozcáis vuestras faltas» (38). La petrificación es, así, la detención del progreso moral, en la evolución y, en el caso de que no se precipite en el abismo, cuando menos petrifica y detiene. Es el caso de la mujer de Lot (Gen 19, 26), es el peligro que vence Ulises de continuo en su peregrinación de retorno a Itaca, símbolo de la patria celeste, de la existencia asumida por la eternidad.

Pez

En términos generales, el pez es un ser psíquico, un «movimiento penetrante» dotado de poder ascensional en lo inferior, es decir, lo inconsciente. Por la asimilación del mar y la *Magna Mater* algunos consideraron sagrado el pez. En los ritos asiáticos se adoraba a los peces y a los sacerdotes les estaba prohibido comer pescado. Al hijo de Atargatis, idéntica a Astarté, se daba el nombre de Ictis, según recuerda Jung (31). Schneider señala que·el pez es el barco místico de la vida, ya ballena o ave, pez volador o normal, «pero siempre huso que hila el ciclo de la vida siguiendo el zodíaco lunar» (50). Es decir, engloba diversos significados, relativos a otros tantos aspectos fundamentales. El mismo autor señala que, para algunos, el pez tiene sentido fálico, mientras otros le atribuyen estricto simbolismo espiritual. En esencia, el pez posee una naturaleza doble; por su forma de huso es una suerte de «pájaro de las zonas inferiores» y símbolo del sacrificio y de la relación entre el cielo y la tierra. Por la extraordinaria abundancia de sus huevos, es símbolo de fecundidad, que luego adquiere un sentido espiritual (50). Este último significado se encuentra entre los babilonios, fenicios, asirios (4) y chinos (5). Otras significaciones corresponden a las formas fabulosas del símbolo. Los caldeos representaban un pez con cabeza de golondrina, anuncio de la renovación cíclica directamente enlazada con el simbolismo de Piscis, último signo zodiacal (40).

Pez cósmico

Como la ballena y el monstruo primordial, simboliza la totalidad del universo formal y físico. El ejemplo plástico más importante de realización de este símbolo lo tenemos en el estupendo pez escita, de oro, procedente del tesoro de Vettersfelde, actualmente en el Museo de Berlín. Este pez ofrece dos expresiones simbólicas, distintas y complementarias: una, más frecuente, es simplemente narrativa y espacial. Así, en la parte alta de su cuerpo sobre una línea horizontal fuertemente marcada, se hallan los seres de la «etapa superior», los mamíferos (al parecer, ciervo, caballo, jabalí y leopardo). Bajo dicha línea están los seres de la «etapa inferior» o del abismo marino, peces y sirenas. La segunda forma simbólica es la que se produce por confabulación morfológica, fundándose en paraidolias: así, las dos ramas de la cola, semejantes a cuellos, constituyen sendas cabezas de carnero, mientras en el centro de la zona caudal, un águila despliega las alas, en analogía formal. El ojo es asimilado al pulpo, tanto por su forma como por la similitud entre el acto de aprehender, de los tentáculos, y la posibilidad de «poseer» los objetos que tiene la mirada. Este pez áureo es así un símbolo de la marcha del mundo a través del mar de las realidades «no formadas» (mundos disueltos ya o por formarse: océano primordial).

Pie

Con toda probabilidad, es un símbolo ambivalente. Ania Teillard dice que, como la mano, es parte esencial del cuerpo, siendo el soporte de la persona. Recuerda que, en la mitología de muchos pueblos, los rayos solares son parangonados a los pies, de ello es prueba la esvástica (56). Pero Diel, revolucionariamente, afirma que el pie es el símbolo del alma, acaso por ser el soporte del cuerpo, lo que aguanta al hombre en su posición erecta. Aduce ejemplos por los cuales se advierte que, en las leyendas griegas, la cojera suele simbolizar una deformación anímica, una falla esencial del espíritu. Jung confirma este hecho y dice que Hefesto, Weland el Herrero y Mani tienen pies deformes (31). ¿Aparecerían ciertas facultades como producidas por una compensación del defecto original? Schneider señala el talón como «zona de peligro y de ataque» en el pie. Con esa parte se hiere a la serpiente o se recibe su herida (Aquiles, Sigurd, Krishna) (50). Según Aigremont, citado por Stekel, «el zapato, lo mismo que el pie y la huella del pie, tiene además un significado funerario. En cierto sentido, el moribundo "se marcha". De su partida no quedan más testimonios que sus últimas huellas. Este sombrío simbolismo se halla tal vez en los monumentos de la época del Imperio romano y con toda seguridad en el arte cristiano primitivo»... y en el gótico.

Piedra

La piedra es un símbolo del ser, de la cohesión y la conformidad consigo mismo. Su dureza y duración impresionaron a los hombres desde siempre, quienes vieron en la piedra lo contrario de lo biológico, sometido a las leyes del cambio, la decrepitud y la muerte, pero también lo contrario al polvo, la arena y las piedrecillas, aspectos de la disgregación. La piedra entera simbolizó la unidad y la fuerza; la piedra rota en muchos fragmentos, el desmembramiento, la disgregación psíquica, la enfermedad, la muerte y la derrota. Las piedras caídas del cielo explicaron el origen de la vida. En los volcanes, el aire se transformaba en fuego, éste en agua y el agua en piedra. Por eso, la piedra constituye la primera solidificación del ritmo creador (51), la escultura del movimiento esencial. La piedra es la música petrificada de la creación (50). Del sentido simbólico expresado al mítico y religioso no hay sino un paso, que fue dado por la inmensa mayoría de pueblos en la etapa animista. Los meteoritos, sobre todo, fueron adorados. El de la Caaba en La Meca y la Piedra Negra de Pessinonte, imagen anicónica de la Gran Madre frigia, que fue llevada a Roma durante la última guerra púnica, son los más famosos (17). Marques-Rivière explica cómo es la piedra de los mahometanos: «En el interior de la Caaba, que sólo es una sala sombría, hay tres columnas que sostienen el techo, en el cual hay suspendidas numerosas lámparas de plata y de oro. El suelo está embaldosado con mármol. En el ángulo oriental, a metro y medio del suelo, no lejos de la puerta, está sellada la famosa piedra negra, *al hadjar alaswad*, la cual está constituida por tres gruesos trozos... Su color es negro rojizo con manchas rojas y amarillas; el aspecto recuerda la lava o el basalto» (39). Entre las piedras que la Antigüedad veneró hemos de recordar los onfalos griegos, que Guénon dice no ser sino betilos, del hebreo *Beith-El* (la Casa de Dios), de conformidad con el Génesis: «Y esta piedra que he alzado como un pilar será la casa de Dios» (28, 16-19), aun cuando con sentido mágico y no arquitectónico (28). Las leyendas hablan de numerosas piedras, como la llamada Abadir, devorada por Saturno en vez de Júpiter; las de Deucalión y Pirra, las del mito de Medusa Gorgona (6); la que contenía a Mitra hasta su nacimiento (111). Otras piedras que surgen en los folklores aparecen investidas de más modestos poderes, tal la denominada *Lapis lineus* por los romanos, que se suponía capaz de profetizar cambiando de color, o la piedra irlandesa Lia-Fail, ligada a la coronación de los reyes (8). En cuanto a la piedra filosofal de la alquimia, representa la unidad de los contrarios, la integración del yo consciente con su parte femenina o inconsciente (fijar lo volátil) y, en consecuencia, es símbolo de totalidad (33). Justamente señala Jung que los alquimistas procedían al revés, no buscando la divinidad en la materia, sino «produciéndola» a través de un largo proceso de purificación y transmutación (32). También, según Evola, símbolo del cuerpo, por ser un «fijo», contra el carácter errante del pensamiento y de los espíritus o deseos. Pero sólo el cuerpo resucitado, en el que «dos serán uno», corresponde a la piedra filosofal. El mismo autor señala que, para los alquimistas, «entre el nacimiento eterno, la reintegración y el descubrimiento de la piedra filosofal no hay diferencia ninguna».

Piedra angular

Asimilada a la piedra central o clave de bóveda, al coronamiento de la construcción. Símbolo, por tanto, del acabamiento de una empresa afirmativa. Guénon da en *Symboles fondamentaux...* una ilustración tomada del *Speculum Humanae Salvationis* en que se ve la colocación de la clave en un edificio que parece corresponder a la segunda mitad del siglo XII o al XIII.

Piedra negra

Relacionada con Cibeles, con todas las formas derivadas de la Diosa Madre o relacionadas con ella. Pero lo más importante a retener es su relación con *luz* (Guénon, *Symboles fondamentaux...*) o «núcleo de inmortalidad» que queda de todo resto humano. ¿Tendrá relación este símbolo con la idea cabalista, expuesta por Enel en su *Mystère de la Vie et de la Mort*, de que una parte del alma se mantiene unida a los restos mortales del hombre?

Piel

Asociada a ideas de nacimiento y renacimiento. En el sistema jeroglífico egipcio hay un signo determinante constituido por tres pieles formando un nudo, que significa nacer. Dicho signo entra en la composición de palabras como: *engendrar, criar, niño, formar*, etc. Igual al signo era un amuleto que se daba al niño recién nacido y que representaba tres pieles de animal atadas a un globo solar. El número tres alude aquí a la triplicidad esencial del ser humano (cuerpo, alma y espíritu); el globo a su integración en la totalidad. El simbolismo de la piel se puede ratificar por el rito denominado «pasaje por la piel» que celebraban los faraones y sacerdotes para rejuvenecerse, rito que más tarde se sustituyó por un simulacro, reduciéndose ulteriormente a la cola de pantera anudada a la cintura que llevaba el rey. La idea de participar de las cualidades del animal, con su fondo totémico, interviene también como sobredeterminación (19). El rito practicado por los sacerdotes del México precolombino, de revestirse de la piel de las víctimas humanas sacrificadas, tiene análogo fondo simbólico, así como las pieles que llevaban los portadores del *signum* en las legiones romanas.

Pierna

En el sistema jeroglífico egipcio, la figura de una pierna tiene el sentido simbólico de erigir, levantar, asentar (19). Este significado se relaciona con el del pie y ambos diferencian profundamente la forma humana de la meramente biológica, por comparación con el animal, gracias a la posición erecta del hombre. La pierna es equivalente también al pedestal y cabalísticamente le corresponden las cualidades de firmeza y esplendor.

Pilar

El pilar exento y único se relaciona con el eje del mundo, como el poste, el mástil y el árbol. Hay un signo jeroglífico egipcio, el llamado *zed*, que se interpreta como pilar y también como columna vertebral, en lo que no existe la menor contradicción simbólica (39). Según Frobenius, en Africa se interpretan los pilares como cariátides desposeídas de su figura humana, es decir, como imágenes del hombre (21). Cuando se trata de dos pilares, su simbolismo corresponde al de las columnas cabalísticas llamadas en la Biblia Jakin y Bohaz (1 Re 7, 21).

Pino

Como otros árboles de hoja perenne, es símbolo de la inmortalidad. Las coníferas cuya forma es piramidal participan además del significado asociado de esta forma geométrica. Los frigios eligieron el pino como árbol sagrado y lo asociaron al culto de Atis. Las piñas se consideraron como símbolos de fertilidad (4, 21).

Pirámide

Hay una contradicción aparente en el simbolismo de la pirámide. De un lado, en la cultura megalítica y en el folklore europeo que la conserva en reminiscencias, es símbolo de la tierra en su aspecto materno. Las pirámides con lámparas y adornos de Navidad expresan la doble idea de la muerte y la inmortalidad, ambas asociadas a la Gran Madre. Pero esto concierne a la pirámide en tanto que montaña hueca, morada de los antepasados y monumento de tierra. La pirámide pétrea y de regulares formas geométricas corresponde al fuego, cuando menos en Extremo Oriente (4). Ahora bien, un conocimiento más preciso nos es dado por Marc Saunier en este tema. Concibe la pirámide como una integración de formas diferen-

Pirámide de Zoser. Saqarah, III Dinastía.

tes, cada una con su sentido. La base es cuadrada y representa a la tierra. El vértice es el punto de partida y de llegada de todo, el «centro» místico (Nicolás de Cusa coincide en sus disquisiciones sobre el punto con esta significación). Lo que une el punto con la base es la cara en forma de triángulo, símbolo del fuego, de la manifestación divina y del ternario creador. En consecuencia, la pirámide expresa la totalidad de la obra creadora, polarizada en tres aspectos esenciales (49). En el simbolismo religioso egipcio, según Enel en *Le Mystère de la vie et de la mort d'après l'enseignement des temples de l'ancienne Egypte*, la pirámide —la Gran Pirámide— se imaginaba saliendo de las aguas primordiales y era la imagen del universo de la manifestación brotando de lo manifestado. El mismo autor señala que sus corredores servían para ritos de iniciación.

Piscis

Ultimo signo zodiacal, profundamente ligado al simbolismo de las aguas y a la «disolución de las formaciones» que tiene lugar en el Akasha. Neptuno labrando las ondas con su tridente y haciendo brotar en ellas caballos y toros, expresa simbólicamente el resurgir de las energías cósmicas del seno del océano primordial. Si Capricornio marcaba el comienzo del proceso de disolución, Piscis expone el momento final que, por ello mismo, contiene ya el principio del nuevo ciclo. Se relaciona con Piscis el avatar del Pez, de Vishnú, en la India, y el mito caldeo de Oannés, el hombre-pez. Este duodécimo domicilio, en su transcripción analógica al plano existencial y psíquico, corresponde a la derrota y el fracaso, el exilio o la reclusión; también al misticismo, la negación del yo personal y sus pasiones (40). El doble aspecto de este símbolo queda bien expresado en el signo zodiacal, en realidad formado por dos peces dispuestos paralelamente, pero en posición mutuamente inversa: el pez de la izquierda indica la dirección involutiva, el comienzo del nuevo ciclo en la manifestación; el de la derecha indica la dirección evolutiva, la salida del ciclo (52).

Planetas

Los planetas constituyen un orden particular en el cosmos. La ciencia astronómica los estudia desde un punto de vista de naturalista y matemático, basado en el esquema dado en 1543 por Copérnico, en su obra *De Revolutionibus Orbium Coelestium*, situando el Sol en el centro y, de próximo a lejano: Mercurio, Venus, la Tierra, Marte, asteroides, Júpiter, Saturno, Neptuno (Plutón). Pero la astrología y el simbolismo tradicional no parten de esta ordenación, sino de la conocida en la Antigüedad. Como el establecimiento de significados simbólicos aquí depende exclusivamente de un proceso de catasterismo, es decir, de proyección al cielo de un orden mental, de una «serie» capaz de explicar fenómenos del mundo psicológico y espiritual, no hemos de abordar las complejas cuestiones de correspondencias entre el sistema tolemaico (en parte justificado por la teoría de la relatividad) y el copernicano. De otro lado, la determinación de siete planetas corresponde a la de siete cielos planetarios y ésta a la de siete direcciones o lugares del espacio (que, proyectándose en el tiempo, origina la semana). La asimilación de los planetas a los puntos espaciales es la siguiente: Sol (cenit), Luna (nadir), Mercurio (centro), Venus (oeste), Marte (sur), Júpiter (este) y Saturno (norte) (54). El orden por el cual la astrología sitúa los planetas —entre los cuales clasifica el Sol y la Luna— es, tomando la Tierra como centro y de próximo a lejano: Luna, Mercurio, Venus, Sol, Marte, Júpiter, Saturno, Urano y Neptuno (aunque estos dos no se toman generalmente en consideración). La sexualización de estos entes es conocida en lo que respecta a Venus, Marte, Júpiter y Saturno. Mercurio aparece como masculino y como andrógino. El Sol y la Luna intercambian, según las culturas y períodos, su género. La base mística del mito planetario aparece en Varron, para quien los planetas son cuerpos celestes al mismo tiempo que potencias vitales generatrices (7). Cada una de esas potencias tiene una esfera de acción característica, su «cielo», y el influjo de éste se expande por el espacio de interpenetraciones. El simbolismo planetario llega a su máxima complejidad por su conexión con el del zodíaco, pero mientras éste expresa los grados y fases de un ciclo de creación, la «serie» planetaria expone mejor la ordenación del mundo moral. La teoría de las correspondencias elabora un sistema complejo, relacionando cada planeta, como «modo» dotado de un carácter específico, con un sentido, un metal, un perfume, una planta, etc. Más importante es la asignación de una virtud o de una tendencia a cada planeta: Sol (voluntad, actividad), Luna (imaginación, mundo de las formas), Marte (acción y destrucción), Mercurio (intuición y movimiento), Júpiter (juicio y dirección), Venus (amor y relación), Saturno (duración y reserva). Las inclinaciones fundamentales de estas potencias, sin embargo, tienen un signo negativo o positivo según ellas. Ely Star establece las identificaciones siguientes, designando cualidades en orden al principio de evolución y espiritualización: Sol (bien potencial), Luna (mal potencial), Mercurio (dualidad y, en consecuencia, libre albedrío), Venus (bien objetivo), Marte (mal objetivo), Júpiter (bien subjetivo), Saturno (mal subjetivo). Quedan así divididos los planetas en dos zonas, una luminosa y otra sombría, ambas necesarias para el ciclo existencial, y que corresponden a las partes clara y oscura del símbolo chino de la totalidad en movimiento *Yang-Yin* (54). Mertens-Stienon estudia las potencias planetarias en su aspecto teogónico, de afuera adentro. Es decir, el más lejano es el más antiguo y «primitivo» de los dioses. Urano engendra a Saturno (el espacio celeste crea el tiempo), y al reinado de éste sucede el del orden constructivo (Júpiter). Detrás de éste aparecen sus tres hijos Marte (principio activo), Venus (principio pasivo) y Mercurio (principio neutro) (40). Desde el punto de vista simbólico interesa este orden evolutivo hacia el interior del sistema y que se concentra en el espíritu humano, microcosmo que refleja el universo macrocósmico. La importancia de los arquetipos planetarios se manifiesta en la persistente acción de la mitología grecorromana, ·la que logró explicarlos con mayor claridad y fuerza expresiva, a través de la cultura cristiana de la Edad Media y el Renacimiento, sin que la Iglesia se opusiera a ello por advertir el sentido simbólico y psicológico de dichas deidades, como lo prueba Jean Seznec (53). Waldemar Fenn insiste en que ciertos grabados prehistóricos que presentan grupos de cuatro y tres elementos corresponden a figuraciones planetarias. El arte popular de los pueblos nórdicos, desde luego, conserva esa división (esencial desde el punto de vista psicológico) de las esferas en dos grupos: uno interno de tres factores, otro externo de cuatro. Dada la asimilación de los planetas a las siete direcciones del espacio, que antes se relaciona, el grupo interno se halla constituido por la serie situada en la vertical: Sol, Mercurio, Luna, mientras la externa está formada por: Venus, Marte, Júpiter, Saturno. Esto indica que, como componentes del espíritu humano, tienen más importancia y mayor influjo los tres elementos centrales que los exteriores, pues éstos conciernen al cuadrado y al simbolismo de la situación y la limitación (tetramorfos), mientras los tres interiores constituyen el mismo dinamismo psíquico del ternario: activo, pasivo, neutro.

Plantas

Imagen de la vida, expresan la manifestación del cosmos y la aparición primera de formas. Especialmente simbolizan el carácter «naciente» de la vida las plantas acuáticas. Las imágenes cósmicas se representan en la India emergiendo de una flor de loto (17). De otro lado, el hombre, que se sabía próximo biológicamente a los animales, no pudo ocultarse que, en cambio, su posición erecta tenía más similitud a la del árbol, el arbusto y la misma hierba, que no con la posición a ras de tierra del animal, con excepción de las celestes aves. Así, mientras el totemismo estableció relaciones entre los hombres y un determinado animal, la época astrobiológica presenta numerosas asimilaciones o conexiones de seres míticos y plantas. Particularmente, las vidas que han tenido un fin violento se suponen continuadas bajo formas de vegetación, en metamorfosis. Osiris, Atis, Adonis, entre tantas otras deidades se relacionan íntimamente con las plantas. Otro aspecto esencial de éstas es su ciclo anual, que patentiza el misterio de la muerte y la resurrección pudiéndose simbolizar por ellas (17).

Pléyades

En el cielo, la constelación de las Pléyades constituye el grupo central del simbolismo sideral. Tanto la tradición hebrea como la hindú ven en ellas el septenario, es decir, la imagen del espacio, del sonido y de la acción (40).

Plomo

Metal asociado a Saturno. Con la imagen de que, en el interior del plomo, se halla la paloma blanca, expresaban los alquimistas su idea central de la materia como receptáculo del espíritu (32). El simbolismo específico del plomo consiste en la transmisión al orden espiritual de la idea de densidad y de peso.

Saturnus

Plomo. Xilografía con Saturno. Año 1513.

Pluma

Sola o formando grupos, simboliza el viento y los dioses creadores del panteón egipcio: Ptah, Hathor, Osiris, Amen (41). Corresponden las plumas al elemento aire, al mundo de los pájaros, por lo cual tienen un sentido simbólico relacionado con el de las aves (48). También por esta relación, las culturas en que dominan los mitos aéreos, como las de los aborígenes americanos, utilizan las plumas como elemento esencial en su adorno vestimentario. El gran tocado de plumas del jefe indio asimila a éste al pájaro demiúrgico o le pone en relación con él. La pluma, como signo determinativo en el sistema jeroglífico egipcio, entra en la composición de palabras como: vacío, sequedad, ligereza, elevación, vuelo (19). Según san Gregorio, las plumas simbolizan la' fe y la contemplación. La pluma para escribir, el verbo (50). El signo egipcio que representa la pluma para escribir significa «trazador de todo» (19). Sin embargo, ese signo pudiera representar una hoja de caña; el significado ,depende de la acción más que de la materia.

Poder

Los símbolos de poder han sido estudiados extensamente por Percy Ernst Schramm, en *Herrschaftszeichen und Staatssymbolik* (Stuttgart, 1954). El poder es una fuerza irradiante, pero este concepto sólo aparece en fecha tardía. En el período totémico y primitivo, en general, el poder expresa más una asimilación de las fuerzas de la naturaleza sobre todo el mundo animal,. que un dominio abstracto o sobre los demás hombres de la tierra. Por esto las principales manifestaciones de una potestad superior son simples magnificaciones de emblemas totémicos o de adornos que derivan de ellos como collares de dientes y garras, pieles, tocados de plumas, cuernos, estandartes con esos elementos. Probablemente, al inicio de los cultos solares se adoptó la diadema origen de la corona. En su inmediato efecto sobre el cuerpo y la actitud, la idea de poder, comienza por imponerse al mismo que la tiene y determina la impasibilidad, la indiferencia real o afectada, la serenidad tanto como el erguirse. De ahí la atracción de lo hierático y su empleo en lo solemne. Las actitudes dinámicas, como el extender los brazos o mover la cabeza, se hacen también con un ritmo de hierática fuerza y calma. El arte arcaico expresa un parecido sentimiento del mundo. La elevación sobre el nivel normal del suelo, la colocación central dentro de un orden simétrico cual en el *Potne Oeron* griego, son similares manifestaciones de poder, en virtud del simbolismo del nivel y del centro. La diferenciación de poderes hace nacer al rey, al sacerdote y al jefe militar, que se distinguen por atributos distintos. Su integración se manifiesta en símbolos ternarios, como la triple corona. Otros signos que encierran triplicidad, cual el tridente, son considerados en general como correspondientes a la esfera infernal, aunque ello se ha producido más por causas de iconografía tradicional, mitología, que por verdadera lógica simbólica. El poder mágico, corrupción del poder religioso, se simboliza por la varita y a veces por la espada. Otros objetos son atributos o instrumentos más que verdaderos símbolos. Es muy interesante considerar el complejo sistema simbólico de los emblemas del faraón egipcio. La, corona doble expresa el Alto y Bajo Egipto, pero también los principios masculino y femenino, la tierra y el cielo. Los cetros recto (látigo) y curvo (cayado) son probables atributos de la ·ganadería y de la agricultura, pero al mismo tiempo simbolizan la vía recta (solar, diurna, lógica) y la vía curva (lunar, nocturna, intuitiva). El

Poder. Medallón de Carlomagno (cetro, corona, trono y globo).

ursus con seguridad simboliza la serpiente sublimada, es decir, elevada de nivel (la kundalin), o sea un símbolo de la fuerza convertida en espíritu y factor de poder. El poder, en sí, corresponde a las ideas siguientes: máxima identificación personal, defensa y concentración de fuerza, posesión de lo circundante, resplandor. Por ello, respectivamente, los símbolos de poder son: nombres, sellos, marcas, estandartes, signos, máscaras, yelmos, tocados, espadas, escudos, cetros, coronas, palios, palacios. El resplandor se expresa por el oro y las piedras preciosas. La dominación se simboliza también por expresiones de la cuaternidad, como cetros con cuatro cabezas, hermes, tronos, etc., que aluden a los puntos cardinales. La corona en su forma evolucionada, integra la diadema o círculo y la media esfera o imagen de la bóveda celeste. A veces, también, señala los cuatro puntos del horizonte o los marca por medio de cuatro tiras que se elevan desde la diadema para confluir en medio, arriba, con un remate simbólico asimismo. Determinados animales se hallan adscritos al simbolismo de la realeza, que se relaciona naturalmente con el solar, así el águila y el león. A veces también el dragón. A partir de la consagración del cristianismo como religión oficial del Imperio de Roma, símbolos cristianos y de sublimación se incorporan a los de poder, siendo los principales la cruz y la flor de lis. Esta última se halla en Bizancio, de donde pasa a Centroeuropa, Alemania, Francia y los Estados de Occidente restantes, ya antes de cumplirse el primer milenio después de Jesucristo.

Polo

El centro místico o «invariable medio» es el punto fijo que todas las tradiciones están concordes en designar simbólicamente como el polo, pues en torno a él se verifica la rotación del mundo (28). De otro lado, el polo se identifica con el cenit. En la antigua China se expresaba por el agujero central del disco de jade llamado *Pi* (7). El invariable medio es causa, sin embargo, de todas las variaciones. El *Libro de las mutaciones* chino señala que las continuas metamorfosis son originadas por el gran polo, unidad situada más allá de toda dualidad, de todo suceder, que se identifica con el «motor inmóvil» de Aristóteles (58).

Polvo

Disolución del mineral, es decir, estado de máxima destrucción, aún perceptible, de la forma más baja de la realidad a la metrología humana. Por tanto, el polvo, como la ceniza (aunque ésta concierne al fuego y el polvo a la tierra), tiene un sentido negativo relacionado con la muerte.

Potne Oeron

Los griegos dieron este nombre a la composición formada por la figura de un hombre entre dos animales, muy extendida en todo el arte antiguo y medieval (arpa de Ur, en Mesopotamia; capitel de Estany; sellos capadocios, marfiles sumerios). A veces, este tema corresponde a figuras legendarias o históricas. Gilgamés para los mesopotámicos; Daniel entre los leones (Dan 6, 17-25), para la tradición bíblica y cristiana. Para los griegos, esa composición simbolizó la unión entre el hombre y la naturaleza; el equilibrio de fuerzas preciso para dicha unión. Ahora bien, según el teórico de arte ruso Schekotov, «la distribución simétrica de las figuras con referencia a un centro único encarna, así en el orden artístico como en las ceremonias religiosas o profanas, la idea del triunfo».

Potne Oeron. Daniel entre leones.

En el simbolismo cristiano, significa la salvación, en el grupo de ideas asociadas al concepto de la vida como peregrinación (4). El pozo de agua refrescante y purificadora es símbolo de la aspiración sublime, de la «cuerda de plata» que liga al palacio del centro. El hallazgo simbólico de pozos es, en consecuencia, signo anunciador de sublimación. Deméter y otras deidades se representaron junto a un pozo (15). No sólo en las culturas superiores de la Antigüedad se halla este símbolo, sino entre los primitivos. Schneider señala que, en los ritos medicinales de los pueblos de nivel animista, en el centro del proceso se halla un lago o un pozo, con cuya agua los enfermos se mojan las manos, el pecho y la cabeza. Al borde del agua se encuentran las conchas y crecen las cañas, signos del agua de salvación (51). En especial, el acto de sacar agua de un pozo — como el de pescar — es un extraer desde lo hondo: lo que asciende es un contenido numinoso (31). Mirar el agua de un lago o de un pozo equivale a la actitud mística contemplativa. También el pozo es símbolo del ánima y atributo femenino, ya en alegorías y emblemas medievales.

Pozo. Grabado de la obra «De re metallica» por Jorge Agricola. (Basilea, 1657).

Pradera

Bachelard señala que la pradera, creada por el agua del río, es de por sí un tema triste y que, en la verdadera pradera de las almas, no crecen sino asfódelos. Los vientos no encuentran en ella árboles canoros, sino sólo las ondas silenciosas de la hierba uniforme. Dice el autor citado que ya Empédocles habló de la «pradera de la desgracia» (2).

Preste Juan

El reino del fabuloso Preste Juan, como ciertos «lugares» míticos, no son sino símbolos del centro espiritual supremo (28).

Primera materia

Estadio original del que partía la labor alquímica para llegar a la transmutación áurea, es decir, a la sublimación perfecta y definitiva, a la consolidación del espíritu en sí mismo. Los alquimistas dieron a esa ignorada primera materia multitud de nombres diversos: plata viva, plomo, sal, azufre, agua, aire, fuego, tierra, sangre, lapis, veneno, espíritu, cielo, rocío, sombra, madre, mar, luna, dragón, caos, microcosmo, etc. El *Rosarium* la llama «raíz de sí mismo» y en otros textos se la denomina «tierra del paraíso».

Primera materia. Alquimia.

Esto explica la idea de que dicha materia procedía del monte en el que todavía no existen distinciones, siendo el reino de la cosa una y no de las discernidas o discernibles (32). Se considera asimilable al inconsciente.

Príncipe

El príncipe o hijo del rey es una forma rejuvenecida del rey padre, como el sol naciente lo es del sol muriente. El príncipe aparece en las leyendas con frecuencia como héroe; su virtud es la intuición y no es raro que posea poderes demiúrgicos (32).

Procesión

Esta palabra, que se refiere a la idea de una marcha, se encuentra verdaderamente representada en la procesión litúrgica. Davy indica que toma el significado de una peregrinación y muestra la necesidad de un constance avance, sin ligarse a las cosas terrestres, aunque utilizándolas progresivamente. La procesión recuerda asimismo los grandes éxodos de Israel y la travesía del desierto (14). Schneider señala, en relación con las procesiones celebradas en el interior de los claustros, el simbolismo de carácter espacio-temporal implicado por el movimiento. Los himnos que se cantan durante la procesión han de durar el tiempo que ésta. La vuelta al claustro equivale al transcurso de un año, por la correspondencia de los cuatro lados con los puntos cardinales y con las estaciones. Pero, en sentido más amplio, toda procesión es un rito que da corporeidad a la idea de ciclo y transcurso, como lo prueba su retorno al punto de partida. Muestra diversas figuras simbólicas y alegóricas, como los dragones chinos o las águilas romanas, pues el desfile militar es una forma procesional. El cristianismo ha incorporado algunos elementos anteriores a sus formas culturales. Por ejemplo, en un libro sobre san Macario, aparecen carrozas alegóricas que muestran los principales animales simbólicos, desde el oso y el rinoceronte, hasta el unicornio y el ave fénix. Las mismas fiestas que integran factores folklóricos asimilan por lo mismo sus consecuencias simbólicas. Desde la prehistoria, han figurado gigantes, cabezudos, enanos, dragones, víboras, leones, bueyes, en procesiones. En la célebre «tarasca» de Tarascón ha sido vista la

Procesión. Pintura de Gentile Bellini. Detalle. Venecia, 1496.

Gran Meretriz babilónica. El águila puede corresponder a san Juan. La víbora y el dragón aluden a la leyenda de san Jorge. Según la doctrina esotérica, gigantes, enanos, salamandras y ninfas son los elementales, espíritus respectivos del aire, tierra, fuego y agua. Sacarlos en procesión es exhibir el dominio humano sobre ellos, pues aunque se les expone triunfalmente, van en realidad como los vencidos que los romanos incorporaban a sus grandiosos desfiles a la terminación de las campañas.

Procesos físicos

Las alteraciones o transformaciones de las materias pueden ofrecer un sentido simbólico, como las manchas utilizadas por Rorschach en su test. Toda la alquimia se basa precisamente en el simbolismo de unos procesos de elaboración de la «materia prima» para, a través de las etapas de asimilación al mercurio y al azufre, llegar a producir, no el *aurum vulgui*, sino el oro de los filósofos, lo cual alude claramente a su naturaleza espiritual, es decir, correlativa a lo simbólico. René Alleau dice al respecto que «las técnicas materiales eran solamente un aprendizaje, una preparación del neófito a la comprensión de las verdades». Si en la creación de obras de arte suprimiéramos el resultado material, veríamos la génesis de las producidas por el artista como un largo proceso de autoeducación y de aproximación a los ideales de verdad o belleza.

Profesiones

Señala Schneider el carácter sobrio y artesano del pensar místico, según el cual la profesión o el oficio determinan de raíz la posición mítica y cósmica de un ser humano. Esto no niega el pensar práctico, pero lo fundamenta, rebasa y enraíza en la trascendencia. Estableciendo un paisaje ideal con el valle, la montaña y su caverna y el mar, encontraríamos que el último es la morada de marineros y pescadores; el valle corresponde a los labradores, jardineros; la falda de la montaña, a los pastores; la caverna, a los herreros y acaso a los alfareros; la cúspide, a los ascetas y a los sabios superiores. Según Schneider, por analogía, la montaña es también la morada de los guerreros, mineros, médicos y mártires (50, 51). Basta aplicar el simbolismo del nivel para conocer el grado a que corresponde cada profesión. Siendo el significado simbólico de éstas la elevación a lo espiritual o psicológico de lo práctico, la profesión de marinero simboliza el enfrentamiento con el inconsciente y la pasión, la lucha al nivel de las fuerzas caóticas; el pescador extrae de los fondos muestras simbólicas; el labrador se halla en contacto con la fecundidad y contribuye a la fertilidad del suelo con su trabajo; el jardinero realiza lo mismo en un plano de mayor espiritualidad e intelectualidad; siendo el jardín un símbolo del alma, lo trabaja para mejorarlo. Herreros y alfareros son creadores de formas, dominadores de la materia; los mineros se ocupan en labor análoga a la del pescador, pues extraen de un elemento lo valioso que posee; ascetas y sabios dirigen casi sin actuar la ordenación de la vida. Los médicos purifican la existencia y combaten el mal; los mártires lo padecen y vencen con su sacrificio. Otra profesión demiúrgica es la de tejedor. Igual, las hilanderas que hilan la existencia y cortan sus hilos. Ciertas profesiones marcaron en un momento dado, hacia el cuarto milenio antes de nuestra era, la transformación más profunda del hombre. Indica Berthelot que la constitución del calendario, el progreso de la metalurgia y la realización de las primeras aleaciones (bronce) parecen haber motivado el cambio del primitivo al civilizado (en Mesopotamia y Egipto primeramente). Establece este autor una interesante correlación entre los cultos progresivos y las profesiones que los fueron determinando y exigiendo, en creciente nivel de civilización. Los cazadores, pescadores y tejedores del paleolítico podían circunscribir sus cultos a la vida animal, de la que tomaban su subsistencia; el pastor y el navegante del neolítico y período protohistórico ya hubieron de fijarse en la luna y las estrellas, que les servían de orientación; los herreros, metalúrgicos y protoquímicos que inauguraron la historia, elevaron el culto del fuego, que intervenía de modo decisivo en sus técnicas. Finalmente, los agricultores, o el prevalecimiento de su sentido del mundo, pudo determinar el predominio del culto solar, ya que el sol es el creador del orden anual y del ciclo de las estaciones. Estos datos establecen una relación de mayor a menor primitividad en las profesiones y su simbolismo (7). El establecimiento de castas puede relacionarse con esto.

Prometeo

El mito de Prometeo, según Piobb, expone la sublimación a causa del parentesco del buitre con el águila, lo que establece la relación alquímica entre el principio volátil y el fijo. De otro lado, el sufrimiento corresponde a la sublimación por su coincidencia con el color rojo, tercer color de la Grande Obra, tras el negro y el blanco. La liberación del Prometeo por Hércules expresa la efectividad del proceso sublimador y su resultado (48).

Proporciones

Tema predilecto del Renacimiento, Giorgio Martini, Luca Paccioli, Jacopo de Barbari, Durero, le dedicaron atención preferente. Tanto en el aspecto de *canon* (sistema de relaciones de dimensión dentro de una forma o ser dado), como en el de *correlación* o superposición analógica, cual en el caso de las plantas cruciformes de edificios basadas en el cuerpo humano. Desde la Antigüedad, la preocupación por las proporciones indujo también a buscar relaciones entre formas biológicas y geométricas, de lo que el *Album* de Villard d'Honnecourt (siglo XIII) da bellos ejemplos, con precedentes bizantinos. El tema ha sido reactualizado por Matila Gikka y por Le Corbusier en su «Modulor».

Pueblo

Guénon le atribuye un carácter «lunar», es decir, pasivo, receptivo, frente a la función del héroe, el jefe, el guía.

Puente

Según Guénon, literalmente, el *Pontifex* romano era un «constructor del puente», es decir, de aquello que media entre dos mundos separados. San Bernardo dice que el pontífice, como lo indica la etimología de su nombre, es una especie de puente entre Dios y el hombre (*Tractatus de Moribus et Officio episcoporum*, III, 9). Por esta razón, el arco iris es un símbolo natural del pontificado. En Israel era la señal de alianza entre el Creador y sus pueblos. En China, el signo de unión del cielo y de la tierra. En Grecia, es Iris, la mensajera de las deidades. En multitud de pueblos es el puente que liga lo sensible y lo suprasensible (28). Sin este significado místico, el puente simboliza siempre el traspaso de un estado a otro, el cambio o el anhelo de cambio. Como decimos, el paso del puente es la transición de un estado a otro, en diversos niveles (épocas de la vida, estados del ser), pero la «otra orilla», por definición, es la muerte.

Puerta

Psicoanalíticamente símbolo femenino que, de otro lado, implica todo el significado del agujero, de lo que permite el paso y es, consecuentemente, contrario al muro. Entre la puerta del templo y el altar hay la misma relación que entre la circunferencia y el centro; aun siendo los dos elementos más alejados, son en cierta manera los más próximos, ya que se determinan mutuamente y se reflejan. Esto se advierte en la decoración arquitectónica de las catedrales, en las que con la mayor frecuencia la portada es tratada como retablo del altar.

Puertas

Umbral, tránsito, pero también parecen ligadas a la idea de casa, patria, mundo. En la antigua Escandinavia los exiliados se llevaban las puertas de su casa; en algún caso las lanzaban al mar y abordaban en el lugar donde las puertas encallaban; así se fundó Reykjavik en 874.

Pulpo

Igual significado que el dragón-ballena mítico (31). Como motivo decorativo aparece con la mayor frecuencia en el arte cretense. Se halla rela-

Pulpo. Mosaico romano. Museo Arq. de Barcelona.

cionado con la araña y con la espiral (símbolos del centro y de la creación por desenvolvimiento). También se le atribuye una mera significación vital (41).

Puntas

Todas las cosas terminadas en punta tienen un parentesco simbólico al morfológico (fuerza, agresión; pero también dirección y salida). Los cuernos, las coronas con puntas, las armas, las plantas espinosas, se hallan asociados en este significado.

Punto

Unidad, origen, centro. Principio de la manifestación y de la emanación, por esto en algunos mandalas el centro no es representado, debiendo pensarlo el adepto. Puede hablarse de la existencia de dos géneros de punto, el que carece de extensión (símbolo de la virtud creadora) y el que, como Ramon Llull quería en su *Nova Geometria*, posee la mínima extensión pensable o representable (símbolo del principio manifestado). Moisés de León definió la condición del punto original diciendo que «ese grado es la suma total de todos los espejos ulteriores, es decir, exteriores en relación con ese mismo grado. Estos proceden de él por el misterio del punto, que es en sí un grado oculto que emana del misterio del éter puro y misterioso. El primer grado, absolutamente oculto, es decir, no manifestado, no puede ser alcanzado» (25). Por esta razón, el centro —identificable con este punto místico— suele representarse como agujero.

Puñal

Término ambiguo; existe el puñal-daga, del caballero; y el puñal-cuchillo. Simbólicamente éste es el verdadero puñal, ya que la daga puede asimilarse a la espada en su significación. Por la posibilidad de ser escondido, el puñal simboliza el anhelo de agresión, la amenaza informulada, inconsciente. Servidor del instinto en la misma medida que la espada del espíritu, el puñal denota, con su tamaño, lo «corto» del poder agresor, la carencia de altura de miras y de potestad superior.

Putrefacción

El simbolismo alquímico de la *putrefactio*, que se representa gráficamente por medio de cuervos negros, esqueletos, calaveras y otros signos fúnebres, integra —como el signo zodiacal de Piscis— el principio de la nueva vida. Por ello se dice que es el «renacimiento de una materia después de la muerte y la disgregación de su escoria» (57). Psicológicamente, es la destrucción de los restos mentales que estorban para el avance evolutivo espiritual.

Q

Los Cherub o Kirubi que se levantan a la puerta de los templos y palacios asirios, no eran — según Marqués Rivière — sino gigantescos pantáculos que los sacerdotes ponían como «guardianes del umbral», función desempeñada en China por grifos y dragones (39). El Cherub egipcio era una figura con muchas alas y recubierta de ojos, emblema del cielo nocturno, de la religión y de la vigilancia (8).

Quimera

Monstruo nacido de Tifón y Equidna. Se le representa con cabeza de león, cuerpo de cabra y cola de dragón. De su boca surgen llamas. Como otros seres teratológicos, es un símbolo de la perversión compleja (8).

Quimera. Tomado de un dibujo griego.

Quinario

Es el grupo de cinco elementos. Formalmente, se presenta por el pentágono y la estrella de cinco puntas, pero también por el cuadrado, con la
agregación del punto central. Tradicionalmente, el número cinco simboliza al
hombre después de la caída, pero, ya en este orden de lo terrestre, la salud
y el amor (44). Por esto — y no inversamente, según la doctrina esotérica —
el hombre tiene cinco extremidades y el número cinco inscrito en cada mano
y en cada pie (54). Esta relación de la figura humana con el cinco es conocida universalmente, desde Extremo Oriente hasta Inglaterra, en el período
románico. Agrippa de Netesheim representó gráficamente la imagen del hombre con brazos y piernas abiertos, identificado con el pentagrama. Muchos
amuletos y talismanes se fundamentan en el cinco, no sólo por las ideas de
figura humana, salud (integridad física) y amor, sino porque el quinario es
el símbolo de la totalidad material (cuaternario) más el centro o quintaesencia. En Marruecos, por ejemplo, la protección contra el mal de ojo se expresa por la frase *hamsa fi ainek* (cinco en tu ojo). El islam ordenó por el
quinario ritos y conceptos; hay cinco deberes religiosos, cinco llaves del conocimiento secreto, cinco plegarias diarias y un juramento solemne se repite
cinco veces (12). En China el número cinco es el más importante. El quinario representa el ritmo natural de la vida, el orden cósmico. Según ese
«modelo» se distinguen: cinco planetas (Mercurio, Venus, Marte, Júpiter,
Saturno); cinco formas elementales (metal, vegetal, agua, fuego, tierra); cinco colores (blanco, negro, azul, rojo, amarillo); cinco sonoridades musicales
(del bronce, la piedra, la seda, la madera y el barro); cinco paisajes esenciales (montañas y bosques, ríos y lagos, colinas, llanuras fértiles, fuentes
y marismas), etc. (13). En el Próximo Oriente y en Occidente el cinco se ha
utilizado sólo para expresión de la figura humana íntegra y de lo erótico.
Los modelos dominantes han sido el cuatro y el siete, mediante los cuales
se han ordenado los factores cósmicos del universo y del hombre.

R

Racimo

En el arte cristiano es siempre símbolo de Cristo y del sacrificio. En el libro de los Números (23, 24) se lee: «Cortaron el sarmiento con su uva» (46).

Rahab

Caos primordial domado por Dios al principio de los tiempos, como el Tiamat vencido por Marduk de la tradición caldea (7). Idea esencial de las cosmogonías.

Rama

Con flores o frutos tiene el mismo significado que la guirnalda. En el sistema jeroglífico egipcio significa ceder, flexionar (19).

Rana

Representa la transición entre los elementos tierra y agua, e inversamente. Debe a su carácter anfibio esta relación con la fecundidad natural (50). Por esta causa, es también animal lunar; muchas leyendas cuentan que se ve una rana en la luna y también figura en muchos ritos para desencadenar la lluvia (17). En Egipto, la rana fue atributo de la diosa Herit, la que asistió a Isis en su ritual de la resurrección de Osiris. Las pequeñas ranas que aparecían unos días antes de la crecida del Nilo fueron por ello consideradas como heraldos de fertilidad (39). Según Blavatsky, la rana fue uno de los principales seres asociados a la idea de creación y resurrección, no sólo por ser anfibia, sino por sus períodos alternos de aparición y desaparición (que, de otro lado, caracterizan a todos los animales lunares). Dioses ranas se pusieron sobre las momias y los primeros cristianos las incluyeron en su simbolismo (9). El sapo es la antítesis de la rana, como la avispa de la abeja. Completa Jung todo lo citado, diciendo: «Por su anatomía, la rana representa, entre los animales de sangre fría, una anticipación del hombre». Y Ania Teillard recuerda que, en el cuadro del Bosco *La tentación de san Antonio*, vemos en el centro una rana con rostro humano de luenga edad, puesta sobre una copa presentada por una negra. Representa aquí el grado superior de la evolución; por eso, en las leyendas y cuentos folklóricos, aparece tantas veces la «transformación del príncipe en una rana» (6).

Ratas

Se hallan en relación con la enfermedad y la muerte. La rata fue una deidad maléfica de la peste en Egipto y China (35). El ratón, en simbolismo medieval, es asimilado al demonio (20). Se le superpone significado fálico, pero en su aspecto peligroso y repugnante.

Rayo

Es el fuego celeste en su forma activa, de terrible dinamismo y efectividad. El rayo de Parabrahman, el fuego-éter de los griegos, es el símbolo de la suprema potencia creadora. Júpiter posee ese atributo que ratifica su condición de demiurgo. De otro lado, la luz del relámpago se relaciona con la aurora y la iluminación. Por tales coincidencias, se halla en relación con el primer signo zodiacal, principio primaveral y símbolo de todos los inicios cíclicos (40). El rayo se considera emblema de soberanía. El rayo alado expresa las ideas de poder y celeridad (8). Los tres rayos de Júpiter simbolizan el azar, el destino y la providencia, es decir, las tres fuerzas que intervienen en un devenir (8). En la mayoría de religiones encontramos la divinidad oculta y luego el rayo como súbita e instantánea mostración de su poderosa actividad. En todas partes se encuentra esa imagen del Logos hiriendo las tinieblas (9). El *vajra*, símbolo tibetano que significa «rayo» y «diamante», se halla también en relación con el eje del mundo (22), pero si la cruz, la escalera y el mástil de sacrificio expresan el anhelo del hombre para alcanzar el mundo superior, el rayo expone la situación inversa: la acción de lo superior sobre lo inferior. Se relaciona también el rayo con la mirada del tercer ojo de Shiva, el destructor de las formas materiales.

Rebaño.
Miniatura
de salterio.
Bib. Nat. París.

Rebaño

Símbolo tradicional de las fuerzas cósmicas, que expresa un estadio no caótico pero tampoco enteramente disciplinado, siendo éste simbolizado por el haz. El rebaño tiene una correspondencia analógica con las constelaciones y grupos estelares, siendo la luna el pastor; así aparecen en algunas mitologías. De otro lado, el rebaño, como situación de multiplicidad, posee signo negativo (40) e indica desmembramiento de una fuerza o intención.

Recinto

Todas las imágenes que presentan un recinto, espacio cercado, jardín vallado, ciudad, plaza, castillo, patio, corresponden a la idea del *temenos*, espacio sagrado y limitado, guardado y defendido por constituir una unidad espiritual. Pueden simbolizar la vida individual, especialmente la vida interior del pensamiento (32). Así como la formación en círculo o cuadrado es espontánea en un ejército cercado o en condiciones de gran inferioridad, todo recinto expresa la necesidad de protección y autolimitación. Las danzas circulares, como la ronda del árbol de mayo en Baviera o la sardana de Cataluña, los círculos culturales de piedras o crómlechs; los emblemas de cercados o personajes que forman círculo, constituyen mandalas y simbolizan todos ellos la misma realidad, que Adama van Scheltema relaciona también con la idea de la madre, en «Le centre féminin sacré» (*Documents*, 7, París, 1930). Véase *Triple recinto*. La ciudad murada es también una imagen del «centro espiritual». Así parece haberla representado Domenico di Michelino en su imagen sobre Dante, y así aparece como la «Jerusalén celeste» con frecuencia en la Edad Media.

Rectángulo

Es la más racional, segura y regular de todas las formas geométricas; esto se explica empíricamente por el hecho de que, en todos los tiempos y lugares, es la forma preferida por el hombre y la que él da a todos los espacios y objetos preparados para la vida. La casa, habitación, mesa, lecho pueblan de rectángulos el ambiente humano. El cuadrado implica una dominación tensa e inspirada por un anhelo abstracto de poder, mientras el círculo escapa al sentido terreno por su simbolismo celeste. Las formas menos regulares que el rectángulo, como el trapecio o el trapezoide, son formas anormales, dolorosas, y simbolizan el sufrimiento y la irregularidad interior (42).

Red

La red es la forma extrema de la lacería y del ligamento, por ello está íntimamente asociada a los símbolos del envolvimiento y la devoración. Es el arma de los dioses uránicos, como Varuna (18), y de los que pescan en el océano del inconsciente. Ea, divinidad de las aguas y de la sabiduría, no lucha frente a frente con los monstruos primordiales, sino que los ata. El arma de Marduk en su combate con Tiamat es también la red, símbolo de soberanía mágica (17). La conexión cielo-red puede quedar explicada por el siguiente pasaje del *Tao-te-king:* «La red del cielo (estrellas, constelaciones) es de malla amplia, pero no pierde nada» (58). Este simbolismo expresa en su máxima agudeza la idea de que no es posible salir por propia voluntad (ni, naturalmente, por el suicidio) del universo.

Relieve. Busto de Cristo. Ermita de Santa María de las Viñas. Quintanilla de Lara (Burgos).

Relieve

El grosor de un relieve, en general equivalente a la claridad de destaque de las formas que realiza, más que a intensidad, corresponde a las ideas de verdad y materialidad. Un relieve desgastado simboliza un sentimiento perdido, falseado, equívoco, carente ya de poder persuasivo y de «valores» atractivos. Un relieve denso, por el contrario, expone la turgencia de una emoción o de una idea en todo su poder naciente.

Reloj

Como toda forma circular con elementos internos, puede ser interpretado como forma mandálica. Si lo esencial en él son las horas señaladas, domina en la imagen un caso particular de simbolismo numérico. Como máquina, está ligado a las ideas de «movimiento perpetuo», autómatas, mecanismo, creación mágica de seres con autonomía existencial, etc.

Reloj de arena

Símbolo de la inversión de relaciones entre el mundo superior y el inferior, y que Shiva, dios de la creación y de la destrucción, invierte periódicamente. Está relacionado con el tambor en forma similar y con la cruz de san Andrés, que poseen igual significado (51).

Remo

En los ritos de fundación de los antiguos templos, el rey recorría el perímetro de la fundación con un remo en la mano. Virgilio habla de esta ceremonia, a propósito de la erección de la nueva Troya. Simboliza el pensamiento creador y el verbo, origen de la acción (19).

Respiración

Asimilación del poder espiritual. Los ejercicios yoga dan a la respiración un papel esencial, pues por ella el hombre absorbe no sólo el aire sino la luz solar. Respecto a ésta, la alquimia habló en los siguientes términos: «Es una sustancia ígnea y una continua emanación de corpúsculos solares, que, por el movimiento del sol y de los astros, hallándose en perpetuo fluir y refluir, llena todo el universo... Nosotros respiramos continuamente ese oro astral». Los dos movimientos, positivo y negativo de la respiración, se asimilan al ritmo de la circulación de la sangre y a las grandes vías de la involución y la evolución (3). La dificultad para respirar puede simbolizar así la de asimilar los principios espirituales y cósmicos. El «ritmo justo» de la respiración yoga se identifica con la «voz justa» que exigían los rituales egipcios para la lectura de los textos sacros. Uno y otra se basan en la aproximación a los ritmos del universo.

Retirada

Toda retirada, retroceso, ocultación, simboliza — como la luna nueva y el sueño — el período en que la vida existe sin manifestación, antes y después de su involución en el seno de la materia.

Retorno

El retorno al domicilio propio o al materno, la vuelta a la patria, a la ciudad o el lugar natal, son símbolos de la muerte, considerada no como destrucción total, sino como reintegración del espíritu en el espíritu. Según el filósofo chino Liatsé, «cuando el alma abandona la forma vuelven ambas cosas a su verdadera esencia, por esto se llaman regresados a casa» (58).

Reunión

O reintegración. El acto de reunir lo disperso, de reconstituir lo despedazado, máximamente ejemplarizado en el mito egipcio de Isis recomponiendo el cuerpo despedazado de Osiris, es el símbolo por excelencia del retorno a la Unidad primigenia. Puede aparecer en formas menos puras, como la de Sigfrido recomponiendo la espada rota que el herrero no podía soldar y que él deshace y rehace. Lo «esparcido», en realidad, es el conjunto de todo lo que en el mundo (espacio y tiempo) se presenta como unidad real o aparente, discontinua. Se relaciona este esparcimiento con el «sacrificio» que da origen al mundo. El final ha de ser la inversión de este movimiento. El retorno a la unidad, la reunión de todo lo disperso.

Revolcamiento

El acto de revolcarse en el suelo, especialmente sobre el barro o agua pantanosa, forma parte de la terapéutica primitiva universal. Esta costumbre aparece asimismo en algunos ritos encaminados a producir la lluvia y la fertilidad. También en prácticas mágicas, en las cuales el hombre necesita revolcarse en tierra para levantarse transformado en lobo (51). El mito de Anteo se halla relacionado con lo descrito. En todos los casos se supone que el contacto de la tierra favorece unas posibilidades latentes, sea en el cosmos, en el hombre o en su espíritu. El deseo de curación, de metamorfosis o de lluvia responden al anhelo general de «inversión» (trastornar un orden dado y sustituirlo por su opuesto). Revolcarse es, pues, uno de los actos sacrificiales que se considera pueden provocar o facilitar la inversión, el cambio de circunstancias y de corriente vital.

Rey

El rey simboliza, en lo más abstracto y general, el hombre universal y arquetípico. Como tal, posee poderes mágicos y sobrenaturales, según la creencia animista y astrobiológica, desde la India a Irlanda (21). Expresa también el principio reinante o rector, la suprema conciencia, la virtud del juicio y del autodominio (56). De otro lado, la coronación equivale a la realización, a la victoria y a la culminación. De ahí que todo hombre puede ser llamado rey en los instantes culminantes de su orden personal existencial. Derivaciones del simbolismo del rey se hallan por su correspondencia con el oro, el sol y Júpiter, con los que puede identificarse. Estos términos implican, esencialmente, la idea de que el rey es el hombre asumido por lo solar, llevado a las condiciones ideales de lo áureo, es decir, «salvado» y eternizado. La idea de inmortalidad pasó de los dioses a los monarcas; sólo más tarde se hizo accesible a los héroes y luego a los humanos, en cuanto

Rey. Sello de Alfonso IV de Aragón.

éstos lograran la «corona» por el vencimiento de ciertos obstáculos normalmente vinculados a la ley moral. El rey, aparte de todo lo citado, puede simbolizar la realeza por así decirlo del hombre. En este caso, puede atravesar
por circunstancias desfavorables o penosas, que se simbolizan por el «rey
enfermo» (Amfortas de *Parsifal*) o por el «rey marino» (aspecto negativo de
lo humano) (32). El amor tiene también una parte importantísima en el
simbolismo de la realeza, ya que se conceptúa como una de las formas más
evidentes de culminación en la vida humana. Por ello, en el matrimonio de
rito griego, los novios se ponen durante la ceremonia unas coronas de metales preciosos. El rey y la reina juntos constituyen la imagen perfecta de
la hierogamia, o la unión del cielo y la tierra, del sol y la luna, del oro
y la plata, y del azufre y el mercurio. También, según la doctrina de Jung,
de la conjunción espiritual que se produce, al final del proceso de individuación, por la unión armoniosa de la conciencia y el inconsciente. El título de
rey se concede a lo mejor de cada especie o tipo; así el león es el rey de los
animales, como el águila de las aves y el oro de los metales (57). Volviendo
al simbolismo del «rey enfermo», éste, como el héroe afectado por el mismo mal (Filoctetes), significan tanto el castigo que sigue a la culpa como
la sombra al cuerpo — dada la existencia de la luz de la conciencia — como la
esterilidad espiritual. Un caso especialmente agudo de simbolización está implicado en la proyección de ese estado a la naturaleza circundante, como
acontece precisamente en *Parsifal* con el rey Amfortas, en la *Tierra baldía*
de Eliot y hasta cierto punto con *La caída de la casa de Usher* de Poe.
En lo que respecta al «rey marino», es un símbolo del océano, versión asimismo de Neptuno, como personificación del inconsciente abismal en forma
regresiva y perversa, opuesta al sentido de las aguas del «océano superior»
(nubes, lluvia, aguas dulces), que son las fecundantes (32). El «rey anciano», como Dhritarashtra, el viejo monarca de la epopeya védica, el rey Lear
y todos los ancianos reyes de las leyendas y cuentos folklóricos simbolizan
la memoria del mundo, el inconsciente colectivo en su forma más amplia y
generosa (38). En el rey se concentran muchas veces los rasgos del padre
y del héroe, con caracteres mesiánicos; por una inversión del orden temporal, lo que pasó deviene «lo que sucederá» y el rey muerto es investido por
sus súbditos de una extraña vida fantasmal de la que habrá de retornar
cuando grandes peligros amenacen a la patria. En los casos de monarcas
históricos fallecidos en circunstancias extrañas o muy adversas, suele formarse esa leyenda, cual en los casos del portugués don Sebastián o de don
Rodrigo, el último rey godo. Máximo exponente del tipo es el mítico rey Arturo, a quien denominó sir Thomas Malory *Arthurus, rex quondam, rex fu-
turus* (16).

Rey pescador

Pertenece a la leyenda del Graal. Según Marx, en *Nouvelles recherches
sur la Littérature arthurienne*, esta función del mítico monarca lo relaciona con los apóstoles o pescadores del mar de Galilea. En el libro de Robert
de Boron sobre el tema precitado, el Rey pescador se transforma en Rico
pescador, lo que Marx considera ratificación de la tesis. Pescar, simbólicamente, no sólo es «pescar hombres», sino lanzar el anzuelo a las profundidades de la propia interioridad para alcanzar la gnosis.

Riendas

Forman parte del simbolismo del carro y los caballos. Siendo el primero símbolo del cuerpo y los segundos de las fuerzas vitales, las riendas

Rey. Ordaño. Miniatura del Tumbo A. Santiago de Compostela. Catedral.

simbolizan la relación entre el alma y el cuerpo, los nervios y la acción de la voluntad. El acto de cortar las riendas es un equivalente simbólico de la muerte (38).

Río

Es un símbolo ambivalente por corresponder a la fuerza creadora de la naturaleza y del tiempo. De un lado simboliza la fertilidad y el progresivo riego de la tierra; de otro, el transcurso irreversible y, en consecuencia, el abandono y el olvido (8, 60).

Rito

En su esencia, todo rito simboliza y reproduce la creación (17). Por ello los ritos se relacionan con los ornamentos (38). La lentitud de los movimientos rituales en las ceremonias tiene íntimo parentesco con el ritmo de los movimientos astrales (3). De otro lado, todo rito es una cita, es decir, una confluencia de fuerzas y de ordenaciones; su sentido surge de la acumulación y de la combinación de esos poderes concertados.

Rizo

En el sistema jeroglífico egipcio, signo determinativo que indica ligar y desligar, según la posición de los cabos (19). Corresponde al simbolismo general de los ligamentos y de los nudos. El rizo de cabeza toma su significado del que concierne a la cabellera.

Roble

Arbol asociado al culto de Júpiter, adorado por los germanos y dedicado al dios del trueno Donar (21). Al referirnos al rayo indicamos que éste es el aspecto inverso y correspondiente al del árbol, ambos relacionados con el eje del mundo y la unión del cielo y la tierra.

Roca

Puede considerarse de validez el simbolismo atribuido por los chinos a la roca que, según ellos, significa permanencia, solidez y solidaridad consigo misma (5). Como la piedra, en muchas tradiciones se considera a la roca como morada de un dios. Una tradición del Cáucaso dice: «Al comienzo, el mundo estaba cubierto de agua. El gran dios creador permanecía entonces en el interior de una roca» (35). Parece, pues, que la intuición humana considera las piedras (mito de Deucalión) y rocas origen de la vida humana, mientras la tierra (inferior por su mayor disgregación) es madre de la vida vegetal y animal. Se atribuye al mineral un significado místico, en relación con el sonido que da al ser percutido y con la unidad que presenta en virtud de su solidez y cohesión.

Rocío

Todo lo que desciende del cielo (rayo, aerolito, meteorito, lluvia, rocío) tiene carácter sagrado. Pero el rocío tiene un doble significado que alude a la iluminación espiritual, por ser digno precursor de la aurora y el día que se acerca (33). Esta agua sutil y pura del rocío se asocia íntimamente a la idea de la luz, en algunas tradiciones. Los extremorientales citan a veces el «árbol del dulce rocío», situado sobre el monte Kouen-Lun, equivalente del Meru hindú y de otras montañas sagradas, símbolos del eje del mundo. La iluminación se expande en torno a ese árbol (25); por sinestesia, es el «árbol que canta» de las leyendas y cuentos folklóricos.

Rombo

Según Hentze, es el emblema del órgano sexual femenino (cit. Eliade, 17). Esto confirmaría la definición del rombo como instrumento mágico de los griegos, cuyo movimiento se creía que podía inspirar o acelerar las pasiones de los hombres (8), idea analógica y asociada de tipo fetichista.

Ronda

Para Nerval, es mejor una «ligazón física de afinidades» que un «círculo espiritual de intercesiones». Imagina que una cadena no interrumpida de inteligencias rodea el universo, según J.-P. Richard en *Poésie et profondeur*. No otra cosa es la esfera noética de Teilhard de Chardin.

Rosa

La rosa única es, esencialmente, un símbolo de finalidad, de logro absoluto y de perfección. Por esto puede tener todas las identificaciones, que coinciden con dicho significado, como centro místico, corazón (14), jardín de Eros, paraíso de Dante (4), mujer amada (31) y emblema de Venus (8), etc. Simbolismos más precisos derivan de su color y del número de sus hojas. La rosa blanca y la roja están en la relación que la alquimia determina entre ambos colores. La rosa azul es un símbolo del imposible. La rosa de oro es un símbolo de la realización absoluta. Cuando la rosa se presenta en forma circular corresponde al sentido de los mandalas. La de siete pétalos alude al orden septenario (siete direcciones del espacio, siete días de la semana, siete planetas, siete grados de perfección). Así aparece en el emblema DCCXXIII de Boschius *Ars Symbolica* y en el *Summum Bonum* de Robert Fludd (32). La rosa de ocho pétalos simboliza la regeneración (46).

Rostro humano

Su simbolismo se relaciona con el de la cabeza, pero se enriquece con todas las posibilidades inherentes a la expresión. En sí, el rostro simboliza la «aparición» de lo anímico en el cuerpo, la manifestación de la vida espiritual. Las infinitas fluctuaciones de los «estados de ánimo» que, por analogía, pueden relacionar con variados órdenes de lo real, se reflejan en él, particularmente en la mirada. Podríamos aducir, explicativamente, aspectos diversos y ejemplarizarlos mediante el arte, que, en todos los tiempos, ha tenido en el rostro humano, y no precisamente en los retratos, una fuente de inspiración. Pero citaremos sólo, para indicar hacia dónde pueden conducir este tipo de investigaciones, algunos ejemplos tomados de pintores simbolistas del pasado siglo. Arnold Böcklin, en su *Medusa*, relaciona el rostro con la muerte y a la vez con el tema primigenio de la máscara; labró, efectivamente, máscaras para la Kunsthalle de Basilea. Con frecuencia, en sus pinturas, representó seres míticos cuyo rostro se sublima paradójicamente hacia cierta forma de animalidad: sirenas, seres acuáticos de expresión abisal y turbadora. Rossetti, que dibujó un rostro objetivamente en la claridad

Rostro humano. Detalle del artesonado mudéjar
de la catedral de Teruel, siglo XVI.

de su belleza, al efigiar a la mujer de William Morris como *Reina Ginebra*
buscó luego en gran parte de su obra convertir el rostro en un espejo del
«eterno femenino», dotándolo de una magia fascinante; así, por ejemplo, en
su *Venus Verticordia*. El belga Fernand Khnopf refunde expresión de profundidad, espiritualidad y locura en *Los labios rojos*, mientras contrapone
un rostro vivo a una cabeza de piedra o a una máscara en otras pinturas.
Símbolo de la irradiación de la vida espiritual en el ser humano, expresión
de sus matices, el rostro humano puede ser, seguramente, la más perfecta
manifestación del mundo visible.

Rotación

El movimiento de rotación (establecimiento dinámico de circunferen-
cias, en ritos o en arte), según Roux en *Les Druides* (París, 1961), es generador de potencia mágica, en especial de fuerza defensiva, por determinar un
recinto sacro — el círculo — que implica la proyección del yo. Según Blavatsky, la danza de David en torno al arca, como la de los sabeos adoradores
de los astros, era una danza circular, en todo caso una danza en curva cerrada.

Rotura

Como, en general, cualquier estado de las materias y de las formas, tiene
una simbolización literal, pura traslación al mundo ideal, espiritual o psíquico del fenómeno físico correspondiente. Aquí se manifiesta la analogía
paralela de los dos reinos (visible e invisible), con la mayor claridad y fuerza.

Desde luego, el sentido del símbolo se amplía por el objeto afectado. Así una columna rota toma el significado de rotura sobre el de columna; un árbol desgarrado, exactamente. Las maderas carbonizadas, los hierros oxidados, las rocas cubiertas de liquen resultan por ello repelentes a ciertos temperamentos, mientras que atraen a otros de índole romántica, justamente por simbolizar la conjunción de contrarios, el juego de fuerzas positivas y negativas que se combinan en las materias que se hallan en tales estados. La rotura puede llegar a ser destrucción absoluta, simbolizando entonces la ruina espiritual o la muerte, como en el caso de *La caída de la casa de Usher*, de Poe. En el misterioso cuadro *La tempestad*, de Giorgione, hay dos columnas rotas sobre un pedestal, lo que freudianamente interpretado significaría un conflicto grave sexual. Más bien creemos que se trata de la ruptura de una unión — expresada por el dos —, lo que se ratifica al parecer por la separación espacial del hombre, que se halla a la izquierda en primer término, en actitud de errar; y la mujer, a la derecha, encontrándose entre ambos un arroyo bajo un rayo y las dos columnas precitadas. Así toda fragmentación física es símbolo de ruptura y disgregación espiritual. Sin embargo, hay casos en que la rotura puede tener carácter positivo, por simbolizar una posibilidad de liberación. El *Flamen Dialis* romano no podía tener nudo en parte alguna de sus vestidos ni llevar ningún brazalete que no estuviera roto (21). Nudos y brazaletes, cintos o collares simbolizarían en este caso servidumbres diversas, de las que el sacerdote había de hallarse liberado.

Rueca

Como los husos y lanzaderas, simbolizan el tiempo, el comienzo y la conservación de la creación. Tienen asimismo sentido sexual. Son atributo de las parcas, que hilan la trama de la vida y cortan el hilo (56, 38).

Rueda

Es un símbolo muy extendido, con gran aplicación en el arte ornamental y en la arquitectura, complejo y de varios estratos en cuanto al significado. Algunas disidencias de sentido pueden deberse a la confusión entre disco (inmóvil) y rueda (giratoria). Sin embargo, no hay inconveniente en refundir ambos símbolos y llegar a una integración del disco en la rueda. Una de las formas elementales del simbolismo de la rueda consiste en la interpretación del sol como rueda, y de las ruedas ornamentales como emblemas solares (14). A este propósito, Krappe señala que uno de los conceptos más extendidos en la Antigüedad es la idea del sol como rueda. De ésta a convertirlo en carro con dos ruedas no hay sino un paso. Aparecen estas nociones lo mismo entre los arios que entre los semitas (35). La «rueda de fuego» que se hace rodar montaña abajo en las fiestas populares de los solsticios, como las ruedas de los fuegos artificiales... las procesiones de la Edad Media, en que se llevaban ruedas montadas sobre barcas o carros, el propio suplicio de la rueda, y otras costumbres como la «rueda de la fortuna», la «rueda del año», etcétera, señalan un simbolismo hondamente arraigado de carácter solar y zodiacal. Las funciones de las ruedas de llamas eran, esencialmente, las de «animar» al sol en su proceso y alejar el invierno y la muerte (17). La rueda de fuego simboliza en síntesis, por consiguiente, las fuerzas cósmicas en movimiento y el tiempo como proceso (57). Ahora bien, no hemos de ocultar una discrepancia entre los que interpretan la rueda particularmente como símbolo solar y los que la adscriben al simbolismo del polo (en el fondo, ambos

temas aluden al misterio de la rotación de todo lo cíclico). También la esvástica, que es un signo intermedio entre la cruz y la rueda, es considerada
por unos como signo solar y por otros como signo del polo. Guénon se inclina por esta última hipótesis (28). Pero, sea como fuere, a lo que en última
instancia se alude es a la descomposición del orden del mundo en dos estructuras esenciales y distintas: el movimiento rotatorio y la inmovilidad; la
circunferencia de la rueda y su centro, imagen del «motor inmóvil» aristo-
télico. Este tema es obsesionante para la mentalidad mítica, y aparece en la
alquimia bajo la contraposición de lo volátil (en movimiento y por lo tanto
transitorio) y lo fijo. La doble estructura se señala en la rueda por característicos diseños que suelen llevar la ornamentación geométrica, estilizada o
figurativa, a la periferia del símbolo, mientras en medio se deja un espacio
circular vacío o se aloja en él un solo símbolo: triángulo, figura sagrada, etc.
Señala Guénon que el símbolo céltico de la rueda se conservó durante la Edad
Media, y que son ejemplos de él los óculus ornamentados de las iglesias románicas y los rosetones góticos. Indica también que existe una innegable relación entre la rueda y las flores emblemáticas, como la rosa en Occidente
y el loto en Oriente (28), es decir, con las figuras mandálicas. En su parte
exterior, la rueda muestra en sus sectores las fases de un transcurso. En
alquimia hay numerosos ejemplos simbólicos de la rueda, como proceso circulatorio; a un lado el período ascendente, al otro el descendente. Estas etapas
se representan también como pájaros volando hacia el cielo o descendiendo
hacia la tierra (sublimación y condensación), y corresponden a evolución e
involución, progreso espiritual y regresión (32). La «Rueda de la Ley, la Verdad y la Vida» es uno de los ocho emblemas de la buena suerte del budismo
chino. Expone la vía para huir del mundo (de la rotación) y de las ilusiones
y para acceder al «centro» (5). La rueda dividida en sectores por radios que
tocan un círculo interior, símbolo gráfico que aparece a veces en las marcas
de papel medievales sobre un tallo entre los cuernos de una cabeza de buey
(símbolo del sacrificio), expresa, según Bayley, la «comunión de los santos»,
es decir, la reunión de los fieles en el centro místico (4). En relación con la
doctrina taoísta, René Guénon dice que el elegido, el sabio perfecto, colocado
en el centro de la rueda la mueve invisiblemente, sin participar en el movimiento y sin tener que preocuparse por ejercer una acción cualquiera. Cita
textos taoístas: «El sabio perfecto es el que ha alcanzado el punto
central de la Rueda y permanece unido al "Medio Invariable", en unión indisoluble con el principio, participando de su inmutabilidad e imitando su
"actividad no actuante"». «El que ha llegado al máximo de vacío, será fijado sólidamente en el reposo. Volver a la raíz es entrar en el estado de reposo»,
es decir, el desligamiento de las cosas transitorias y contingentes (25).

Rueda de la Fortuna, La

Décimo arcano del Tarot. Esta alegoría reposa sobre el simbolismo general de la rueda. Se basa en el dos y expresa el equilibrio de las fuerzas
contrarias de comprensión y de expansión, el principio de polaridad. Una
manivela da movimiento a esa rueda fatídica por irreversible, que flota sobre
la figuración del océano del caos, sostenida por los mástiles de dos barcas
unidas, en cada una de las cuales hay una serpiente, que simbolizan los dos
principios activo y pasivo. En la parte ascendente, la lámina del Tarot muestra la efigie de Hermanubis con su caduceo y en la descendente un monstruo
tifónico con su tridente, símbolos de las fuerzas constructivas y destructi-
vas de la existencia. El primero de los aludidos personajes se relaciona con
la constelación canicular; el segundo con Capricornio, principio de la diso-

La Rueda de la Fortuna. Grabado del libro de Juan Joffre (1528). Bib. Nac. Madrid.

lución acabada en Piscis, en el simbolismo zodiacal. Encima de la rueda, la alegoría muestra una esfinge inmóvil, alusión al misterio de todas las cosas y a la interpretación de lo diferente (59).

Ruinas

Su sentido simbólico es obvio y literal; significan destrucciones, vida muerta. Son sentimientos, ideas, lazos vividos que ya no poseen calor vital, pero que todavía existen, desprovistos de utilidad y función, en orden a la existencia y el pensamiento, pero saturados de pasado y de realidad destruida por el paso del tiempo. Las ruinas son un símbolo equivalente al de las mutilaciones en lo biológico.

Sacrificio

La idea central de las cosmogonías es la del «sacrificio primordial». Invirtiendo el concepto, tenemos que no hay creación sin sacrificio. Sacrificar lo que se estima es sacrificarse. La energía espiritual que se obtiene con ello es proporcional a la importancia de lo perdido. Todas las formas de sufrimiento pueden ser sacrificiales, si se buscan o se aceptan plena y definitivamente. Los signos físicos negativos: mutilación, castigo, humillación, grandes penalidades o trabajos, simbolizan así las posibilidades contrarias en el orden espiritual. Por esto la mayoría de leyendas y cuentos folklóricos, los relatos de héroes, santos, seres excepcionales, abundan no sólo en dolor, sino en esas extrañas situaciones de inferioridad, tan bien expuestas en el cuento de la Cenicienta.

Sacrificio de Ifigenia. Mosaico romano. Ampurias (Girona).

Sagitario

Según Subba Rao, se trata de un símbolo cósmico, que expresa al hombre completo: animal, espiritual y digno de lo divino. El hombre constituye así un nexo entre el cielo y la tierra, una tensión simbolizada por el arco. Sagitario, Centauro o el Arquero significa la triple naturaleza; el caballo simboliza la estructura instintiva; la parte humana, los tres principios superiores que envuelven la mónada expresada por la flecha. En el poema babilónico de Gilgamés, Sagitario es sustituido por los «hombres-escorpión», de los cuales «sólo dos tercios son divinos» (40).

Salamandra

Espíritu del fuego, figurado en forma de lagarto mítico que se creía puede vivir en ese elemento (57, 8). En el simbolismo gráfico, la salamandra significa el fuego; lo mismo en la alquimia. Por consiguiente, su significado recae en el del fuego.

Salamandra. Dibujo del siglo XVII.

Salvación

En numerosas leyendas e historias, en muchos mitos aparecen situaciones en las que ha de producirse y con frecuencia se produce una «salvación». Evidentemente, esta aventura es una profanación del avatar del alma en su camino de retorno tras la «caída» de su estado paradisíaco. La salvación por excelencia es la aportada por la Pasión del Señor. Muchas religiones, con todo, asocian las ideas de sacrificio-salvación.

Salvaje

La imagen de un hombre salvaje, cubierto con una carga, una vestimenta de hojas o de pieles, es frecuente en casi todos los folklores y se relaciona con los seres míticos como el «hombre de las nieves», el ogro, los gigantes, etcétera, sin llegar a identificarse con ellos. Aparece en la heráldica como tenante de los blasones, con análoga significación a la de los animales que ordinariamente desempeñan el mismo papel (fuerzas inferiores en equilibrio, expresado por la simetría bilateral, que sostienen elementos — los símbolos heráldicos — espirituales y de sublimación). Hay a veces mujeres salvajes de igual presentación y con el mismo significado. Frazer expone costumbres folklóricas que guardan indudable conexión con ese personaje fabuloso. Por la Pascua de Pentecostés, en algunas regiones alemanas hay la fiesta titulada «expulsión del Hombre Salvaje». Envuelven con hojas y musgos a un muchacho, al que designan como «hombre salvaje», el cual se esconde en el bosque. Entonces emprenden su persecución que acaba con su muerte figurada. Al día siguiente disponen unas parihuelas y ponen en ellas un muñeco de paja parecido al hombre salvaje. Lo llevan en procesión a una laguna y

Salvaje. Relieve de la capilla del condestable. Detalle. Catedral de Burgos.

el verdugo lo arroja al agua (21). En Bohemia, el rey se presenta vestido de hierbas y flores. El «salvaje» parece ser la «víctima sustitutiva» del sacrificio ritual del rey. Según Jung, este mito simboliza la parte primitiva, el lado inferior de la persona, el inconsciente en su aspecto peligroso y regresivo, que él denomina «Sombra» (56). Tiene relación también este ser con países fabulosos como la isla de San Balandrán, o las tierras del Preste Juan. Pero el salvaje no sólo es el hombre primitivo, sino el caballero decaído de su condición o el que ha enloquecido, como el Orlando «furioso» de la célebre obra de Ariosto. En *El caballero del león*, de Chrétien de Troyes, Yvain, al perder el amor de su dama (al perder su *anima*) «vive como un animal salvaje en el bosque». Pero se trata de un estado con posible redención, de un estado reversible, y que incluso puede conducir a la santidad.

Salvaje. Pintura Mural de la sala de los Reyes. Detalle. La Alhambra. Granada

Sandalias aladas

Atributo de Mercurio. Símbolo de la elevación del alma, con el mismo significado que Pegaso, en la mitología griega. Perseo las utilizó para dar muerte a la Medusa Gorgona (15).

Sangre

Desde los ángulos del orden cromático y biológico, la sangre, correspondiente al color rojo, expone el final de una serie que tiene en su origen la luz solar y el color amarillo y en medio el verde y la vida vegetal. El paso del amarillo al verde y al rojo aparece en relación con un aumento progresivo de hierro. En conexiones tan estrechas como la de la sangre y el color rojo, es evidente que ambos elementos exprésanse mutuamente; las cualidades pasionales del rojo infunden su significado simbólico a la sangre; el carácter vital de ésta se trasvasa al matiz. En la sangre derramada vemos un símbolo perfecto del sacrificio. Todas las materias líquidas que los antiguos sacrificaban a los muertos, a los espíritus y a los dioses (leche, miel, vino) eran imágenes o antecedentes de la sangre, el más precioso don, facilitado en las culturas clásicas por el sacrificio del cordero, el cerdo y el toro, y en las asiáticas, africanas y americanas por sacrificios humanos (como también en la Europa prehistórica). El refrán de los árabes «la sangre ha corrido, el peligro ha pasado», expresa sucintamente la idea central de todo sacrificio: el don aplaca a las potencias y aparta los castigos mayores que podrían sobrevenir. Es el símbolo de Libra (la legalidad divina, la conciencia interna del hombre con su potestad de desencadenamiento de autocastigos terribles) el que pone en movimiento el mecanismo sacrificial que la sangre simboliza máximamente. Las heridas, por asociación y por igual origen, tienen similar significado. E incluso el color rojo, cuando se presenta irracionalmente, es decir, como una invasión misteriosa del objeto. Así, en la alquimia, cuando la materia pasa del estado blanco *(albedo)* al rojo *(rubedo)*, y en el legendario «caballero rojo», que expresa el estado pasional perenne del vencedor de la cabalgadura y de los monstruos. El *Parsifal*, de Chrétien de Troyes, es un caballero rojo. Un conjunto de imágenes escarlatas le rodea; que transcribimos por su belleza y redundancia altamente expresiva: «Un bloque de mármol rojo flota sobre el agua y una espada está clavada en él. El caballero que pueda sacarla será el descendiente del rey David. Está vestido de una cota de seda roja y el anciano que le acompaña le pasa un manto de seda escarlata forrada de armiño blanco... Parsifal encuentra a un caballero cuya armadura roja vuelve rojos los ojos que la miran. Su hacha es roja, su escudo y su lanza son más rojos que el fuego. Tiene en la mano una copa de oro rojo, su piel es blanca y sus cabellos son rojos». En relación con el mismo símbolo es muy aguda la interpretación de Lévi, quien traduce la frase siguiente: «Se hallaba revestido de un traje manchado de sangre porque había pasado a través de la guerra y el sacrificio» (37). Es muy interesante la cita de Pinedo, relativa al mismo símbolo, enriquecido además con el sentido adicional etimológico. Se trata de un comentario a Isaías (63, 1), quien se pregunta: «¿Quién es éste que viene de Edom y Bosra con las vestiduras manchadas de sangre?». «Por Edom y Bosra, que era su capital, se entienden todas las naciones de los gentiles. La palabra Edom quiere decir rojo y Bosra tiene la misma significación que vendimia, por lo que los Santos Padres dicen que éste que viene "rojo" de la "vendimia" no es otro que nuestro Señor Jesucristo, pues, según su sentir, ésta es la pregunta que le hicieron los ángeles en el día de su triunfal ascensión» (46).

Sapo

Es el aspecto inverso e infernal de la rana. Le corresponde, pues, el mismo significado simbólico, pero en aspecto negativo. Las doctrinas esotéricas expresan esto con su terminología usual diciendo: «Existen también animales cuya misión no es otra que romper la luz astral por una absorción que les es peculiar. Tienen en la mirada algo que fascina: el sapo y el basilisco».

Sarcófago

Simboliza el principio femenino y a la vez la tierra, como principio y fin de la vida material. Coincide en este significado con la vasija, el ánfora y la barca (9). Por ello, la alquimia lo denomina «huevo filosófico» (lugar de las transmutaciones). En sarcófagos egipcios se representaba, en el fondo, una figura femenina.

Saturnalia

La idea, fuertemente ligada al sentimiento de que la vida es duración y sustitución y de que el sacrificio es la única fuente de la nueva creación, de que todo reinado ha de ser sucedido por otro, aun en el ámbito de lo divino, marca las antiguas mitologías. Los sucesivos gobiernos cósmicos de Urano, Saturno y Júpiter facilitaron el modelo de los reinados terrestres, el «asesinato ritual del rey» en ciertas conjunciones astrales o a la terminación de determinados períodos de tiempo, y más tarde la sustitución de esa ceremonia sangrienta por sus simulacros. La Saturnalia es el aspecto más sobresaliente de tales sacrificios y simulaciones, en Roma. Por ello dice Frazer que fue de práctica general, en la antigua Italia, elegir un hombre que hacía de Saturno y gozaba de todas las prerrogativas del dios durante un tiempo y luego moría, por su misma mano o sacrificado. El personaje principal del Carnaval es la figura burlesca que sucede históricamente al rey de la Saturnalia. El «rey de la habichuela», el medieval «obispo de los locos», el «abad de la sinrazón» y el «señor del desorden» son personificaciones del mismo tipo y pueden deberse al origen citado. Todos ellos simbolizan las ideas de duración, sacrificio, inversión o cambio entre la brevedad e intensidad de la vida y su dilatación en lo neutralizado vulgar (21). El mismo Carnaval, con su brevedad, es un símbolo de ese anhelo de acumular en un tiempo dado todas las posibilidades existenciales, aparte de que, por su sentido orgíaco, es un llamamiento al caos primordial y una desesperada invocación a la «salida del tiempo».

Saturnalia. Pintura de un vaso griego.

Saturno

Simboliza el tiempo, el hambre devoradora de la vida, que consume todas sus creaciones, sean seres, cosas, ideas o sentimientos. Simboliza también la insuficiencia mística de cualquier existencia incluida en lo temporal, la necesidad de que el «reinado de Crono» sea sucedido por otra modalidad cósmica en la que el tiempo no tenga poder. Con el tiempo surge la inquietud, el sentimiento de una duración entre el estímulo y la satisfacción; por ello Saturno es símbolo de actividad, de dinamismo lento e implacable, de realización y comunicación (15); por ello se dijo que «devoraba a sus hijos» (32) y se le relaciona con el Ouroboros o serpiente que se muerde la cola. Otros atributos suyos son el remo (navegación, avance en la temporalidad), el reloj de arena y la guadaña (8). Vemos en ésta un doble sentido; de un lado su función de segar, paralela ratificación de la devoración; de otro, su forma curva que corresponde invariablemente al principio femenino. Esta es la causa de que los alquimistas, maestros de la ciencia espiritual del simbolismo, llamaran a Saturno «Mercurius senex»; siendo Mercurio una deidad andrógina, Saturno queda envuelto en la misma ambigüedad de género y de sexo, con lo cual puede relacionarse con la tierra, el sarcófago y la putrefacción, así como también con el color negro. Mertens Stienon dice que Saturno es, en todos los casos, la limitación que impone forma a la vida, la localización en el tiempo y el espacio de la expresión de la vida universal (40).

Schekina

No es un símbolo, sino una sefira *kabbalistica*. Significa el aspecto femenino del Ser supremo; es, para usar la terminología junguiana, como el *anima* suya, de la cual todas las ánimas —mujer joven, desconocida, amada— serían imágenes. La busca incansable del *ideal* a través de la multiplicidad femenina sería la busca de la Schekina a través de las imágenes del *anima* o simplemente de la seducción carnal que ellas encierran y que, según el libro de Henoch, atrajo a algunos de los mismos ángeles. El rechazo de la mujer —como Hamlet a Ofelia— podría, en tal contexto, significar el anhelo de recuperar la condición angélica, de evadirse de lo humano por una vía opuesta a la de la *coniunctio*. Dice Gershom G. Sholem, en su obra *La Kabbale et sa symbolique* (París, 1966), que la Schekina puede tener aspectos negativos, ocultos, destructores, lo cual, por otra vía, es llegar a la trinidad hindú en la que Shiva simboliza el lado destructor de la deidad. No debe olvidarse que, aquí, destrucción sólo concierne al lado fenoménico de los seres, y, en realidad, es transformación, renovación y renacimiento.

Secreto

Todo secreto simboliza el poder sobrenatural; de ahí su efecto perturbador sobre la generalidad de seres humanos. Jung insiste en este punto y señala que, por tal razón, es muy conveniente para el afectado desprenderse de sus secretos (31). En cambio, la dominación de esta tensión cuando se es superior a ella confiere una sensación de superioridad constante, la cual es frecuente en personas que viven fuera de la ley, en espías, altos consejeros de reyes y magnates. También en esta razón se fundamenta parte del atractivo de lo esotérico y de todas las formas de hermetismo en literatura y arte.

Sed

Dragón. Impulso de ciego goce, según Evola. «Sed de vivir», «sed de gozar» son expresiones vulgares de este significado.

Sefirot

Conjunto de las diez *sefira*, o emanaciones de Dios, según la Cábala. En sí ésta constituye una explicación mística y simbólica de la creación. Las sefiras son: Corona, Sabiduría, Inteligencia, Gracia, Juicio, Belleza, Fundamento, Gloria, Victoria y Reino de Schekina. Se han intentado identificaciones de esos aspectos del poder divino con las deidades mitológicas, que, ya en tiempos del Imperio romano, eran símbolos para los estoicos neopitagóricos y neoplatónicos. Las obras más importantes de investigación histórica sobre la Cábala, cuya obra principal, el *Zohar*, fue escrita en España en el siglo XIII por Moisés de León, son las de Gershon G. Sholem, profesor de la universidad de Jerusalén. En otro sentido, valen las síntesis de Grad.

Sello

Como las marcas, signo, señal de propiedad y de individualidad, de diferenciación. También, en el aspecto de sello de cera o de lacre, que cierra, símbolo de virginidad, de cerrazón y de represión.

Sello de Salomón

Constituido por dos triángulos entrelazados de modo que dan lugar a una estrella de seis puntas. Wirth la denomina «estrella del microcosmo», signo de la potencia anímica del individuo que posee una abnegación sin reservas. Simboliza en realidad el alma humana como conjunción de la conciencia y el inconsciente, significados por el fuego (triángulo) y el agua (triángulo invertido) en interpenetración (59). Ambos principios se hallan sometidos, según los alquimistas, al principio inmaterial que los filósofos llamaron Azoth que se representa en el «sello de Salomón» por un punto central no figurado y que debe ser visto sólo con la imaginación, cual en algunos mandalas de la India y el Tíbet.

Semana

El orden de la semana se relaciona con el de las siete direcciones del espacio, dos para cada una de las tres dimensiones más el centro, que, como «medio invariable» e imagen del «motor inmóvil» de Aristóteles, corresponde al día de descanso. El hecho de que este prototipo espaciotemporal, basado en el número siete, conformara las esferas planetarias y las deidades principales de cada panteón, se manifestó en la consecuencia de adscribir cada día de la semana a uno de los planetas, incluyendo el sol y la luna en esta denominación. Por el aspecto negativo del influjo de las deidades planetarias (asimilables a los siete pecados capitales), el monstruo de siete cabezas, frecuente en mitos, leyendas y cuentos folklóricos, se refiere también al peligro como aparición gradual en siete días.

Señalización

Todo sistema de imágenes (generalmente convencionales y no simbólicas) empleado como medio de comunicación. En las diversas formas del tráfico se convierte en códigos estatuidos, con imágenes claras, internaciona-

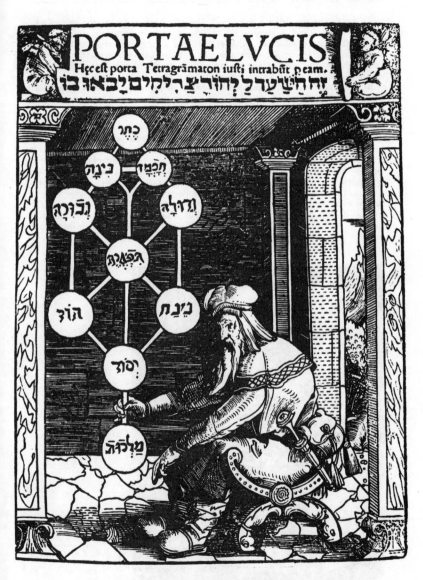

Sefirot. Grabado del libro de Ricius (1516).

les, para ser reconocidas a velocidad. Estas imágenes suelen ser representaciones esquemáticas o signos. En el caso de que representen objetos, formalmente se ha producido una evolución hacia la mayor simplicidad, como demuestra Munari en *Arte come mestiere* en el caso de la flecha. *Signs in action*, de Sutton, nos ofrece un repertorio de diversas señales (integrando las viejas muestras, en vía de desaparición), que, por lo común, carecen de sentido simbólico, aunque pueden presentar símbolos degradados a un mero servicio utilitario.

Septenario

Es el orden formado por siete elementos. El fundamento último del septenario se halla en las siete direcciones del espacio: dos contrarias por cada dimensión, más el centro. La proyección de este orden espacial de seis elementos dinámicos y uno estático coincide con la semana como modelo del septenario en el transcurso temporal. En muchas culturas, el tres es el número del cielo (orden vertical en la cruz de tres dimensiones espacial) y el cuatro es el de la tierra (cuatro direcciones —asimilables a los puntos cardinales— de las dos dimensiones del plano). Por ello, el siete es el número sumativo del cielo y de la tierra (como el doce expresa su posibilidad mul-

Septenario.
Pintura mural
de San Clemente
de Taüll
(siglo XII).
Detalle.
Museo Arte
Cataluña.

tiplicativa) (22). En la religión, el septenario tiene expresiones y correspondencias, como el ternario de las virtudes teologales, más el cuaternario de las cardinales; el septenario de los pecados capitales (59), que precisamente son entendidos, por la doctrina tradicional simbolista, como resultado del influjo — o de la correlación — con los principios espirituales de los siete planetas, o antiguas deidades mitológicas. En el cielo, el siete está particularmente representado por la constelación de las Pléyades, las hijas de Atlas, de las que seis están presentes y una oculta (9). Con carácter de síntesis, el siete se considera como símbolo de la transformación y de la integración de la gama de jerarquías en su totalidad (32); por ello hay siete sonidos en la escala habitual, siete colores en el arco iris, siete esferas planetarias y siete planetas que les corresponden. El número siete se considera a veces escindido, o como unión de dos y cinco (Sol y Luna — Mercurio, Venus, Marte, Júpiter, Saturno) o de tres y cuatro (Sol, Luna, Mercurio — Venus, Marte, Júpiter, Saturno). El siete se representa gráficamente por la unión del triángulo y el cuadrado, bien sobreponiendo el primero al segundo, o inscribiéndolo en su interior. Esta disposición septenaria se da con gran frecuencia en las plantas de grandes conjuntos arquitectónicos, pues tiene un valor mandálico, similar al de la «cuadratura del círculo». Sería imposible enumerar, ni aun en resumen y sintéticamente, las innumerables aplicaciones del septenario, las apariciones de este «modelo» cósmico en mitos, leyendas, cuentos folklóricos, sueños, o en hechos históricos, obras de arte, etc. A veces, la ordenación de este siete aparece como símbolo del complejo: dioses planetarios en aspecto malévolo — días de la semana como peligros espirituales (dragón de siete cabezas). A veces, como cristalización de un orden celeste (candelabro de los siete brazos del Templo de Salomón). Schneider nos informa que, en la danza escocesa de las espadas, san Jorge vence al dragón acompañado de siete santos (inversión — para facilitar la victoria — del tema de las siete cabezas) (51). Como el siete es símbolo de totalidad de gama (lira de Orfeo), de ahí que se adoptara ese número con frecuencia: siete eran las Hespérides, los jefes que atacaron Tebas (y los que la defendieron); los hijos y las hijas de Níobe (38); Platón concibió una sirena celeste cantando sobre cada esfera y esas «Siete Sirenas de las Esferas» deben asimilarse a las siete vírgenes de Cinderella (Cenicienta) (4), o a las siete hadas de las leyendas y cuentos folklóricos (una por cada dirección del espacio y del tiempo). Según Loeffer, estas hadas se corresponden con los siete *Lipiki* del esoterismo hindú (espíritus que corresponden a cada plano humano: sensación, emotividad, inteligencia reflexiva, intuición, espiritualidad, voluntad, presciencia de lo divino) (38). De ahí se deduce que en la teoría esotérica el ser humano está compuesto de siete esferas análogas a las de los cielos. La Cábala hebrea identifica las deidades mitológicas, en su aspecto creador y benéfico, a siete jerarquías celestes: *Sol*, ángel de la luz (Miguel); *Luna*, ángel de las aspiraciones y de los sueños (Gabriel); *Mercurio*, ángel civilizador (Rafael); *Venus*, ángel del amor (Anael); *Marte*, ángel exterminador (Samahel); *Júpiter*, ángel dominador (Zachariel); *Saturno*, ángel de la solicitud (Orifiel). Lévi establece numerosas analogías fundadas en el septenario, que dan lugar a rigurosas correspondencias con elementos de todos los planos cósmicos. Citaremos sólo los emblemas que atribuye a cada deidad: Sol (serpiente con cabeza de león); Luna (globo cortado por dos medias lunas); Mercurio (caduceo hermético); Venus (lingam); Marte (dragón mordiendo la guarda de una espada); Júpiter (pentagrama flameante en las garras de un águila); Saturno (anciano y guadaña) (37). Fácil es comprender las determinaciones numerales que se pueden establecer tomando como base el septenario. La inmensa mayoría de símbolos de siete elementos, en el mundo entero, derivan del modelo celeste de las siete esferas. Transcribimos unos cuantos ejemplos de la obra de Cola Alberich, que los cita en relación con la aparición del siete en tatuajes y amuletos; dicho autor menciona la frase de Hipócrates: «El número siete, por sus virtudes ocultas, tiende a realizar todas las cosas; es el dispensador de la vida y la fuente de todos los cambios, pues incluso la luna cambia de fase cada siete días. Este número influye en todos los seres sublimes»; y agrega: «Los peines de siete púas eran símbolos mágicos en Susa; entre los chinos el "zorro de siete colas" es el genio maligno; los santos y sabios tienen "siete agujeros" en el corazón; los espíritus animales son siete; existen siete hadas de siete colores; en el día siete del séptimo mes, se celebran en toda China grandes fiestas populares y uno de los amuletos predilectos es el loto de siete hojas. En el Tíbet son siete los emblemas de Buda... En las pirámides sagradas de Mocha, en la costa peruana, la huaca del sol tiene siete escalones. En el islam, el número siete goza de gran prestigio: hay siete cielos, siete tierras, siete mares; se dan siete vueltas en torno al templo de La Meca; hay siete días nefastos; el hombre está formado de siete sustancias; son siete los alimentos recogidos...» (12).

Sequedad

Es el principio contrario a la vida orgánica. Esta corresponde a la fertilidad terrena: plantas, vida animal. La sequedad, en cambio, es la expresión del clima anímico. Es signo de virilidad, de apasionamiento, de predominio del elemento fuego (2). El símbolo del «rey marino», como espíritu abismado en el inconsciente y en lo inferior, es muy claro al respecto. Clama ese personaje: «Quien me libere de las aguas y me conduzca el estado seco será recompensado con riquezas sempiternas». Las aguas simbolizan la existencia degradada, sometida al tiempo, a lo transitorio, realizando lo «húmedo» (femenino). El «estado seco» es una figuración de la inmortalidad (32); de ahí que los espíritus ansiosos de cobrar o recobrar su fuerza vayan al desierto como paisaje perfecto de sequedad; de ahí que el hombre de carácter «seco» sea, en contra de lo que parece y de él se cree, el intenso apasionado. Eliade dice que la aspiración a la sequedad simboliza el anhelo de la vida espiritual desencadenada. Y cita a Heráclito, quien sentenció: «Muerte es para las almas convertirse en agua». Un fragmento órfico insiste: «Para el alma, el agua es la muerte» (Clemente, *Strom.* VI, 2, 17, 1. — Kern 226) y Porfirio (*Antre nymph,* 10-11), explica la tendencia de las almas de los muertos a la humedad por el deseo de reencarnación (17).

Serialidad

La serialidad es el producto de la existencia de un número limitado de elementos discontinuos, que muestran diferencias menores frente a órdenes o metros que se les pueden contraponer. Lo serial se constituye, pues, por la diferenciación de lo mismo, por la diversificación de lo unitario, o por la unificación de lo relativamente diverso. Así, en la serie hemos de distinguir: *a) límites* o polos de la serie; *b) elementos* en número limitado que la forman y que se distinguen por su capacidad para ser insertados entre los polos aludidos; *c) gradación* interna, que se produce entre dos o más de tales elementos. Esa gradación o escalonamiento expone la conexión de lo cualitativo y lo cuantitativo (su mutua metamorfosis), como se advierte en los fenómenos vibratorios (gama de sonidos, de colores). La ordenación en el tiempo de una serie equivale a la determinación o constitución de un *proceso,* evolutivo si es ascendente, regresivo si es descendente o recurrente.

Serpiente

Si en realidad todos los símbolos son funciones y signos de lo energético, la serpiente es simbólica por antonomasia de la energía, de la fuerza pura y sola; de ahí sus ambivalencias y multivalencias. Otra razón de la diversidad de sus aspectos simbólicos se deriva de que éstos provienen o de la totalidad de la serpiente o de uno de sus rasgos dominantes: avance reptante, asociación frecuente al árbol y analogía con sus raíces y ramas, muda de la piel, lengua amenazante, esquema onduloso, silbido, forma·de ligamento y agresividad por enlazamiento de sus víctimas, etc. Otra razón de su multivocidad simbólica depende de la localización de su vida; hay serpientes que viven en el bosque, serpientes del desierto, serpientes marinas, serpientes de los lagos y los estanques, de los pozos y de las fuentes. El culto de las serpientes y de los genios de las serpientes, en la India, está vinculado a las aguas. Las serpientes son poderes protectores de las fuentes de la vida y de la inmortalidad, así como de los bienes superiores simbolizados por los tesoros ocultos (17). En Occidente, Bayley interpreta que la serpiente, por su esquema onduloso, similar a la forma de las ondas marinas, puede simbolizar la sabiduría abisal (4) y los grandes arcanos. En cambio, en multiplicidad y en el desierto, las serpientes son las fuerzas de la destrucción, que atormentan a todos los que han logrado atravesar el mar Rojo y dejar Egipto (57), siendo entonces asimilables a las «tentaciones» de quienes han vencido la constricción de la materia y han penetrado ya en los dominios de la sequedad espiritual. Esto explica que Blavatsky diga que, físicamente, la serpiente simboliza la seducción de la fuerza por la materia (Jasón por Medea, Hércules por Onfale, Adán por Eva), constituyendo la manifestación concreta de los resultados de la involución, la persistencia de lo inferior en lo superior, de lo anterior en lo ulterior (9), lo cual es ratificado por Diel, para quien la serpiente es el símbolo, no de la culpa personal, sino del principio del mal inherente a todo lo terreno. El mito nórdico de la serpiente Mitgard expresa lo mismo (15). Hay una evidente conexión de la serpiente con el principio femenino. Según Eliade, Gresmann («Mytische Reste in der Paradieserzählung», en *Archiv. f. Rel.* X, 345) ha visto en Eva una diosa fenicia arcaica del mundo subterráneo, personificada por la serpiente (aunque mejor ésta debería ser la alegoría de Lilith, enemiga y tentadora de Eva). Al propósito, relaciona el autor aludido las numerosas deidades mediterráneas que se representan llevando una serpiente en una o ambas manos (Artemisa arcadia, Hécate, Perséfone), las sacerdotisas cretenses, bellamente figuradas en oro y marfil; o con cabellos de serpientes (Gorgona, Erinias). En conexión con este mito asociativo, menciónase que en Europa central existe la creencia de que si se entierran pelos arrancados a una mujer bajo el influjo lunar, se transforman en serpientes (17). Ya en Egipto aparece con gran frecuencia la serpiente; el signo que fonéticamente corresponde a la letra Z representa una serpiente en movimiento. Igual que el signo de la babosa o serpiente cornuda (fonéticamente F) se refiere a lo primigenio y a las fuerzas cósmicas. En general, los nombres de las diosas presentan como signo determinativo el de la serpiente, lo que viene a decir que es por la mujer que el espíritu se desliza en la materia y en el mal. También se emplea, como los otros reptiles, para aludir a lo primordial, a los estratos más primitivos de la vida. En el *Libro de los Muertos* (XVII), los reptiles son los primeros en aclamar a Ra cuando aparece sobre la superficie del Nou. La asimilación demonística es dada a través de Tuat, cuyos genios maléficos se representan como serpientes, pero éstas —cual el dragón domado— pueden aparecer en forma benéfica (es decir, como fuerzas dominadas, dirigidas, sublimadas y utilizadas para los fines superiores de la psique y de la evolución humana) y en esta expresión corresponden a las diosas Nekhbet y Bouto. También dentro de este simbolismo —y el de la Kundalini— se convierten en ureus y constituyen el más preciado adorno de la diadema real (19). Las cualidades centrales de la serpiente, como dijimos, determinan sus significaciones. Teillard dice a su propósito: Animal dotado de fuerza magnética. Por su muda de piel, símbolo de la resurrección. Por su carácter reptante (y sus anillos estranguladores) significa la fuerza. Por su peligrosidad, el aspecto maligno de la naturaleza (56). La muda de la piel impresionó poderosamente a los autores antiguos: Filón de Alejandría cree que la serpiente, al desprenderse de su piel, se desprende también de la vejez; que puede matar y curar, siendo por ello símbolo y atributo de los poderes adversarios, positivo y negativo, que rigen el mundo (idea gnóstica y maniquea de origen persa). Llega a considerarla como «el más espiritual de los animales». Jung señala que los gnósticos la asimilaban al tronco cerebral y la medula, constituyendo un excelente símbolo de lo inconsciente que expresa su presencia repentina, inesperada, su interposición brusca y temible (31). Añade que, psicológicamente, es un síntoma de la angustia y expresa una anormal animación del inconsciente, es decir, una reactivación de su facultad destructiva. Esto se halla en relación directa con el sentido de la serpiente Mitgard, en la mitología nórdica. En el *Völuspa* se anuncia que el diluvio dará comienzo al despertarse la serpiente para la destrucción universal (31). Según Zimmer, la serpiente es la fuerza vital que determina nacimientos y renacimientos, por lo cual se identifica con la Rueda de la vida. La leyenda de Buda dice que la serpiente circundó siete veces su cuerpo (como en las efigies de los Cronos mitraicos), pero, no pudiendo vencerle, se transformó en un joven que se inclinó ante el Gautama (60). La identificación de la serpiente con la rueda aparece gráficamente expresada en los símbolos gnósticos del Ouroboros, o serpiente que se muerde la cola; la mitad de ese ser es clara y la otra obscura, como en el símbolo chino del *Yang-Yin*, lo cual expone la ambivalencia esencial de la serpiente y su pertenencia a los dos aspectos (activo y pasivo, afirmativo y negativo, constructivo y destructivo) del ciclo. Wirth dice que la «antigua serpiente es el soporte del mundo, al que provee a la vez de los materiales y de la energía, desdoblándose en razón e imaginación, pero también en fuerza tenebrosa» (59). La serpiente desempeñó un papel muy importante entre los gnósticos, especialmente en la secta de los nasenios (de *naas*, serpiente). Hipólito, autor de dicha doctrina, decía que la serpiente «vive en todos los objetos y en todos los seres». Esto nos lleva al concepto yoga de la Kundalini o serpiente como imagen de la fuerza interior. Kundalini está representada simbólicamente como serpiente enrollada sobre sí misma, en forma de anillo (*kundala*) (29), en una región del organismo sutil que corresponde a la extremidad inferior de la columna vertebral; cuando menos así sucede en el hombre ordinario. Pero, por efecto de las prácticas encaminadas a su espiritualización —como del Hatha Yoga—, la serpiente se despliega y se alza a través de las ruedas (*chakras*) que se corresponden con los diversos plexos, hasta llegar a la región correspondiente al tercer ojo (frontal, de Shiva). En este momento recupera el hombre —según la doctrina hindú— el sentido de la eternidad (28). Hay aquí, probablemente, un símbolo de la ascensión de la fuerza, desde la región dominada por el sexo, hasta la del pensamiento —idea que cabe explicar por simple aplicación del simbolismo del nivel, tomando el corazón como centro —. Es decir, expone este simbolismo la «sublimación de la personalidad» (Avalon, *The Serpent Power*). Jung señala que las representaciones de transformación y renovación por intermedio de serpientes constituyen un arquetipo del que existen muchos documentos. Dice también que el ureus egipcio es la representación visible de la Kundalini elevada al plano superior (32). Por otro lado, ritos diversos concuerdan con esta elevación progresiva. El avance a través de los seis chakras (existe un séptimo innominado e irrepresentado, como el punto central de algunos diagramas mandálicos) se puede considerar análogo a la subida por las terrazas del zigurat o por los escalones de siete metales del ritual de Mitra (11). Aparte de su posición cósmica circular, que adquiere valor de totalidad, la serpiente aparece con frecuencia asociada a otros elementos. El más frecuente es el árbol, que, como unitario, puede ser considerado correspondiente al principio masculino, simbolizando entonces el ofidio el femenino. El árbol y la serpiente prefiguran míticamente a Adán y Eva. También, y por analogía, hay en esa situación de envolvimiento del árbol por la serpiente (o del bastón de Esculapio) una imagen simbólica del dualismo moral. Diel, inclinado a las interpretaciones de este tipo, dice que la serpiente enrollada en torno a la maza del dios de la medicina recuerda el símbolo fundamental bíblico del árbol de la vida enlazado por la serpiente-principio del mal, conexión que significa el origen de todos los males por la estrecha relación entre vida y perversión. Añade que esta subversión contra el espíritu origina la muerte del alma. Y esto es lo que la medicina debe combatir en primer lugar (15). De otro lado, la situación opuesta a la de la serpiente envolvente (triunfante) es la de la serpiente crucificada, que aparece en las figuras de *Abraham le Juif* (París, Bibl. Nat. Ms. 14765, siglo XVI) (32). La serpiente vencida y clavada en cruz, el principio ctónico y femenino do-

Serpiente. Bronce romano.
Col. Planes. Palma de Mallorca.

410   Serpiente

minado por el espíritu, es también figurado míticamente por la victoria del águila sobre la serpiente. En la *Ilíada*, recuerda Erich Zimmer, un águila se aparece a los griegos y llevando entre las garras una serpiente herida. El adivino Calcante interpretó el signo como presagio del triunfo helénico (perteneciente al orden masculino y patriarcal ario, sobre el principio de prevalecimiento femenino y matriarcal de Asia) (60). Teniendo en cuenta que la lucha es una forma de conjunción y de amor, no puede extrañar que el hombre haya creado la síntesis de los poderes contrarios (cielo y tierra) en la imagen de la «serpiente emplumada», símbolo el más importante de América precolombina. La serpiente lleva plumas en la cabeza, en la cola y a veces también en el cuerpo. Quetzalcóatl es otro símbolo andrógino como el citado (41). La contraposición de dos serpientes, cual en el caduceo de Mercurio, indica el equilibrio de fuerzas, la contraposición de la serpiente domada (fuerza sublimada) a la serpiente salvaje (bien y mal, salud y enfermedad). También incluye esta imagen repetida, como muy agudamente señala Jung, el presentimiento de la homeopatía, la curación por lo que causó el daño. La serpiente es entonces fuente de salud del daño causado por la serpiente. Por eso puede ser símbolo de san Juan evangelista (32) y aparecer junto a un cáliz. Respecto a las modalidades de serpiente, no hay demasiadas precisiones. La serpiente marina parece tan sólo integrar más fuertemente el simbolismo del inconsciente y de lo abisal (9). La multiplicación del número de cabezas sólo agrega al sentido simbólico del animal y de su situación el correspondiente al referido número. Son frecuentes en leyendas, mitos y cuentos folklóricos los dragones y serpientes de siete cabezas simplemente porque el siete multiplica el uno y lo concreta en los órdenes esenciales del cosmos. La serpiente de siete cabezas invade las siete direcciones del espacio, los siete días de la semana, los siete dioses planetarios, y se relaciona con los siete vicios (9). La serpiente de tres cabezas se refiere a los tres principios (activo, pasivo, neutro). En alquimia, la serpiente alada es el principio volátil; la carente de alas, el principio fijo. La serpiente crucificada, fijación del volátil y sublimación (como en el mito de Prometeo). También la alquimia descubrió la serpiente como «lo femenino en el hombre» o su «esencia húmeda», identificándola con Mercurio (57), el dios andrógino y probablemente, como Shiva, dotado de capacidad para el bien y el mal (las dos serpientes de los gnósticos: *Agathodaemon* y *Kakodaemon*) (9). Hay también serpientes de aspecto inusitado: tal las serpientes dotadas de cabeza de carnero que se ven en relieves de sepulturas galorromanas. Dado el sentido favorable del carnero (Aries, primavera, inicio, fuego), la modificación implica una cierta espiritualización del ofidio (16). Finalmente, según Schneider, la serpiente sacrificada equivale al cuello del cisne y al propio cisne, en el cual los héroes se dirigen al cielo tocando el arpa (50). Es decir, el sacrificio de la serpiente (como fuerza vital) posibilita la aceptación placentera (cisne) de la muerte y el vuelo hacia la región superior. Según el padre Heras, símbolo de la fertilidad y destrucción; aparece en el menhir de Kernuz (Finisterre). Surge en contraposición a la flecha, en la efigie del dios cornudo de Cerdeña, que lleva encima otra cabeza (Géminis).

Sexos

En el *Timeo* de Platón se habla de los sexos como «vivientes» que en cierto modo son independientes de los seres a que pertenecen. Esto se halla visualmente simbolizado por los rostros ventrales de algún ente fabuloso medieval y por las cabezas con patas de las *gryces*, derivadas de viejas imágenes cartaginesas y gnósticas. De otro lado, si la ortodoxia freudiana reduce la inmensa mayoría de objetos, segun su carácter dominante de contenido o continente, en alusión simbólica al sexo masculino y al femenino, esta constricción simbólica no representa ninguna novedad, cuando el sistema *Yang-Yin* chino ya buscaba una clasificación de todas las cosas dentro del sistema de la polaridad de géneros, a la que corresponde la dualidad de los sexos. Debemos también recordar que éstos pueden simbolizar principios espirituales: conciencia e inconsciente, cielo y tierra, fuego y agua. La *coniunctio* sexual es la imagen más gráfica e impresionante de la idea de unión; por ello en la alquimia se usó para representar verdades iniciáticas que superan y trascienden por entero la esfera de lo biológico, como Jung ha probado especialmente en *La psicología de la transferencia*.

Sibila

Personaje de la Antigüedad, que reaparece en la literatura e iconografía medieval y que simboliza la intuición de las verdades superiores, los poderes proféticos.

Sibila. Pintura sobre tabla, obra de Gascó (siglo XVI). Museo episcopal de Vich (Barcelona).

Sigma

La figura de la S, vertical u horizontal, y todas las derivadas, que se designan en junto en arte ornamental con el nombre técnico de «arrollamientos» simbolizan la relación y el movimiento, el ritmo en continuidad aparente. Señala Ortiz que, igual que la espiral, los signos sigmoideos han sido usados como símbolos del viento, pero corresponden más bien a la forma del torbellino, sea en el aire o en el agua. La doble espiral simétrica (como las volutas del orden jónico) puede ser una estilización de los cuernos del toro, según idea de Breuil. La esvástica curvilínea es una duplicación de la sigma en cruz (41). Un sentido diferente, más amplio y profundo (aunque en conexión estrecha con el torbellino y el huracán como síntesis de los elementos y «momento» cósmico por excelencia) es dado por Schneider, para quien la sigma, particularmente en su posición vertical, imita las formas serpentinas de los ríos al descender por las laderas de las montañas, constituyendo así un símbolo característico del eje valle-montaña (tierra y cielo, hierogamia). Añade que dicha S parece estar formada por una luna menguante y otra creciente, esto es, por los símbolos de las dos fases del proceso de evolución e involución, alternancia que rige las relaciones sacrificiales del cielo y la tierra. Cree que por tales causas aparece con tanta frecuencia la sigma en la ornamentación primitiva (50).

Signo

Según Ramon Llull, «la significación es la revelación de los secretos que son mostrados con el signo», tesis que acentúa el valor del signo, como hecho y como realidad. En cambio, para Stanislas de Guaita (*Essais de Sciences Maudites*, II. París, 1915) el signo es el «punto de apoyo que requiere la voluntad (o la conciencia) para proyectarse hacia un objetivo prefijado». El signo es, pues, la concreción, el síntoma de una realidad invisible e interior y, a la vez, el medio de recordar al pensamiento esa realidad en un aspecto determinado. Determinación y sentido son inmanentes en el signo. La teoría ocultista de las «signaturas» concibe *todo cuanto existe* como signo y cree factible su «lectura» (la forma de un árbol, la situación de tres o más rocas en una llanura, el color de unos ojos, las marcas hechas por las fuerzas naturales en una zona de terreno natural o artificial, la estructura de un paisaje, el esquema de una constelación, etc.). Auguste Rodin, realista que confinó siempre con el simbolismo, en sus *Conversaciones* reunidas por Paul Gsell situó todo el arte bajo ese mismo dominio de la significación diciendo: «Las líneas y los matices no son para nosotros otra cosa que los signos de una realidad oculta... Más allá de las superficies, nuestras miradas se sumergen hasta el espíritu...» El pintor Gustave Moreau se expresó parecidamente al referirse a «La evocación del pensamiento por la línea, el arabesco y los medios plásticos». En el siglo actual, Max Ernst y Dubuffet, entre otros artistas, han explicado sus investigaciones gráficas y pictóricas como una inmersión en lo psíquico proyectado en la materia. De otro lado, C. G. Jung explica de igual modo la empresa alquímica.

Signos convencionales

Como las marcas y los ideogramas, aunque en menor medida seguramente, pueden a veces poseer sentido simbólico (tanto por su origen como por el modo de «resonancia» que determinen en quien los contemple o utilice) los llamados signos convencionales, es decir, signos que tienen relación

Signum. Insignias
militares de bronce,
romanas. Museo
Arq. Barcelona.

Signum. Insignias militares de bronce, romanas. Museo Arq. Barcelona.

con algo, pero relación establecida con mayor o menor arbitrariedad y, en la mayoría de casos, sin esa conexión de profundidad, analógica, que constituye el auténtico símbolo. En hidráulica, topografía, imprenta, meteorología, matemática, etc., se usan propios sistemas de signos convencionales, como asimismo los tiene la señalización del tráfico, las industrias diversas y la misma música.

Signum

Enseña de los ejércitos romanos, a la vez utilitaria (señal de reunión y congregación de centurias, cohortes y legiones), simbólica (por sus elementos) y, en el caso principal, el del signo legionario, religiosa. El signum de la centuria era una mano colocada en la parte superior de un asta. La legión tenía el águila, de plata o de oro, como emblema y a la vez como deidad, cual señala Ch. Renel en *Cultes militaires de Rome, Enseignes* (Lyon-París, 1903). En diversas épocas, y con finalidad no exactamente conocida frente a los dos tipos descritos, los romanos llevaron en sus enseñas militares otros animales reales o fabulosos: lobo, minotauro, caballo, dragón. El *signum* era enriquecido con palmas, coronas de diversas clases de hojas (condecoraciones colectivas, seguramente), y, en el Imperio, con discos en cuyo interior figuraba la efigie del emperador.

Silbar

Como chascar, según cita Jung, es un residuo arcaico, un modo de llamar y atraer a la deidad teriomórfica, al animal totémico o deificado (31). Ello explica la represión social sobre el silbido.

Sillar

En el sistema jeroglífico egipcio, este signo simboliza la materia trabajada, resultado de la acción creadora. Por analogía, se refiere al trabajo de evolución espiritual que debe cumplir el hombre (19) hasta adquirir las condiciones esenciales de regularidad, orden, coherencia, continuidad. Es la misma idea que aparece en la dialéctica alquímica del volátil y el fijo. La relación del sillar con el espíritu humano tiene el nexo del simbolismo general de la piedra, ligado asimismo a la noción de la humanidad como una construcción perfecta en la que cada hombre salvado es íntegro y resistente como la piedra.

Simiente

Símbolo de las fuerzas latentes, no manifestadas; de las posibilidades misteriosas cuya presencia no se sospecha a veces y que justifican la esperanza. También simbolizan el centro místico, el punto no aparecido de que irradian todas las creaciones y crecimientos del vasto árbol del mundo (26).

Sirena. Detalle de «El jardín de las delicias» de el Bosco.

Sirena

Figura simbólica que aparece bajo dos aspectos principales, como mujer-pájaro o como mujer-pez. Las sirenas de la mitología griega se suponían hijas del río Aqueloo y de la ninfa Calíope. Ceres las transformó en aves. Habitaban en lugares escarpados. La leyenda les atribuía un canto dulcísimo con el cual atraían a los caminantes para devorarlos. Ulteriormente aparecieron las sirenas de cola de pez, habitantes de las islas rocosas y de los arrecifes, las cuales se comportaban tal cual sus hermanas del elemento aire. El mito de las sirenas es uno de los más persistentes y a través del folklore de muchos pueblos marineros se conservan creencias relativas a ellas hasta la actualidad (8). Aristóteles, Plinio, Ovidio, Higinio, el *Physiologus* (siglo II d. de J. C.) y los bestiarios medievales relatan las cosas concernientes a las sirenas. Antes del siglo X ya aparecen sirenas de doble cola, en el tímpano de la capilla de San Miguel, en Aiguilhe de Puy; y sirenas-pájaro en Saint-Benoit-sur-Loire. Tanto éstas como las hadas-víbora francesas, especialmente personificadas por Melusina, son expresiones complejas cuya explicación más literal nos deja insatisfechos. Pueden representar lo inferior en la mujer y a la mujer como lo inferior, cual en el caso de las lamias; son también símbolos de la imaginación pervertida y atraída por las finalidades inferiores, por los estratos primitivos de la vida. Son también símbolos del deseo, en su aspecto más doloroso que lleva a la autodestrucción, pues su cuerpo anormal no puede satisfacer los anhelos que su canto y su belleza de rostro y busto despiertan. Parecen especialmente símbolos de las «tentaciones» dispuestas a lo largo del camino de la vida (navegación) para impedir la evolución del espíritu y «encantarle», deteniéndolo en la isla mágica o en la muerte prematura. La «sirena de doble cola», de la cual puede verse un bello ejemplar en el ábside del monasterio de San Cugat, en un capitel, puede ser explicada por un origen psicológico, de mera confabulación (dos piernas femeninas actuando sobre la única cola de pez, producen doble cola) o por una razón simbólica de gran profundidad: alusión del Géminis. Nos parece que la cola doble es una réplica infernal de la actitud clásica de adoración, con los dos brazos en alto, que muestran, por ejemplo, las figurillas de sacerdotisas cretenses. Siendo el mar el abismo inferior e imagen del inconsciente, la doble cola a él perteneciente expresa la dualidad (conflicto) en su seno. Wirth considera a la sirena simplemente como un símbolo de la mujer y a ésta como encarnación verdadera del espíritu de la tierra, en oposición al hombre, hijo del cielo. En su concepto de transmigración, dice: «La vida seduce a las almas de los que están privados de ella. ¿Por qué no retiene el otro mundo definitivamente a las entidades espirituales que experimentan la necesidad de encarnarse? Las hijas de los hombres cautivan por su belleza a los hijos del cielo, que descienden, irresistiblemente atraídos. La magia ejercida se atribuye a la sirena, cuyo canto aturde a quien lo oye para provocar su caída en el océano (de las aguas inferiores y de las formas nacientes), de la vida pululante de las multitudes. Esta seductora debe su imperio a las formas cambiantes que se renuevan con la luna, cuyo creciente brilla sobre la frente de la deidad» (59).

Sofía

La mujer como *anima* (alma del hombre) y como guía espiritual. Según el gnóstico Tolomeo en su *Carta a Flora*, Sofía es la intermediaria entre el alma del mundo (demiurgo) y las ideas (pleroma) o plenitud, conjunto de eones opuestos al mundo fenoménico. Según los místicos Jacob Böhme y

Georg Gichtel (siglo XVII), Sofía, la virgen divina, se hallaba originariamente
en el «hombre primordial» (Eliade, *Méphistophélès et l'Androgyne*, París,
1962). Ella le abandonó y no puede existir salvación sin volver a encontrarla.
Esta idea se relaciona con la de la amada (Daena) persa; fue recogida por
los cátaros, e informa el pensamiento romántico (Novalis, Hölderlin, Poe,
Wagner). Una alegoría brutalmente figurativa de esta idea la facilita la mitología griega con Atena saliendo de la testa de Zeus (virgen=pensamiento).
De otro lado, Sofía, en el gnosticismo, corresponde a la Schekina de los
cabalistas; es el «alma en el exilio», hipótesis divina, cual señala Gershom
G. Sholem, en *Les origines de la Kabbale* (París, 1966).

Sol

   Teogónicamente expresa el momento de máxima actividad heroica en la
transmisión y sucesión de poderes que se verifica a través de las generaciones de deidades. Así, tras Urano, Saturno y Júpiter, aparece Helio Apolo.
En alguna ocasión, surge el Sol como sucesor directo e hijo del dios del
cielo. Señala Krappe que hereda uno de los atributos más importantes y morales de ese dios: lo ve todo y, en consecuencia, lo sabe todo. En la India,
Sûrya es el ojo de Varuna; en Persia, el de Ahura Mazda; en Grecia, Helio
es el ojo de Zeus (como Urano). En Egipto es el ojo de Ra. En el islam es
el ojo de Allah (35). Con su carácter «juvenil» y filial dominante, el Sol queda
asimilado al héroe, por oposición al padre, que es el cielo, aunque a veces
se identifique con él. Por ello, el arma del cielo es la red (estelar), el poder
de ligar; y el arma del héroe es la espada (asimilada al fuego). También por
esta causa los héroes son exaltados al rango solar e incluso identificados
con el Sol. En un período determinado de la historia, y en un nivel cultural
dado, el culto solar es el dominante si no el exclusivo. Eliade, sin embargo,
señala que Frazer ha hecho notar la inconsistencia de los elementos solares
en la sacralidad de Africa, Australia, Oceanía en general, América del Norte
y del Sur. El culto solar sólo alcanzó desarrollo, en el Nuevo Continente, en

Sol. Relieve visigodo.
Ermita de Santa María.
Quintanilla de las Viñas (Burgos).

México y Perú, que precisamente fueron los dos centros más avanzados. Deduce de ello el autor citado, que siendo éstos los únicos países de la América precolombina que lograron una auténtica organización política, pudiera establecerse una concordancia entre la supremacía de los cultos solares y las formas «históricas» de existir humano. No podemos olvidar que Roma, el máximo poder político de la Antigüedad y la creadora del sentido de la historia, entronizó la hierofanía solar, que en el Imperio dominó netamente a veces en íntima relación con Mitra (17). Una fuerza heroica y generosa, creadora y dirigente, este es el núcleo del simbolismo solar, que puede llegar a constituir una religión completa por sí misma, como lo prueba la «herejía» de Ikhunatón, en la XVIII dinastía egipcia, y cuyos himnos al Sol son, aparte de su valor lírico profundo, teorías de la actividad benefactora del astro rey. El Sol en el horizonte era ya definido por los egipcios del Imperio Antiguo como «brillo, esplendor». También relacionaron, con hondísimo sentido de la analogía, la ocultación diaria del Sol con el solsticio de invierno (19). De otro lado, era forzoso que la imaginación primitiva y astrobiológica estableciera una relación entre el Sol y la Luna, similar a la existente entre el cielo y la tierra. Sabido es que, para la inmensa mayoría de pueblos, el cielo es símbolo del principio activo (asimilado al sexo masculino y al espíritu), mientras la tierra simboliza el principio pasivo (femenino y materia); sin embargo, en alguna ocasión aparece invertida la identificación. Lo mismo acontece con el Sol y la Luna. El apasionamiento, por así decirlo, solar; su carácter heroico y llameante habían de situarlo en clara correspondencia con el principio activo; mientras que la pálida y delicada condición de la luz lunar y su relación con las aguas (y el ritmo de la mujer) habían de designarla en el grupo femenino. Tampoco estas correspondencias son constantes, pero el hecho de que existan excepciones no invalida la esencial disposición acertada. Físicamente incluso, la Luna no hace sino desempeñar

Sol. Fragmento del tapiz de la Creación. Catedral de Gerona.

el papel pasivo de reflejar la luz que el Sol en su actividad le envía. Muchas tribus primitivas consideran que los ojos del cielo son el Sol y la Luna, situados a ambos lados del «eje del mundo» y hay dibujos prehistóricos y grabados que pueden ser interpretados de este modo. Eliade dice que, para pigmeos y bosquimanes, el sol es el ojo del dios supremo. Los samoyedos ven en el Sol y la Luna los ojos del cielo; el primero es el ojo bueno, el segundo es el ojo malo (se advierte aquí ya, inequívoca, la ampliación del dualismo por integración de la polaridad moral). Refuerza el carácter invicto del Sol una creencia. Mientras la Luna, para llegar a su ocultación mensual de tres días, precisa sufrir un despedazamiento (menguante), el Sol no necesita morir para bajar a los infiernos; puede llegar al océano o al lago de las aguas inferiores y atravesarlos sin disolverse. Por esto, la muerte del Sol implica necesariamente la idea de su resurrección y llega incluso a no ser concebida como muerte verdadera. Por esto también, el culto a los antepasados se liga al solar, para asegurarles una protección y un símbolo salvador. Los monumentos megalíticos dependen de la asociación de ambos cultos (17). Así, la determinación más amplia y valedera dictamina que el Sol es el reducto cósmico de la fuerza masculina, y la Luna de la femenina (49). Esto implica que las facultades activas (reflexión, juicio y voluntad) son solares, mientras las pasivas (imaginación, sentimiento, percepción) son femeninas, quedando acaso la intuición en cierta androginia (26). Las principales correspondencias del Sol son el oro entre los metales y el amarillo en los colores. La alquimia lo considera «oro preparado para la obra» o «azufre filosófico», en contraposición a la luna y el mercurio que es lunar (57). Otro concepto alquímico, el del *Sol in homine* (jugo invisible procedente del Sol celeste que favorece el fuego nativo del hombre) (57), ya señala la dirección en que el astro será comprendido por el psicoanálisis, en sentido reductor: fuente de energía, calor como equivalencia a fuego vital y libido. Por ello, Jung indica que el Sol es, en realidad, un símbolo de la fuente de la vida y de la definitiva totalidad del hombre (32), aunque aquí hay una desviación probablemente. Pues la totalidad sólo está representada por la *coniunctio* del *Sol y la Luna*, como rey y reina, hermano y hermana (32). En algunos folklores, cuando se quiere aludir al supremo bien, imposible por definición, se habla de «unir el Sol y la Luna». Ahora bien, habiendo dejado establecidos los principales sentidos del simbolismo solar, como imagen heroica (*Sol invictus, Sol salutis, Sol iustitiae*) (14), ojo divino, principio activo, fuente de energía y de vida, volvemos al dualismo del Sol en su etapa escondida, de «viaje nocturno por el mar», símbolo de inmanencia como el color negro, y también de culpa, ocultación y expiación. En el Rig Veda, recuerda Eliade, el Sol es ambivalente; de un lado es «resplandeciente» y de otro «negro» o invisible, siendo entonces asociado a animales ctónico-funerarios como el caballo y la serpiente (17). La alquimia recogió esta imagen del *Sol niger* para simbolizar la «primera materia», el inconsciente en su estado inferior y no elaborado. Es decir, el Sol se halla entonces en el nadir, en la profundidad de la que debe, con esfuerzo y sufrimiento, ascender hasta el cenit. Este ascenso definitivo, pues no se trata del curso diario, sino que éste se toma como imagen, es simbolizado por la transmutación en oro de la primera materia, que pasa por los estadios blanco y rojo, como el Sol en su curso. Por su indudable interés y sentido adicional, que delata la intensidad del sentimiento solar, recordaremos que Tácito y Estrabón hablaban del «ruido» hecho por el Sol al nacer en Oriente y al hundirse en las aguas de Occidente. La desaparición brusca del Sol tras el horizonte se relaciona con la muerte violenta de los héroes, como Sansón, Heracles, Sigfrido, etc. (35).

Sol, El

Es el arcano decimonónico del Tarot. La imagen alegórica muestra el disco del astro rey rodeado por rayos alternativamente rectos o llameantes, dorados y rojos, que simbolizan la doble acción calórica y luminosa del Sol. Bajo éste, del que caen gotas doradas, hay una pareja juvenil, sobre un verde prado y al fondo una muralla. Esta pareja simboliza el Géminis bajo la acción benefactora de la luz espiritual. El Sol es el astro de fijeza inmutable, por eso revela la realidad de las cosas, no sus aspectos cambiantes como la Luna. Se relaciona con las purificaciones y pruebas a causa de que éstas no tienen otra finalidad sino tornar transparentes las opacas cortezas de los sentidos, para la comprensión de las verdades superiores. Pero el Sol, además de iluminar y dar calor es el distribuidor de las supremas riquezas, simbolizadas en la alegoría por las gotas de oro que caen, como en el mito de Dánae, sobre la pareja humana. En sentido afirmativo, este arcano simboliza gloria, espiritualidad, iluminación. En sentido negativo, vanidad o idealismo incompatible con la realidad (59).

Sol de medianoche

Símbolo que corresponde a la significación positiva y superior de las tinieblas. Por verse en el polo, se relaciona con el simbolismo polar y con las regiones hiperbóreas en que se sitúa el origen de la tradición primordial (Guénon, *Symboles fondamentaux de la Science sacrée*).

Sombra

Como el Sol es la luz espiritual, la sombra es el «doble» negativo del cuerpo, la imagen de su parte maligna e inferior. Entre los pueblos primitivos está generalmente arraigada la noción de que la sombra es un *alter ego*, un alma, idea que se refleja en el folklore y en la literatura de las culturas avanzadas (35). Frazer ya indicó que es frecuente que el primitivo considere su sombra, o su imagen en el agua o en un espejo, como su alma o una parte vital de sí mismo (21). Jung denomina sombra a la personificación de la parte primitiva e instintiva del individuo.

Sombrero

El sombrero, por cubrir la cabeza, tiene en general el significado de lo que ocupa la cabeza (el pensamiento). En el idioma alemán existe la frase «poner todos los conceptos bajo un solo sombrero» y en la novela de Meyrinck, *Golem*, el protagonista experimenta ideas e incluso acontecimientos correspondientes a la existencia de otra persona por haberse puesto por equivocación su sombrero (32). De otro lado, Jung indica que el sombrero, a diferencia de la corona, recubre a toda persona, dándole así un aspecto general, una expresión que corresponde a un sentido determinado. Por su forma, el sombrero puede poseer un significado específico, cual el del Juglar en el Tarot (56). Cambiarse de sombrero equivale a cambiar las ideas o los pensamientos. Tomar un sombrero correspondiente a una jerarquía expresa el anhelo de participar de ella o de la posesión de cualidades que le son inherentes. Algunos sombreros tienen especial significado fálico, como el gorro frigio, o poseen la propiedad de hacer invisible, símbolo de la represión.

Sonido

En la India, el sonido de la flauta de Krishna es lo que hace nacer el mundo mágicamente. Con el mismo significado llevan liras las diosas maternas prehelénicas (56). Hay otras doctrinas tradicionales que consideran el sonido como la primera cosa creada, que dio origen a todas las cosas, comenzando por la luz o por el aire y el fuego. De ello es un ejemplo el lamento que se cita en el *Poimandres* de Hermes Trismegisto.

Soplar

Para los primitivos soplar es un acto creador, que infunde o despierta la vida, aumenta la fuerza de algo o cambia su rumbo. Los chamanes incluyen el acto de soplar en sus ritos.

Subterráneos

Símbolos del interior del cuerpo, o viscerales. El «viaje al centro de la tierra» de Verne, por cavernas, pasadizos y pozos es un retorno al cuerpo materno de la tierra.

Sueños. Xilografía del siglo XVI.

Sueños

Una de las fuentes principales del material simbólico. Desde la Antigüedad se les prestó gran atención, distinguiéndose entre sueños ordinarios y extraordinarios (por la persona soñante, el valor de las imágenes oníricas y por las circunstancias del sueño). Se creyó en la existencia de sueños premonitorios, en una verdadera adivinación por medio del sueño, sea de hechos generales y lejanos, o de hechos concretos e inmediatos. Los mejores ejemplos están en la Biblia: son los sueños de José (Gen 37, 5-11). El interés por los sueños ha llevado a codificar repertorios de *significados*, en «diccionarios de los sueños» de escaso o nulo valor místico y científico, aunque pueden contener datos verdaderos por tradición o información. Desde Freud, la interpretación simbólica de sueños ha constituido una de las vías mayores del psicoanálisis (de series de sueños mejor que de sueños aislados aun importantes). Por su concreto simbolismo, relacionado con un tema esencial en la tradición, como el de la *escalera,* vamos a transcribir el sueño que tuvo una mártir poco antes de ser puesta ante la prueba suprema, siendo frecuente que los cristianos presos por su religión tuvieran sueños netamente simbólicos o premonitorios: «Rogué, en efecto, y he aquí lo que me fue mostrado: una escalera de oro, de gran altura, subía hasta el cielo, escalera estrecha que se podía subir sólo uno a uno; a cada lado de ella había todo género de objetos de acero: espadas, lanzas, garfios, cuchillos... Bajo la escalera estaba un gran dragón dispuesto a acometer a quienes quisieran subir...» (*Diario de santa Perpetua*, documento del año 203).

Suicidio

El suicidio, desde el ángulo tradicional, es el máximo crimen por destruir el «soporte de la evolución» que es la propia vida. Desde la concepción hinduista y, generalizando más, en todo pampsiquismo, es un acto enteramente inútil pues suprime sólo el aspecto exterior, un ente (que no es el ser, sino una manifestación de él). Paradójicamente, desde el ángulo existencial es un símbolo de la destrucción del mundo, puesto que la doctrina que carga todo el valor de la realidad en el ámbito de una existencia identifica con ella la «totalidad» (al menos la suma de juicios que constituyen su representación). Como rito, en ciertas culturas —la japonesa feudal y su consecuencia—, cumplido no por deseo de autodestrucción sino por razones éticas, se juzga como acción meritoria. En las civilizaciones antiguas prevaleció una idea similar, especialmente entre los romanos. El sueño del propio suicidio es raro, puede simbolizar la necesidad de suprimir una zona de la propia personalidad. Inversamente, el acto de destruir un objeto con el que alguien se haya identificado profundamente, puede ser símbolo de un anhelo latente de suicidio.

Superior, Lo

Ciertos rituales babilónicos figuraban la hierogamia con una sacerdotisa de Ishtar y un esclavo que después de la consumación erótica recibía la muerte. Este sacrificio ulterior no era un acto de crueldad, sino la necesaria ejecución que había de seguir, como la sombra al cuerpo, al hecho realizado. Pues de dejarlo con vida, ese hombre habría sido ya un muerto vivo durante el resto de su existencia, tras haber conocido el contacto con lo superior. Es lo mismo que se dice de Lázaro. Es lo que expresa el mito de Sémele, incendiada por los rayos de la belleza de Júpiter, cuando quiso verlo en su aspecto auténtico y esencial. Lo superior destruye, quema lo inferior. Pero por eso toda concesión sostenida de algo extraordinario es expresión de una superioridad paralela en quien recibe el don. Por esto es signo de especial favor y símbolo de trascendencia absoluta aquello que excede por su valor los límites ordinarios y comunes. El que se atreve a desear lo superior, implícitamente se parangona a ello; si logra entrar en el campo de dominio de esa superioridad y la resiste, queda investido de ella, pero si no la merecía, es destruido de modo inevitable. Todas las situaciones-límite, las pruebas extremas, como meter la mano en agua hirviendo, y otras, expresan el mismo significado. Los caballeros vencidos y devorados por el dragón no eran equivalentes a él. Sólo el vencedor del dragón era digno de enfrentársele. La aspiración a la mano de la «princesa» expone idéntica aspiración ambiciosa. «Todas las cosas grandes encierran peligro», dijo en su *República* Platón.

T

Tabla Redonda

La mesa, como círculo, se identifica con el disco de jade que representa el cielo, en China. La aparición del Graal en su punto central completa el símbolo, ya que la concavidad de la sagrada copa corresponde al agujero central del *Pi* chino. Los doce caballeros tienen relación —no identificación— con los signos zodiacales, expresando más bien la potencialidad paralela que lucha por su vencimiento y la instauración del «paraíso recobrado», es decir, del «medio invariable». El plan activo de los caballeros (sir Calogrenant, sir Galahad, sir Gareth, sir Garvaine, sir Kai, sir Iwayn, sir Lancelot, sir Bohort, sir Perceval, sir Pelleas, sir Tor, sir Tristram), perfección del círculo del sol, protección de la mujer, castigo de opresores, liberación de los encantados, encadenamiento de los gigantes, destrucción de los malhechores y de los animales dañinos (4), es el acto previo a la instauración mítica del reinado del «centro». Instituciones similares son la del «consejo circular» del dalai lama, constituido por los doce grandes *Namshans*, y la de los Doce Pares de Francia. La división en doce es el modelo mayor (después de la división ternaria, cuaternaria y septenaria), identificado con el círculo y, en consecuencia, con la idea de totalidad (que, a veces, se expresa también por el diez). Por ello, el Estado etrusco estaba dividido en doce estados y Rómulo instituyó doce lictores (28). El mal que apareció en la Tabla Redonda, por el amor de la reina Ginebra a Lanzarote, y por las debilidades de otros caballeros, justifica que la comunidad caballeresca no lograra su mística finalidad, a la que sólo sir Galahad, el del corazón puro, pudo aproximarse, en posesión del escudo y la espada que le fueron dados por la divinidad.

Talismanes

Los talismanes y amuletos existen desde la más remota Antigüedad, apareciendo en Mesopotamia y Egipto ya en el III milenio. Obvio es decir que hay elementos prehistóricos que pueden o deben ser interpretados en este sentido. No podemos dar aquí una noticia ni aun resumida del contenido o formas de amuletos y talismanes, que, con frecuencia, se basan en el simbolismo aplicado con intenciones mágicas; pero sí remitir al lector a dos obras importantes: Jean Marquès-Rivière, *Amulettes, Talismans et Pantacles* (París, 1950) y *Amulett und Talisman* de L. Hansmann y Lenz Kriss-Rettenbeck (Munich, 1965). Es interesante recordar la iconografía talismánica y magicorreligiosa de los camafeos y gemas gnósticos, estudiados a fondo ya en el pasado siglo por C. W. King (*The Gnostics and their Remains, Ancient and Mediaeval;* Londres, 1864). Las piedras grabadas gnósticas, que influyeron en la numismática romana oriental, muestran las más extrañas figuras que sería aventurado confundir con el mundo de los grutescos, aunque a veces el trasfondo caótico (orgíaco) parezca el mismo: personajes con cabeza de gallo, serpiente que se muerde la cola, joven con un toro, personajes con cabeza de asno y llevando espada y escudo, cabeza de la que brotan serpientes, serpiente leontocéfala, saltamontes en el lomo de una cabra, búho entre un rayo de tres puntas y una serpiente, cangrejo que apresa la luna con sus pinzas, pollo con cabeza de cordero, hombre rodeado por serpiente, hombre sentado en una barca entre creciente y estrella-sol, ánfora de la que salen espigas, hombre armado con dos cabezas, barca con dos genios alados, uno al timón y otro pescando, hombre con látigo y corona radiante, etc. En algunas imágenes hay alusiones iniciáticas (barca de los dos genios), al culto de Mitra (joven con el toro, o con el cuerpo rodeado por serpiente), reminiscencias de la religión egipcia (seres heteróclitos), pero también hay composiciones originales, como la del cangrejo, que en el siglo XVI siguieron usándose como marcas de impresor o editor. El sentido simbólico, aquí como en todo talismán o amuleto, depende de los elementos y debe «leerse» por ellos.

Tambor

Símbolo del sonido primordial, vehículo de la palabra, de la tradición y de la magia (60). Con ayuda de los tambores los chamanes se procuran el éxtasis. No sólo el ritmo y el timbre tienen importancia en el simbolismo del tambor primitivo, sino que, como está hecho de la madera del «árbol del mundo» asocia el sentido místico de éste a su propia naturaleza (18). Según Schneider, de todos los instrumentos músicos, los tambores son los más recargados de ideas místicas. Se establece relación con el corazón, en Africa. Tanto en las culturas más primitivas como en las evolucionadas, se asimila al altar sacrificial y por ello tiene el carácter de mediador entre el cielo y la tierra. Corresponden, sin embargo, más particularmente al simbolismo del elemento tierra, por el vaso y la piel. Un sentido secundario depende de la forma del instrumento, debiendo anotarse que es el que presenta más variedades distintas.

Tamiz

En el sistema jeroglífico egipcio, el signo que representa una criba o tamiz simboliza el medio para producir la selección de fuerzas convenientes para obtener una determinada síntesis. El sentido más hondo del símbolo alude, como las operaciones alquímicas, a la labor a realizar consigo mismo. Estas ideas se hallan en el ámbito del «conócete a ti mismo» de los griegos, pero con un criterio más activista que especulativo (19). Tamizar es depurar y perfeccionar. Integrar lo elegido y despreciar lo inútil.

Tarot

La psicología actual reconoce que las cartas del Tarot son, como lo han probado Eliphas Lévi, Marc Haven y Oswald Wirth, una imagen del camino de la iniciación y similares a los sueños (56). De otro lado, Jung coincide con las seculares intuiciones del Tarot al reconocer dos batallas diversas, pero complementarias en la vida del hombre: a) contra los demás (vía solar), por la situación y la profesión; b) contra sí mismo (vía lunar), en el proceso de individuación. Estas dos vías corresponden a la reflexión y a la intuición, a la razón práctica y a la razón pura. El temperamento lunar

Tarot.

crea primero, luego estudia y comprueba lo que ya sabía; el solar, estudia
primero y luego produce. Corresponden estas vías también, hasta cierto
punto, a los conceptos de introversión (lunar) y extraversión (solar); a contemplación y acción (34). El juego completo de los naipes, que se designa con
el nombre de *Tarocco*, se compone de 22 arcanos mayores cuyas imágenes
son sintéticas y dotadas de un sentido completo hasta cierto punto, y de
los 56 arcanos menores, integrando 14 figuras de cuatro series: oros (círculos, discos, ruedas); bastos (mazas, cetros); espadas y copas. El oro simboliza las fuerzas materiales. El basto, el poder de mando. La copa simboliza
el sacrificio. La espada, el discernimiento y aplicación de la justicia. Las 22
láminas mayores corresponden a las letras del alfabeto hebreo. En cada
color de los arcanos menores se encuentran el Rey, la Dama (Reina), el Caballero (Caballo) y el Valet (Sota) (48). Se han asimilado las series a los
poderes que dominan en la tierra y, consecuentemente, a las profesiones diri-
gentes o superiores: gobierno (basto); ejército (espada); sacerdocio (copa);
intelecto (oro), pues los tesoros en todas sus formas simbolizan siempre
los bienes espirituales e intelectuales (54). Según Saunier, las imágenes de los
arcanos mayores provienen de las pinturas simbólicas del libro egipcio de
Thot Hermes, símbolo de la ciencia del universo (49). Sin embargo, Oswald
Wirth, a quien seguimos principalmente para desarrollar el simbolismo del
Tarot, reconoce que la arqueología no ha descubierto la menor traza de lo
que pudiera ser un Tarot egipcio, árabe o incluso alquímico grecoárabe. Sin
embargo, señala que la Cábala hubo de ser familiar a los autores del Tarot,
por la fijación de 22 arcanos mayores, es decir, en número igual a las letras

del alfabeto hebreo, cargadas de simbolismo, y a los *théraphim*, jeroglíficos utilizados por los hebreos para la adivinación. Cree Wirth que Italia es la patria de estas imágenes alegóricas, a causa de que no se le puede negar la prioridad·en los naipes. La primera representación de los arcanos mayores data de 1392. Según Eliphas Lévi, «el Tarot es una obra monumental y singular, sencilla y fuerte como la arquitectura de las pirámides, en consecuencia durable como ellas; libro que resume todas las ciencias y cuyas combinaciones infinitas pueden resolver todos los problemas; libro que habla haciendo pensar; acaso la obra maestra del pensamiento humano y con certeza una de las cosas más bellas legadas por la Antigüedad». Los 22 arcanos son los siguientes: I, El Juglar. II, La Gran Sacerdotisa. III, La Emperatriz. IV, El Emperador. V, El Gran Sacerdote. VI, El Enamorado. VII, El Carro. VIII, La Justicia. IX, El Ermitaño. X, La Rueda de la Fortuna. XI, La Fuerza. XII, El Ahorcado. XIII, La Muerte. XIV, La Templanza. XV, El Diablo. XVI, La Torre herida por el rayo. XVII, Las Estrellas. XVIII, La Luna. XIX, El Sol. XX, El Juicio. XXI, El Mundo. XXII o 0, El Loco. Las láminas I al IX constituyen la vía solar activa, consciente, reflexiva y autónoma. Las láminas XII a XXII, la vía lunar, pasiva, inconsciente, intuitiva y «posesa». No podemos explicar aquí las relaciones que pueden establecerse, las órdenes y significaciones que se derivan de esos enlaces, sin traspasar los límites del estricto simbolismo. Cada una de las imágenes alegóricas se analiza en su sentido particular en el lugar que le corresponde. Sin embargo, queremos transcribir aquí los significados más generales que Eliphas Lévi advierte en los

22 arcanos: I (El ser, el espíritu, la creación). II (El santuario, la ley, el conocimiento, la mujer, la madre, la iglesia). III (El verbo, la fecundidad, la generación en los tres mundos). IV (La puerta, la iniciación, el poder, la piedra cúbica o su base). V (Indicación, demostración, filosofía y religión). VI (Encadenamiento, unión, antagonismo, equilibrio, combinación). VII (Arma, espada, triunfo, realeza). VIII (Balanza, atracción y repulsión, vía, promesa y amenaza). IX (El bien, la moralidad, la sabiduría). X (Manifestación, fecundidad, cetro paternal). XI (La mano en el acto de tomar y mantener). XII (Ejemplo, enseñanza, lección pública). XIII (Dominación y fuerza, renacimiento, creación y destrucción). XIV (Estaciones, cambios de la vida siempre diferente e igual). XV (Magia, elocuencia, comercio, misterio). XVI (Alteraciones, subversiones, debilidades). XVII (Efusiones del pensamiento, influencia moral de la idea sobre las formas, inmortalidad). XVIII (Los elementos, el mundo visible, la luz reflejada, las formas materiales, el simbolismo). XIX (La cabeza, la cima, el príncipe del cielo). XX (Lo vegetativo, la virtud generatriz de la tierra). XXI (Lo sensitivo, el carro, el cuerpo, la vida transitoria). XXII (El microcosmo, el resumen de todo en todo). En estas imágenes se mezclan ideas relativas al mundo exterior al mundo interior, a las formas y a las jerarquías del pensamiento. Con ellas se intenta crear un orden, más amplio aún que el de doce elementos constituidos por el zodíaco, formando una rueda que contiene todas las posibilidades arquetípicas de la existencia y de la evolución humanas.

Tatuajes

Un simbolismo genérico puede englobar tatuaje y ornamentación, ambos expresan la actividad cósmica. Pero la realización del primero sobre el cuerpo agrega otros sentidos importantes: sacrificial, místico y mágico. El primero es mencionado por E. Gobert, en *Notes sur les tatouages des indigènes tunisiens*, quien relaciona el tatuaje con el proverbio árabe «La sangre ha corrido, la desgracia ha pasado». Todo sacrificio tiende a invertir una situación por la acumulación de fuezas de canje. El motivo místico lo hallamos en el fundamento mismo de la idea de marca, como definición de propiedad. El que se marca a sí mismo desea señalar su dependencia ante aquello a lo que el signo alude. Las señales grabadas en las cortezas de los árboles, las iniciales y corazones incididos a punta de alfiler en la piel por los enamorados son claro indicio de este significado. Ulteriormente, se subvierte la actitud y se pide a la señal que «agradezca» el valor sacrificial y de entrega; éste es el poder mágico, el concepto del tatuaje como talismán defensivo. Aparte de estas tres causas, los etnólogos han encontrado otras dos: el tatuaje como signo que distingue sexo, tribu y rango social (Robert Lowie, *Antropología cultural*), profanación simple del sentido místico; y como medio para aumentar la belleza. Esta última finalidad nos parece bastante equívoca, pero no podemos aquí impugnarla. Especialmente, el tatuaje se practica como «rito de pasaje» o de iniciación, en los cambios de edad y en las transformaciones de la personalidad. Cola señala que los más antiguos monumentos de la prehistoria ya señalan la existencia de tatuajes, encontrándose en Egipto, donde la sacerdotisa de Hathor mostraba tres filas rayadas en el bajovientre. Enumera las principales técnicas de tatuaje: punción, sutura, cicatriz por corte o quemadura, y seudotatuajes o pinturas ejecutadas en rostro y cuerpo con iguales motivos, pero de modo transitorio. En los pueblos primitivos, las principales formas que adopta el tatuaje son las siguientes: rayas, puntos, asociaciones de ambos elementos, números expresados por ellos, cadenas, nudos y lacerías, cruces, estrellas, triángulos, rombos, círculos, combinaciones de dos o más de los citados grupos, figuras antropomórficas totales o parciales (miembros) muy estilizadas, etc. Indica el autor citado que el tatuaje también se ha utilizado en magia imitativa. Un escorpión tatuado «puede» evitar la picadura de este insecto; la imagen de un toro asegura numerosos rebaños, etc. (12).

Tauro

El segundo signo zodiacal expresa la fuerza evolucionada de Aries. Es decir, simboliza la fuerza agresiva primaveral del carnero en un grado de mayor intensidad. También integra las funciones de fecundación y creación, lo mismo en su aspecto victorioso que en el de su inmolación (sacrificio primordial), cual en el mito de Mitra, «pues de su cuerpo nacen todas las plantas y hierbas que adornan la tierra con su verdor, y de su simiente todas las especies animales» (Cumont, *Les Mystères de Mithra*). Esta idea del toro animando con su fuerza las formas de todas las esferas está arraigada en multitud de mitos. De otro lado, el hecho de que este signo corresponda al número dos, lo relaciona con la polarización del principio en dualidad de lo masculino *(Viraj, Yang)* y femenino *(Vach, Yin)*. Hay también relación morfológica del toro (cabeza y cuernos) y la luna en sus aspectos creciente y decreciente, lo cual ratifica la función de animar la vida, cuando menos en la esfera sublunar. El signo de Tauro rige la garganta y la voz, estando gobernado por Venus (40).

Teatro

Imagen del mundo fenoménico, ya que uno y otro son una «representación». Señala Guénon que el teatro no se ve constreñido a representar el mundo terrestre solamente, pues en la Edad Media reflejaba los universos superior e inferior. El autor simboliza el demiurgo; los actores se hallan, con respecto a su papel, como el *Selbst* junguiano respecto a la personalidad (29).

Tejer

La acción de tejer representa fundamentalmente la creación y la vida, sobre todo ésta en sus aspectos de conservación y multiplicación o crecimiento. Este sentido era conocido y aplicado con fines mágicos y religiosos en Egipto y en las culturas precolombinas del Perú (40).

Tejido

La expresión «trama de la vida» habla con elocuencia sobre el simbolismo del tejido. No sólo se trata de las ideas de ligar e incrementar por medio de la mezcla de dos elementos (trama y urdimbre, pasivo y activo), ni de que el acto de tejer sea equivalente a crear, sino de que, para cierta intuición mística de lo fenoménico, el mundo dado aparece como un telón que oculta la visión de lo verdadero y lo profundo. Porfirio dijo: «Los cielos eran llamados por los antiguos "el velo" porque forman de alguna suerte el vestido de los dioses». Platón había dicho: «El Demiurgo único encarga a los demiurgos secundarios [dioses de la mitología] ligar por medio de un tejido simbólico lo inmortal a lo que es mortal». Aquí se integra, además del simbolismo del tejido, el del Géminis (composición dual de todo lo existente, con una parte inmortal y otra mortal). En relación con el significado del tejido, Plutarco indica que Isis inventó el oficio de tejer, con la ayuda de su hermana Nephtys (40). La leyenda de Penélope y de su velo se halla en relación con este simbolismo. Guénon interpreta trama y urdimbre como equivalentes de las líneas horizontal y vertical de la cruz cósmica. La segunda de estas líneas expresa los diversos estados del ser, y la primera el grado de desarrollo de esos estados. Alude también a la identificación de ambos elementos con los principios masculino y femenino. Y dice que por ello en los Upanishads, el Supremo Brahma es designado como «Aquel sobre quien los mundos están tejidos, como urdimbre y trama». Por otro lado, para los taoístas, la alternancia de vida y muerte, condensación y disolución, predominio de *Yang* o de *Yin*, son como el vaivén de los dos elementos del tejido (25). Además de este sentido esencial de todo tejido, una tela tiene los significados simbólicos que derivan de su color, forma y finalidad, si es que ha sido dotada de ésta. Incluso se señala que, en ciertos tipos de tejido, la ornamentación pudo tener un fin esotérico; Piobb, en relación con los tejidos escoceses (48). Los dibujos ornamentales expresan lo mismo tanto si se hallan en un tejido que si aparecen labrados en la piedra o pintados en una miniatura; se estudian en simbolismo gráfico. El velo como forma elemental de tejido y de vestidura, simboliza la envoltura de algo, es decir, la materia. Los siete velos de la danza de Salomé o del mito de Ishtar corresponden a los siete cielos planetarios y a los influjos correspondientes.

Telaraña

Aparte de su relación con la araña, su simbolismo es el mismo que el del tejido en general. Por su forma espiral presenta también la idea de creación y desenvolvimiento, de rueda y de centro. Pero en éste espera la destrucción y la agresión. La telaraña con la araña en medio simboliza, pues, lo mismo que la Medusa Gorgona representada en el centro de algunos mosaicos: es el torbellino devorador. Probablemente, un símbolo de la intuición negativa del universo, que ve el mal no sólo en la periferia de la rueda de las transformaciones, sino en su propio centro, es decir, en su origen. Noción gnóstica.

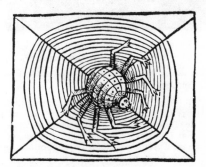

Telaraña. Grabado del siglo XV.

Tempestad. Pintura de Giorgione (con diversos símbolos).

Tempestad

El mito de la tempestad creadora (comunicación activa de los elementos) se halla en todo el mundo; en los países nórdicos bajo la advocación de Thor; en la mitología asirobabilónica con el nombre de Bel; en la alemana, con el de Donner; en la griega, con el de Zeus; entre los eslavos, con el de Peroun, etc. (38). La tempestad, como todo lo que sucede o desciende del cielo, tiene carácter sacro.

Templanza, La

Arcano decimocuarto del Tarot. Muestra la imagen de un ser alado, con túnica roja y manto azul verde por dentro, el cual vierte el agua de una vasija de plata en otra de oro. De por sí, ya el personaje hermafrodítico o ginandro, es favorable, puesto que expresa la *coniunctio oppositorum*. Su acción expresa la transformación que experimenta el agua (aquí se refiere al agua del «océano superior» o fluido vital), al pasar del orden lunar (plata) al solar (oro), es decir, del mundo de las formas cambiantes y del sentimiento, al de las formas fijas y de la razón. La virtud de la templanza se expresa, pues, como el resultado de una constante labor de metamorfosis espiritual, por la cual el excedente pasional es sublimado en potencial psíquico y creador. El genio que personifica la virtud es alado para ratificar el sentido de su acción y, astrológicamente, corresponde a Acuario, el cual puede relacionarse con Indra, señor de la purificación en la doctrina hindú. El genio de la templanza lleva en la frente el emblema del Sol, es decir, un círculo con un punto central. Esta alegoría significa discernimiento. En sentido positivo, el arcano se asocia a las ideas de vida universal, movimiento incesante de circulación a través de las formaciones, regeneración, purificación (59).

Templo

Este término deriva de la raíz *tem* (dividir). Los adivinos etruscos repartían el cielo mediante dos líneas rectas que se cortaban en ángulo sobre su cabeza, proyección de la idea de centro el punto de intersección y de las dos direcciones del plano las líneas, llamadas *cardo*, la que va de norte a sur, y *decumanus* la de este a oeste. Los fenómenos que ocurrían en el espacio eran interpretados según su situación en .ese orden. Luego, el templo terrestre es una imagen del templo celeste y las primeras ideas que dominan en su construcción son la de orden y orientación (7). Las estructuras arquitectónicas poseen significados simbólicos generales; las del templo los concretan. y sobredeterminan. En general, prevalece el sentido de centro místico, identificado a la cima de la montaña (foco del cruce de los dos mundos: cielo y tierra) representada por el altar. El Templo de Salomón, según Filón y Flavio Josefo, figuraba el cosmos y su interior se hallaba dispuesto con arreglo a esa significación: el altar de los perfumes significaba la acción de gracias; el candelabro de los siete brazos, los siete cielos planetarios; la mesa, el orden terrestre. Sobre ésta, los doce panes correspondían a los doce meses del año. El arca de la alianza simboliza los inteligibles (14). Arquitectos románicos, góticos y renacentistas trataron a su modo de repetir ese arquetipo superior. Entre 1596 y 1604, por ejemplo, se publicaron en Roma varios volúmenes con una hipotética reconstrucción del templo de Salomón, basada en los textos sagrados; las imágenes de esa obra influyeron hondamente en los arquitectos de la época. Otro de los sentidos dominantes en el templo es su refundición de los diversos símbolos del eje del mundo, como la montaña hueca, la escalera y la ya mencionada cumbre de los sacrificios. En ciertas culturas astrobiológicas el templo o el altar se erigen realmente sobre una montaña artificial, así como los *teocallis* de México. Un avance ideológico sobre este aspecto puede verse en la transposición a la estructura arquitectónica de algunos elementos esenciales de la configuración interna del universo, especialmente ligada a los números tres, siete, diez y doce. El siete es fundamental en las figuraciones planetarias y en el simbolismo derivado. Por ello los templos-montaña mesopotámicos o zigurats se construían a modo de pirámide escalonada de siete terrazas. Cada uno de esos pisos estaba

consagrado a un planeta. El zigurat de Babilonia, llamado *Etemenanki*, es
decir, la «Casa de las siete direcciones del cielo y de la tierra», era de ladrillos
crudos, revestido de otros cocidos. Según una tablilla conservada en el Louvre, su planta medía unos 2200 pies de largo por 1200 de ancho. El primer
nivel era de color negro, dedicado a Saturno; el segundo, anaranjado, a Júpiter; el tercero, rojo, a Marte; el cuarto, dorado, al Sol; el quinto, amarillo, a Venus; el sexto, azul, a Mercurio; y el séptimo, de plata, a la Luna
(39). No siempre aparece esta ordenación, pues, a veces, la Luna se encuentra en el sexto cielo y el Sol en el séptimo (17). De otro lado, refiriéndose al
zigurat, dice Berthelot que no sólo engloba los aspectos místicos de montaña y centro, por su masa y situación, y el de escalera por su forma, sino
que, al tener, según parece, plantaciones en las terrazas, constituía una imagen del paraíso (7). El origen de esta forma constructiva, que se encuentra
en Egipto, India, China y América precolombina, corresponde a Sumeria (7).
Eliade confirma todo lo dicho y añade que la ascensión a la cumbre del templo-montaña, sea mesopotámico o hindú, era el equivalente de un viaje extático al «centro» del mundo; al alcanzar la terraza superior, el peregrino
realiza una ruptura de nivel, trasciende el espacio profano y penetra en una
región pura (18). Obvio es añadir que la ascensión a las cumbres de montañas tiene, primitivamente, el mismo sentido místico, siendo el lugar por
excelencia del eremita. El propio significado simbólico favorable de la cabra no deriva sino de su tendencia a los picos escarpados. Otro de los espe-
címenes principales del templo-montaña es el de la cultura hindú y su zona
de expansión en Indochina y Java, el templo de Borobudur, en el centro de
esta isla, donde se construyó en el siglo VIII de nuestra era. Su base se halla
constituida por cuatro pisos cuadrados de galerías, que encima tienen otros
cuatro de plataformas circulares coronadas por un mirador cerrado. Su forma es, en consecuencia, similar a la del zigurat egipcio, un *phnom* que en
idioma jmer significa templo-montaña, que debe ser asimilado al Meru.
Cuatro escaleras, en el centro de las cuatro caras de la pirámide, suben directamente de la base a la cima. Según parece, el sentido más profundo de
este templo es de carácter sobrenatural. Su nombre significa «lugar de la

Templo romano.
Nimes (Francia).

aparición secreta». Todas las construcciones graduales, como las escaleras, conciernen al simbolismo de la evolución espiritual discontinua, es decir, a los diferentes y progresivos grados de la evolución (6). Por otro lado, el plano del templo de Borobudur dibuja un verdadero *yantra*, cuyos pisos cuadrados y circulares constituyen una figura mandálica relacionada con el simbolismo de la «cuadratura del círculo» (6). El templo griego funda su estructura y su simbolismo en los del palafito: comunicación de los tres mundos: inferior (aguas, pilotes; tierra, parte subterránea), terrestre (basamento y columnas) y superior (aludido por el frontón). Las catedrales cristianas más que con el macrocosmo se relacionan con el microcosmo, realizando la imagen del ser humano con el ábside como cabeza; la cruz como brazos, en el crucero; la nave o naves principal y laterales, como cuerpo, y el altar, como corazón. En el templo gótico, el impulso ascendente y la importancia concedida a los ejes verticales, resumen —como la totalidad de la construcción— la idea del templo-montaña, por lo que resulta integrador de macrocosmo y microcosmo. Según Schneider, las dos torres que suelen aparecer en la fachada de occidente corresponden a la montaña doble de Marte, de los primitivos megalíticos (Géminis), mientras el cimborrio sobre el crucero expresa la síntesis superior y la imagen del cielo. Llegando a la síntesis y al fondo de la cuestión, Gershom G. Sholem, en *Les origines de la Kabbale*, recordando que Dios vive en su razón, o que Dios es la Razón absoluta y logos del mundo, y que el templo «es la casa» o residencia de Dios, identifica *templo* y *razón*.

Tenante

En las composiciones heráldicas y decorativas, personaje real, fabuloso, o animal, que sostiene el blasón o apoya la figura o elemento central. Los tenantes, casi siempre dos, uno a cada lado, simbolizan las fuerzas inferiores que pasan, de adversarios y atacantes, a servidores y defensores del elemento central, símbolo del poder victorioso.

Teogonía

Según Diel, la sucesión de reinados de Urano, Saturno y Júpiter expresa el proceso creador en las etapas progresivas de lo mental, pudiéndose asimilar a inconsciente, consciente, sobreconsciente (15). Neptuno, como antiguo dios uránico (aguas superiores), también simboliza el inconsciente, como todos los viejos reyes y como el rey marino, es decir, tanto en el aspecto histórico (memoria ancestral de la humanidad), como en el cósmico (posibilidades latentes de pensamiento en germen), hasta el reinado de Saturno (el tiempo, la conciencia del tiempo, y, consecuentemente, el hombre como ser existencial). Por sobreconsciente se entiende la intuición de lo sobrenatural y el reconocimiento de la esfera superior.

Ternario

El sistema ternario se constituye por la manifestación del tercer elemento (latente), que viene a modificar la situación del binario y a darle equilibrio dinámico. Jung comenta las ideas sobre el particular de Plotino, quien, en su lenguaje de precisión filosófica y de vaguedad poética, habló de estas cuestiones. Plotino, en efecto, compara lo Uno (el principio creador) con la luz; el intelecto con el sol y el alma del mundo con la luna. La unidad se fragmenta interiormente en tres «momentos»: la actividad, la pasividad, la unión o el resultado de los otros dos (31). Es indudable que en la idea humana, viva, del tres y del ternario, entra la experiencia multisecular de lo biológico. A la existencia de los dos (padre y madre), sigue casi inevitablemente la del tres (hijo) (42). Por ello dice Lao-tse: «El uno engendra el dos; el dos engendra el tres; el tres engendra todas las cosas» (58). Por ello el tres tiene poder resolutivo del conflicto expresado por el dualismo; y es también la resultante armónica de la acción de la unidad sobre el dos. Simboliza la influencia del espíritu sobre la materia, de lo activo sobre lo pasivo (55). Numerosos símbolos, aparte del triángulo, conciernen al ternario. Ello se debe a que es, en cierto modo, el «interior de la unidad». Por eso, muchos seres infernales, réplicas inferiores de lo ternario, tienen tres cabezas, como el can Cerbero o Hécate triforme, o usan armas de tres puntas cual el tridente. La idea de «los tres soles» está emparentada con cuanto acabamos de mencionar (levante, cenit, poniente); según Dontenville, origina la forma del trípode. De otro lado, si el cuatro se ha mostrado como «modelo» el más adecuado para simbolizar lo cuantitativo situacional o exterior, el tres parece el número del orden interior o vertical. Determinado en el simbolismo del nivel por los puntos esenciales: alto, centro, bajo, concierne al significado de los «tres mundos», celeste, terrestre e infernal, que se relacionan íntimamente con la división ternaria del hombre, en espíritu (irreales, pensamientos), alma (sentimientos) y cuerpo (instintos) y con las posibilidades morales del bien, lo neutro y el mal. Algunos autores establecen la división ternaria del hombre en: intuición (luz moral); pensamiento (luz intelectual) e instinto (luz animal) (54). A esta división y a los efectos del predominio de una fuerza u otra, corresponden las tres conocidas etapas de la perfección mística: vía unitiva, vía iluminativa, vía purgativa, simbolizadas alquímicamente para los colores: rojo, blanco, negro. Los tres niveles se denominan en la doctrina hindú: *sattwa* (estado superior o de predominio espiritual), *rajas* (estado intermedio, dinámico y transformador) y *tamas* (estado instintivo o inferior). La imagen de los tres niveles, como tres divisiones cósmicas labradas por la

Ternario. 1) Esquema de relieve egipcio (época de Amarna). 2) Inscultura de monolito bretón (edad del bronce).

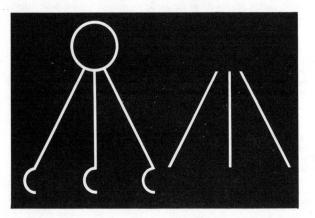

moral y emanadas por el pensamiento humano, según Eliade, es muy arcaica, pues ya se halla entre los pigmeos de la tribu semang (Malaca), y en otras razas del más bajo estadio cultural (18). Los irlandeses simbolizan esta realidad por una torre de tres pisos (4). Para Diel, las funciones esenciales del hombre son tres: conservación, reproducción, espiritualización. Su deformación o perversión se traducen en los tres tradicionales «enemigos» del alma: el mundo, la carne, el demonio; inversión de las tres virtudes teologales. Nos parece interesante transcribir los correspondientes ternarios que establece Guénon tratando sobre los «tres mundos» descritos por Dante en su *Commedia: Sattwa, rajas, tamas:* cielo, atmósfera y superficie de la tierra, interior de la tierra; futuro, presente, pasado; supraconsciente, conciencia, inconsciente (27).

Terremoto

En cuanto a la interpretación causal del fenómeno, la mayor parte de culturas primitivas y astrobiológicas le atribuyen un origen demoníaco teriomórfico. En Japón, un inmenso pez sostiene la tierra; en la literatura sánscrita, una tortuga; en América del Norte, una serpiente. El terremoto participa del sentido general de toda catástrofe: mutación brusca en un proceso, que puede ser maléfica pero también benefactora. En ocasiones se considera al terremoto creador de fertilidad. Es en el fondo una aplicación del simbolismo universal del sacrificio y la inversión cósmica (35).

Tesoro

En este símbolo se sublima el sentido del oro color, atributo solar, en contraposición al oro moneda, que simboliza la exaltación de los deseos terrestres y su perversión (15). Con frecuencia, en mitos, leyendas y cuentos folklóricos, el tesoro se encuentra en una caverna. Este doble símbolo significa que la cueva (imagen materna o inconsciente) contiene el «tesoro difícil de alcanzar». Con tal expresión se alude a uno de los secretos fundamentales de la vida (31). Este secreto no es otro que el del «centro» místico, que, en el propio espíritu del hombre define Jung como *Selbst* en oposición al mero «yo». Las penalidades y trabajos sufridos en busca del tesoro pueden ser equiparados, hasta cierto punto, con las operaciones de los alquimistas en su búsqueda de la transmutación (32). El tesoro que el héroe conquista con su dolor y su esfuerzo es él mismo renacido en la caverna en que lo habían sumido la introversión o la regresión, afirma Jung. El héroe como perteneciente a la madre es el dragón. Como renacido de la madre es el vencedor del dragón (31). En realidad, todo trabajo, todo sufrimiento, son caminos de progreso moral. Y cabe equiparar ambas actividades, pues consideramos cierta la aseveración de Eliphas Lévi «Sufrir es trabajar», corroborada de otro lado por Rorschach, al descubrir que dolor y movimiento, como expresiones de sentimiento y actividad expresan magnitudes análogas y contrarias, como los dos platillos de la balanza psíquica. Pero sólo el trabajo y el sufrimiento intencionales y conscientes ayudan al profundo progreso en la adquisición de la conciencia, de la virtud y de la superioridad. El dragón representa también la séptuple enemistad del aspecto negativo de los siete planetas (como vicios), mientras las armas son las potestades otorgadas por la deidad para posibilitar la victoria. El oro moneda y cualquier expresión derivada del mismo —como, por ejemplo, un billetero lleno— simbolizan en cambio el «tesoro fácil de alcanzar» (los deseos terrestres, los placeres, el amor considerado como victoria del egoísmo) y que por ello es igualmente «fácil de perder».

Tetracordo

Según Schneider, el tetracordo *do, re, mi, fa* puede considerarse, en su aspecto místico, como mediador entre la tierra y el cielo. Por el contrario, el tetracordo *sol, la, si, do* podría representar el orden divino. El elemento de conexión *do* lo identifica con el águila (del tetramorfos) (50).

Tetramorfos

Es una manifestación del principio de cuaternidad, ligado a la idea de situación (como el ternario a la de actividad) y a la intuición del espacio como orden. En el tetramorfos cristiano, como integración de los cuatro símbolos de los evangelistas, hemos de ver la más pura, la verdadera expresión de esta antiquísima idea universal. En la cultura megalítica, reflejando posiblemente tradiciones que se pierden en la más remota Antigüedad, se conoció la lucha de los dioses contra los monstruos que, desde el principio de la creación, intentaban devorar al sol. Las deidades, para conservar el orden creado, al transformar en cosmos el caos, dejaron al león en la montaña celeste y pusieron cuatro arqueros (en los puntos cardinales) vigilantes día y noche para que nadie pueda trastornar el orden cósmico (50). Esto nos revela lo siguiente: que los cuatro puntos cardinales, además de ser los extremos de unas direcciones del espacio en su aspecto superficial y más tangible (por corresponder a la tierra, zona de la manifestación, mientras nadir y cenit conciernen al cielo), pueden sentirse como zonas espaciales autónomas, es decir, como mundos. Esta idea se expresa en simbolismo gráfico por todas aquellas cruces cuyos cuatro extremos se redondean dando lugar a círculos. o bien aparecen como martillos. Estas zonas autónomas personificadas pueden tener aspecto malévolo o benévolo. Para defenderse del primero surgen en escena los arqueros arriba citados. El tetramorfos expresa los aspectos benévolos del «orden» espacial, a igual distancia del «centro». Schneider relaciona los animales del tetramorfos con las notas del tetracordo. La división de un país en cuatro provincias, relativamente frecuente, expresa la misma idea. Irlanda fue llamada la «isla de los Cuatro Señores», correspondientes a cuatro regiones, pero existiendo en el centro una quinta donde dominaba el jefe supremo, como el Pantocrátor entre los cuatro símbolos. Esta analogía, de momento, expresa sólo la fuerza e integridad de un sentimiento de ordenación espacial que deriva, según Jung, de principios espirituales y psicológicos, que eligen el modelo del tres o del cuatro según se muestren adecuados a las nociones de actividad e interior o de pasividad y situación. La forma completa de esta ordenación da el cinco: cuatro con el punto central, a veces expresado como círculo o mandorla almendrada; o el siete: cuatro exterior y tres interior. En muchos monumentos aparece esta planta, con un espacio cuadrado murado y tres torres en el centro (El Escorial, por ejemplo). Antes de volver al tetramorfos cristiano, transcribimos de Schneider algunas nociones concernientes al orden cuaternario en China. Dice así: «En el *Ta-tai-li*, el filósofo Tsên-tse distinguió, conforme a la costumbre china, cuatro animales destinados al servicio del santo: dos de estos animales, con cabello y plumas, proceden del elemento *Yin* (femenino, pasivo) y llevan piel, coraza o escamas. En esta disposición, reflejan claramente los cuatro elementos (correspondiendo el centro a la quintaesencia, o al espíritu): aire, fuego, agua, tierra. Otro grupo cuadriforme de animales se manifiesta en el arte sumerio. Se compone de león, águila y pavo real sobre el dorso de un buey. El *Libro de los Muertos* menciona en cambio un grupo de tres seres

Tetramorfos. Mural de San Isidoro de León. Siglo XII.

con cabezas de animales y otro con cabeza humana orejuda (como algunas que aparecen en pinturas románicas). Asimismo, la visión de Ezequiel enumera el león, el águila, el buey y el hombre. En la iconografía innumerable sobre la visión de Ezequiel hubo de influir la tradición oriental, en particular las representaciones egipcias. Los cuatro seres místicos de la tradición cristiana suelen ser el león, el águila, el buey y el hombre (alado). Un mosaico del ábside de Santa Prudencia en Roma (siglo IV) los agrupa por parejas al lado de la cruz. Las ilustraciones bíblicas no guardan siempre el orden prescrito en los textos sagrados. San Jerónimo cristalizó la fórmula (de equivalencias significativas): león, resurrección; águila, ascensión; hombre, encarnación; buey, pasión. Confrontando el antiguo grupo cuadriforme mesopotámico, arriba citado (león, águila, buey, pavo real), con el grupo de Ezequiel (león, águila, buey, hombre), llegamos a la ecuación: pavo real = hombre» (50). Según Chochod, los animales chinos aparecen en las siguientes correspondencias: dragón, león; unicornio, toro; tortuga, hombre; fénix, águila (13). La ordenación espacial dada por Ezequiel (1, 10) es la siguiente: el león, abajo, a la derecha; el hombre, arriba, al mismo lado; el buey, abajo, a la izquierda; el águila, arriba, al mismo lado (50). Aplicando los principios del simbolismo espacial, en que lo superior aparece siempre como sublimación de lo inferior — psicológicamente — y lo que se halla a la derecha como expresión consciente, mientras lo de la izquierda concierne al inconsciente, veríamos al hombre alado como sublimación del león, al águila respecto al buey. Según la doctrina esotérica, en sus interpretaciones simbológicas, los cuatro seres significan lo siguiente: águila (aire, inteligencia, acción); león (fuego, fuerza, movimiento); buey (tierra, trabajo, resistencia, sacrificio). El hombre alado, interpretado como ángel, simboliza la intuición de la verdad. Según Lévi, unos «discípulos de Sócrates» sustituirían el águila por el gallo; el león por el caballo; el buey por el carnero. Esta última sustitución se explica por la vecindad de los signos zodiacales Aries, Tauro. La primera por el carácter aéreo de ambos animales (37, 59). Las correspondencias, recordémoslo, no son identidades, sino analogías, es decir, relaciones íntimas o preferentes asociativas derivadas de la colocación y afinidad natural dentro de las «series». Por ello, todas las significaciones atribuidas al tetramorfos sirven como explicación de sus posibilidades alusivas, a la vez que del complejo mecanismo de la ordenación de cualidades. En el simbolismo cristiano, las atribuciones de los seres simbólicos a los cuatro evangelistas (como arqueros que defienden la verdad y el orden de Cristo — centro —) son: san Mateo, hombre alado; san Marcos, león; san Lucas, buey; san Juan, águila (49).

Texturas

El simbolismo de las texturas no ha sido apenas explorado, ni siquiera planteado como problema. Pero ciertas modalidades del arte actual indican que la calidad material, la relación entre la superficie aparente (espacio) y la real (integración de puntos en el espacio) es hoy valorada como antaño lo fue la ornamentación y aun la figuración. En la textura podemos encontrar dos elementos esenciales: el que actúa como factor de conformación lateral y el que, por así decirlo, presiona de abajo arriba. El primero origina calidades que son preformales, a veces, formas nacientes de simbolismo discernible tras un cuidadoso análisis; con este tipo de formaciones se relacionan las paradójicas «formas informales» obtenidas por presión (manchas, klecsografías, calcomanías, etc.), el denominado «simbolismo soterrado» de algunas obras de arte en las que se ha creído ver una infrafiguración determinada por los juegos de sombras y luces, por los movimientos de las pinceladas o por los diseños del fondo; y también el simbolismo de la composición, en cuanto se base en una sensación de relieve. Pero la verdadera textura es la determinada por la calidad y grosor de la pasta, de la materia, y por la organización estructural de ésta, según se estudia en mineralogía, originando texturas, por ejemplo, concrecionadas, fibrilares, perlíticas, porosas, cavernosas, etc. *Grosso modo*, las texturas pueden agruparse en duras (lisas) y blandas (porosas). Como la sensación de lisura (continuidad) crece en la medida del distanciamiento, toda textura lisa puede considerarse simbólica de lo lejano y, por analogía, de los colores fríos. En cambio, las texturas porosas simbolizan la proximidad y los colores cálidos; expresan un mayor dinamismo interno de la materia y el sensualismo correspondiente. Un análisis detenido de texturas pudiera estructurarse en simbolismo más concreto que las generalidades apuntadas.

Thule

Este reino mítico deriva, en su nombre, de Tula —nombre de la comarca suprema— que Guénon cree más antiguo que *Paradesha*. Se encuentra en muchos idiomas, desde Rusia a la América central. En sánscrito la palabra Tulâ significa balanza, en relación con el signo zodiacal de Libra. Pero una tradición china señala que la antigua balanza era la Osa Mayor. Esto llevaría a una identificación de Thule con el país polar, el «centro» por excelencia. También es llamada esta comarca «isla blanca», coincidiendo con la «montaña blanca» o símbolo del mundo y con las «islas afortunadas» de la tradición occidental. Guénon indica que la blancura, aplicada a los elementos topográficos, indica siempre una alusión a este lugar paradisíaco, perdido por el hombre y al que se refiere de continuo en leyendas y cuentos folklóricos. Cita los nombres de Albania, Albión, Alba Longa y se refiere asimismo al hecho de que el latín *albus* (blanco) corresponde al hebreo *Lebanah*, que designa la luna. La identificación de isla y montaña es explicada por el autor citado indicando que ambas coinciden en las ideas de estabilidad, superioridad, refugio frente al medio. La isla permanece incólume en medio de la agitación oceánica, imagen del mundo exterior o «mar de las pasiones», e igualmente la montaña es el «monte de la salud», que se halla por encima de las modificaciones de la «corriente de las formas» en lo biológico (28). Las ideologías de lo «hiperbóreo» se relacionan con el mito de Thule.

Tiempo

Señala Berthelot que la ordenación del tiempo suele proceder de la del espacio, en especial la de la semana (7). Efectivamente, el conocimiento de las siete direcciones del espacio (dos por cada una de las tres dimensiones, más el centro) origina la proyección de ese orden en el tiempo. El domingo —o el día de descanso— corresponde al centro y, por la relación que une entre sí a todos los centros, ligándolos al centro primordial o místico, al divino origen, ese día tiene carácter sagrado. El descanso expresa la inmovilidad del centro, mientras las otras seis direcciones son dinámicas. De otro lado, el centro en espacio y en tiempo no sólo se halla en estos dominios sino que puede encontrarse como aspecto espiritual. Por ello dice Elkin: «No debe pensarse que la época mítica es simplemente un tiempo pasado, sino también un presente y un futuro; tanto un estado como un período». A esa zona circular del centro corresponde en rigor lo inespacial e intemporal, lo

Tiempo. Detalle del tapiz
de la Creación. Catedral de Girona.

no formado, es decir, la «nada mística» oriental, el agujero del símbolo del cielo chino, el *Pi* de jade. Eliade señala que, *in illo tempore*, todo era posible. Las especies y las formas no estaban fijadas, eran «fluidas». Indica este autor que el retorno de ese estado señala el fin de la temporalidad (17). La idea de que el tiempo (la semana) proviene de la organización del espacio debe, en realidad, ser sustituida por la noción de que son el resultado de un mismo principio. De acuerdo con ello, el espacio puede ser considerado conjuntamente con el tiempo. En el espacio se producen, a la vez que en el tiempo, las fases: no manifestación-manifestación-no manifestación, que constituyen el ciclo de la vida. Los egipcios simbolizaron o, mejor, *vieron* este proceso en el transcurso del sol y su «viaje nocturno por el mar».

Tienda

En el sistema jeroglífico egipcio, signo determinante que corresponde a una de las partes del alma, que ellos denominaban «cuerpo de gloria», la cual

rodea el espíritu como una tienda (19). De esto se desprende un sentido simbólico general y efectivo que considera la tienda como «lo que envuelve».
Esta idea aparece en estrecha relación con el simbolismo del tejido y del
vestido. Para los griegos, el mundo físico, el mismo espacio, eran «los
vestidos de los dioses», es decir, como la tienda, aquello que los envuelve y
los esconde a la mirada. Rasgar el velo del templo, rasgarse las vestiduras,
es intentar, en un esfuerzo desesperado de analogía, rasgar el misterio del
otro universo. Berthelot nos indica otras conexiones significativas de la tienda; al decir, de un lado, habitación del nómada; de otro, relacionada con el
misticismo del desierto (7).

Tierra prometida

O Tierra Santa. Según los alquimistas, por su concepción de los mundos
como «estados» y de los paisajes como expresiones, es «estado perfecto de
una operación». Allá donde hay paz y perfección, se realiza en el tiempo lo
que en el espacio adopta la forma de una tierra prometida, sea Israel para
los hebreos caminantes del desierto, sea Itaca para Ulises en el océano (57).
Los israelitas identificaron su centro espiritual con la colina de Sión, a la
que denominaron «corazón del mundo». Dante presenta a Jerusalén como
«polo espiritual» (28).

Tierra Santa

La tierra santa «por excelencia», según Guénon en *Symboles fondamentaux de la Science sacrée*, es la «comarca suprema», según la palabra sánscrita *Paradesha*, que los caldeos convirtieron en *Pardes* y los occidentales
en *paradis* y *paraíso*. Otras «tierras santas» son su reflejo: las de elección
de razas a su vez «elegidas» o las citadas en leyendas con ellas relacionadas,
o con símbolos del «centro» como Thule, Luz, Salem, Surgas, etc. Para los
cristianos, la Tierra Santa es Palestina. Un lugar considerado como «centro»
es, en Inglaterra, Glastonbury, que, legendariamente, es el lugar al que llevó
José de Arimatea el Graal. Geográficamente, el norte, el polo, por ser el lugar más elevado también ha sido investido de similar significación simbólica.

Tigre

Simbológicamente, son en absoluto equivalentes estas dos definiciones de
significado: «Asociado a Dioniso. Símbolo de la cólera y de la crueldad» (8).
«En China, símbolo de la oscuridad y de la luna nueva» (17). Pues la oscuridad, asimilada siempre a las tinieblas del alma, corresponde al estado que
los hindúes denominan *tamas*, en el simbolismo del nivel, y al desenfreno de
todas las potencias inferiores de la instintividad. Ahora bien, en China, el
tigre parece desempeñar un papel similar al del león en las culturas africanas y occidentales. Aparece, pues, como éste, en dos estados diferentes (y
como el dragón): como fiera salvaje y como fiera domada. En este aspecto, se
emplea como figura alegórica de la fuerza y el valor militar puestos al servicio del derecho. Cinco tigres míticos son investidos de la misma significación
que en el cristianismo —sólo en el aspecto de orden espacial y defensa de
ese orden contra el caos— desempeña el tetramorfos. El Tigre rojo reina en
el sur, su estación es el estío y su elemento el fuego; el Tigre negro reina
en el norte, en el agua y en el invierno; el Tigre azul reina en el este, en la
primavera y en los vegetales; el Tigre blanco domina en el oeste, en el otoño
y en los metales. Finalmente, el Tigre amarillo (color solar) ocupa la tierra y
manda a los otros tigres. Se halla en el centro, como el emperador en el
centro de la China y la China en medio del mundo (13). Esta división por cua-

ternidad, más el quinto elemento central, es arquetípica de lo situacional, como ha estudiado Jung. Cuando aparece junto a otros animales, su significado se modifica según la relación jerárquica; así, en lucha con un reptil, expresa el principio superior, pero inversamente si combate con un león o un ser alado.

Tijeras

Símbolo de conjunción, como la cruz (51), pero también atributo de las místicas hilanderas que cortan el hilo de la vida de los mortales. Por ello, símbolo ambivalente que puede expresar la creación y la destrucción, el nacimiento y la muerte.

Timón

El timón de las antiguas naves aparece con frecuencia en las alegorías, en relación con las ideas de seguridad y rumbo definido. Asimismo y con igual significación figura en emblemas medievales y renacentistas.

Tinieblas

Símbolo dual y a la vez ambivalente. Se ha hablado, generalmente, de tinieblas por oposición a la luz, dando a ésta, como en la mitología fenicia, el valor de «inteligencia cósmica» o emanación divina. Pero el Zohar (siglo XIII) habla de un *fuego negro* que es «la luz primordial». Tal vez por ello han surgido dos concepciones de las tinieblas, la primeramente expresada y la que podría asimilarse a lo «no manifestado» pero inefable. San Gregorio de Nisa enseñó que «el verdadero conocimiento de Dios consiste en comprender que es incomprensible, estando envuelto por todas partes, *como por tinieblas*, por su incomprensibilidad». Con fervor aparece el concepto de «tinieblas» en la literatura mística. Rudolph Otto en *Lo·Santo* así lo testimonia y cita ejemplos de san Juan de la Cruz, que, en la *Noche oscura del alma*, habla de la «oscura contemplación» y dice que lo divino absorbe el alma en «una profunda tiniebla», y de Gerhard Tersteegen, el cual dijo que la altísima Majestad reside en «oscuro santuario». Lo tenebroso tal vez aparece aquí, como emanación del que contempla, como proyección del que aún pertenece al mundo de la «mezcla» gnóstica (luz y tinieblas), pero la insistencia en el concepto parece aludir también a una especial tenebrosidad de lo infinito, tal vez por asimilación con concepciones místicas del Uno como nada (Eckart, Nicolás de Cusa, etc.). En la alquimia, lo tenebroso coincide con la *nigredo*, que, como fase anterior a la *albedo* y a la *rubedo* (negro, blanco, rojo) señala una etapa en el ascenso hacia el *aurum philosophorum*, al margen de los ejes de color «naturales» (marrón = tierra; verde = vegetación; azul = cielo atmosférico), que corresponden al mundo como tal. Wagner en *Tristán* adapta a su concepción casi mística (de religión de «salvación») del amor la oposición Noche-Día (negro-blanco o, mejor, negro-azul) y para él la oscuridad es el dominio del acceso a la finalidad interior, mientras que la luz es el reino de la dispersión en la multiplicidad mundana.

Tirso

Símbolo de fecundidad, paradójica antorcha de vegetación. Ya Salomón Reinach, en su *Historia de las religiones*, estudió el origen del tirso: vara enramada, cubierta con hojas de parra y de hiedra. Se supone un origen tracio a este símbolo, atributo de Dioniso, de donde pasó a todo el ámbito helenístico, siendo muy probable que tuviera origen muy anterior y que lo conocieran egipcios y asiáticos. El tirso se relaciona más con la vara mágica que con los símbolos axiales verticales.

Titanes

Fuerzas salvajes e indomables de la naturaleza naciente (15). La concepción astrobiológica y mítica no podía aceptar, y se hallaba en lo cierto, que del caos a la ordenación cósmica creada por el hombre vencedor de las tinieblas, poseedor de principios espirituales y de cultura, no existe un estadio intermedio. Los monstruos antediluvianos, la humanidad anterior al hombre de Cromagnon, fueron intuidos como animales fabulosos, titanes, gigantes, cíclopes. Estas fuerzas combatieron primero con los dioses; luego los héroes, como representantes del «verdadero hombre», *no del hombre masa, sino del que significa en cada momento la avanzada de la evolución biológica de la especie y del espíritu*, acabaron con ellas. Pervive en la psicología individual este aspecto en la figura de monstruos o en la de seres inferiores, que aluden a la «sombra», o parte inferior. El comienzo de *La vida es sueño* de Calderón es simbólico. La caverna expresa el inconsciente; el hombre aherrojado que lamenta su pérdida de libertad, es la sombra del dramaturgo, la parte inferior de su ser, dominada y reducida a la impotencia por el juicio y la voluntad del hombre educado en las disciplinas intelectuales y morales.

Titán.
Escultura
del jardín
de Bomarzo
(Italia).

Tocado, trono

En las antiguas culturas orientales, especialmente en Mesopotamia y en la India, hay una relación formal y significativa entre todos los objetos y construcciones que conciernen a un culto. Según Eliade, en Babilonia hay una analogía interna y externa entre el tocado, el trono y el palacio. Son tres símbolos del centro (17). Luc Benoist dice, con referencia a lo hindú: el altar, el templo, el trono, el palacio, la ciudad, el reino, el mundo, implican sus imágenes en el mismo centro que es su modelo, el monte Meru. El carro procesional es el templo móvil (6). De esto pueden deducirse correspondencias y concomitancias simbólicas.

Tonel sin fondo

Célebre símbolo griego, que en la leyenda de las danaides simboliza el trabajo inútil y, a cierto nivel, la inutilidad general aparente de la existencia (8).

Torbellino

Esta forma, constituida por el movimiento espiral y el helicoide, expresa también el dinamismo de la cruz tridimensional, es decir, del espacio. Por ello es símbolo de la evolución universal (25).

Torcidas, Formas

Entran en el grupo de las anormalidades, si su sentido es manifiesta y expresivamente contrario a la regularidad (recta, curva, o de la manera que sea).

Toro. Bronce romano.
Museo Arq. Nacional. Madrid.

Toro

Relacionado con el segundo signo zodiacal, de Tauro. Es un símbolo muy complejo, tanto en el aspecto histórico como en el psicológico. La tradición esotérica lo considera animal emblemático (totémico) de los boreanos contra el dragón de los negros, asimilando al dios Thor, hijo del cielo y de la selva (49). En principio, esto significa la superioridad analógica del mamífero sobre el reptil, cual la del ario sobre el negro. La disyuntura mayor es la que aparece entre las concepciones del toro como símbolo de la tierra, de la madre y del principio húmedo (11) y las que consideran al toro un símbolo del cielo y del padre. El ritual de Mitra parece ser que se fundaba en la primera de dichas posiciones. El sacrificio del toro expresaba la penetración del principio femenino por el masculino y del húmedo por el ígneo de los rayos solares, origen y causa de la fecundidad. Krappe expone estas contradicciones. Señala al toro como principal animal doméstico de los pueblos del Próximo Oriente y, en implícita derivación, habla del gran número de toros solares y lunares, es decir, afectos a los principios contrarios precitados. Sin, dios lunar de los mesopotámicos, tenía con frecuencia forma de toro. El toro Apis egipcio se cree representación de Osiris, dios lunar. En cambio, El Sûrya védico es un toro solar. Según los asirios, el toro es hijo del Sol. Krappe explica por sucesión de cultos las diferencias, no como interna contradicción. El toro lunar se transforma en solar cuando éste vence al más antiguo culto lunar (35). Pero también puede suceder que el toro siga como símbolo de la Luna, con la que se identifica morfológicamente por los cuernos y el creciente, y pase a un rango secundario bajo el león simbólico del Sol. Así lo considera también Eliade, para quien el toro no expresa ninguno de los astros, sino el cielo fecundador. Dice también que el toro y el rayo fueron desde el 2400 antes de Jesucristo símbolos concertados de las divinidades atmosféricas, asimilándose el mugido del toro al ruido del trueno. En todas las culturas paleorientales, la idea de poder era expresada por el toro. En acadio, «romper el cuerno» significa «quebrantar el poder» (17). Según Frobenius, el toro negro es asimilado al cielo inferior, es decir, a la muerte. Incluso en los países lejanos adonde llegó el influjo de la India, que participa de dicha creencia, como Java y Bali, se acostumbró poner los cuerpos de los príncipes en ataúdes en forma de toro para quemarlos. Alguna pintura egipcia representa al toro negro llevando encima del cadáver de Osiris (22). Esto coincide con una afirmación de Schneider, para quien, en cuanto el toro ocupa la zona de comunicación entre los elementos del agua y el fuego, parece simbolizar el paso entre el cielo y la tierra, correspondiendo este significado al toro de las tumbas reales de Ur con cabeza de oro (fuego) y barba de lapislázuli (agua). El buey simboliza el sacrificio, la abnegación y la castidad, apareciendo en relación con los cultos agrícolas (50), es decir, en posición contraria al poder fecundador del toro. Si confirmamos la asimilación de éste a lo uránico, sí se resuelve la contradicción y puede adscribirse el toro al principio activo y masculino, pero en su aspecto superado, es decir, maternalizado, vencido por el hijo (Sol, león).

Torre

En el sistema jeroglífico egipcio, signo determinante que expresa la elevación de algo, o a la acción de elevarse por encima de la norma vital o social (19). La torre, pues, corresponde al simbolismo ascensional primordialmente. En la Edad Media, torres y campanarios podían servir como atalayas, pero tenían un significado de escala entre la tierra y el cielo, por simple aplicación del simbolismo del nivel para el cual altura material equivale a elevación espiritual. El símbolo de la torre, por su aspecto cerrado, murado, es emblemático de la Virgen, como muestran numerosas pinturas y grabados alegóricos y recuerdan las letanías (14). Como la idea de elevación, antes mencionada, implica la de transformación y evolución, de ahí que el atanor u horno de los alquimistas tuviera la simbólica forma de una torre, para expresar — inversamente — que la metamorfosis de la materia implicaba un sentido ascensional. También se menciona a este propósito la torre de bronce en que fue encerrada Dánae, la madre de Perseo (48). Finalmente, queremos indicar una analogía: torre, hombre. Así como el árbol se acerca a la figura humana más que los animales, que avanzan con el cuerpo horizontal, así la torre es la única forma de construcción que toma la vertical como definición. Las ventanas del último piso, casi siempre grandes, corresponden a los ojos y al pensamiento. Por esta causa se refuerza el simbolismo de la torre de Babel como empresa quimérica, que conduce al fracaso y al extravío mental (31). Asimismo, por esta razón, el arcano decimosexto del Tarot expresa la catástrofe en forma de torre herida por el rayo. Sin embargo, en el simbolismo de la torre cabe hallar una ambitendencia. Su impulso ascensional iría acompañado de un ahondamiento; a mayor altura, más profundidad de cimientos. Nietzsche habló de que se desciende en la medida en que se asciende. Nerval, en *Aurelia* concretamente, se refiere al simbolismo de la torre y dice: «Me hallaba en una torre, tan honda en sus cimientos, hundidos en la tierra, y tan alta en su vértice, aguja del cielo, que ya toda mi existencia parecía obligada a consumirse en subir y bajar».

Torre herida por el rayo, La

Arcano decimosexto del Tarot. La imagen alegórica presenta una torre semiderruida por un rayo que cae sobre ella en la parte superior (cabeza). Esta torre debe identificarse con la primera de las columnas Jakin y Bohaz, es decir, la que corresponde al poder y a la vida individuales. Los ladrillos de la torre son de color de carne para ratificar que se trata de una construcción viviente, imagen del ser humano. Dos personajes caen heridos por los materiales que se desprenden de la torre; el primero es un rey; el segundo es el arquitecto de la torre. El sentido maléfico de este arcano se relaciona con Escorpión. Expresa el peligro que conduce todo exceso de seguridad en sí mismo y su consecuencia, el orgullo, en relación con la torre de Babel. Megalomanía, persecución de quimeras y estrecho dogmatismo son los contextos del símbolo indicado (59).

Tórtola

Símbolo de la fidelidad y del afecto entre los seres humanos (8). Aparece en muchas alegorías y se confunde a veces con las palomas.

Tortuga

Integra diversos sentidos simbólicos. En el Extremo Oriente tiene un significado cósmico. En relación con ello, dice Chochod: «La tortuga primordial tiene la concha redonda por encima para representar el cielo y cuadrada por debajo para representar la tierra» (13). Para los negros de Nigeria, es similar al sexo femenino (12) y efectivamente se le atribuye sentido emblemático de lujuria. En alquimia simboliza la «masa confusa» (32). Estas divergencias tienen, sin embargo, algo de común. En todos los casos, la tortuga es un símbolo de la realidad existencial, no un aspecto trascendente, pues aun como conjugación de círculo y cuadrado concierne a las «formas del mundo manifestado», no a las fuerzas formantes ni a los orígenes, menos al centro irradiante. Por su lentitud, pudiera simbolizar la evolución natural, contrapuesta a la evolución espiritual, rápida o discontinua en mayor grado. También es emblemática de longevidad. El grabado de la página 79 de la *Hypnerotomachia Poliphili* representa a una mujer que sostiene en una mano dos alas abiertas y en la otra una tortuga. Según esta contraposición, la tortuga sería la inversión de las alas, es decir, el fijo de la alquimia, pero en su carácter negativo (puesto que las alas simbolizan vuelo como espiritualidad y elevación). Es decir, pesantez, involución, oscuridad, lentitud, estancamiento, materialismo extremadamente concentrado, etc. Ello explicaría tal vez la presencia de tortugas en el cuadro de Moreau, *Orfeo*, donde surgen como negación inquietante. Probablemente, la tortuga simboliza en fin de cuentas la corporeidad *(soma = sema)*, las servidumbres que ella acarrea y que a las doctrinas dualistas (gnósticos, maniqueos, cátaros) les parecen inaceptables para un ser esencialmente dotado de inteligencia y espíritu.

Trabajo

Todo trabajo ejecutado con buena fe, constancia y conciencia de colaboración en la obra general puede revestirse de un sentido místico y simbólico. Una leyenda cuenta que un zapatero oriental llegó al estado de santidad porque, al coser las dos capas de suela de los zapatos, constantemente, «unía lo inferior a lo superior». En cierto modo, el trabajo es asimilado aquí a la labor lenta y paciente del alquimista que espera la transmutación menos de sus operaciones que de su actitud espiritual respecto a ellas y de su don de sí mismo a la empresa que realiza.

Trapecio

Esta forma geométrica une la de la cabeza del buey y el hacha primitiva de piedra. Simboliza el sacrificio (50). También la irregularidad o la anormalidad, pues las figuras geométricas, por analogía, expresan ideas de máxima a mínima perfección según su regularidad mayor o menor, pudiendo establecerse una escala: círculo, cuadrado, trapecio, trapezoide.

Travesía

La travesía, el paso, la peregrinación, la navegación, la «salida de Egipto», son formas diversas de expresar lo mismo: el avance desde un estado natural a un estado de conciencia por medio de una etapa en que la *travesía* simboliza justamente el esfuerzo de superación y la conciencia que lo acompaña. Esa travesía, como por lo demás toda peregrinación, implican, o sustituyen, el avance por el laberinto hasta descubrir su centro — que es una imagen del «centro», no su identidad—. El místico árabe Hallaj fue martirizado por predicar que la peregrinación a La Meca podía sustituirse por una búsqueda interior. En el mismo sentido se ha dicho que estudiar y viajar pueden ser actos equivalentes, mutuamente sustitutivos, o también complementarios.

Trébol

Emblema de la Trinidad. En los emblemas, situado sobre un monte significa conocimiento de la naturaleza divina como resultado del esfuerzo en el sacrificio o en el estudio (ascensión) (4). Las formãs treboladas, como el arco de tres lóbulos gótico, mantienen el mismo significado y en general todas las formas tripartitas. En la Edad Media, el compás de tres tiempos se consideraba bajo este aspecto y Scriabin lo empleó en *Prometeo* por esta razón.

Trenza

Como las lacerías, ligamentos y nudos, simboliza relación íntima, corrientes enlazadas, dependencia mutua (19).

Triángulo

Imagen geométrica del ternario, equivale en el simbolismo de los números al tres. Su más alta significación aparece como emblema de la Trinidad. En su posición normal, con el vértice hacia arriba también simboliza el fuego y el impulso ascendente de todo hacia la unidad superior, desde lo extenso (base) a lo inextenso (vértice), imagen del origen o punto irradiante. Nicolás de Cusa habló sobre todo ello. Con el vértice truncado, símbolo alquímico del aire; con el vértice hacia abajo, símbolo del agua; en igual posición y con el vértice truncado, símbolo de la tierra. La interpenetración de dos triángulos completos en posiciones distintas (agua y fuego) da lugar a la estrella de seis puntas, llamada sello de Salomón, que simboliza el alma humana. El triángulo rematado por cuernos era el símbolo cartaginés de Tanit (12).

Triángulo invertido

Es ufi símbolo complejo y ambiguo por diferentes conexiones. Signo del agua, expresa la involución por la dirección hacia abajo de su punta·(= fuerza). Con todo, se considera equivalente al corazón por su forma y puede sustituirlo simbólicamente, sobre todo según su situación (si está en un centro).

Tridente

Sobre el tridente o lanza de tres puntas se han establecido diversas interpretaciones, desde la de Eliade, quien supone que, originariamente, corresponde a la representación de los dientes de los monstruos marinos (17), a la explicación de Diel, que veremos. Atributo de Neptuno y de Satán. Según Bayley, forma derivada y deformada de la cruz (4), es decir, cruz alterada para darle agresividad. Más exactamente se da noticia de que todo instrumento, objeto o ser con tres miembros o partes donde normalmente pudiera bastar uno, simboliza la fuerza o posibilidad triple (8). Esto lo confirma Zimmer al decir: «tridente, triplicidad en el ataque». La tercera punta pudiera corresponder al tercer ojo de Shiva, ya que también es atributo de éste, el Destructor. Es muy significativo que fuera el tridente el arma del reciario romano, cuya red lo identifica a la divinidad uránica, en contraposición al mirmidón armado de espada. Parece así un atributo de poder arcaico y paterno, frente a la posibilidad única, heroica, del hijo solar. Diel lleva al máximo la explicación negativa del tridente y, en su interpretación de carácter moralista, dice que el arma en cuestión simboliza la triple culpa, corres-

Tridente.
Monedas griegas
con tridentes.

pondiente a la perversión de los tres impulsos principales: nutrición (posesión, propiedad, dominación), reproducción (sexualidad) y espiritualización (que, en su aspecto negativo, se traduce en vanidad). Por ello es atributo del dios del inconsciente y de la culpa, Neptuno, cuyo reino está poblado de monstruos y de formas de lo inferior. Su triplicidad es una «réplica infernal de la Trinidad» como las tres cabezas de Cerbero, o las de Hécate triforme (15). Sin embargo, alguna significación favorable se le ha dado al tridente. Charles Ploix, en *La Nature et les dieux*, lo asimila a la varita mágica que permite descubrir las fuentes (2), si bien esta interpretación no parece muy fundamentada. Atributo de dios en el período protoindio, según el padre Heras. También se considera «eje del mundo» con dos corrientes laterales inversas.

Triforme

Sobrenombre de Hécate, la cual, según Servio — dotada de tres rostros — presidía el nacimiento, la vida y la muerte (el pasado, el presente y el futuro). Es una aplicación teratológica del principio de la triplicidad o triunidad (8). Similar es el sentido de la Trimurti (creación, conservación, destrucción), formada por Brahman, Vishnu y Shiva (60). Corresponde este simbolismo a todas las formas del ternario, que en el aspecto del poder se manifiesta como santidad, ciencia y fuerza guerrera, en clara correlación con: espíritu, intelecto, vitalidad (28).

Trigramas

Series de tres líneas, enteras o rotas en dos segmentos, dispuestas paralelamente, que constituyen ocho «formas» de la energía cósmica y tienen correspondencias con los factores de una gama de posibilidades destinales. Por ello, los trigramas se usaron desde la remota Antigüedad, en China, como instrumento de adivinación. A continuación damos la serie de trigramas que componen el llamado *Libro de las mutaciones:*

Khien	Cielo, firmamento	Poder	
Tui	Aguas corrientes	Placeres	
Ly	Fuego, luz solar	Gracia	
Kan	Rayo	Dinamismo	
Sun	Viento	Penetración	
Khan	Lluvia, pantano	Peligro	
Kan	Montañas	Estabilidad	
Kwan	Tierra	Inercia	**Trigramas.**

Triple recinto

Construcción esquemática de diversas formas (tres cuadrados o tres círculos concéntricos, combinaciones de ambos tipos) que, según Louis Charbonneau-Lassay, en *L'Esotérisme de quelques symboles géométriques chrétiens* (París, 1960), simboliza el ternario, o la constitución triple del hombre: cuerpo, alma, espíritu; o del mundo: universo físico, universo inteligible o intelectual y universo espiritual o trascendente. Este símbolo (en forma de cuadrados) se ha encontrado grabado en algunas estelas, como la piedra de Suèvres (Orléannais, Francia), de época incierta, que se remonta al período druídico o galorromano. Otros símbolos similares se han hallado, grabados en hueso, atribuyéndose al período merovingio, o en los graffiti templarios del castillo de Chinon (año 1308). Los reversos de las monedas inglesas de los siglos XIV y XV, y los anversos de las castellanas «de anagrama» son triples recintos estructuralmente y acaso también por el sentido.

Trípode

Dontenville lo considera símbolo solar, no ya por el disco superior, sino por los tres soportes, cada uno de los cuales correspondería a estos momentos: levante, cenit, poniente (16). El símbolo de la triskeles, o tres piernas unidas en forma de cierto parecido a la esvástica, expresa lo mismo según el autor citado (16), pero según Ortiz, expresa el «movimiento veloz» (41).

Triunfo, Símbolos de

Edificios escalonados, alturas, arcos, columnas; coronas, palmas, armas de parada, máscaras rituales como algunas de yelmos romanos. Objetos situados en lo alto de varas o astas (banderas, estandartes, insignias, tirsos, báculos, cetros) incluidos o no en su estructura; colores: rojo, blanco; metales: oro y plata. Determinados animales: águila, fénix, león, también el toro, dragón, lobo y minotauro. Las ideas de victoria y de poder están íntimamente asociadas a todo símbolo de triunfo.

Trompeta

Como instrumento de metal corresponde a los elementos fuego y aire, y a la montaña doble de Marte. Los instrumentos de metal son propios de los nobles y guerreros, mientras que los de madera, que pertenecen al valle, son propios del pueblo y de los pastores (50). Simboliza el anhelo de fama y gloria (8). En cambio, la trompa, por su forma, tiene conexión con el cuerno de origen animal (50).

Trono

En el simbolismo asiático, es el término intermedio entre el monte y el palacio de un lado, y el tocado de otro, siendo todos ellos variantes rítmicos de una misma familia morfológica. Simbolizan o, mejor, aluden al centro. Son signos de síntesis y de unidad estabilizada (37). En el sistema jeroglífico egipcio, el trono integra como signo determinante los conceptos de soporte, enaltecimiento, equilibrio, seguridad (19).

Trono.
Silla episcopal.
Catedral de Girona.

Tumba

Cuerpo material (57), lugar de las transformaciones y símbolo del in-. consciente (56). También puede ser símbolo maternal y femenino en términos generales.

Túnica

Mientras el manto simboliza el límite último de la personalidad, y la «máscara» que envuelve al *Selbst*, la túnica puede simbolizar el yo o el alma, es decir, la zona en contacto más directo con el espíritu. Verse vestido con túnica naranja es verse incendiado, por ser el naranja el color simbólico del fuego y de la pasión. La «túnica de Neso» que quemó a Hércules era de ese matiz. Los agujeros en la túnica, los harapos (en el traje), equivalen a cicatrices; unos y otras simbolizan las heridas del alma. Respecto a la túnica naranja, Zimmer informa (60) que en la India se vestía con una de ese color a los condenados a la última pena por crímenes terribles.

Tumba. Sepulcro del obispo don Domingo de Arroyuelo. Capilla del Condestable. Catedral de Burgos.

U

Umbral

Símbolo de transición, de trascendencia. En el simbolismo arquitectónico, el umbral recibe siempre tratamiento especial, por multiplicación y enriquecimiento de sus estructuras: portadas, escalinatas, pórticos, arcos de triunfo, protecciones almenadas, etc., o por la ornamentación simbólica, que alcanza en Occidente su máxima virtualidad en la catedral cristiana, mediante la decoración con escultura de parteluz, jambas, arquivoltas, dintel y tímpano. Adquiere aquí el umbral claramente su carácter simbólico de unión y separación de los dos mundos: profano y sagrado. En Oriente, son los «guardianes del umbral» los que representan esas funciones de protección y advertencia, significadas por dragones y efigies de deidades o genios. El dios Jano de los romanos expresaba asimismo ese dualismo que, analógicamente, puede ser relacionado con todas las formas de dualidad (6). Por ello puede hablarse de un umbral entre la vigilia y el ensueño.

Unicornio

Simboliza la castidad y aparece también como emblemático de la espada o la palabra de Dios (20, 4). La tradición más común lo figura como caballo blanco con un solo cuerno que le brota de la frente, pero la esotérica le otorga cuerpo blanco, cabeza roja y ojos azules. Quiere la leyenda que sea infatigable ante los cazadores y que en cambio caiga rendido y aprisionado cuando una virgen se le aproxima (59). Ello parece indicio de un significado simbólico: el de la sexualidad sublimada. En China, el animal llamado Ch'i-lin se identifica según algunos autores con el unicornio, mientras para otros no es así por poseer dos cuernos. Es atributo de los oficiales militares de primer rango y es emblemático de rectitud e ilustre nacimiento. Su piel es de cinco colores: rojo, amarillo, azul, blanco y negro; su voz tiene el sonido de las campanas. Las leyendas dicen que llega a vivir mil años y lo reputan como el más noble de los animales (5). Jung, en su obra sobre las relaciones de psicología y alquimia, estudia muchos aspectos de este animal fabuloso y simbólico. Dice que, en su aspecto más general, no tiene perfil fijo, sino que ofrece muchas variaciones, dándose unicornio donde hay animal de un solo cuerno, real o fabuloso. Por ejemplo, el pez espada, o ciertos dragones míticos. Señala que, a veces, el unicornio se transmuta en paloma blanca. Lo explica diciendo que, de un lado, tiene relación con los monstruos primordiales, pero, de otro, es la representación de la fuerza viril, pura y penetrante del *Spiritus mercurialis*. Transcribe el juicio de Honorio de Autun, en su *Speculum de Mysteriis Ecclesiae*, donde se lee: «Unicornio es llamado el animal salvajísimo que tiene un solo cuerno. Para capturarlo, se expone en el campo una virgen y el animal se le aproxima; como llega a

Unicornio. Viga románica policromada. Col. Soler y March. Barcelona.

apoyarse en su regazo queda capturado. Por medio de este animal es representado Cristo y por medio de su único cuerno su fuerza insuperable. El que se posó sobre el seno de la virgen fue capturado por los cazadores; esto significa que El fue encontrado en forma humana por quienes le aman». Pero, en la Antigüedad, el unicornio presenta en ocasiones rasgos malévolos. El *Physiologus Graecus* dice de él que «es un animal de veloz carrera, de un solo cuerno y que alimenta malos propósitos hacia los hombres». La Iglesia, apunta Jung, ignora este aspecto negativo del unicornio. En cambio, la alquimia usa de su ambivalencia para utilizarlo como símbolo del *Monstrum Hermaphroditum*. Es extraña la universalidad de este ser naturalmente inexistente, que se menciona en los Vedas. En cuanto a su iconografía, tienen especial importancia los tapices del siglo xv del Museo Cluny de París, que integran la serie de *La Dame à la Licorne* (32).

Uno

Equivale al centro, al punto no manifestado, al poder creador o «motor inmóvil». Plotino lo identifica con el fin moral, mientras asimila la multiplicidad al mal, en lo cual está en plena conformidad con la doctrina simbolista.

Utensilios

En general, su significado simbólico es una simple transposición al plano espiritual de su carácter práctico en lo material, del empleo a que están destinados (56). Significados secundarios pueden dimanar de su forma, materia y color.

Uvas

Frecuentemente en forma de racimos, simbolizan a la vez la fertilidad (por su carácter frutal) y el sacrificio (por el vino, en especial si es de color de sangre). En las alegorías barrocas del Cordero divino, muchas veces aparece entre espigas y racimos de uvas.

V

Vaca

Asociada a la tierra y a la luna. Numerosas diosas lunares llevan cuernos de vaca. Como símbolo de la madre corresponde a la diosa primigenia Neith, primera sustancia húmeda y dotada de ciertas características andróginas (31) o, mejor, ginandras. En Egipto, asociada a la idea de calor vital (39). *Vach*, o el aspecto femenino de Brahmâ, es llamada la «Vaca melodiosa» y la «Vaca de la abundancia». El primer epíteto deriva de la idea de la creación del mundo por el sonido; el segundo, obvio es decirlo, relaciona con su función de sustentar al mundo, ya que su leche es el polvillo de las galaxias. Vemos en esto la misma idea del cielo como toro fecundador, pero invertida de sexo; ambos son los «aspectos» activo y pasivo de las fuerzas generadoras del universo, en la doctrina hindú (40).

Vacío

Es una idea abstracta, en contraposición a la «nada mística» que es la realidad inobjetiva, informal, pero en la que se encuentra todo germen. En el sistema jeroglífico egipcio, el vacío se representa como «lugar que se produce por la pérdida de la sustancia necesaria para formar el cielo», asimilándose así al espacio. En el sarcófago de Seti I hay una imagen del vacío, que consiste en el vaso del Nou lleno hasta la mitad, formando semicírculo invertido, que se completa con el otro semicírculo, el cual aparece desplazado a un lado del anterior (19).

Vado

Es un aspecto del umbral. Símbolo de la divisoria entre dos estados o dos formas de realidad, como la conciencia y el inconsciente, o la vigilia y el sueño. Señala Jung que es muy interesante y significativo el hecho de que, en las victorias de Hiawatha, lo que él mata está la mayoría de las veces en el agua o junto al agua. Todo animal surgido en un vado es una figuración de las fuerzas del inconsciente, ser demoníaco o mago metamorfoseado (31).

Valle

En el simbolismo del paisaje, por su nivel, que se supone el del mar, es zona neutra, perfecta para el desenvolvimiento de la manifestación, es decir, de toda creación y progreso material. Por su carácter fértil, en oposición al desierto (lugar de purificación) y al océano (origen de la vida, pero estéril para la existencia del hombre), así como a la alta montaña, zona de las nieves y de la ascesis contemplativa, o de la iluminación intelectual, el valle es el símbolo de la misma vida, el lugar místico de los pastores y de los sacerdotes (51).

Vara

En realidad toda vara es un vector (segmento dotado de dirección, longitud y sentido) siendo estos elementos que lo constituyen, o los símbolos adicionales, si los hay, en su terminación, los que refuerzan o determinan el sentido simbólico. La vara, en sí, como el bastón y el cetro, es símbolo de poder. La lanza, el asta pura (lanza sin hierro que se daba como premio en el ejército romano), el signum, el caduceo, el tirso, el tridente, e incluso la antorcha son formas derivadas de la vara o relacionadas con ella.

Varilla mágica

Al margen de la idea técnica que implica, del simbolismo de su materia o color, su sentido simbólico procede de la fuerza que se le supone y ésta de que toda vara representa una línea recta que evoca las nociones de dirección y de intensidad. De ahí las formas derivadas o emparentadas: cetro real, bastón de mariscal, maza de guerra, vara de alcalde, batuta del director de orquesta (48).

Vasija

En el sistema jeroglífico egipcio, signo determinante que corresponde a la idea de recipiente en general. El símbolo expresa inmediatamente el ámbito en que se produce la mezcla de las fuerzas que dan lugar al mundo material y también, por consiguiente, la matriz de la hembra (19).

Vegetación. Detalle del «Chapiteau des Vendanges». Catedral de Reims (Francia).

Vaso

En el sistema jeroglífico egipcio, signo determinante que corresponde al Nou (reposo, inmateria, recepción) (19). El «vaso lleno», relacionado con la planta de la vida, es un emblema de fertilidad (17). El vaso o jarrón de oro con azucenas es el emblema más usual de la Virgen María.

Vegetación

La vegetación, en todas sus formas, ofrece dos aspectos principales: el de su ciclo anual, por el que simboliza la muerte y la resurrección, como el mismo invierno y la primavera; y el de su abundancia, del que deriva un significado de fertilidad y fecundidad. Los ceremoniales de la vegetación se celebran, en distintas regiones y épocas, entre el Carnaval y San Juan (17). En todos los casos se trata de avivar las fuerzas cósmicas para que siga produciéndose la regeneración anual de la vida. Los símbolos de resurrección, en la vegetación, son principalmente: el muérdago entre los celtas; la palma en la tradición del Próximo Oriente y en la cristiana; la acacia en otras tradiciones.

Vehículos

Los diversos vehículos antiguos o actuales son una degradación del símbolo esencial del carro. Los que poseen carácter individual conciernen a la propia existencia; los colectivos, a la vida de la colectividad (56). En sueños, según Jung, la especie del vehículo describe el modo del movimiento vital, su celeridad o lentitud, su carácter regular o irregular; la mayor o menor primitividad de la vivencia o de la mente; si los conceptos son propios o prestados, etc. (32). Todo vehículo expresa el cuerpo, incluyendo el cerebro y el pensamiento —es decir, el espíritu en su aspecto existencial—. De este modo, simbólicamente, ver imaginariamente o soñar un coche incendiado es igual a la figura de un hombre con túnica naranja (ya que éste es el color del fuego).

Vela encendida

Como la lámpara, luz individualizada; en consecuencia, símbolo de una vida particular, en contraposición a la vida cósmica y universal.

Velamen

Signo determinativo egipcio que simboliza el viento, el hálito creador, el impulso hacia la acción (19). Corresponde al elemento aire; en algunos emblemas medievales es una alegoría del Espíritu Santo (4).

Velo

Aparte del sentido simbólico que dimana del general de tejido, el velo significa la ocultación de ciertos aspectos de la verdad o de la deidad. Guénon recuerda el doble significado de la palabra *revelar*, que puede querer decir: correr el velo, pero también volver a cubrir con el velo. La Biblia dice que cuando Moisés bajó del monte Sinaí, una luz intensa se desprendía de él, de modo que tuvo que cubrirse el rostro con un velo para hablar al pueblo, que no podía soportar su esplendor (Ex 24, 29-35) (28).

Vello

Mientras la cabellera, por su situación en la cabeza, parte superior del cuerpo humano, simboliza las fuerzas espirituales, correlativas a lo que en el simbolismo de las aguas se denomina «océano superior», el vello equivale al «océano inferior», es decir, a la proliferación de la potencia irracional del cosmos y de la vida instintiva. Por esta causa, los sacerdotes de muchas religiones se depilaban enteramente, entre ellos los egipcios. También por esta razón se representó al dios Pan —prefiguración del diablo— con las patas velludas. Pese a lo antedicho, en algunas tradiciones todo cabello tiene carácter maligno (8).

Vellocino de oro

Siendo el cordero símbolo de la inocencia y el oro el de la máxima espiritualidad y de la glorificación, el toisón o vellocino de oro significa que aquello que buscaban los argonautas era la fuerza suprema del espíritu por la pureza del alma, la cualidad del medieval sir Galahad, el caballero del santo Graal. Es por consiguiente una de las modalidades más evolucionadas del simbolismo general del tesoro (15).

Vendas

Las vendas, bandas o pañales, diseñan en el sistema jeroglífico egipcio un símbolo de doble sentido, que se refiere tanto al primer envoltorio del recién nacido, como al último con que el muerto es depositado en su tumba. Corresponde este signo determinativo a la letra S, que ulteriormente ha sido concebida a veces como serpiente (19).

Ventana

Por constituir un agujero expresa la idea de penetración, de posibilidad y de lontananza: por su forma cuadrangular, su sentido se hace terrestre y racional. Es también un símbolo de la conciencia (56), especialmente cuando aparece en la parte alta de una torre, por analogía de ésta con la figura humana. Las ventanas divididas tienen un significado secundario, que puede sobreponerse, dimanado del número de sus aberturas y de las conexiones que de las ideas propias de dicho número y del sentido general de la ventana pueden derivarse.

Venus

Planeta asimilado a la deidad del amor y al cobre, en alquimia. Astrológicamente se halla en relación con la Luna y con Marte, principalmente. En su significación espiritual se desdobla en los aspectos del amor espiritual y de la pura atracción sexual, llegando algunos autores a considerar que su verdadero simbolismo era de carácter físico y mecánico.

Verbos

Todos los verbos, indicación de acciones, pasiones, operaciones, tienen un sentido simbólico inmediato que deriva de la simple transposición al plano espiritual de su significación material o directa. Así alimentarse simbolizará recibir un alimento en el espíritu o el intelecto; matar, suprimir mentalmente un determinado ser; viajar, alejarse con la imaginación y la atención de un mundo para dirigirse a otro, etc.

Verdor vegetal

Fuerza creadora de la tierra, juventud primera o recobrada. También involución a un estado ingenuo, natural o primitivo. El eje cromático verde-azul (vegetación-cielo) es perfectamente naturalista y expone un sentimiento concorde con el sentido de estos colores y con el que emana de la contemplación de la naturaleza. En este sentido es contrario al eje negro-blanco, o al blanco-rojo, de carácter alquímico, simbólicos de procesos espirituales que «alejan» de la naturaleza.

Verticalidad

Siendo en su esencia dinámico todo lo simbólico, la verticalidad queda asimilada al impulso y al movimiento vertical, que corresponde, por el significado analógico de lo espacial y lo moral, al impulso de espiritualización que se trata al describir el simbolismo del nivel. El pensamiento simbólico da tanta importancia al grado que una figura dada ocupa en cuanto a su altura sobre el nivel medio, que llega a identificar el significado de tales formas o seres en atención al solo hecho de su situación en la vertical. Esto es confirmado por Bachelard, quien llega a decir: «No es posible prescindir del eje vertical para expresar valores morales» (3).

Vestimenta

El simbolismo vestimentario ha sido objeto de interés reciente y puede consagrársele una monografía entera, pues acompaña toda la historia del traje, incluyendo la del armamento defensivo, los tocados y adornos de toda suerte. En general, los factores simbólicos vestimentarios dimanan: a) del lugar en que se hallan, siendo distinto el significado de lo que se lleve en la cabeza, sobre el pecho, en torno a una muñeca o a la cintura, etc.; b) de la materia empleada: un cinturón de ramas de muérdago era, sin duda, símbolo muy distinto del de un cinto de placas defensivas; c) de los valores estéticos y sus derivaciones que conciernen a muchos elementos del simbolismo general: colores, metales, piedras preciosas, etc. Parece evidente que en las armaduras antiguas se buscó tanto la protección física como la heroización (el mito de la invulnerabilidad) del cuerpo; así se han descubierto yelmos romanos de parada con máscara para el rostro, que nunca se usaron en guerra. Las clases sociales, sus ideas implícitas de jerarquía, distribuidas en determinadas zonas de las ciudades, en la Antigüedad tradicional, en relación con el simbolismo del espacio, son ideas que nos limitamos a apuntar en conexión con el tema. El empleo de pieles, en los aquilíferos romanos, parece de origen totémico. Sin establecer ninguna teoría entre el concepto de las pieles de un Sacher-Masoch y su uso habitual por la mujer no puede olvidarse esa relación. La piel de animal abigarrada (pantera) o el traje abigarrado o tornasolado son símbolos del Todo (dios Pan) y se relacionan con la deificación de la naturaleza. En *Aurelia*, plagada de símbolos, Nerval dice: «... y la divinidad de mis sueños se me apareció sonriente con un traje casi indio... Empezó a andar entre nosotros y los prados reverdecían y las flores y plantas brotaban sobre la tierra bajo la huella de sus pies». En otro fragmento hace que se confundan los festones y dibujos del traje de su amada con las plantas y flores de un jardín hasta identificarse.

Viaje

Desde el punto de vista espiritual, el viaje no es nunca la mera traslación en el espacio, sino la tensión de búsqueda y de cambio que determina el movimiento y la experiencia que se deriva del mismo. En consecuencia, estudiar, investigar, buscar, vivir intensamente lo nuevo y profundo son modalidades de viajar o, si se quiere, equivalentes espirituales y simbólicos del viaje. Los héroes son siempre viajeros, es decir, inquietos. El viajar es una imagen de la aspiración —dice Jung— del anhelo nunca saciado, que en parte alguna encuentra su objeto (31). Señala luego dicho autor que ese objeto es el hallazgo de la madre perdida. Pero ésta es una interpretación discutible. Inversamente, pudiéramos decir que el viaje es una huida de la madre. Volar, nadar, correr son también actividades —como el soñar, el ensoñar y el imaginar— equivalentes a viajar. La travesía del vado significa el punto decisivo del pasaje de un estado a otro (56). Hay una relación entre el simbolismo del viaje, en sentido cósmico, y el del paisaje esencial de la cultura megalítica (o descrito en sus visiones por los chamanes). Viajar puede asimilarse a recorrer el ciclo anual, o a pretender evadirse de él, según determinantes secundarias del viaje. Pero el verdadero viaje no es nunca una huida ni un sometimiento, es evolución. Por ello dice Guénon que las pruebas iniciáticas toman con frecuencia la forma de «viajes simbólicos», representando una búsqueda que va de las tinieblas del mundo profano (o del inconsciente, madre) a la luz. Las pruebas —y las etapas del viaje— son ritos de purificación (29). El arquetipo del viaje es la peregrinación al «centro» o tierra santa; la salida del laberinto. El «viaje nocturno por el mar», equivalente al «viaje a los infiernos», describe aspectos esenciales de este simbolismo que dista de hallarse dilucidado. En el sentido más primario, viajar es buscar. La secta turca de los Kalenderi impone a sus miembros que viajen continuamente. Ya hemos hablado arriba de las formas superiores y sublimadas que puede revestir el «viaje».

Viaje a los infiernos

La bajada de Dante a los infiernos fue precedida por la de Eneas en la *Eneida* virgiliana y por el descenso de Orfeo. Asín Palacios, en su *Escatología musulmana de la Divina Comedia* (Madrid, 1919), citada por Guénon, demuestra que el poeta florentino siguió en su trayectoria y en la arquitectura de los tres mundos las obras *Libro del viaje nocturno* y *Revelaciones de La Meca*, de Mohyddin ibn Arabi, anteriores en más de ochenta años (27). Desde el punto de vista simbólico y poniendo al margen la realidad ultramundana de los dos universos complementarios del «nivel central de la manifestación» o terrestre, el «viaje a los infiernos» simboliza el descenso al inconsciente, la toma de conciencia de todas las posibilidades del ser, en lo cósmico y en lo psicológico, necesaria para poder llegar a las cimas paradisíacas, excepto en aquellos seres elegidos por la divinidad, que logran por la vía de la inocencia esa penetración. El infierno refunde las ideas de «crimen y castigo», como el purgatorio las de penitencia y perdón.

Viaje al interior de la Tierra

Retorno al seno de la madre. Puede ser también un símbolo sexual. Nerval, en *Aurelia*, analizada en este sentido por Bachelard, dice: «creí caer en un abismo que atravesaba el globo». Y el mismo Nerval considera que esos fondos a que desciende tienen una calidad biológica y que son de una materia «medio espiritualizada». De otro lado, cita el símbolo del metal fundido, que aparece en otros autores —William Blake— y simboliza la sangre ctónica. En relación con el tema no pueden dejar de recordarse obras como *Mundus subterraneus* del padre Athanasius Kircher, el *Enrique de Ofterdingen* de Novalis y el mismo *Viaje al centro de la tierra* de Verne, sin olvidar los «descensos» a los antros infernales de Virgilio *(Eneida)*, Dante *(Divina Comedia)*, etcétera. Como la situación, o imaginación de un fuego central, coincide con la idea arcaica del infierno —lo que expresa Nerval en su leyenda de Adoniram, en su *Viaje a Oriente*—, el símbolo adquiere un nuevo significado dramático.

Viaje del alma

Según la doctrina hindú, el individuo, en su proceso de liberación de las cadenas de la vida, sigue una trayectoria inversa a la que siguió en el proceso de su entrada en la manifestación. Por las concepciones de esa doctrina, admiten dos caminos: el de los liberados *(dêva-yâna)* o «vía de los dioses» y el de los que han de volver a pasar por estados de individuación *(pitri-yâna)* o «vía de los antepasados». El *Bhagavad-Gîtâ* dice sobre ello: «En aquellos momentos, los que tienden a la unión, sin haberla efectivamente realizado, dejan la existencia manifestada, sea sin retorno, sea para regresar... Fuego, luz, día, luna creciente, semestre ascendente del sol hacia el norte, éstos son los signos luminosos que conducen a Brahma a los hombres que conocen a Brahma. Humo, noche, luna decreciente, semestre descendente del sol hacia el sur, tales son los signos que llevan a la luz lunar para retornar en seguida a los estados de manifestación» (26).

Viaje nocturno por el mar

Esta expresión, que se halla con frecuencia en obras sobre simbología, procede de la antigua noción de que el sol, durante la noche, atravesaba los

Viaje nocturno por el mar.
Miniatura del «Speculum
Humanae Salvationis». Catedral
de Toledo.

abismos inferiores experimentando una muerte (a veces concebida como real, seguida de resurrección; a veces concebida como figurada). Ese abismo era asimilado a las aguas del tercer nivel (infernal), bien como océano inferior, o como lago subterráneo. Según Leo Frobenius, en *Das Zeitalter des Sonnengottes*, todos los dioses navegantes son símbolos solares. Durante su viaje están encerrados en un cofre, cesto, arca (seno materno) y se ven amenazados por diversos peligros. Este viaje se produce siempre en dirección opuesta a la marcha diurna aparente del sol. Frobenius relata los avatares arquetípicos de esa aventura esencial: «Un héroe es devorado por un monstruo marino en Occidente. El animal viaja con él en su interior hacia Levante. Durante ese viaje, el héroe enciende fuego en el ventre del monstruo y, como siente hambre, corta un pedazo de su corazón. Poco después observa que el pez toca tierra; comienza entonces a cortar la carne del animal y luego se desliza al exterior. En el vientre del pez hacía tanto calor que se le cayeron los cabellos. A menudo el héroe liberta a todos los que antes habían sido devorados, que huyen con él» (31). Esta situación se transforma en multitud de leyendas y cuentos folklóricos, pero los rasgos esenciales de devoración, encierro, encantamiento, liberación aparecen siempre. Según Jung, este símbolo es una suerte de descenso a los infiernos, similar a los narrados por Virgilio y Dante, y un viaje al país de los espíritus, es decir, una inmersión en el inconsciente (33). Pero el mismo autor añade que la oscuridad y la profundidad marina son, además de un símbolo del inconsciente, el de la muerte, no como negación total, sino como reverso de la vida (estado latente) y como misterio que ejerce una fascinación sobre la conciencia, atrayéndola desde el abismo. La salida del viaje expresa la resurrección y la superación de la muerte (también, la salida del sueño; la salida de la enfermedad). Símbolos similares son el de José en el pozo donde le sumieron sus hermanos (Gen 37, 19-24), el de Jonás en el vientre de la ballena (Jon 2, 1-11) (32).

Victoria

La corona, como realización, y la palma, como elevación y exaltación, son los atributos exteriores de la victoria. Cuando se presenta alada, se alude a su valor espiritual. La victoria sobre el adversario, sea sobre el toro, como en los misterios de Mitra; sea sobre el dragón o monstruos similares, como en los casos de Hércules, Perseo, Belerofonte, san Jorge, vencer, significa inutilizar al enemigo como tal y someterlo al propio imperio.

Vid

Así como la uva tiene un doble significado de sacrificio y de fecundidad, el vino aparece con frecuencia simbolizando la juventud y la vida eterna. El ideograma superior de la vida fue, en los orígenes, una hoja de parra. Según Eliade, a la Diosa Madre se le dio primitivamente el nombre de «Diosa cepa de vid», representando la fuente inagotable de creación natural (17).

Vida

Todo lo que fluye y crece ha sido utilizado por las antiguas religiones como símbolo de la vida: el fuego por su intensidad necesitada de alimento, el agua por su poder fertilizante de la tierra, las plantas por su verdecer en primavera. Ahora bien, todos o la inmensa mayoría de los símbolos de la vida lo son también de la muerte. *Media vida in morte sumus*, decía el monje

Victoria de oro de Alcudia.
Museo Arq. de Barcelona.

medieval, y la ciencia moderna le responde: *La vie c'est la mort* (Claude
Bernard). Así el fuego es el destructor y las formas diversas del agua expresan la disolución, como ya se dijo en los salmos. El origen de la vida —o de
la renovación de sus fuerzas— aparece en las leyendas y cuentos folklóricos
bajo la forma de cuevas y cavernas donde nacen torrentes y fuentes maravillosas (38). Con todo, queremos resumir tres importantes sentidos de la
vida según el simbolismo del Apocalipsis, inducibles de los títulos que se dan
a los correspondientes objetos o formas de realidad: se habla de *árbol de la
vida*, de *aguas de la vida* y de *libro de la vida*. Corresponden a las fases de:
creación, disolución y conservación. El árbol es la afirmación, las aguas son
la fecundación pero también la disolución, el libro es la conservación sublimada, espiritualizada, trascendida, de los nombres y de los seres. En la doctrina griega, de Alcmeón a Platón, la vida presenta cuatro frases: inicial
(estado paradisíaco, edad de oro), descendente (la caída), ascendente (transmi-
graciones o pruebas en las doctrinas que no admiten la metempsícosis) y
terminal (vida inmortal).

Viento

Es el aspecto activo, violento, del aire. Considerado como el primer elemento, por su asimilación al hálito o soplo creador. Jung recuerda que, de modo parecido al hebreo, también en árabe la palabra *ruth* significa a la vez aliento y espíritu (31). En su aspecto de máxima actividad, el viento origina el huracán —síntesis y conjunción de los cuatro elementos—, al que se atribuye poder fecundador y renovador de la vida. Los alquimistas mantuvieron esta significación del viento, como puede verse en la obra de Jamstahler *Viatorium Spagyricum* (Francfort, 1625) (31). Los vientos se ordenaron en números correspondientes a los puntos cardinales y a los signos del zodíaco, significando así su importancia cósmica. En Egipto y en Grecia, el viento parece poseído de cierto aspecto malévolo; en la última de las citadas culturas, cambió radicalmente este sentido dado a Tifón a partir de la destrucción de la escuadra de Jerjes por la tormenta (41).

Vientre

En todos los casos, el interior del vientre es asimilado a un laboratorio alquímico —pero en su mecánica— o lugar donde se producen las transformaciones. Como se trata de metamorfosis sólo naturales, es, en cierto modo, el aspecto inverso del cerebro (57).

Vino

Símbolo ambivalente como el dios Dioniso. De un lado, especialmente el vino rojo, significa la sangre y el sacrificio. De otro, simboliza la juventud y la vida eterna, así como la embriaguez sagrada —cantada por los poetas griegos y persas— que permite al hombre participar fugazmente del modo de ser atribuido a los dioses (17).

Virgo

Sexto signo zodiacal. Para los egipcios se identificaba con Isis. Está gobernado por Mercurio y por corresponder al número seis, es decir, por ambas causas, simboliza el hermafroditismo, estadio en el que las fuerzas son duales, positivas y negativas. Por ello se representa a veces con el símbolo del alma o el sello de Salomón, los dos triángulos del fuego y del agua mutuamente interpenetrados para dar lugar a la estrella de seis puntas (40). En las mitologías y religiones, este símbolo está siempre ligado al nacimiento de un dios o semidiós, que es la expresión suprema de la energía-conciencia (52).

Volcán

En mitología aparece investido de potestades contrarias. De un lado, se menciona la extraordinaria fertilidad de las tierras volcánicas, como Nápoles, California o Japón. De otro, el fuego destructor se asocia a la idea del mal. De ahí que pueden deducirse numerosas consecuencias. Para los persas, el volcán era sólo el gran adversario, Ahrimán, bajo la forma de un inmenso dragón o serpiente que, encadenado al monte Demâvand (como Prometeo, mito similar), volcán del Elburz, espera el día del Juicio final (35). No sólo es símbolo de la fuerza primaria de la naturaleza y del fuego vital (creador y destructor) (4), sino «lugar» simbólico del «descenso» (involución) de los elementos, que en su pozo se relacionan y transforman (aire, fuego, agua, tierra) (50). De ahí que sea posible una asimilación con Shiva, el dios de la creación y de la destrucción. Psicológicamente es un símbolo de las pasiones —que, según Beaudoin, son la única fuente de nuestra energía espiritual, si podemos transformarlas y domarlas—. Por el símbolo XXX de la *Ars Symbolica* de Boschius, al relacionarlo con la leyenda *Gelat et ardet*, se conoce su aspecto profundo de *coincidentia oppositorum*. Un sentido importante dimana también de la especial característica del volcán, en el cual, a una larga fase de trabajo latente, contenido y oculto, sucede una brusca y terrible erupción. Debe citarse el hecho de que, para Nerval, la nueva erupción del Vesubio —*Quimeras*— aparece como una «nueva resurrección de los dioses»: René Alleau coincide con esta idea cuando en su artículo *Gradiva rediviva* dice que la erupción del volcán que destruyó Pompeya y Herculano se produjo un 24 de agosto, fecha que, en el calendario romano, era de fiesta solemne porque en ella los «manes» retornaban a la luz.

Vuelo

Tiene el simbolismo del vuelo varios componentes: el más elemental es el que deriva de la sensación placentera de movimiento, en un medio más sutil que el agua, y con la libertad de la fuerza de gravitación; de otro lado, volar es elevarse, y por ello guarda estrecha relación con el simbolismo del nivel, tanto en el aspecto de analogía moral como en el de otros valores de superioridad de poder o de fuerza. Señala Diel que la importancia de la imagen «elevación-caída», especialmente simbolizada en el mito de Icaro, ha sido corroborada frecuentemente por diversos autores (15). Bachelard indica que «de todas las metáforas, las de la altura, elevación, profundidad, descenso y caída, son las metáforas axiomáticas. Nada las explica, pero ellas lo explican todo». El vuelo ha sido concebido también como «trascendencia del crecimiento». Según Toussenel, en *Le Monde des Oiseaux*: «Envidiamos la suerte del pájaro y prestamos alas a lo que amamos, porque sabemos por instinto que, en la esfera de la felicidad, nuestros cuerpos gozarán de la facultad de atravesar el espacio como el pájaro el aire» (3).

Vuelo. Pegaso.

Vulcano

Tiene relación simbólica con el herrero que forja en la caverna de la montaña y por lo mismo en el demiurgo. Precisamente, para explicar el origen de los volcanes, los antiguos hablaban de forjas subterráneas y de un herrero sobrenatural. El culto de Hefesto se relacionó con la actividad volcánica de las islas del Egeo (35). Pero este demiurgo carga con el aspecto negativo que le asignaría el gnosticismo o la doctrina de Mani. Su cojera es símbolo de la debilidad o deformidad de su alma. Según Diel, Vulcano se halla emparentado con el diablo cristiano. Su enfermedad fue consecuencia de su oposición a Júpiter, el espíritu, quien en castigo lo precipitó desde el Olimpo. El autor citado considera a Vulcano, Ícaro, Prometeo como símbolos del intelecto, casi en su aspecto técnico y «sólo humano», en rebelión abierta contra el espíritu (15).

Vulcano. Busto antiguo.
Roma. Museo Vaticano.

Y

Yang-Yin

Símbolo de la distribución dualista de las fuerzas, en China, compuesto del principio activo o masculino *(Yang)* y del pasivo o femenino *(Yin)*. Aparece en forma de círculo dividido por una línea sigmoidea; los dos campos resultantes se hallan así dotados de un sentido dinámico del cual carecerían si la división se hiciera por medio de un diámetro. La mitad clara representa la fuerza *Yang* y la oscura la fuerza *Yin*, pero cada una de ellas tiene un circuito en medio del tono contrario, para simbolizar que toda modalidad encierra siempre un germen de la opuesta. Guénon considera este símbolo como elemento helicoidal, sección del torbellino universal que pone en comunicación los contrarios para engendrar un movimiento constante, una metamorfosis y una continuidad a través de posiciones y situaciones antípodas. La entrada y la salida en ese movimiento se hallan fuera del mismo, de igual manera que el nacimiento y la muerte no pertenecen a la vida, en tanto que consciente y autodeterminada, de la persona. El eje vertical del centro de *Yang-Yin* constituye el «medio invariable», es decir, el «centro místico» en que no hay rotación ni inquietud, impulso o padecimiento alguno. Corresponde a lo que, en el simbolismo hindú, es la zona central de la Rueda de las transformaciones y, en el simbolismo egipcio y occidental, el centro o la salida del laberinto. El símbolo expresa también los dos aspectos contrapuestos de la evolución e involución (25).

Yang-Yin. Con los trigramas.

Yedra

Consagrada por los frigios a su dios Atis. Los sacerdotes eunucos imitaban las hojas de yedra en sus tatuajes (21). Es un símbolo femenino de fuerza que necesita protección.

Yoni

Como la mandorla, es la puerta o zona de interpenetración de dos movimientos circulares. En la India, para obtener la regeneración, se hace una imagen del Yoni en oro y se pasa a través de ella (21).

Yugo

Como el haz, símbolo de unión y de disciplina. Por su conexión con el buey, símbolo de sacrificio (50).

Yunque

Símbolo de la tierra y de la materia; corresponde al principio pasivo y femenino, por contraposición al martillo, de carácter fecundador.

Z

Zapatos

Según Swedenborg, simbolizan las «bajas cosas naturales», tanto en el sentido de humildes, como en el de ruines (4). Es también un símbolo del sexo femenino y con este sentido puede aparecer en la *Cenicienta*. Signo de libertad entre los antiguos.

Zarza

Pureza virginal que arde y se consume (20). La zarza encendida bíblica, de otro lado, tiene relación con el mito de Sémele, desde el punto de vista del simbolismo.

Zigurat

Templo-montaña de las culturas mesopotámicas. En realidad es una pirámide escalonada, como la egipcia de Saqarah (III dinastía), pero esencialmente dedicada a constituir la base de un templo en el que se efectúa la

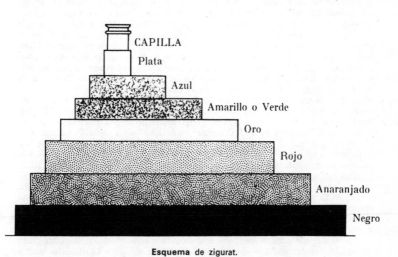

Esquema de zigurat.

hierogamia, o boda del cielo y la tierra. Generalmente, el zigurat tiene siete escalones, correspondientes a los «planetas», y su simbolismo, netamente ascendente, refunde el de la pirámide y el de la escalera. Cada plano o terraza tiene un simbolismo peculiar dimanado de su «color» o planeta. Es posible que el zigurat tuviera un sentido mandálico, y en él la circunrotación acompañara ritualmente a la ascensión. Como todo orden septenario, el zigurat corresponde a las divisiones del espacio y del tiempo. El zigurat de Babilonia se llamaba Etemananki, que significa «Casa de las siete direcciones del Cielo y de la Tierra». El de Borsippa, según reconstitución de V. Ancessi, en *Atlas de la Bible* (París, 1901), tenía sus siete terrazas progresivas, de abajo arriba, dedicadas a los dioses siguientes: Saturno (negro), Júpiter (anaranjado), Marte (rojo), Sol (oro), Venus (amarillo, o verde), Mercurio (azul) y Luna (plata).

Zodíaco

Es uno de los símbolos más universalmente extendidos, a pesar de su complejidad. En casi todos los países y tiempos es igual, con su forma circular, las doce subdivisiones, los signos correspondientes y la relación con los siete planetas. Las culturas mesopotámicas, Egipto, Judá, Persia, India, Tíbet, China, América, islam, Grecia, los países del norte de Europa han conocido el simbolismo zodiacal. El nombre de esta «forma» circular proviene de *zoe* (vida) y *diakos* (rueda). El principio elemental de esta «rueda de la vida» se halla en el Ouroboros, o serpiente que se muerde la cola, símbolo del *Aion* (duración). La expresión general del zodíaco es concerniente al proceso en el cual «la energía primordial, al ser fecundada, pasa de la potencialidad a la virtualidad, de la unidad a la multiplicidad, del espíritu a la materia, del mundo informal al mundo de las formas», para luego retroceder en vía inversa (52). Esto coincide con todas las enseñanzas de la ontología oriental, que explica la vida del universo en dos períodos contrarios y complementarios: involución (materialización) y evolución (espiritualización). En el zodíaco, los seis primeros signos (de Aries a Virgo) expresan la primera; los seis segundos (de Libra a Piscis), la segunda. Este esquema no sólo se refiere a la evolución general del cosmos, sino a ciertos períodos de su proceso, y también a todo período de manifestación como tal (época histórica, vida de una raza, vida individual humana, época de la existencia, obra a realizar, etc.) (52). Respecto a la gran antigüedad del símbolo, indicaremos que signos zodiacales han sido vistos en la pintura rupestre de la cueva de Arce (laguna de la Janda, Cádiz), mapas celestes en los grabados pétreos de Eira d'os Mouros (Galicia) y en la inscultura del dolmen de Alvâo (Portugal), aparte de otros muchos lugares, pero no se tienen pruebas de que hubiera un verdadero conocimiento sistematizado con anterioridad al rey Sargón de Agadé (2750 a. de J. C.), quien se hallaba ya en posesión de una obra de astrología que comprendía previsiones relacionadas con eclipses de sol. Especialmente desde Hammurabi (2000 a. de J. C.) la atención hacia el cielo alcanzó cierto aspecto científico. Pero el zodíaco actual, con sus características figuras, no se ve hasta la tableta de Cambises, en opinión de Berthelot (siglo VI a. de J. C.), lo cual no invalida la idea de que los elementos que confluyeron en la organización simbólica del zodíaco fuesen muchísimo más antiguos; así, la división mística del mundo se desglosa en doce; el símbolo del carnero asociado al mítico Ram y al primitivo culto solar; o el de Géminis. Respecto a la división en doce elementos, dice Marc Saunier: «Emanando en nuestro mundo solar desde un desconocido inconocible, por las doce puertas luminosas del zodíaco se concentra en forma de sol y desde éste irradia

a las siete zonas planetarias, que refractan su unidad en la gama de los sonidos, ritmos y colores» (49). Jung recuerda que, en el sistema maniqueo, el demiurgo construye una rueda cósmica, la cual se relaciona con la *rota* y el *opus circulatorium* de la alquimia, que tiene igual significado, es decir, el de la sublimación (31). Obvio es señalar que este movimiento circulatorio vertical, de descenso y ascenso, refleja las teorías platónicas sobre la «caída» del alma en la existencia material y la necesidad de ser salvada recorriendo un camino inverso. Las dos adaptaciones del ciclo zodiacal más importantes y fijas (las demás se producen por analogía) son la que identifica sus doce signos con períodos mensuales y el proceso con el año —pero iniciado en marzo, con la primavera—; y la que coincide con el gran ciclo de 25 920 años de la precesión de los equinoccios, por el cual cada 2160 años el equinoccio retrocede un signo (treinta grados). Las figuras de que consta el sistema, en su mayoría de animales, permite suponer —según Schneider— que esa extraña denominación de las constelaciones se debe a la preexistencia de una religión de origen totemístico, cuyos elementos se aplicaron al cielo con posterioridad, por un proceso de catasterismo (50). Piobb señala que, además de como proceso, el zodíaco puede entenderse como un circuito y que su división en diversas partes procede de que lo cuantitativo se traduce en cualitativo (vibraciones, sonidos, colores), por lo que la eclíptica es una zona de energía de potencial distinto desde la entrada (Aries) hasta la salida (Piscis). Este mismo autor señala que, si se quieren comprender las concepciones antiguas, hay que considerar el zodíaco como un conjunto de doce ideografismos que caracterizan el dodecágono (48). Obvio es señalar que toda partición en doce alude a la organización zodiacal. Los signos, cuya significación individual se considera en cada uno de sus nombres, son: *Aries, Tauro, Géminis, Cáncer, Leo, Virgo, Libra, Escorpión, Sagitario, Capricornio, Acuario, Piscis* (40). Los doce signos, según Senard, provienen de la combinación de los cuatro elementos y los tres modos o *gunas* (niveles), es decir: *sattwa, rajas* y *tamas* (situación de superioridad o esencial; de comunicación intermedia o transformadora; y de inferioridad o materializante). Pero no nos es posible aquí desarrollar la teoría de Senard sobre los signos. Indicaremos sólo los significados sintéticos que atribuye a cada signo: Aries (impulso de creación y transformación), Tauro (magnetismo indiferenciado), Géminis (fusión-concepción, imaginación), Cáncer (gestación, nacimiento), Leo (individuación, voluntad), Virgo (inteligencia), Libra (equilibrio), Escorpión (destrucción), Sagitario (coordinación, síntesis), Capricornio (ascesis), Acuario (iluminación), Piscis (fusión mística) (52). Mertens-Stienon basa su estudio del zodíaco en un artículo del hindú T. Subba Rao, publicado en octubre de 1881 y traducido al francés por Le Lotus Bleu en 1937. También utiliza los conocimientos de Blavatsky y de Dupuis, el cual se pronunció por una interpretación casi exclusivamente astronómica de los mitos. Mertens-Stienon divide los signos en tres cuaternarios, aunque nos parece mejor la división inversa, de cuatro ternarios, que establece una triunidad para cada una de las estaciones del año (y de los puntos cardinales). Ratifica que el zodíaco sirve para la simbolización y análisis de las fases de un ciclo cualquiera, con las etapas evolutivas que integra. Distingue entre el zodíaco astronómico (constelaciones) y el zodíaco intelectual (símbolos) y afirma que son las primeras las que recibieron su nombre de los segundos. Por ejemplo, si en tiempo de los egipcios se dio tanta importancia simbólica al toro y al carnero, es porque, astronómicamente, esos signos marcaban los equinoccios vernales, comenzando en Piscis el de nuestra era. Indica que el curso aparente del Sol a través de las doce divisiones marca otras tantas diferenciaciones o etapas de la manifestación del principio activo en el principio pasivo. Tales etapas están expresadas en las mitologías por los avatares del dios creador, por sus metamorfosis y enfrentamientos. El simbolismo preciso de cada signo deriva de: a) el número que ocupa en la serie de los doce signos; b) la situación en el conjunto serial; c) la situación en cada uno de los cuatro ternarios; d) la figura simbólica del signo; e) las relaciones de esa figura; y f) el simbolismo planetario anexo. Hay en el simbolismo del zodíaco la ambición de constituir, como acontece en el Tarot, una totalidad de lo arquetípico, una suerte de modelo figurativo que sirva para la determinación comprensiva de todas y cada una de las posibilidades existenciales, en el macrocosmo y el microcosmo. Como en otras formas simbólicas, es el resultado de la intelección *serial* del universo, por la cual se creen limitadas y típicas las posiciones y situaciones que algo puede tener en el espacio-tiempo. Implica también, no el determinismo, pero sí la creencia en el «sistema de los destinos», por el cual ciertos antecedentes tienen que producir ciertas consecuencias, mientras toda situación implica conexiones que no son sustituibles ni arbitrarias. En el aspecto concreto de su relación con el ciclo de la existencia humana, presenta evidentes afinidades con los símbolos de los ritos medicinales, cual ha estudiado Schneider. Debemos a Jorge Quintana, en *El gobierno teocrático de Mohenjo-Daro* (Ampurias, IV), el informe sobre un zodíaco octonario, correspondiente a los protoindios y que data del *tercer milenio* antes de nuestra era. Este zodíaco estaba compuesto por los siguientes signos: *edu* (carnero), *yal* (arpa), *nand* (cangrejo), *amma* (la madre), *tuk* (balanza), *kani* (saeta), *kuda* (jarro) y *min* (pez). Las correspondencias de la mayor parte de estos signos con los del zodíaco ulterior, dodecanario, son obvias. El dios supremo de los protoindios se identificaba con el Sol y, en su recorrido a través de las constelaciones, pasaba por los grados zodiacales relativos, por lo cual se le denominaba «dios de las ocho formas».

Zona

Toda zona o demarcación espacial tiene un significado simbólico derivado del nivel a que se halla en la vertical, de la situación en cuanto a los puntos cardinales. En el sentido más amplio, zona se puede siempre, por analogía, equiparar a grado y a modo. Los colores no son sino zonas del espectro y por lo mismo toda ordenación de zonas puede ser susceptible de entenderse como un conjunto serial.

Zorro

En la Edad Media, símbolo frecuente del diablo. Expresa las aptitudes inferiores, las tretas del adversario (20).

Zumo

Líquido que contiene la vida. Es un símbolo sacrificial relacionado con la sangre y también con la luz como destilación de los cuerpos ígneos, soles, estrellas.

Bibliografía esencial de esta obra

(1)   BACHELARD, Gaston. *La Psychanalyse du Feu*. París, 1938.
(2)   — *L'Eau et les Rêves*. París, 1942.
(3)   — *L'Air et les Songes*. París, 1943.
(4)   BAYLEY, Harold. *The Lost Language of Symbolism*. Londres, 1952.
(5)   BEAUMONT, A. *Simbolismo en el arte decorativo chino*. Nueva York, 1949.
(6)   BENOIST, Luc. *Art du monde*. París, 1941.
(7)   BERTHELOT, René. *La pensée de l'Asie et l'astrobiologie*. París, 1949.
(8)   B. G. P. *Diccionario universal de la mitología*. Barcelona, 1835.
(9)   BLAVATSKY, H. P. *La doctrina secreta de los símbolos*. Barcelona, 1925.
(10) CARO, Julio. *Algunos mitos españoles*. Madrid, 1941.
(11) CEPOLLARO, A. *Il rituale mitriaco*. Roma, 1954.
(12) COLA, J. *Tatuajes y amuletos marroquíes*. Madrid, 1949.
(13) CHOCHOD, Louis. *Occultisme et Magie en Extrême-Orient*. París, 1945.
(14) DAVY, M. *Essai sur la Symbolique Romane*. París, 1955.
(15) DIEL, Paul. *Le Symbolisme dans la Mythologie grecque*. París, 1952.
(16) DONTENVILLE, Henri. *La Mythologie française*. París, 1948.
(17) ELIADE, Mircea. *Tratado de historia de las religiones*. Madrid, 1954.
(18) — *Images et Symboles*. París, 1952.
(19) ENEL. *La langue sacrée*. París, 1932.
(20) FERGUSON, George. *Signs and Symbols in Christian Art*. Nueva York, 1954.
(21) FRAZER, Sir J. G. *La Rama dorada*. México, 1951.
(22) FROBENIUS, Leo. *Histoire de la Civilisation africaine*. París, 1952.
(23) FROMM, Erich. *Le langage oublié*. París, 1953.
(24) GHYKA, Matila. *Philosophie et mystique du nombre*. París, 1952.
(25) GUÉNON, René. *Le Symbolisme de la croix*. París, 1931.
(26) — *L'Homme et son devenir selon le Vêdânta*. París, 1941.
(27) — *L'Ésotérisme de Dante*. París, 1949.
(28) — *Il Re del Mondo*. Roma, 1950.
(29) — *Aperçu sur l'Initiation*. París.
(30) JACOBI, Jolan. *La psicología de C. G. Jung*. Madrid, 1947.
(31) JUNG, C. G. *Transformaciones y símbolos de la libido*. Buenos Aires, 1952.
(32) — *Psichologia e Alchimia*. Roma, 1950.
(33) — *La psicología de la transferencia*. Buenos Aires, 1954.
(34) — *El Yo y el inconsciente*. Barcelona, 1936.
(35) KRAPPE, A. H. *La Genèse des Mythes*. París, 1952.
(36) LEHNER, Ernst. *Symbols, Signs and Signets*. Cleveland, 1950.
(37) LÉVI, Eliphas. *Les Mystères de la Kabbale*. París, 1920.
(38) LOEFFLER, M. *Le Symbolisme des contes de Fées*. París, 1949.
(39) MARQUÉS RIVIÈRE, J. *Amulettes, talismans et pantacles*. París, 1950.
(40) MERTENS STIENON, M. *L'Occultisme du Zodiaque*. París, 1939.
(41) ORTIZ, Fernando. *El huracán*. México, 1947.
(42) PANETH, L. *La Symbolique des nombres dans l'Inconscient*. París, 1953.
(43) PAPUS. *Traité méthodique de Science occulte*. París.

(44) — *La Science des Nombres.* París, 1934.

(45) — *Initiation astrologique.* París, 1916.

(46) PINEDO, Ramiro. *El Simbolismo en la escultura medieval española.* Madrid, 1930.

(47) PIOBB, P. V. *Formulaire de la Haute Magie.* París, 1937.

(48) — *Clef universelle des Sciences secrètes.* París, 1950.

(49) SAUNIER, Marc. *La legènde des symboles.* París, 1911.

(50) SCHNEIDER, Marius. *El origen musical de los animales-símbolos en la mitología y la escultura antiguas.* Barcelona, 1946.

(51) — *La danza de espadas y la tarantela.* Barcelona, 1948.

(52) SENARD, M. *Le Zodiaque.* Lausana, 1948.

(53) SEZNEC, Jean. *The Survival of the pagan gods.* Nueva York, 1953.

(54) STAR, Ely. *Les Mystères de l'Être.* París, 1902.

(55) — *Les Mystères du Verbe.* París, 1908.

(56) TEILLARD, Ania. *Il Simbolismo dei Sogni.* Milán, 1950.

(57) TESTI, Gino. *Dizionario di Alchimia e di Chimica antiquaria.* Roma, 1950.

(58) WILHELM, Ricardo. *Lao-tsé y el taoísmo.* Madrid, 1926.

(59) WIRTH, Oswald. *Le Tarot des imagiers du Moyen Âge.* París, 1927.

(60) ZIMMER, Heinrich. *Mythes et Symboles dans l'Art et la civilisation de l'Inde.* París, 1941.

(61) ZOLLINGER, Gustav. *Tau oder Tau-T-an, und das Rätsel der sprachlichen und menschlichen Einheit.* Berna, 1952.

nueva
colección
labor

diccionarios de la nueva colección labor